U0451272

家国时代的天下之公

古典政治观念的建构

刘九勇 著

中国社会科学出版社

图书在版编目（CIP）数据

家国时代的天下之公：古典政治观念的建构 / 刘九勇著 . —北京：中国社会科学出版社，2022.4（2024.10 重印）
ISBN 978–7–5227–0256–8

Ⅰ.①家… Ⅱ.①刘… Ⅲ.①政治思想史—中国—古代 Ⅳ.①D092.2

中国版本图书馆 CIP 数据核字（2022）第 091618 号

出 版 人	赵剑英
责任编辑	范晨星
责任校对	夏慧萍
责任印制	王　超

出　　版	中国社会科学出版社
社　　址	北京鼓楼西大街甲 158 号
邮　　编	100720
网　　址	http://www.csspw.cn
发 行 部	010–84083685
门 市 部	010–84029450
经　　销	新华书店及其他书店
印　　刷	北京明恒达印务有限公司
装　　订	廊坊市广阳区广增装订厂
版　　次	2022 年 4 月第 1 版
印　　次	2024 年 10 月第 2 次印刷
开　　本	710×1000　1/16
印　　张	38.25
插　　页	2
字　　数	613 千字
定　　价	168.00 元

凡购买中国社会科学出版社图书，如有质量问题请与本社营销中心联系调换
电话：010–84083683
版权所有　侵权必究

前　言

　　政治学研究的一个亘古不变的主题是：什么是好政治？对此，人们曾经莫衷一是。但自20世纪后期以来，人们逐渐相信自己似乎已经找到了答案——或者说至少已经找到了它的名字，那就是"民主"。现代世界的政治观念或概念中，最炫人耳目的莫过于"民主"。

　　然而，在评价当代中国政治是否"民主"的问题上，出现了诡异的情形。一边，（无论中外）知识界的主流批判中国政治不"民主"，中国的政治文化（无论是传统还是现代）近乎"民主"生长的荒漠；另一边，中国的大众却有着完全不同的意见。虽然相对于掌握话语权的知识精英，民众是"沉默的大多数"，但学术的知性真诚还是为这些沉默的意见提供了难得的呈现机会。有些学者和机构基于问卷调查和数据分析针对中国公民开展了政治文化或社会心理的研究，结果发现中国社会大众的主流意见不仅明确支持和向往民主，而且认为当代中国政治就是民主的。这与西方社会科学理论主导下的知识界主流声音大相径庭。

　　比如，史天健在20世纪90年代至21世纪初的调查研究发现：80%多的中国人认为民主比专制好，同时大部分中国人也认为当代中国有着较高的民主供给。① 中国社会科学院在2011年进行的"中国公民政治素质调查与研究"同样显示：对中国建设民主的现状表示"比较好"的占到

---

　　① 参见玛雅《中国人的民主价值观——专访美国杜克大学政治学教授史天健》，《凤凰周刊》2009年4月3日。

56.5%，并且对民主现状满意的程度跟受教育程度呈反比。① 这也部分印证了中国民众与知识界对于现代中国是否"民主"的对立看法。西方的调查机构，只要是真正面向大众民意，而非像《经济学人》(Economist)的"民主指数"(democracy index)一样基于专家学者的打分②，也能够得出类似的结果。2020年，非政府组织"民主联盟"(Alliance of Democracies)以及两家分别来自丹麦和德国的民意调查机构(Rasmussen Global 和 Dalia Research)联合发布了对53个国家民主的经验研究："民主认知指数"(democracy perception index 2020)。这项调查完全面向普通民众，主要通过互联网采集样本，且完全匿名，以保证真实性。结果显示：几乎所有国家的大部分民众都认为民主很重要，中国人认为民主重要的比例高达84%，甚至超过大部分西方国家。更值得注意的是，中国人认为本国是民主国家的比例高达73%，在所有被调查的国家中排名第6，超出了知识界认定的众多模范民主国家。③ 这一结果与史天健等人的调查结论基本一致。

这一违背知识界"常识"的现象，揭示了中国民众对于民主有着迥异于知识界主流的特殊理解。史天健认为，中国人民理解和追求的民主是孔孟的民本主义，不同于西方式的民主观念。他将之概括为"实质民主"与"程序民主"的区别。④ 朱云汉等人的调查发现，不仅中国，东亚各国（地区）的大众民主观念普遍体现出重视内容和实质超过形式和程序的特点。⑤ 中国社会科学院"中国公民政治素质调查与研究"(2011)同样显示：超过八成的中国公民认为民主是一个国家的政府和领导人真正代表人民的利益，为人民服务，受人民监督；这种"中国文化背景下的民主""重视道

---

① 参见张明澍《中国人想要什么样民主——中国"政治人"2012》，社会科学文献出版社2013年版，第41—43页。

② 英国时政杂志《经济学人》(Economist)从2006年开始发布年度"民主指数"(democracy index)来评估167个国家的民主程度。这一指数基于60个问题答案的加权平均值，每个问题有2—3个答案选项，分别对应一定的分数。各个国家大部分问题的答案和评分来自专家的评估，少部分来自对公众意见的调查。对于缺少民意调查的国家，则全部采用专家评估的结果。

③ 参见 Democracy Perception Index – 2020 – Dalia Research, https://daliaresearch.com/blog/democracy-perception-index-2020/.

④ 参见玛雅《中国人的民主价值观——专访美国杜克大学政治学教授史天健》，《凤凰周刊》2009年4月3日。

⑤ 参见 Yun-han Chu, Larry Diamond, Andrew J. Nathan, and Doh Chull Shin (eds.), *How East Asian View Democracy*, New York: Columbia University Press, 2008.

德，重视人治，重视内在和实质，而不是外在的制度和程序"①。虽然调查者本人可能并不认同大众的这种"伦理主义"而非"科学主义"的民主观念，②但学术的首要目的是解释事实。

实际上，与其说中国社会有特殊的民主观，不如说中国人有不同于西方的政治思维习惯，而在"民主"话语流行的当代被冠以了"民主"之名而已。应该借用现象学的格言，"面向实事本身"。即问题不是如何厘清"民主"之名，而是怎样面对和解释这种潜藏于中国社会深处又必然影响中国政治现实的政治观念本身？既然西方的政治理论与中国的政治观念事实大相凿枘，就只能依赖本土的思想资源进行原创的理论构建。真正原生的、能解释本土现实的理论创新必然要以自身的思想传统为汲取原料、生根发芽的土壤。比如，王绍光认为中国的民主观是"政道"层面上的。③这种"政道"源于中国古代的政治思想，并形成了贯穿古今的政治思维传统。④ 因此，应当从文化连续性的角度理解当代中国社会政治文化的内在逻辑，这就需要开展相关的政治思想史研究。

然而，古代的思想与现代的观念在话语形态上的变迁早已沧海桑田，在政治思想领域尤甚。因此，核心概念的选择与研究方法的设计成为政治思想史研究首先面临的挑战。如果直接袭用传统词汇或稍加改造，如"王道""天下""政道""治体"等，则太过笼统、言不尽意，缺乏现代社会科学要求的明晰直白；如果囫囵吞枣、不加辨析地直接使用西方社会科学流行的术语，又容易陷入类似上述"民主"评估中是耶非耶的认识混乱。思想史研究作为历史研究的一个分支，集中体现了"历史的当代性"。克罗齐（B. Croce）说："一切真的历史都是当代史。……人类所真正需要的是在想象中去重现过去，并从现在去重想过去，不是使自己脱离现在，回

---

① 张明澍：《中国人想要什么样民主——中国"政治人"2012》，社会科学文献出版社2013年版，第54页。

② 张明澍：《中国人想要什么样民主——中国"政治人"2012》，社会科学文献出版社2013年版，第285—295页。

③ 参见王绍光《传统政道思维与当代治国理念》，载氏著《中国·政道》，中国人民大学出版社2014年版，第108页。

④ 参见王绍光《政体与政道——中西政治分析的异同》，载氏著《中国·政道》，中国人民大学出版社2014年版，第20页。

到已死的过去。"① 柯林伍德（R. G. Collingwood）接着克罗齐，进一步阐明："历史的过程不是单纯事件的过程而是行动的过程，它有一个由思想的过程所构成的内在方面；而历史学家所要寻求的正是这些思想过程。一切历史都是思想史。……一切的历史，都是历史学家自己的心灵中重演过去的思想。"② 由是观之，思想史研究毋宁说是当代关怀与历史再现的统一，概念的选择自然也宜兼顾古今。

有鉴于此，本书提炼和论述的"政治公共性"③ 概念正是一次新的尝试，既有传统渊源，又有现代学术概念的形式。"公"是古代思想固有的词语，内涵丰富。但是，"政治公共性"观念研究不等于"公"的概念研究。就像流行的民本思想研究不是对古代文献中"民本"概念的研究——实际上古文献中并没有"民本"这一固定的词汇；古代贤能政治思想研究也不是对古代文献中"贤""能"概念的研究——古文献中同样没有"贤能政治"这一固定词组。但这都不妨碍"民本主义""贤能政治"等社会科学式的概念成为思想史研究的有效工具。不过，"民本主义""贤能政治"显得太过具体，管中窥豹，不能满足对统括全局、贯穿古今之纲领性概念的要求。"政治公共性"相较而言可能具有更广泛的解释力。同时，作为现代社会科学式的概念，"政治公共性"既非生造之词，令人感到陌生与费解；也不像"专制""宪政"，内涵早已基本确定，难以重置；或者像"民主""威权"一样聚讼纷纭，参战其中也未必能有所廓清。参考现代学术界既有的"公共性"（publicness）概念，对中国古代"政治公共性"观念传统的整理犹如一座借鉴其他作品的构造经验全新设计的建筑工程。二者名虽相同，实则迥异。毋宁说，由中国政治思想传统提炼出的"政治公共性"观念与既有的"publicness"概念及其翻译（"公共性"）只是在取名和构词上偶合而已。

---

① ［意］贝奈戴托·克罗齐：《历史学的理论和实际》，傅任敢译，商务印书馆1982年版，第221页。

② ［英］柯林武德：《历史的观念》，何兆武、张文杰译，商务印书馆1997年版，第302—303页。

③ "政治公共性"是"政治"+"公共性"构成的词组，是指政治的公共性或公共性的政治。将"政治"与"公共性"联系起来是常见现象，甚至直接使用这一构词以代表或阐释某种政治思想的也有先例，比如涂文娟《复兴政治公共性——汉娜·阿伦特对政治本质的理解》（《云梦学刊》2010年第2期）。但这些用法与本研究的"政治公共性"概念只是名称相似，内涵却不同。

现代学术界常见的"公共性"概念主要有两种使用语境：一是在政治学和社会学意义上，主要是指公共领域/公共空间；二是在公共管理学或行政学意义上，主要是指"行政公共性"。公共领域有时包含或主要是指公民及团体进行政治参与的领域，或曰政治领域；有时又排除政治领域，是指介于国家政治领域和私人生活领域之间的社会性公共领域。实际上，社会性公共领域也可以看作政治性公共领域的延伸，其本质都是公民参与公共生活的空间。另外，还有其他语境。比如，有时共和主义语境中的共同善、公共德性等也会被称为"公共性"，自由主义语境中的程序正义、公共理性等也会被称为"公共性"。但它们也都是在很大程度上与公共领域相关联的。① 所谓"行政公共性"则是指，政府进行公共管理、提供公共服务等一切行政活动都以增进公共利益为价值取向和最高目标。② 后一种语境中"公共性"概念出现的频率明显高于前一种语境。

相对于这两种流行的"公共性"用法，本书的"政治公共性"概念自有其独特内涵，姑且言之，则近似于行政公共性的基本价值原则（服务于公共利益）遍布于全部政治生活的各个方面和层次，以及这种价值原则具有更高度的抽象性、普遍性和政治（不仅是行政）规范性，因此与西方政治哲学传统中以"公共领域"为根本的"公共性"形成对照。反过来说，由于公共管理或行政学的应用属性，"公共性"概念的使用往往缺少行政哲学的理论基础，部分有心者致力于以西方政治哲学传统中的"公共性"为前者的思想渊源，但二者之间的逻辑关系并非顺畅无碍。③ 相比之下，恰恰是本书所论的中国传统的"政治公共性"观念更有可能合乎逻辑地为行政公共性提供价值指导和理论支持。

此前已有少数学者使用"公共性"概念讨论中国传统政治思想，但基

---

① 政治哲学家阿伦特、哈贝马斯、罗尔斯等人的研究最有代表性。中国学界的政治哲学或社会理论研究者对于从西方引进的这类"公共性"理论大多是"照着讲"或"接着讲"。

② 参见［美］戴维·H. 罗森布鲁姆、罗伯特·S. 克拉夫丘克《公共行政学：管理、政治和法律的途径》，张成福译，中国人民大学出版社2002年版。

③ 反映在现实政治中就是，政务官与事务官两个序列独立并行，或者市民社会的自治与官僚系统的理性行政之间存在张力，事务官即理性官僚，选举产生的政务官则与市民社会相连，两个系统井水不犯河水。

本上仍限于西方政治哲学所界定的理论模型。① 其中，值得注意的是刘学斌《中国传统政治思想中的公共观念研究》一书。刘著指出公共性是人类国家政治和政治思想的基本性质，"在不同时代、不同政治思想中都存在，只是具体方式、程度有异"，"中国传统社会中也可能存在具有一定的公共性的观念即公共观念"，② 因此在论述中并未拘泥于西方式"公共性"的典型标准，如公共领域、公民参与等。但该著既然默认现代西方政治学和行政学话语体系对"公共性"内涵的界定，则为了避开这一约束，便不得不在最宽泛和模糊的意义上使用"公共性"一词，将那些"看似"具有公共性特征的政治思想简单陈列，机械地赋予"公共性"之名，而缺少更为深入、全面的论证。比如，某些观念在何种标准下是"政治的"和"公共的"？诸多公共性的政治观念之间是否存在统一的逻辑关联，形成一个整体性的概念、有着独特的内涵，从而与西方政治哲学的"公共性"形成对照？尤其重要的是，传统的公共性观念与现代中国的政治形态有无继承关系？因此，该著立意虽佳，实则未能真正地发掘出"中国传统政治思想中的公共观念"。

一个学术概念的成立与否，取决于其所描述的对象是否真实存在，以及能否与之建立可信的指称关系，这要求概念能够为所有涵括的描述对象提供贯通性、体系性的解释。本书围绕周秦两汉"政治公共性"观念而次第展开的论述，希望可以重建古代思想史的框架，并通过提炼出一个独特的"政治公共性"观念传统，为现代中国特殊的政治思维之形成提供一个有参考价值的思想背景和逻辑线索。

为了更好地完成这一任务，研究方法的选择也不能因循俗套。主流的

---

① 比如，葛荃认为传统思想对于民众利益的观照，是社会关怀、社会责任即社会性，而非公共性的体现。因为，按照阿伦特、哈贝马斯等人的界定，"公共性是公共领域的属性"，表现为公民个人对政治事务或公共事务的理性批判、平等对话和广泛参与。（葛荃：《社会性与公共性析论——兼论中国社会三层次说及其方法论意义》，《学习与探索》2013年第10期。）任锋关注宋代及之后盛行的共治、公论、公议、公法等政治文化，认为这体现了中国近世政治的"公共性"，构成中国的"宪制传统"，由此可以理解中国的现代转型。（任锋：《再造家国：治体论与近世秩序的公共性和法度化》，《中国政治学》2019年第1期。）实际上，这种考察仍然是在西方政治哲学的"公共性"观念框架之下展开的。

② 刘学斌：《中国传统政治思想中的公共观念研究》，天津人民出版社2018年版，第26、29页。

思想史写法是以思想家和学派为脉络，或者以外延相对清晰的思潮为对象而梳理相关文本。大多数情况下，由于缺少连贯的思想线索，人们只能将史料简单地选摘翻译和分类罗列。社会学创始人孔德批评前社会科学时代的历史研究为"没有形状的一堆事物被不恰当地称作历史"（The shapeless heap of facts improperly called history）。① 中国政治思想史研究虽已汲汲于获取社会科学的助力而不至于如此不堪，但整体而言，古代政治思想仍像是"没有形状的一堆事物"，缺少贯穿性的洞见。如学者所言："长期以来，中国政治思想史和中国政治制度史的教学与科研，已经成为政治学领域的洼地、绝港。人们发现，似乎难以在这些学术领域的知识贡献与政治学的实质进展之间寻找到具有启发性的关联，其知识产出既难以在政治学其他领域获得拓展转换，也难以在政治学以外的人文社会科学中（如历史学、哲学、法学和社会学）确立属于政治学特有的学术贡献与尊严。"② 中国政治思想史研究的突破既要摆脱西方理论与话语体系的支配和阉割，同时更重要的是找到自己的思维脉络，对文本进行更高级的诠释。伽达默尔（Gadamer）指出："历史的联系最终必须被理解成一种意义联系。这种意义联系从根本上就超越了个体的体验视域。意义联系就像一件巨大而又陌生的文本，诠释学必须帮助对它进行破译。"③ 思想史内部的意义联系和思维脉络所构成的巨大"文本"，必须超越分门别派、编修家谱、胪列行状式的研究，进行更加整体性、综合性的诠释。对于本书而言，"政治公共性"观念不是一个有形的文本式概念，而是一种弥散性思想的历史存在，是潜藏并贯通于具体文本之底层的思想史事实。因此，围绕统摄力强的中心观念进行整体性研究便成了合理的选择。

　　社会史研究经常诉诸"集合体人格化"的方法。④ 思想史研究中也有相近的路径：把所引思想史材料的作者假想为同一个"人"，这个"人"带着对时代问题的普遍性关怀，遵循统一的逻辑进行"思考"，从中可以

---

① 参见 Stanislav Andreski, *The Essential Comte*, London: Croom Helm, 1974, p.204。
② 任锋：《中国政治传统研究与历史政治学的可能性》，《学术月刊》2020 年第 1 期。
③ ［德］伽达默尔：《真理与方法：哲学诠释学的基本特征》，洪汉鼎译，上海译文出版社 2004 年版，第 255 页。
④ 参见［法］安托万·普罗斯特《历史学十二讲》（增订本），王春华译，北京大学出版社 2018 年版，第 239 页。

梳理出一种潜在的集体性政治观念。戈登·伍德（G. S. Wood）的成名作《美利坚共和国的缔造：1776—1787》就使用了类似的研究方法。伍德将美国革命处理成一场思想革命。①李剑鸣指出，这种处理的一大挑战在于如何把握思想史的"众声喧哗"与整体趋向之间的关系——与本书处理的问题颇为相似。"要把某一类发表政治言辞的众人假定为一个具有共同理性的个人，借助从他们的纷杂言论中清理出来的关联性，人为地构筑一个思想观念的演变轨迹及其内在逻辑，以此展现特定时代的思想观念变化的大趋势。"为此，伍德"不得不虚拟一个用同一个大脑思考的'美利坚人'，这个'美利坚人'遵循某种逻辑进行思考，其思考的结果就是'美利坚政治科学'的形成"②。这种方法在伍德的《美国革命的激进主义》中表现得更为明显。这部思想史著作并没有以思想人物为叙事线索，而是以君主制、共和制、民主制三个维度为框架，从社会关系的变迁、经济利益的驱动、思想观念的演进等诸方面，全景式再现了美国革命中的激进主义是如何作为各种显性思想论争和社会剧变的潜在思维背景的。唯其如此，那些革命者和制宪精英的具体主张才能得到更通彻的解释。可以说，伍德的研究不是关于某些思想家的思想史，而是关于革命时代全体美国人作为一个"集体人格"的思想史。③

芬利（M. Finley）的名作《奥德修斯的世界》也是一个合适的案例。他承认"荷马"可能是一个诗人群体的统称，《伊利亚特》和《奥德赛》并非出于同一人之手，且二者在魔法和奇迹的使用、英雄与神祇的关系、诸神行为的动机乃至叙事的风格与结构等方面都有明显不同。但芬利仍然认为可以在"提及荷马时把他当作一个人，仿佛《伊利亚特》和《奥德赛》是出自一人之手。这样会带来某些歪曲，然而误差能够被控制在可以接受的最小范围内"，从而对希腊历史上某个时期共通的社会生活和思想观念概括出一个统一的模式，就像"那种由现代人类学从不同宗教和世界

---

① 参见［美］戈登·S. 伍德《美利坚共和国的缔造：1776—1787》，朱妍兰译，译林出版社2016年版。
② 李剑鸣：《戈登·伍德与美国早期政治史研究》，《四川大学学报》（哲学社会科学版）2013年第5期。
③ 参见［美］戈登·S. 伍德《美国革命的激进主义》，傅国英译，商务印书馆2011年版。

各大洲上找到了印证的礼物交换体制"①一样。

在中国政治思想史研究领域也有类似的尝试。刘泽华抛弃了以"百家"为脉络的研究路径，提出了整体性的解释框架，即"王权主义"论述。只不过，刘泽华的"王权主义"首先是一个宏观历史学假说，是从思想史外部借用的分析工具以处理思想史材料，而非从思想史内部提炼出的阐释脉络。虽然其假说本身庸俗武断，但在中国古代政治思想研究方法上的突破仍然值得称道。以色列汉学家尤锐（Yuri Pines）也尝试运用这种综合性的研究方法，即"界定一种大多数当时思想家和政治家都积极参与了的共通话语构成的宽泛概观"，"寻找共同的主题"。这种研究方法的一个重要特征是，"讨论不单单建立在个别文本或段落的不同解读上，而是建立在更广泛的能够强化论点说服力的样本上"②。因此，多学科、各领域的知识成果的多方面支持对于整体式的思想史研究至关重要。

不过，在政治思想史研究中借用上述"新文化史学"的方法，固然有助于开展整体性思考，但不同于新文化史学关注普通个人和大众文化，政治思想史的研究对象是各个具有自身逻辑体系的精英思想，其间的通约殊非易事。因此，如李剑鸣所说，"问题是，同一时空中的众人在观念上可能缺乏足够的同一性，而不同时期相继出现的政治见解也很难说必定有明晰的承袭或演进的脉络；于是，要把不同的人在不同的语境中表达的见解整合在同一个系统中，总不免带有'发明'和'想象'的性质"③。中国古代"政治公共性"观念的研究既然采用这种方法，也必将面临这种耽于想象的危险和"发明历史"的批评。但凡事难求尽如人意，一项学术研究但凡有一点知识贡献，或者哪怕只是提出了一个值得对待的问题，也便不算是浪费笔墨纸张了。

最后，交代一下本书选取的历史时段。先秦是中国传统思想的渊薮，以之为对象来研究"政治公共性"观念的产生和原初形态，最是理所当

---

① ［英］M. I. 芬利：《奥德修斯的世界》，刘淳、曾毅译，北京大学出版社2019年版，第45页。

② ［以色列］尤锐：《展望永恒帝国：战国时代的中国政治思想》，孙英刚译，上海古籍出版社2013年版，第9—10页。

③ 李剑鸣：《戈登·伍德与美国早期政治史研究》，《四川大学学报》（哲学社会科学版）2013年第5期。

然。之所以将汉代囊括在内，则是因为先秦的典籍有很多是在秦汉时期完成或整理出来的。除了儒、墨之外的大部分学派之名也是在汉代定型的。同时，秦汉国家还是先秦政治思想在大一统国家的第一次实践，由此产生的反应也成为调整和完善先秦政治思想的重要内容。总之，包括"政治公共性"观念在内的中国古代政治文化是在秦汉时代奠定了其主流形态的。李泽厚指出，"秦汉时期不但在物质文明（从生产到科技）以及疆土领域上为中国后代打下了坚实的基础，而且在精神文明方面（包括文艺、思想、风俗、习惯等领域）也如此。正是在汉代，最终形成了中国独特的文化—心理结构。这个文化—心理结构，虽然应溯源于远古，却成熟于汉代"①。因此，有必要将周秦两汉视作思想史研究的整体对象，视作"古典中国政治科学"逐渐构建并成形于其间的完整时段。

---

① 李泽厚：《中国古代思想史论》，生活·读书·新知三联书店2008年版，第181页。

目 录

第一章 古代政治文化的内在结构 ……………………………… (1)
　第一节 君主政治作为矛盾统一体 ……………………………… (1)
　　一 专制与否的争论 …………………………………………… (1)
　　二 专制主义的滥用 …………………………………………… (7)
　　三 专制之外的传统 …………………………………………… (13)
　第二节 政治公共性内涵辨析 …………………………………… (21)
　　一 公与政治公共性 …………………………………………… (21)
　　二 家国间的公与私 …………………………………………… (26)
　　三 政治公共性例说 …………………………………………… (34)
　　　（一）关于政权权威之来源 ………………………………… (39)
　　　（二）关于国计民生之要务 ………………………………… (41)
　　　（三）关于社会秩序之规范 ………………………………… (42)
　　　（四）关于君臣吏民之共治 ………………………………… (43)

第二章 政治权威公共性的观念 …………………………………… (46)
　第一节 天命的重构 ……………………………………………… (46)
　　一 君权帝命与君职天命 ……………………………………… (46)
　　　（一）商人的帝命观 ………………………………………… (47)
　　　（二）天命靡常与天命不易 ………………………………… (51)
　　　（三）两种政治原理的混合 ………………………………… (60)
　　二 国家祭祀的制度变迁 ……………………………………… (64)
　　　（一）乐舞：从通神到收族 ………………………………… (64)

（二）大典：从祭祖到祭天 …………………………………… (73)
　　三　汤武之事与再造革命 ……………………………………… (80)
　　　　（一）汤武革命的限定性 ……………………………………… (80)
　　　　（二）禅让的公共性与私人性 ………………………………… (83)
　第二节　合法性的新资源 …………………………………………… (90)
　　一　帝制国家的合法性需求 …………………………………… (90)
　　二　数术之学与法天之政 ……………………………………… (95)
　　　　（一）德运式正统 …………………………………………… (100)
　　　　（二）时令式行政 …………………………………………… (104)
　　　　（三）数列式官制 …………………………………………… (107)
　　三　行礼如仪与复古政治 ……………………………………… (111)
　　　　（一）仪式道德与学而时习 ………………………………… (111)
　　　　（二）古礼复兴与圣王崇拜 ………………………………… (117)
　　四　述而不作与公共话语 ……………………………………… (124)
　　　　（一）历史即义理 …………………………………………… (124)
　　　　（二）尊经即贵公 …………………………………………… (127)

第三章　社会秩序公共性的观念 …………………………………… (137)
　第一节　宗教观与宇宙论 …………………………………………… (137)
　　一　从祖先崇拜到角色秩序 …………………………………… (137)
　　二　从观乎人文到关联宇宙 …………………………………… (144)
　　　　（一）中国神话的晚出 ……………………………………… (145)
　　　　（二）中西哲学的不同底色 ………………………………… (149)
　　　　（三）阴阳五行的人文之本 ………………………………… (151)
　第二节　正名与人伦秩序 …………………………………………… (158)
　　一　礼俗的大众化与名目化 …………………………………… (158)
　　　　（一）宗法制的家父长支配 ………………………………… (159)
　　　　（二）丧服制与大众化伦理 ………………………………… (163)
　　　　（三）礼义：礼俗的名目化 ………………………………… (167)
　　二　伦理的前置性与内在化 …………………………………… (174)
　　　　（一）答案的预定与论证的角度 …………………………… (175)

（二）内化的阶段与道德的属性……………………（182）
　三　儒家家国观的三个层次……………………………（195）
　　（一）化家为国的理念建构和历史现实……………（195）
　　（二）家国之间的主客关系与立国为家……………（200）
　　（三）家的譬喻与家国同构的另一种情形…………（205）
第三节　刑名与齐民秩序……………………………………（210）
　一　身份责任下的编户齐民……………………………（212）
　　（一）四民之分与国野之别…………………………（213）
　　（二）编户齐民的公共身份与责任…………………（216）
　　（三）法家价值观的是与非…………………………（220）
　二　从重刑主义到合理主义……………………………（225）
　三　内礼外法与礼法同归………………………………（235）
　　（一）礼仪的法典化…………………………………（237）
　　（二）礼义的法理化…………………………………（242）
　　（三）礼法同归于平民社会…………………………（244）
第四节　无名与交利秩序……………………………………（253）
　　（一）伦理之名的反对意见…………………………（255）
　　（二）从兼爱到名辩与无名…………………………（260）

第四章　政务职事公共性的观念……………………………（269）
第一节　宗教观与共同体……………………………………（269）
　一　从自然崇拜到社会团结……………………………（269）
　二　共同体中的公利与公事……………………………（279）
　　（一）邑社共同体的生活……………………………（279）
　　（二）国家共同体的拟制……………………………（283）
第二节　经世的议题…………………………………………（288）
　一　仁政：王田与官社…………………………………（290）
　　（一）井田制的现实与理想…………………………（290）
　　（二）公共性的经济与资源管理……………………（297）
　　（三）公共性的民生与均平保障……………………（303）
　二　德治：社会自律与国家教化………………………（307）

（一）德治的意义与形态 .... (307)
　　　（二）教化的路径选择 .... (311)
　　三　强兵：用众的方法 .... (317)
　　　（一）国人的团结与尚武精神 .... (318)
　　　（二）平民时代的军政公共性 .... (322)
　　四　富国：崇本务实与轻重权衡 .... (327)
　　　（一）国家与人民的财富来源 .... (327)
　　　（二）分配与消费的公共性 .... (331)
　　　（三）公私视角下的盐铁之争 .... (335)
　第三节　民本的辩证 .... (340)
　　一　民本是目的与工具的统一 .... (341)
　　二　民本作为民主的第一前提 .... (347)

第五章　政权组织公共性的观念 .... (354)
　第一节　政权集中性 .... (354)
　　一　尊君：忠道与尚同 .... (355)
　　　（一）忠于事与忠于人 .... (356)
　　　（二）同于上：专制还是集权？ .... (360)
　　二　一统：封建与郡县 .... (365)
　　　（一）周代封建的政治统一性 .... (366)
　　　（二）重建一统的思想探索与历史路径 .... (373)
　　三　规约集权的礼制之维 .... (379)
　　　（一）礼为君长之曲防 .... (380)
　　　（二）家产官僚之轻贱 .... (382)
　　　（三）礼为士人之尊严 .... (386)
　第二节　政治责任性 .... (393)
　　一　理性行政的理念设计 .... (394)
　　　（一）理念的彻底性及其公共性前提 .... (394)
　　　（二）官僚制"早熟"的思想史解释 .... (399)
　　二　责任政治的价值之源 .... (404)
　　　（一）政治职命中的责任传导 .... (407)

（二）功绩主义中的责任自觉 ……………………………… (411)
　二　法家术论的公私之辨 ……………………………………… (416)
　　（一）术的结构性意义 …………………………………… (418)
　　（二）术的理性化辨析 …………………………………… (422)
　　（三）比较中的权术论 …………………………………… (427)
第三节　政治开放性 ……………………………………………… (431)
　一　选贤之法与士人之群 ……………………………………… (431)
　　（一）选举的公共依据 …………………………………… (432)
　　（二）士人的身份认同 …………………………………… (437)
　二　君臣之契与士人之隐 ……………………………………… (442)
　三　公共性政治团体的探索 …………………………………… (446)
　　（一）任侠对宗法家族的突破 …………………………… (447)
　　（二）墨家对任侠团体的改造 …………………………… (450)
　　（三）宗教组织的政治意义 ……………………………… (458)

第六章　政治公共性观念的凝结 ………………………………… (463)
第一节　天下作为意识形态 ……………………………………… (463)
　一　天下理想：诸子异同 ……………………………………… (463)
　　（一）殊途同归的天下愿景 ……………………………… (463)
　　（二）共同体政治的层级 ………………………………… (468)
　　（三）天下政治学的内在结构 …………………………… (473)
　二　人君无为则天下为公 ……………………………………… (479)
　三　天的政治理念之必要 ……………………………………… (485)
　　（一）义理悬设与天的譬喻 ……………………………… (485)
　　（二）宗教与自然之间的徘徊 …………………………… (490)
第二节　天下作为国家形态 ……………………………………… (505)
　一　天下的两重性与连续性 …………………………………… (505)
　　（一）天下作为中华国家 ………………………………… (506)
　　（二）在世界主义与民族主义之间 ……………………… (514)
　　（三）天下观的当代呼应 ………………………………… (520)
　二　文化地理中的公共性 ……………………………………… (526)

三　政治名号中的公共性 …………………………………… (533)
　　　　（一）有天下之号 ………………………………………… (533)
　　　　（二）谥号与年号 ………………………………………… (538)

第七章　比较视野下的政治公共性观念 ……………………… (545)
　第一节　原始共同体的两种进化论 …………………………… (545)
　第二节　中西对比：公共价值与公共领域 …………………… (553)
　　一　公共领域为本的政治观念传统 ………………………… (555)
　　二　公共价值先在的政治观念传统 ………………………… (561)
　　　　（一）传统的精神 ………………………………………… (561)
　　　　（二）内在的困境 ………………………………………… (568)
　　　　（三）革新的方向 ………………………………………… (571)

参考文献 …………………………………………………………… (576)

第 一 章

古代政治文化的内在结构

第一节　君主政治作为矛盾统一体

一　专制与否的争论

中国历史或中国文化的一大特色，在于罕有其匹的连续性。这是我们通过古代理解现代中国的基本依据。其中，政治文化可能是中国文明连续性中最核心的部分之一。张光直说："中国文明的肇始，政治文化就在其中扮演了主角。"① 甚至在某种意义上，中国文明是政治主导的文明。

政治文化的概念最早来自一种现代政治学的研究方法，由美国政治学家阿尔蒙德（G. A. Almond）在其著名的"五国公民文化"实证研究中首先使用。② 他将政治文化界定为"一个民族在特定时期流行的一套政治态度、信仰和情感"③。本书前言提到的针对当代中国公民政治态度的各种实证调查，就是阿尔蒙德政治文化研究方法在中国的应用。同时，这一概念也逐渐在更大的范围被使用，包括对中国古代政治文化的研究。比如，陈苏镇认为："'政治文化'就是一个民族在特定时期和特定环境中形成的群体政治心态。"④ 这明显是直接承袭了阿尔蒙德的定义。有些学者则在更宽泛的意义上使用这一概念，以更好地契合中国的历史传统。比如，某学者

---

① 张光直：《美术、神话与祭祀》，生活·读书·新知三联书店2013年版，第103页。
② 参见［美］加里布埃尔·A. 阿尔蒙德、西德尼·维巴《公民文化——五个国家的政治态度和民主制度》，张明澍译，商务印书馆2014年版。
③ ［美］加里布埃尔·A. 阿尔蒙德、小G. 宾厄姆·鲍威尔：《比较政治学：体系、过程和政策》，曹沛霖等译，上海译文出版社1987年版，第29页。
④ 陈苏镇：《〈春秋〉与"汉道"——两汉政治与政治文化研究》，中华书局2011年版，第5页。

在对宋代士大夫政治文化的研究中从两个层面界定"政治文化":一方面,是"政治思维的方式和政治行动的风格";另一方面,指"政治与文化两个互别而又相关的活动领域"。与该看法中的第二个层面相似,阎步克也认为,"为了适应于中国古代政治与文化之间的密切关系",在使用政治文化的概念时,"虽然也大致包含了阿尔蒙德定义的内容在内,但它更为宽泛,也经常用于指涉处于政治和文化的交界面上、兼有政治和文化性质的那些有关事项和问题"①。实际上,上述看法提出了研究中国古代政治文化的范式,即在政治与文化的互动之中,辨识二者的相互影响,尤其是文化对政治的影响,而这样的文化又以某种政治思想或理念为核心。

那么,从较宽泛的政治文化概念进行考察,中国文明连续性的政治文化传统整体上是什么呢?谭嗣同说:"二千年来之政,秦政也,皆大盗也。"②梁启超首先使用"专制"一词指称所谓的"秦政"③。此后,"专制"逐渐成为概括和批判秦汉以下的中国政治传统的不刊之论。其间虽偶有异议,如钱穆说,"中国已往政制,尽可有君主,无立宪,而非专制"④,并从相权、台谏、监察等制度试图论证,但并未得到多少响应。"专制"几乎成了中国古代政治文化的最大标签。

近年来,侯旭东撰文批评使用"专制"描述中国政治传统,引起了学界的争论。侯旭东认为"专制政体""专制主义"(despotism)的概念来自西方,原义是指君主个人对臣民的奴役式统治。以此概括秦代以来帝制时代中国的政体,是出于西方人自古以来对东方的偏见和贬低。⑤近代以来,中国人普遍接受这一概念则很大程度上是在西强中弱的背景下,被强势的西方学术话语支配的结果,是"自我东方化"。⑥ 此论一出,

---

① 阎步克:《士大夫政治演生史稿》,北京大学出版社2015年版,第23页。
② 谭嗣同:《仁学》,载蔡尚思、方行编《谭嗣同全集》下册,中华书局1981年版,第337页。
③ 梁启超在1899年9月15日《清议报》上发表的《草茅危言》中首次指出中国三千年历史是专制独裁统治。参见《饮冰室合集》第六册·《饮冰室专集》之二《自由书》,中华书局1989年版,第11—15页。
④ 钱穆:《国史大纲·引论》,商务印书馆1996年版,第22页。
⑤ 对"东方专制主义"及"亚细亚生产方式"理论更全面和深入的总结与反思,参见[英]佩里·安德森《绝对主义国家的系谱》两篇笔记"二、'亚细亚生产方式'",刘北成、龚晓庄译,上海人民出版社2016年版。
⑥ 侯旭东:《中国古代专制说的知识考古》,《近代史研究》2008年第4期。

赞同者有之;① 反对者更是不少。如黄敏兰指出,"专制"的概念有着中国本土的思想渊源,且经过了中国近现代学术史的充分论证,并非仅仅出于救亡图存的权宜之计,也不是所谓的文化殖民。②

从源头上看,"专制""专制主义""东方专制主义"的概念从亚里士多德到孟德斯鸠、黑格尔、马克思、魏特夫等人,形成了西方学术界源远流长的话语传统,也通过西学东渐成为现代中国人认识本国政治传统的理论依据。侯旭东的"知识考古"已经对此论之甚详。但是,一个概念来自西方不意味着它不能应用于解释中国,就像一个概念来自现代不等于它不能用来解释古代,只要这一概念本身对事实具有解释力。客观地说,"专制"对于古代中国政治是有解释力的。实际上,"专制"早已是一个中国化的概念,并且是一个具有高度概括力的概念。如果不考虑概念的政治化使用,排除民族文化或意识形态偏见,单就客观的学术概念而言,"专制"是中性的,是指"(最高统治者)独自掌握政权"③ 的体制。"政令之权,全出于一国之君者,曰专制";"国家之元首有无限权力,可以独断独行者,谓之专制政体"。④ 因此,中国古代政治具有专制主义属性是毋庸置疑的。阎步克的概念辨析有力地证明了中国古代政治存在专制主义,并从权力、身份、分配三方面总结了专制的标准:一是高度集中化的单一君主权力;二是全体臣民对单一君主的人格依附与单一君主对全体臣民的人身支配,君臣间无条件的统治权力与效忠义务;三是财富、资源与声望高度集中于君主个人及其家族。⑤

这样一个"专制"概念,不是在西方殖民话语体系下对中国传统的误读,而是从中国历史中抽象出来的一个具有普遍解释力的学术概念,甚至有潜力反馈给西方,以解决西方学界对"despotism、absolutism、autocracy、dictatorship、tyranny、autarchy"等相似概念(中文都可译为"专制")使用混乱的问题,打破西方人把几乎同义的"despotism"和"absolutism"分

---

① 参见白彤东《中国是如何成为专制国家的?》,《文史哲》2016 年第 5 期。
② 黄敏兰:《质疑"中国古代专制说"依据何在?——与侯旭东先生商榷》,《近代史研究》2009 年第 6 期。
③ 《现代汉语词典》释"专制"。参见中国社会科学院语言研究所词典编辑室《现代汉语词典》(第 5 版),商务印书馆 2005 年版,第 1788 页。
④ 《辞源》释"专制""专制政体"条。参见《辞源》,商务印书馆 1915 年版。
⑤ 阎步克:《政体类型学视角中的"中国专制主义"问题》,《北京大学学报》2012 年第 6 期。

别用于东西方的"东方主义"偏见。^① 所谓欧洲式的"absolutism"(直译为"绝对主义"^②)无非是指,原本国王作为封建体系和贵族统治集团的一员只具有相对的权力,即权力受到其他封建贵族的制约;而现在,国王荡平了贵族封建势力,获得了绝对的权力,实现了对全体社会成员的直接支配。这当然就是标准的专制主义。中国的皇权专制同样是在战胜贵族势力之中发展起来的。中国的"despotism"与欧洲的"absolutism"在所指对象和历史起源上没有本质的不同。

芬纳(S. E. Finer)基于词源学意义,直接用"absolutism"描述一切不受法律和程序性约束的宫廷政体,即专制主义。^③ 据此概念,在欧洲近代早期,如果说英国都铎王朝、斯图亚特王朝是否为专制主义尚有争议,那么以法国为典范的欧陆君主专制政体的存在则是毫无疑问的。作为客观中立的概念,专制不是中国或亚洲古代国家的专利,而是人类政治史中的普遍性元素。芬纳尝试以统一的标准体系衡量人类历史中出现的各种政治类型。他将政体分为最基本的四类:宫廷式政体、贵族式政体、教会式政体、广场式政体。^④ 其中,宫廷式政体就是君主专制政体,包括中华帝国、罗马帝国晚期、拜占庭帝国、哈里发帝国、奥斯曼帝国、法国代表的欧洲近代早期君主国等都是典型的专制主义国家。

但是,芬纳仍然秉持典型的"欧洲中心主义"立场,认为欧洲的君主专制不同于亚洲的同类。前者虽是专制,但不是暴政,比如"路易十四不是暴君,而是一位专制君主";^⑤ 后者则倾向于"暴政专制主义"(despotic absolutism)。前者通向了超越君主专制的现代国家,后者则自我封闭、停滞在现代政治门外。因此,虽然同为专制主义,芬纳对欧洲君主专制的评

---

① 参见阎步克《政体类型学视角中的"中国专制主义"问题》,《北京大学学报》2012年第6期。

② 参见[英]佩里·安德森《绝对主义国家的系谱》,上海人民出版社2001年版,中译者序言。

③ 参见[英]塞缪尔·E. 芬纳《统治史》卷一"概念性序言",王震、马百亮译,华东师范大学出版社2014年版。

④ 参见[英]塞缪尔·E. 芬纳《统治史》卷一"概念性序言"王震、马百亮译,华东师范大学出版社2014年版。

⑤ [英]塞缪尔·E. 芬纳:《统治史》卷三,马百亮译,华东师范大学出版社2014年版,第298页。

价要比对亚洲积极得多。

实际上，从政体本身或政治运作实际的角度区分欧洲与亚洲或中国专制主义的理由，大多是可疑的。比如，关于专制权力是否受到某种约束，"欧洲所有的专制君主都要在各自的传统法律和习俗框架之内行事，在这方面，东方的大部分专制君主也不例外"。因此，芬纳自己对于用暴政和非暴政区分亚洲与欧洲的专制主义，也充满矛盾。他说："如果将其全部定义为暴政，统治者可以随心所欲地剥夺臣民的生命、自由和财产，这也是错误的，但有些的确就是如此。如果说所有这些国家的统治者都不受任何惯例的约束，这也是错误的，例如中国的皇帝肯定要在儒家思想的框架之下行事。如果说这些国家的治理要逊于欧洲国家，这也是错误的，因为有些国家得到了更好的治理，如德川幕府时期的日本，和18世纪欧洲的大部分欧洲国家相比，都要更胜一筹。"① 如果说欧洲专制主义所受到的制衡在于教会、行会、城市等社会中间结构，亚洲国家中的教团、宗族、会社等社会力量同样可以起到类似的作用。甚至在某些方面，欧洲近代早期的所谓"绝对主义"更具专制色彩。比如，在中国古代政体中，"一系列先前的习惯、传统和风俗成了政府应当自觉遵守的传统。这一传统甚至约束了独裁统治者自身"。但是，"无论是路易十四还是查理一世都未能如此"②。从治理实效的角度看，17—18世纪的欧洲君主专制与同时代的中国相比，前者更像暴政，③ 而后者更像良政。这也是彼时的欧洲知识分子，如伏尔泰、魁奈等，热烈赞美中国政治、法律与道德的基本原因。④

---

① [英]塞缪尔·E. 芬纳：《统治史》卷三，马百亮译，华东师范大学出版社2014年版，第297—298、262—263页。

② [英]塞缪尔·E. 芬纳：《统治史》卷二，王震译，华东师范大学出版社2014年版，第221页。

③ 法国国王路易十五有句名言："我死之后，将会洪水滔天！"（法文是"Après moi, le déluge"；英文是"After me, the flood"。）也有观点认为此言为路易十四或路易十六所发，或由路易十五的情妇蓬巴杜夫人（Madame de Pompadour）首创，而为路易十五所借用。

④ 魁奈（Francois Quesnay）说，"用专制一词来称呼中国政府，是因为中国的君主独掌国家大权。专制君主意指主管者或当权者，因此这个称呼可以用于执行法定绝对权力的统治者，也可以用于篡夺权力的统治者，而后者执政不论好坏，其政府都不受基本法则的保护。这样就有合法的专制君主与为所欲为的或不合法的专制君主之分……君主、皇帝、国王以及其他，等等，都是专制君主"。"中国的制度建立于明智和确定不移的法律之上，皇帝执行这些法律，而他自己也审慎地遵守这些法律。"因此，中国的专制政体是合法的君主专制。（[法]魁奈：《中华帝国的专制制度》，谈敏译，商务印书馆1992年版，第73—76页。）

那么，欧洲的君主专制不同于亚洲或中国的根本之处，或者说支持那种欧洲专制主义优越论的真正理由，到底是什么？芬纳认为是政治思想和观念上的差距。他说："政府和个人之间的关系必须建立在法律基础之上，个人拥有某些固定的权利，因此只有通过适当的程序，才能对这些权利进行剥夺，这一思想标志着这些新生的欧洲国家和亚洲国家之间的本质差异。"[1] 由于公民权利概念的缺失、公民与政府之间契约概念的缺失，亚洲专制主义没能发展出新的政治形态，而欧洲国家则凭借这些思想观念改造，甚至革除了君主专制，走向了政治的现代化。因此，决定欧洲专制主义优于东方或中国的理由不在于君主专制政体本身的区别，而在于前者伴随着特定的政治思想观念，这种指向自由民主的思想观念被认定是通往政治现代化的不二法门。东方或中国的专制主义传统缺少这一思想观念元素与之并行，不具备政治现代化的内在诉求和潜力，因此是异于西方的，是劣等的。这种欠缺是所谓的"东方性"之本质。

然而，上述观点的问题是：难道只有个人主义的权利观念、公民与政府之间的契约理论才是将君主专制政体进行现代化革新的唯一思想因素？难道超越君主专制的现代政治形态只能是西方式的自由民主政体？现代中国的政治转型和发展虽然还未最终完成，但其所展现出的特有形态既不同于短命的苏东共产主义国家，也迥异于西方式的自由民主政体，这在很大程度上已经表明政治现代化的标准有更深层的内涵，不能被单一的政体表象所概括，而通往政治现代化的道路也不是唯一的。亚洲或中国的政治传统中完全有可能蕴含超越君主专制、实现政治迭代更新的内在潜力。即使这种潜力的发挥还有赖于某种外部思想因素的刺激、资助或补充，但这种潜力的存在本身就是首要的，是值得认真探讨的。

总之，要想避免"自我东方化"，与其拒绝"专制"的概念，不如尊重社会科学的客观性、普遍性，基于专制作为人类政治史上的普遍性存在，大大方方地承认中国古代的专制政治属性。重要的是寻找政治文化传统中是否存在能够超越君主专制、通往现代政治的内在元素，就像欧洲以个人权利为中心的思想体系对君主专制政体的超越一样。如果存在异质于

---

[1] [英]塞缪尔·E. 芬纳：《统治史》卷三，马百亮译，华东师范大学出版社2014年版，第262页。

专制主义且内含超越后者之力量的政治文化元素，那么这个元素究竟是什么？这才是反思中国专制主义传统所最应关心和回答的问题。

二　专制主义的滥用

侯旭东的意见虽然不能推翻"专制"概念在描述中国古代政治传统上的合理性，但他指出的中文学界的"自我东方化"却并非无的放矢。只不过，"自我东方化"的矛头指向的不应是"中国专制说"本身，而应是将专制主义对古代政治和思想文化的解释无限扩大化的做法。反对"自我东方化"不是否定本国政治史上有过的前现代状态——这本就是人类历史的普遍现象，而是破除以西方政治现代化道路为普世圭臬和唯一真理的思维，是要在承认自身专制传统的基础上，寻找不同于西方的、符合中国思想内在发展逻辑的政治现代化动力。如果在西方中心论的笼罩下，仅仅因为与西方历史条件不同，就将一切中国政治传统都冠以"专制主义"之名，否定中国政治文化内在发展的潜在可能，那就失去了对中国政治文化传统特殊性的独立判断，即"自我东方化"了。因此，"中国专制说"真正的问题不在于解释力的有无，而是它的解释是否全面。如果不够全面，却强行使用"专制主义"解释整个中国古代的政治与文化传统，形而上学般地视其为第一原理，忽视真正具有中国文化特殊性的思想元素，就出现了"专制主义"原理的滥用。这种滥用才是"自我东方化"的真正病症。

比如，秦晖从共同体的视角诠释了"东方专制主义"的政治传统。他认为，相比于西欧甚至俄国传统社会，中国历史上"小共同体本位""乡村自治"的传统是相对淡薄的，真正的主流是反宗法的法家传统和"大共同体本位"、编户齐民社会。与前近代西方相比，中国传统政治具有鲜明的"国家（王朝）主义"而不是"家族主义"特征。"大共同体本位"或"国家（王朝）主义"就是专制国家本位和君主极权统治。"秦开创了大共同体一元化统治和压抑小共同体的法家传统，从小共同体解体导致的'私有制'来看似乎十分'现代'，但这只是'伪现代'。因为这里小共同体的解体并非由公民个人权利的成长，而是由大共同体的膨胀所致。而大共同体的膨胀既然连小共同体的存在都不容，就更无公民权利生长的余地了。"秦晖认为"儒表法里"或"内儒外法"，就是"在表面上承认多元共同体权威（同等尊崇皇权、族权、父权、绅权等）而实际上独尊一元化的大共同体；讲的是性善论，信的是性恶论；口头的伦理中心主义实际的权力中心主义；表面上是吏的儒化而实质上是儒的吏化"。①

这样的理解显然错误地夸大了专制因素在整个中国古代政治传统中的比重。古代专制作为一人主权制，权力的集中程度相比于现代世界特有的"大共同体主义"或"国家主义""极权主义"是很有限的。实际上，宋至明清是君主专制程度不断强化的时期，同时是宗族社会等"小共同体"逐渐发达的时期。国家对于族权、父权、绅权的承认也绝非表面文章，而是有着实实在在的制度保障；并且在秦汉之后，它们与专制主义的发展也几乎是同步成长，并一起在明清之后达到高峰。所谓的"大共同体本位"，实质上是在某种意识形态的支配下，将专制主义原理无限扩大后，对古代政治社会的理论虚构。

专制主义叙事扩大化的重灾区在政治思想史研究领域，以所谓的"王权主义"学派最为典型。"王权主义"首先是一种历史观，基本观点是政治决定经济或权力支配社会，以取代传统的经济决定论。如刘泽华等说，"古代政治权力支配着社会的一切方面，支配着社会的资源、资料和财富，支配着农、工、商业和文化、教育、科学、技术，支配着一切社会成员的得失荣辱甚至生死。在这里，从物到人，从躯体到灵魂，都程度不同地听凭政治权力的驱使"②。而在古代中国，决定性或源头性的政治权力就是专制王权。因此，无所谓国家政治，有的只是君主专制。所谓政治支配社会，其实是王权支配社会，王权支配一切。刘泽华说："我不用'官僚政治'这一术语，君主要实现其统治固然要使用和依靠大批官僚，但官僚不是政治的主体，而只是君主的臣子、奴仆，因此不可能有独立的'官僚政治'及其他学者提出的'学士政治''士人政治'等。君主可以有各式各样的变态，如母后、权臣、宦官，等等，但其体制基本是一样的。"③

其实，单论政治或权力因素对社会经济或财富的影响，在史学界并非新义。芬利指出，"中东诸经济体为大型宫殿和神庙所主宰，它们拥有大部分可耕地，实际上垄断了任何可称为'工业生产'的东西以及对外贸易

---

① 秦晖：《传统十论》，东方出版社2014年版，第70—71、71—72页。
② 刘泽华、汪茂和、王兰仲：《专制权力与中国社会》，天津古籍出版社2005年版，第233页。
③ 刘泽华：《王权支配社会的几个基本理论》，《历史教学》（上半月刊）2018年第2期。

（包括城市之间的贸易，并不仅仅是和外国的贸易），并完全通过一个复杂的、官僚的、保留档案的管理方式组织经济、军事、政治与宗教生活，我能想到的描述这种方式的最好词语是广义的'配给'"。在古希腊罗马，"'政治上赚钱'的机会怎么夸张也不过分"。城邦时代的财富主要来自战争和劫掠，"首先就是显贵手中，然后成比例递减地流入骑士、士兵，甚至是罗马城的平民手中"。"当罗马帝国的相对和平和安宁（以及皇帝的利益）终结了这类可能性的时候，个人改由另一个技巧从战争和行政管理中致富，即以希腊化世界为模式的皇室恩惠。可以说，这是帝国版本的政治致富道路。"比如，"皇帝本人是最大的土地所有者"①，而"获取财富的捷径是通过担任管理皇帝事务的代理人"②。总之，"古代世界经济选择的模式，或者说投资的模式，会给予身份地位这一因素相当大的分量"③。经济史学家海伯纳（Heilbroner）从更一般性的角度指出："在前市场社会（其中包括农业社会）财富是尾随权力的，不像在市场社会中权力是尾随财富的。"④

政治决定社会经济的历史观或权力分析方法在中国史研究中也不鲜见。比如王家范提出"政治一体化"假说，认为古代中国在政治、经济、文化三大系统中，"政治又是居高临下，包容并支配着经济和文化，造成了所谓'政治一体化'的特殊结构类型。经济是大国政治的经济，即着眼于大国专制集权体制的经济，私人经济没有独立的地位；文化是高度政治伦理化的文化，着眼于大国专制一统为主旨的意识形态整合的功能……一切都被政治化，一切都以政治为转移"⑤。李开元以汉帝国的建立和刘邦集团为例，提炼出"军功受益阶层"作为分析古代中国政治的贯通性概念，并认为古代政治的本质是"马上天下""军功政治"。即"由夺取了政权的政治军事集团转化而来的军功受益阶层，利用政权全面地支配社会总财富和国家生活的各个方面……武力产生了政权，政治决定着经济、身份、

---

① ［英］M. I. 芬利：《古代经济》，黄洋译，商务印书馆2020年版，第45、70—71、101页。
② ［古罗马］塔西佗：《编年史》，王以铸、崔妙因译，商务印书馆2009年版，第641页。
③ ［英］M. I. 芬利：《古代经济》，黄洋译，商务印书馆2020年版，第75页。
④ 转引自［美］格尔哈特·伦斯基《权力与特权：社会分层的理论》，关信平、陈宗显、谢晋宇译，社会科学文献出版社2018年版，第285页。
⑤ 王家范：《中国历史通论》（增订本），生活·读书·新知三联书店2019年版，第12页。

文化等其他方面。……中华帝国二千年之王朝循环，王朝官僚体制之长存，经济社会和市民社会之迟迟难以确立，都不能不追及于马上天下之宿命"①。

但是，这种观点只是历史解释的众多维度之一，不必然排斥其他的分析视角。而刘泽华等人的"王权主义"方法的最大特点是将"王权/君主专制权力"形而上学化，视之为解释中国历史一切现象的终极原理，具有近乎无限的解释力，并否定其他政治社会原理的存在。这与刘泽华所欲取代的经济基础决定论虽然立场相对，但同样都是形而上学思维下的产物，固执于某个历史解释因素的过度使用和无限引申。这样的"王权主义"与一般的政治决定论不同。比如，王家范强调的政治一统、李开元提出的军功阶层作为决定性的政治原则或势力，并不完全等同于君主一人专制。而"王权主义"对专制主义原理的滥用则表现在将王权扩大化为或直接等同于国家权力，将专制原理直接等同于全部政治规则。因此，对"王权主义"来说，古代中国的政治决定论与系于一人的王权决定论是一回事。但这显然不能得到所有历史学者的认同。张金光也提出了"国家权力中心论"，认为中国古代社会的本体意义的"一"，"就是国家、国家权力"。"在中国历史上，国家权力这一维度是维中之维，纲中之纲，国家权力决定一切，支配一切。在中国不是民间社会决定国家，而是国家权力塑造社会，国家权力、意志、体制，支配、决定社会面貌……官民二元对立是中国古代社会阶级结构的基本格局。""王土""王民""王权"，"此之谓中国古代国家权力形态之'三纲'"。这似乎和刘泽华的论调很接近。但张金光又明确指出："必须对'王'加以正名。吾之所谓'王土''王民''王权'之'王'，并不能简单地理解为一个'个体'，而是一个大写的符号，即国家权力的符号。这是中国文明的特殊概念。明乎此，才可以谈论和解读中国问题中各种冠以'王'字概念的真正意蕴及其本质属性。"② 按照张金光的意见，同样是政治或权力决定论，一人专制的王权与以"王"为名的国家权力是必须加以区分的。

尽管对专制主义解释力的无限使用失于武断，如果"王权主义"止步

---

① 李开元：《汉帝国的建立与刘邦集团：军功受益阶层研究》，生活·读书·新知三联书店2000年版，第246、256页。

② 张金光：《战国秦社会经济形态新探》，商务印书馆2013年版，第4、5、11页。

于此，并详加论证，还不失为一种与唯物史观或其他历史哲学相比虽显庸俗浅薄但仍有一定价值的历史理论。但是"王权主义"学派的兴趣不在于构建和完善一种普遍性的历史观，而在于以之为工具开展中国政治思想史的研究。实际上，所谓的"王权主义"，主要就是作为"刘泽华学派"或"王权主义学派"这一政治思想史研究流派的标签而被使用的。① 这种作为政治思想史研究方法的"王权主义"也是专制主义滥用最突出的发生领域。

该派政治思想史研究的立场一言以蔽之，即中国古代一切政治思想都是专制主义或王权主义的，是受到专制主义的精神支配并从各种角度围绕和服务于专制王权的。刘泽华说，"中国古代不存在独立的认识主体"②。虽然都是揭露和反对专制政治，但"王权主义"说不同于黄宗羲代表的批判君主政治的思想传统。后者有对政治弊病的批判，更有对古典政治思想传统的高举发扬。前者则将全部的政治与全部的思想视作沉瀣一气的、共同致力于反民主的"王权主义"。在"王权主义"说看来，古代中国几乎没有不甘于向强权者献媚取宠、助纣为虐的思想家。中国古代政治这一社会事物及其中的人物，除了钩心斗角、争权夺利，以及追求和保持对人民的压迫与剥削之外几乎不做他想。因此，在"王权主义"的视角下，"总体看，中国政治思想确有一种浓厚的权术性和阴谋性"；"中国政治思想除了少部分属于'道'之外，绝大部分都属于'术'的范畴。而这些'术'的政治思想，则完全生成于政治游戏、官场规则、权术阴谋之中"。极言之，中国历史上，至少在战国之后，根本不存在真正的政治思想，因为"专制主义下的思想史只有专制者的个性，而不复有思想家的个性"③。所谓的政治思想，无非专制者个性意志的直接或曲折的表达，以及作为奴仆的臣僚俯仰其间的生存之道——其实就是通俗文化研究中的"厚黑学"

---

① 参见李振宏《中国政治思想史研究中的王权主义学派》，《文史哲》2013年第4期。
② 刘泽华：《中国的王权主义》，天津人民出版社2019年版，第158页。
③ 雷戈：《秦汉之际的政治思想与皇权主义》，上海古籍出版社2006年版，第24、25、30页注①。雷戈认为"王权主义"的概念不够准确，没有区分先秦的王与秦汉之后的皇帝，因此将战国之后的政治思想称为"皇权主义"更恰当。但他也承认，二者并无本质之分。在基本立场和主要观点上，雷戈的"皇权主义"与所谓的"王权主义"几乎别无二致，因此可以视作同一思想阵营。参见该书，第17—22页。

"潜规则"之类。①

"王权主义"本应是一种政治社会理论而非思想史理论。但所谓的"王权主义"学派相信专制主义既然是中国古代政治社会的终极法则，自然也会统摄政治思想史。然而，思想史有其内在的问题意识和演变脉络。政治社会的现实运作逻辑不等于政治思想家反思现实和设计理想政治的逻辑。从历史语境或特定的政治社会结构等外围入手，固然可以为思想史研究提供助力，但不能替代对思想史内在理路的梳理和阐释。"王权主义"的政治社会规则固然是古代政治思想展开的背景，但这并不等于政治思想就会失去自我而主动地把现实当作理想。"王权主义"政治思想研究的谬误就在于，它们不是致力于对古代思想内在精神的理解，而是直接否定独立于专制规则的内在精神之存在，认为古代思想家们无论想什么，本质上都不过是在为专制主义做谋划，是家臣奴仆在为主人献计策。

除了方法上对专制主义的滥用之外，"王权主义"思想史研究对于古代政治思想内在精神的否定还基于某种现时代的自卑感。这种心理是在近代以来中西文明的落差中彻底否定自身的产物。其在学术研究上的突出表现就是，情绪太多、牢骚太盛，论断太易、深度不足；以西方文明为准，将中国古代政治与思想一概批判为"王权主义"，显得既不懂政治，也缺乏思想。他们每每言及古代政治思想何以为"专制主义"，则必以西方做对比，认为既然没有民主、自由、人权的观念，就必然是为虎作伥的专制主义思想。这才是真正的"自我东方化"和学术思想上的殖民化。如雷戈所说，"睁开眼睛看西方也就是睁开眼睛看中国。……在睁开眼睛看西方之前国人是不可能真正看清中国的"。在他看来，西方人可以理解自身，但中国人不行，必须在西方的真理镜照下才能认识自己。并且，这还是西方人的主动"帮助"，因为这面"镜子是西人为国人制造出来的，是一种特别大的镜子，它具有严酷的强制性，选择的权利并不完全在于自己。也就是说，以前是自己主动照镜子，而现在则是别人强迫自己来照镜子"②。这不啻是说西方人摁着你的脑袋强迫你在镜子里看清自己是多么野蛮低劣的文明！而你还应该为此感恩，感恩有人给你提供了认清自己恶劣本质的

---

① 参考李宗吾《厚黑学》、吴思《潜规则：中国历史中的真实游戏》等。
② 雷戈：《秦汉之际的政治思想与皇权主义》，上海古籍出版社2006年版，第520页。

机会。他者确实是镜子，但镜子仅仅是辅助自我认识的工具，镜中的只是一个镜像，不是我的本体。中国文明不是妖怪，西方"真理"也不是照妖镜，能照出中国文明的"原形"。

对中国文明的正确认识离不开对古代思想史的正确体认和理解，而"王权主义"学派无视中国古代政治思想独立的精神追求。那么问题的关键就在于：相对于政治逻辑，思想逻辑是否具有独立性？相对于政治史、社会史，思想史是否具有相对独立的研究价值？承认这种独立性是思想史研究具备正当性和必要性的前提。强调政治思想和思想史的独立性，并不是唯心史观。政治思想的主题是探究理想政治或理想的集体生活方式，这是人类社会作为集体生活这一物质事实所必然产生的愿望，对于这些愿望的反思和整理就是政治思想。因此，政治思想存在的基础是人类集体生活这一抽象事实本身，可以在一定程度上高于任何历史阶段的具体政治社会现实。进言之，如果思想存在独立性，那么一种政治社会的具体形态或其中的权力关系设置，是否会反过来受到某种思想理念的规范和形塑呢？

三　专制之外的传统

专制主义在逻辑上必然倾向于暴政，即君权的任性专断，甚至暴虐残酷，臣民为奴为仆，毫无荣誉和美德。但中国古代的政治事实并非仅仅如此。徐复观说："古巴比伦和埃及的专制政治，是立基于残酷的奴隶制度之上，而且一般的社会生活状态，几乎没有自由可言，这显然与秦代专制政体成立的情况，几乎可以说是天壤悬隔。"[①] 除了专制之外，古代中国还有其他的政治文化传统。即使是对"东方专制主义"概念贡献良多的孟德斯鸠，也不得不承认古代中国有区别于一般专制政体的特殊之处。比如，"专制政府不应该有监察官是显而易见的。但中国的事例，似乎破坏了这条规律"。中国政府禁止奢侈，倡导"勤劳和俭约的精神""和任何共和国一样"。原则上，专制政体依靠暴力、恐怖和畏惧进行统治，但"中国最初的立法者们不能不制定极良好的法律，而政府往往不能不遵守这些法"。总之，"由于特殊的情况，或者是绝无仅有的情况，中国的政府可能没有

---

① 徐复观：《两汉思想史》第一卷，华东师范大学出版社2001年，第77页。

达到它所应有的腐败程度"①。孟德斯鸠在《随想录》中也提道:"中国的政体是一种混合政体,因其君主的广泛权力而具有许多专制主义因素,因其监察制度和建立在父爱和敬老基础之上的美德而具有一些共和政体因素,因其固定不变的法律和规范有序的法庭,视坚韧不拔和冒险说真话的精神为荣耀,而具有一些君主政体的因素。……如果说,疆域之大使中国是一个专制政体国家,那么,它或许就是所有专制政体国家中之最佳者。"② 只不过,孟德斯鸠对这种"异数"无法解释,只能索性无视,否则"三种政体的原则的区别便毫无意义了"③。

某学者在关于中国知识分子原始形态的文章中,借鉴宋明理学的旧说,提出"政统"与"道统"之别,以为"政统"即法家传统,代表政治秩序;"道统"即儒家传统,代表文化秩序。"士"就是道统的承担者。因此,"士"在中国传统政治社会中的主体地位和独立精神受到某些学者关注。赵鼎新将秦汉奠定的两千余年的基本政治模式称为"儒法国家",即"奉儒家学说为合法性基础,同时采用工具主义的法家作为御民之术的、中央集权的科层制国家"。在这种新型的政治体制中,"天命"的解释权掌握在儒士型科层官僚手中,儒家官僚是整个科层制国家机器的实际控制者,对皇帝权威形成了有效的制约。④ 简言之,这类观点认为,法家学说代表了专制主义,儒士阶层代表了不同于专制主义而又与之抗衡,与之合作的另一种政治传统。

就政体而言,专制主义是古代中国唯一的权力法则。"士"或儒士阶层一方面是专制政体的参与者和执行者,另一方面又代表着异质于专制主义的政治影响力。后者显然不是专制主义原理的衍生物,那么它们来自何处?答案只能是独立于专制规则之外的政治思想。即某种政治思想对专制政体产生了显著的影响,使之超越了单一的专制原则,成为一种更为复杂、更具价值原则的"专制"政治形态。以儒家为代表的古代政治思想看

---

① [法]孟德斯鸠:《论法的精神》上册,张雁深译,商务印书馆1959年版,第85、121、338、152页。
② 许明龙编译:《孟德斯鸠论中国》,商务印书馆2016年版,第277页。
③ [法]孟德斯鸠:《论法的精神》上册,张雁深译,商务印书馆1959年版,第151页。
④ 赵鼎新:《东周战争与儒家国家的诞生》,夏红旗译,华东师范大学出版社2006年版,第163—164页。

似支持君主专制，但必须辨明：它们所追求的不是韦伯（Max Weber）"理想类型"（ideal type）意义上的专制政体和专制主义，而是在精神理念和权力结构上都受到价值理想改造与重建的"专制"政治。这种追求反映到现实中，使得秦汉之后的古代国家很大程度上更接近这种复杂的"专制"形态。这才是更反映历史事实的中国政治传统。因此，在承认"理想型"专制政体原则存在的同时，还必须理解另一支形塑古代政治传统的力量——政治思想。

比如，邢义田从官员"允文允武"的角度探讨了春秋战国至秦汉以降的政治文化结构及其连续性。他提示：商周以来的天命理论经历春秋战国的大变局而丝毫不见动摇，仍然规定着郡县帝国的基本格局；通过孔子之教、《王制》和《周礼》而理想化的周代封建理念，也继续成为"郡县新世界"梦寐以求的理想。这种郡县时代的封建余韵、封建理想还有很多，都代表了古代中国政治文化的特性。① 阎步克也认为中国历史的主体"除了种族发展和生存空间的连续性外，就是它的独特制度和独特文化了。在某种意义上可以说，中国的历史，就是秦始皇和孔夫子的历史：秦始皇奠定了帝国体制的基石，孔夫子奠定了中国文化的主调。经过秦汉，中国的制度与文化高度整合了，形成了一个综合性的'政治文化体制'；……数千年来连续发展着的，就是中国独特的政治文化体制"。即古代中国的政治传统实际上是制度（指君主专制）和文化（主要是儒家思想）的综合体，包括"统一王朝、皇帝专制、中央集权、官僚政治、儒学正统、士大夫政治和'官本位'等级制，都表现了重大连续性"②。这些都是专制之外的政治传统。阎步克对官阶制度或"品位结构"的研究，实际上就典型地反映了专制君权和儒家思想是如何共同塑造古代政治形态和具体制度的。③

研究古代地理思想史的唐晓峰说："运用礼仪制度与道德规范对政治

---

① 邢义田：《允文允武：汉代官吏的一种典型》，载氏著《天下一家：皇帝、官僚与社会》，中华书局2011年版，第224—266页。

② 阎步克：《从爵本位到官本位：秦汉官僚品位结构研究》，生活·读书·新知三联书店2009年版，第277—278页。

③ 参见阎步克《中国古代官阶制度引论》，北京大学出版社2010年版；《从爵本位到官本位：秦汉官僚品位结构研究》，生活·读书·新知三联书店2009年版；《品位与职位：秦汉魏晋南北朝官阶制度研究》，中华书局2009年版。

进行有力的辅助和补充,是中国古代文明的一大特点。"① 礼仪制度归根结底也是某种价值规范的外化表现,其作用于政治,则可与道德规范统称"政治价值规范"。而价值规范对于政治的作用不仅是辅助和补充,更多的是约束和规范;并且不是次要的元素,而是古代政治更根本的结构要件。从这个意义上审视政治道德的内涵,就不是习以为常的儒家"仁""义"等个人性伦理或"仁政""德治"等个人性伦理的扩展概念所能覆盖与标示的了。

有鉴于此,李泽厚从更宏观的视野讨论了儒家思想的政治意义。他指出儒家从起源就兼具世俗性、理性化和神圣性、超越性两种貌似对立的品质。李泽厚认为,"中国文明有两大征候特别重要,一是以血缘宗法家族为纽带的氏族体制(tribe system),二是理性化了的巫史传统(shamanism rationalized)。两者紧密相连,结成一体;并长久以各种形态延续至今"。所谓"巫史传统",(其主要方面)"是经由周公'制礼作乐'即理性化的体制建树,将天人合一、政教合一的'巫'的根本特质,制度化地保存延续下来,成为中国文化大传统的核心"。这尤其表现在,儒者"要成为士大夫所应承担的'圣人'礼制的守卫者和传承者"。最终,"由巫、史走向的是充满理性精神的道德—伦理本体的建立"。与此同时,理性化了的"这整套的礼仪制度和规范秩序并不认为乃世间人际的约定,而被强调是天地宇宙的普遍法规。'礼'仍然保存着'巫'所特有的与天地沟通、与神明交往从而能主宰万事万物的神圣力量和特质。尽管高度理性化,却仍然是由这种神圣力量和特质来统率和管领,它在世间却超世间"。宗教、伦理、政治"'三合一'的'礼治'或'德治'具有这样一种宗教性的'圣'的信仰和力量,所以它才成为几千年来的中国士大夫知识分子所强烈拥有的基本观念和殷切企盼的社会理想"。李泽厚进一步指出,儒家的宗教性,一方面不同于近代康有为以来仿照西方宗教而建立制度性"儒教"的主张,后者违背了儒家的世俗理性精神;另一方面,也区别于现代"新儒家"通过建构儒学的形而上学而论证儒家之"宗教性"的思路。"因为,在儒学看来,这些宗教信仰大体上只是解决个体身心困境以及生死寄托问题,与儒学在救世济民和大同理想的伟大功业所体现的神圣性和

---

① 唐晓峰:《从混沌到秩序:中国上古地理思想史述论》,中华书局2010年版,第236页。

宗教性相比,要远为狭隘和次要。尽管其他宗教也讲普度众生,拯救世界,但它们是主要从个体心灵出发而不是从阔大的现实世界的伦理—政治着眼,因之儒学认为在救世济民、经世致用的宏观视野中所展现神圣性的'天道',作为'天经地义',便是更高更大的神或神明。"① 正是因为世俗性,儒家才有资格作为一种政治理论;正是由于神圣性,儒家才有能力超越专制的权力规则之上,将其改造为更加符合某种价值规则的现实政治形态。

总之,专制主义的权力原理与专制之外的价值原理共同作用于古代中国政治传统的形成。正如孟德斯鸠在评价中国政体时存在颇多矛盾之处,一方面将帝制中国定性为专制政体,另一方面又承认古代中国有很多非专制的甚至类似于共和政体的传统。这意味着,古代中国的集权君主政治,不仅仅是一种理论意义上的政体,而是更具综合性和现实性的政治形态,其中既包含君权肆虐的属性,也包含与之相反的成分。它们既对立又合作,因而是一种"矛盾统一体"。福山(F. Fukuyama)认为,秦汉时代的中国在理性官僚制的意义上实现了政治的现代化,与韦伯对古代中国家产制的定性颇为不同。因此他说:"很熟悉中国的韦伯为何把中华帝国描述成家族国家,这是个谜。"② 这种对立而又各具一定合理性的观点,正是古代中国君主政治作为"矛盾统一体"的反映。

对立双方中,权力原理一边很好辨认,但另一边的价值原理就显得不易识别了。上述学者的不同研究都只是揭示了同一事物的不同侧面,并且肯定不止这些侧面。那么,这样的价值原理应当如何概括和把握?而且,对立双方还要统一,这意味着价值原理本身必然包含能够与权力原理相结合的元素。一方面反对专制政体中掌权者的暴虐倾向,另一方面又要支持君主集权政体的权力秩序本身。如果暂作区分,前者径称为"(君主)专制主义"③,后者姑且称为"(君主)集权主义"④,则同样是君主政治,古

---

① 李泽厚:《说巫史传统》,上海译文出版社2012年版,第5—6、35、40、62、69、78页。
② [美]弗朗西斯·福山:《政治秩序的起源:从前人类时代到法国大革命》,毛俊杰译,广西师范大学出版社2014年版,第117页。
③ 西方话语体系中,"专制主义"最典型的特征即君主权力的任性、暴虐,并以暴力和恐怖为统治原则。
④ 阎步克提议可以用"集权君主制"代替"中国专制主义"的标签,以更好地表现其作为中性的权力分配秩序的属性。参见阎步克《政体类型学视角中的"中国专制主义"问题》,《北京大学学报》(哲学社会科学版)2012年第6期。

代政治思想所支持和追求的"集权主义"理想区别并超越于一般"专制主义"的特质又是什么？有学者注意到，"作为专制国家的最高权力，虽然君权也是阶级统治、政治统治的工具，但是为了实现政治统治，君权还必须以社会的'公共力量'面目出现，必须担负起管理公共事务的社会职能"①。如果以公共力量的形式承担公共事务管理职能是中国古代君主专制政治得以实现和存在的必要条件，那么是否可以说这种公共性本身就是其不可分割的内在属性？这种内在属性既然不是政体原则的反映，那又来自何处？

一个常见的回答是道德，或所谓的圣君贤相。但道德只是个体行为规范，不是政治生活的宏观运作法则。个体的简单相加不能形成整体。要求政治体中的每个个体都遵循道德，也不能形成政治体系整体的价值取向。仅仅谈论政治人物的道德，只能是伦理学，而不会是政治学。上述学者论述的专制之外的各种传统，比如"封建理想""品位结构""礼仪制度""巫史传统"等，可以存在于特定的集权政治模式中，却不能完全以个体道德为基础。政治作为一种集体生活方式或公共事务，必须拥有超出个体道德层面的价值规范，就像自由、民主作为现代政治的价值规范一样。因此，必须从儒家及其他各家关于政治人物的道德主张中抽象出更具概括性和整体性的价值法则，才能真正地理解他们的政治思想、政治关怀，理解"专制主义"之外的"集权主义"追求。

更有意义的回答应该深入中国古代专制作为矛盾统一体的内部。如上所述，统一体内部价值原理真正反对的是君主对于权力秩序的私人性使用，而非"专制"这一笼统的政治形态本身。因此，对古代政治冠以政体学说中的"专制"之名而批判，虽然不能算错，但其实并未触及问题的根本，不如回到中国古代思想家自己的判断。对于传统中国君主政治有意识地批判自明清之际肇始，其思想立场的核心就是抨击传统君主政体是"一人之天下"而非"天下人之天下"，或者认为某些少数民族建立的政权是私属性的"部族政治"。②黄宗羲讨论三代之后的君主之过，并不以权力集中为意，而是抨击其"以我之大私为天下之公……视天下为莫大之产业，

---

① 张星久：《"圣王"的想象与实践——古代中国的君权合法性研究》，上海人民出版社2018年版，第277页。

② 钱穆：《国史大纲》下册，商务印书馆2010年版，第813页。

传之子孙,受享无穷"(《明夷待访录·原君》)。君主专制之恶不在于集权,而在其营私。而之所以支持(君主)集权,则因其为谋公所必需,否则就会"天下有公利而莫或兴之,有公害而莫或除之"(《原君》)。渡边信一郎指出:"黄宗羲对现实中的专制主义进行批判时所引以为参照的就是天下的公共性,或曰普遍性原理。"① 总之,传统专制政治的根本之恶在于其"以天下奉一人"的私的属性,而不在其权力集中性。自古至今,中国的思想追求和政治发展的方向从来都是提高公共性。梁启超说:"君主者何?私而已矣。民主者何?公而已矣。"② 在西式话语的影响之下,以传统的政治公共性观念理解新式的"民主"概念,就造成了现代中国大众独特的民主观。

其实,这种思维早在东周秦汉即已奠定,其所贡献的政治价值原理,其所支持和追求的"集权主义"理想区别并超越于"专制主义"暴政的特质,正是政治的公共性。政治公共性观念与专制主义原理共同塑造了古代中国政治。邢义田指出,"皇帝制度是'私天下'之中保有相当程度'天下为公'的一面。在传统社会里,因为有普设的学校和相当客观的考试制度……相对于其他主要的文明或国家,中国大概是世界上一个少有的阶级色彩较淡的最为开放流动的社会。'公'与'私'的巧妙配合,是中国皇帝制度延续两千年的重要关键"③。这种君主制度,借用西嶋定生的概念,可以称为"体制化了的专制统治",存在于某种"正当的支配圈"之中。"如果皇帝的支配行为越出了这个正当的支配圈外,那就被视为暴君。"这种"体制"或"正当的支配圈"的重要组成部分就是,从天子到庶民所有人都受客观的身份伦理所规范,共同致力于客观的、前置的公共价值。君权的合法性就在于"体制内"的所处位置。西嶋定生说:"并不是出现了一个强大无比的统治者,挟强权以恣意地压榨人民,而是依靠了传统与习俗获得正当立场的皇帝,以爵制秩序的设定为前提,在其中灵活运用传统

---

① [日]渡边信一郎:《中国古代的王权与天下秩序——从日中比较史的视角出发》,徐冲译,中华书局2008年版,第43页。
② 梁启超:《与严幼陵先生书》,载《饮冰室合集》第一册·《饮冰室文集》之一,第106页。
③ 邢义田:《天下一家:皇帝、官僚与社会》,中华书局2011年版,第47页。

的手段来实现统治，被统治者也承认这是一种正当的行为。"① 于是，所谓的君主专制正是在这样的客观规范之中表现出了公权的性质。

因此，中国政治思想探索的主题不是如何克服专制、开出"民主"，而是在集权政体之内如何抑制政治的私人性、保证和提高政治的公共性。上述的"封建理想""品位结构""礼仪制度""巫史传统"，以及其他如"圣王理想""民本主义"等政治文化，都可以被政治公共性观念所解释和统括。本书认为，从政治公共性与私人性对立的角度也许可以更好地理解诸子百家在面对专制主义时共通的价值追求。根据政治公共性观念审视诸子百家，其无不有所贡献。即使是法家，也绝非为君主私人性政治摇旗呐喊的阿世媚权之学。对于集权主义和围绕这一主题的诸子思想来说，君主政体只是形式，利用这一形式构建公共性政治才是其思考的内核。而对于儒、墨等学派所推崇的各种政治道德来说，也需要放到政治公共性观念的体系之下才能充分地呈现其政治意涵之全貌。

黑格尔批评古代中国只有君主一人是自由的，所有人都从属于君主一人的专制意志之下，甚至君主的自由也不过是无所限制的放纵、任性而为的恣肆，并不是真正的自由。黑格尔相信精神的本质就是自由，世界历史发展的方向就是精神自觉地认识自己并逐步实现自由的过程。在政治生活中，自由主要表现为理性与法治下的权利。黑格尔思想产生的背景是资产阶级市民社会的兴起，具有明显的历史条件性和地方局限性。以之为标准评价古代中国的政治文化难免有失偏颇。实际上，面对君主专制政治的现实，古代中国的政治思想同样有着立场鲜明的批判。只不过，其立场和批判的方向与黑格尔不同，甚至恰恰相反。中国古代贤哲的主流是从政治价值公共性的观念出发，要求君主、臣僚、士人与庶民，无论政治上还是伦理上，都应当遵循公共性的伦理法则，承担公共性的政治职责，克制个人性的意志和欲求。在社会整体性、公共性的价值体系中，基于个人主义的自由权利并不具有神圣的意义，当然也不被当作政治进步的决定性指标。这样的思想观念改造了君主专制政治的面貌。因此，以黑格尔或其他西方式的政治哲学为尺度来评估中国古代政治和思想，不如从古代中国自身的政治—社会价值公共性观念出发

---

① [日] 西嶋定生：《中国古代帝国的形成与结构——二十等爵制研究》，武尚清译，中华书局2004年版，第450页。

考察其思想与政治的互动，更为贴合历史的实情。

第二节 政治公共性内涵辨析

一 公与政治公共性

政治公共性观念不等于古典文献中的"公"。学术界对于文献中"公"的概念已有不少研究。杨宽指出："西周金文中，'公'用来作为执政大臣太保、太师、太史的爵称，十分明显。"① 陈乔见依据《尔雅》对"公"训释，进一步认为"'公'的早期意涵指人，而且很有可能是对先祖的尊称"，"其次是与之相关的场所、物、事"。② 白川静也发现："卜文有多公、公宫等语，金文亦大体皆用为身份称号，经籍之用法中，用为公平之义者不见于古籍。"③ 不过，多数研究者注意到，"公"的原始含义存在一个从具体义向抽象价值义逐渐演变的过程。由此，沟口雄三将"公"的原始含义"分为两组：第一组是《韩非子》的所谓'背厶'，即'解开围圈'的意思，由此产生与众人共同的共，与众人相通的通，在《说文解字》中，是作为'私，自环'的反义——'公，平分也'；而第二组，是从《诗经》的例子推出的：'公'是对于'共'所表示的众人共同的劳动、祭祀场所——公宫、公堂，以及支配这些场所的族长的称谓，进而在统一国家成立后，'公'成为与君主、官府等统治机关相关的概念"④。第二组含义偏具体，不带有价值性；第一组含义偏抽象，具有价值规范性，常与"私"相对，比较接近于本书讨论的政治公共性观念。

春秋战国之际，出现了使用"公"的价值义之例。

《论语·尧曰》："公则说。"

《墨子·尚贤上》："举公义，辟私怨。"

---

① 杨宽：《先秦史十讲》，复旦大学出版社2006年版，第46页。
② 陈乔见：《公私辨：历史衍化与现代诠释》，生活·读书·新知三联书店2013年版，第22、27页。
③ 转引自周法高《金文诂林补》"引"，"中研院"历史语言研究所1982年版，第370页。
④ 沟口雄三：《中国的公与私·公私》，郑静译，生活·读书·新知三联书店2011年版，第5—6页。

《老子·第十六章》:"容乃公,公乃全。"①

战国中后期,价值之"公"的使用逐渐多了起来。如黄俊杰所说:"战国时代许多思想家的共识是:在价值抉择上'公'领域应优先于'私'领域,不能以'私'害'公'。"② 比如:

《管子·巫辅》:"公法行而私曲止","公法废而私曲行"。
《商君书·壹言》:"上开公利而塞私门,以致民力;私劳不显于国,私门不请于君。"
《荀子·君道》:"公道达而私门塞矣,公义明而私事息矣。"
《礼记·礼运》:"大道之行也,天下为公。"
《吕氏春秋·贵公》:"昔先圣王之治天下也,必先公。……天下,非一人之天下也,天下之天下也。阴阳之和,不长一类;甘露时雨,不私一物;万民之主,不阿一人。"
《吕氏春秋·去私》:"天无私覆也,地无私载也,日月无私烛也,四时无私行也。……至公也。"

其他诸子书中价值义之"公"的用例也有不少。③ 不过总体上,周秦两汉文献中,用作价值规范义的"公"远远少于作为具体人称、身份、场所之义的"公"。但这并不妨碍我们从有限的价值义之"公"的用例中,和其他无"公"之名而有公共性之实的思想史材料中,提炼出丰富的政治公共性观念。

---

① 《老子》成书时间争议颇多,此处姑且认为成书于战国早期。
② 黄俊杰:《东亚近世儒者对"公""私"领域分际的思考:从孟子与桃应的对话出发》,载黄俊杰、江宜桦编《公私领域新探:东亚与西方观点之比较》,华东师范大学出版社2008年版,第89页。
③ 金观涛统计了西汉之前的十四种经典中"公"的出现次数,结果为:《尚书》(1,1),《毛诗》(3,3),《周礼》(9,9),《礼记》(25,24),《左传》(5,4),《孟子》(3,3),《荀子》(32,9),《墨子》(1,1),《老子》(1,0),《庄子》(5,2),《管子》(42,29),《商君书》(7,7),《韩非子》(54,43),《吕氏春秋》(36,18)。括号中的前一个数字是"公"在该文献中使用的总次数,后一个数字是其意义与"私"对立的"公"的次数。(金观涛、刘青峰:《观念史研究:中国现代重要政治术语的形成》,法律出版社2009年版,第75页。)

陈乔见将沟口雄三概括的"公"的两类含义，称为"公"的"实然义"和"价值义"，又进一步将"公"的含义区分为四组。义项1为君国（的）、政府（的）、官方（的）；义项2为公正（的）、公平（的）、无私（的）、守法；义项3为共同（的）、普遍（的）；义项4为公开、开放的。① 陈弱水则将中国思想史上的"公"分作五种类型：一是统治者或政府之事，主要是描述义；二是"普遍"或"全体"之义，主要是规范义；三是代表"善"或道德原理、天理，主要见于宋明理学中；四是承认"私"的正当，认为"公"是合私之公，兴起于明代晚期；五是具体意涵是"共"，如公论、公议、公愤、急公好义、公田、公团。② 陈弱水的类型三、四、五多见于宋明之后，可以视为类型二的引申。朱熹曰："将天下正大底道理去处置事，便公；以自家私意去处之，便私。"③ 对于周秦两汉的价值性之"公"而言，陈乔见总结的义项2、3、4或陈弱水的类型二及作为其引申的类型三、四、五体现了其丰富的内涵。这些价值性意涵反映在政治领域，就是政治公共性。而符合政治公共性的观念却未必是由"公"字来表达的。

在这一基础上，可以重新检讨关于"公"的思想史评价。刘泽华从西方政治理论出发，偏好"私"而警惕"公"，认为先秦"立公灭私"的观念忽视了"私"的合理性，最终导向了君主专制制度，使"公同忠一体化"，把"国家与民间社会对立起来了"。④ 陈乔见承认"'贵公'或'公本位'是先秦诸子公私观念的基本价值取向"，但又认为"论者往往把先秦诸子的公私观念定性为'立公灭私''崇公抑私'等"，"这一通俗的论断并不准确，甚至有误导性"。合理的分析应该从"公"的实然义与价值义两方面分别展开。"以'立公灭私'为例：其一，如果在公私的实然义层面理解，其含义就是树立君国利益而消灭私人利益，这在先秦只有法家主张，而且法家也不是完全消灭私人利益，只是打击非法（当然是法家所谓的法）的私人

---

① 参加陈乔见《公私辨：历史衍化与现代诠释》，生活·读书·新知三联书店2013年版，第91页。

② 参见陈弱水《中国历史上"公"的观念及其现代变形——一个类型的与整体的考察》，载氏著《公共意识与中国文化》，新星出版社2006年版。

③ 朱熹著，黎靖德编：《朱子语类》第一册·卷十三，中华书局1986年版，第228页。

④ 刘泽华：《春秋战国的"立公灭私"观念与社会整合》上、下，《南开学报》2003年第4、5期。

利益；其二，如果在公私的价值义层面理解，公私的行为主体是同一人，它是指为政者要避免自己的喜怒爱恶等私情，从而实现政治的公正公平。显然，两者的思想实质不啻天壤之别。"因此，陈乔见认为："论者经常批评先秦诸子的'贵公'思想"，这种"不管青红皂白地""囫囵地"鞭笞"似乎过了头"，其根本原因在于混淆了"公"的含义。对于"公本位""立公灭私"等论断，陈乔见认为"评论先秦诸子的公私观念时，最好不要使用这类术语，如果一定要用，也得对其中的'公''私'含义做出辨析，而不是笼统地概括"①。因此，为了避免"公"的含义分歧，也为了更全面地梳理政治领域中属于价值义之"公"的所有观念，揭示其中的思想史和政治史意义，本书使用"政治公共性"代替"公"来进行研究。

王中江从天道、天理、普遍价值等超越性的角度入手解释"崇公抑私"的思想根源，由此认为其在后世导致了"道德禁欲主义"。②但这同样是由于未能准确把握古代早期"公"或公共性观念之内涵。该观念并非一种普遍性的、形而上的"完备性学说"③，而主要是一种政治观念。理解这一观念必须置于政治发展的时代背景及其特定的思想主题之中，把握其特殊的价值理想。

另外，自梁启超以来，④百二十年来中国思想界对于古代思想（主要是儒家思想）"公—私"问题的讨论大多围绕"公德"与"私德"展开，尤其是争辩古代思想中"公德"的有无。⑤除了在"公德""私德"概念

---

① 陈乔见：《公私辨：历史衍化与现代诠释》，生活·读书·新知三联书店2013年版，第93—94页。

② 王中江：《中国哲学中的"公私之辨"》，《中州学刊》1995年第6期。

③ 罗尔斯将他的政治自由主义限定为政治哲学，而非统括本体论或认识论哲学、道德哲学等在内的"完备性学说"。（参见［美］约翰·罗尔斯《政治自由主义》（增订版），万俊人译，译林出版社2010年版。）本书讨论的政治公共性观念虽然不同于罗尔斯的政治自由主义，但在其聚焦于政治议题而非"完备性学说"方面，则与后者是一致的。

④ 1902年3月，梁启超发表《新民说》，将日本的"公德"概念引介到中国。参见梁启超《新民说》，商务印书馆2016年版。

⑤ 认为中国古代文化缺少公德的，梁启超、刘师培发其端，后之学者赞同者颇多。参见梁启超《新民说》，商务印书馆2016年版；刘师培：《经学教科书 伦理教科书》，广陵书社2016年版。认为中国古代有公德传统的，如廖申白、陈来等。参见廖申白《公民伦理与儒家伦理》，《哲学研究》2001年第11期；陈来：《中国近代以来重公德轻私德的偏向于流弊》，《文史哲》2020年第1期。

使用上的混乱之外，① 这些讨论对于政治思想的"公—私"问题研究显得颇有隔膜，借鉴意义不大。因为无论"公德"还是"私德"，都是针对个人行为的伦理规范——"公德"无非个人对群体的行为规范，但仍是规范个人的。政治思想研究更关心的，以西方传统为例，是像"自由""权利""民主"等规范公共生活的政治理念，而不是所谓"公德"。② 它不是对个人的要求，而是对整个公共生活的设计和运行之逻辑提出的规范或理念。即个人面对公共生活时的行为规范（"公德"）与公共生活本身的设计理念和运行逻辑（"政治公共性"）是不同的。③ 这种理念，无论在中国古代思想中是否有特定的名称，其客观存在与否，都是政治思想史研究对于"公—私"问题真正该有的关切。

因此，政治公共性观念未必都直接以"公"字示之。比如，孔子赞许"博施于民而能济众"、晏子唯社稷是尊不死君难，未尝不是某种政治公共性原则的体现。周秦汉诸子构想的政治公共性，既不是西方"公共性"思想所惯常关注的公共领域，以及营造和参与公共领域所需要的"公共理性"或交往商谈的"主体间性"；④ 也不仅仅是儒家"克己复礼为仁"的伦理规范，或近代中国道德革命时期所提倡的以利群爱国为核心的"公德"。首先，政治公共性观念反映的是政治哲学，而非道德哲学，不是道德行动主体的伦理规范，而是安排公共生活（包括政治制度、行政程序、社会经济政策等）的准则。其次，先秦的政治公共性观念所表达的公共生活准则，不是主体性哲学基础上的"政治建构主义"或"主体间性"基础上交往商谈的结论，而是立足于对公共生活中共同善（common good）或公共价值的先验直觉和先在预设，且公共价值明确以民生为关切和导向。

---

① 陈来对此做了详细辨析和梳理。参见陈来《中国近代以来重公德轻私德的偏向与流弊》，《文史哲》2020 年第 1 期。

② 有些政治理念或思想体系，如西方的古典共和主义、中国的儒家与墨家学说，也包含个人对集体的道德义务，即"公德"。但这些针对个人的伦理要求只是整个政治理念设计的组成部分，而不能说这一整体设计本身就是一种个人性的"公德"。

③ 如陈来所说："从近代以来的使用来看……政治价值如自由、民主都不属于道德，不属于公德。"陈来：《中国近代以来重公德轻私德的偏向与流弊》，《文史哲》2020 年第 1 期。

④ "主体间性"概念、交往商谈理论参见［德］哈贝马斯：《在事实与规范之间：关于法律和民主法治国的商谈理论》（修订译本），童世骏译，生活·读书·新知三联书店 2014 年版；"公共理性"及下文"政治建构主义"概念参见［美］约翰·罗尔斯《政治自由主义》（增订版）。

又与西方共和主义传统不同，这种共同善原则上不限于任何特殊共同体（如城邦、民族等）的范围，而是指向全体生民或"天下"，因此也就无所谓"公民"身份的内外之别——现实中指向的则是依照该原则建立的政治秩序所能统括的无差别的生民之范围，但始终保持开放性。最后，公共价值不是在较小范围可以直接经验感知的小共同体之公共利益，而是在超出个人生活经验圈子的广大范围、需要通过思想的抽象才能把握的价值预设。全体民生之长久的公共价值优先于并决定任何政治关系、政治主体和行动。即这种政治公共性的主题不是个体行动者的公共参与和参与之规则的理性设计，而是全体民生的公共价值被预设为最高权威，不容任何私意、私利凌驾其上。

二　家国间的公与私

讨论古代政治的公私属性，最重要的问题是如何看待家国关系。古代中国与现代中国在政治形态上的最显著区别，不在专制与民主，不在集权与分权，而在家国关系，即古代社会中家对于国或政治的巨大影响，在现代社会已经极大程度地消退了。因此，相对于以政党为核心的现代中国政治而言，古代中国无论先秦还是秦汉之后，在政治上都可以称为"家国时代"。何怀宏主张将韦伯描述中国古代国家的"家产官僚制"另译为"家国官僚制"。① 这种以家为重要组织形态的政治，毫无疑问地带着与生俱来的政治私人性。

韦伯的支配社会学理论认为：在现代理性官僚制之前的传统型支配方式中，"家父长制支配（patriarchale herrschaft）乃是最为重要的一种。此一支配本质上……基于一种严格的、个人性的恭顺（pietät）关系"。对于家父长而言，"除了受制于传统与可以抗衡的权力外，支配者可以依凭己意、自由地行使权力，丝毫不受规则阻挠"②。因此，这是一种典型的私人性政治。处在家长支配之下的不仅仅是妻儿子弟等家族成员，还包括更多的被视作"家人"的奴隶和其他依附者。随着支配范围（即"家产"）的

---

① 参见何怀宏《选举社会：秦汉至晚清社会形态研究》，北京大学出版社2017年版，第18页"注〔2〕"。
② 〔德〕马克斯·韦伯：《支配社会学》，康乐、简惠美译，广西师范大学出版社2010年版，第87、88页。

扩大，家父长制将进化为家产制支配。家产制（patrimonialismus）意味着在原始的家父长制支配的基础上，纳入了其他支配方式，从而依靠"管理干部"为辅助。一种是身份制支配，即分别负责部分家产管理（如采邑、官职）的家臣获得了固定的身份地位和对这部分家产的固定管理权，使之成为自己的家产，同时与大家产的家长仍然保持家人间主仆式的支配与服从关系，只不过这种关系是在传统习惯中被限定的。这叫作身份式家产制，或封建制。另一种是官僚制支配，即家臣管理部分家产的职权完全由支配者个人任意决定，家臣不能分享家产的所有权，只以家长提供的俸禄为经济来源。这种"官僚制"并非理性官僚制，而是主人管理家产的工具。其地位不受任何传统习惯的保护。这叫作家产官僚制（patrimonial brokratie），或官僚式家产制。它的极端化形态是"苏丹制"，即统治原则完全基于支配者的独断专行及与之相应的宠幸政治。① 但无论哪种支配方式，其实质都是家产制国家，是家父长制的变形。如果说在身份制支配中，由于分权而存在着一定的自由，② 那么家产官僚制，尤其是"苏丹制"，就充满了奴役关系。韦伯认为东方国家包括中国正是后者。他说："就远东的统治者而言，其政治领域大体上即等于一个巨大的君主庄园。"在这个巨大的王家"庄园"中，只有主人和奴隶。君主即家父长，臣民即奴隶。中国从秦汉开始，"纯粹的专制政治开始上场；这是一种以私人宠幸为基础，而无视于出身或教养的统治"，是"纯粹东方式苏丹制（sultanismus）的宠幸政治"③。韦伯的理论其实是"中国专制主义"的另一个版本。

与此同时，韦伯也指出了士人阶层对家产制和"苏丹制"的抵抗。虽然自始即为家产制君侯服务，但士人以其知识教养保持了一定的文化贵族性和政治独立性，并在与"苏丹制"持续千百年的斗争中，互有胜负。他

---

① 参见［德］马克斯·韦伯《经济与历史 支配的类型》，康乐等译，广西师范大学出版社2010年版，第327页。

② 帕森斯（Talcott Parsons）主张用"分权式权威"（decentralized authority）指代韦伯的"身份制支配"（estate type of domination）概念。参见 Max Weber, *The Theory of Social and Economic Organization*, Trans, by A. M. Henderson and Talcott Parsons, and ed., with an introduction by Talcott Parsons, New York: Free Press, 1964, p. 347。

③ ［德］马克斯·韦伯：《中国的宗教：儒教与道教》，康乐、简惠美译，广西师范大学出版社2010年版，第83、84页。

们构成家产制官僚的主体，以人文礼仪、行政技术为取向的性格使家产制国家呈现出相当程度的理性行政精神。而士人阶层改造政治的力量，来源于他们的思想。韦伯认为，"士人在其文献中创造出'官职'（amt）的概念，尤其是'官职义务'（amtspflicht）与'公共福祉'（öffentliches Wohl）的精神。……士人打从一开始就是封建体制的反对者，并且是具有强制性机构之本质的国家的官僚组织的支持者。……就他们关注之所在的立场看来，只有那些身受人文教育熏陶的人，才够资格担任行政。"① 这意味着，士人的力量使家产制国家具有了更多的公共性。如钱穆所说："读书人拥护皇帝比较是公的。因为读书人不是皇帝的私势力。"② 总之，韦伯的论述揭示了古代中国政治中私人性与公共性的并存，大体符合中国古代政治文化的基本结构，但论述不详。

先秦的"家"不同于后世的家庭或家族，它是有着特定的宗教、政治、经济、伦理内涵的团体。如朱凤瀚所说，"是指以贵族家族为核心的一种经济的、政治的共同体"③。童书业指出："'室'者，当时宗法贵族之奴隶制大家庭。""'室'之财产，除田之外，重要者有人。人包括'妻孥'、大家庭成员、臣僚、'仆庸'、奴隶等。"④ 这是典型的家父长制或家产制支配组织。从周王室到大夫之家，一个个大小不等的贵族室家按照封建等级和宗法制组成的政治体系，实质上是身份式家产制与规范化的家父长制的结合。对于天子，普天之下皆为天子之室家，畿外之诸侯，畿内之公卿、士民、奴隶皆为天子之家臣，诸侯封国、卿大夫封土，各为其室家；对于诸侯，封国之内皆为诸侯之室家，公卿大夫、士民奴隶皆为诸侯之家臣，公卿大夫各受封土采邑而为室家；对于卿大夫，封土封邑即为其室家，本族之子弟、他族依附之庶子、庶民仆庸与奴隶等皆为家臣。甚至有大夫家臣亦受封土采邑、营其室家者，如鲁之阳虎。

如果周代政治像侯外庐所说，是"家族长的大小公族的贵族政治"⑤，

---

① ［德］马克斯·韦伯：《中国的宗教：儒教与道教》，康乐、简惠美译，广西师范大学出版社2010年版，第163页。
② 钱穆：《中国历代政治得失》，生活·读书·新知三联书店2001年版，第150页。
③ 朱凤瀚：《商周家族形态研究》，天津古籍出版社2004年版，第380页。
④ 童书业：《春秋左传研究》，上海人民出版社2019年版，第147、148页。
⑤ 侯外庐：《中国古代社会导论》，河北教育出版社2000年版，第227页。

那么秦汉国家则成了单一家族长垄断权威的皇帝政治，其组织原则是家产官僚制。秦汉国家的家产官僚制一方面取代了周朝的身份制，另一方面则是由先秦贵族的室家政治扩大而来。这是家产制国家内部结构的一次调整和重组，结果是，化家为国、"天下为家"的政治私人性似乎要进一步强化了。

秦始皇统一后巡行天下，刻石琅琊曰："六合之内，皇帝之土。西涉流沙，南尽北户。东有东海，北过大夏。人迹所至，无不臣者。"（《史记·秦始皇本纪》）汉高祖称帝后与父亲言曰："始大人常以臣亡赖，不能治产业，不如仲力。今某之业所就孰与仲多？"（《汉书·高帝纪》）唐太宗得帝王之乐曰："今宫观台榭，尽居之矣；奇珍异物，尽收之矣；……四海九州，尽为臣妾矣。"（《贞观政要·君道》）当此之时，君主"令之所行，何往不应，志之所欲，何事不从？"（《纳谏》），此即黄宗羲所谓"后之为人君者……视天下为莫大之产业"（《明夷待访录·原君》）。于是为人君者，"以四海为境，九州为家，八薮为囿，江汉为池，生民之属皆为臣妾。人徒之众足以奉千官之共，租税之收足以给乘舆之御"（《汉书·严助传》）。然后"处京台、章华，游云梦、沙丘，耳听《九韶》《六莹》，口味煎熬芬芳。驰骋夷道，钩射鹔鹴……"（《淮南子·原道训》）。是以天下满足君主一人无限之私欲。

秦汉的国家官制有很明显地继承自先秦君侯或贵族之家臣的色彩，即化家为国。钱穆指出，秦汉的九卿多为皇帝的私臣，而非国家公共职官。如太常是皇帝一家宗庙之守官；光禄、卫尉为天子所居宫殿之守官；太仆掌皇帝所乘舆马；少府掌皇帝私蓄之小库等。总之，"九卿官制，固俨然一富室巨家规模也"。"且不仅九卿为皇室之私臣，即丞相御史大夫，就实言之，亦皇室私臣耳。""丞相犹周官之太宰也，御史大夫犹小宰也，御史中丞则犹宰夫也。其先乃贵族家庭之私仆，渐变而为国家朝廷之大僚焉。……以政治组织言，亦不脱古者贵族私家之模型。"[①] 阎步克也指出："《周礼》中有很多服事于王室的官职，像宫正、宫伯、膳夫、庖人、医师、酒正、宫人、内小臣、寺人、九嫔、世妇、女御等，它们都被列在《天官》部分。《周礼》虽不尽是历史实录，但这种设计，仍然折射出了周

---

① 钱穆：《秦汉史》，生活·读书·新知三联书店2004年版，第283—287页。

朝国家公务与王家私务不甚分的情况。"① 至于具体的君臣关系，侯旭东从"宠"或"信—任"的角度专门分析了其中家产制或"苏丹制"的侧面，列举了西汉政治中皇帝个人情绪性的行为、臣下对皇帝的争宠行为以及宠幸关系的随机变化等私人性政治的种种表现。②

但是，秦汉国家原生的鲜明家产制属性似乎并不持久就趋于弱化了。很多方面的政治私人性特征逐渐转型或被替代为公共性的政治元素。比如，钱穆提到的三公九卿出自贵族家臣，只是根据名称考察历史渊源。实际上，秦汉的公卿已经国家官职化了，唯其名称仍遗家臣之古义而已。又如，加藤繁区分了秦汉国家中属公的国家财政与属私的帝室财政，指出前者由大司农负责，后者由少府和水衡都尉掌管，二者相互独立运筹。但是，东汉光武帝时将少府掌管的帝室财政收支移归大司农，统一并入国家财政，同时削减宫廷用度。从此，君主私人性的财政在制度上就不复存在了。③ 再如，阎步克对于汉代"宦皇帝者"或"比秩"诸官的考察，揭示出做私属是"宦"、做朝官是"仕"的区别。周朝君主身边最具代表性的私属家臣是"士庶子"。由周朝"士庶子"发展而来的秦汉"'宦皇帝者'是历史早期管理吏员的一种方式，安排军政的一种方式，君臣结合的一种方式。它曾带有浓厚的君主'私属'性质"，"表明当时政治仍有较大的个人性、随意性和非程序性"④。但就在西汉，郎官、博士等具有私属性的君主家臣，就逐渐以"比秩"的形式完成了"公共"化、"朝官"化，而不再与"文史星历，近乎卜祝之间，固主上所戏弄，倡优所畜，流俗之所轻"（司马迁《报任安书》）的家臣宠幸同伍了。

表面上看，这样的政治公共性进展，似乎可以归结为官僚制的发展。但必须辨明：家产官僚制是家父长肆行其任意性支配的工具，本身属于私人性政治的范畴；只有行政理性元素的增长才会使官僚制成为公共性政治的标志。先秦大量的王室与贵族之家的家臣和私隶，昭示家产官僚制曾经

---

① 阎步克：《中国古代官阶制度引论》，北京大学出版社2010年版，第66页。
② 参见侯旭东《宠：信—任型君臣关系与西汉政治的展开》，北京师范大学出版社2018年版。
③ [日] 加藤繁：《中国经济史考证》上，吴杰译，中华书局2012年版，第25—126页。
④ 阎步克：《从爵本位到官本位：秦汉官僚品位结构研究》，生活·读书·新知三联书店2009年版，第434页。

一度非常兴盛。但是，战国秦汉国家官僚制的发展，是从众多的君侯家臣、私属之官逐渐向真正的国家官职演变。结果，很多家臣或私属之官最后名存实亡，如冢宰贵为国相，早已不复为君家服宰夫之事。这说明，秦汉国家官僚制的发展不是家产官僚制的壮大，而恰恰相反，是家产官僚制的不断萎缩和理性行政、公共责任因素的不断增长。这种增长是不是像韦伯分析的那样源于儒家士人阶层的推动呢？恐怕还不是。儒学士大夫的形成和发挥政治影响，是在西汉中期以后。但在此之前，秦汉国家的政治公共性就已经有相当的进展了。甚至，体现行政理性、代表政治公共性的国家官僚制在西周时期就有萌芽，即国家官僚与君主家臣的区别在西周就已存在。许倬云通过考察毛公鼎铭文中"我邦""我家"的并列、卿事寮与太史寮同出、蔡簋铭文中"大宰""内宰"的分工，认为在西周人的心目中，"邦国与王室，已不能画一个等号"，因而是汉代"宫中"与"府中"分野观念的滥觞。卿事寮是三有事的僚属，相当于汉代所谓"府中"的工作人员，属国家之公；太史寮是周王的左右私属僚，相当于汉代的"宫中"系统，属王家之私。① 李峰对西周官僚政治的细致研究有力地佐证了许倬云的判断，并认为属私的王家管理与属公的王朝国家行政的分离发生在西周中期。② 许倬云还指出："西周的官职名称，例如宰和膳夫，无不从家臣转化而来。但是一旦转化过来了，皇室必须有另外一批人管家，不能再由重臣来兼管家务。"③ 也就是说，早在战国秦汉之前的西周，就已经出现了家产官僚向国家官僚转化的现象。因此，秦汉时期家臣私属的外朝化，与其说是"化家为国"或君主私人性家产官僚制的壮大，不如说是公共性的国家政治吸纳了私人性的君主之家。秦汉君权的强大实质上是国家权力的发展，要论君主私人性权力的肆虐和暴政，秦汉的皇帝未必及得上战国时代的王侯们。这种古代国家的公权力属性及其现实运作，就是上一节讨论的专制之外的传统。

既然国家官僚制的传统早于儒家士大夫阶层而产生，那么其真正的动

---

① 许倬云：《西周史》，生活·读书·新知三联书店2012年版，第243—244页。
② 参见李峰《西周的政体：中国早期的官僚制度和国家》，生活·读书·新知三联书店2010年版。
③ 许倬云为李峰著作《西周的政体：中国早期的官僚制度和国家》所作的《序言》，第Ⅲ页。

力是什么呢？既然西周中后期已经萌芽公共性政治，而西周国家崩溃、中央权威解纽、东周列国纷争之时，家产官僚制和私人性政治蓬勃发展，那么秦汉国家又为何能够扭转乾坤，将历史的车轮从家产官僚制和私人性政治扳回到国家官僚制和公共性政治的轨道上来呢？本书认为，关键在于源自西周王官之学的春秋战国诸子思想重建并极大地发展了政治公共性观念，而主题集中、理想相对统一的思想观念具有影响和改变现实政治的力量。

在这种政治公共性观念的影响下，与官僚制内部可分为家产性官僚与公共性官僚相应，家国一体的君主家产本身也在观念上被区分为私人之家与公共之国。按照家产制原理，君主的全部统治范围就是一个家父长制的大庄园，内部最多只有从君侯家产中分化出来、作为前者衍生物的臣民家产，所有臣民都受家父长制的支配。这种"普天之下，莫非王土；率土之滨，莫非王臣"（《诗经·北山》）的"家天下"理念，如上文所述，在秦汉时代固然是存在的。但是与此同时，至少在战国时代，已经开始出现了如下观念：君主私人之家被认为同社会上其他无数的私人之家在本质上是一样的，庶民家庭的成员并不是君主的"家人"，臣民对君主不受家内伦理的规范或家父长制的支配。无论庶民之家还是君主之家，都是私人性组织，都是公共之国的对立物。

尾形勇指出，在战国秦汉，"君臣"和"父子"两种秩序发挥作用的场域截然不同，一为"官"或"公"的领域，一为"家"或"私"的领域。"忠"和"孝"是"内"（家）和"外"（国）这两种互相区分的领域分别对应的伦理规范。官吏从"家"出来，出仕于君；由朝廷归来，入于家而事于亲。国家或君臣领域不适用"家"的秩序法则，无论是家族伦理还是父家长制。所谓"出则事公卿，入则事父兄"（《论语·子罕》），"内则为父子，外则为君臣"（《孟子·公孙丑》），必须经过由"内"到"外"、由"外"到内、一"出"一"入"的转换，才能把公私两种场域连接在一起。① 王德权对"出身""起家"也有类似的阐释："士人身所从出之处是指其私家而言，士人起家或出身后，始进入'国'这个政治世

---

① 参见［日］尾形勇《中国古代的"家"与国家》，张鹤泉译，中华书局2010年版。

界。简单地说,'破(起)家'是'为国'的前提。"①

为了说明皇帝自身也有"私"的场域,尾形勇辨别了皇帝在"家人之礼"和"君臣之礼"上的区分。其"家人之礼"限定在皇帝与其亲族之间,一般不混入群臣。如果在君臣之间采用"家人之礼"就会被非难。由此亦可见公私之别。而所谓家国同构、化家为国的理论也就难以成立了。因为如尾形勇所说:"'家人之礼'的应用,就其构造而言,并不是以皇帝的'家人'(宗室)为中心,进而像同心圆似的扩大到非血缘者之中去的。"总之,"在'公'的领域,'家人之礼'是不起作用的"②。贾谊曾批评诸侯王道:"诸侯王虽名为臣,实皆有布衣昆弟之心。"(《汉书·贾谊传》)东汉的宋意在谈到诸侯王时也说:"不宜以私恩损上下之序,失君臣之正。"(《后汉书·宋意传》)这说明君臣关系不应被父子兄弟等家族伦理所统摄。《孝经》的主题是"移孝作忠",也从反面证明了孝本不等于忠,也不会自动地过渡到忠,因此才有了思想创新的必要。移孝作忠,其实就是从"私"到"公"。尾形勇描述了"公""私"的区别与连接:以"家"为基准,无论"君"或"臣"都出于各自的"家",而后"构成了'君臣'关系。由此完成了从'私'到'公'的飞跃"。③

作为"私"的王朝之家或君主之家与作为"公"的国家政治之间,也是如此。侯旭东指出:"从王朝建立与开国之君的角度看,天下一家一姓的出现,如汉家,的确存在自家而国的递进,国家体制上亦多有家国难分的现象。但从其他人的角度而言,则是一个脱离各自的小家而进入国的过程,两者之间并非平滑的过渡,亦非同构。就是对于继体之君,从生养之家到即位后统治的国之间,亦要经历转换与超越,亦非同构。"④

不过,从公共领域—私家领域的角度理解中国古代政治中的公共性与私人性,还是有些胶柱鼓瑟了。臣民的私家与"公家"在领域上的界限还算分明,但君主的私家与"公家"在领域上却有不可回避的重合。诚然,

---

① 王德权:《序论:士人、乡里与国家——古代中国国家形态下士人性质的思考》,载氏著《为士之道:中唐士人的自省风气》,台北政大出版社2012年版,第5页。

② [日]尾形勇:《中国古代的"家"与国家》,张鹤泉译,中华书局2010年版,第162、164页。

③ [日]尾形勇:《中国古代的"家"与国家》,张鹤泉译,中华书局2010年版,第169页。

④ 侯旭东:《宠:信—任型君臣关系与西汉历史的展开》,北京师范大学出版社2018年版,第240页。

国家官僚制代表公，家产官僚制代表私。但中国古代政治只有一个君主，也只有一套官僚制，这注定了其无法摆脱家产制或私人性政治的属性。即中国古代的官僚政治兼具王家私人性与国家公共性。即使是西汉政治特有的内外朝之分，也不存在明显的群体界限。内朝官未必不致力于公共性政治，外朝官也从来不乏甘为君主私家之臣者。实际上，内外朝官是同一个官僚群体。一个官员，今日在外朝，明日就可能进内朝，但同时仍保持外朝官之职。① 君主本身也是如此，公共性与私人性并存。天下既是君主之家产，又是公共性的国家。君主既是家产之主，又是国家之君。② 如阎步克所说："传统政治体制是有两面性的。一方面，它是公共制度，皇帝是国家象征，官僚是国家官员；而另一方面，国家又是皇帝私产，官僚又是皇帝臣妾。"③ 无论君主、官僚，还是君臣关系、君民关系，都是"矛盾统一体"。只不过，这种矛盾统一性必须在政治公共性—私人性的分析维度，并且是在价值性而非领域性之"公"的视角之下，才能得到更深刻的理解。因此，先秦秦汉政治思想构建政治公共性的探索方向主要不是在公私领域的划分上，而是落在了对政治公共价值的阐发和宣传上。

三　政治公共性例说

秦汉奠定了中国古代王朝国家的基本形态和政治原理。对秦汉政治公私属性的研究可以作为判断秦汉以降整个中国古代国家性质的最佳例证。关于秦汉时代的社会性质和历史分期，史学界曾有长期争论。国内学界主要基于马克思主义唯物史观，从生产关系的角度争辩其为奴隶社会还是封建社会。相比之下，日本学界大多基于韦伯的支配社会学理论，从权力关

---

① 关于"内朝官/中朝官"与"外朝官"的研究，参见祝总斌《两汉魏晋南北朝宰相制度研究》，北京大学出版社2017年版；史云贵：《外朝化、边缘化与平民化：帝制中国"近官"嬗变研究》，上海人民出版社2009年版；李宜春：《论西汉的内朝政治》，《史学月刊》2000年第3期。

② 侯旭东认为应该"将皇帝从抽象的类概念还原为带有三重身份的活生生的人"，这三重身份是：首先，"皇帝作为制度化的首脑，居元首之位"；其次，"作为家中的个人，有自己的情感与好恶"，并与臣下形成各种私人性"信—任关系"；最后，"作为想象与理想的皇帝，儒生对此最为关注"。"皇帝则挣扎在三重身份之中。"参见侯旭东《宠：信—任型君臣关系与西汉政治的展开》，北京师范大学出版社2018年版，第255—256页。

③ 阎步克：《从爵本位到官本位：秦汉官僚品位结构研究》，生活·读书·新知三联书店2009年版，第118页。

系的角度探究秦汉国家的结构与性质。其中最核心的议题之一，就是战国秦汉王权或国家政权的"公"与"私"的问题。日本学界对此的认识整体上呈现了从强调私人性到强调公共性的转变。

西嶋定生的早期观点基本上是韦伯学说的忠实应用。他认为，汉帝国的雏形刘邦集团具有父家长制支配下的家内奴隶制性质，作为其延伸的汉帝国的国家权力，仍是父家长作为家内奴隶所有者的权力。① 增渊龙夫做出修正，认为刘邦集团的组织纽带是战国秦汉广泛存在的任侠精神。当然，这种结合仍是一种私人性权力关系。同时，增渊龙夫还强调，战国秦汉君主掌握的山林薮泽和公田形成了君主个人家产积聚和帝室财政，构成父家长统治的基础。② 守屋美都雄承认刘邦集团主客结合中的任侠精神，但又提出了新的问题，即刘邦集团如何与民众结合形成支配关系？守屋氏认为关键在于父老阶层，即刘邦通过父老的认可获得了对子弟支配权，从而奠定了普遍性的国家统治关系。③ 西嶋定生的后期观点对上述意见做了总结和反思。他指出，包括自己在内的传统观点都没有指出国家权力必须具有公权性质这一点，而是把"刘邦集团的父家长结构，原样地等同于国家权力的核心结构，把初期的刘邦集团与成为皇帝后的刘邦与功臣的关系，未做质的区分而加以类比。这样的想法，在增渊氏那里也可以看到，他把基于社会秩序方面的任侠习俗的人的结合，无内在联系地放入皇帝与官僚的关系之中，把君主私的家产的积聚，解释成专制的公的权力的物质基础。结果，如前所述，守屋氏企图把主客结合的质的转化求诸跟父老的结合，并从而探求国家权力形成之契机；这尽管是提出了一个有意义的问题，其目的却是难以达到的"。

因此，基于对秦汉国家公的性质的探究，西嶋定生提出了他的后期观点。一反早期接受的"东方专制主义"概念，西嶋氏指出："认为专制君主皇帝依自己意志对全体人民做个别人身支配、人民只是如牛马一般役使

---

① 参见［日］西嶋定生《中国古代帝国形成の一考察——漢の高祖とその功臣》，《歷史学研究》141号，1949年。
② 参见［日］增渊龙夫《中国古代的社会与国家》第一篇第一章（三）"秦汉之际游侠的活跃——刘邦集团的分析"与第三篇第一章"先秦时代的山林薮泽及秦的公田"，吕静译，上海古籍出版社2017年版。
③ 参见［日］守屋美都雄《中国古代的家族与国家》第五章"关于汉高祖集团的性质"、第六章"父老"，钱杭、杨晓芬译，上海古籍出版社2010年版。

于皇帝，这是违反历史现实的。"对中国古代国家的公权与私权两种属性应做辨分。专制君主具有公权性质，"所谓国家秩序，也不外是以这种公权为中心的支配体制。因而，这样的公权绝不单是由民间存在的私权的积累、量的扩大而可实现的"，"所以，初期刘邦集团的权力结构与皇帝的权力结构应该各为一物，不得混同；作为上百的主客集团之一的刘邦集团，即使与某一个里的父老相结合了，也不会就产生把私权转化成公权的契机。这样，公权的性质在于使皇帝成为从根本上是人民的唯一统治者这一点，而这又显现于皇帝对人民统治的具体诸关系中"，比如征税、征兵、征发徭役等。并且，"这些收夺，不能只看作皇帝的恣意妄为，而是依据一定的标准来课税的。同时，其名称即内容，也并非秦汉时代所创设，而是根据古来的传统"。这种具有传统性、确定性的皇帝权力就是一种公权，"与民间上百数的私权，是在全然不同的立场、背景、条件下各自发生作用的"①。

也就是说，政治权力的真正公共性之虽不充分但绝对必要的条件是唯一性和专制性。至于说掌握这一权力的具体执行人是皇帝、是人民②还是其他组织，又或者公权的现实执行者是否还带有政治私人性而干扰了公共性的纯粹，则是下一个层次的问题了。古代政治权力公共性的另一个必要条件是正统性或传统性，这也是中国古代政治思想言必称古的原因之一。另外，公权与私权的不同还在于公权是涉及全领域的，其实现的场所必须是全天下；私权则只存在于公权施行范围内的一小部分地区。问题是，秦汉国家"公"的性质是怎样的内涵？

实际上，古代中国政治既不存在单纯的公共性，也不存在单纯的私人性。虽然批评早期的自己和增渊龙夫的观点是只见"私"不见"公"，但西嶋定生也承认："从另一个角度看，这里所说的公权与私权，也不能无视其存在共通的性格。……在皇权本身，也存在与私权同质之物，这是毋庸置疑的。作为皇权的一个侧面，有父家长制之性质，例如，指秦帝国曰秦氏，皇帝自指汉王朝为汉家，从这里也可约略窥见把国家本身比拟为家

---

① ［日］西嶋定生：《中国古代帝国的形成与结构——二十等爵制研究》，武尚清译，中华书局2004年版，第39—42、46页。

② 卢梭有"人民主权说"，也是建立在真正的政治权力公共性基础之上的。

族结合之一般。"① 两种因素的复杂混合,对政治史乃至政治学理论研究提出了挑战。其中,"私"的部分比较容易辨识和溯源,从阶级论、专制论等角度也涌现了相当多的研究。相比之下,对于"公"的部分之界定与归因就显得较为困难了。

国家的公共性首先意味着相对于任何"私"的超越。西方部分政治学者曾提出所谓的"找回国家"范式,反对结构功能主义以"政治系统"消解国家,认为国家可以脱离各种利益集团而具备某种独立性、自主性或价值公共性。② 但这一范式只是揭示了现象,或提出了假说,并没有为之提供有效的论证。比如,它认为代表国家自主性的是公共官员或精英官僚。其所谓"国家自主性"的核心其实是"官僚自主性","找回国家"在很大程度上也就变成"找回官僚"。但官僚本身也是一个利益集团,并受其他社会利益的影响。这个集团为什么会超越包括自己在内的任何私的集团利益而去自觉地代表所谓的国家公共利益呢?国家自主性的真实依据到底是什么?对此,结构功能主义的代表人物阿尔蒙德不客气地泼了一盆冷水,指出新国家主义的理论建构难以成立。③ 本质上,新国家中心主义或国家自主性理论是试图用结构功能主义的思维方式推翻结构功能主义的结论。这无异于揪着自己的头发离开地面。所以,到底有没有一个以公共利益为意志的自主性"国家"?如果有,这个具有公意的"国家"既然不是结构功能理论所说的"政治系统",那又会是什么呢?

将这个疑问放在对秦汉国家公共性的判断上,就是:西嶋定生所提示的秦汉国家公的属性,是在什么基础上构建和成立的?从公私领域或权力结构的角度去说明,显然很难自圆其说。侯旭东在讨论西汉政治的特性时就认为,争论国家(君臣关系、官僚组织)属私抑或属公,容易陷入"实体论"的窠臼。即不要在某种权力结构,或组织机构,或势力集团上面寻找中国古代政治的公共性传统。他建议脱开"实体论"而采取"关系论"

---

① [日]西嶋定生:《中国古代帝国的形成与结构——二十等爵制研究》,武尚清译,中华书局2004年版,第42页。

② 参见[美]西达·斯考切波《找回国家——当前研究的战略分析》,载彼得·埃文斯、迪特里希·鲁施迈耶、西达·斯考克波编著《找回国家》,方立维、莫宜瑞、黄琪轩等译,生活·读书·新知三联书店2009年版,第2—52页。

③ 参见 Gabriel A. Almond, "The Return to the State", *American Political Science Review*, Vol. 82, No. 3, 1988, pp. 853–874。

的视角。① 但这仍然不够，没有脱离结构功能主义的分析路径，没能证实国家自主性理论提出的假说。后者意图证明国家具有自主地根据公共利益而制定和施行公共政策的属性，但从结构功能主义或实体论的角度难以贯通。因此，在国家公私属性上，我们不如从"价值论"的角度出发，即假设国家是在一定的价值规范之下显示其属性的。那么，问题就变成考察规范国家政治生活的是一种怎样的价值观；在公私属性上，是一种怎样的公共性观念。因此，本书认为：将公权与私权区分开的，在众多私权之上营造出一个理论性的公权虚位，以待某个私权进入这一理论模型而转化为公权执行者的，正是晚周秦汉时代为新型国家而准备的政治思想，或公共性政治的观念。换言之，本书所探讨的不是政治现实中无意识的、可能只存在于理论假说中的、自主地导向公共利益的权力结构，而是政治思想、政治文化中有意识地营造的公共性政治规范，及其对政治现实的改造。前者是一切国家政治的共同特征——如果确实存在的话，后者则是中国政治传统的特色所在。

西嶋定生尝试通过"二十等爵制"来说明秦汉国家"公"的属性。他说："爵制秩序就是国家秩序。以皇帝为中心，使所有的官吏庶民都参加到这个爵制秩序中来，人人都作为这一结构的成员而被安排到一定的位置上。"② 这种客观的秩序不是君主私人意志的任性排列，因此是一种"公"的秩序。应该承认，普及全民的爵制，确实代表一定的政治公共性。但是二十等爵制，尤其是"民爵赐予"的制度，在西汉中期以后就逐渐名存实亡，不复发挥规范国家政治秩序的作用了。同时，秦汉奠定的国家形态与公共性并未随之消亡。这说明，二十等爵制必然不是秦汉国家政治公共性的主力担当。因此，西嶋氏的二十等爵制研究只能作为一个切口，通过探究二十等爵制背后的政治思想和价值观念，树立价值论的研究思路。只有通过思想史研究，才能找到秦汉国家公共性成立的真正依据。

政治公共性观念不仅会形塑制度，更会直接体现在公共政策上。"民爵赐予"也无外乎一种公共政策。而公共政策在汉代国家中最典型、最权

---

① 侯旭东：《宠：信—任型君臣关系与西汉历史的展开》，北京师范大学出版社2018年版，第251—259页。

② ［日］西嶋定生：《中国古代帝国的形成与结构——二十等爵制研究》，武尚清译，中华书局2004年版，第447页。

威的体现无疑是皇帝诏令,即以皇帝名义颁布的命令文书,是具有法定权威的国家公文。诏令大约可看作《尚书》所载三代"诰""誓""命"等政治文献的继承。① 分析两汉诏令及其中蕴含的价值观念,将有助于理解汉代国家政治公共性的具体内涵——正如《周书》是了解西周国家政治精神的不二法门一样。

从文体上看,汉代诏令的结尾有几种常见格式。或曰"其议",意为要求诸大臣(有时指定范围,如"诏丞相、太尉、御史……")商议该项提议或决策;或曰"具为令",意为将决策具文为国家法令;或曰"使明知",意为要求臣民知晓和理解某种政治意图或落实某项政策。诏令的开头也有些常见的样式,比如"盖闻""朕闻之""朕闻古者""古之"等,后接一段抽象的普遍原则,再谈具体问题。意为立法施政的依据在于某种自古以来的、在社会上公认共享的价值观念,而非君王的私意定夺。这些文体形式,都表明国家政治不是私家私人之意志的任性而为,而是具有公共性的。

从内容上看,除了具体的册封授命之外,其他大部分诏令都带有公共政策的性质。下面以《汉书》所载西汉文、景、武三朝的诏令为例,按照所涉及的抽象的、普遍性的政治议题,分成四类,讨论其所蕴含的政治价值公共性。

(一)关于政权权威之来源

文帝元年,有司请早建太子。诏曰:

> 诸侯王、宗室昆弟、有功臣、多贤及有德义者,若举有德以陪朕之不能终,是社稷之灵、天下之福也。今不选举焉,而曰必子,人其以朕为忘贤有德者,而专于子,非所以忧天下也。朕甚不取。(《文帝纪》)

---

① 东汉蔡邕将"诏令"视作一种文体,并分为四种形式。其《独断》曰:"汉天子正号曰皇帝……其言曰制诏……其命令一曰策书,二曰制书,三曰诏书,四曰戒书。"《文心雕龙·诏策》篇梳理和解释了四类诏令文体的历史起源和具体意义:"皇帝御宇,其言也神:渊嘿黼扆,而响盈四表,唯诏策乎!昔轩辕唐虞,同称为命。命之为义,制性之本也。其在三代,事兼诰誓。誓以训戎,诰以敷政,命喻自天,故授官锡胤。《易》之《姤》象,后以施命诰四方。诰命动民,若天下之有风矣。降及七国,并称曰令。令者,使也。秦并天下,改命曰制。汉初定仪则,则命有四品:一曰策书,二曰制书,三曰诏书,四曰戒敕。敕戒州部,诏诰百官,制施赦命,策封王侯。策者,简也。制者,裁也。诏者,告也。敕者,正也。"

文帝承认皇帝之位应该以"社稷之灵、天下之福"为标准,"选举"贤德之人来担任,且选举范围不限于宗室和功臣,不应私天下,"专于子"。当然,汉文帝的谦卑姿态,部分地反映了其以外藩即位、缺少朝廷根基和宗室威望的现状,① 是不得已的表态。但同时,放低个人姿态不等于放弃皇帝这一"职位"的权威。文帝对于君主权威性质的说明,在第二年的《日食诏》② 中有全面的体现。这种定性既延续了西周天命观的核心逻辑,也奠定了后世历代君主阐述政权合法性的基本模式。

文帝二年十一月,日有食之。诏曰:

> 朕闻之,天生民,为之置君以养治之。人主不德,布政不均,则天示之灾以戒不治。……朕下不能治育群生,上以累三光之明,其不德大矣。令至,其悉思朕之过失,及知见之所不及,匄以启告朕。(《文帝纪》)

君主是由天所置,非任何私人意志的产物。"治育群生"是天之所命,是为君者合法地获得并保有天下政权的依据。并且,"天下治乱,在予一人",即天命所授、政治权威所系,只在一人。这意味着政治权威的唯一性或集中性,但集中性或唯一性不等于私人性,而是有超越于任何私人意志的"天"的客观性。即政治权威不是自我认证的,不是私相授受的,而是作为公共之物经由某种客观程序呈现于特定之人身上的。因此,这种公共之物是经由怎样的程序而降命于人的,就成了证明政治合法性所必须回答的问题。

汉武帝对此十分在意。他相信,不搞清楚汉室受命的客观依据,就不足以使人信服汉王朝的政治合法性。元封七年,武帝下诏倪宽议改正朔、易服色、造《汉历》。所谓改正朔、易服色等,是对客观宇宙秩序的遵从;考辨星度、建气分数以厘定历法,更是对宇宙秩序全面的把握。这种遵从

---

① 汉文帝的即位是功臣、宗室、外戚多方势力斗争妥协的结果。论血缘,汉文帝不如齐哀王,后者是高皇帝嫡孙;论功劳,汉文帝在诛灭诸吕中无尺寸之功,远不如齐哀王弟朱虚侯刘章发挥的重要作用。

② 以下诏令名称取自林虙、楼昉编《两汉诏令》。参见《景印文渊阁四库全书》第426册史部一八四诏令奏议类,台湾商务印书馆1986年版,第971页。

和把握就是对政治合法性之客观依据的探求。客观性则意味着一定程度的公共性。

(二) 关于国计民生之要务

天命的具体内容也必然是诏令的一大主题。文帝二年的《日食诏》已经表明君主的政治责任是由"天"所定的布政公平以治育群生。为了担起这一责任，在相关价值原则的指引下，某些公共政策就成为固定的必选项。比如，两汉诏令中经常出现劝农诏。仅现存的文帝时期共30余诏令中，劝农诏或籍田诏就有5次，其他诏令如"置三老孝悌力田常员诏"等也常常包含劝农的成分。又如赈贷、养老、恤孤、济贫、救灾等也频现于诏令。

文帝元年，诏曰：

> 方春和时，草木群生之物皆有以自乐，而吾百姓鳏寡孤独穷困之人或阽于死亡，而莫之省忧。为民父母将何如？其议所以振贷之。
> ……老者非帛不暖，非肉不饱。今岁首，不时使人存问长老，又无布帛酒肉之赐，将何以佐天下子孙孝养其亲？今闻吏禀当受鬻者，或以陈粟，岂称养老之意哉！具为令。(《文帝纪》)

诏书认为"草木群生之物皆有以自乐"是一种自然公义。人也是群生之物，因此，政治上就应当根据公义，"为民父母"而佐助之，于是"议所以振贷"。同样，"天下子孙孝养其亲"也是一种自然公义。既然老者不得保暖，那么，政治上就应当"使人存问"以"称养老之意"，于是"具为令"。这就是说，救济民生、成全人伦之义，作为政治上的仁义，不是私人性的道德修养，而是客观"公义"，是一种不以任何个人好恶为转移的政治公共价值，因此可以成为公共政策制定的依据。只有基于公共的义理，才能出台真正公共的政策。类似的诏令在两汉还有很多。如昭帝《免田租诏》《止出马诏》《减口赋钱诏》；宣帝《丧不繇诏》《减盐贾诏》《嫁娶不禁具酒食诏》；元帝《免灾民租赋诏》；成帝《恤民诏》《禁奢侈诏》；哀帝《遣使循行水灾诏》；光武帝《给廪诏》《薄葬诏》；明帝《诏恤徙边者妻子》《诏恤贫民》；章帝《举流民公田诏》《禀给幼孤诏》；和帝《旱蝗除田租诏》《实核贫民诏》《恤流民诏》《令天下半入田租诏》；安帝

《诏种麦》《赈贫民表贞妇诏》；顺帝《恤地震灾民诏》《免汉阳田租诏》《令冀部勿收田租诏》《贷灾诏》；等等。

(三) 关于社会秩序之规范

与民生并列的还有道德教化的主题。文帝二年，诏丞相、太尉、御史：

> 朕闻之，法正则民悫，罪当则民从，且夫牧民而道之以善者，吏也。既不能道，又以不正之法罪之，是法反害于民，为暴者也。朕未见其便。宜熟计之。（《刑法志》）

法治或牧民的目的是"道之以善"而不是为暴害民，是为了塑造某种合理的伦理秩序，而不是为了摧毁之。并且，人道之善或合理的伦理秩序之内涵是明确的，就像民生一样，是有社会共识的公共价值。

司法和行政应当据此而制定和调整相关的规范，使人慕风向化。比如景帝中元六年，诏曰：

> 夫吏者，民之师也，车驾、衣服宜称。吏六百石以上，皆长吏也，亡度者、或不吏服出入闾里，与民亡异。令长吏二千石车朱两轓，千石至六百石朱左轓，车骑从者不称其官衣服、下吏出入闾巷亡吏体者，二千石上其官属，三辅举不如法令者，皆上丞相御史请之。（《景帝纪》）

这是通过车服礼制确立尊卑之序。武帝建元元年，诏曰：

> 古之立教，乡里以齿，朝廷以爵，扶世导民，莫善于德。然则于乡里先耆艾，奉高年，古之道也。今天下孝子、顺孙愿自竭尽以承其亲，外迫公事，内乏资财，是以孝子阙焉。朕甚哀之。民年九十以上，已有受鬻法，为复子若孙，令得身帅妻妾遂其供养之事。（《武帝纪》）

这是通过受鬻法、复免（徭役）等促进孝亲伦理。武帝元朔元年，诏曰：

> 公卿大夫，所使总方略，壹统类，广教化，美风俗也。夫本仁祖义，褒德禄贤，劝善刑暴，五帝三王所由昌也。朕夙兴夜寐，嘉与宇内之士臻于斯路。故旅耆老，复孝敬，选豪杰，讲文学，稽参政事，祈进民心，深诏执事，兴廉举孝，庶几成风，绍休圣绪。（《武帝纪》）

这是戒敕公卿长吏、礼官博士等移风易俗、劝善进贤、奖掖孝廉忠信、纲纪礼义人伦。道德教化是国计民生之外另一项重要的公共事业和公共政策。

总之，某种社会秩序的理念被视作客观的、公认的价值规范，也就成了化民成俗的公共政策之来源。通过公共政策广教化、美风俗的诏令还有：宣帝《丧不繇诏》《子首匿父母等勿坐诏》《耆老勿坐罪诏》；成帝《幼弱减死罪诏》；光武帝《诏宽六百石以下吏罪》《杀奴婢不减罪诏》《薄葬诏》；明帝《听赎罪诏》；章帝《纠嫁娶非法者诏》《诏除禁锢》；和帝《禁逾侈诏》《免刑徒诏》；安帝《徙罪人诏》；顺帝《减死赎罪诏》；等等。出土文献中亦发现关于规范和保障尊长敬老的诏令，如甘肃武威磨咀子出土的《王杖十简》《王杖诏书令》等。①

（四）关于君臣吏民之共治

由于国计民生、社会秩序等公共价值决定了相关政策的公共性，为了制定和施行这些公共政策而构建的政权组织也必然要求具有一定的公共性。这在汉代诏令中表现为两个方面：选贤与责吏。求贤或令举贤良、孝廉，是汉代诏书最常见的主题之一，尤其是在遇到危机之时。杜佑《通典·选举》曰："汉诸帝，凡日蚀、地震、山崩、川竭天地之变，皆诏天下郡国举贤良方正、直言极谏之士，率以为常。"如武帝元封五年：

> 名臣文武欲尽，诏曰："盖有非常之功，必待非常之人，故马或奔踶而致千里，士或有负俗之累而立功名。夫泛驾之马，跅弛之士，亦在御之而已。其令州郡察吏民有茂材、异等可为将相及使绝国者。"（《武帝纪》）

---

① 参见中国简牍集成编委会编《中国简牍集成》第 4 册，敦煌文艺出版社 2001 年版。

责令官吏贯彻国家政策，常常与求贤举贤相伴出现。而汉代政治（乃至整个中国政治传统）之所以十分强调政策的执行与贯彻而非如何决策或立法，是因为在常规状态下后者并不成为需要太多讨论的问题。比如，国计民生之要务、社会秩序之规范等公共价值是基本确定的，其所具化出的公共政策也是比较容易明确的，至少在政策方向上是无须争辩的。因此，执行就成了关键的问题。这就需要君臣吏民的勠力共治。选贤任能也是因为贤能之士能够更好地理解和执行这些公共政策。比如，文帝十二年，《置三老孝悌力田常员诏》曰：

> 孝悌，天下之大顺也；力田，为生之本也；三老，众民之师也；廉吏，民之表也。朕甚嘉此二三大夫之行，今万家之县，云无应令，岂实人情？是吏举贤之道未备也，其遣谒者劳赐三老、孝者帛，人五匹；悌者、力田二匹；廉吏二百石以上率百石者三匹。及问民所不便安，而以户口率置三老、孝悌、力田常员，令各率其意以道民焉。（《文帝纪》）

是通过表彰三老、孝悌、力田的模范，并赋予职权，使之推行培养孝悌廉直、力田务本之精神的公共政策。又如，文帝十五年，诏曰：

> 选贤良明于国家之大体、通于人事之终始、及能直言极谏者，各有人数，将以匡朕之不逮。……上以荐先帝之宗庙，下以兴愚民之休利。（《晁错传》）

是通过选贤举能，以期之"兴愚民之休利"。文帝十二年，《劝农诏》曰：

> 道民之路，在于务本。朕亲率天下农，十年于今，而野不加辟。岁一不登，民有饥色，是从事焉尚寡，而吏未加务也。吾诏书数下，岁劝民种树，而功未兴，是吏奉吾诏不勤，而劝民不明也。且吾农民甚苦，而吏莫之省，将何以劝焉？（《文帝纪》）

是责备官吏对民生疾苦无动于衷，于劝农务本等公共政策认知不足、执行不力。同样，景帝后元二年，诏曰：

> 今岁或不登，民食颇寡，其咎安在？或诈伪为吏，吏以货赂为市，渔夺百姓，侵牟万民。县丞，长吏也，奸法与盗盗，甚无谓也！其令二千石各修其职，不事官职耗乱者，丞相以闻，请其罪。（《景帝纪》）

是指出民生凋敝，责在官吏之不修职，甚至与官职要求背道而行，诈伪贿赂、侵渔百姓，"甚无谓也"。因此，不事官职者必须问责治罪。总之，君臣吏民是在共同的价值规范和政策取向上的公共性政治之主体。君臣依据公共价值制定公共政策，官吏依据公共价值执行公共政策。

两汉在责吏修职方面的诏令还有很多。比如：惠帝《重吏禄诏》；宣帝《益吏奉诏》《察计簿诏》；元帝《诏条责丞相御史》《责吏诏》；光武《诏二千石抚循百姓》；和帝《敕刺史二千石诏》；安帝《禁长吏无故去职诏》；顺帝《简核刺史二千石诏》；桓帝《敕司隶冀州赈饥》；灵帝《敕刘焉为益州牧》；等等。

上述四个方面的诏令主题共同规定汉代国家政治的公共性。这些诏令体现的政策原理和专制政体界定的权力原理一样，都是秦汉国家政治的组成部分。由此，回到国家自主性理论提出的假说，可以这样回答：是以公共价值为内涵的政治公共性观念，使国家自主性得以成立，使国家不只是无意志的"政治系统"而成为真正的"国家"。

第 二 章

政治权威公共性的观念

第一节 天命的重构

一 君权帝命与君职天命

梁启超在1902年发表的《新史学》中把正统论和天命论当作中国旧史学最荒谬的观念加以攻击，理由是这种思想实质上是将国家视为君主的私产，证明统治者"生而有特别之权利"，而"举全国之人民，视同无物"①。从梁氏所持之共和主义、民权主义政治理念的角度出发，这一批评固然鞭辟入里，切中天命论、正统论中所含政治私属性弊端之要害，其影响所及形成了之后史学观批判的主流意见，但朱维铮却认为这种意见"缺乏历史观念史的深入研究"，而观念史或思想史的考察需要基于时代背景的历史视角，以评判某种观念在彼时的价值是非，而不应以当代的价值或哲学为准则，超越时代以今非古。"任何观念，即使在后人看来纯属荒诞的观念，在历史上能占一席之地，无不有其理由。何况如正统观念，不仅长期支配过中国人的头脑，还经常影响各色人等的政治行为乃至重大决策，那就更需要首先辨明它的不同历史形态，才可能进而探究不同形态所映射的现实的社会关系。"② 正统论如此，天命观亦然。事实上，殷周之际的天命论也确实发生了观念形态的变革，转型之后的周人新天命观虽然按照梁启超民权主义的标尺仍旧不离政治私属性的窠臼，但历史地看，其相对于殷人的旧天命观，已经取得了政治公共性观念上的显著突破。

---

① 梁启超：《新史学》，载《饮冰室合集》第一册·《饮冰室文集》之九，第1页。
② 朱维铮为饶宗颐《中国史学上之正统论》所作的序。参见饶宗颐《中国史学上之正统论》，中华书局2015年版。

王国维说，"中国政治与文化之变革，莫剧于殷周之际"。"周人制度之大异于商者，一曰'立子立嫡'之制，由是而生宗法及丧服之制，并由是而有封建子弟之制，君天子臣诸侯之制；二曰庙数之制；三曰同姓不婚之制。此数者，皆周之所以纲纪天下。其旨则在纳上下于道德，而合天子、诸侯、卿、大夫、士、庶民以成一道德之团体。""其所设施，人人知为安国家、定民人之大计。""凡有天子、诸侯、卿、大夫、士者，以为民也，有制度典礼以治。"① 概言之，周礼之义是通过建立一个道德的团体而为民，即通过家国政治的规范化、制度化而使之具有一定程度的政治公共性。这是殷周革命的本质所指。而从商人单纯的君权天命观向周人兼具君权天命与君职天命，并以后者为本的新天命观转变，实际上是从人类社会古代早期一般性的、君权神授的、私家/氏族主宰性帝国（其代表如赫梯帝国、波斯帝国等）向中国特色的、在私家政治的基础上树立公共性的国家转变。这与上述殷周革命的本质是一致的。

在文献可考的范围，中国古代政治思想最早呈现于西周的理性精神。周人的理性跃动不仅是天命观中工具理性式的戒慎恐惧或忧患意识，② 更在于宏观层面初步构建了一个关于政治合法性的"职命式"的价值理性思维结构。理解这种思维结构，必须从商人的天命观传统说起。一般观点认为商人相信天命有常，周人发现天命无常，因此必须心怀忧患，通过明德、敬德保持天命。这种观点并不完全准确，它没有揭示商周之际天命观演变的全景和周人天命观的复杂内涵。

（一）商人的帝命观

商代文字中的"天"并非后世之天。传统观点认为，殷墟甲骨卜辞中的"天"不具有宗教含义，更无伦理性质。《说文》曰："天，颠也。"段玉裁注曰："颠，人之顶也。"这正是甲骨文中"天"的本义，如卜辞有云："弗疾朕天。"而卜辞"天邑商"中的"天"是颠顶的引申义，意思是作为诸邑之首的邑商。郭沫若指出："卜辞称至上神为帝，为上帝，却决不曾称之为天。"③ 陈梦家也认为："卜辞的'天'没有作'上天'之义

---

① 王国维：《殷周制度论》，载氏著《观堂集林》，中华书局1959年版，第451、453—454、475页。
② 参见徐复观《中国人性论史》，华东师范大学出版社2005年版，第13—16页。
③ 郭沫若：《青铜时代》，中国人民大学出版社2005年版，第4页。

的。'天'之观念是周人提出来的。"① 因此，《尚书》商书诸篇及其他先秦古籍中所引含"天"字的殷商文字可能都不是殷人的原作。但有学者对此观点提出修正。比如，若将殷墟卜辞分为王室卜辞和民间卜辞，会发现不同的情形。在王室卜辞中，"天"的含义确如郭沫若、陈梦家的论断。但在民间卜辞或非王卜辞中，"天"又是作为被祭祀对象的，其含义就是上天，并且写法与作为头颠之义的"天"有所不同。先周文化属于晚商文化圈，其所出土的周原甲骨中"天"字的用法也与殷墟非王卜辞类似。可见，商代是存在民间对于"天"的至上神信仰及相关祭祀的。② 这应该是龙山文化晚期各部落或邦国的通天祭祀文化的传承。很有可能，从上古到晚商包括先周文化中的对"天"的至上神信仰，是地区性的，而非统一的。即各地信仰的"天"虽然都是广阔无穷的空间之神，却并非同一个，而是有无数的相似者并列存在，互不统属，就像早期祭土、祭社的情形一样。祭天的统一化可能是从西周开始的，这也是与西周肇始的政治同一化进程相一致的。换言之，只有在"天下"统一的基础上，"天"的观念才会统一。

总之，商人的政治观念中不存在如后世之"天"的观念，或不以之为主要内容，是基本可以肯定的。因此，商代并不存在字面意义上的"天命"观。③ 实际上，卜辞中商人的信仰与周人的天命概念迥异，不如按照卜辞的说法称为"帝命"。陈梦家说："商人称'帝命'，无作天命者，天命乃周人的说法。"④ "帝"或"上帝"是理解商人"帝命"观的关键。

张光直指出，商人的"帝"和"天"是两个概念，"卜辞中绝无把上帝和天空或抽象的天的观念联系在一起的证据"⑤。胡厚宣考察了殷墟卜辞中的"帝"，认为在商人的众神中，"帝"或"上帝"是高于任何自然神的至高神，而已故的商王在天上的形象就是"帝"或"王帝"。⑥ 陈梦家

---

① 陈梦家：《殷墟卜辞综述》，中华书局1988年版，第581页。
② 参见董莲池《非王卜辞中的"天"字研究——兼论商代民间尊"天"为至上神》，《中国文字研究》2007年第一辑。
③ 《尚书》商书诸篇中关于天命靡常、保天命等思想反映的是周人的天命观，而与卜辞中的商人信仰不同，可见《尚书》中商书诸篇必是周人修改而成。
④ 陈梦家：《尚书通论》，中华书局2005年版，第207页。
⑤ 张光直：《中国青铜时代》，生活·读书·新知三联书店2013年版，第383页。
⑥ 胡厚宣：《殷卜辞中的上帝和王帝》，《历史研究》1959年第9、10期。

概括了"卜辞的帝字共有三种用法:一为上帝或帝,是名词;二为禘祭之禘,是动词;三为庙号的区别字,如帝甲、文武帝,名词"①。帝就是祖先神,禘在后世被作为祭祖乃至全部祭祀中最重要的一种,②而作为庙号的帝自然也是和奉祀的祖先连在一起的。总之,"卜辞中上帝与先祖的分别并无严格清楚的界限,……'帝'很可能是先祖的统称或是先祖观念的一个抽象","而个别的子姓祖先代表其实质。换言之,在商人的世界观里,神的世界与祖先的世界之间的差别,几乎微到不足道的程度"③。虽然商人的神并不只是祖先神,还包括日、月、星、云等自然神或其他鬼神,但毫无疑问是以祖先神为主的,并以之为唯一的政治统治依据。侯外庐等称为"殷代的一元祖先神——祖、示、帝、天,唯祖先神之命是受"④。

因此,商人的帝命观即君权来自上帝与人王之间的祖先继承,其合法性来源在于祖先崇拜。祖先神之命即帝命。殷人相信的"天命有常"其实是"帝命有常"。"帝"就是自家祖宗,"命"就是血缘继承,当然有常!纣王面对周人东征,自信地说:"呜呼!我生不有命在天?"(《尚书·西伯戡黎》)晁福林指出:"他所说的'天',实指天上的'先后'(即'先王'——引者注)。"⑤同时,作为族群祖先神,商人的上帝本质上是商人部落专有的保护神——想必那些或臣服于商或与之敌对的"多邦""多方"也都有自己的保护神。⑥傅斯年、顾立雅(H. G. Creel)、徐旭生、许倬云等都认为殷人的上帝是部落神。⑦"'上帝'并不是成为个人的精神依归的救济之神,而只是祈求殷一族的集团性的安宁、存续,并没有提出与世界

---

① 陈梦家:《殷墟卜辞综述》,中华书局1988年版,第562页。
② 《礼记·丧服小记》:"王者禘其祖之所自出,以其祖配之。"
③ 张光直:《中国青铜时代》,生活·读书·新知三联书店2013年版,第383、427页。
④ 侯外庐、赵纪彬、杜国庠:《中国思想通史》第一卷,人民出版社1957年版,第69页。
⑤ 晁福林:《天命与彝伦:先秦社会思想探研》,北京师范大学出版社2012年版,第99页。
⑥ 似乎商人先王作为神也曾被其他附属国家祭祀,比如周原甲骨中就有周王祭祀殷商先王成汤、帝乙、太甲的辞例。但这可能更多的是政治性的,是对"大邑商"表示臣服的策略。
⑦ 参见傅斯年《性命古训辨证》,《傅斯年全集》第3卷,湖南教育出版社2003年版,第256页;[美]顾立雅:《释天》,《燕京学报》第十八期,1935年;许倬云:《西周史》,生活·读书·新知三联书店2012年版,第114—125页;徐旭生:《中国古史的传说时代》,广西师范大学出版社2003年版,第235—236页。

上的人们共同繁荣一类的理想。"① 这使得政治合法性的效力基本上局限在支配性氏族或部落的范围。

其实，在古代世界，大多数独立城邦或部落有自己的保护神。商人的上帝是神—祖合一，古代世界的城邦或部落也大多认为他们就是保护神的后代。如古埃及文献记载，神对国王拉美西斯三世说："我是你的父亲，我授你神旨，要求你实行统治。"古巴比伦汉谟拉比国王在其颁布的法典中声称，是巴比伦之庇护神"马都克命我统治万民并使国家获得神祇"。古印度《摩奴法典》也把王权神圣化，说国王是"具有人之外形的伟大的神"。在赫梯帝国，万神殿中的太阳女神阿琳娜（Arinna）被称为"国家的女王……赫梯国王与王后的保护神"。而国王也是神殿的候补成员。"君权是神授的"，"国王是受大神所'宠爱'的"，"统治者也是一个大祭司"，"国王们死后便会被奉为神灵。人们谈到国王的死，会用一个专门的术语，说'他已成为神灵了'。他的雕像会被放在神庙中……每个国王在世的时候，都被认为是他那已神化的祖先的化身"②。更典型的例子还有犹太人的上帝（"耶和华"）信仰等。但在部落之间，往往缺少共通的信仰。既然众多部落或城邦各有专属的保护神，则国与国的战争也被视为"诸神之战"。这种观念同样存在于希腊—罗马世界。"它们中间没有任何一个是与普遍王权相联系、不受挑战的、超越的、高高在上的神祇。"③ 因此，为了统治众多部落、城邦组成的大型帝国，罗马人不得不采用"万神殿"的权宜形式兼顾各方。

商人是否意识到了扩大宗教普适性的必要，目前不得而知。如同其他部落神一样，"作为政治合法性的终极来源，祖先崇拜有其局限性"。因此，商人的作为祖先神的"帝"很可能已经开始包含某种超越性、普遍性的意涵了，即"帝并非一位神祇化了的祖先，而是使得王朝诞生的非人格

---

① [日] 池田知久：《道家思想的新研究——以庄子为中心》（下），王启发、曹峰译，中州古籍出版社 2009 年版，第 366 页。

② [罗马尼亚] 米哈恰·伊利亚德：《宗教思想史》第 1 卷，吴晓群译，上海社会科学院出版社 2011 年版，第 122—123 页。

③ [美] 本杰明·史华兹：《古代中国的思想世界》，程钢译，江苏人民出版社 2008 年版，第 42 页。

的高高在上的神"①。这可能是后来周人营造"天"的信仰的前驱。郭沫若认为:"殷时代是已经有至上神的观念的,起初称为'帝',后来称为'上帝',大约在殷周之际的时候又称为'天'。"② 但也有学者认为殷商并没有"至上神"的观念。除了祖先神之外,殷代还有各种自然神,"帝"可能是自然神,也可能是自然神中的一个。无论如何,"帝只是殷代诸神之一,而不是诸神之长"。③ 真正的至上神或普遍神观念的产生还是要等到周人的天命观革新。

或许,上古中国各"神守之国"中的祭天宗教,其所崇拜的"天"也如犹太人的"上帝"一样是专属的,而非普遍的。同一个"天"的概念从私属性走向普遍性、公共性,大概是周代礼乐文明的改造结果;正如同一个"上帝"的概念从私属性走向普遍性、公共性,是基督教从犹太教内部兴起的改造结果一样。同时,古代中国的国家宗教在西周开始确立了"天"的统一信仰,也像罗马帝国晚期,基督教以"普世的上帝"(Universal God)崇拜取代了"万神殿"一样。赵汀阳认为:"周朝的革命不仅是政治革命,也是神学革命。周朝的神学革命与基督教对犹太教的改革至少有一个相似之处:正如基督教把上帝的拯救重新解释为向一切人开放的普遍神恩,周朝把原来被殷商垄断的特殊天命重新解释为普遍天命。"④ 当然,商周革命所体现的文化更新并不是一个突变,而是自上古以来中国文明渐次演进的总结与提升。宗教的融合与统一是一个渊源古老的发展过程。

(二) 天命靡常与天命不易

周人理性精神的飞跃,革除了商人对天命有常的迷信,往往被看作西周思想发展的主流。但实际上,殷周之际天命观的分野并非如此分明,思想转变也非朝夕之事。一方面,晚商已经酝酿着将人事与天命结合起来的理性思想萌芽;另一方面,周初的天命观除了理性因素之外,还保存着明

---

① [美] 本杰明·史华兹:《古代中国的思想世界》,程钢译,江苏人民出版社2008年版,第39、41页。
② 郭沫若:《青铜时代》,中国人民大学出版社2005年版,第6页。
③ 晁福林:《天命与彝伦:先秦社会思想探研》,北京师范大学出版社2012年版,第30页。
④ 赵汀阳:《天下的当代性:世界秩序的实践与想象》,中信出版社2016年版,第95页。

显的非理性因素，即命定之天的观念，如征象、祥瑞等。① 商人的祖先神崇拜和上帝人格神信仰也基本上被周人继承了下来。周人观念中的"帝"仍是重要角色，是至高的人格神，是统治合法性的来源。统治权威从祖先神通过血缘关系代代传递。这些都是非理性因素。只不过，这些非理性因素在两个层面上被重构和改造了。

商周之际思想革命的关键点是"天"在周人的宗教信仰中取得了最高地位，具有了普遍性和公共性。周人的"天"一方面保留了"帝"的人格神性质，另一方面蕴含公共价值性的内涵。因此，"天"与"帝"有时可以互换。侯外庐等认为，周人"所谓'天'与殷人所谓'帝'，字面虽有不同（其实周人亦习用'帝'字），实质上依然是'周因于殷礼'的人格至上神；其信'天'的说话，固不必论"②。即天命实际上部分地仍是帝命。③ 有时"天"的内涵又明显地超越了"帝"，天命也不仅仅是帝命。考诸诗书，可以发现周人的天命观存在着明显的"矛盾"。他们有时相信天命无常，有时又坚持天命有常，却并不觉得龃龉。因此，理解周人宗教观的特色需要注意两个层面的区分：一是人格之"天"或"帝"与祖先神的区分，由此延伸出"天命靡常"的观念；二是价值之"天"与人格之"帝"的区分，据此发展出"天命不易"的思想。

关于第一种区分，张光直指出："从西周开始，祖先的世界与神的世界逐渐分立，成为两个不同的范畴。"④ 周人的至上神，即"天"或"帝"，不再是一家一姓之祖先或某个部落的保护神，而是具有普遍性。这

---

① 参见罗新慧《周代天命观念的发展与嬗变》，《历史研究》2012 年第 5 期。
② 侯外庐、赵纪彬、杜国庠：《中国思想通史》第一卷，人民出版社 1957 年版，第 36 页。
③ 商周之际，"天命"又称"帝命"。《商颂·玄鸟》曰："天命玄鸟，降而生汤。"又《长发》云："帝立子生商"，"帝命不违，至于汤齐"，"上帝是祗，帝命式于九围"。又云："何天之休"，"何天之龙"。"休"通"庥"，庇荫也；"龙"通"宠"，恩幸也。因此，"帝"与"天"可以说是同义词。这种观念在春秋时代仍有遗存。《中庸》："子曰：'郊社之礼，所以事上帝也；宗庙之礼，所以祀乎其先也。'"《孝经》则曰："昔者周公郊祀后稷以配天，宗祀文王于明堂，以配上帝。"《孝经》相对于《中庸》是后起的文本。《孝经》以后稷和文王分别配祀"天"与"上帝"，是认为二者不同。郊祀祭天是古礼的通义；而据孔子，郊祀之礼的对象是上帝。也就是孔子（及其之前）的时代，"天"与"上帝"是不加区分的，是二而一的。从天、帝不分到天、帝二称，反映了宗教观念和哲学思想的演进，其中最主要的是"天"脱离了人格化的形象，以抽象性的存在成为一种独立的崇拜对象和价值源泉。
④ 张光直：《青铜挥麈》，上海文艺出版社 2000 年版，第 177 页。

与商人的宗教观及与之相关的政治秩序形成鲜明对比。晁福林认为:"殷人尊崇和祭祀尽量多的先祖,是适应社会政治发展需要的。商王朝没有像周代那样大规模地分封诸侯,而主要是靠发展子姓部族的势力来巩固以其为首的方国同盟。尊崇和祭祀尽量多的先祖,便可以在更广泛的程度上凝聚子姓部族的力量,从而形成方国联盟的稳固核心。"同时,"商王朝的祖先神不仅是商王朝的保护神,而且也是诸方国、诸部落的保护神。……商王室的祖先神不仅为殷人尊崇,而且也为诸方国、诸部落尊崇"。这种国家宗教形态如同殷商的政治格局一样,是一种强加于被征服者之上的霸权式秩序。如晁福林所说,"殷王只注意了对诸部族的斗争,而忽略了对诸部族的联合,这是殷王朝覆灭的一个重要原因"①。即殷商的国家整合或政治统一性、公共性还相当欠缺。其宗教观是政治公共性欠缺在思想上的反映。

周人仍然在宗教和政治中保持与发扬祖先崇拜的传统。但克商之后,天下主权易手,周人就面临宗教观与政治合法性的新问题:"如果上帝是和先祖统一,则帝早为殷人所有,何以又生此周代王国呢?又如果上帝和先祖毫不相涉,则殷先祖可以使殷族立国,周先祖也可以使周族立国,又何以使殷人'侯服于周'呢?"②"这样看来,上帝和祖先神既不能不分裂为二,又不能不合之为一。"沿着这条思路,周人进行了宗教革新,抽象出一个普世性的至上神观念。许倬云认为,周人的"脱开祖宗神型的天帝,以其照临四方的特性……是公正不偏的裁判者",体现了对所有族群一视同仁的万民之神的特点。③ 在此基础上,周人构建了一个具有最高权威的"天国"秩序。"在周人的天国观念中,'帝'的位置超出于祖先神灵而至高无上,这既是政治斗争的需要,也是思想观念的一个发展。商王在方国部落联盟中只是'诸侯'之长,而按照周文王的设计,周王则应当是'诸侯'之君。应运而生的至高无上的'帝'就是造成这种政治格局的

---

① 晁福林:《天命与彝伦:先秦社会思想探研》,北京师范大学出版社 2012 年版,第 19—20、23、74 页。

② 侯外庐、赵纪彬、杜国庠:《中国思想通史》第一卷,人民出版社 1957 年版,第 83、84 页。

③ 许倬云:《西周史》,生活·读书·新知三联书店 2012 年版,第 122 页。

最终理论根据和思想保证。"① 这样的"帝"就是"天",地位在任何氏族方国的祖先神灵之上,是(文王代表)周人受命的终极来源。于是,作为人格神的"帝""天"就与祖先神拉开了距离,同时又没有隔绝或对立。周人认为,文王作为周人的祖先神,侍奉在天帝的左右,受到天帝的信任,代表天帝的意志。如:

> 文王在上,于昭于天。周虽旧邦,其命维新。有周不显,帝命不时。文王陟降,在帝左右。(《诗经·大雅·文王》)
> 王使臣简公如卫吊,且追命襄公曰:"叔父陟恪,在我先王之左右,以佐事上帝。"(《左传·昭公七年》)

这样,天命的授予程序不再是君主从祖先神那里自动继承,而是变成天帝授命于"在帝左右""佐事上帝"的文王,继世周王再从祖先文王处继承。一代代的先王也都如文王一样成为祖先神,"在帝左右"。因此,也可以说继体之君也如文王一般,直接从天帝处受命。只不过,天帝不再是祖先神,而成为包括周人在内的所有姓氏、部族祖先神之上的主宰者,与任何姓族都保持可亲可疏的君臣关系,不私一家。任何一家都是潜在的授命对象,因此"天命靡常"(《诗经·文王》)。这种政治忧患意识,为政治公共性观念的发展开辟了道路。比如,董仲舒说:"王者必受命而后王。王者必改正朔、易服色、制礼乐,一统于天下。所以明易姓,非继人,通以己受之于天也。"(《春秋繁露·三代改制质文》)即政治权威来自天命,而非血缘继承,天命可以易姓而授。刘向更加明确地指出:"王者必通三统,明天命所授者博,非独一姓也。"(《汉书·刘向传》)即天命或曰政治统治地位是属公的,无常于私,不专于一姓。

李零这样描述周人关于土地占有的"合法性"或"法统"(legitimacy)观念:"王土剖分若按宗法谱系追溯,'王'是终点;但向上追溯,是承自先祖;再向上追溯,则是受自天命。"② 这一判断将"命"的授予程序分成性质不同的两截,从"天"到先祖和从先祖到周王、宗族成员,二者

---

① 晁福林:《天命与彝伦:先秦社会思想探研》,北京师范大学出版社2012年版,第98页。
② 李零:《西周金文中的土地制度》,载《李零自选集》,广西师范大学出版社1998年版,第86页。

是不同的。祖先崇拜和宗法谱系通过血缘关系实现权威传递，而从"天"到先祖的"天命"则是非血缘的"君臣关系"。前者是家父长制支配原理或家内伦理的扩大，后者则是非家产制或公共性国家秩序原理的起点。血缘关系止步于"天"与先祖之间，而"天命"却可以从先祖贯通到在位的周王、诸侯和臣僚。因此，诸侯、卿大夫、士与天子之间既有家内的宗法关系，又是家外的君臣关系。天命靡常正是后者的思想前提。

第二种区分能够解释在周人天命观中，"天"与先王或时君之间是怎样一种公共性的"君臣关系"，以及这种关系之无常性与有常性的统一。

周人既然相信天命靡常、"天不可信"（《尚书·君奭》），为何还常说"天命不易"，即天命不可违反、违背呢？① 直观而言，这大概是由忧患意识引申而来的政治谨慎意识，即对待天命务必谨慎、恭敬，就像是对于天命靡常思想所可能引发的轻佻嬉靡、放辟邪侈加以补救一样。

"天命不易"两见于《尚书》：

> 惟大艰人，诞邻胥伐于厥室，尔亦不知天命不易？（《大诰》）
> 在我后嗣子孙，大弗克恭上下，遏佚前人光在家；不知天命不易，天难谌，乃其坠命，弗克经历，嗣前人恭明德。（《君奭》）

前一个"天命不易"，孔颖达疏："天命之不可变易也"；后一个却疏曰"言甚难也"，但后面又说"天子若不称天意，乃坠失其王命"，可见"天意"与"王命"是两事，王命可失坠，天意却不可违背。②

《诗经》也多见类似的话：

---

① 参见雷甓仁《也谈"天命不易"、"命不易"、"不易"、"宪天之不易"》，2017年10月31日，http://www.gwz.fudan.edu.cn/Web/Show/3135。

② 孔颖达为了追求"天命不易"与"天难谌"文意上的一致，而将"不易"解为"难"，其实不必。如果二者都是类似于天命靡常、变动不居的意思，那么为什么说"不知"这个道理就会"坠命"呢？难道知道这个道理就能避免"坠命"吗？又为什么要"恭明德"？从天命甚难、天难信的道理中怎么能推导出"恭明德"的要求呢？这都是缺少逻辑的。只有将"天命不易"理解为价值性的天命不可改易，才能理解"恭明德"就是遵从这一天命，也只有这样才能避免"坠命"。"天命不易"与"天难谌"实际上代表两重不同的意思。因此，这句话应该解释为：如果不知道价值性的"天命不易"，那么由于"天难谌"，即运数性的天命无常不信，就会"坠命""弗克经历"（即不能长久），因此必须继承前人"恭明德"，即遵从价值性的、不易的天命——唯其如此，才有可能保持运数性的天命不坠。

> 宜鉴于殷，骏命不易。命之不易，无遏尔躬。（《大雅·文王》）
> 夙夜匪懈，虔共尔位，朕命不易。（《大雅·韩奕》）
> 敬之敬之，天维显思，命不易哉。（《周颂·敬之》）

"骏命不易"，郑玄笺："天之大命不可改易。""命不易哉"，郑笺："去恶与善，其命吉凶不变易也。"

《左传》中也有类似的说法：

> 天道不謟，不贰其命，若之何禳之？（《昭公二十六年》）
> 天道不慆久矣，使君亡者，必此众也。（《昭公二十七年》）
> 天命不謟。令尹有憾于陈，天若亡之，其必令尹子是与，君盍舍焉？（《哀公十七年》）

杜预注"謟""慆"皆曰"疑也"。"天道不謟"就是天道有信，不可妄言，不可轻疑，也就是"天命不易"，故曰"不贰其命"。总之，"天命不易"就是天命有常，不可轻慢，必须信奉遵从。

问题是，不易之天命既然不同于靡常之天命，那么前者到底是什么？答案在于"天"的概念除了人格神之外，还蕴含价值性规定。如果这种政治价值是确定的，那么其所构成的天命就是恒常的。

周人认为，既然天命无常，就应该时刻保持警惕，不使天命失坠。于是，周人发现了在无常的天命中寻找确定性的路径，即以民知天。《尚书·泰誓》曰："天视自我民视，天听自我民听。""民之所欲，天必从之。"《皋陶谟》曰："天聪明，自我民聪明；天明畏，自我民明威。"因此，周人认为必须敬德保民以膺天命。既然敬德保民可以上配天命，从而保有天命，则敬德保民本身就是不易之天命。天命既与敬德保民相连，就意味着天命不仅仅赋予统治权威，还颁布内涵明确的统治职责。前者无常，后者有常。能够完成"天"之所命的政治职责，从而保有天之所授的政治权威的种种政治作为和修养，被周人笼统地称为"德"。"德"原作"悳"，意为正直之心，表示以此就能得到"天"或鬼神的青睐与庇护，因而是一种宗教精神。在周人的文化中，"德"开始有了世俗的含义，主要是指治国的方策与能力。其具体内容并不是个人内在的德性、修养或纯粹的道德观念，而是施以恩惠、使人柔服的政治原则。① 核心是保民，即保民是受命者的政治职任。君主受命就像是根据某种职位的工作要求受到任命而就职。"在《毛诗》《尚书》等当中常常出现的所谓'明德'，在王室方面，就是厉行对于'天'或'文王'的祭祀并感受其'德'，并且完全实施王国经营之任；在诸国、诸侯方面，就是要努力于守护文王和王室的传统及秩序，以及诸国、诸侯的保持谐和，并且精心勉励于在各自所在地方的统治。"②

李峰通过研究西周的官僚制度，指出"周人可能对政府有一个非常不同的理解，一个对民事行政的专注——虽然西周国家根本的政治使命是完成天命，但为了这个目的，周人建立了一个主要执行民事行政管理的政府机器，而并不是像前面讨论的商代政府那样首要是一个处理与神之间的关系，仅仅附带地处理民政事务的宗教体制。""周人以天命思想作为西周国家的基础，因此认为他们的历史使命与商十分不同，周贵族通过任用大量执行类、书记类官员的民事和军事行政来对其事务进行实际的（如果不是'实用主义'的）管理。这或许就是孔子所赞美的如此之'文'的周人传统，而不是，可能的，如此神秘！"③

实际上，不仅是官僚机构，从受命而专权，到受命而任职，"天"与君主的关系本身也可以看作围绕民事管理的拟"理性官僚化"与"责任政治化"。周王又称天子，④"天"与天子的天命关系，类似于君臣之间的委任关系。"天子"的字面意思是天之子，但其实是譬喻，而非实指。《春秋繁露·深察名号》曰：

> 号为天子者，宜视天为父，事天以孝道也；号为诸侯者，宜谨视所候奉之天子也；号为大夫者，宜厚其忠信，敦其礼义，使善大于匹夫之义，足以化也；士者，事也，民者，瞑也；士不及化，可使守事

---

① 刘起釪：《尚书校释译论》第 3 册，中华书局 2005 年版，第 1303 页。
② ［日］池田知久：《道家思想的新研究——以庄子为中心》（下），王启发、曹峰译，中州古籍出版社 2009 年版，第 367 页。
③ 李峰：《西周的政体：中国早期的官僚制度和国家》，生活·读书·新知三联书店 2010 年版，第 66、304 页。
④ 刘泽华认为周王称天子始自成王。参见刘泽华《中国政治思想史》先秦卷，浙江人民出版社 1996 年版，第 31 页。

从上而已。

"天"与天子之关系的延长线不是天子与其子孙,而是天子与诸侯、大夫、士和民,并各有职守,如大夫化民、士者守事。天子与他们之间是由职务等级界定的君臣关系。顺着这条逻辑,"天"与天子之间也应当是君臣关系。所谓天子"宜视天为父",是为了"移孝作忠",用孝道说明天子对天命之职的遵从,不是真的私人性家内关系——在"天"的信仰之外,周王自有其父祖神灵和家内谱系。在宗教仪式和观念的实际分野上,天子祭祖的对象只是血亲祖先,而对"天"则毋宁说是称臣的。① 二者的区分很明确。因此,天子受命于"天",所得到的并不是父子继承的、不会变易的私家产业,而是君臣授受的、可以改变的职位任命。而该职位所要求的职责本身是内涵恒定的。这就是天命无常与有常的统一。

只不过,在君主之上的主权者("天")不是一个人格主体,而是某种公共的政治价值或者恒常的集体民意被无限地抽象、尊崇乃至神化之后形成的公共意志。周人天命观中的民意化特征并没有趋向古希腊式的民主政治,无论在观念还是实践上,都不曾见到任何西式民主化的迹象。这一方面是由于"天"的人格神或主宰属性仍旧持续,从而使政治权威的授受始终固守在君主制的形式之中;另一方面也表明周人的天命观之吸纳民意的元素,所要塑造的是一种作为政治生活价值指导的公共观念和权威话语,而不是一种开放政治参与的制度设计。也就是说,周人相信作为天命之源、政治之本的"民之所欲"是可以被认知、概括和把握的,是可以被设置为国家政治准则的——这就是天命的真正展开。

---

① 史籍上最早的天子/皇帝称臣之例出现在三国。三国的君主即位称帝时都已普遍而习惯地自称"皇帝臣X",说明这一观念必定起源于更早的时代,至少是汉代。曹魏侍中缪袭议曰:"汉用古礼,为天称臣。"(《大唐郊祀录》卷四) 有可能天子"为天称臣"是先秦的古礼。《白虎通·爵》曰:"何以知帝亦称天子也,以法天下也?《中候》曰:'天子臣放勋。'""放勋"即帝尧,因此"天子臣放勋"不是天子之臣放勋,而是作为天子的"臣放勋",也就是天子"为天称臣"之意。可以说,"天子臣某"的观念至少在东汉时已形成。金子修一认为:"从西汉到东汉,皇帝对天的从属性是逐渐加强的。也就是说,西汉初期方术性质较强的郊祀中,皇帝对天并无从属性关系;而到了王莽时期,郊祀改革的同时,天与皇帝的父子关系得以强调,天与皇帝的位置关系得以重新规定;进而到东汉,称'天子臣某'形成,表明武帝时的'皇帝'在祝文中变为'天子',同时表明新的天与天子之间的君臣关系得以确定。"参见 [日] 金子修一《古代中国与皇帝祭祀》,肖圣中、吴思思、王曹杰译,复旦大学出版社2019年版,第79—80页。

这种从"民视""民听""民之所欲"所概括和把握到的公共价值，被整合、固化和提升成"天"的概念——借助"天"的神秘性、超越性而赋予民意凝结成的公共价值以先验性、权威性。"天命"，即以这种包含公共价值洞见的意识形态作为最高的权威来源，而授权立政。这就从根本上决定了中国政治文化传统的特性，不同于古希腊开辟的西方民主政治传统①——后者是将分散的民意以政治参与的方式组织起来，通过团结或竞争的机制来"制造"公共价值。在中国的天命观中，"天"来源于民意，但又高于民意，是独立的存在；君主受命于"天"而非民。在这一政治逻辑中，"天"的存在不可或缺且极端重要，是整个体系的拱顶石。而在希腊式的民主政治中，民本身就是"天"，但民意如流水无形，如白云变幻，因此实际上并没有一个真正的"天"，也没有"天命"，只有随机的、往往是非全体的"民命"。相反，君主的职责来自"天"之所命。而"德"是天命的内涵，也是对君主职责的明确概括。赵汀阳认为："在'德'演变为伦理概念之前，原本是处理利益分配问题的公正概念……德治的意思是，利益必须普遍分享并且公正分配。"② 即"德"是对公共价值的准确把握和公平分配，因此是公共性政治的价值规范。这是周人政治思想的最大创新和贡献。

周人的宗教有两部分：以孝敬祖、以德配天。前者规定属私的家庭伦理，后者规定属公的政治原则。侯外庐等认为："上帝神是一般神，祖先神是特殊神。伦理上所产生的观念也是和宗教相应的，也有一般的观念，即'德'，也有特殊的观念，即'孝'。如果说'德'以配命是城市国家的东方形态，则'孝思维则'又可以说是氏族制的维持在东方所具的特别形态。"③ 侯外庐等所说的"城市国家"以古希腊城邦为典型，其实质是突破私属性氏族关系而以公民结合的方式进入公共性政治的国家形态。但以古希腊具有公共领域性质的城邦国家类比中国古代国家的公共性，并不恰当。周人"以德配天"的观念与其说反映了"城市国家的东方形态"，不如说是公共性政治在希腊式城邦国家之外的另一种存在形式。这种形式的

---

① 即使 19 世纪之前，"民主"政体在西方主流的政治思想中都是不被赞美的，但不能否定其在西方整个古代和近代以来对现实政治产生的持续而决定性的影响。
② 赵汀阳：《天下的当代性：世界秩序的实践与想象》，中信出版社 2016 年版，第 59 页。
③ 侯外庐、赵纪彬、杜国庠：《中国思想通史》第一卷，人民出版社 1957 年版，第 95 页。

核心不是公共领域的营造，而是公共价值的树立。

(三) 两种政治原理的混合

周人的天命观，基于"天"的两种内涵，在两层意义上实现了对于商代帝命观的改造或超越，并且都是政治公共性对政治私属性的改造和超越。然而，改造不是消灭，政治公共性生长的同时，政治私属性依旧强大。周人的天帝虽然不等于祖先神，但作为人格神，总会相对确定地眷爱某一姓族的祖先神，从而保障某一姓族独占的统治权威（见表2—1）。这时，权威的血缘代际传承就成为政治合法性的重要来源，而祖先崇拜的观念和仪式也就作为重要的政治文化传统被继承下来。这是周人天命观中不可否认的、持久顽固的政治私属性成分。在价值性天命或天命不易的思想中，政治公共性当然得到充分呈现；但在主宰性天命或天命靡常的观念中，相比于帝命有常的殷商旧思想，政治公共性成分虽有增加，但以祖先崇拜和宗法制度为载体的政治私属性仍然表现为主要成分。两种成分的混合，构成周人宗教观或政治合法性观念的基本特征。

表2—1　　　　　　　　商周"天""帝"内涵比较

	至上神	人格神	祖先神
商人的"帝"（≠"天"）		√	√
周人的"天"（="帝"）	√	√	
周人的"天"（≠"帝"）	√		

侯外庐等指出："'天'在周人的思想中，是'帝'的一种变革，然而这种变革并不是祖先神'帝'的否定，而是'帝'的改良。""殷代宗教的'帝'，指全族的祖先神。周人接受了这一传统，仍以祖先神为主"，同时，"天、上帝被改良而为一般的主宰之神，而祖先神是所谓的禘后稷而宗文王"。于是，侯外庐等将周人的宗教观称为"二元神宗教思想"："周人禘祖先王而外，产生敬天、尊上帝、配天命的宗教，这即是上帝与先王分离为二，复因先祖克配上帝的道理，二者又结成一体。"换言之，周人宗教崇拜同时也是天命来源的二元性在于：祖先神（先王）与普世神（天帝）的并立。因此，周人的天命实际上有两种并存的性质。"西周的

'先王'既受命于'上帝'而又以德配'天'。"① 这种思想的影响延及后世，君主的两个称号"王""皇帝"与"天子"表示了不同的政治合法性原理：前者说明的是权力来源的主观意志性和私家血统性，即来自人格性主宰的赠予和祖孙父子的继承；后者说明的是权力来源的客观责任性，即来自价值性天命的共识性规定。前者主要是政治私人性的表现；后者则具有某种政治公共性的原理。并且，二者还分别对应不同的祭祀仪式：皇帝是宗庙祭祀中的身份，天子则是祭天仪式中的角色。②

天命的二元性，或者侯外庐所说的"两面天命论"③，既基于"天"的两种内涵，也表现为"命"的两种用法。"命"的本义是命令，但在古文献中，"命"字有两种解释。一是《小尔雅·广言》曰："命，予也。"《尚书·召诰》曰："今天其命哲、命吉凶、命历年"，意思就是天赐予明哲、吉祥、永年。《韩非子·显学》曰："寿，命也。"《礼记·祭法》曰："大凡生于天地之间者，皆曰命。"《周易·乾卦》曰："乾道变化，各正性命。"孔颖达《正义》曰："性者，天生之质，若刚柔迟速之别；命者，人所禀受，若贵贱夭寿之属是也。"④ 二是《说文》曰："命，使也。从口从令。"段玉裁《注》曰："令者、发号也。君事也。非君而口使之。是亦令也。故曰命者，天之令也。"《周易·师卦》曰："大君有命。"《论语·子路》曰："使于四方，不辱君命。"蔡邕《独断》曰："出君下臣名曰命。"皆此意也。这两种解释代表商周之际天命观的两种内涵和在后世的两个发展方向。"君权帝命"，或者说商周时代见于文献的天命概念，主要仍是第一种含义"予物之命"，即统治权威乃天/帝所予之宝物；"君职天命"则是周初开始萌发的新观念，体现的是"命"的第二种含义"使职之命"，即统治的实质是履行天/帝之职命。前者是实然概念，后者是应然概念。

如果将"命"的两种含义联系起来，那就是"王其德之用，祈天永命"（《尚书·召诰》），或者说"敬德保命"。《左传·文公十三年》载：

---

① 侯外庐、赵纪彬、杜国庠：《中国思想通史》第一卷，人民出版社1957年版，第78、80—81、136页。
② 参见［日］金子修一《古代中国与皇帝祭祀》，复旦大学出版社2019年版，第9页。
③ 侯外庐：《中国古代社会导论》，河北教育出版社2000年版，第276页。
④ 《十三经注疏》，上海古籍出版社1997年版，第14页。

> 邾文公卜迁于绎。史曰:"利于民而不利于君。"邾子曰:"苟利于民,孤之利也。天生民而树之君,以利之也。民既利矣,孤必与焉。"左右曰:"命可长也,君何弗为?"邾子曰:"命在养民。死之短长,时也。民苟利矣,迁也,吉莫如之!"遂迁于绎。五月,邾文公卒。君子曰:"知命。"

"命在养民"之"命"是君主的职命,"死之短长"之"时"是自然的"时命"。邾文公和"君子"能够清楚地分辨二者,同时理解二者,就是"知命"。

第一种含义在后世主要表现为运命、运数之命,与自然之天相合,是天予人的既定安排或天意/天道所成的既定事实。《论语·颜渊》曰:"死生有命,富贵在天。"《雍也》曰:"有颜回者好学,不迁怒,不贰过,不幸短命死矣。"《孟子·万章上》曰:"莫之致而至者,命也。"这样的"命",在个人是吉凶、寿夭,在国家是政权、国祚。如姜昆武所说,"《尚书》中凡言国祚、帝位、政事、灾异、祸福、寿夭、刑赏等人所不能预测者,皆称天之所命。……天命最原始意义为受命于天的国祚帝位,乃改朝换代之特用成词"①。

第二种含义在后世发展出单纯的义理、道德之命,与义理之天相合。比如,孔子"五十而知天命"(《论语·为政》);《礼记·中庸》"天命之谓性";《周易·说卦传》"穷理尽性,以至于命"。徐复观解释道:"此时之性,即与性所自来之命,一而非二,这即是'至于命'。"② 《吕氏春秋》曰:

> 天道圜,地道方。圣王法之,所以立上下。……圣王法之,以令其性,以定其正,以出号令。令出于主口,官职受而行之,日夜不休,宣通下究,瀸于民心,遂于四方,还周复归,至于主所,圜道也。……故令者,人主之所以为命也,贤不肖、安危之所定也。(《季春纪·圜道》)

---

① 姜昆武:《诗书成词考释》,齐鲁书社1989年版,第49页。
② 徐复观:《中国人性论史》,华东师范大学出版社2005年版,第129页。

人主之令是为命,"官职受而行之";天道之令则为天命,君主受而行之,一如天之官职也。又如董仲舒曰:"天令之谓命,命非圣人不行;……是故王者上谨于承天意,以顺命也。"(《举贤良对策》或《天人三策》,《汉书·董仲舒传》)

总之,天命既有私人利害之授予,又有公共义务之责令。这种二元性同样表现在天子与诸侯、臣僚之间。二者之间既有私人性的宗法关系,也有公共性的君臣关系。在周人的"封建"活动中,两种性质的关系各有不同的政治意义。通过宗法关系,周王作为宗子将受自祖先的统治权力分授予宗亲出身的诸侯,以为后者的产业;通过君臣关系,周王作为天子将受自于"天"的政治职责分授予作为"臣某"的诸侯,规定后者的公务。许倬云也认为:"天命降于周王,周王就必须对上天负起道德的责任。西周又有宗法制度以等差递减的方式,将周王承受的天命,分别地转交给同姓的诸侯。"① 即诸侯既分享利益,也分担公共性政治责任。从天帝到天子的天命,从君主到诸侯、臣僚的君命,都呈现出二元性,即政治私人性与政治公共性相混合的局面。

为了更明白晓畅地区分,鉴于第一种天命观以政权的授予和继承为主要目的,以人格神的"天""帝"(继承和发展自商人的"帝")为授予的主体,因而可称为"君权帝命";第二种天命观以公共职责的规定和履行为主要目的,以非人格化的"天""帝"为颁布规定的主体,因而可称为"君职天命"。西周之后,关于两种政治原理的观念继续发展。西周中后期的夷王、厉王至宣王中兴后,国家陷入混乱,周王权威削弱,周道衰微,周人竟一反向来的虔诚而出现指责上帝、天命的声音,即所谓"变风""变雅"。② 人们开始怀疑君王和哲圣未必是统一的,君权天命与君职天命("德")未必是相连的。这实际是为包含公共性价值的君职天命或"德"从依附性走向独立性、从专属性走向公共性话语开辟了道路,预示着专制

---

① 许倬云为李峰著作《西周的政体:中国早期的官僚制度和国家》所作的《序言》,第Ⅱ页。
② 例如《诗经》中,"彼苍者天,歼我良人!"(《秦风·黄鸟》);"天方荐瘥,丧乱弘多"(《小雅·节南山》);"上帝板板,下民卒瘅"(《大雅·板》);"倬彼昊天,宁不我矜?"(《大雅·桑柔》);"瞻卬昊天,则不我惠?"(《大雅·瞻卬》)等,怨怼之词大量涌现。

权力的实际拥有者是一回事,而公共政治的应然担当者有可能是另一回事。甚至可以说,这是后世儒家君子政治学的最早源头。与此同时,随着西周崩溃、王室权威失坠,到了春秋战国,君权帝命的观念逐渐扩展到诸侯国君主。思想家和各国君主纷纷创造新的至上人格神信仰及其与君主权威的联系。国家祭祀的内涵与形式也因之发生变迁。

二 国家祭祀的制度变迁

"国之大事,在祀与戎。"(《左传·成公十三年》)刘师培说:"古代礼制悉赅于祭礼之中,舍祭礼而外无典礼。"① 三代以来形成的国家宗教,包含三种主要的祭祀仪式:(1)祭天地;(2)祭祖宗;(3)祭诸神,最主要的是祭祀社稷。与天命观的革新相对应,商周秦汉国家祭祀制度的变迁,简单地说是从以"王族祭祖"为主到以"君臣祭天"为主的过渡,实际上也是更大范围、更具统一性的国家之建构过程。具体到祭祀仪式的变迁上,乐舞的兴衰是其中的关键征候。不过,这一过程不是一蹴而就的。如果说殷商是起点,那么西周时期仍处于该过程的早期阶段。从殷商经西周到秦汉,国家祭祀的变迁大致如图2—1所示。

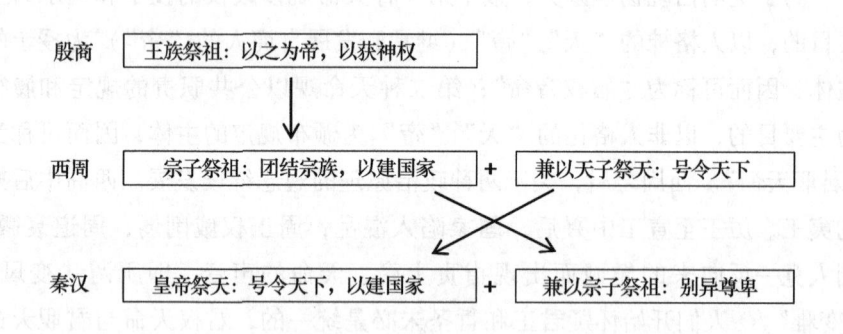

殷商	王族祭祖:以之为帝,以获神权	
西周	宗子祭祖:团结宗族,以建国家	+ 兼以天子祭天:号令天下
秦汉	皇帝祭天:号令天下,以建国家	+ 兼以宗子祭祖:别异尊卑

图2—1 国家祭祀变迁

(一)乐舞:从通神到收族

商文化的突出特征是尚鬼神。在其宗教观中,生人的世界和神鬼的世

---

① 刘师培:《古政原始论》第十《礼俗原始论》,载《刘申叔遗书》,江苏古籍出版社1997年版,第683页。

界是相通的，神鬼可以降临，巫觋也可以上陟，或者说这是二而一的过程。神鬼有先知，有意志，可以决定人事吉凶。所以商人频繁占卜和祭祀，以求获得这种"神力"。"进一步的自然推论是掌握有这种智慧的人便有政治的权力。因此在商代巫政是密切结合的。"① 崇拜神鬼的宗教祭祀是政治权威之所系，商王既是君主，也是群巫之长。② 这就是商人的国家宗教或国家祭祀。而鬼神的主要来源是先公先王，祭拜祖先是宗教祭祀活动的中心甚至全部，也是天命（更准确地说是"帝命"）的主要来源。因此，商人的宗庙祭祀就是其国家祭祀。

为了持续地确证"帝命"的授受，商人的鬼神祭祀以人与鬼神的精神沟通乃至融合为最重要的目的。而能够使人兴高采烈、癫狂迷醉的音乐、舞蹈和饮酒，以及青铜器上怪异可怖、摄人心魄的动物纹样，则是达到这一境界的重要手段：既凭借巫者的迷狂而目睹神灵的降临附体，又通过自己的迷狂状态而体验与神灵的交通。巫者舞蹈实际上就是"跳神"。"巫"与"舞"字系出同源，"舞巫既同出一形，故古音亦相同，义亦相合，金文舞无一字，说文舞无巫三字分隶三部，其于卜辞则一也"③。《说文》曰："巫，祝也。女能事无形，以舞降神者也。象人两褎舞形。"因此，乐舞是商人宗教文化的核心内容，并在殷商时代得到了十分丰富和很高水平的发展。

---

① 张光直：《中国青铜时代》，生活·读书·新知三联书店2013年版，第289页。
② "商王为群巫之长"的说法是陈梦家提出的。（陈梦家：《商代的神话与巫术》，《燕京学报》第20期，第535页。）但李零对此有异议。李零认为，在"绝地天通"的影响下，"祝宗卜史"四官早在商代应已经从巫中分离出来，巫的职能和"地位应在'祝宗卜史'之下，'祝宗卜史'的地位应在'王'之下，这是商代以来就已确立的格局"。（李零：《中国方术续考》，中华书局2006年版，第58—59页。）李零的一个证据是古代焚巫祈雨的传统，如《左传》僖公二十一年："夏大旱，公欲焚巫。"《礼记·檀弓下》："岁旱，穆公召县子而问然，曰：天久不雨，吾欲焚巫尫而奚若？"这种现象同样出现在殷墟卜辞中。（参见裘锡圭《论卜辞的焚巫尫与作土龙》，胡厚宣主编《甲骨文与殷商史》第一辑，上海古籍出版社1983年版。）可见，巫的地位确如李零的判断，是不甚高的。但需要注意的是，《墨子》《荀子》《吕氏春秋》《淮南子》等古籍中还记载了商汤在大旱之时欲自为牺牲以祈雨的事。如《吕氏春秋·季秋纪·顺民》曰："昔者汤克夏而正天下。天大旱，五年不收，汤乃以身祷於桑林……於是翦其发，磨其手，以身为牺牲，用祈福於上帝。民乃甚说，雨乃大至。"据此，张光直认为汤就是一大巫，至少承担着巫的某些职能。（张光直：《中国青铜时代》，生活·读书·新知三联书店2013年版，第278页。）
③ 陈梦家：《商代的神话与巫术》，《燕京学报》第20期，第537页。

通过饮酒和乐舞而通神的文化在世界其他古文明中也屡见不鲜。比如，古希腊的"酒神"狄俄尼索斯崇拜就以饮酒和陶醉为与神感应的仪式和最高的精神境界。与狄俄尼索斯相关联的不仅有酒，还有其他令人迷狂的媒介。"早期的戏剧就是和狄俄尼索斯崇拜有联系的；他的保姆不仅是酒神的狂女，而且是缪斯女神，她们的歌唱的美和魅力源于他，也只能源于他。"① 作为狄俄尼索斯教的继承者和改革者，俄耳普斯是古希腊著名的乐师和歌手。他用音乐代替饮酒作为使人迷醉的仪式。无论是饮酒还是乐舞等通神方式，虽然神秘，但不属于人类学意义上的"巫术"，而是一种较原始的宗教信仰。

巫术在人类学中与宗教有别，主要是指原始文化中以泛灵论为基础的联想思维和魔法信仰。比如人类学家泰勒（E. B. Tylor）总结的"模拟巫术"和"接触巫术"，弗雷泽（J. G. Frazer）统称"交感巫术"②。但中国古"巫"显然与之不同，原始巫术中的泛灵论实际上是无神论，③ 而中国古"巫"的主要任务以舞降神是以确定的神鬼观念为基础的；原始巫术以压制和操纵神秘力量为能事，而中国古"巫"的目的是崇拜和取悦神鬼。因此，张光直同意将中国古文献中的"巫"译作"萨满"（Shaman），认为二者接近。④ 但其实，"巫"也不能等同"萨满"。埃里亚德试图界定"萨满"的含义，认为萨满是一种迷狂通神的技术，或掌握这一技术的人。它是宗教的一部分而非全部，因此常与祭司并存。⑤ 中国古文献中的"巫"实际上正是以祭司为主要职责。《说文》曰："巫，祝也"，"祝，祭主赞

---

① ［英］简·艾伦·赫丽生：《希腊宗教研究导论》，谢世坚译，广西师范大学出版社 2006 年版，第 414 页。
② ［英］J. G. 弗雷泽：《金枝》，徐育新、汪培基、张泽石译，新世界出版社 2006 年版，第 15—50 页。
③ 《金枝》呈现了人类社会的原始阶段，在此阶段，人们的注意力集中于各种神秘力量，而却没有关于神和宗教的观念。"弗雷泽认为，宗教总要涉及求助于神，而巫术与神没有任何联系。"参见［英］R. R. 马雷特《心理学与民俗学》，张颖凡、汪宁红译，山东人民出版社 1988 年版，第 143 页。
④ 张光直：《美术、神话与祭祀》，生活·读书·新知三联书店 2013 年版，第 38 页。
⑤ Mircea Eliade, *Shamanism*, Princeton, NJ: Princeton University Press, 1972, pp. 3-4.

词者"。"巫祝"也常常连称。并且，如果"绝地天通"①的传说可信，则有关公共神鬼的"巫祝"是国家的专司。所以，以"巫祝"为标志的殷商信仰习俗已经超越了原始巫术，是一种包含萨满性质的宗教祭祀活动，并且是具有政治意义的国家祭祀。

周人继承和发扬了商人的礼乐文明，并革新了国家宗教的思想和仪式。孔子在夸赞西周礼乐文明时说："周监于二代，郁郁乎文哉，我从周。"(《论语·八佾》)比如音乐和舞蹈，《诗经》本身就是周人的乐舞作品，其中保存着大量的乐器名称和舞蹈形式，② 尤其是在统治者宗庙祭祖时所吟诵的《颂》中。不过，周人的舞乐文化应该是更多地继承自殷商，而非独立发展的结果。目前的考古发现中，殷商遗址出土的青铜乐器、甲骨文中关于舞乐活动或乐器的记载，都远比先周甚至西周前期遗址要丰富得多。周人灭商之后，大量地继承了商人的物质、技术和文化遗产，包括以乐舞祭祖的方式和具体的乐器、乐舞节目等。比如，殷墟甲骨文中的"庸""龠"就是殷人祭祀祖先神时使用的专门乐器。甲骨文中可见"舞""庸"连用，因此陈致判断"甲骨文中的'庸'不仅指某种乐器，很可能指商代的钟，也指某种舞蹈"，进而认为"'庸'或为'颂'的前身，'颂'是周代的词汇，周人用以冠之于一种源自殷人的祀祖的礼乐"。或者说，"'颂'本来是周人从殷人那里发展出来的用于祭祀中的音乐体式"③。

甲骨文中最常见的一种舞蹈叫作"万"，如"万舞""多万"(意为众多舞者)等辞例多次出现。或许与"庸"连用的舞就是"万"。"万舞"

---

① 关于"绝地天通"的记载见于《尚书·吕刑》和《国语·楚语下》。《楚语下》："古者民神不杂。民之精爽不携贰者……明神降之，在男曰觋，在女曰巫。……于是乎有天地神民类物之官，是谓五官，各司其序，不相乱也。民是以能有忠信，神是以能有明德，民神异业，敬而不渎，故神降之嘉生，民以物享，祸灾不至，求用不匮。及少皞之衰也，九黎乱德，民神杂糅，不可方物。夫人作享，家为巫史，无有要质。民匮于祀，而不知其福。烝享无度，民神同位。民渎齐盟，无有严威。……颛顼受之，乃命南正重司天以属神，命火正黎司地以属民，使复旧常，无相侵渎，是谓绝地天通。"陈来认为，"绝地天通传说中肯定性的信息是，它明确指出：第一，中国上古曾有一个'家为巫史'即人人作巫的巫觋时代；第二，上古巫觋的职能是促使天地的交通；第三，中国历史上的巫觋曾经历了一个专业分化的过程"。(陈来：《古代宗教与伦理：儒家思想的根源》，生活·读书·新知三联书店2009年版，第28页。)
② 《墨子·公孟》："诵《诗》三百，弦《诗》三百，歌《诗》三百，舞《诗》三百。"
③ 陈致：《从礼仪化到世俗化：〈诗经〉的形成》，吴仰湘、黄梓勇、许景昭译，上海古籍出版社2009年版，第65页。

也被周人继承，成为后世宗庙祭祀中的标配环节。同样被周人继承的殷商乐器还有"籥"（甲骨文作"龠"），奏"籥"与"万舞"相配的记载也见于周人文献。如《逸周书·世俘》云：

> 籥人奏《武》，王入，进万，献。

《春秋经·宣公八年》曰：

> 万入，去籥。

此外，殷墟卜辞中还有很多其他乐器和舞蹈，如羽、林、篁等，① 以及商人成形的乐舞如《九招》《护》等，也都为周人所继承。《墨子·三辩》云：

> 汤……因先王之乐，又自作乐，命曰《护》，又修《九招》。

《吕氏春秋·仲夏纪·古乐》曰：

> 汤乃命伊尹作为《大护》，歌《晨露》，修《九招》《六列》，以见其善。

"护"（護）即周人的"濩乐"，"招"即周人的"韶乐"，皆为宗庙祭祀之乐。

同时，周人又以自己的文明取向对其进行了改造。周人的文化特征是更为严肃和理性，警惕过分的热情和迷幻。《礼记·表记》曰："殷人尊神，率民以事神，先鬼而后礼"；"周人尊礼尚施，事鬼敬神而远之"。背后的宗教观转型表现为：周人的"天"即便仍被当作人格神，也比商人的"帝"更少个性化鬼神的色彩，而更像是抽象化的功能性符号。于是，通过迷狂的仪式去交接个性化鬼神意志的热情就逐渐消歇了，而代表某种确

---

① 参见宋镇豪《夏商社会生活史》，中国社会科学出版社2005年版，第331—333页。

定性的权力关系或客观性价值规范的固定行为模式，沿着形式理性的道路，开始发展起来。比如，周人继续以酒作为祭祀的祭品和飨宴的饮品，但对过度饮酒又有明确的诫令，因此《尚书》有《酒诰》。青铜祭器上生动的怪兽纹样也渐趋于规则化、几何式的纯粹装饰。周人在祭祀礼乐上的理性化改造，一是价值人文化，二是礼仪制度化。

与商人在祭祀乐舞中的巫术色彩不同，周人更注重乐舞的人文价值。上文提到，商人的乐舞"庸"演变为周人的"颂"。《说文》曰"颂，貌也"，即祭祀祖先时的容貌，是一种表演。而"颂"的后起义"诵"和"歌颂"则表示"颂"在乐舞的基础上增加了歌词吟唱或朗诵的重要性。这些歌词被记录和保存下来，就是《诗经》中的《颂》，也包括《大雅》。歌词的内容主要是赞美祖先的功德成就，祈祷宗族团结和繁盛，而不再是降神之类的神秘体验。这意味着统治阶层的政治思想发生了变化，祭祀仪式的意义从获取神性以强化任性的权威，转到了关注某种世俗价值以巩固规范化秩序。乐舞的祭祀方式一仍其旧，但作用已悄然改变，变成统治阶层促进宗族亲和与政治团结的方法。荀子曰：

> 乐在宗庙之中，君臣上下同听之，则莫不和敬；闺门之内，父子兄弟同听之，则莫不和亲；乡里族长之中，长少同听之，则莫不和顺。
>
> 乐合同，礼别异。（《荀子·乐论》）

殷商的宗庙祭祀舞乐在周人立政之后被殷商故地的诸侯国部分继承。比如，实际是宋国之诗的《商颂》中有《那》一篇：

> 猗与那与！置我鞉鼓。奏鼓简简，衎我烈祖。汤孙奏假，绥我思成。鞉鼓渊渊，嘒嘒管声。既和且平，依我磬声。于赫汤孙！穆穆厥声。庸鼓有斁，万舞有奕。我有嘉客，亦不夷怿。自古在昔，先民有作。温恭朝夕，执事有恪，顾予烝尝，汤孙之将。

此诗反映的是殷商子孙祭祀先祖成汤时的舞乐场景。"那"即婀娜之娜，"猗与那与"犹"婀欤娜欤"，描写了舞者的优美姿态；"庸鼓""万舞"

就是继承自殷商的宗庙乐舞，乐舞贯穿祭祀过程始终，俨然是祭祀活动的主要内容；"我有嘉客，亦不夷怿"则是在祭祖之时，宗族亲朋集体参与和观赏祭祀乐舞，无不欢欣，因此起到了亲和族人、团结宗族的作用。

邶、鄘、卫是殷商故地，《邶风》中有《简兮》一篇同样描写了万舞：

> 简兮简兮，方将万舞。日之方中，在前上处。硕人俣俣，公庭万舞。有力如虎，执辔如组。左手执龠，右手秉翟。赫如渥赭，公言锡爵。

并且，君主作为主祭者是要亲自率领宗亲群臣参与舞蹈的。《礼记·祭统》云：

> 及入舞，君执干戚就舞位，君为东上，冕而摠干，率其群臣，以乐皇尸。是故天子之祭也，与天下乐之；诸侯之祭也，与竟内乐之。冕而摠干，率其群臣，以乐皇尸，此与竟内乐之之义也。夫祭有三重焉：献之属莫重于祼，声莫重于升歌，舞莫重于《武宿夜》，此周道也。

天子祭祀中最重要的三个部分为：祼（即酌酒灌地）、升歌、舞。其中两部分属于乐舞，可见其重要程度。天子、诸侯率领群臣（同时也是宗族成员）执干戚而舞，与人共乐，从而体现宗族集体、统治阶层内部的团结。战国时孟子言"独乐乐不如与众乐乐"（《孟子·梁惠王下》），可能就是这一政治文化传统的遗存。

春秋早期，鲁隐公曾在太庙以万舞祭祀亡母。《左传·隐公五年》曰：

> 考仲子之宫，将万焉。公问羽数于众仲。对曰："天子用八，诸侯用六，大夫四，士二。夫舞所以节八音而行八风，故自八以下。"公从之。于是初献六羽，始用六佾也。

鲁僖公时作《閟宫》记载了鲁人在太庙祭祀先祖时使用万舞的传统：

> 秋而载尝,夏而楅衡,白牡骍刚。牺尊将将,毛炰胾羹。笾豆大房,万舞洋洋。(《诗·鲁颂·閟宫》)

鲁宣公时仍旧于太庙以万舞祭祀。《春秋经·宣公八年》曰:

> 辛巳,有事于大庙,仲遂卒于垂。壬午,犹绎。万入,去籥。

鲁人还有在宗庙禘祭中使用禘乐的传统。《左传·襄公十年》曰:

> 鲁有禘乐,宾祭用之。

总之,商周时代,宗庙祭祀几乎是以乐舞为中心的。西周至春秋时期,祭祀乐舞的功能不再是通神,而逐渐变为收聚和团结宗族。许倬云指出:"宗庙并不仅是崇拜神明的地方。宗庙中的典礼及仪节,都是为了收同族之谊。""周人的生命仪礼中,不论哪一种,事实上都由族群成员共同参加,其重要性也是群体的。……生人与死者,都可以在饮宴时共同享受丰收,祖灵醉饱,更可庇佑子孙永远享有同样的福祉。燕飨遂具有联系过去与现在、人间与灵界的作用;当然,参加燕飨的宗亲,也为此而有强烈的认同。"①

同时,乐舞的具体形态,也更趋于标准化、仪式化。从甲骨卜辞上看,商人的祭祀体系散漫凌乱,制度化程度不高。商人的乐舞在程式上想必是较为自由的,否则如果像周人一样严肃谨饬,便与使凡人迷醉以沟通神鬼的目的南辕北辙了。"三礼"及其他先秦古籍中对祭祀乐舞的参与人数、排列组合、演出次序等有很多细致而严格的规范。这固然可能是战国时代的儒家和礼经作者们对礼乐文明理想化、制度化、体系化的结果,但想必也有一定的历史根据。比如,"万舞"的排列方式和使用等级(天子八佾、诸侯六、大夫四、士二)就是乐舞程式化、制度化的体现。当然,周人按照自己的价值取向和祭祀制度也新创了一些乐舞,如《勺》《象》《武》或《大武》及《大夏》等。很可能《诗经·周颂》中的《武》就是

---

① 许倬云:《西周史》,生活·读书·新知三联书店2012年版,第295、296页。

乐舞《武》的歌词，《清庙》是升歌《清庙》的歌词，《酌》则是《勺》的歌词等。这些乐舞也都遵循严格的形式规范。《礼记·祭统》曰：

> 外祭则郊社是也；内祭则大尝禘是也。夫大尝禘，升歌《清庙》，下而管《象》；朱干玉戚，以舞《大武》；八佾，以舞《大夏》；此天子之乐也。

又如《明堂位》曰：

> 祀帝于郊，配以后稷。……以禘礼祀周公于大庙……升歌《清庙》，下管《象》；朱干玉戚，冕而舞《大武》；皮弁素积，裼而舞《大夏》。

然而，这种仪式化、礼制化也预示了祭祀中乐舞传统的终结。一方面，随着西周中期以后各项礼仪的逐渐完善，① 随着祭祀仪式理性化、形式化程度的逐渐提高，春秋之后，原先主要依靠乐舞来团结宗族的任务逐渐转移到了体系化、形式化的宗法礼制之上。偏于激发和引导主观情绪的乐舞，在礼制中的比重和在收族上的意义开始降低了，或者说失去了音乐和舞蹈内在的活泼，而只留下了外在的程式。另一方面，西周乐舞发挥宗族团结的作用，是与彼时的封建贵族政体原则相呼应的。宗庙舞乐的存在土壤是"宗族国家"，即以内部团结的宗族作为集体统治者的时代。（理论或现实的）周礼中的君臣有十分浓厚的贵族共和制色彩。君臣群体往往是同族之人，有共同的祖先。这时，发挥乐主和同的作用，通过乐舞团结宗族，对于政治的运作既有必要，也有可能。春秋战国之后，封建宗法秩序趋于式微，君权专制逐渐形成。掌握权威的不再是宗法贵族集体，而是宗族内的特殊一人。此时，对于尊君和集权的政治需要，乐舞就失去了生存的土壤和使用的必要。相反，主别异、辨尊卑的礼成为礼乐文明的主体。

---

① 所谓的"周礼"其实主要并非周公的作品，而是从西周晚期的礼制改革中发展起来的。参见[美]罗泰《宗子维城：从考古材料的角度看公元前 1000 至前 250 年的中国社会》，吴长青、张莉、彭鹏等译，上海古籍出版社 2017 年版。

到了战国之后，这些曾经在商周政治文化中发挥重要作用的乐舞，永远地失去了位置。① 君主率领宗亲群臣作为舞者共同参与乐舞的事更是成为绝唱。儒家"六经"中唯独"乐"缺失不传，正是这一历史变迁的最好表征。

（二）大典：从祭祖到祭天

周人的"二元天命观"表现在国家祭祀的制度上是祭祖与祭天并行。原本在殷商，祭祖本身就是国家宗教的形式。而伴随着周人天命观的革新，国家宗教在理论上应该逐渐转移到新的基础之上。祭祖和祭天在国家政治生活中的重要性应该此消彼长。周人祭天的意义是，"在以这种方式扩展它的神圣权力范围的过程中，与其说从祖先那里，还不如说从无所不包的权威'帝'（统治着全宇宙的鬼神）的那里，国王获得其终极合法性。因而，在远远超越于亲属宗教（religion of the kin）之上的超自然领域中，'国家宗教'发现了它的基础"②。但实际上，至少在西周春秋时期，国家宗教形态的转型尚未完成。祭祖仍然具有更高的政治意义。如侯外庐等所说，"《周颂》虽然以天命、昊天（在《大雅》中称帝、上帝）或天，与文、武配祀，但祖先神是更重要的传统"③。

比如，上述周人新创乐舞时引用的《祭统》《明堂位》两段文字，并称祭天于郊与祭祖于庙，看上去祭天与祭祖并重。然后逐一介绍了宗庙尝禘中的各种乐舞，却不及外祭之郊社。其他较早的文献中也很难找到关于郊社祭天之乐舞彝则的介绍。直到成书于战国晚期或秦汉之际的《周礼》，最早记载了祭祀天地山川时使用的乐舞。《春官·大司乐》曰：

> 乃奏黄钟，歌大吕，舞云门，以祀天神；乃奏大簇，歌应钟，舞咸池，以祭地示；乃奏姑洗，歌南吕，舞大㲈，以祀四望；乃奏蕤宾，歌函钟，舞大夏，以祭山川；乃奏夷则，歌小吕，舞大濩，以享先

---

① 实际上，秦汉国家仍然创设了新的宗庙乐舞，并有儒生通过经学力图恢复古礼乐舞。但无可否认的是，战国之后，宗庙乐舞甚至整个宗庙祭祀在政治生活中的地位已大不如前了。《史记》《汉书》对秦汉国家宗庙乐舞的记载也很少。

② ［美］本杰明·史华兹：《古代中国的思想世界》，程钢译，江苏人民出版社2008年版，第46页。

③ 侯外庐、赵纪彬、杜国庠：《中国思想通史》第一卷，人民出版社1957年版，第82页。

妣；乃奏无射，歌夹钟，舞大武，以享先祖。

但"云门"不见于《周礼》之外的任何先秦古籍，"咸池"仅见于《庄子》外杂篇的《天运》《至乐》《天下》三篇及《吕氏春秋》的《仲夏纪·古乐》，这些著作都成书于战国末年。[①] 战国之前也很少看到祭祀天地的详细记载。这一方面反映了祭天与祭祖性质上的不同；另一方面也说明在周礼中，祭祖比祭天更为重要。毕竟相对于战国之后的君主集权官僚制国家，西周春秋的国家更像是以宗族集体为基础的君主贵族制国家。在商周，政权集中在特定的家族手中，政权组织很大程度上就是统治家族的宗法组织。于是，祭祖的重要性凸显出来，祭祖本身就是昭示支配关系。服膺周礼的孔子仍然以宗庙祭祀为政治上最重要之事。

> 或问禘之说。子曰："不知也。知其说者之于天下也，其如示诸斯乎！"指其掌。（《论语·八佾》）

商周以降，祭祖与祭天、宗庙与郊社的性质和相对关系发生了微妙的变化。先是随着祖先神与天帝的分离，祭祖的宗教性逐渐减弱，而私人性、世俗性越来越强。陈来指出："周代以后祖先祭祀越来越突出并且社会化，其主要功能为维系族群的团结，其信仰的意义逐渐淡化。"[②] 继之，以祭祖为核心的周礼在维系族群团结上的功能也逐渐式微，而转变为以等级区分为要务。罗泰（Lothar）注意到，"西周晚期礼制改革演化而来的礼仪活动，越来越局限于最高等级的贵族"。"春秋中期以降的礼制重构并没有赋予低级贵族更多的权利，反而，似乎是扩大了高级贵族的特权……削弱了低级贵族的礼制权力，并预示了战国时期将要发生的、更大幅度地削弱低级贵族的礼制权力。这种变化可能也意味着祖先崇拜的社会意义在日益衰弱。"君主不再那么需要与贵族之间排他性的宗法团结。到了战国时期，"国君的地位得到了进一步提升，凌驾于其他贵族之上……国君这个

---

① 参考刘笑敢《庄子哲学及其演变》第二章"《庄子》外杂篇的年代"，中国人民大学出版社2020年版。

② 陈来：《古代宗教与伦理：儒家思想的根源》，生活·读书·新知三联书店2009年版，第146页。

原先贵族的最高代表,已经成了普通贵族的辩证的社会对立面"①。

战国之后的国家虽然仍是家国秩序,但其中宗法氏族的重要性远不如商周时代,而君权对于官僚群体的依赖则显著提高。这就改变了整个国家祭祀的内在结构。宗法伦理中强调氏族合和的部分相对重要性下降,强调等级尊卑的部分成为宗庙祭祀的主题。更重要的是,宗法制度和宗庙祭祀本身的重要性下降,承担政治团结功能的国家祭祀,转移到新的祭天仪式之上。原本相对粗疏的天地社稷之祭祀向国家宗教的方向不断体系化、制度化,并不断强化其在国家政治中的公共意义。国家祭祀的意义不再仅是宗法亲族内部的团结,而是溥天之下、囊括万民、一统万方的无比宏大的政治团结。这样的国家宗教是前所未有的。虽然周天子有所谓的祭天之礼,但先秦文献往往语焉不详。以祭祖为核心的周礼集中于族群内部宗法国家的维系,而关于祭天的制度设计较为简陋或地位相对不高,使之对四方九州、各种族群、各种信仰的政治号召力不强,不足以满足大一统帝制国家的需要。秦汉时代的祭天之礼,无论是封禅还是郊祀,从形态到仪节大都"未晓其制度"(《史记·封禅书》),需要儒生和公卿大臣商议拟定。这也可以反证周代国家祭祀中祭天的部分相对不那么重要。因此,战国秦汉时代以祭天为主题的新国家宗教只能自我作古。关于天地山川诸神祭祀的制度设计与原理争论也成为战国秦汉思想史的重要主题。

以封禅为例。《山海经》中多有记载山为神之所居,如《西山经》曰:"玉山,是西王母所居也","长留之山,其神白帝少昊居之"。同时,山峰峻极于天,也被认为是登天之阶梯,如《海内西经》曰"有登葆山,群巫所从上下也",《大荒西经》曰"有灵山……十巫从此升降"。"毫无疑问,山是中国古代巫师的天梯或天柱。"②《山海经》一般认为成书于战国秦汉之际,与秦皇汉武热衷封禅的时代是吻合的。不仅帝王,儒生士人也对封禅兴致高昂。司马迁的父亲司马谈任太史公时,正逢汉武帝第一次封禅,但却"不得与从事,故发愤且卒"(《史记·太史公自序》),抱憾而终。

《史记》有《封禅书》,《汉书》有《郊祀志》,记载的"封禅"和

---

① [美]罗泰:《宗子维城:从考古材料的角度看公元前1000至前250年的中国社会》,吴长青、张莉、彭鹏等译,上海古籍出版社2017年版,第395、403—406页。
② 张光直:《中国青铜时代》,生活·读书·新知三联书店2013年版,第275—276页。

"郊祀"是同一类祭祀天地的宗教活动,凌纯声称为"坛墠文化"。① 郊祀,顾名思义,是在城郊的祭祀;封禅则是完全的野祭,要在远离城邑的名山之顶与山脚进行(山顶筑坛为"封",山脚除地为"禅")。郊祀产生较早,且与城邑、宗庙关系较近。郊祀天地之时常以祖宗之神("帝")配享,因此称为"郊禘",且"郊庙"往往连称;同时郊祀又与社祀相关,因此又称"郊社"。封禅产生较晚,②但可能也有上古的祭祀原型。李零认为,封禅"和人定居的聚落关系比较远,跟天地自然关系比较近"。"古人重视封禅,当然是因为它离天比较近,看到的地面比较广,容易激发宗教灵感;但更重要的是,它还是以某种制高点,上应天星,控制其领土'四望'的祭祀,让统治者好像在观礼台上那样,登临绝顶,一览群山,周围的一切都尽收眼底,同时有政治上的象征意义,我们不妨称之为'领土型'的崇拜。"而郊祀的政治意义有所不同,更为注重地方共同体的团结,李零称为"'城邑型'的崇拜"或"'本土型'的崇拜"。大兴封禅的秦汉国家在心理上以关中为本土,以东方为占领地,而封禅就是为了在六国故地通过宗教建立政治权威,所以封禅是一种"'殖民型'的崇拜"。③ 相对地,源于本土团结的郊祀则多在秦汉都城附近或"三辅"地区进行。

秦人在周室东迁之后,受王命成为周人旧土的主人,经过数代人自西徂东的开拓经营,至战国时已基本占据关中地区。在此过程中,随着都城的迁移,秦人先后设立了六个郊祀之所,称为"秦六畤"。其中四个位于雍城附近,称为"雍四畤",分别祭祀白帝、青帝、黄帝、炎帝以配天。这四帝被认为是嬴、凤、姬、姜等姓的始祖神。可见,此时的郊祀仍与祖先崇拜有密切的关系。

秦始皇统一六国后,为加强对全天下的权威,开始封禅泰山,并兼祭八神,即天主、地主、兵主、阴主、阳主、月主、日主、四时主。这些祭

---

① 凌纯声:《北平的封禅文化》,"中研院"民族学研究所集刊1963年第16期,第1—100页;《秦汉时代之畤》,"中研院"民族学研究所集刊1964年第18期,第1—44页;《中国的封禅与两河流域的昆仑文化》,"中研院"民族学研究所集刊1965年第19期,第1—51页。

② 《史记·封禅书》说"自古帝王曷尝不封禅",但"封禅"一词始见于《鹖子》《管子》,《鹖子》被疑为伪书;《管子》成书于战国晚期。《管子》有《封禅篇》已亡佚,其他先秦古籍未见封禅活动的记载。最早的封禅记载和"封禅"一词的频繁出现要迟至秦汉时期了。

③ 李零:《中国方术续考》,中华书局2006年版,第105—107页。

祀可能本是齐地固有的地方性宗教，但现在秦朝把它们变成证明公共权威的国家祭祀。汉承秦制，既继承了郊祀雍四畤的传统，也接受了封禅泰山、祠祭八神的做法。汉高祖在雍地增设北畤，祠黑帝。这样，"雍四畤"变成"雍五畤"，"五色帝"的郊祀体系也告完成。① 文帝时，国家祭祀体系进一步集中，废除地方"秘祝"，把名山大川的祭祀收归中央管理。另外，在汾阴增设后土庙。武帝时，国家祭祀体系的建设进入高潮。汉武帝重拾秦始皇的封禅之举，五年一封，共封禅五次。三岁一郊，并增设太一祠（太畤）和后土祠，前者祭天，后者祭地。雍五畤所在属于右扶风，太一祠所在属于左冯翊，后土祠更是远至汾阴，属于河东郡。这三大国家祭祀中心覆盖了整个三辅地区，其范围之广是城郊邑外的传统郊祀所不能比拟的。五色帝、太一、后土等祭祀对象也基本脱离了与祖先祭祀的关系，属于国家祭祀中广义的"祭天"范畴，在性质上与封禅逐渐趋同了。即此时的郊祀与祖先崇拜逐渐疏远，业已不再是"城邑型"崇拜，而扩大为"领土型"崇拜了。同为"祭天"仪式，新型郊祀场所的所在范围虽然大胜于古，但毕竟主要在京畿三辅，比远在齐地的泰山封禅所耗财政资源要小得多。功能相当，成本悬殊，这使得武帝之后，西汉诸帝都不再封禅，只行郊祀。②

其实，秦汉诸帝所立祠畤的数量远不止于此，在高峰时曾多达七百余所；也不仅在关中，而是遍布全国。它们的运作都由国家经费维持。因此，出于财政的考虑，西汉后期的儒生官僚屡屡倡议罢废不合古制的宗庙、诸祠（即淫祀）。其间或罢或复，几经反复。至王莽秉政时，长安南北郊的国家祭祀标准得到规范。王莽根据古礼郊祀随王所居、行于近郊、祭天之所在正阳之位（南）、祭地之所在大阴之位（北）的原则，将郊祀地点收缩到长安四郊南北东西，确定了"长安七畤"，分别祭祀天、地、"五色帝"。祭祀"五色帝"的祠畤也祭祀日、月、风、雨、雷及诸星宿。这种礼仪的制度化是儒家的胜利，并从此确立了后世历代直至明清的国家祭祀典范。与此同时，虽然王莽并未禁绝鬼神淫祀，反而变本加厉，"至其末年，自天地六宗以下至诸小鬼神，凡千七百所"（《郊祀志》），但在

---

① 顾颉刚将"五色帝"的构成归功于汉高祖。参见顾颉刚《五德终始说下的政治与历史》，载《古史辨》第五册，海南出版社2005年版，第290页。

② 后世武则天封禅洛阳附近的嵩山，而非泰山，也是出于财政成本的考虑。

儒家思想的支配下，禁绝淫祀终究成为国家祭祀建设的重要原则。

秦汉祠畤中，最重要的是汉武帝设立的太一祠。李零据考古资料研究发现，太一有三种含义：作为宇宙本体和原始创造力的"道"和"太极"、天象中的极星以及天神中的至尊者。它们在战国时代就已经是一种共时的现象。① 汉代国家宗教中的"太一"崇拜也许兼具上述三种含义，但无论哪种都明显超出了祖先神、地域神而升高到了更具天下普遍性的范畴，因此成为祭天宗教的真正担纲者和政治权威公共性的最佳承载者，为后世统一王朝的祭天之礼确立了标准形态。明清国家祭祀中的天坛祭天就是这一传统的继承。秦汉国家祭祀的制度化过程即传统宗教的政治化过程。李零称之为兴立"国教"的运动。"秦皇汉武的整齐宗教，其特点是衔接古今，协同上下，调和东西，折中南北。……他们强调的是政治上的一元化和宗教上的多元化，这种格局的奠定对后世影响很大。"②

毋庸讳言，秦汉的国家祭祀中，除了建立公共性政治权威的意义，还掺杂了大量的皇帝个人追求长生、"升仙"的元素，因此容纳了很多巫术成分。秦汉时代各种新生的、庞杂的、多变的天神祭祀，冲淡了祭天的政治公共性，反而成为方士造说献策、满足皇帝私欲的工具。"在所有这些名目繁多的崇拜中，人们发现，作为宇宙秩序终极本原以及作为帝国宗教的最高崇拜对象的'天'明显地退隐了。"③ 于是，禁绝方士，拨乱反正，恢复单纯而统一的祭天礼制，就成为汉代儒生的一项集体追求。比如，董仲舒就很重视祭天仪式：

> 天子号天之子也，奈何受为天子之号，而无天子之礼，天子不可不祭天也。(《春秋繁露·郊祭》)

再以封禅为例。"始皇帝的泰山封禅与其他名山的祭祀一样，都是祈求长生不死、带有巫术性质的祭祀。"汉武帝的封禅、郊祀，与秦始皇类似，都是在方士的影响之下进行的，也都是以不老登仙为目的。而且，既

---

① 李零：《中国方术续考》，中华书局2006年版，第158—181页。
② 李零：《中国方术续考》，中华书局2006年版，第140、372页。
③ [美]本杰明·史华兹：《古代中国的思想世界》，程钢译，江苏人民出版社2008年版，第504页。

然是巫术的性质,皇帝与天之间就没有上下级的从属关系。但经过西汉后期的儒学浸染和王莽的礼制改革,到了东汉光武帝时,封禅的性质就不一样了。"光武帝封禅是报天告代,是重视了政治性目的的祭祀。……在将自己的成功昭告上天、明示四方的同时,还有要为万民着想的德治意识,在这样的意识下进行的祭祀,具有很显著的政治性质。后世概念中的封禅的原型,应该认为就是在这时成立的。"①

金子修一认为:"从西汉到东汉,皇帝对天的从属性是逐渐加强的。也就是说,西汉初期方术性质较强的郊祀中,皇帝对天并无从属性关系;而到了王莽时期,郊祀改革的同时,天与皇帝的父子关系得以强调,天与皇帝的位置关系得以重新规定;进而到东汉,称'天子臣某'形成,表明武帝时的'皇帝'在祝文中变为了'天子',同时表明新的天与天子之间的君臣关系得以确定。"② 这种改良后的封禅、郊祀之礼实际上是为现世的君主权威树立了"天"的合法性来源,以"天"的普遍性、超越性赋予君权秩序以普遍性和权威性。如匡衡等人的奏疏所说:"帝王之事莫大于承天之序,承天之序莫重于郊祀。"(《郊祀志》)

总之,殷商的国家宗教以祭祀祖先神鬼为主;周人始创代表政治公共性的天命观,将祖先神灵安排在天帝的左右而承接天命,因此将祭天礼仪与宗庙祭祀并列。东周时代,王权失坠,代表华夏公共之域的天子祭天礼仪名存实亡。在事实上具有政治意义的只有诸侯国的宗庙祭祀,祭天之礼却不得其详。与秦汉统一帝国的成立相同步,祭天礼仪开始重建。祭祖或宗庙之礼的国家政治意义被逐渐替代。同时,在儒家思想的主要影响下,秦汉的国家祭祀逐渐脱离君主私人性巫术的性质,天命观也逐渐重新成为祭天礼仪的思想指导。帝制时代的国家祭祀在对天下万方的统摄、对天命观的贯彻、对政治公共性原则的服膺上,也比西周更上了一个台阶。从祭祖到祭天的政治公共性构建过程,秦汉之后仍在继续。金子修一指出:"魏晋以后,即位后的宗庙之礼的重要性逐渐衰减,而同时,相反地,郊祀则逐渐受到重视。……南北朝以后宗庙中的诸礼作为支撑皇帝正统性的

---

① [日]金子修一:《古代中国与皇帝祭祀》,肖圣中、吴思思、王曹杰译,复旦大学出版社2019年版,第95、97页。

② [日]金子修一:《古代中国与皇帝祭祀》,肖圣中、吴思思、王曹杰译,复旦大学出版社2019年版,第79—80页。

理念，其有效性逐渐丧失，取而代之的是，郊祀逐渐得以有效利用。"①

三　汤武之事与再造革命

作为社会公共性价值的天命和受命而来的君主之职，如同宇宙法则一般永恒不变，即董仲舒所谓的"天不变，道亦不变"（《举贤良对策》）。但作为垄断性统治权威的帝命君权，则会因为政局变化而必然转移，或者由于不与天命君职相匹配而被认为应当转移。在儒家的历史观念和政治设想中，天命的转移有两种形式：革命和禅让。

（一）汤武革命的限定性

儒家论革命式的天命转移仅限于汤武，说明只有汤武革命才具备儒家意义上革命的必要条件：一是被革命者是独夫残贼；二是革命者是圣王在世；三是革命之时象数应天。其中，最重要的是革命者的资格条件。侯外庐说："'革命'二字最初是指革天命的，只有'圣'人才配得上革命。"②因此，问题的关键就在于：何为圣王？谁人应当受命？

在儒家看来，圣王的范围基本上是确定的。新出圣王的条件极为苛刻，他需要既是圣人，又是王者。更准确地说，鼎革受命之圣王，不仅因其资质与功德的圣贤，还在于他们革命之前本就是一方王侯。前者自然是常识，后者却容易被人们忽视。比如，汤、文、武具有革命的资格，就不仅因为是圣人，也因为他们皆为"百里之诸侯"——"汤以七十里王天下，文王方百里臣诸侯"（《华阳国志》卷五）。这是理解汤武革命的一个基本前提。荀子论此甚明：

> 天下无君，诸侯有能德明威积，海内之民莫不愿得以为君师。……汤、武非取天下也，修其道，行其义，兴天下之同利，除天下之同害，而天下归之也。……天下归之之谓王，天下去之之谓亡。故桀、纣无天下，而汤、武不弑君，由此效之也。（《荀子·正论》）

汤、武首先是诸侯，然后才能"德明威积"，才能"修其道，行其义，兴

---

① ［日］金子修一：《古代中国与皇帝祭祀》，肖圣中、吴思思、王曹杰译，复旦大学出版社2019年版，第99页。

② 侯外庐：《中国古代社会导论》，河北教育出版社2000年版，第275页。

天下之同利，除天下之同害"，最后才能使"天下归之"。即在共主体系中，具备一方诸侯之相对独立的身份，才有革命易代的可能。

王国维说："自殷以前，天子诸侯君臣之分未定也。故当夏后之世，而殷之王亥、王恒，累叶称王；汤未放桀之时，亦已称王；当商之末，而周之文、武亦称王。盖诸侯之于天子，犹后世诸侯之于盟主，未有君臣之分也。周初亦然，于《牧誓》《大诰》，皆称诸侯曰'友邦君'，是君臣之分亦未全定也。"① 上古有万国，"百姓昭明，协和万邦"（《尚书·尧典》）；周初仍有千八百国，② 周人称殷商为"大邦""大国"，自称"小邦"，又称其他诸侯为"多邦""友邦"。无论商对于周，还是周对于"多邦"，虽无君臣名分，却有实际的统治与服事关系。这种支配结构，类似于赫梯、波斯、马其顿等建立在宗教权威和暴力威服基础上的古代早期帝国形态。但三代"帝国"体系内部在共主支配下的万邦们也都具有取而代之的资格。张光直如此描述上古中国政治图景："在大小河谷的平原地带，分布着千千万万的有方形或长方形的夯土城墙的城邑。每个城邑都有它的首领或统治者。……每个统治者治下的城邑就形成一个或大或小的'国'或'邦'。"③ "每个氏族都宣称自己是神的后裔，并为统治权而奋斗。"④ 难怪顾颉刚"疑心夏商间所谓'王'，实即春秋时所谓'霸'"⑤。

《逸周书·殷祝解》曰：

> 汤放桀，而复薄三千诸侯大会，汤退，再拜，从诸侯之位。汤曰："此太子位，有道者可以处之，天下非一家之有也，有道者之有也。……"汤以此让，三千诸侯莫敢即位，然后汤即天子之位。

虽说"天下非一家之有"，"有道者之有"，但"有道者"的范围是限定

---

① 王国维：《殷周制度论》，载氏著《观堂集林》，中华书局1959年版，第451页。
② 《左传》哀公七年："禹合诸侯于涂山，执玉帛者万国。"明代顾祖禹《读史方舆纪要》卷一："传称禹会诸侯于涂山，执玉帛者万国。成汤受命，其存者三千余国。武王观兵，有千八百国。东迁之初，尚存千二百国。"
③ 张光直：《中国考古学论文集》，生活·读书·新知三联书店2013年版，第380页。
④ 张光直：《美术、神话与祭祀》，生活·读书·新知三联书店2013年版，第23页。
⑤ 顾颉刚：《讨论古史答刘、胡二先生》，载《古史辨》第一册，海南出版社2005年版，第133页。

的,那就是有国者。天下之主只能从三千有国之诸侯中产生,也就是荀子说的"以一国取天下"(《荀子·君道》)。

理论上,天下诸侯在条件合适的时候,都可以效法汤武进行革命。甚至在周朝相对于夏商更有统治力的封建体系中,还出现了楚人称王、秦人自承天命的情况。如春秋早期秦武公《秦公镈》铭曰:

> 秦公曰:我先祖受天令(命),商(赏)宅受或(国)……公及王姬曰:余小子,余夙夕虔敬朕祀……秦公其畯龄(令)在立(位),膺受大令(命),眉寿无疆,匍(抚)有四方,其康宝。(《殷周金文集成》00267)①

又如传世器《秦公簋》铭曰:

> 秦公曰:不(丕)显朕皇祖受天命,鼏(冪)宅禹责(迹),十有二公。(《集成》04315)

因此,所谓"革命",即传承自上古的千百诸侯中的领袖,取代旧共主成为新的天下共主。在汤武革命中,商是夏代的列国,周是商朝的诸侯。三代之间不仅有历时性的继承关系,也有共时性的并存关系。在列国并存之中,X方强大而成为其他各方之共主,则称X代。张光直说:"在政治上夏、商、周三代代表相对立的政治集团;它们彼此之间横的关系,才是了解三代关系与三代发展的关键,同时亦是了解中国古代国家形成程序的关键。"② 这样的革命是和"存亡继绝"的政治文化传统相适配的,因为只有存亡国、继绝世,保留足够多的具备膺受天命之资格的列国诸侯,才能保留足够多的潜在共主之选项,才有可能想象共主之位的易姓、想象天命的转移。其中的预设前提是,膺受天命的资格被限定在了特定的范围之内。这就是以汤武革命为代表的古典革命观中的限定条件。

所谓的"天下归之",即天下之人"用脚投票"选择汤、武,放弃桀、

---

① 中国社会科学院考古研究所编:《殷周金文集成》,中华书局2007年版。以下简称《集成》,00267等是器物编号,括号内的文字是金文释文。

② 张光直:《中国青铜时代》,生活·读书·新知三联书店2013年版,第72页。

纣。其前提是，汤、武从一开始就是相对独立的权力中心，是桀、纣之天子地位的备份选项，而无须以下犯上、起兵造反，行"不臣"之举、立"霸府"之威，即无须像后世的军阀、权臣或草莽逐鹿者一样。因此，清儒颜元揭示了汤武革命合乎道德正义的原因，除了汤、武自身的圣人品质外，还有另一个方面——革命过程的和平性。即由于汤、武本身就是诸侯，可以行仁政使天下归心，对于旧的统治中心可以一战而定，不需兵连祸结。[①] 若无汤武的条件，改朝换代往往要经历漫长的战乱过程，必致生灵涂炭。因此，革命是特定历史（三代）中的现象。

如果承认革命的上述限定条件，就基本宣告了三代之后几乎不会再有新的革命之可能。就连孔子，也只是"素王"而无革命的资格，必须等待出自古之诸侯的"王者兴"。而春秋战国的政治集权化消灭了古典诸侯"王者兴"的条件。《管子·小臣》曰："昔人之受命者，龙龟假，河出图，洛出书，地出乘黄，今三祥未见有者。"孔子也曾失望道："凤鸟不至，河不出图，吾已矣夫！"（《论语·子罕》）既然王者难再兴，儒家也很难再对三代之后的暴力"革命"，尤其意味着社会极大混乱的平民革命，许以道义的支持，结果是先秦儒家很少讨论革命。但是，儒家理想的公共性政治之原则又要求以道立政、以"德"治国，从而要求保持革命的必要性与合法性。于是，贯彻和平"革命"原则的禅让就成为儒家再造革命的理想寄托。在历史上，禅让或其历史原型早于汤武革命；但在思想史上，禅让的理想设计则后出于汤武革命的理念概括。

（二）禅让的公共性与私人性

有关禅让最详细、最有代表性的记载是《尚书·尧典》中的尧舜禅让。《尧典》已被郭沫若、顾颉刚等人论证为战国秦汉之时的儒生或春秋战国之时的墨家据部分上古史料而伪作。[②] 王国维等人认为《尧典》至少作于周初，证据是部分文句与《周书》或周器铭文相近。[③] 但这既可能是战国秦汉儒生采撷的原始材料，也可能是编者模仿《周书》文风的刻意而为，并不能推翻郭、顾之说。就禅让的记载而言，金景芳等人相信《尧

[①] 参见颜元《颜元集》上册，中华书局1987年版，第110—113页。

[②] 参见郭沫若《中国古代社会研究》，商务印书馆2011年版，第95—101页；顾颉刚：《禅让传说起于墨家考》，载《古史辨》第七册，海南出版社2005年版，第509—553页。

[③] 参见王国维《古史新证》，湖南人民出版社2010年版，第2页。

典》反映了上古史实，① 范文澜的理由是若无禅让之事，则在习见传子之制的后人"不容无端发此奇想"。② 但这种论证缺少力度，也不符合思想史的演进逻辑。

从天命观的演进来看，商周时代，君权更替中最重要的事情就是对天命的申说，尤其是君权天命或君权神授。直到西周春秋之后，纯粹价值指向的君职天命新观念才逐渐生发壮大。《尧典》所述尧舜禅让的过程，绝少宗教性的观念元素，而几乎纯然是人文的、价值理性化的公共性政治。就算唐虞时代尚未发展出商周式的宗教观念，也绝不至于越过宗教式天命观而直达更高级的人文理性思想境界。因此，《尧典》与尧舜禅让的政治理想必定是君职天命或公共性政治观念相当成熟时代的产物。至于上古氏族联盟首领更替的史实则与思想史的加工著述是两回事。记载舜禹禅让的《皋陶谟》也是类似的情况。

最早的疑似尧舜之间政权更替的记录出现于《左传》。但也只是说尧死后，舜被众人拥戴为天子，并不及禅让之事：

> 舜臣尧……尧崩而天下如一，同心戴舜以为天子，以其举十六相，去四凶也。故《虞书》数舜之功，曰"慎徽五典，五典克从"，无违教也。曰"纳于百揆，百揆时序"，无废事也。曰"宾于四门，四门穆穆"，无凶人也。舜有大功，二十而为天子。（《左传·文公十八年》）

之后，儒墨两家几乎同时开始塑造和揭举尧、舜、禹禅让的古圣理想。③《论语》中只有一条疑似描写禅让的文字，尚未有明确的禅让古史建构：

> 尧曰："咨！天之历数在尔躬，允执其中。四海困穷，天禄永终。"舜亦以命禹。（《尧曰》）

---

① 参见金景芳、吕绍刚《〈尧典〉新解（节选）》，《孔子研究》1992年第4期。
② 范文澜：《中国通史简编》上册，商务印书馆2010年版，第15页。
③ 顾颉刚认为禅让说起于墨家。参见顾颉刚《禅让传说起于墨家考》。

墨子则开始敷演其说，并着重强调了接受禅让的舜出身之平凡：①

> 古者尧举舜于服泽之阳，授之政。（《墨子·尚贤上》）
>
> 古者舜耕历山，陶河濒，渔雷泽。尧得之服泽之阳，举以为天子，与接天下之政，治天下之民。（《尚贤中》）

并且，墨家团体中"巨子"的继承实行的正是禅让制。

虽然儒家和墨子在对待周礼的态度上针锋相对，但在禅让的理想上，儒、墨更像是同道。孟子进一步完善了尧舜之间、舜禹之间、禹益之间的圣王禅让之说。《孟子·万章上》曰：

> 昔者，尧荐舜于天，而天受之；暴之于民，而民受之。
>
> 昔者舜荐禹于天，十有七年，舜崩。三年之丧毕，禹避舜之子于阳城。天下之民从之，若尧崩之后，不从尧之子而从舜也。
>
> 禹荐益于天，七年，禹崩。三年之丧毕，益避禹之子于箕山之阴。

出土文献中的儒家著作也有不少关于禅让的记载。如郭店楚简《唐虞之道》曰："唐虞之道，禅而不传"；"禅也者，尚德授贤之谓也"；"禅天下而授贤"。② 上博楚简《子羔》曰：舜乃"有虞氏之乐正，瞽叟之子也"，"尧见舜之德贤，故让之"，是"弗世也，善与善相授也，故能治天下、平万邦"。《容成氏》曰："有天下也，皆不授其子而授贤"；"尧有子九人，不以其子为后，见舜之贤也，而欲以为后"；"舜有子七人，不以其子为后，见禹之贤也，而欲以为后"；"禹有子五人，不以其子为后，见皋

---

① 舜的出身在战国晚期至秦汉被重新"贵族化"。《史记·五帝本纪》："虞舜者，名曰重华。重华父曰瞽叟，瞽叟父曰桥牛，桥牛父曰句望，句望父曰敬康，敬康父曰穷蝉，穷蝉父曰帝颛顼，颛顼父曰昌意：以至舜七世矣。自从穷蝉以至帝舜，皆微为庶人。"舜与颛顼之间的五世皆为庶人，让人怀疑舜的所谓贵族出身是一种观念的建构。这种将平民圣贤"贵族化"的观念建构代表了保守的正统观念对革命性思潮的"招安"和消解。

② 李零：《郭店楚简校读记》，中国人民大学出版社2009年版，第123页。

陶之贤也，而欲以为后"。① 可见，禅让之说在先秦时代尤其在儒家内部十分流行。

孟子上承墨子，继续强调舜、禹的平民匹夫出身，同时又具有圣人之德：

> 舜发于畎亩之中。(《孟子·告子下》)
> 父母使舜完廪，捐阶，瞽瞍焚廪。使浚井，出，从而揜之。
> 匹夫而有天下者，德必若舜、禹。(《万章上》)

畎亩、完廪、浚井，无疑都是平民之事。并且，孟子认为尧、舜、禹的道德成就是人人可以达成的，即所谓"人皆可以为尧舜"(《告子下》)。因此在理论上，任何平民都有可能通过履行伦理彝常、公共服务之义务而被拔擢为官——《子羔》所说的舜为"有虞氏之乐正，瞽瞍之子"实际上就是官僚子弟和官僚中的一员，绝非有国者或诸侯——进而通过禅让或"天子荐之"成为天下之君长。战国时代著名的禅让实验，就发生在燕王哙与燕相子之之间。子之只是官僚，而非具有政治独立性的诸侯或贵卿巨室。相比之下，革命基本上是诸侯的专利。很难想象孟子会说"人皆可以为汤武"，或鼓励平民通过暴力革命改朝换代。

因此，相对于革命主体身份的限定性，受禅者的平民性、开放性是禅让理想的突出特征。王国维说："尧、舜之禅天下，以舜、禹之功，然舜、禹皆颛顼后，本可以有天下者也；汤、武之代夏、商，固以其功与德，然汤、武皆帝喾后，亦本可以有天下者也。"② 这话不对，至少不符合儒家、墨家构思禅让理想的原旨。先秦儒、墨诸子讲舜、禹，很少涉及他们王侯之后的身份，而更喜欢强调其作为平民或普通官吏的出身。将舜、禹、汤、武附会为颛顼、帝喾等古帝王之后，更可能是战国秦汉之际晚出的古史建构，并且是在其他思潮之下的托古叙事。因为，儒家"言必称尧舜"(《孟子·滕文公上》)，墨家则以大禹为理想圣王。对于更早的黄帝、颛顼、帝喾及其谱系，虽然战国秦汉之际，时人多好谈论，"时时见于他

---

① 李零：《〈容成氏〉释文考释》，载马承源主编《上海博物馆藏战国楚竹书（二）》，上海古籍出版社 2002 年版。

② 王国维：《殷周制度论》，载氏著《观堂集林》，中华书局 1959 年版，第 451 页。

说"，但"其文不雅驯，荐绅先生难言之。孔子所传宰予问五帝德及帝系姓，儒者或不传"（《史记·五帝本纪》）。显然，帝系与禅让代表两种不同的政治思维。

尧、舜在先秦文献中的普遍出现是在儒、墨兴起的时代。《中庸》曰："仲尼祖述尧舜，宪章文武。"《韩非子·显学》曰："孔子墨子俱道尧舜，而取舍不同，皆自谓真尧舜。"而在春秋以前的文献中几乎不见尧、舜的踪迹，彼时的圣哲是历史上真实存在的先公先王。《诗经》《尚书》（除后出的《尧典》《皋陶谟》等之外）只有若干次提到禹，但尧、舜皆未曾一见。尧、舜在文献中的后起，是顾颉刚所谓的"层累地造成的中国古史"说的典型案例。这种托古之风虽然在一般历史研究中不足为凭，但作为思想史的资料却有其不可忽视的价值。郭沫若说："黄帝、尧、舜的出现在当时也实在是革命的出现，主要的目的就是在企图泯却各族的差别观，而在政治上求得中国的大一统。"① 于是，思想家开始以托古的方式，鼓吹政治理想与代表这一理想的虚构圣王。具体到尧、舜所代表的禅让理想，其最显著的关怀就是政治的公共性。《礼记·表记》曰："后世虽有作者，虞帝弗可及也已矣。君天下，生无私，死不厚其子。"《吕氏春秋》《说苑》等亦从公私之辨的角度赞赏尧舜禅让：

> 尧有子十人，不与其子而授舜；舜有子九人，不与其子而授禹；至公也。（《吕氏春秋·孟春纪·去私》）
>
> 尧舜，贤主也，皆以贤者为后，不肯与其子孙，犹若立官必使之方。今世之人主，皆欲世勿失矣，而与其子孙，立官不能使之方，以私欲乱之也。（《季春纪·圜道》）
>
> 古有行大公者，帝尧是也。贵为天子，富有天下，得舜而传之，不私于其子孙也。……天下官，则让贤是也；天下家，则世继是也。故五帝以天下为官，三王以天下为家。（《说苑·至公》）

立君犹如立官，"官"与"家"相对，是公共之物。"天下为公"，即"天

---

① 郭沫若：《屈原研究》，载《郭沫若全集》历史编第四卷，人民出版社1982年版，第88页。

下为官"。

总之,既然传统的汤武革命局限于既定的王公诸侯之间,那么思想界的托古改制实际上就是为了再造革命,和为了追求政治的公共性而开展的理论努力。无论儒还是墨,对于尧、舜、禹的描写都是纯粹道德性或政治理想性的。《尧典》《皋陶谟》所载的尧舜及舜禹之禅让,《礼运》所述的"大同之世",恐怕也都是在这一动力之下的思想创造。在天命转移的方式上,尧舜禅让是对汤武革命的突破和创新,是革命的再造,是政治公共性精神的昭彰。这一政治精神的流风所及颇为长远。渡辺信一郎发现,三国魏晋以至隋唐,历代王朝交替时的禅位诏书或即位诏书中必然会引用《礼运》篇中的"天下为公",表明国家全体的最高统治权是公共之物,以使统治权的委让正当化。①

但是,如果忠于政治公共性观念而对禅让之说深入反思,又会发现其私人性的质素。因此,在儒家内部还存在着对禅让的批判性意见。其中最有代表性的是荀子。荀子反对世俗的"尧舜擅让"说,认为天下不可让。《荀子·正论》曰:

> 圣王已没,天下无圣,则固莫足以擅天下矣。天下有圣,而在后子者,则天下不离,朝不易位,国不更制,天下厌然,与乡无以异也;以尧继尧,夫又何变之有矣!圣不在后子而在三公,则天下如归,犹复而振之矣。天下厌然,与乡无以异也;以尧继尧,夫又何变之有矣!唯其徙朝改制为难。故天子生则天下一隆,致顺而治,论德而定次,死则能任天下者必有之矣。夫礼义之分尽矣,擅让恶用矣哉!……有擅国,无擅天下,古今一也。

荀子认为诸侯国是私人所有,可以擅,可以让;而天下之政是公器,不是私人之物,不可以私相授受。天下无外,"无隐士""无遗善";天下不离,"不易位""不更制"。天下是一个客观的、公共的、有自身价值导向和运行规则的政治体,不以私人意志而转移。即使有执政者的更迭,也

---

① 渡辺信一郎:《中国古代的王权与天下秩序——从日中比较史的视角出发》"自序",徐冲译,中华书局2008年版,第3—4页。

"与乡（鄉即'嚮'或向，指从前——引者注）无以异也"，因此不存在所谓擅让的情况。牟宗三指出："荀子言尧舜不禅让，是要就天子之所以为天子之本质而立一个纯理念……荀子心目中之君实只是一个道。"① 徐复观说："儒家……以'天下'在政治中为一主体性之存在，天子或人君对此主体性而言，乃系一从属性的客体"，"天子之对于天下，不是私人'所有权'的关系，所以天下不是个人之所得而取或所得而与的"。② 牟、徐二人说的"道"或"天下"作为政治之主体，实际上就是公共性政治。君主之权位及其转移是由不变的公共性政治所决定的。

"禅让"在《荀子》中作"擅让"。杨倞注曰："擅，与禅同，墠亦同义。谓除地为墠，告天而传位也。后因谓之禅位。世俗以为尧、舜德厚，故禅让圣贤；后世德薄，故父子相继。"③ 但荀子反对的擅让显然不是如此的正大光明、顺天应人。而从"擅"字本身入手反而更能切合荀子之意。《说文》曰："擅，专也"，独占、包揽、一意专行之义。单从字面上看就洋溢着私人性占有和转让的内涵。实际上，如果不考虑抽象的价值准则，在外在形式上，禅让确实很容易表现为上述私人性行为。比如汉哀帝曾想禅位于佞幸董贤，④ 就完全是基于私人爱恶，而毫无政治公共性的影子。

有鉴于此，就连鼓吹禅让的孟子其实也颇有矛盾态度。比如，孟子对战国时代唯一的禅让实例持反对意见："子哙不得与人燕，子之不得受燕于子哙。"（《孟子·公孙丑下》）孟子进而认为，天下统治权的禅让不是天子与之，而是"天与之"。所谓"天与之"，也不是人格性的天"谆谆然命之"，而是"以行与事示之"：

> 天子能荐人于天，不能使天与之天下。……使之主祭，而百神享之，是天受之；使之主事，而事治，百姓安之，是民受之也。天与之，人与之，故曰，天子不能以天下与人。（《孟子·万章上》）

---

① 牟宗三：《名家与荀子》，学生书局1979年版，第230页。
② 徐复观：《中国思想史论集续篇》，上海书店出版社2004年版，第290、291页。
③ 转引自王先谦《荀子集解》，中华书局1988年版，第331页。
④ 《汉书·佞幸列传》载汉哀帝"置酒麒麟殿，贤父子亲属宴饮，王闳兄弟侍中、中常侍皆在侧。上有酒所，从容视贤笑，曰'吾欲法尧禅舜，何如？'闳进曰：'天下乃高皇帝天下，非陛下之有也。陛下承宗庙，当传子孙于亡穷。统业至重，天子亡戏言！'上默然不说，左右皆恐"。

这与荀子的立场十分接近。孟子还试图调和天子禅让和"天与之"之间的张力。他认为禅让只是天子荐人于天，真正的授权是主宰之天对举荐的接受；而主宰之天的意志则来自民视和民听，"天与之"归根结底是"民与之"，即荀子说的"天下归之"。但这是否意味着民意是最终的授权者呢？也不是。否则就不需要"天"的存在了，更不需要反复强调"天"的权威地位。"天"就是对民之所欲的概括和抽象，悬在上方，也就是权威性公共价值前置于全部政治生活。将某种价值认作具有"意志"的政治主体，这才是禅让的真正主导者。换言之，对于政治是否具有公共性、合理性，重要的不是权位转移的程序本身如何设计，而是在其之外、之上的统一的公共价值之权威是否被树立。

其实，上述关于禅让的立场，无论支持还是反对，都是从公共性政治的立场出发的。支持者赞扬的是其在理想状态下符合政权应当以公共价值之要求为转移的原则；反对者批判的是其在实现方式上违背政治应当以公共价值之要求为定准，而不可任由私人随意转移。前者与"天命靡常"相契合，后者则与"天命不易"相呼应，二者是统一的。

第二节 合法性的新资源

一 帝制国家的合法性需求

秦汉之际的易姓革命在一点上根本不同于汤武革命的模式：刘邦出身平民，西汉国家的立国基础"丰沛集团"也基本上出自草莽；而儒家"王者易姓"革命观的一个必要条件是，革命者必须出身古老而高贵的氏族或诸侯。这一观念在中国历史上影响深远，后世的易姓革命者无不追溯或编造自己远承三皇五帝的姓族家谱。① "王侯将相宁有种乎"虽有机会成为现实，但仍然难以改变主流的观念。这类似于韦伯在权威类型划分中的"传

---

① 比如西汉官方儒者炮制"汉家尧后"说；王莽篡汉之际又自称"王氏舜后"；……直到朱元璋称帝后，由于士大夫往往目之为黄巢之流的草寇，明成祖还将乃父的出身从本来的金陵句容朱家巷通德乡"服勤农业"之家（龙凤九年《朱氏世德碑》、洪武十一年《御制皇陵碑》），改为"其先帝颛顼之后，周武王封其苗裔于邾。春秋时子孙去邑为朱氏，世居沛国相县；其后有徙居句容者，世为大族"（《明太祖实录》）。

统型合法性",① 是传统政治权威中最常见的类型。西汉国家也想找到一个现成的传统合法性叙事,从而尽快形成基于传统的政治认同。然而,刘邦既不是三代之后,又非六国贵族出身,就只能继续向前攀附,虚构出一个"尧后"的说辞。但这样单薄且可疑的叙事,远远不够提供有效的传统型合法性资源。

韦伯的理论没有辨别的是:相对于另外两种合法性类型(个人魅力型、法理型),传统型合法性不是原生的,而是次生的。即一个政权只有在已经确立了某种合法性的前提下,经过一段时间的传承,后世的继承者才有机会通过传统本身而自动继承合法性。但在政权建立的初始阶段,需要的是借助其他资源来一点点地建构合法性,创造一个稳定的"传统"。这时恰恰是最不可能有什么现成的"传统"合法性可以依赖的。整个西汉两百年都在解决创造合法性传统这一问题。而到了东汉,则开始具备了"前人栽树,后人乘凉"的条件。尤其是汉末群雄逐鹿时期,靠着汉代四百年一统的权威惯性,单纯的传统型合法性获得了前所未有的政治意义。传统型合法性建立自人之非理性,又支配理性的深层次集体无意识心理之上,是一种最稳定的、一劳"永"逸的合法性模式。但在此之前,西汉国家不得不筚路蓝缕,以启山林,从头开始一砖一瓦地营造合法性资源库,以待年深日久之后,形成真正有效的政治认同之传统。

刘邦和西汉政权最早的合法性基础是所谓的"卡里斯玛型",即基于个人魅力形成的权威。这是刘邦的乡党和秦末各路群雄中的很大一部分能够聚集在刘邦的周围,形成以"丰沛集团"为核心的政权雏形的重要原因。比如,刘邦对所谓"汉初三杰"的吸引和驾驭就是其卡里斯玛权威的生动表现。② 西汉国家建立后,掌握国家实权的功臣集团和作为地方实力派的异姓诸侯,很大程度上也是基于对刘邦个人的忠诚而认同西汉国家的。这种情况甚至延续到刘邦死后的一段时期。但是,基于开国之君个人魅力而形成的政治合法性有天然的局限。横向上,卡里斯玛权威是一种个

---

① 参见[德]马克斯·韦伯《经济与历史 支配的类型》第三章"传统型支配",康乐等译,广西师范大学出版社2010年版,第316页。
② 《史记·高祖本纪》:"高祖曰:'……夫运筹策帷帐之中,决胜于千里之外,吾不如子房。镇国家,抚百姓,给饷馈,不绝粮道,吾不如萧何。连百万之军,战必胜,攻必取,吾不如韩信。此三者,皆人杰也,吾能用之,此吾所以取天下也。'"

体之间的人际关系，所能覆盖的范围十分有限。一个依靠领袖个人魅力形成的小圈子或小团体，可以成为政权的核心力量，但不能等于国家政权本身。后者的成立还要求全体臣民对国家公权力的认同。西嶋定生就是从这个角度批评了增渊龙夫以任侠习俗解释汉代国家成立的做法。① 纵向上，卡里斯玛权威的效力系于领袖个人生命的限度，而不会自动地延续到继承人身上——除非后者同样具有自己的特殊魅力，而这是不可期的。即卡里斯玛权威只是暂时的合法性基础，不可持续，难可复制。任何基于领袖个人魅力建立起的政权都需要寻求更持久的合法性方案。②

既然刘邦的卡里斯玛权威只是对功臣集团而言，而以刘邦为领袖的功臣集团与军功受益阶层是汉国家的统治集团，则汉朝廷和刘邦的政治合法性是通过功臣集团而间接地面向天下的。这个集团统治天下的合法性在于"功"和"德"。"功"即诛灭暴秦之功，"德"即存亡继绝、恢复六国、安定民生之德。刘邦之所以被功臣集团推尊为皇帝，则是因为功臣们在请即位疏中说的，"于天下功最多""功盛德厚"（《汉书·高帝纪》）。③ 而随着功臣集团和军功受益阶层的逐渐凋零，汉朝廷必须考虑抽象的国家政权本身在广阔社会中的合法性来源。汉初异姓诸侯王存在的理由是，君主与诸侯"共天下"。《高帝纪》记载：高帝五年十月，刘邦约诸侯共击项羽，诸侯不至。张良曰："楚兵且破，未有分地，其不至固宜。君王能与共天下，可立致也。"于是，刘邦封异姓诸侯王。但随着消灭异姓诸王，分封同姓诸侯，以及渐次平叛削藩，汉国家越来越集权于中央政府，结果"共天下"就变成了"天下一家"。新的政权形态（即真正的帝制国家）必须证明自己仍然具有公共性，也必须获得新的合法性资源。

在更宏观的层面，不仅是西汉国家，具有充分的传统合法性的秦国在统一天下成为秦朝之后，照样面临着收服天下人心、建立新型合法性基础的问题。秦朝的二世而亡，很大程度上正是由于未能深刻地意识到这一挑战，并做出合理的回应。因此，重建（或者说新建）统一国家的政治合法

---

① 参见第一章第二节"三、政治公共性例说"中的相关综述。

② 对刘邦的卡里斯玛权威及其转型的必要，林聪舜有很好的说明。参见林聪舜《儒学与汉帝国意识形态》，上海人民出版社2017年版，第42—61页。

③ 参见李开元《汉帝国的建立与刘邦集团：军功受益阶层研究》，生活·读书·新知三联书店2000年版，第135—139页。

性，不仅是刘氏政权的特殊问题，也是秦汉开创的大一统帝制国家必然面对的时代考验。比如，在秦汉革命两百余年后的王莽篡汉时期，扬雄作《剧秦美新》，仍然以抨击秦政作为论证新朝政治合法性的前提。

西汉政治思想的起点是反思秦的二世而亡，谋求汉的长治久安。秦代的教训，一般认为是严刑峻法、苛敛重役，违背了儒家仁政的精神。[①] 陈苏镇认为，更准确的分析应当引入地缘文化的因素。他发现，"秦朝失败的主要原因在于：它完成了对六国的军事征服和政治统一后，未能成功地实现对六国旧地特别是楚、齐、赵地的文化统一"。具体而言，"东方人'苦秦'主要是苦于律令刑罚太苛，楚人苦之特甚则是由于秦法与楚俗之间存在更大差异。这些事实后来因'天下苦秦'之说的流行而被人们遗忘了，但汉初统治者对此是有清醒认识的"[②]。用现代政治学的概念来说，就是承袭秦制的汉朝政法在人心中，尤其在六国故地人心中的合法性不够充足。因此，汉初东方政策的基调是"从俗"，即尊重东方社会的习俗，特别是楚、齐、赵人之俗。这就体现为汉初封建制度的重建和"以虚无为本、以因循为用"（《太史公自序》）的黄老学说的流行。黄老之术在汉初的意义，本质上是作为统一的君主集权官僚制国家及其法制秩序在关东地区确立和贯彻过程中的缓冲器与调和剂。曹参是执行这一方针的代表：

> 参之相齐，齐七十城。天下初定，悼惠王富于春秋，参尽召长老诸生，问所以安集百姓……盖公为言治道贵清静而民自定，推此类具言之。参于是避正堂，舍盖公焉。其治要用黄老术，故相齐九年，齐国安集，大称贤相。（《史记·曹相国世家》）

但是，汉初的黄老之治只是在国家公权力权威性不足时的一种妥协和过渡，并不是终极的合法性方案。它是将秦朝在短时间内面对的激烈问题放到更长的时间中慢慢呈现，拉长了战线，降低了烈度，给统治者和思想界寻找答案提供了更从容的时间。然而，随着汉初百年间国家统一程度的

---

① 比如最具代表性的是贾谊《过秦论》："一夫作难而七庙隳，身死人手，为天下笑者，何也？仁义不施而攻守之势异也。"

② 陈苏镇：《〈春秋〉与"汉道"——两汉政治与政治文化研究》，中华书局2011年版，第8页。

不断深化，黄老之治也逐渐失去了用武之地，对于大一统国家的合法性来源这一问题的回答终究不可避免，仅仅用黄老思想是糊弄不过去了。以秦为鉴，反思秦人二世而亡的教训，是汉代政治思想的长期主题，而不仅是汉初的事。整个西汉时期，对于政权合法性的质疑与奠基的尝试贯穿始终。"统治者如果不能使自己的统治合法化，就无法维持自己的权威，而这种合法化是通过信仰系统来实现的。"① 结果是，汉代思想史上出现了各种角度的探索，大部分对后世王朝合法性的建构产生了不可磨灭的影响，塑造了某种典范。

首先，是改造传统的合法性资源——国家宗教。国家宗教分为两部分：祭天与祭祖。商周祭祖之礼粲然大备，但周礼传统中的祭天仪式相对地不得其详。因而，秦汉两代在重建和完善祭天仪式上是一脉相承的，并最终在王莽和东汉之后确立了典范。祭祖的政治意义虽然相对下降，但仍然不可忽视。尤其在西汉，更是发展出特殊的形态——郡国庙，并在特定时期提供了一定的合法性资源。

西汉国家建立之后，在天下郡县广立宗庙，欲以营造对刘氏皇族权威地位的社会认同。郡国庙是西汉国家特有的产物，不仅于周礼无征，在后世王朝也未再出现。其时代背景正是新兴的帝制国家对于更高强度的政治合法性的需求。在以前的周礼封建体制下，只需要通过宗法纽带建立贵族阶层的政治认同，不需要向包括庶民、野人在内的全社会灌输合法性意识。后世王朝虽然有必要建立民间社会的政治认同，但由于各种合法性资源的逐渐开发和利用，不再需要使用普建郡国宗庙这种副作用和后遗症十分明显的策略。而汉朝是第一个由平民阶层建立的，且以相对平等的"四民社会"为基础的大一统国家，必须独立探索建立政治合法性的各种可能的方案。如林聪舜所说："高、惠帝时期郡国庙的建立，是透过制度神圣化出身寒微的统治家族之计划的一环，是刘氏透过神化统治家族的仪式，宣示主权，将皇权植入政治力尚无法完全进入的地区，也是伸张刘氏统治权力的一种有效方式。"② 虽然如此，郡国庙却并不是政治合法性的良方。

郡国庙的副作用表现在两个方面：一是各地郡国庙的建立、维护、管

---

① ［英］塞缪尔·E. 芬纳：《统治史》（卷一），王震、马百亮译，华东师范大学出版社2014年版，第29页。

② 林聪舜：《儒学与汉帝国意识形态》，上海人民出版社2017年版，第230页。

理和运行靡费惊人，给国家造成沉重的财政负担，进而转移到人民身上，成为朘剥百姓、困顿民生、破坏社会秩序的一大病灶；二是西汉封建体系虽被逐步削弱，但诸侯王的始终存在，使得郡国庙很容易成为诸侯王团聚宗族百姓、割据地方、觊觎大位的政治工具。因此，西汉儒生自武帝时的董仲舒起，就不断地议罢郡国庙及淫祠。贡禹、韦玄成、匡衡等人是发起罢郡国庙之议的主要人物。"在元帝时期议罢郡国庙的过程中，我们看到了经学理想与现实完美结合的典型范例，这是透过经学理想追求礼制合理性获得成功的美好事例。"① 但西汉后期的礼制改革并非一帆风顺，元、成、哀、平诸帝时期屡有反复。

二 数术之学与法天之政

以周礼和儒学为代表的人文精神往往被看作中国文化的主流。但李零认为，在儒家代表的人文主义传统之外，"中国文化还存在着另外一条线索，即以数术方技为代表，上承原始思维，下启阴阳家和道家，以及道教文化的线索"②。尤其在战国秦汉，数术之学、鬼神之说尤为流行。吕思勉说："两汉固仍一鬼神术数之世界也。"③ 前面所讲的秦汉祭天的国家宗教只是这一文化传统的浅层表现，其具体礼仪制度设计的内在哲学基础主要就是数术之学。正是由于这种基础，秦汉的国家宗教才得以脱离巫术或原始宗教的范畴，甚至呈现出某种独特的思维，与一般宗教以人格化主宰的自由意志为至上之神意颇为不同。

数术可以分为两部分：历数学和占卜术。《汉书·艺文志》称历数为"圣人知命之术"。这里的"命"主要是前面所说的第二种含义"予物之命"，如寿夭吉凶之类。清儒钱大昕说："古书言天道者，皆主吉凶祸福而言。"（《十驾斋养新录》卷三）古代中国的"天道"（宇宙论、自然哲学等）都是从实用的或功利的思维土壤中生发的，并反过来对功利思维保持着直接的理论指导意义。这种关系就形成了兴盛于先秦两汉并且延及后世的"数术"之学。数术，就是关于"数"的学术。"数"，本指具体的计数、算术等。用之既久，便逐渐由计数、算术本身的规则性抽象出法则、

---

① 林聪舜：《儒学与汉帝国意识形态》，上海人民出版社2017年版，第219页。
② 李零：《中国方术正考》，中华书局2006年版，第12页。
③ 吕思勉：《秦汉史》，上海古籍出版社2005年版，第729页。

规律的含义。法则、规律意味着事物运行之必然，因此"数"又具有了必然性的意蕴。并且，这种必然性如"数"一般是可计、可算的，如可计算的"历数"即天运、运命。"术"则表示方法或手段。① 因此，数术的本质在于将传统的对自然神灵的原始巫术和对"天"的人格神崇拜，转化为更加"形式理性"②，更加"科学化"或"数字化"的天道世界观与方法论。徐复观说："由阴阳五行所构造的天，不是人格神，不是泛神，不是静态的法则；而是有动力、有秩序、有反应（感通）的气的宇宙法则，及由此所形成的有机体的世界。"③ 在这个世界中，鬼神是趋于去人格化的。

实际上，儒家人文主义和数术方技系出同源。原始宗教无疑整体上是巫术的性质，其中包含两种主要的成分：祝诅和占卜。前者不断制度化为礼仪，就是儒家人文主义生发的路径，后者不断系统化、"数字化"的结果就是方术。《艺文志》载有"数术"④ "方技"两类书，可统称"方术"⑤。数术研究天道，如占卜；方技研究生命，如医方。因此，"数术"不仅是"术"，而首先是"道"，是对宇宙秩序"科学化"⑥ 理解的尝试。

这种"科学化""数字化"思维典型地表现在占卜的演进之中。占卜在商周时就是获悉具体天命的依据，因此与祖先崇拜处于同等重要的地位。春秋战国之后，占卜预言作为政治合法性依据的作用没有消失，其知识体系反而升级了，更加"科学"。占卜分为卜和占，即骨卜/龟卜和筮占。从商周到秦汉，使用甲骨、重在观象的卜占逐渐衰落，使用蓍策、重

---

① 在诸子书中，有时"数"与"术"互通假借，也是方法、手段之义。

② 与形式理性（formal rationality）或工具理性（Instrumental-rationality）相对的是实质理性（substantive rationality）或价值理性（value rational）。前者是兵家、法家思想的同行者，后者则是儒家、墨家、道家思想的内核。

③ 徐复观：《两汉思想史》第二卷，华东师范大学出版社2001年版，第50页。

④ "数术"在先秦典籍中又作"术数"，皆指人主御臣之术，与《汉书·艺文志》之后流行的"数术"概念不同。

⑤ "方术"在先秦典籍中有两种含义：一是相对于"道术"而言，"道术"是无所不包的理论，"方术"则是一隅之术；二是指治术，即统治之术。实际上，两种含义是相关的。而后世流行的"方术"概念是指方技数术，如《史记·秦始皇本纪》中的"方术士"、《后汉书·方术列传》的用法。参见李零《中国方术续考》，中华书局2006年版，第7页。

⑥ 李零认为数术方技"从消极的方面讲，你可以叫它'伪科学'（pseudo-science）；但从积极的方面讲，你也可以叫它'原科学'（proto-science）"。李零：《中国方术正考》，中华书局2006年版，第14页。

在演数的筮占地位逐渐上升，尤其是新型的式占成为主流。前者探求的是主宰之天的意志；后者研究的是法则之天的内容，或者说"客观规律"。商周占卜，尤其是卜，是由于不知天行有常，因而一事一卜。春秋战国以来，理性主义世界观兴起。《荀子·天论》曰："天行有常。"阴阳五行学说及作为其应用的式占、著占等方术，就是探求和利用天行之常的结果。总之，周人的筮法体系无疑比商人的卜法更加理性化。余敦康问道："为什么唯独从周人的筮占中发展出一套哲学思想体系，而其他的占卜都始终停留在宗教巫术的阶段，这种现象究竟应该怎样解释？"① 陈来认为："这正是因为《周易》一书本身包含这种可能转化的特质和根据，即'数'的特质。简言之，《周易》是以数为基础的，这使得摆脱神鬼观念而向某种宇宙法则转化成为可能。"② 具体而言，商人占卜的原则是一事一议、一事一理、一事一例，不仅频繁，而且烦琐。《周易》则通过形式化和类型化的方法处理兆象和卜辞，即把种种占卜的结果归纳、提炼为八经卦和六十四卦的卦象，把相关的占卜记录总结、概括为固定的成文卦辞和三百八十四爻的爻辞。卦和爻成为一类经验的抽象象征，以统括无穷的变化。这就将占卜从个别经验提升到了普遍原理，也成就了《周易》之为"简易""易简"的特征。正是借助这些简易的、形式化的象征，人们才可以进行演算、推导，模拟宇宙的法则。

于是，占卜也可以称为一种"算"。以"数"为介质的周易式占卜基于复杂的数学原理和概率计算，似乎具有了某种"科学"外貌。本来是"人神对话"，现在更像是"人机对话"了。③ 朱伯崑也指出："龟卜和占筮相比有重要区别，龟象是自然成纹，卦象是人为推算；龟卜不须推衍，著占要借助逻辑上的推衍。"④ 因此，占卜在先秦的发展趋势是由"象"而"数"，逐渐地数字化。李零发现，"年代越早、形式越简单的占卜，它们在方法上的直观性和随机性越强；相反，年代越晚，形式越复杂，则抽象

---

① 余敦康：《从〈易经〉到〈易传〉》，《中国哲学》第三辑。
② 陈来：《古代宗教与伦理：儒家思想的根源》，生活·读书·新知三联书店2009年版，第91页。
③ 李零：《中国方术续考》，中华书局2006年版，第15页。
④ 朱伯崑：《易学哲学史》上册，北京大学出版社1986年版，第5页。

性越强，推算的色彩越浓"①。比如自龙山文化时期至商周流行骨卜，即整治并烧灼兽骨或龟甲，观其灼痕裂纹，是为兆象，以定吉凶。此时"象"是最重要的，和"数"关系不大。晚出的筮占，最早出现于商代，西周春秋之后逐渐流行。它是一种数占，即以策数定卦象，象生于卦，卦生于数，因此"数"是决定性的。《周易》即是筮占的体系。在战国秦汉时代流行的式法（如日者之术）在数字的运算上比筮占更复杂。②总之，数术依赖于数的演算，而数的演算实际上是阴阳五行世界观的数字化表达，"阴阳五行就是这类学问的'通用语言'"③。

战国秦汉时代，数术非常流行。《艺文志》收录了大量数术类著作，④但可惜已全部亡佚。20 世纪以来，云梦睡虎地、江陵张家山等地出土了大量秦简、汉简，其中就有不少属于数术类的著作，为我们了解当时的思想世界提供了宝贵的资料。比如，1975 年湖北云梦睡虎地秦墓出土了两种卜筮之书，其中一种的最后一简背面书"日书"二字，因此被命名为《日书》。其内容多为以时日预测吉凶而行建除宜忌之术——今日仍有根据黄历趋吉避凶的风俗遗存。"日者"始见于《墨子》⑤，《史记》有《日者列传》，王充《论衡》有《讥日篇》。这种推断时日吉凶的数术在秦汉时应用十分广泛。睡虎地秦简《日书》中有《盗者》一章，"根本思想是值某一地支之日失盗，盗犯即具有该支之禽的某种特征，且将所窃之物藏在该禽习惯居处的地方"⑥。例如子日失盗，子为鼠，则盗犯容貌为"兑（通'锐'）口希（通'稀'）须，善弄手，黑色，面有黑子焉"，所窃之物"臧（通'藏'）于垣内中、粪蔡（即乱草——引者注）下"，这些正是老鼠的特征。另外还有星占，与星占相似的还有风云之占。星占起源甚早，春秋时就有不少案例。星占作为一种天象之术，必然要基于一定的天文知识进行运算。而汉代流行的天人感应与灾异学说，就是先秦天象之术的延续。陈来认为："星占是某种

---

① 李零：《中国方术续考》，中华书局 2006 年版，第 66 页。
② 参见李零《中国方术正考》，中华书局 2006 年版，第 42—48、184—198 页。
③ 李零：《中国方术续考》，中华书局 2006 年版，第 65 页。
④ 《汉书·艺文志》收录书籍：六艺类 3123 篇，诸子类 4324 篇，诗赋类 1318 篇，兵书类 790 篇，数术类 2528 篇，方技类 868 篇。
⑤ 《墨子·公输》：子墨子北之齐，遇日者。日者曰："帝以今日杀黑龙于北方，而先生之色黑，不可以北。"
⑥ 李学勤：《简帛佚籍与学术史》，江西教育出版社 2001 年版，第 155 页。

(后来称为)'天人感应'观念的表达和诠释方式。"① 王莽覆亡前，面对叛军入城，"天文郎桉栻于前，日时加某，莽旋席随斗柄而坐，曰：'天生德于予，汉兵其如予何！'"(《汉书·王莽传》)。其所用的正是数术中与星占相关的式法。无论哪种"占"，都比原始的"卜"更加数术。

数术的流行不始于秦，但可能部分地受益于秦火。秦代焚书，又禁挟书，针对的主要是"六艺"、诸子书与六国史书。"所不去者，医药、卜筮、种树之书。"(《史记·秦始皇本纪》)班固也说："及秦燔书，而《易》为筮卜之事，传者不绝。"(《艺文志》)李学勤认为："作为卜筮之书不焚的，恐怕只是《周易》经文，《易传》未必在内。证据是今传本《说卦》《序卦》《杂卦》乃是汉宣帝本始元年(公元前73)河内女子发老屋所得，在此以前传《易》的田何一系学者未见其书。"② 易学中义理性的内容主要在《易传》，《易经》本质上是上古卜筮之书。因此，这恐怕是造成秦汉数术之风盛行的原因之一。李零对战国秦汉时代阴阳五行学说的流行提出了另一个角度的解释。他说："学者多谓当时的人特别迷信。但我们与其说，这是由于他们对天象灾异和时日禁忌有特殊的心理偏好；反而不如说，其背景恰在于天文学的空前发达。因为从前人们对这类迷信尽管也抱同样的热忱，但他们的'能力'却比较有限。只是到了这一时期，他们才显得相当自信，相信自己已找到某些可以沟通天人的技术手段。"③

无论出于什么原因，战国秦汉时代风行的数术思维不可避免地渗透到了政治思想领域。数术思维对天的理解是剔除天之人格性的自然天论，这样的天命才真正实现了客观性和公共性。《管子·形势》曰："万物之于人也，无私近也，无私远也。……其功顺天者天助之，其功逆天者天违之。"政治合法性在于"顺乎天而应乎人"(《易传·彖传·革》)。在终极依据上，天视自我民视，天听自我民听，天命来自民意；但在具体表现上，天命有其客观的运行规律和呈现方式。它不是人格神的武断意志，而是客观宇宙的整体秩序，是不以任何人或人格化之鬼神的意志为转移的。"'天'不是置身于体系之外的'立法之神'(law-giver God)，必定要借助于体

---

① 陈来：《古代思想文化的世界：春秋时代的宗教、伦理与社会思想》，生活·读书·新知三联书店2009年版，第71页。
② 李学勤：《简帛佚籍与学术史》，江苏教育出版社2001年版，第263页。
③ 李零：《中国方术正考》，中华书局2006年版，第31页。

系而实现自身。……从人类的观点看,整个体系是'含有天意'的。因为它的所有运行都深深地和人类秩序纠合在一起。"并且,"天只会借助于非人格化的格式采取行动,这些格式昭显着天的存在"①。政治上对天命的确认和服从,需要探知它的规律,遵循它所指示的立国行政之方术。五行生克和四时运转是天的最显著的"格式",数字仍然是揭示这一客观秩序的不二法门。在阴阳五行的数字化世界观中,有些基本的数字具有宇宙之纲纪的意义。"它们可以大别为两个系统:一个系统以偶数为主,以'剖分'概念为主,'二''四''八'等数属之;一个系统以奇数为主,以'轴心'概念为主,'三''五''九'等数属之。前一个系统是以'阴阳'为象征,后一个系统是以'五行'为象征。'六''十二'等数与干支相配有关,是奇偶相变的关键,则介于二者之间。"② 因此,既然合法性来自天命,而天命表现为阴阳数术,那么合法的或者顺乎天的政治必然是法天之政,是数术性的政治。战国秦汉时代的政治思想大多热衷此道。比如以祥瑞、灾异为天命,则应自信或自警;以德运、历数为天命,则应易服色、改正朔;以四时为天命,则应以月令行政;以神圣数字为天命,则应以之为准设计官制;等等。

(一) 德运式正统

在中国古代政治文化中,政权变易或继承的合法性被称为"正统",其依据是天命。虽说天命靡常,但是长时段历史中,连续几次的天命变易又该如何做出一贯的解释呢?对此,邹衍基于"五行"的概念和理论发明了"五德终始"说。《史记·孟荀列传》记载邹子学说"称引天地剖判以来,五德转移,治各有宜,而符应若兹"云云,然言之不详。邹子之书虽不存,其说仍可在《吕氏春秋》之《应同》篇中一窥其大略。③ 饶宗颐概

---

① [美] 本杰明·史华兹:《古代中国的思想世界》,程钢译,江苏人民出版社 2008 年版,第 496 页。

② 李零:《中国方术续考》,中华书局 2006 年版,第 71—72 页。

③ 《应同》:凡帝王者之将兴也,天必先见祥乎下民。黄帝之时,天先见大螾大蝼。黄帝曰:"土气胜。"土气胜,故其色尚黄,其事则土。及禹之时,天先见草木秋冬不杀。禹曰:"木气胜。"木气胜,故其色尚青,其事则木。及汤之时,天先见金刃生于水。汤曰:"金气胜。"金气胜,故其色尚白,其事则金。及文王之时,天先见火赤乌衔丹书集于周社。文王曰:"火气胜。"火气胜,故其色尚赤,其事则火。代火者必将水,天且先见水气胜。水气胜,故其色尚黑,其事则水。水气至而不知数备,将徙于土。

括邹衍历史哲学的原则有三："（1）确定每一代帝王之运命，自有其在五行上所属之先天德性。（2）根据五行相胜，互相生克，推演为五德始终，创为帝王更迭之循环说。（3）以一年之'纪'，扩大为历年之'纪'，成为大型之终始说。"①

五德终始说对秦汉国家的政治合法性产生了重要影响。秦始皇可能是最早采用者，并根据五行相克的原则，定秦为水德。而汉代先是继之为水德，后由武帝改为土德（土克水），最后刘向、歆父子根据五行相生原则提出新的五德终始说，并定汉为火德。②光武帝最终采纳汉为火德说。东汉王符《潜夫论·五德志》亦遵从刘歆说。因此，后世又称汉为"炎汉"。

在五德终始说的影响之下，各种基于数术思维的革命论纷纷兴起。《齐诗》有"四始""五际"之说。③《诗纬·泛历枢》曰："建四始五际而八节通，卯酉之际为革正，午亥之际为革命……《大明》在亥，水始也；《四牡》在寅，木始也；《嘉鱼》在巳，火始也；《鸿雁》在申，金始也。"④京房《易传》有"四时"革命论。"四时指春夏秋冬四种时气，'四时'革命论把自然时气的变更与社会伦理政治融贯一气，天地之气的变化就是革命的法理。"⑤但其中最重要的是三统说。所谓三统，指夏、商、周三代不同的政治文化传统，而论三统的目的则是根据文质相胜的三统交替规律而开新统、作新王。为此，新王须改制，包括易服色、改正朔、更新官制等。

三统改制说与五德终始说在循环史观和阴阳数术的思维方式上有明显的继承性。徐复观指出，董仲舒的"三统中，三色与朝代的配合，乃来自五德终始的五德之色，则至为明显"⑥。饶宗颐也认为，"三代文质相救之义，原出子思，而邹衍、董生、太史公皆秉之立论"；而"秦汉以来，众所讨论之'改正朔，易服色'，似即承袭邹氏主运之观点也"⑦。《史记·

---

① 饶宗颐：《中国史学上之正统论》，中华书局2015年版，第15页。
② 刘向著有《五纪论》，其书不传。刘歆著有《世经》，建立了新的帝德谱。
③ 《汉书·翼奉传》载："《易》有阴阳，《诗》有五际，《春秋》有灾异，皆列始，推得失，考天心，以言王道之安危。"
④ 《诗泛历枢》，载赵在翰辑《七纬》，中华书局2012年版，第244页。
⑤ 江荣海：《中国政治思想史九讲》，北京大学出版社2010年版，第380页。
⑥ 徐复观：《两汉思想史》第二卷，华东师范大学出版社2001年版，第216页。
⑦ 饶宗颐：《中国史学上之正统论》，中华书局2015年版，第14、16页。

高祖本纪》曰：

> 三王之道若循环，终而复始。周秦之间，可谓文敝矣。秦政不改，反酷刑法，岂不缪乎？故汉兴，承敝易变，使人不倦，得天统矣。

所谓"天统"，指汉朝之兴既出于三代之统的文质相救，也是五德终始的一个环节——虽然属于哪个环节还有争论，如刘向父子认为汉属火德，"著赤帝之符，旗章遂赤，自得天统矣"（《汉书·郊祀志赞》），但三统说与五德说的相似性是显然可见的。毋宁说，从文质相救的角度讲，三统也是一种德运，只不过不是五德的循环，而是文质两德的交替。①

董仲舒、何休代表的汉代公羊家是三统说的主要阐释者。董仲舒《春秋繁露·三代改制质文》曰：

> 汤受命而王，应天变夏，作殷号，时正白统，亲夏、故虞，绌唐……文王受命而王，应天变殷，作周号，时正赤统，亲殷、故夏，绌虞……故春秋应天作新王之事，时正黑统，王鲁，尚黑，绌夏、亲周、故宋。

如同五德说一样，三统中每一统的建立都要有特定的服色、礼乐相对应。三统说相对于五德终始说，不仅建立了天命更替循环的历史哲学，还明确表达了对新王受命的具体设想。所谓"作新王"，是指孔子作新王，也就是"王鲁"。为了"通三统"或"存三统"，新王要"具存二王之后"，即保存前两代之后，为之封土建国，使之继祀守统。如周朝兴，则保留夏、商之后。而孔子以《春秋》作新王，所应保留的前两代传统就变成了商、

---

① 董仲舒在论汉的正统性时，在文质交替与三统循环之间存在矛盾。即根据文质交替，夏为文，商为质，周为文，周文之弊，秦不能改，则汉应"承周文而反之质"（《春秋繁露·十指》）；但根据三统循环，汉承周之后，应该"正黑统"，即承夏之统，而夏统又是主文的。徐复观评论道："他一定要把质文互救的观念，组入他的三统中去……三统有三，而质文只有二，以二配三，如何能得上？"因此，到了《举贤良对策》第二策时，董仲舒不再提以文质概括三统，只说"夏上忠，殷上敬，周上文"，而主张"今继大乱之后，若宜稍损周之文致，用夏之忠者"。（《汉书·董仲舒传》）

周。商为旧迹，因称"故宋"；周新入主，故称"亲（新）周"。而夏的传统就被依次裁汰了，只能封以小国，也即"绌夏"。

何休继承了三统说，进而提出了"三世说"，与前者共同构成"三科九旨"：

> 新周，故宋，以《春秋》当新王，此一科三旨也；所见异辞，所闻异辞，所传闻异辞，二科六旨也；内其国而外诸夏，内诸夏而外夷狄，此三科九旨也。（何休《文谥例》）

"三科"又称"存三统""张三世""异内外"。所谓"三世"，将《春秋》二百四十年历史根据孔子的视角分为三段，即"所传闻世""所闻世""所见世"，又分别对应"拨乱世""升平世""太平世"。"三世"说所表现的社会发展又与第三科大义"异内外"相配合：

> 于所传闻之世，见治起于衰乱之中，用心尚麤觕，故内其国而外诸夏，先详内而后治外。……于所闻之世，见治升平，内诸夏而外夷狄。……至所见之世，著治大平，夷狄进至于爵，天下远近小大若一。（何休《公羊解诂》）

上述思想虽然在《春秋》和《公羊传》中俱无，但汉代的公羊家认定孔子的微言大义就是要政治革命，作新王，存三统，而进于太平之世。只不过，孔子本人无法成为新王，只能"作《春秋》，垂空文以断礼义，当一王之法"（《史记·太史公自序》）或"设素王之法"（赵岐《孟子注》），留待后世新王用之。秦二世而亡，不足以为新王。于是，行新王之法的重任就落在了汉朝肩上。因此，汉代公羊学认为《春秋》是孔子"为汉制法"。钱穆认为这几乎成为汉儒的公共意见。① 于是，从汉初到西汉之末，不断有儒生提出汉代应"改制更化"。虽然将公羊《春秋》在内的五经专尊为官学，但汉承秦制、汉家制度"霸王道杂之"（汉宣帝语，《汉书·元帝纪》）的传统始终不能令儒生们满意。因此，西汉后期，儒生们

---

① 钱穆：《两汉经学今古文平议》，九州出版社2011年版，第240页。

开始放弃汉朝，公开请求汉室让贤禅位，希望再次通过政治革命产生真正的新王，来践行孔子《春秋》所示的一王之大法。

盖宽饶引韩氏《易传》讽宣帝退位让贤。《汉书·盖宽饶传》：

> 又引《韩氏易传》言："五帝官天下，三王家天下。家以传子，官以传贤，若四时之运，功成者去，不得其人，则不居其位。"

眭弘引董仲舒之说论求贤禅让。《汉书·眭弘传》曰：

> 汉家尧后，有传国之运。汉帝宜谁差天下，求索贤人，禅以帝位。

甚至出身西汉宗室的刘向、刘歆父子也都积极发明"王者必通三统，明天命所授者博，非独一姓"（《汉书·楚元王传》）的理念。尤其是刘歆曾是王莽改朝换代的理论赞助者。而王莽的篡位也是在儒生群体的支持下顺利进行的。

总之，五德终始说和三统论都为政权更迭与新王改制提供了理论基础，甚至是具体的操作指南。这实际上是通过将人格化、意志性的天改造成非人格化、法则性的天，从而提出天命靡常之规律与新王受命之表征的假说，并以之指导易姓革命的实践，论证其合法性。其在打破万世一系的私人性政治垄断，开辟政治公共性观念的思想阵地上，有着积极的意义。钱穆盛赞："汉儒论灾异，而发明天下非一姓之私，当择贤而让位。此至高之论也。""继此以往，帝王万世一家之思想，遂以复活，五德三统让贤禅国之高调，遂不复唱。""西汉诸儒之荒诞拘泥，后世虽稍免，而西汉诸儒之高论，后世亦渐少见。"[1]

（二）时令式行政

以时令指导农业生产的步骤是自远古以来的传统，即孟子所谓"不违农时"。到了战国晚期，在阴阳五行学说的影响下，这种因时而动的思维渗透进了政治思想领域。《管子·宙合》曰："'春采生，秋采蓏，夏处阴，

---

[1] 钱穆：《秦汉史》，生活·读书·新知三联书店2004年版，第327、328页。

冬处阳',此言圣人之动静、开阖、诎信、浧濡、取与之必因于时也。时则动,不时则静。"《吕氏春秋》"十二纪"则是此种思想的集大成之作。"十二纪"纪首的十二篇文字,后被《礼记·月令》全部照抄并整合为一篇,又被《淮南子·时则训》全文照录而仅在文字上略为修改。其基本原则是,"凡举大事,毋逆大数,必顺其时,慎因其类"(《礼记·月令》)。即理想的政治必须"与元同气"(《吕氏春秋·有始览》),与阴阳五行及四时之气相配合。春夏秋冬四时分为十二月,从孟春到季冬,每一时节、每一月份都是阴阳五行之气的特定形态,表现为特定的"性格",比如春主生、夏主长、秋主收、冬主藏。宇宙间的一切事物如天干地支、音声乐律、征候节日、风雨草木、鸟兽虫鱼、疾病生死、饮食祭祀等无不与阴阳五行支配下的四时之气相吻合,由此构成一个具体而完整统一的宇宙论、世界观。因此,政治事务也必须按照这一自然天道的秩序规范其行为,因时而施政,不可迟误,亦不可妄为,否则必然悖天不祥。《吕氏春秋·孟春纪》曰:"春行夏令,则风雨不时,草木早槁,国乃有恐。"这被称为"十二月赋政之法"(《周书序》)。董仲舒也对月令行政的原则论述甚明:"圣人副天之所行以为政……庆赏罚刑各有正处,如春夏秋冬各有时也;四政者不可以相干也,犹四时不可相干也;四政者不可以易处也,犹四时不可易处也。"(《春秋繁露·四时之副》)

但实际上,将政治事务划分为四类并分别嵌入四时的系统,必不免牵强附会。比如春主生,《孟春纪》的首篇《本生》言政治以民生为本,《重己》言节欲养生,还算切合春季阴阳之气,但接下来《贵公》《去私》两篇讲天下为公的理念,应当是理想政治的全局性纲领,安排在"春生"之下就不够恰当。再如冬主藏,《孟冬纪》的《节葬》等四篇言丧葬之事,以葬言藏,至少还在形式上符合;而《仲冬纪》的《至忠》《忠廉》《当务》《长见》,与《季冬纪》的《士节》《介立》《诚廉》《不侵》诸篇则分别谈论辨分忠臣、决疑明理、政治远见、砥砺士节等主题,就很难联系到"藏"的主旨了。另外,由于每一季节都分为三段,同一主题下的政治事务往往会重复。比如《仲春纪》《季春纪》各篇大多是对《孟春纪》各篇的重述与发挥。

由于"十二纪"的体系太过机械而繁复,在两汉发挥重要影响的反而是由"十二纪"纪首拼合而成的《礼记·月令》。《月令》去繁存简,保留了阴阳五行学说下时令行政的宏观框架和基本原则。比如，春秋时应致力于民生、教育，秋冬时方可断狱刑罚等，成为更具现实意义的指导文件。董仲舒的《春秋繁露》、京房的"卦气说"都受到"十二纪"阴阳五行说的影响。徐复观说："两汉思想家，几乎没有一个人没有受到《十二纪·纪首》——《月令》的影响的。"其对汉代政治产生的影响，主要有两个方面："第一，是对灾异的解释与对策；第二，是对刑赏的规正与运用。"① 这种影响同样主要是原则性的。

宣帝时的丞相魏相、丙吉号称贤相，都以合阴阳、顺时令为政治的最高准则和灾异的合理解释。魏相常在奏议中引用《易阴阳》《明堂月令》等文献，说：

> 阴阳未和，灾害未息，咎在臣等。臣闻《易》曰："天地以顺动，故日月不过，四时不忒；圣王以顺动，故刑罚清而民服。"……臣愚以为阴阳者，王事之本，群生之命，自古贤圣未有不繇者也。……臣相伏念陛下恩泽甚厚，然而灾气未息，窃恐诏令有未合当时者也。愿陛下选明经通知阴阳者四人，各主一时，时至明言所职，以和阴阳，天下幸甚！（《汉书·魏相传》）

丙吉起于狱法小吏，后学诗、礼，好礼让。诗、礼中本没有阴阳五行哲学，但丙吉为相之后，也以调和阴阳为己任。丙吉外出，遇群斗者不问，认为是小事；却很关心牛喘吐舌，认为干系重大：

> 方春少阳用事，未可大热，恐牛近行，用暑故喘，此时气失节，恐有所伤害也。三公典调和阴阳，职当忧，是以问之。（《汉书·丙吉传》）

这是当时流行的意识形态。李寻为成帝、哀帝时人，曾对大司马王根说："政治感阴阳，犹铁炭之低卬，见效可信者也。"又在哀帝问灾异时对曰：

---

① 徐复观：《两汉思想史》第二卷，华东师范大学出版社2001年版，第39、41页。

> 古之王者，尊天地，重阴阳，敬四时，严月令。顺之以善政，则和气可立致，犹枹鼓之相应也。今朝廷忽于时月之令，诸侍中、尚书近臣宜皆令通知月令之意，设群下请事；若陛下出令有谬于时者，当知争之，以顺时气。(《汉书·李寻传》)

不只是贤士大夫，皇帝也一样信奉这套观念，作为执政合法性的依据和指标。西汉后期诸帝因灾异而下诏自警，以四时月令而自明政治责任的言论屡见不鲜。

总之，阴阳五行学说编织了一个宏大的公共秩序，任何私人意志都不得不或被认为应当受到这一公共法则的支配。徐复观说："就政治方面而言，把皇帝的权威、意志，及由这种权威意志所发出的行为，镶进了一个至高无上，而又息息相关的宇宙法则中去，使他担负有宇宙法则而来的不可隐瞒逃避的结果，则皇帝的权威，可以不期然而然地压低；他的行为可以不期然而然地谨慎。这在无可奈何地对专制皇帝的控制上，当然有其重大意义。"[①] 因此，四时月令思想的意义是通过为国家施政确立客观准则而营造公共性政治。

(三) 数列式官制

数术思维在政治上的应用还体现在官制的数列化设计上。比如，董仲舒认为理想的官制应当合乎天地之数：

> 其数何法以然？曰：天子分左右五等，三百六十三人，法天一岁之数，五时色之象也；通佐十上卿与下卿，而二百二十人，天庭之象也；倍诸侯之数也。诸侯之外佐四等，百二十人，法四时六甲之数也；通佐五与下，而六十人，法日辰之数也。佐之必三三而相复何？曰：时三月而成，大辰三而成象。诸侯之爵或五何？法天地之数也，五官亦然。(《春秋繁露·爵国》)

所谓"五官"，也是董仲舒依据五行"法天地之数"而设计的官制：东方者木，司农，尚仁；南方者火，司马，尚智；中央者土，司营，尚信；西

[①] 徐复观：《两汉思想史》第二卷，华东师范大学出版社2001年版，第51页。

方者金，司徒，尚义；北方者水，司寇，尚礼。董氏的数列化官制设计，自有思想史的渊源。

在先秦典籍中，代表五个方位的"五官"通常是指天文或天地神祇的概念，只是把人间的官名应用到了天文概念或神祇之名，实际与人间官制并无关系。如《左传·昭公二十九年》曰："有五行之官，是谓五官。实列受氏姓，封为上公，祀为贵神。社稷五祀，是尊是奉。木正曰句芒，火正曰祝融，金正曰蓐收，水正曰玄冥，土正曰后土。"《庄子·天运》曰："天机不张而五官皆备，此之谓天乐。"这种用法延续到了汉代。如《史记·历书》曰："盖黄帝考定星历，建立五行，起消息，正闰馀，于是有天地神祇物类之官，是谓五官。"《天官书》曰："紫宫、房心、权衡、咸池、虚危列宿部星，此天之五官坐位也。"《淮南子·天文训》曰："何谓五官？东方为田，南方为司马，西方为理，北方为司空，中央为都。何谓六府？子午、丑未、寅申、卯酉、辰戌、巳亥是也。"但是，同样出自五方，并与其他以"五"为数的自然现象相类比，人间"五官"的设计与先秦天文、神祇的"五官"观念很难否认存在思想上的延展关系。

并且，先秦典籍中的《管子》已经出现了表示人间官制的"五官"概念。如《幼官》篇说"善习五官"，《五行》篇又说"具五官于六府"，"作立五行以正天时，五官以正人位"，明确表示"五官"与天道的对应关系。这可能是董仲舒"五官"体系的直接来源。类似的还有《礼记·学记》："古之学者，比物丑类。鼓无当于五声，五声弗得不和。水无当于五色，五色弗得不章。学无当于五官，五官弗得不治。师无当于五服，五服弗得不亲。"

除"五官"外，影响更大的是《周礼》基于四时而设计的"六官"：天官冢宰、地官司徒、春官宗伯、夏官司马、秋官司寇、冬官司空。后世的六部之所以始终没有打破"六"的数字设定，与《周官》数列化官制的经典模型有很大关系。《周礼》"六官"的每一官都有属员六十，"六官之属三百六十，像天地四时、日月星辰之度数，天道备焉"（《周礼·天官冢宰·小宰》，郑玄注）。除《周礼》外，《左传》《礼记·昏义》都提到过"六官"，但未解说。《孔子家语·执辔》《大戴礼记·盛德》中的"六官"之名与《周礼》相同。只不过《盛德》篇的"六官"分别与道、德、仁、义、圣、礼相配,① 而不像《周礼》中与天、地、春、夏、秋、冬相配,也即还未有意识地配合天道,因此成书应当早于《周礼》。

"六"字系统中另一个重要的数字是"十二"。除了《吕氏春秋》"十二纪"和《礼记·月令》以十二月令行政之外,《淮南子·时则训》还设计了十二月对应的官制:正月官司空,二月官仓,三月官乡,四月官田,五月官相,六月官少内,七月官库,八月官尉,九月官候,十月官司马,十一月官都尉,十二月官狱。"五""六"混合的官制设计则有《礼记·曲礼下》所谓"天子建天官,先六大"②"天子之五官"③"天子之六府"④"天子之六工"⑤ 等,"五官致贡,曰享;五官之长,曰伯"。"五""六"之外,《礼记·王制》的官制数列以"三"为本,提出三公、九卿、二十七大夫、八十一元士之说,完全是三的等比数列。董仲舒再次将《王制》"三"的数列官制体系附会到天道之数上:

> 圣王所取,仪金⑥天之大经,三起而成,四转而终,官制亦然者,此其仪与!……是故天子自参以三公,三公自参以九卿,九卿自参以三大夫,三大夫自参以三士,三人为选者四重,自三之道以治天下,若天之四重,自三之时以终始岁也。(《春秋繁露·官制象天》)

汉人以"数"来附合周易、历法、律吕,形成一个宇宙系统,解释天地万物,包括道家之道、儒家仁义、墨家公利、法家之法。比如贾谊就十分崇尚"六",《新书·六术》曰"数度之道,以六为法",因而备言"六理""六法""六节""六行""六艺""六术""六亲"等。作为"六"的扩大化,《淮南子·天文训》以乐律三百六十音与日历三百六十日相附会,并认为三百六十是"天地之道也",从而影响了《周礼》以三百六十作为

---

① "古之御政以治天下者,冢宰之官以成道,司徒之官以成德,宗伯之官以成仁,司马之官以成圣,司寇之官以成义,司空之官以成礼。故六官以为辔……执六辔,御天地与人与事者,亦有六政。"

② 大宰、大宗、大史、大祝、大士、大卜,典司六典。

③ 司徒、司马、司空、司士、司寇,典司五众。

④ 司土、司木、司水、司草、司器、司货,典司六职。

⑤ 土工、金工、石工、木工、兽工、草工,典制六材。

⑥ 俞樾谓"金"为"法"字之讹。

官制之数,① 以及孟喜、京房的"卦气说"以三百六十爻与三百六十日配合,由此推演阴阳消息。因此,这种数列式官制设计也是秦汉时代流行的方术之学或数术宇宙论的重要表现。

阴阳五行学说及其方术应用实质上是对原始宗教或巫术的革新,是在新的基础上,即在某种程度上客观化、公共化的"科学"世界观基础上,重建个人与天意/神意的沟通。方术固然不是现代科学,但李零认为方术"接近'科学'要远胜于'宗教',恐怕更主要地还是一种知识性的东西","'科学'取代'方术','方术'取代'巫术',都是属于'后来居上'。'科学'把'方术'踩在脚下,'方术'把'巫术'踩在脚下,这是三者的'地层关系'"。② 战国秦汉正是方术后来居上,把巫术踩在脚下的时代。③ 取代巫者政治影响力的,是方士和儒生。尤其是儒生,通过吸收数术思想而掌握了对于天人沟通的解释权,便于他们将世俗性、公共性的政治价值置入被重建的天人关系之中。这种儒学化的天人关系不仅为了约束君主,更是为整个政治秩序提供了超越任何私人意志的客观规范,从而代表了政治公共性观念在寻求政治权威性上的宝贵尝试。

但是,这种世界观毕竟不是真正科学的,缺乏公认而确定的知识准则。尤其是它可以在应用层面随心所欲地搞"技术创新",缺少"可重复性"和"必然律",各是其是而非其非,甚至"要的就是'不重复'和'或然性'"④,没有统一的真理检验实践的合理与否。于是西汉后期,谶纬流行;东汉之后,以阴阳五行观念为基础的各种民间宗教、民间信仰如雨后春笋纷纷涌现。这种形态上多元、解释上自主的新型信仰,对于讲求政治统一性、公共性的国家建制派来说,就变成某种双刃剑。政治公共性观念的继续突破和发展,有待于"'科学'把'方术'踩在脚下"的时代,即使用统一的科学世界观和历史观指导政治思考,进一步排除私人随意创造发挥的时代。

---

① 这并不是说《周礼》成书晚于《淮南子·天文训》,而是说二者有共同的数术思维来源和对"六"的崇拜。

② 李零:《中国方术续考》,中华书局2006年版,第6—7、101页。

③ 巫作为原始宗教的主角,在商周以降的国家祭祀演变中,其大多数宗教功能已经很大程度上被礼制化、客观化了。战国秦汉时代的巫者,主要是祝、宗、卜、史等职官系统中辅助性的属吏,供职于各种宗庙祠祀场所,负责祈禳、厌劾等工作,地位较低,与商周时期不可同日而语。

④ 李零:《中国方术续考》,中华书局2006年版,第16页。

三 行礼如仪与复古政治

儒家的政治理想一言以蔽之，曰恢复周礼。但何为复礼或如何复礼？一般认为，孔子为传统礼仪形式注入了新的道德内涵，并以这种道德内涵重新界定了"礼"。作为儒家道德之标志的"礼"，不在于形式性的礼仪，而在于内在的伦理精神。剔除内在精神的单纯外在形式（"仪"）本身是没有意义的，至少没有道德属性。比如陈来认为，儒家的兴起所代表的"春秋时代文化的演变，在伦理的层面，可以说就是从'仪式伦理'主导变为'德行伦理'主导的演变"①。简言之，就是"礼义"重于"礼仪"，"内容"重于"形式"。

但是，这一观点对儒家道德观念的理解是不完整的。侯外庐等指出："孔子关于春秋时代礼乐的批判，并不是掌握着新内容以否定旧形式，而是相反，固执着旧形式以订正旧内容。所谓'循名以责实'，即是此意。"② 换言之，旧的形式对于儒家道德的意义是不可替代的。实际上，在儒家的道德观念中，除了强调仪式背后的抽象伦理精神，与之并行的还有一种将古礼仪式（三代之礼，尤其是周礼）本身先定地视为道德规范之必要内涵的明显倾向，这种道德观念或可称为"礼仪道德"或"仪式道德"。

（一）仪式道德与学而时习

关于古礼仪式本身是否属于道德的一种形态，诸子之间早有争论：

> 公孟子戴章甫，搢笏，儒服，而以见子墨子，曰："君子服然后行乎？其行然后服乎？"子墨子曰："行不在服。"……公孟子曰："君子必古言服，然后仁。"子墨子曰："……同言，而或仁不仁也。……同服，或仁或不仁。然则不在古服与古言矣。"（《墨子·公孟》）

对这一问题，庄子和孟子的意见也截然相反。庄子认为："君子有其

---

① 陈来：《古代思想文化的世界：春秋时代的宗教、伦理与社会思想》，生活·读书·新知三联书店2009年版，第312页。

② 侯外庐、赵纪彬、杜国庠：《中国思想通史》第一卷，人民出版社1957年版，第142页。

道者，未必为其服也；为其服者，未必知其道也。"(《庄子·田子方》)孟子则坚持"子服尧之服，诵尧之言，行尧之行，是尧而已矣。子服桀之服，诵桀之言，行桀之行，是桀而已矣"(《孟子·告子下》)。墨子和庄子都认为道德与某种礼仪（如古言、古服）并无必然联系，认为"行不在服"，"有其道者未必为其服"，因而鄙夷儒家固执的所谓古礼。而作为儒家的公孟子和孟子仍然坚持诵古言、服古服、行古礼、用古器物，认为这些本身就是道德的一部分。先秦儒家从未对这一立场进行清晰明确的阐述，而只是无意识地直接把古礼仪式用作判断善恶的标准。比如，颜回问孔子"为邦之道"，子曰："行夏之时，乘殷之辂，服周之冕，乐则韶舞。"(《论语·卫灵公》) 这就算是行"道"了。

阎步克对此提出疑问："这个回答很让人奇怪：使用夏朝的历法，乘坐殷朝的辂车，服用周朝的冕服，演出虞舜的韶舞，怎么是'为邦之道'呢？历、辂、冕、舞跟统治者的经邦治国、跟朝廷的兵刑钱谷是一回事吗？"又如，齐宣王问孟子明堂的存废，孟子说："夫明堂者，王者之堂也。王欲行王政，则勿毁之矣。"(《孟子·梁惠王下》) 阎步克同样问道："明堂这所礼制建筑，也被认为与'王政'相关。……明堂拆不拆，跟'王政'有必然关系吗？"不只如此，"孔子不但认为冠冕事关'为邦之道'，甚至还事关'为人之道'"。当鲁哀公问孔子取士或君子的标准时，

> 孔子对曰："生今之世，志古之道；居今之俗，服古之服；舍此而为非者，不亦鲜乎？"
>
> 哀公曰："然则夫章甫、絇屦、绅而搢笏者，此贤乎？"
>
> 孔子对曰："不必然。夫端衣、玄裳、絻而乘路者，志不在于食荤；斩衰、菅屦、杖而啜粥者，志不在于酒肉。生今之世，志古之道；居今之俗，服古之服；舍此而为非者，虽有，不亦鲜乎？"(《荀子·哀公》)

孔子认为人只要服古服，自然不会"为非"作歹。当哀公表示怀疑时，孔子承认服古服者不必然为贤者，但仍然坚持服古服者在道德上是鲜有不善的。对此，阎步克又问道："做人行事，跟穿什么衣裳有关吗？"总之，阎步克发现：儒家认为，"'礼义'体现在'礼仪'的各个细节上"，

"要贯彻'礼义',就得连古代历法、辂车、冕服、韶舞一块给贯彻了"。①君子必古言服,然后君子,即儒家是以外在的(古代)礼仪形式本身为道德标准的。

上述争论与困惑的焦点在于外在礼仪形式与内在伦理精神之间的关系。所谓仪式道德是否存在,取决于对外在仪式和内在精神之关系的分析,若前者能够独立于后者而具有意义,则证明存在一种仪式道德。在此,可借鉴索绪尔(Saussure)的符号学作为分析工具。根据索绪尔的语言学理论,符号是能指和所指相联结所产生的整体。理论上,能指和所指的联系即符号是任意的。礼仪也是一种符号,而"一个社会所接受的任何表达手段,原则上都是以集体习惯,或者同样可以说,以约定俗成为基础的。例如那些往往带有某种自然表情的礼节符号(试想一想汉人从前用三跪九叩拜见他们的皇帝)也仍然是依照一种规矩给定下来的。强制使用礼节符号的正是这种规矩,而不是符号的内在价值"②。而符号的任意性是指其不可论证性。因此,某种具体符号的被选择也不可能是从所指到能指的逻辑推导的结果,而必然存在某种非逻辑的原因。比如,语言作为最典型的符号系统,是约定俗成、代代相传的东西,不是理性创建的产物。只有历史的或其他强制性因素,而非逻辑,才"可以解释符号为什么是不变的,即拒绝一切任意的代替"③。

儒家的"礼"包括以下几个层次的意涵,在不同的语境中有不同的侧重:(1)具体的仪式或器物形制,权且称为"仪";(2)抽象的道德原理和伦理法则,权且称为"义";(3)两者的综合,且此种用法居多。因此,儒家的"礼"也可以视为一种符号,由能指("仪")和所指("义")联结而成。众所周知,儒家明确主张一套特定的仪式,并赋予道德的效力。自孔子开始,儒家便始终致力于论证这套仪式的选择是其由背后伦理推导出的逻辑结果。即,因为"义",所以"仪"。但其实,这并不符合符号学的基本原理。

"仪"是能指,"义"是所指。根据能指与所指的关系,伦理("义")

---

① 阎步克:《服周之冕——〈周礼〉六冕礼制的兴衰变异》,中华书局2009年版,第15—19页。
② [瑞士]索绪尔:《普通语言学教程》,高名凯译,商务印书馆1980年版,第103页。
③ [瑞士]索绪尔:《普通语言学教程》,高名凯译,商务印书馆1980年版,第108页。

作为所指，其所对应的能指（"仪"）可以是任意的。即伦理必须通过仪式来表达，仪式也可以对应伦理，但某一仪式不必然表示某一伦理，某一伦理也不必然由某一仪式来表示，二者之间并没有必然的联系。具体而言，某一种伦理（"义"）所对应的礼仪形式可能有三种情况：(1) 随意而自创的任何形式；(2) 多元而可选的几种形式（之一）；(3) 一元而必选的固定形式。

  儒家坚持的是第三种情况，即儒家礼仪作为能指是唯一的、固定的。那么，为什么不能是前两种情况而必须是第三种情况，为什么必须是周礼或三代古礼？因为对儒家而言，古礼仪式本身就是自带德性的。仪式道德是在单纯的礼仪形式中体现出的道德感情，或单纯以礼仪形式为准则的道德现象。儒家自孔子开始就不遗余力地强调为传统礼仪形式注入新的价值内涵，以抽象伦理来统摄具体仪式。但实际上，无论在行动中，还是在逻辑上，抽象的伦理法则（"所指"）与具体的礼仪形式（"能指"）之间都存在某种"断裂"，即儒家继承的礼仪形式之具体内容与儒家主张的伦理并不能完美地一一对应，也不能在逻辑上完全贯通。或者说，儒家对礼仪形式的坚持是超过了其道德伦理所能提供的论证的，因此这种"断裂"就意味着礼仪本身对儒家而言具有独立的道德价值。"'礼'在其自身的脉络中是具有完整意义并且拒绝被理性化或被解释的，在这种意义上，'礼'既是手段也是目的。'礼'的施行就是'礼'的含义所在。"①

  宰予曾向孔子质疑三年之丧的必要。丧礼，整体而言对应孝道或尊卑之道。但其具体细节，如三年之丧的礼制要求三年内不食稻、不衣锦，这些规矩却并无扎实的道理依据，很难反映任何具体的儒家伦理准则。因此，宰予提出异议，认为一年足矣。而孔子则坚持三年丧期的古礼，并责问宰予心安与否，又以"子生三年，然后免于父母之怀"论证三年丧期自有其道理，因此是天下共同的道德标准。但其实，"子生三年，然后免于父母之怀"或者"有三年之爱于其父母"本身是没有充分证明力的。因为，除此之外还完全可以说"一年免于母乳""十五、二十岁独立于父母而成人""终身不绝于母爱"等，为何这些不能是丧期的标准而设立"一

---

① ［美］郝大维、［美］安乐哲：《先贤的民主：杜威、孔子与中国民主之希望》，何刚强译，江苏人民出版社2004年版，第180页。

年之丧""十五、二十年之丧"或"终身之丧",偏偏必须是"三年之丧"呢?所以,三年丧期确实没有明确、直接的道理。但对孔子而言,它又具有不容否认的道德意义,令人违之则心不安,就是由于其属于以古礼仪式为价值标准的礼仪道德。礼仪道德直接诉诸既定的仪式本身(如三年丧期),符合则为有德,不合则为无德,无论其他。

还有冠服、仪表、容止等,即便与某种伦理勉强扯上联系,也多流于附会。但儒家却对这些纯粹的形式抱有近乎迷信的坚持,认为其中自有道德的意味。比如射礼的一套仪式,除揖让外,其他细节本无甚伦理内涵,然孔子以之为君子的标准,所谓"揖让而升,下而饮。其争也君子"(《论语·八佾》)。可见其本身在儒家心目中也具有道德意义。又如:

> 原壤夷俟。子曰:"幼而不孙弟,长而无述焉,老而不死,是为贼。"以杖叩其胫。(《宪问》)

"夷"即箕踞,是"垂两脚如簸箕形"(成玄英《南华真经注疏》)的坐姿。孔子骂道"老而不死是为贼",意思是到老了还不能在道德上有所树立,其表现既包括"幼而不孙弟,长而无述焉"的抽象伦理精神之缺陷,也包括箕踞这种具体行为本身。也就是说,只是由于其箕踞不符合"坐如尸"(《礼记·玉藻》)的礼制,就足以是道德上的缺点了。①再如,丧礼对于"哭踊有节"之仪式的坚持:"夫礼,为可传也,为可继也。故哭踊有节。"(《礼记·檀弓上》)李安宅指出:"礼为可传也,为可继也,故母死而为孺泣,虽为情之至,孔子也嫌'哀则哀矣,而难为继也',非要主张'哭踊有节'不可(《檀弓上》)。至于因为什么必要可传,必要可继,则是另一个问题,不过姑以要传要继作其根本假定罢了。"这"另一

---

① 所谓"箕踞","庄子方箕踞鼓盆而歌"。成玄英《南华真经注疏》说:"箕踞者,垂两脚如簸箕形也。"所谓"坐如尸",就是坐着的时候要像一个尸体那样腰板挺直。郑玄《礼记注》又说"尸居神位,敬慎也",意思是坐着的时候就好像自己是个假神。总之,"坐如尸"就是正襟危坐。箕踞则对儒家所提倡的"坐如尸"直接唱反调,其实质是表达对儒家形式主义之礼法的蔑视。实际上,箕踞也确实成为反对儒家形式主义礼法的一个文化标志。如庄子,"庄子妻死,惠施往吊之,庄子方箕踞鼓盆而歌"(《庄子·至乐》)。又如刘邦,"高祖箕踞骂"(《史记·张耳陈余列传》)。这与刘邦尿溺儒冠正是异曲同工。再如阮籍,其母死,"裴楷往吊之,籍散发箕踞,醉而直视,楷吊唁毕便去"(《晋书·阮籍传》)。

个问题"实际就是既要坚持仪式道德，但又不明其缘由和根据，因而才"姑以要传要继作其根本假定"。而对于"哭踊有节一层，理学大家王阳明已经提出反抗：他的亲死，有哀则哭，无哀则止，虽有吊者，也不陪着强哭"①。王阳明的逻辑是以义起礼，即现代学界广泛认定的观点：先秦儒家以抽象的伦理原则统摄和决定具体的礼仪形式。如《礼记·礼运》所说："礼也者，义之实也。协诸义而协，则礼虽先王未之有，可以义起也。"但如果先秦儒家真的完全是"以义起礼"，那么这一逻辑推导出的结果必定不会完全等同于作为历史遗留的先王之礼仪，圣王所传之礼仪形式有太多内容和细节无法在这一逻辑中找到归宿。

《论语·乡党》中对君子饮食、衣服、起居之种种规矩的严格规定无疑是先秦儒家道德观念图景中不可分割的一部分。这些衣食住行等生活细节的仪式性规范显然是具有道德意涵的，因为这是"君子"的标准。甚至器物都应有其既定的形制，必须坚守，违之则不善。孔子曾哀叹："觚不觚，觚哉！觚哉！"（《雍也》）历代注家多以"觚不觚"为"君不君""臣不臣"等之比喻，这固然是合理的推导，但恐怕不是孔子本意。其原意其实只是感叹觚这一礼器形制的败坏，这件事之所以值得哀叹，只能解释为对孔子而言，特定的礼器形制同特定的礼仪形式一样，本身就具有一种道德上的价值。

总之，儒家仪式道德要求的只是行礼如仪，并且行的是特定的古礼。古礼提供了一种外在可见的、客观固定的，因而是公共的行为规则。《礼记·礼器》曰："礼也者，反本修古，不忘其初者也。"大部分时候，不是"以义起礼"，而是"以礼定义"——以古礼仪式划定伦理法则的表达方式。史华兹（B. I. Schwartz）指出："德性可以与'礼'分离开来存在，但是，除非它们被'礼'的神圣形式支配和包容，否则就会走上歧途。……'礼'提供了限制性格式……若没有'礼'的构造性和教育性的效力，作为优秀人格之最高理想的'仁'就不能实现。就像《诗》《书》等神圣文献一样，只有通过'学'才能使'礼'内在化。它们并非生而固有的。因而，'礼'与'学'有着紧密的关联。"②南宋叶适也指出，儒家的道德修

---

① 李安宅：《〈仪礼〉与〈礼记〉之社会学的研究》，上海世纪出版集团2005年版，第13页。
② ［美］本杰明·史华兹：《古代中国的思想世界》，程钢译，江苏人民出版社2008年版，第108页。

养是离不开特定礼仪形式的：

> 《诗》称礼乐，未尝不兼玉帛钟鼓。孔子言"礼云礼云，玉帛云乎哉；乐云乐云，钟鼓云乎哉"，未有后语，其意则叹当时之礼乐，具文而实不至尔。然礼非玉帛所云，而终不可以离玉帛；乐非钟鼓所云，而终不可以舍钟鼓也。（《习学记言》卷八"礼记·仲尼燕居"）

礼乐之义不等于玉帛钟鼓，但又不离玉帛钟鼓，然后可学、可习也。

儒家认为道德必须是显而易见、循循可学的，可见性、可学性必须依赖于外在化的礼仪，而不是无法通约、无法模仿、无法演习的内在心性。仪式道德正因其外在客观性、确定性和公共性，而是可学的、可习的。换言之，儒家对劝学和习礼的强调，建立在礼仪道德存在的基础之上。儒家教人所"学而时习"的，只能是内容确定、不可更易，因而具有内在道德属性的礼仪形式。毕竟，抽象的伦理法则更多地要求正心诚意、致良知等内在的修养工夫，而很难"学而时习之"。孔子看到，"正是善于学习传统的礼仪实践才把人和动物以及无生物区别开来。他看到，在学习精熟的传统实践中内在地具有一种多么神奇的力量，一种多么富于人性的力量，这种力量是与强迫、威胁和命令完全不同的。……人所独有的尊严以及与这种尊严相关的力量，其特征可以根据神圣的礼、仪式来刻画"[①]。子曰："不学礼，无以立。"（《论语·季氏》）所学的必定包含古礼仪式。

（二）古礼复兴与圣王崇拜

仪式道德反映在政治上，就是以政治上的行礼如仪为政治合法性的依据。"儒生的'礼'乃是特指，特指古代与经书说的那个样子"[②]，即古礼，而不是人类学意义上的礼。因此，政治上的行礼如仪主要就是对古礼的复兴。这也是建立公共性政治的要求。因为只有客观性才有公共性，只有完全固定化了的古礼才能提供客观性。儒家对古礼本身的崇拜，与古礼原本的宗教或社会意义已经脱离了关系，这被墨子讥为"执无鬼而学祭礼，是犹无客而学客礼也，是犹无鱼而为鱼罟也"（《墨子·公孟》）。但

[①] [美] 赫伯特·芬格莱特：《孔子：即凡而圣》，彭国翔、张华译，江苏人民出版社2002年版，第55页。

[②] 阎步克：《服周之冕——〈周礼〉六冕礼制的兴衰变异》，中华书局2009年版，第17页。

这恰恰是儒家鼓吹古礼的意义。即儒家推崇的古礼是不能被任何宗教性、哲学性或伦理学原理所质疑、否定或改造、重构的，是几乎刚性的。"达到了仁的要求的人一举一动永远也不会偏离礼的具体规定——不会偏离一个在略有损益的情况下，通过一个历史悠久的神圣传统而传递下来的、关于人们行为'客观'规定的体系。"① 以这样的古礼规范政治秩序，就可能脱离任何私人意志或派系思潮的干扰，而保持政治的公共性。

复兴古礼对孔子而言几乎就是政治理想的最高纲领，统摄其他政治主张。侯外庐等说："孔子所说的'名'，不是一般的名实关系，而是以早已肯定的古名作为判断现实的最高标准。"② 因此，正名必须合于古制。复兴古礼不仅是要寻找古礼中抽象的一般原则，而首先是恢复那些具体的礼仪形式。如史华兹所说，"三代之'道'就包含了具体的典章制度及人事组织形式，不仅仅是脱离具体规定的一般原则，而这些原则就隐藏在具体规定之中"。因此，"一种'纯粹的礼仪形式'也可以充当普遍之'道'基本的持久成分"。③

在儒家看来，三代之政的礼仪形式具有不证自明的合法性，比如"行夏之时，乘殷之辂，服周之冕，乐则韶舞"等。孔子向来以复原三代礼仪为追求：

> 夏礼吾能言之，杞不足征也；殷礼吾能言之，宋不足征也。文献不足故也。足，则吾能征之矣。
>
> 周监于二代，郁郁乎文哉！吾从周。（《论语·八佾》）

言夏殷之礼，而征乎杞宋，不是为了满足一般的考据癖，而是为了恢复古礼。由于夏殷之礼湮没，文献不足征，所谓古代礼制主要就是周礼，恢复周礼也成为孔子一生的志业。④ 为此，孔子平生述而不作，主要的工作之

---

① ［美］本杰明·史华兹：《古代中国的思想世界》，程钢译，江苏人民出版社2008年版，第101页。

② 侯外庐、赵纪彬、杜国庠：《中国思想通史》第一卷，人民出版社1957年版，第167页。

③ ［美］本杰明·史华兹：《古代中国的思想世界》，程钢译，江苏人民出版社2008年版，第86—87页。

④ 参见钱穆《周公与中国文化》，《中国学术思想史论丛》卷一，安徽教育出版社2004年版。

一就是学习、修复、整理、传播古礼或周礼，即所谓"祖述尧舜，宪章文武"（《礼记·中庸》）。虽然《仪礼》《周礼》据信并非孔子所作，但孔子自有一套整理过的周礼文本以为教学之具是可信的。"子入太庙，每事问"（《八佾》），孔子对于周礼的形式要求极其谨慎、严格践行，且力图尽量多地保存、恢复之。

孔子之后的儒者亦是如此。《仪礼》《周礼》被认为是周礼的教本，其中纯粹形式主义的仪式规范、器物形制长期成为儒者修身与论政的指南。孟子曰：

> 诸侯之礼，吾未之学也；虽然，吾尝闻之矣。三年之丧，斋疏之服，飦粥之食，自天子达于庶人，三代共之。（《孟子·滕文公上》）

孟子继承孔子的仪式道德立场，认为"三年之丧，斋疏之服，飦粥之食"等礼仪形式之道德合法性的依据在"三代共之"。

> 齐宣王问曰："人皆谓我毁明堂。毁诸？已乎？"
> 孟子对曰："夫明堂者，王者之堂也。王欲行王政，则勿毁之矣。"（《孟子·梁惠王下》）

明堂作为一个具体的礼仪建筑怎么会与"王政"有必然的联系呢？阮元说："圣人事必师古，礼不忘本，于近郊东南，别建明堂，已存古制。"①也就是说，师古、存古制本身就是王政，符合道德。明堂作为古制，当然就不可毁了。

儒家的仪式道德在行为上是对特定古礼仪式的遵从，而在精神动力上则是对特定古代圣王的崇拜。或者说，对三代古礼的崇拜与对尧、舜、禹、汤、文、武、周公等圣王的崇拜是一体的。因为儒家相信，三代古礼正是古代圣王的遗教。圣王崇拜，而非忠、孝、恭、敬等抽象伦理，才是儒家仪式道德真正的内在精神。

---

① 阮元：《揅经室集》（一）卷三《明堂论》，载《四部丛刊初编集部》304，上海书店出版社1989年版。

尧、舜、禹、汤极少见于孔子之前的文献或文物。孔子开始热情地称颂尧、舜、禹、汤，并赋予其类似神的崇高地位。"大哉尧之为君也！巍巍乎！惟天为大，惟尧则之。荡荡乎民无能名焉，巍巍乎其有成功也，焕乎其有文章。"（《论语·泰伯》）"焕乎其有文章"指礼仪完备。夏殷之礼尚不可考，说尧之时礼仪完备就只能解释为出于信仰之故了。可见儒家对古礼的信仰与对圣王的信仰是相连的。崇拜圣王则必相信其有完备之礼仪，必信仰其礼仪本身就是正义。礼乐的制定者必须是圣王，才有道德效力。《中庸》曰："非天子不议礼，不制度，不考文。……虽有其位，苟无其德，不敢做礼乐焉，虽有其德，苟无其位，亦不敢作礼乐焉。"对礼乐的遵从，反映的是对圣王的崇拜。只有圣王有权制礼作乐。而在儒家的历史观中，不可能再有超越尧、舜、禹、汤、文、武、周公的圣王了。

以圣王崇拜为基础的仪式道德，不限于周礼或记载周礼的著作，而是涉及儒家供奉的所有经典，比如《诗经》《尚书》等。《荀子·大略》曰：

> 诸侯召其臣，臣不俟驾，颠倒衣裳而走，礼也。诗曰："颠之倒之，自公召之。"天子召诸侯，诸侯辇舆就马，礼也。诗曰："我出我舆，于彼牧矣。自天子所，谓我来矣。"

"颠之倒之"无非表示臣面对君主诏命时的恭敬与不敢怠慢，而荀子竟把"不俟驾，颠倒衣裳而走"的形式当成必须遵行的"礼"和道德标准，其依据则是《诗经》的一句文字。这就是从圣典崇拜中延伸出的仪式道德。

圣王崇拜，及其延伸出的圣典崇拜、古礼崇拜及仪式道德，使儒家具有了一定程度的宗教属性，或者说是一种"类宗教性"。即儒家的圣王在仪式道德中的意义，类似于神在一般宗教中的地位，类似某种"拟神"。传统的诠释力图论证先秦儒家以抽象伦理精神重新统摄古礼仪式，即论证其理性，忽视了其非理性的成分。阎步克认为："孔子对礼制和舆服的效用的看法，在今天看是超出了理性限度的。……冕为什么前有垂旒，冕为什么前俯后仰，为什么上宽一尺下宽二尺等，都被赋予了神圣而庄重的意义。"由于古礼是由圣人所制所传，为经典所载，因此儒家的"圣人崇拜、经典崇拜其实也是一种'神道设教'"①。

宗教下的仪式性道德与其说是对他人的行善，不如说是对神的敬礼。儒家的仪式道德亦是如此，只不过儒家没有神，也没有对神或上帝的崇拜。但关于圣王的历史信仰，儒家圣王作为一种"拟神"，其在仪式道德中起到的作用是类似的。"尧舜禹汤文武历圣传统之传说，为后代儒家常所称道者，与其谓之是富于神话性，更不如谓其富于圣话性之远为允惬。"②"神圣"一词，"神"与"圣"连用，也可见二者在相对于世俗的超越性上有某种相似之处。就像存在对神的宗教式信仰一样，也可以出现对圣的类宗教式信仰或崇拜。因此，有学者指出："儒家学说中起准宗教功能的以及造成很大消极后果的成分是什么呢？我认为，是圣贤崇拜。""中国崇尚圣人和准宗教文化，还造成了好古心理和权威主义。"③ 所谓好古心理，就是儒家仪式性道德的体现。由此，古礼复兴和圣王崇拜成为儒家语境中构建政治合法性的重要资源。这种观念也对现实政治产生了重要影响。

从西汉开始，以仪式道德的观念为基础，儒生士人高呼礼制改革，要求恢复古礼，涉及王朝制度的方方面面。阎步克称为"古礼复兴运动"，这一运动延绵了十几个世纪，直到唐宋之际才开始降温。④ 西汉中后期的改制以汉成帝绥和元年三公鼎立制度的建立为代表。西汉中前期继承秦制，百官以丞相为首。虽有时也名"三公"，但太尉不常设，御史大夫不封侯且银印青绶，地位低于封侯且金印紫绶的丞相，因此实际上是丞相制。成帝绥和元年，太尉改为大司马，御史大夫改为大司空，在封侯和印绶方面与丞相地位平等，由此建立了真正的三公制。哀帝时，进一步将丞相改称大司徒，完成了对周礼的恢复。关于这次改制的思想背景，过去的流行看法是出于君权、相权的矛盾，"主由时君欲'轻相权'与'分相权'之一念所致"⑤。但祝总斌详考史实，力证成帝改制并非出于君权、相

---

① 阎步克：《服周之冕——〈周礼〉六冕礼制的兴衰变异》，中华书局2009年版，第19、21页。
② 钱穆：《中国学术思想史论丛》卷一，安徽教育出版社2004年版，第82页。
③ 韩震：《中国文化中的圣贤崇拜》，《理论前沿》1996年第8期。
④ 阎步克：《服周之冕——〈周礼〉六冕礼制的兴衰变异》，中华书局2009年版，第13页。
⑤ 李俊：《中国宰相制度》，商务印书馆1947年版，第47页。

权之争，而是另有国家治理的要求；其所以能经哀帝、王莽至东汉而牢固确立，则与现实政局的变化密切相关。①

至于更深层的思想背景，可以从改制的倡议者何武的言论中一窥端倪：

> 古者民朴事约，国之辅佐必得贤圣，然犹则天三光，备三公官，各有分职。今末俗之弊，政事烦多，宰相之材不能及古，而丞相独兼三公之事，所以久废而不治也。宜建三公官，定卿大夫之任，分职授政，以考功效。（《汉书·薛宣朱博传》）

何武认为，建三公官可以分职授政，提高治理效率。但实际不然，改制之后仅仅三年，即哀帝建平二年，便多有批评，结果又恢复了旧制。其理由恰恰就是这次改制"职事难分明，无益于治乱"（《薛宣朱博传》）。可见，何武建言立三公可以通过分职提高效率之事，既缺少逻辑论证，也没有经验支撑；而所谓的改制，大概只是表面性地改变官称和等级，更本质的职能调整、权责关系梳理则全不在意，结果反而是"职事难分明"。原因就在于真正支撑何武倡议三公制的理由其实另在他处，一是"古者"，二是"则天"。"则天"就是上一节讨论的法天之政；"古者"则是本节关注的仪式道德、圣王崇拜与复古政治。它们都是儒者所追求的政治合法性资源，相比之下，现实政治的技术性问题就不是优先考虑的事了。因此，祝总斌指出，"绥和改制后，名为三公'分职授政'，实际上具体政务仍由丞相、大司空处理，和过去的二府一样"②。即便如此，几年后的哀帝又重新设立三公，并按照古礼名称完善之。东汉之后也完全继承，坚持不改。于是，现实的政治运作只得逐渐适应新的官制。终于到东汉时，三公分工合作的机制建立起来，三公制才真正具有了现实意义。

这一过程与渐进理性的制度改革是相反的。后者是根据现实政治运作的需要调整制度，以适应现实；前者却是不管现实反应，先立官制，然后再调整现实政治运作，以适应官制的要求。但它还不是现代政治学所说的

---

① 参见祝总斌《两汉魏晋南北朝宰相制度研究》，北京大学出版社2017年版，第47—63页。

② 祝总斌：《两汉魏晋南北朝宰相制度研究》，北京大学出版社2017年版，第55页。

理性主义或建构主义。虽然都是预设制度，自上而下地改造现实，但理性建构主义的理想制度来自逻辑推理，而汉代改制的理想制度来自三代古礼、圣王遗教，而非理性推论的结果。这种思维毋宁说是礼仪主义，是圣王崇拜下的复古政治。

其在之后的王莽改制中表现得更为明显。王莽"专念稽古之事"，其复古改制涉及方方面面，兹不赘述，但中心逻辑可一言以蔽之，曰"以为制定则天下自平"（《汉书·王莽传》）。为此，新莽政府曾不以现实政治运作之利弊缓急为意：

> 公卿旦入暮出，议论连年不决，不暇省狱讼冤结民之急务。县宰缺者，数年守兼，一切贪残日甚。（《王莽传》）

结果，天下大乱，新莽覆亡。但复古政治余波未减，东汉之后代有兴者。只是后来的"古礼复兴运动"不再如王莽般过度激烈，而是努力寻求现实的政治运作与复古的政治理想之间的平衡。这意味着，复古政治所内含的合法性资源，至少在思想观念上，始终未被抛弃。

总之，从现实的治理效能上看，三公制改革和王莽的全面复古改制并没有起到积极的作用。西汉后期至东汉之所以坚持恢复三公等古制，其原因只能从政治合法性的角度去理解。复古政治之所以能提供政治合法性，则是由于儒家士大夫所秉持的仪式道德意识形态，即按照古礼行礼如仪本身就具有不证自明的合理性。因此，阎步克说："新莽轰轰烈烈的制度大革命，青蘋之末其实是孔老夫子。"① 孔子在培养道德与建立政治合法性上好古进而复古的思路，犹如尊天进而法天的思路一样，是为了给充满私人随意性的政治提供某种客观不易的规范，提供一种营造政治公共性的可能路径。如芬格莱特（H. Fingarette）所说："依'礼'而行就是完全向他人开放；因为礼仪是公共的、共享的和透明的；不依'礼'而行则是隐蔽的、暧昧和邪恶的，或纯粹是专横的强迫。"② 这是复古政治积极的一面。

---

① 阎步克：《服周之冕——〈周礼〉六冕礼制的兴衰变异》，中华书局2009年版，第17页。
② ［美］赫伯特·芬格莱特：《孔子：即凡而圣》，彭国翔、张华译，江苏人民出版社2002年版，第12页。

四　述而不作与公共话语

在儒家，与复古理想左右相伴的是尊经，经典的神圣权威与古圣王崇拜相表里。因此，孔子立下"述而不作"的训诫，成为经典之学的指导原则。经学为复古提供了文献依据，为政治合法性开辟了又一处资源，并为政治生活孕育出一套公共话语，最终为政治公共性观念的构造增添了砖瓦。

现代中国学术史在西方学术体系的影响下，习惯于重视子学，忽视经学，认为子学或义理之学才是构成可比拟于西方的中国思想史、哲学史的主体。但在中国古代，尤其在汉唐时期，实则不然。近来，中国哲学史研究领域出现了重回经学的呼声，强调经学中的义理是中国哲学史的主干，是中国礼乐文明的核心，因此主张以经学为纲重建中国学术史。① 但经学的义理是什么？恐怕还要从宏观上加以把握。徐复观指出，"经学是两汉学术的骨干，也是支持、规整两汉政治的精神力量"②。甚至可以说，经学对于整个古代中国政治的意义都是至关重要的。理解这种意义，是反思和重建中国思想史的先决条件。

（一）历史即义理

孔子为儒家奠定的基本性格是"述而不作"，因此相对于《论语》《孟子》《荀子》等子学"作"品，作为"述"的"五经"是更为关键的。孔子和儒家的历史意义，一方面固然在于开创了私学的传统，培育了新型的士人阶层——但这其实是一个外延大于儒家的历史潮流，儒家只是其中的代表；另一方面则在于保存和整理了周礼文明的经典，并使之继续成为后世国家政治的宪章——这才是独属于儒家的文化贡献。

经典的历史性与义理性是不可分割的。隋人王通曰：

> 昔圣人述史三焉：其述《书》也，帝王之制备矣，故索焉而皆获；其述《诗》也，兴衰之由显，故究焉而皆得；其述《春秋》也，

---

① 参见唐文明《中国思想的转向与经学问题》，载氏著《近忧：文化政治与中国的未来》，华东师范大学出版社2010年版；吴飞《经学何以入哲学？——兼与赵汀阳先生商榷》，《哲学研究》2020年第11期。

② 徐复观：《两汉思想史》第二卷，华东师范大学出版社2001年版，第1页。

邪正之迹明，故考焉而皆当。此三者，同出于史而不可杂也。(《中说·王道》)

清人章学诚曰："六经皆史也……六经皆先王之政典也。"(《文史通义·易教上》)又说："古之所谓经，乃三代盛时，典章法度见于政教行事之实"(《经解上》)，"六经皆先王得位行道，经纬世宙之迹，而非托于空言"(《易教上》)。"六经皆史"的理论不是经学祛魅的依据，① 反而是经学之神圣性、尊经之合法性的理论基础，是孔子"述而不作"的原因。六经的意义不在于被后人赋予的种种抽象义理，而首先在于其作为古圣三代治世之实录的性质。并且，后者在逻辑上是先于前者的。六经的历史属性是先于并高于其哲学属性的。实际上，从孔子之徒、思孟学派到荀子，从董仲舒、韩愈到宋明理学，六经的哲学内涵被一再发掘和争论，但六经的权威地位始终稳固，直到宋代，疑经风潮也只能造成浅层的挑战。这是因为，六经文本本身的权威性是建立在历史性之上的，与之相应的是儒家倒退的历史观和"法先王"的政治理想。理想的社会秩序已经在尧舜时代和三代实现过了，"将来的希望只是重新恢复这一遗失的辉煌而已"②。而六经就是对这一过去了的理想社会的历史记录。既然理想社会不是哲学理念的推演，而是过去时代的复现，那么六经就不是一家之言的子学，不是个人性的阐发建构、各是其是各非其非的政治哲学，而是公共性的文化遗产，是记载着理想社会之全部结构与一切细节的经典。后人需要做的只是重述经典文本，而不需要创造任何新的作品——虽然孔子为细节上的损益留下了空间。关于理想秩序的"道"已经是一个既定的答案，重要的是担起使天下有道的实践责任，而不是众口嚣嚣、各逞私言。因此，第一步就是尊经。

即使是儒家子学（孔、孟、荀等人的著作和思想）所阐发的更具抽象性和普遍性的道德原理或形而上学，也必须严格恪守六经文本所划定的讨论范围和思考对象，必须以六经如史书般的经验记录为真理的渊薮。这不

---

① 真正为经学祛魅的不是"六经皆史"的判断，而是对倒退的历史观和"法先王"的政治理想的打破，是新的进步主义的历史哲学的引进。

② ［美］本杰明·史华兹：《古代中国的思想世界》，程钢译，江苏人民出版社2008年版，第82页。

仅不会阉割抽象原理的深刻与健全,反而能保证抽象原理的准确和真实。因为儒家诸子对这些原理的提炼,"依靠的却是引自人物和事件中的具体示例,孔子似乎对此十分自信,相信这些具体例示正好体现了他所讨论的德性的本质。……他自信属于一个普世的文明,该文明是由已经在人类历史经验中实现过的、真正规范性的'道'所支配的,……他相信,被用来描述'礼'的具体规定的、社会中的制度和规范性角色的既定语言(established language),准确地反映了事物的规范性本质"①。

对儒家而言,"经"既是历史,也是理念;既是过去的记录本,也是未来的路线图。毋宁说,"经"正是因其是历史,所以才能是理念,正因其特定的经验性,才能有普遍的永恒性。这种看似矛盾的统一,是儒家之"经"和"道"最根本的属性。相应地,儒生的学习和修养也是通过经学来掌握历史理想时代的经验知识,同时领悟潜藏于这些经验中的"统一性通见"(vision of unity)。② 因此,儒家有经学的传承,而无子学的统绪,盖以公私有别之故。概言之,经学来自王官之学,基于共享的历史和理念,是公共之学;子学则是私人之学、一家之言。史华兹认为六经的精神首先在于其超越私人灵感的公共性。"在寻求这些取得了正典地位但又性质各异的经典的文本的共同特性时,人们首先会注意到,它们全都认同于一种公共身份(public status)",并形成了"公共传统"(public tradition)、"公共事实"(public facts)、"公共真理"(public truth)。孔子之学"不仅仅传递他自己的'私人'智慧","从根本上讲,他只是公共真理的'传递者'和解释者而已"。儒家对自己的定位则"是真正有权威的古老公共传统的守护者",从而与各家各派的"私人学说"相区别。③

六经或五经所代表的古老公共传统,与子学形态的儒家,尤其是"思孟学派"明显侧重不同。后者强调挖掘和发挥内在义理与主观精神,而五经关注外在的、客观的、社会公认的行为规矩。在先秦儒家子学系统中,

---

① [美]本杰明·史华兹:《古代中国的思想世界》,程钢译,江苏人民出版社2008年版,第122页。
② [美]本杰明·史华兹:《古代中国的思想世界》,程钢译,江苏人民出版社2008年版,第132页。
③ [美]本杰明·史华兹:《古代中国的思想世界》,程钢译,江苏人民出版社2008年版,第132、536—537页。

孟子可能是与经学相对疏远的,他说"尽信《书》,不如无《书》"(《孟子·尽心下》);而荀子是最为理解和支持经学权威的,所以十分重视六经的教育和学习,重视以外部规范为依据,由外向内施加的教化或社会化改造过程——而不是像孟子一样更倾向于内在的心性修养。同时,荀子也是先秦经学传承的关键人物。清人汪中《荀卿子通论》说:"荀卿之学,出于孔氏,而尤有功于诸经……盖自七十子之徒既殁,汉诸儒未兴,中更战国、暴秦之乱,六艺之传赖以不绝者,荀卿也。周公作之,孔子述之,荀卿子传之,其揆一也。"①

荀子的"社会学"观点也可以佐证其对经学传承的态度。荀子认为,礼仪、道德乃至一切文化都出自圣人的创制,但圣人制礼作乐并非出自随意的专断,不是具有个人色彩的"发明",而是有着客观的社会需要,即"明分使群"(《荀子·富国》),定分止争,这种社会集体生活所客观要求的抽象的公共秩序可以譬喻为"天",因此,社会文化在根本上源于客观的天道之垂范,所谓"取象于天"(《礼论》)、"则天而道"(《不苟》),圣人的所谓创制实际上只是在忠实地呈现天道、满足客观的社会需要而已。正如普鸣(M. Puett)所说:"文化的产生与创作行为全然无涉。尽管圣人有意创制了文化……可一旦文化被正确地创制出来,纵使它与上天并非直接相关,也终究是上天的产物。为此,荀子坚称礼仪法度之创制,乃是圣人所'生',而非'作'。"② 而六经就是这一客观的、公正的天道之具体载体,传经就是传道。因此可以说,荀学代表了早期儒家关于文化—政治之公共性起源与传承的正统意见。

(二) 尊经即贵公

中文"经典"既可以指儒家五经、十三经,也可以指佛教、道教各自的经书典籍。英文中有两个词语分别承担这两种所指,如佛教、道教的经典是"scripture"(圣典),像基督教的圣典一样;而儒家的经典则是"classics"(古典),与希腊—罗马的人文典籍类似。但中国尤其是儒家的情形不能用西方的概念生搬硬套。实际上,儒家经典同样具有宗教式圣典的意义。陈来指出:"在中国文化中,……经书与宗教学所谓的'圣典'

---

① 引自王先谦《荀子集解》"考证下",第21—22页。
② [美]普鸣:《作与不作:早期中国对创新与技艺问题的论辩》,杨起予译,生活·读书·新知三联书店2020年版,第100页。

相当接近"，"又可特殊地比于西方古典的情形"。尊经的意义不仅是学术思想上的，更是社会政治上的。"经典是一套论述体系，而非一两句格言，经典的文本在获得经典地位之后，其文化力量，其掌握群众的力量，极为巨大。"① 没有任何一种文本天然是经典。因此，这种力量的获得就需要人为的文献整理和经典塑造。

古代文献的经典化在儒家之前就已萌芽。宗教经典地位的确立可以凭借非理性的信仰热情、必要的崇拜仪式和祭司/僧侣阶层的职业权威。但中国古代缺乏宗教性的思维背景和制度环境。陈来认为，在一个非宗教主导的文化中，如何形成经典始终是很重要的课题。而被反复引证是某些文本经典化的重要途径。"西周春秋的经典化过程，不是靠政治权威来宣布的，它一方面与西周春秋的朝聘制度和礼仪文化有密不可分的联系（如《诗》），另一方面是在知识阶层（包括各类士大夫）的反复引证中逐步集中和实现的。"② 春秋时代士大夫对古文献的频繁引证，出于对规范性资源的迫切需要。建立这种规范性的方式则是引证某种包含价值规范的固定话语，并将之培育为具有政治意义的公共权威话语——经典化。陈来通过系统梳理春秋时代知识阶层中的各类"引证"现象（包括"谚曰""古人有言""前志有之""仲虺、周任、史佚之志""闻之曰"及《诗》与《书》等），说明了《诗》《书》的经典化过程。他指出："一个经典之所以成为经典，在且仅在于群体之人皆视其为神圣的、有权威的、有意义的，在这个意义上，经典的性质并非取决于文本的本身，而取决于它在共同体中实际被使用、被对待的角色和作用。……从大量的'引证'实践来看，被引证的言说都是规范性的、教训性的，这表明经典意识的出现突出体现了文化对价值权威的要求。"《周易》的经典化也是如此。《左传》《国语》中有不少筮占事例，卦名、卦象都与《周易》相符，但断占之辞却往往另有出处。这表明"春秋前期的各种筮占体系，其卦象卦名已基本统一，但卦

---

① 陈来：《古代思想文化的世界：春秋时代的宗教、伦理与社会思想》，生活・读书・新知三联书店2009年版，第169、215页。
② 陈来：《古代思想文化的世界：春秋时代的宗教、伦理与社会思想》，生活・读书・新知三联书店2009年版，第170、218页。

爻辞体系不同，《周易》实际上是在卦爻辞体系上与其他易法相区别的"①。而到春秋晚期，"周易"的卦爻辞已经成为断占的通用标准，并逐渐文本化、经典化，同时也使其中的价值规范权威化了。

反复引证造就了经典，经典文本为政治生活提供了一套权威性的公共话语。孔子说"不学诗，无以言"（《论语·季氏》）。公共话语则塑造政治的公共性。因此，经典的权威性为政治的公共性提供了支撑。世界的其他古代—中古文明，也往往是借由宗教"圣经"的权威来建构国家政治公共性的，甚至这种宗教资源是维系某种程度的公共性政治的唯一纽带。比如中世纪的欧洲，在各级私属化的封建领主体系中，只有罗马天主教会提供了有限的公共秩序，而后者又建立在宗教经典的公共性和权威性基础之上。因此，尊经实际上也是对公共性政治构建的尝试。儒家的意义正是在公共话语经典化即尊经的过程中起到了主体作用。

六经的权威地位不独在儒家内部为然，甚至全体文化阶层都承认其作为古代王官之学的历史文献而致以崇敬。这也是尊经能够成为政治合法性之来源的部分原因。汉武帝设立五经博士，罢黜百家，独尊儒术，其意义主要就在推尊经学，而非作为子学的"儒学"。武帝"明显把他那个时代的儒家——其中有许多来自像齐鲁这样的古老文化中心——看成是关于过去的文化与宗教遗产方面的专家。……即使就这个时代而论，'儒'是否就必定意味着要在更深的层次上信奉儒家的思想仍悬而未决"②。换言之，儒家在汉代是作为王官之学或古代经典的传承者与守护者而被"独尊"的。

《汉书·艺文志》将古代典籍分为"七略"，其中最重要的是"六艺略"和"诸子略"。六艺即六经，是三代的王官之学，"官"言其"公"；诸子书是春秋战国新兴的百家之言，"家"言其"私"。古代王官之学掌于史官，但《诗》《书》六艺逐渐下流民间，化为"家人言"。诸子家人之言虽然在思想文化上粲然大观，但毕竟"天下之人各为其所欲焉以自为方"，"百家往而不返"，"道术将为天下裂"（《庄子·天下》），政治文化

---

① 陈来：《古代思想文化的世界：春秋时代的宗教、伦理与社会思想》，生活·读书·新知三联书店2009年版，第28、170—218、216页。
② [美]本杰明·史华兹：《古代中国的思想世界》，程钢译，江苏人民出版社2008年版，第506页。

上的公共权威也就失去了着落。

即便是统治者私好某家之学,也不足以赋予其公共性的政治权威。汉景帝时,

> 窦太后好老子书,召辕固生问老子书。固曰:"此是家人言耳。"太后怒曰:"安得司空城旦书乎?"乃使固入圈刺豕。景帝知太后怒而固直言无罪,乃假固利兵,下圈刺豕,正中其心,一刺,豕应手而倒。太后默然,无以复罪,罢之。(《史记·儒林列传》)

窦太后希望将黄老之学立为国家意识形态,但辕固直言不讳地指出老子书是"家人言",即诸子私家之学,暗指其并非王官之学,不该有政治地位。① 太后勃然而怒,反讥辕固自以为王官学的《诗》《书》其实是"司空城旦书"(秦法禁《诗》《书》,犯禁者输诸司空受城旦之刑)。景帝却认为辕固说的是实话,"直言无罪"。这说明在当时人的普遍观念中,诸子百家私学不足以担当王官之学的公共性角色。

秦人以法家之道立国,"以法为教""以吏为师"(《韩非子·五蠹》),但在统一天下之后,仍然希望通过容纳百家,重建王官之学。秦朝亦有史官,但所掌唯秦国之史,且向来鄙野无文,在思想文化层面与曾经的王官六艺不可同日而语。与此同时,新兴百家之学影响力日增,逐渐在政治上谋求地位,国家也就因势利导,借此培育新的王官之学。其标志就是秦始皇设置博士制度。秦之博士,不限学派,六艺、刑名、辞赋、方术平流并进,各显神通。"故博士者,乃以家言上抗官学而渐自跻于官学之尊之一

---

① 对"家人言"有不同的解释。司马贞《史记索隐》曰:"老子《道德篇》虽微妙难通,然近而观之,理国理身而已,故言此家人之言也。"《汉书》颜师古注曰:"家人,言仆隶之属。"俞正燮谓:"'家人言',本意谓仁弱似妪媪语","宫中名家人,盖宫人无位号,如言宫女宫婢"(俞正燮:《癸巳存稿》卷七"家人言解",商务印书馆1957年版,第200页)。综合而论,《老子》书从写作者到学习者都属于知识阶层,与仆隶无关,辕固不太可能做此无端的鄙夷;而《老子》思想本就以柔弱为上,辕固若是此意,太后不当发怒。将"家人言"解为庶人之书,较为接近真相,但这里说的并不是与精英文化相对的"普通人的思想",而是与王官学相对的私家之学。正如尾形勇所说,"'家人'一词与'家'一词相同,是与'国''县官'等'公'的场域相对立而存在的。……我们不妨把'家人'的意思解释为'私家之人'",因此辕固将老子书斥为家人言的意思是"不能以'家'事而讲天下之事"([日]尾形勇:《中国古代的"家"与国家》,张鹤泉译,中华书局2010年版,第155—156页)。

职也。"① 新官学制度已立，始皇帝期望从中酝酿出具有公共权威的新官学之内容。不想部分博士以《诗》《书》等传统王官之学为依据，以古非今，终于激起焚坑之祸。兼以秦朝短命，二世而亡，各家之言来不及整合生化，所谓的新官学也就成了泡影。汉承秦制，"至孝文帝时，天下众书，往往颇出，皆诸子传说，犹广立于学官，为置博士"（刘歆《移太常博士书》，《汉书·楚元王传》）。身居博士的各家思想也在持续碰撞，统治者莫衷一是。权威性的公共之学仍然付诸阙如。

在博士等官学体制之外的思想界，也存在与官方追求相一致的努力方向。秦统六合前夕，吕不韦组织门客作《吕氏春秋》，汇合诸子、调和折中而抟成一个包罗万象的思想结构，欲为天下一统之后的新国家立法；汉武帝即位之初，淮南王刘安主持撰成《淮南子》，"因阴阳之大顺，采儒墨之善，撮名法之要"（《史记·太史公自序》）而自成体系，献与武帝欲为王者之学。② 甚至汉初的贾谊《新书》也难以归类为某家之学，而是糅合了各家思想。这些著作虽然有意于自我作古，再造官学，但实际上仍被视为一家之言。刘向、刘歆父子在《七略》中有明确辨分，可以代表西汉知识界的普遍看法。因此，它们同样不足以成为国家的公共经典或权威文献。

既然诸子家学无论如何立不起公共权威，重现王官之学的希望就回到了恢复传统官学上。传统官学虽已消亡，但仍有遗留，就是五经/六艺。于是，董仲舒献策"罢黜百家"，汉武帝设立"五经博士"。向来往往称武帝独尊儒术，好似百家之学中唯独儒家在政治上取得了竞争的胜利，其实，汉代新官学的主题是尊崇六艺/五经，并不等同于偏好作为百家之一、诸子之学的儒家思想。武帝之前，诸子百家都可以列为博士。钱穆指出："文帝时有《孟子》博士，至武帝时亦废。若谓尊儒，何以复废《孟子》？其后刘向父子编造《七略》，六艺与儒家分流。儒为诸子之一，不得上侪

---

① 钱穆：《两汉经学今古文平议》，九州出版社2011年版，第160页。
② 《淮南子》是后世之名，当时淮南王刘安等人称为"刘氏之书"。这个书名与先秦诸子书的命名规则相仿，即以姓氏冠书名之前，如《墨子》《孟子》《荀子》《庄子》《吕氏春秋》之类，因此在性质上类似于诸子书。但刘氏又是汉国家的皇族，是王者之姓，代表官家。而且，撰写此书的目的是献给皇帝，书名中的"刘氏"就不仅仅是组织编写者刘安个人的姓氏，而更主要是指整个皇族王家的姓氏。以官家姓氏冠名之书，自然就有了王官之学的意味。因此，"刘氏之书"的命名本身似乎就隐含着以诸子之学的形式构建王官之学的实质这一企图。

于六艺。然则汉武立五经博士,若就当时语说之,谓其尊六艺则然,谓其尊儒则未尽然也。……仲舒之尊孔子,亦为其传六艺,不为其开儒术。……以孔子附六艺,不以孔子冠儒家也。此在当时,判划秩然,特六艺多传于儒生,故后人遂混而勿辨耳。"① 尊经之所以崇儒,主要因为儒生是保存五经、传承经学的主要群体。既然儒生传经,则经学中必然会浸染大量的儒家思想,于是作为子学的儒家也连带受到了礼敬。到东汉班固作《汉书·艺文志》,其将与孔子相关的著作如《论语》《孝经》一并附在"六艺"之属,就是这一过程的阶段性表现。包括之后的儒家诸子书渐次进入经的范围而为"十三经"和与五经相当的"四书",都是后续的反映。换言之,后世儒家思想地位的提升其实是汉代尊经这一政治文化的派生和延展。

经学独尊,然而政治文化公共话语体系的建立并没有完成。"五经博士"设立之初并无内部科目区分,博士员数也不限于五。或有数博士共治一经,或有一博士兼通数经。武帝元朔五年,公孙弘请置博士弟子五十人。虽然博士弟子亦不限专学某经,但师弟的结合遂在客观上使经学趋向了专门化。与此同时,独占官学的制度设计和师法传承的学术生态使得经学成为利禄之途、争胜之场。于是,各经家学壁垒渐立,经说歧异与日俱增。因此,为了统一经学,尤其是平处在官的公羊《春秋》与在野的谷梁《春秋》,汉宣帝时举行石渠阁会议,令诸儒论五经异同,整齐各家经说而归于一是。不能归一者,则在一经之中分为数家,各立博士,永为定制,俾使经说不再新生分歧。如谷梁《春秋》、梁邱《易》、大小夏侯《尚书》、大小戴氏《礼记》等就在石渠会议之后被专门立为了博士。于是,经学的分裂由下而上,立在学官的博士经学也开始以师法分家。甚至一家之中又分数家,皆以氏名学。兹据《汉书·儒林传》撮举其要:

《易》:《易》者本之田何。……由是《易》有施、孟、梁丘之学。……由是施家有张、彭之学。……由是梁丘有士孙、邓、衡之学。……由是《易》有京氏之学。……由是《易》有高氏学。

《书》:伏生教济南张生及欧阳生。……由是《尚书》世有欧阳氏

---

① 钱穆:《两汉经学今古文平议》,九州出版社2011年版,第167—168页。

学。……由是欧阳有平、陈之学。……由是《尚书》有大小夏侯之学。……由是大夏侯有孔、许之学。……由是小夏侯有郑、张、秦、假、李氏之学。

《诗》：《鲁诗》有韦氏学。……由是《鲁诗》有张、唐、褚氏之学。……《齐诗》有翼、匡、师、伏之学。……《韩诗》有王、食、长孙之学。

《礼》：由是《礼》有大戴、小戴、庆氏之学。……由是大戴有徐氏，小戴有桥、杨氏之学。

《春秋》：由是《公羊春秋》有颜、严之学。……颜家有泠、任之学。……颜氏复有管、冥之学。……由是《穀梁春秋》有尹、胡、申章、房氏之学。

但这实际上只是将当时既有的经学师法格局合法化了，并没有建立统一开放的、公共的经学。在利禄的刺激之下，新兴家学层出不穷，官学之位的资源分配也受到了持续的挑战。比如，京氏《易》在元帝时，左氏《春秋》、毛氏《诗》等在平帝时先后立为博士。最重要的是，无论多少家师法跻身官学，师法的过分发达与封闭必然使博士家学，而非经文本身，占据经学权威的位置。对于经典的权威性解释被某一或某几个家学所垄断，这不啻是公共性经学内部的私家之学。对此，统治者面临两难。保持现状，则列在学官的几种封闭性的家学不足以覆盖经学全体，经学权威的公共性将大打折扣；扩大范围，引入新的家学，则会激化新兴家学之间的学官之争与互相攻讦，最终也将损害经学的权威。

真正的解决之道是改变经学整体的学术生态，以开放性、公共性的姿态研习和尊崇经学，这就是西汉后期开始的对"今学"的反思和对"古学"的呼吁。① 所谓"今学"，即西汉流行的经学"家法"或"章句"，繁复细密乃至具文饰说的章句是博士家学标志之一。桓谭《新论》云："秦延军说'曰若稽古'至二万言"，可见一斑。今学之弊在于以家学干利禄，因利禄而师法相传，固守一经一家之说，增饰章句，不避其繁，结果成私

---

① 钱穆详辨汉代经学无今文、古文之分，只有"今学"与"古学"之别。参见《两汉经学今古文平议》。

家把玩之具文，失通经致用之大道。是所谓"章句小儒，破碎大道"（《汉书·眭两夏侯京翼李传》）。顾亭林说："汉自孝武表章六经之后，师儒虽盛，而大义未明。"（《日知录》卷十三"两汉风俗"条）刘歆的《让太常博士书》更是深切时弊：

> 往者缀学之士不思废绝之阙，苟因陋就寡，分文析字，烦言碎辞，学者罢老且不能究其一艺。信口说而背传记，是末师而非往古，至于国家将有大事，若立辟雍、封禅、巡狩之仪，则幽冥而莫知其原。犹欲保残守缺，挟恐见破之私意，而无从善服义之公心。（《汉书·楚元王传》）

与之相对的是不治章句、不守师法者，他们提倡"古意""古学"，斥章句博士为俗学、鄙儒。"东京所谓'古学'者，其实乃西汉初期经师之遗风，其视宣帝以后，乃若有古今之分；此仅在其治经之为章句与训诂，不谓其所治经文之有古今也。"① 古学遍治群经，务在兼通，以明大道。虽然与石渠阁会议之后的五经博士家学体制有所龃龉，但风气渐变。从西汉后期到东汉，整体的趋势是"今学日衰于上，斯古学日盛于下，于是治今学者亦必涉猎古学焉"②。这样，尊经在东汉之后的发展趋势是既保持了五经/六艺的官学地位，又打破了师法章句的家学格局，五经开始更多地作为一个整体而被解读、学习和推广。西汉末的刘歆、两汉之际的桓谭都是古学的提倡者。班固谓桓谭与俗儒之间的对立曰：

> 博学多通，遍习五经，皆诂训大义，不为章句。能文章，尤好古学，数从刘歆、扬雄辩析疑异。性嗜倡乐，简易不修威仪，而喜非毁俗儒，由是多见排抵。（《后汉书·桓谭传》）

东汉涌现出一批兼通博达的经学学者，郑玄是集大成者。与此同时，

---

① 钱穆：《两汉经学今古文平议》，九州出版社2011年版，第206页。
② 钱穆：《两汉经学今古文平议》，九州出版社2011年版，第209页。

国家力量也积极干预。东汉章帝时的白虎观会议和《白虎通》① 是统一经义、塑造政治公共话语的重要里程碑。

当然，经学的意义不仅在记"述"古礼，还有为了更好地"述"而"作"的部分。自孔子以降，儒家学者在忠实细致地记录和复原礼制的同时，还在其缺漏或混乱之处，利用相近的古礼素材，参考相关的现实政制，"踵事增华地编排'礼'。很多此前粗糙零散、参差不齐、因时因地而异的'原生礼制'，由此焕然一新，大为整齐化、精致化、系统化了，被加入了很多儒生认为'应然'但非'已然'或'实然'的东西"。"后人肃然起敬的'周礼'，其实有不少是战国秦汉儒生的'建构'。"并且，"如果成为经典的礼书可以视为'初次建构'的话，汉以下的经学注疏就算'二次建构'了。礼书有很多疏漏暧昧，并往往彼此抵牾，而经学家的注疏使其更整齐、更精密了"②。不过，经学中的"作"与子学之个性化创作仍然不同，前者必须遵循"注不离经，疏不破注"的原则，只在经文细节疏漏之处，根据全部经学的体系和逻辑而修缮补全。其实质是将经文本应写出却不知何故阙文不书的部分"还原"出来。这仍然是一种特殊形式的"述"，仍然是对公共话语的谨慎构筑。于此，虽然也有"郑学"与"王学"之争，但二者都是兼治诸经的通说，不复章句之繁、家法之限及利禄之途的分割竞争。经学之公共性在历史上的进步不可不辨。

柏拉图认为哲人王对于理念的认识是一种"回忆"，而非思辨研究的成果；基督教告诫信徒不要自作聪明，以为自己能够认识真理，而要完全

---

① 在《后汉书》中，有《白虎通义》《白虎议奏》《白虎通德论》三种称呼，《东观汉记》《后汉纪》等皆称《白虎通》，且不确定是否指同一本书。庄述祖考证，《白虎议奏》是由白虎观会议的原始材料整理而成，与《白虎通义》应是两部不同的书。(参见庄述祖《白虎通义考》，收入陈立撰《白虎通疏证》附录二，中华书局1994年版，第604—609页。)《白虎通德论》或认为即《白虎议奏》(如《四库全书总目提要》持此说，参见纪昀等《四库全书总目提要》子部二十八·杂家类二·卷一百十八)，或认为即《白虎通义》(参见于首奎《白虎通》，收入辛冠洁、丁健生主编《中国古代佚名哲学名著评述》第三卷，齐鲁书社1985年版，第61—63页)。但只有《白虎通义》流传后世。钟肇鹏发持平之论，认为《白虎议奏》是根据白虎观会议的原始记录整理而成，《白虎通德论》是根据白虎观会议的结论撰写而成，《白虎通》则是《白虎通义》通行的简称。参见钟肇鹏《白虎通义的哲学与神学思想》，《中国史研究》1990年第4期。

② 阎步克：《服周之冕——〈周礼〉六冕礼制的兴衰变异》，中华书局2009年版，第14—15页。

虚心地、不问缘由地接受上帝的教诲。① 从知识发展的角度看，这似乎违背理性、违背科学的进步。但从政治和社会秩序的建立与维护上看，摒弃私人意见，共尊某种客观的因而是公共的价值标准，无疑是一种有意义的策略。儒家对"述而不作"的坚持和经学的意义，也当作如是观。只不过，儒家经学中的公共理念或教义，并非某种知识论意义上的宇宙观或形而上学"真理"，而是实践论意义上的"道"，即某种特定的人文主义的社会性价值取向，包括对正确的社会秩序、政务职事、政权组织原则等主题的统一界定。

---

① 路德的宗教改革以"因信称义"为口号，颠覆了传统基督教教义的预定统一性和公共性。姑且不论其在宗教信仰上的意义，至少在政治上，更加倾向于个人主义的新教，与其他近代思想元素一道，共同促使西方近现代政治发展走向了一条独特的道路——搁置统一性的公共价值，以个人的理性判断为集体生活的起点，重建政治，无论其结果是常态化的斗争、随机性的妥协还是理想化的共识。

第 三 章

社会秩序公共性的观念

第一节 宗教观与宇宙论

一 从祖先崇拜到角色秩序

古代天命观的发展方向是由鬼神性而逐渐人文化。人文主义的天命，其内涵本质上是一种权威化的公共价值，包括公共民生、公共秩序等。而探索合理的社会秩序，是古代政治思想的核心主题。比如儒家构建的周礼秩序或仁义世界，就被看作天命的、合理的公共秩序，即"天命之谓性，率性之谓道，修道之谓教"（《礼记·中庸》）。沿着儒家的逻辑，可以接续补充两句"成教之谓政，立政之谓王"。于是，合理的政治统治就建立在了符合客观普遍人性的、具有公共性的礼义秩序基础之上。"公共秩序便成为权威共识的源泉，而这种源泉对社群中的每个个人来说又都是可以接受的。"①不独儒家，先秦诸子都有关于公共性、普遍性社会秩序的思考。但儒家的主张很大程度上是其他各家改进和反思的基础，因为儒家的社会秩序理想有更直接的上古文化渊源。

稳定持久的社会秩序之建立，一由道德，二由法律。二者都必然源于某种价值观念。在古代社会，价值观最普遍的来源和载体是宗教或类宗教的社会习俗。张光直认为，中国古代宗教有两个基本因素："祭社"与"祭祖"。它们都对后世中国的社会政治秩序产生了深远的影响。其中，祭祖习俗或祖先崇拜对于社会秩序思想的影响更为直接和显著。祖先崇拜又

---

① ［美］郝大维、［美］安乐哲：《先贤的民主：杜威、孔子与中国民主之希望》，何刚强译，江苏人民出版社2004年版，第126页。

有广义、狭义之分。"广泛地讲，凡是相信死后的世界（afterlife）而对死者有敬畏有祭祀的人都有祖先崇拜"，但中国社会所讲的祖先崇拜是狭义的。"狭义的祖先崇拜至少有两点要紧的因素：（1）祭者只祭自己的（以及同姓的）祖先，不管别人的祖先；祖先掌管自己子孙的休咎，不管别人的子孙的休咎。换言之，祖先崇拜是与（单系）亲族群相联系的。（2）祖先崇拜所牵涉的一套信仰与仪式，是制度化的（institutionalized），有它的一套信仰和神话传说（与亲族相联系），仪式制度、祭品祭器、祭祀的地点与对象。"以此为准，中国上古的祖先崇拜"是到了龙山期的一项突出的发展"①，即是新石器时代晚期的产物。

寄托于宗族伦理和祠堂祭祀的祖先崇拜，是传统中国文化留给人们最显著的印象之一。但祖先崇拜并非华夏文化独有的特色，而是人类早期文明的普遍现象。比如古朗士（Coulanges）发现，在古希腊罗马，"宗教纯粹是家庭的"，"每个家庭只能祭祀那与其有血缘关系的祖先。葬礼只能由死者最亲近的族人来举行。至于定期的祭礼也只能是家庭成员才有权参与，任何陌生人都被严格排除在外"，"对于他们来说，始祖就是神灵，因此，他们崇拜他们的祖先"。古朗士进一步指出："这种情感……几乎是一切人类社会最初的宗教原则。"②

真正界定中国传统文化特质的是由祖先崇拜这一普遍性宗教现象延伸出来的，并学理化、哲学化了的社会秩序观念体系——以个体为单位的身份秩序，或曰角色秩序观念，即认为每个人都应在社会中履行特定的角色义务。儒家伦理思想就是它的主要继承者和发扬者。"角色"是理解儒家伦理思想的有效切入点。角色的概念是个体性和公共性的统一、主观性与客观性的统一。一方面，整个秩序框架是先验地被给定的，是超越私人情感的公共规则。每一种身份角色都是公共秩序中的一环。其职责，无论是社会的还是政治的，都是客观确定的。不同身份角色之间的关系也是客观确定的。人的本质在于其社会属性，生命的意义就在于"扮演"好各自的角色。另一方面，个人身份或角色随个人具体处境的变化而定，并非被某种集体性等级身份终身禁锢。比如，在家内为子弟，在家外为朋友，在朝

---

① 张光直：《中国考古学论文集》，生活·读书·新知三联书店2013年版，第124—125页。
② ［法］菲斯泰尔·德·古朗士：《古代城市：希腊罗马宗教、法律及制度研究》，吴晓群译，上海世纪出版集团2006年，第59、61页。

廷为君为臣；或今日为士农，明日为大夫。如此等等，皆为一人之身份，各处于尊卑等级中的不同位置。而这些角色所要求的伦理规范，则需要个人对于特定角色自觉地分辨和能动地履行。这种确定性与流动性的统一，使中国古代思想中的等级身份制既不同于少数人平等自由的古典公民社会，也区别于身份固化的种姓制度（caste system）、封建等级（feudal hierarchy）。

角色秩序中，每个角色都有在特定情形下具体的伦理义务，这叫作"义"。义，宜也。所有角色各行其宜，彼此配合，相互成全，叫作"和"。"和"是儒家伦理学的核心概念与理想境界。由角色之"义"而形成的和谐"不是通过相互独立的个体的共同调整来取得的，而是个人在关系场域（a field of relations）的焦距（foci）的实现"。英文对"义"的翻译也可以从侧面揭示儒家伦理的特质和可能的误解，比如翻译为"right"或"righteous"，就明显是对康德式义务论伦理的简单比附。"这样的理解会完全失掉'义'的含义，失掉它在取得和谐中的核心作用"，而"'appropriate'（合适）是'义'的一个上好的翻译，因为它将这个字解释为一种美学的正当（aesthetic rightness），让人们注意将一具体环境之中的具体东西成功地置于一定的位置。从社会方面来说，'义'要解决的是个人在其所处共同体中的合适位置问题"。① "义"取决于"和"，并致力于"和"。如恩格斯所说："一个物体的意义以及它的名称，不再仅仅由它的构成来决定，而更多的是由它在它所隶属的系列中的位置来决定。"② 因此，儒家的角色伦理学也不同于强调个体独立、自由意志的西方道德哲学传统。

长期以来，围绕"仁"和"礼"何者是儒家思想的核心，争论纷纭。而社会的或人际关系的角色作为儒家伦理的载体，恰是"礼"和"仁"这两种根本原则能够统一的基础。如芬格莱特所说："'礼'和'仁'是同一事物的两个方面，各自指向人在其担当的独特的人际角色中所表现出来的行为的某一个方面。"③

---

① ［美］郝大维、［美］安乐哲：《先贤的民主：杜威、孔子与中国民主之希望》，何刚强译，江苏人民出版社2004年版，第116页。
② 《马克思恩格斯全集》第20卷，人民出版社1971年版，第638页。
③ ［美］赫伯特·芬格莱特：《孔子：即凡而圣》，彭国翔、张华译，江苏人民出版社2002年版，第37页。

那么，这样的秩序观和伦理学又是如何从祖先崇拜的宗教传统中生发出来的呢？看来，虽然祖先崇拜是人类早期文明的普遍现象，但中国的文明故事必定有特殊之处。史华兹分辨了这种与众不同的特点。即在中国的祖先崇拜文化中，"人们主要关心祖先鬼神的角色身份的表演，而不是鬼神个体在鬼神世界之中独自的'生活—故事'"。祖先的鬼神"表现得几乎就像活着的家庭成员一样，循规蹈矩地完成其家庭的礼仪义务和伦理义务"。"这些角色关系……也许极大地强化了角色、地位及其藏身于其中的秩序的'本体性的'实在感（sense of the ontic reality）。既然亲属角色不可避免地、'很自然地'表现为等级制形式……那么在这个层面上，等级制和角色便是终极框架的有机组成部分。"由此，"'祖'就成为在自身内部以及相互之间产生社会分层的种子。在每个'祖'内部，存在着高等的成员和低等的成员，在不同的'祖'之间，存在着高等的'祖'和低等的'祖'。此类谱系关系集团，在建立中国的国家结构基础的过程中起着主导的作用"①。即如果不赋予祖先其他的鬼神属性，而只将其视为另一个世界中的家庭成员，则祖先崇拜所崇敬的只是一种血缘关系，祖先的本体实际上是血缘关系等级体系中的一个位置。处于某个位置的特定表现，就是一种角色。与祖先世界连为一体的生者也同样处在血缘关系特定的位置上，扮演特定的角色。这在祭祖仪式的等级排列、各司其职的整体秩序中有最鲜明的表现。但是，并非所有的祖先崇拜或原始宗教中的祖先神/部落神都是被这样看待的。

中国古代祖先崇拜的社会政治意义，在与其他古代文明的鬼神崇拜（包括祖先鬼神崇拜）的对比中，可以得到更明确的理解。在美索不达米亚、埃及、印度、希腊的宗教神话中，充斥着各种拟人化或拟兽化的自然神祇——包括作为部落或城邦祖先的神祇。它们各自独立，相互对峙，就像拥有自由意志的人一样。它们的性情各异，它们的世界充满偶然，它们的关系不可预测，它们可以参加诸神集会（就像人间的部落/城邦集会一样）达成一致意见，也可以关系破裂而爆发战争（就像人间的部落/城邦战争一样）。总之，它们不是像中国的祖先鬼神一样，按照某种固定的身

---

① [美]本杰明·史华兹：《古代中国的思想世界》，程钢译，江苏人民出版社2008年版，第30—35页。

份秩序和礼仪程式扮演各自的角色。因此，它们中间容易发生个性鲜明、关系复杂、情节丰富的故事，从而形成"神话"；相反，中国的祖先鬼神由于被要求履行特定角色的伦理义务，并被安排于严密的角色等级之中，缺乏个性，也就很难生发出自由、浪漫的神话故事。"总的看来，在依照原样被结合到了有序化的社会谱系之中以后，祖先鬼神就不再参与到故事之中。他们在礼仪的秩序中表现他们的功能。"① 这种鬼神世界中的生活故事，直到战国之后才在晚出的中国古代神话中逐渐增多，并借助汉代之后产生或传入的道教、佛教而得以丰富。"随着大乘佛教、天堂地狱、灵魂转世（samsara）观念的到来，人们有时候能够在文献中发现在彼岸世界之中的祖先鬼神也有奥德赛那样的冒险故事。"② 但这一切对于中国古代文化性格与社会政治秩序结构的塑造，为时已晚。角色秩序中的祖先崇拜，或者说祖先崇拜延伸出的角色秩序观念，早已为中国古代文明奠定了独特的基因。如史华兹所说："透过祖先崇拜呈现出的秩序感，将注意力比较好地集中到大自然较为明显的有序化方面——诸如四季、四种基本方位、天体的有序运行等，而不是集中于这样的自然领域：充满自主性与'自由'〔意志〕的力量与实体之间展开了不可预测的、偶然的相互作用。"③

当然，中国早期文明中也有自然崇拜和自然神，但仍然没有形成希腊式的人格神生活世界及其神话叙事，原因可能在于中国古代自然神的社会性起源和世俗化倾向。就像祖先神一样，自然神与人之间也不存在种属界限或不可跨越的鸿沟，而是可以转化互通的。比如，很多自然神是功能性的，它们往往是由历史上具有某种公共性成就或贡献的英雄、伟人升格而成。人们对这些神明的信仰，实际上是对某种公共价值的尊崇和追求。神明的表现系于人间的期待，就像人们放上天的风筝一样。这就从根源上取消了自然神祇个性化"生活"及其个性化叙事的思想环境。

更准确地说，中国的祖先崇拜并非从一开始就是这种性质，而是经历

---

① ［美］本杰明·史华兹：《古代中国的思想世界》，程钢译，江苏人民出版社2008年版，第32页。
② ［美］本杰明·史华兹：《古代中国的思想世界》，程钢译，江苏人民出版社2008年版，第30—31页。
③ ［美］本杰明·史华兹：《古代中国的思想世界》，程钢译，江苏人民出版社2008年版，第43页。

了一个转变的过程。尤其是经过商周之际的文化革新，祖先崇拜对于整体性秩序和个体性角色的强调及其孕育的角色伦理观念，才逐渐成为中国文化的特色。国家祭祀在西周的制度变迁主要表现为周礼的祛魅化、理性化。一方面，在继承殷商和周初宗庙乐舞的基础上更加强调祭祖乐舞中的宗族亲和与团结；另一方面，在强调宗族亲和与团结的同时，开始通过礼仪的改革与重组逐渐构建角色分异的伦理秩序。前者是乐的精神，后者是礼的精神。周人希望二者完美结合、相互促进，共同组成礼乐文明。考古发现，殷商和西周早期的青铜器风格到了西周晚期发生明显变化。比如，青铜器上的有象征意义甚至精神作用的动物纹样趋于消失，变成几何式的、规则化的纯粹装饰。殷商和西周中期之前在祭祀中流行的、种类繁多的酒器到了西周晚期和东周也基本消失，变成以食器（如盛放肉食的鼎、盛放谷物的簋）为中心。这说明周人不再单纯以酒祭祀祖先，也不再像商人一样通过饮酒致幻来交接神灵或搞其他萨满巫术了。罗泰称之为"西周晚期礼制改革"，即"从一种围绕活力十足乃至狂乱的活动的'狄俄尼索斯型'仪式，转变为一种新型的更加规范的具有'阿波罗型'特征的仪式；在新仪式中，吸收参加者目光的主要是礼器本身及其整齐的陈设"①。这与宗庙乐舞于周代进行功能转型在理性化方向上是一致的。李泽厚也借用尼采的"酒神精神"与"日神精神"来概括商周的文化差异。他说："即使不说'礼乐'传统是日神型，但至少它不是酒神型的。……中国上古是一种非酒神型的原始文化。"②

这一礼制改革更重要的部分是祭祀礼仪的等级制度化。后世儒家经典中详尽备至地记载了方方面面的礼制规定，务求昭示社会等级与身份差异，并认为是周公的伟大创造。但从考古学上看，这些其实是西周晚期才逐渐形成的"新传统"。比如，宗法和丧服是儒家礼制的核心部分，根本原则是"爱有差等""亲亲为大"，并由此构建了一套规律而严密的氏族伦理。罗泰认为，这是西周晚期以来氏族体系分化的结果。氏族分化的原因则是人口的增加导致资源分配的紧张。以某种规则限制受祭祖先的人数、使用礼器和祭品的数量与材质等，可以防止消耗过多的资源，限制享有资

---

① ［美］罗泰：《宗子维城：从考古材料的角度看公元前 1000 至前 250 年的中国社会》，吴长青、张莉、彭鹏等译，上海古籍出版社 2017 年版，第 51 页。

② 李泽厚：《华夏美学·美的历程》，生活·读书·新知三联书店 2008 年版，第 29 页。

源分配特权的人群范围。最典型的例证就是西周晚期的墓葬在铜器的成套使用上（如：×鼎×簋），氏族之内的等级差别、性别差异越来越明显。再比如，罗泰发现："在商代和西周早期的铭文中，献器者通常仅提供其个人或氏族的名称（后者一般是族徽，而不是一般的文字）。西周中期的铜器铭文显然已经不再用先前的方式，献器者的称谓经常会包含一个能够反映献器者在其兄弟姐妹间排行的字：伯（女性为孟）、仲、叔、季。"① 这表明一个人在宗族群体中的相对位置或身份角色日趋重要了。宗族成员需要认清彼此之间的相互关系，在宗庙祭祀中各得其所、各守其位。这就是儒家角色伦理的由来。

儒家宗法伦理的标准单位是宗族或公卿大夫之"家"。因此，宗族伦理的角色化秩序也孕育出了政治社会角色伦理。比如，君臣伦理源于宗子与族人的关系；朋友伦理源自一般族人之间的关系。祖先崇拜的文化影响还不止于此。梁启超说，"二十四史非史也，二十四姓之家谱而已"，"本纪、列传，一篇一篇……合无数之墓志铭而成者耳"。② 这种史学传统并不是王朝政治的产物，而是有着更早的文化渊源，在二十四史之前便有《世本》《帝系》。李零说："司马迁作《史记》，大框架是参照《世本》和《帝系》。这是古人作史的心法。其'本纪'就是'本'，相当《世本》的《帝王世本》，'世家'和'列传'就是'世'，相当《世本》的《诸侯世家》和《卿大夫世家》。'本'是根本。'世'是枝叶（世字，古与叶通），实际上是一种'宗法树谱'。"③ 可以说，中国古代的史学传统就是在祖先崇拜的观念影响下构建的。

甚至由祖先崇拜而衍生出的角色秩序的思维构成古代中国整体世界观的中心逻辑。李泽厚指出，在晚周秦汉逐渐形成的宇宙论系统图式里，"任何事物，上至皇帝，下至庶民，也包括神灵世界，都大体已被规定在确定位置上……这个系统本身具有最高的权威性和可信仰性，它是'天

---

① ［美］罗泰：《宗子维城：从考古材料的角度看公元前1000至前250年的中国社会》，吴长青、张莉、彭鹏等译，上海古籍出版社2017年版，第70—72页。

② 梁启超：《新史学》，载《饮冰室合集》第一册·《饮冰室文集》之九，中华书局1989年版，第3页。

③ 李零：《出土发现与古书年代的再认识》，载《李零自选集》，广西师范大学出版社1998年版，第50页。

道'‘天意'‘天'"①。换言之，从祖先崇拜的原始宗教到阴阳五行代表的宇宙观，中间环节或者说连接纽带就是人文主义的社会秩序观念。

二 从观乎人文到关联宇宙

角色伦理是关系中的伦理，是基于关系中的位置而设的伦理。它的起点和本质是"对偶性"。且这种对偶关系具有相对的客观稳定性，不是短暂松散的随意性关系组合。② 由此，对偶性成为中国古代文化核心性的思维结构之一。阴阳对偶则是基本模型。人类世界和自然世界遵循同一种模型、同一套阴阳对偶的法则。于是，正如人与人之间基于不同角色而相互关联一样，天与人之间也可以相互关联、相互感应。整个世界就是一个内部元素相互关联的整体。这种"天人感应"的世界观与自然哲学被某些学者称为"相关性宇宙论"。③ 阴阳学家对相关性宇宙论"的基本预设是：自然界既亲密而又'符合天意地'（providentially）蕴藏于人类的事务之中"④。即关联性宇宙论在逻辑上必然是以对人文世界的反思和社会秩序理想为本体的。

阴阳家的"关联性宇宙观"与列维-斯特劳斯（Levi-Strauss）的人类学所说的"野性的思维"正好相似。"野性的思维"是一种"具体性的科学"，是一种"未驯化状态的思维"，"它给自己设定的目标是广泛而丰富的。这种思维活动企图同时进行分析与综合两种活动，沿着一个或另一个方向直至达到其最远的限度"。现代科学成立的关键是把因果关系限定在可靠的范围和条件之上，而"野性的思维"对因果关系的把握缺少这种节制。"巫术与科学之间的第一个区别就是，巫术以一种完全彻底的、囊括一切的决定论为前提；另一方面，科学则以层次之间的划分为基础，只有其中某些层次才接受某些形式的决定论。对于其他层次来说，同样形式

---

① 李泽厚：《中国古代思想史论》，生活·读书·新知三联书店2008年版，第182页。

② 参见翟学伟《儒家的社会理论建构——对偶生成理论及其命题》，《社会学研究》2010年第1期。

③ 参见［美］本杰明·史华兹《古代中国的思想世界》第九章"相关性宇宙论——阴阳家"。

④ ［美］本杰明·史华兹：《古代中国的思想世界》，程钢译，江苏人民出版社2008年版，第478页。

的决定论就不适用了。"① 因此,"野性的思维"实际上是一种过于草率、缺少约束的"前科学思维"。阴阳学家以阴阳观念为纽带,在万事万物之间建立因果关系,追求整体性、彻底性解释,这种"关联性宇宙观"就是一种高级版本的野性思维,也是一种初级版本的自然哲学。

但是,阴阳学说基础上的"关联性宇宙观"与人类学意义上的"野性的思维"又有明显的不同。阴阳学宇宙观并不是一种原始思维,发生于中国文明的草创阶段,而是在诸子思想百花齐放、文明性格基本定型的战国晚期之后才出现的。这一时间顺序的差异,蕴含着阴阳学宇宙观的独特内涵。

(一) 中国神话的晚出

在列维－斯特劳斯的理论中,神话是"野性的思维"的重要表现形式。而在早期的思想世界中,中国与希腊、中东、印度等地的古文明之间一个重要的不同,是神话传统的淡薄甚至缺失——至少未能在先秦时代的文化经典中得到体现。《诗经》有《大雅·生民》曰:"履帝武敏歆,攸介攸止,载震载夙。载生载育,时维后稷。……"《商颂·玄鸟》曰:"天命玄鸟,降而生商,宅殷土芒芒。"这些都只是简单的片段。"神话的主要内容是故事,在其中,神与人都是演员,各自作为多少有点不可预测的存在物,参与到充满了偶然性、不可预见性、尚未解决的问题、向着未知的未来开放的戏剧之中,并相互关联在一起。"② 而中国先秦时代的文献中缺乏这种神人之间的戏剧或故事。

在西方历史中,神话是最早的文化形式,也是宗教和哲学思想的源头。比如在古希腊,先有创世神话,再有奥林匹斯诸神宗教,然后产生古典哲学的宇宙论,最后到苏格拉底才萌发出道德、政治哲学。但在中国历史上,这一顺序恰恰是相反的。商人卜辞中有关于自然神灵崇拜的仪式记录,但是合商周两代的文献之中,有关这些自然神的神话却非常稀少。"从现存的文献上看,商代没有宇宙起源的神话,没有神祖世界分离的神话,也没有天灾和救世的神话。……西周的神话与殷代的差不太多。"③ 宗

---

① [法] 克洛德·列维－斯特劳斯:《野性的思维》,李幼蒸译,中国人民大学出版社 2006 年版,第 12、201 页。

② [美] 本杰明·史华兹:《古代中国的思想世界》,程钢译,江苏人民出版社 2008 年版,第 31—32 页。

③ 张光直:《中国青铜时代》,生活·读书·新知三联书店 2013 年版,第 402 页。

法伦理与政治理性却在商周之际早早地出现了突破,到了春秋孔子的时代已经被整理成体系性的伦理和政治学说。在此之后的战国时代,才出现道家和阴阳家的自然哲学与简陋的宇宙发生论。而要到战国晚期至两汉魏晋,各种神话(尤其是创世神话)才逐渐被创作和丰富起来;与此同时,中国最重要的本土宗教——道教也才刚刚产生。中西两种不同的文化史演进顺序颇值得反思(见图3—1)。

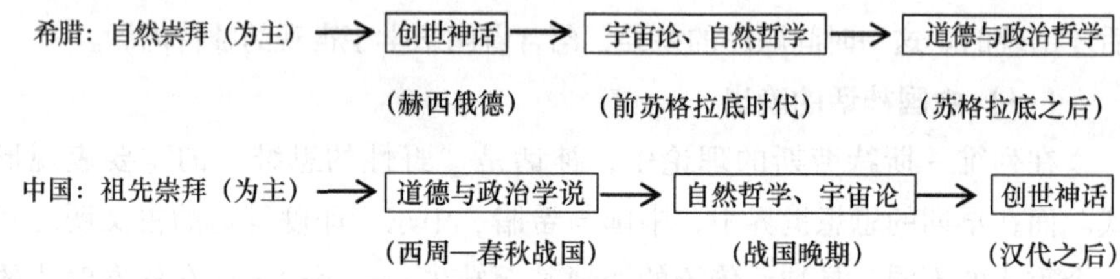

希腊:自然崇拜(为主) → 创世神话 → 宇宙论、自然哲学 → 道德与政治哲学
　　　　　　　　　　　　(赫西俄德)　(前苏格拉底时代)　(苏格拉底之后)

中国:祖先崇拜(为主) → 道德与政治学说 → 自然哲学、宇宙论 → 创世神话
　　　　　　　　　　　　(西周—春秋战国)　(战国晚期)　　　(汉代之后)

图3—1　中西方文化史演进顺序

神话中最有代表性的是创世神话。创世神话是对天地秩序的解释方式,并非神话中最早产生的部分。神话学家袁珂认为,最早的原始神话"是一批动物、植物的故事,尤其是描述禽言兽语的动物故事是神话的核心"[①]。但创世神话无疑是神话体系中最重要、最能解释一个文明思维模式的部分。因此,大多数神话结集把创世神话放在最前面。牟复礼(F. W. Mote)比较中西文化之后发现:"中国没有创世神话,这在所有的民族……中都是独一无二的。也就是说,在他们看来,不存在创世者,没有上帝或终极起因,也没有超然于宇宙之外的东西。世界和人是非创造物,又是自发自生的宇宙万物的中心。对于这样一个基本观点,局外人是很难理解的。"[②] 张光直也指出:"至于宇宙自然现象构成之来源的解释,所谓'创世神话',则在东周以前的文献中未存记录。"[③]

中国的创世神话产生很晚,且十分简略。迟至战国末年,社会上,至少在精英阶层的思想世界中尚无创世神话。因此,屈原《天问》对宇宙的

[①] 袁珂:《中国神话史》,上海文艺出版社1988年版,第9页。

[②] Frederick W. Mote, *Intellectual Foundation of China*, New York: A. A. Knopf, 1971, pp. 17-18.

[③] 张光直:《中国青铜时代》,生活·读书·新知三联书店2013年版,第384页。

起源发问道：

> 遂古之初，谁传道之？上下未形，何由考之？冥昭瞢暗，谁能极之？
>
> 冯翼惟象，何以识之？明明暗暗，惟时何为？阴阳三合，何本何化？
>
> 圜则九重，孰营度之？惟兹何功，孰初作之？……

直到西汉前期写成的《淮南子》才第一次记载了天地开辟和人类诞生的神话。《淮南子·精神训》曰：

> 古未有天地之时，惟象无形，窈窈冥冥，芒芠漠闵，澒濛鸿洞，莫知其门。有二神混生，经天营地，孔乎莫知其所终极，滔乎莫知其所止息，于是乃别为阴阳，离为八极，刚柔相成，万物乃形，烦气为虫，精气为人。

有学者认为"二神"就是伏羲、女娲，但并无依据。① 总体上，这个"神话"的哲学属性太重，所谓的"二神"更像是某种原初物质的譬喻，大概是阴阳的原型。

继续追索，真正具有神话色彩的关于天地创生的描写出现在汉代的纬书《遁甲开山图》中。② 其文曰：

> 有巨灵胡者，遍得坤元之道，能造山川、出江河。（李善引）
> 巨灵与元气齐生，为九元真母。（罗泌引）

今人熟知的开天辟地的"盘古"神话则要到三国时期徐整所作的《三五历纪》（已佚）中才会出现。《艺文类聚》卷一引之曰：

---

① 徐旭生：《中国古史的传说时代（增订本）》，文物出版社1985年版，第237页。
② 此书已亡佚，相关片段见于《文选·西京赋》的李善注引和南宋罗泌《路史·前纪三》的注引中。

> 天地浑沌如鸡子。盘古生在其中，万八千岁，天地开辟。阳清为天，阴浊为地。盘古在其中，一日九变。神于天，圣于地。天日高一丈，地日厚一丈，盘古日长一丈，如此万八千岁。天数极高，地数极深，盘古极长。后乃有三皇。数起于一，立于三，成于五，盛于七，极于九，故天去地九万里。

徐整又作《五运历年记》（已佚）。《绎史》卷一引之曰：

> 元气蒙鸿，萌芽兹始，遂分天地，肇立乾坤，启阴感阳，分布元气，乃孕中和，是为人也。首生盘古，垂死化身，气成风云，声为雷霆；左眼为日，右眼为月；四肢五体为四极五岳；血液为江河；筋脉为地理；肌肉为田；发髭为星辰；皮毛为草木；齿骨为金石；精髓为珠玉；汗流为雨泽；身之诸虫，因风所感，化为黎甿。

至此，才算有了合格的中国创世神话。通观上述几条创世神话的内容，可以很容易发现一个共同点，那就是对"阴""阳"与"气"的观念的借用。这说明它们是在气的观念和阴阳理论出现并流行之后才被创作的。虽然有神的形象，但主导天地开辟的还是阴阳二气。这种阴阳创世说与世界其他文明中常见的造物神或英雄创世的神话迥然不同。唐晓峰认为中国文明早期也有神灵或英雄创世神话，① 但已化为民间故事，湮没无闻了。夏曾佑指出盘古的故事本是古代西南少数民族中的传说，后被采择融合进了华夏文化传统中。② 汉代人创作神话却不得不借用西南夷的传说，说明华夏早期文明中就算存在类似的神话痕迹，也是杳渺难寻，可以忽略不计的。总之，中国的创世神话实际是自然哲学的派生物。

商周的神话主要是始祖神话，是祖先崇拜的产物。张光直认为："中国古代的神话在根本上是以亲族团体为中心的……而神话史上的演变是这

---

① 唐晓峰：《从混沌到秩序：中国上古地理思想史述论》，中华书局2010年版，第27页。
② 夏曾佑："今案盘古之名，古籍不见，疑非汉族旧有之说。或盘古、槃瓠音近，槃瓠为南蛮之祖。(《后汉书·南蛮传》)此为南蛮自说其天地开辟之文，吾人误用以为己有也。故南海独有盘古墓，桂林又有盘古祠。(任昉《述异记》)不然，吴族古皇并在北方，何盘古独居南荒哉？"载氏著《中国古代史》上，吉林人民出版社2013年版，第8—9页。

种政治与亲属制度之演进所造成的。"至于战国秦汉时代产生创世神话的原因在于，从西周开始，帝命与天命的逐渐区分，祭祖与祭天的逐渐分离，到战国秦汉时已基本完成。因此，天所代表的"自然的世界既完全与人的世界分开，其形成、结构与起源乃有一套宇宙生成的神话来加以说明"①。这一关于宇宙的解释模式又可以通过阴阳对偶理论溯源到原始的祖先崇拜及其衍生的人伦秩序。

（二）中西哲学的不同底色

神话是一种世界观的表达方式，因此常常与特定的哲学传统相连。中国和西方有着不同的哲学传统。中国的哲学思维常被概括为"天人合一"，但这一标签并没有真正触及本质。无论中西，任何形而上学都必然追求对自然世界和人类社会的统一性解释，追求社会规律与自然规律的逻辑贯通。这都是"天人合一"。真正的分歧是，如何达致"天人合一"。如果说西方哲学的思路是"由天及人"，那么中国哲学的传统就是"由人及天"。这里的"天"不只是自然世界，而是超越社会经验事实的抽象事物；"人"也不全是人文主义的各种界定，而只是经验性的礼俗文化与社会诉求。如果用唯物/唯心论、辩证法或本体论、认识论等西方哲学的经典模式去考察中国哲学，就形上学论形上学，就宇宙论谈宇宙论，是无法解释中西哲学的真正区别、无法理解中国思想传统的真实本色的。

最能代表中国古代自然哲学成就的是道家思想。徐复观认为："老子思想最大贡献之一，在于对自然性的天的生成、创造，提供了新的、有系统的解释。在这一解释之下，才把古代原始宗教的残渣，涤荡得一干二净；中国才出现了由合理思维所构成的形上学的宇宙论。不过，老学的动机与目的，并不在于宇宙论的建立，而依然是由人生的要求，逐步向上面推求，推求到最为宇宙根源的处所，以作为人生安顿之地。因此，道家的宇宙论，可以说是他的人生哲学的副产物。……所以道家的宇宙论，实即道家的人性论。"② 此论可谓切中要害。

广言之，老子思想实际代表了中国哲学传统的基本特色。葛瑞汉（Graham）指出，中西思想传统的一个重要区别是，"西方哲学大体上具有

---

① 张光直：《中国青铜时代》，生活·读书·新知三联书店2013年版，第403、405页。
② 徐复观：《中国人性论史》，华东师范大学出版社2005年版，第198页。

对存在、实在与真理的诉求，而中国人的问题总是'道在何方？'中国思想家孜孜于探知怎样生活，怎样治理社会，……对中国人而言，探寻'多'后面的'一'的目的，不是为了发现某种比映现于感官的表象更为真实的东西，而是旨在发现在各种不断变化与相互冲突的生命与统治之道背后的常道"①。侯外庐等也指出："中西两相对勘，我们可以说，希腊古代思想史在起点上，是追求知识、解答宇宙根源问题的'智者气象'，其'贤人作风'反而在后（例如苏格拉底、柏拉图、亚里士多德等所谓'三哲时代'）；而中国古代思想史在起点上，是关心治道、解明伦理的'贤人作风'，其'智者气象'在战国中叶才发达起来。"② 其实，即使是希腊时代的"贤人作风"，也只是与中国的同侪貌似而已，前者本质上仍是"智者气象"。比如，苏格拉底论善恶仍是从知识的角度入手，认为美德就是知识，无知即是罪恶；③ 柏拉图追求的至善也要通过"辩证法"才能明晰，通过对理念或共相（idea）的"回忆"式认知才能获得；亚里士多德的伦理学中，理智德性也比道德德性更加崇高与可贵。而中国传统的道德论更多的是从经验礼俗出发，因此虽"夫妇之愚，可以与知焉"，"夫妇之不肖，可以能行焉"（《礼记·中庸》）。

如果做一个简单粗糙的判分，西方哲学是先求知后求善，不知"天"则无以为"人"；中国哲学是因求善而求知，不为"人"则无以知"天"。早期儒、墨、道三家都强调自然之"天"和"天道"的不可知，如孔子不言天道，老子曰道无名、不可道。虽然彼时已有阴阳的概念，但阴阳的系统性哲学建构是在各家思想基本成熟之后。尤其是围绕儒家思想体系，涌现多种关联性宇宙论的版本。在邹衍五德终始说之后，还有《吕氏春秋》"十二纪"、《礼记·月令》、董仲舒《春秋繁露》、《尚书·洪范》等。但万变不离其宗，无论儒家的阴阳五行宇宙论有何新解，都共享和支持着同一套政治社会学说，这是儒家早在阴阳五行说兴起之前就已确定的公共的秩序观念和价值规范。陈来将先秦"天道"观念的发展概括为两条线索："人文主义"和"自然主义"。其中，"价值性的、人文性的'天'在西周

---

① [英]葛瑞汉：《论道者：中国古代哲学论辩》，张海晏译，中国社会科学出版社2003年版，第259—260页。
② 侯外庐、赵纪彬、杜国庠：《中国思想通史》第一卷，人民出版社1957年版，第131—132页。
③ 参见柏拉图《美诺篇》。

政治文化中已经开始发展，自然主义的'天'则在春秋时代的天学和星象学中渐进转出"。后者如"邓曼所谓'盈而荡，天之道也'，伍子胥所谓'盈必毁，天之道'，在思想根源上，都是把社会、历史、人事变化的法则看成整个宇宙的法则'天道'的表现"①。

总之，中国的自然哲学不仅是"天人合一"的，而且在根本上是"拟人"的。在战国秦汉的关联性宇宙论中，人文秩序（主要是儒家和道家）是本，原始思维是末；前者是体，后者是用。但同时，中国古代的自然哲学或宇宙论也并非全无独立性。一方面，它固然不同于古希腊完全以求知为导向的本体论自然哲学；另一方面，古代中国的自然哲学也不像有些学者的绝对化论断，是完全次生的，是人文社会秩序在自然界的投影。如有人认为，"中国古代对超然地、精确地观察自然毫无兴趣"②；"中国传统中的其他自然哲学，诸如天文、地理、术数、历法等，基本上都是为政治而展开的"③。实际上，相关性宇宙论首先是原始思维的发展，是巫术—科学意义上的知识。这种关于自然世界的知识后来被人文化了，即被当作某种社会秩序的镜像。毋宁说，古代中国的自然哲学和社会秩序观念是平行发展的，而在某一时刻，出于某种社会秩序观念获得公共性权威或形而上学理论支持的需要，二者被紧密连接在一起，建立了对应的关系。以"自然科学"论证社会秩序，后者的客观性、真理性与公共性才会得到充分的保证。

（三）阴阳五行的人文之本

阴阳、五行无疑是中国古代自然哲学的中心范畴。率先构建"阴阳"自然哲学的是《易传》。《易传》中"子曰"的部分可信是较早的内容，或为孔子所自撰，或为弟子所记录，但其中并没有阴阳的观念。涉及阴阳自然哲学的文字应是晚出。前期道家虽提到阴阳，如《老子·四十二章》"万物负阴而抱阳"、《庄子》内篇所用"阴阳"一词，都是春秋时代流行的阴阳原始含义，即自然界具体的"六气"之二，尚未达到世界构成之抽象元

---

① 陈来：《古代思想文化的世界：春秋时代的宗教、伦理与社会思想》，生活·读书·新知三联书店2009年版，第77—78、85页。

② [美] 史华慈：《论中国思想中不存在化约主义》，张宝慧译，载许纪霖、宋宏编《史华慈论中国》，新星出版社2006年版，第34页。

③ 翟学伟：《儒家的社会理论建构——对偶生成理论及其命题》，《社会学研究》2020年第1期。

素的哲学意义。通过考察《庄子·天下》篇，徐复观指出两点："（1）后期道家所取于《易传》者，仅在《易传》的阴阳观念。（2）道家学徒承认阴阳的新观念是出于《易传》（过去经传不分），而不是出于自己的先辈。"①因此，阴阳自然哲学应该是儒家系统的《易传》作者先发展出来的，而后道家受到影响并将阴阳哲学发扬光大。

在典型的阴阳五行学说中，五行是阴阳的下位概念。徐复观指出，"凡先秦诸子及秦汉之际的典籍中，有五行一词者多有阴阳；而有阴阳一词者多无五行。这即说明在阴阳观念中可以不要五行的观念；而五行观念，则非附丽于阴阳观念不可。五行观念之流行，乃在于把它组入阴阳观念之后"。但是，相对于阴阳"原意是有无日光两种天气"②，五行概念的思想史起源与流变却显得很不清晰。

自梁启超、吕思勉等人之后，学者在五行说的起源问题上争论纷纭。③胡厚宣认为殷代的"四方"和"四方风"概念是"五行"说的滥觞，赤塚忠、庞朴等赞同该说。冯友兰、侯外庐等认为"五行"最初是生活中的五种基本物资或宇宙间的五种基本元素，徐复观进而推论五种元素的选择和编组与农业生产有关。刘起釪认为"五行"的原始意义指天上五星的运行，马绛（John S. Major）、班大为（David W. Pankenier）也持此立场。何新、范毓周等则认为"五行"说的起源之一是对数字"五"的崇拜，而这种"尚五"之风是春秋以后才有的现象。④ 无论孰是孰非，这些观点都只

---

① 徐复观：《中国人性论史》，华东师范大学出版社 2005 年版，第 344—345 页。

② 徐复观：《阴阳五行及其有关文献的研究》，载氏著《中国人性论史》"附录二"，华东师范大学出版社 2005 年版，第 346、311 页。

③ 参见《古史辨》第五册下编所收的相关文章。

④ 参见胡厚宣《论殷代五方观念及中国称谓之起源》，载《甲骨文商史论丛》初集第 2 册，北京图书馆出版社 2000 年版；[日] 赤塚忠：《中国古代文化史》，载《赤塚忠著作集》（一），研文社 1998 年版，第 405 页，转引自 [日] 井上聪《先秦阴阳五行》，湖北教育出版社 1997 年版，第 106 页；庞朴：《阴阳五行探源》，《中国社会科学》1984 年第 3 期；冯友兰：《中国哲学史新编》第一册，人民出版社 1980 年版，第 71 页；侯外庐、赵纪彬、杜国庠：《中国思想通史》第一卷，人民出版社 1957 年版，第 652 页；徐复观：《阴阳五行观念之演变与及若干有关文献的成立年代与解释的问题》，载氏著《中国思想史论集续编》，上海书店出版社 2004 年版；刘起釪《五行原始意义及其纷歧蜕变大要》、马绛《神话、宇宙观与中国科学的起源》、班大为《天命和五行交替理论中的占星学起源》、范毓周《"五行说"起源考论》四文均载艾兰、汪涛、范毓周主编《中国古代思维模式与阴阳五行说探源》，江苏古籍出版社 1998 年版；何新：《重论"五行说"的来源问题》，《学习与探索》1985 年第 1 期。

能说明"五行"说的缘起及其逐渐具有哲学意味的过程，却不能解释在同期并存的对"三""四""六""九""十二"等数字的神秘化信仰中为何"五行"能够脱颖而出，成为几乎与阴阳并列而弥纶天地之道的中国古代哲学的根本性概念。

李零认为，阴阳五行说是上古以来占卜方法逐渐数字化、抽象化的产物，诸子学并非阴阳五行之源而只是它的流。"阴阳五行说虽与子学、数术都有关系，但更主要的还是产生于古代的数术之学。它基本上是沿古代数术的内在逻辑发展而来，并始终是以这些数术门类为主要应用范围，并不像是诸子之学从旁嵌入和移植的结果。"① 不过，阴阳五行学说的子学起源和数术起源并不矛盾。一个事物的源头常常是多个，由不同的渊源汇合而成。观乎人文的子学提出了对自然哲学的需求，数术的发展同样要求更为抽象的宇宙秩序数字化表达。后者规定了宇宙观的基本形式，即数字化；但是最终的内容为何是以阴阳"两仪"和"五行"为主体，而不是像古希腊的"四元素说"或推出其他的数字做基干，则很可能是受到了对偶的伦理观和儒家"五典"（父义、母慈、兄友、弟恭、子孝），"五行"（仁、义、礼、智、圣/信）②，政事"五材"（金、木、水、火、土）的强烈暗示。实际上，在数术之学中，"三"（"三辰""三才"）、"四"（"四时""四方"）、"六"（"六爻""六律"）、"七"（"七曜"）、"九"（"九宫""九天"）、"十二"（"十二月""十二辰""十二地支"）都是具有丰富含义的关键数字。但最终成为宇宙法则之纲纪的是"二仪"和"五行"，这是诸子尤其是儒家根据人文思想的需要选择、推广的结果。晚年孔子、思孟学派、邹衍等人就是具体的执行者。这并不是说阴阳五行学说是由诸子创造，而是说在他们的手中走向了抽象化、体系化和哲学化。比如，"把五行从杂多的社会迷信中提出来，以建立新说，引起世人注意者，毕竟始自邹衍"③。

邹衍"五德终始说"作为最早的"五行"自然哲学，其与政治社会思想的关系很能说明问题。记载邹衍思想的主要文献《史记·孟子荀卿列

---

① 李零：《中国方术续考》，中华书局2006年版，第72页。
② 马王堆帛书《五行》篇谓"五行"为"仁、义、礼、智、圣"，董仲舒《春秋繁露》中因避汉文帝刘恒讳而改"五行（héng）"为"五常"，内容也调整为"仁、义、礼、智、信"。
③ 徐复观：《中国人性论史》，华东师范大学出版社2005年版，第348页。

传》说："驺衍睹有国者益淫侈，不能尚德……乃深观阴阳消息而作怪迂之变……称引天地剖判以来，五德转移，治各有宜，而符应若兹。……其术皆此类也。然要其归，必止乎仁义节俭，君臣上下六亲之施。"饶宗颐认为，五德终始之说起于子思。饶氏引马王堆《老子》甲本后《佚书》："乐而后有德；有德而国家与；国家与者，言天下之与仁义也……"并认为，"此当为子思之五德终始说。曰善曰德，析言之：一形一气；形者与其体；而气则舍之。一为人道，一为天道，天与人正相应也。邹衍倡五德始终说，似本此为基础而恢皇之"。"德之'五行'及'终始'二词，实本于子思，而邹氏扩大其义，以论朝代更易之德运。"①

"五行"最早出现于《尚书·甘誓》："有扈氏威侮五行，怠弃三正。"这里被"威侮"的五行显然不是后世流行的自然五行（金、木、水、火、土），而应当是指五种德行，对应三正（政），即三种政事。②"行"本有德行之义，而"五行"也不限于仁、义、礼、智、信"五常"③。除了马王堆帛书《五行》的仁、义、礼、智、圣，在先秦文献中，将五种德行称为"五行"、九种德行称为"九行"者不乏其例：

> 贵贱明，隆杀辨，和乐而不流，弟长而无遗，安燕而不乱，此五行者，足以正身安国矣。（《礼记·乡饮酒义》/《荀子·乐论》）
>
> 居处不庄，非孝也；事君不忠，非孝也；莅官不敬，非孝也；朋友不笃，非孝也；战陈无勇，非孝也。五行不遂，灾及乎亲，敢不敬乎？（《吕氏春秋·孝行览·孝行》）
>
> 九行：仁、性、让、言、固、始、义、意、勇。（《逸周书·文政》）

---

① 饶宗颐：《中国史学上之正统论》，中华书局2015年版，第14—15页。
② 王引之《经义述闻》曰："威乃威之讹，侮者蔑之借。蔑，轻也。"《尚书》郑玄注："五行，四时盛德所行之政也。"四时之政即《吕氏春秋·十二纪》《礼记·月令》中与自然五行相配的政事与世界体系。这种解释是以后代观念解释古代文本，显然是错误的。孔颖达《尚书正义》发现了郑注的问题，于疏不破注之外，又补了一句："且五行在人，为仁、义、礼、智、信，威侮五行，亦为侮慢此五常而不行也。"这就比较接近《甘誓》的原意了，但五种德行未必特指后世习称的"五常"。"三正"，周秉钧认为："正与政通，谓政事。……怠弃三正，谓不重视正德、利用、厚生三大政事。"（周秉钧：《尚书易解》，岳麓书社1984年版，第81页。）
③ 《荀子·非十二子》："（子思、孟轲）案往旧造说，谓之五行。"杨倞注："五行，五常，仁、义、礼、智、信是也。"

《说文》:"行,人之步趋也。"段玉裁注曰:"引申为巡行、行列、行事、德行。"自然五行作为五种物质,与"行"字的任何一义都难以直接联系。天之五行,实际上是指五种物质之间的生克关系和运动,并不是五种物质本身。直接指称五种物质的五行,只能是衍生义。五行的本义可能就是五种德行;自然五行或天之五行,就是天的五种"德行",进而指代具体承担这五种德行的五种物质。因此,董仲舒曰:"故五行者,乃孝子忠臣之行也。五行之为言也,犹五行欤?是故以得辞也。"(《春秋繁露·五行之义》)

阴阳和五行结合而构成关联性宇宙观,肇始于邹衍,发展于《吕氏春秋》"十二纪",经《淮南子》《礼记·月令》,至《白虎通·五行》才明确将五行视作阴阳分化出的五种气,从而完成了这一自然哲学的建构。关联性宇宙论之引入先秦人文学说的背景,是传统周礼秩序的逐渐解体,新兴的秩序方案——无论儒家的"新周礼"伦理秩序还是法家的编户齐民法治秩序,都要求突破统治阶级的狭小范围而覆盖到全体社会成员,从君主、官贵到庶民百姓。这些新兴秩序的理念要求证明自己的普遍性、公共性,就必须引入新的形而上学基础,传统周礼秩序所依赖的统治家族祖先崇拜及其角色秩序观,显然已经不敷新兴秩序对普遍性、公共性的需求。而关联性宇宙论正是其所期待的新盟友。

社会伦理角色除了五伦,还有五常,即仁、义、礼、智、信,也是需要人们"扮演"或履行的社会性人格角色,它们构成了合理的社会秩序。如果说自然世界也有其内在的秩序,那么阴阳和五行就是其中的"角色"。不同的事物扮演不同的角色,如日扮演"阳",月扮演"阴",男扮演"阳",女扮演"阴",植物扮演"木",江河扮演"水",等等。所有的自然和社会事物都扮演着阴阳五行的某种角色,就像祖先崇拜中的人伦角色秩序一样。因此,李泽厚认为,"与其说中国五行所注重的是五种物质因素、材料或实体,就不如说更是五种作用、功能、力量、序列和效果"。"阴阳作为哲学范畴,与'五行'一样,它们既不是纯抽象的思辨符号,又不是纯具体的实体(substance)或因素(elements)。它们是代表具有特定性质而相互对立又相互补充的概括的经验功能(function)和力量(forces)。……不是思辨理性,也不是经验感性,而是某种实用理性。这正是阴阳这对哲学范畴的特点,也是中国哲学和中国传统思维方式的特点。"①

阴阳、五行作为宇宙秩序中的"角色",用更贴近中国思想传统的概念来说,就是"德"。阴阳、五行即天地之法则、万物之"德行",就像忠信孝慈、仁义礼智是社会法则、人之德行一样。因此,在诸多"五"字系列的概念中,表示五种德行的"五行"脱颖而出,成为总括性的哲学范畴。也是同样的原因,邹衍根据五行设计的政统嬗变,也名之为"五德"终始。最明显的证据是"四时"之德。阴阳学家认为四时不只是自然现象,而且代表天的四种"德行"。这些"德行"既可以与同为天地"德行"的阴阳五行相对应,比如春—木、夏—火、秋—金、冬—水,也可以直接呈现为人文世界之德行,比如春、夏、秋、冬在帛书《五行》和《中庸》郑玄注中对应仁、礼、义、智,在《管子·禁藏》中对应仁、忠、急、闭,在《鹖冠子·道端》中对应仁、忠、义、圣。总之,阴阳、四时、五行作为宇宙万物的"德行"或"角色",与人文世界中的德行或伦常角色是同质的,也是源于后者而被构想的。《礼记·乡饮酒义》曰:

> 天地严凝之气,始于西南,而盛于西北,此天地之尊严气也,此天地之义气也。天地温厚之气,始于东北,而盛于东南,此天地之盛德气也,此天地之仁气也。

天地之气大略有二,即严凝与温厚之气,或尊严与盛德之气,即义与仁之气,实际上就是阴与阳二气,即阴阳本质上不外乎天地的两类基本德行。

中国哲学没有本体论,阴阳二气乃至"元气"都不是本体,而是宇宙诸关系的基本属性,是万物"角色"的根本规范。世界作为由这些特定角色构成的舞台,自然是一个公共的秩序、共享的空间。在其中没有绝对的主人,毋宁说只有天地、人和万物共享的全体结构是唯一的"主人";也没有任性的专制,只有天道代表的公共性价值规范是唯一的权威。

中国古代的自然宇宙观始终束缚于阴阳二元思维之内,跟社会伦理思想领域中的对偶观念是密不可分的。扩言之,古代自然哲学的基本形态在

---

① 李泽厚:《中国古代思想史论》,生活·读书·新知三联书店2008年版,第168—169页。

很大程度上也是与社会秩序观念紧密关联的。比如,董仲舒的宇宙图式"本源上是以君臣、父子、夫妇的中世纪编制为范本类推而出,但它一经成立之后,又转为历史观、政治论、人性论及伦理学的根据"①。这一过程,表面上看是人伦社会秩序的自然法则化,而在根本层次上是宇宙秩序的社会人文化。葛兰言(M. Granet)考察了中国上古先民的节庆习俗后得出结论:"在中国人的思维中,那些制约着世界进程的原则都起源于社会的结构。""中国人依照他们自身生活的原则来想象自然的法则……中国农民并不是出于什么巫术的目的,或者预期他们的行为能够禁闭不合时令的雨水并阻止它的降落,才在冬季里蛰居家中的,恰恰相反,正是因为已经习惯于在这个无雨的季节里幽居家中,他们才由此假定,自然的行为与人类的行为是完全一致的。……正是由于这同一种过程,他们才会用规律性来统领整个宇宙。"而"他们之所以坚信他们的做法是有效的,是因为他们的习俗在他们心中激起了信赖和尊敬之感"②。因此,这不是巫术思维,也不是自然哲学,而是社会礼俗本位的人文主义。③《易传·象辞·贲》曰:"观乎人文,以化成天下。"虽然巫术—科学意义上的相关性宇宙论有独立的起源,一直存在影响,并且直到东汉王充的批判之后也未消亡,但终究在逻辑结构和价值内涵上受到了社会礼俗本位的人文主义伦理秩序观的强烈影响。

中西两种文化进化模式的不同造成了迥异的思想传统。古希腊人对于

---

① 侯外庐、赵纪彬、杜国庠、邱汉生:《中国思想通史》第二卷,人民出版社1957年版,第104页。

② [法]葛兰言:《古代中国的节庆与歌谣》,赵丙祥、张宏明译,广西师范大学出版社2005年版,第160—161、199页。

③ 中文"人文主义"一词译自英文"humanism"。作为看待人和宇宙的模式,人文主义集焦点于人,以人的经验作为人对自己、对上帝、对自然了解的出发点。(参见[英]阿伦·布洛克《西方人文主义传统》,董乐山译,生活·读书·新知三联书店1997年版,第12页。)中国的人文主义也有自己的传统。韦政通认为:"先秦儒家的人文运动和西方文艺复兴时代的人文运动,它们之间相似之处实最多。"比如,在推崇古典、多才多艺、尊重人的尊严、强调道德修养、鼓吹人文教育等方面,中西人文主义都是相似的。(参见韦政通《人文主义的力量》,中华书局2011年版,第162—173页。)但是,中国的人文主义传统也有根本上区别于西方之处。即前者对人的理解偏向整体性,后者则更与个人主义相亲和。布洛克说:"文艺复兴时期人文主义按其性质来说是属于个人主义的。"(参见[英]阿伦·布洛克《西方人文主义传统》,董乐山译,生活·读书·新知三联书店1997年版,第67页。)而中国的人文主义实质是社会本位、礼俗本位的。

原初的创世神话是共享的，但在后面的自然哲学和政治哲学、道德哲学上就表现为多元分歧甚至对立了。相反，对于古代中国，作为公共思想资源而被共享的是原初的伦理观念（虽然也有异议，但分歧有限），而次生的形而上学就开始分裂，至于创世神话就更加边缘、散乱且无足轻重了。①"中国文化所呈现的特点是，从宇宙直至社会运行，其法则都是给定的。它已被圣哲找到、设立而毋庸置疑，重心已落在如何实践上面。"②儒家如此，法家也是一样。因此，中国思想世界中的社会秩序观念，包括政治价值、社会伦理等，有着较高的公共性，能够更有效地指导公共性政治的建立。从政治生活的角度看，这是中国文化的优点。

但凡事有利就有弊。中国创世神话是内生模式，是阴阳哲学的拟人化，根本上是对有机的社会秩序的引申，相对于西方创世神话缺少外在的造物神或创世主。这将影响到哲学和科学的发展方向。马绛指出："希腊观点以一个永恒的第一动因或外在的造物主为特点，所以希腊自然科学的动力就是去发现造物主设下的宇宙秩序的规律。……中国自然哲学的主要动力是在系统内寻找有机联系，而任何外在的原因是很难设想的，从而导致中国对自然和谐与自然变化有深邃的哲学理解。但不幸的是对中国科学的未来，人们完全陷入宇宙的有机论的泥潭。"③先秦中国思想界较早地成功构造了政治公共性的观念，与未能发展出成熟的自然科学思维，是一体的两面。

第二节　正名与人伦秩序

一　礼俗的大众化与名目化

中国传统自然哲学的理路很大程度上取决于对身份性社会礼俗的抽象

---

① 战国秦汉时代产生的神话，既没有《荷马史诗》般的长篇故事，也没有像赫西俄德《神谱》一样的系统整理。比如关于共工怒触不周山与女娲补天的先后关系，就有《列子·汤问》和《论衡·谈天》两个不同的本。前者认为女娲先补天，共工再破坏；后者认为共工先破坏，女娲再出来补天。

② 翟学伟：《儒家的社会理论建构——对偶生成理论及其命题》，《社会学研究》2020年第1期。

③ 马绛：《神话、宇宙观与中国科学的起源》，载艾兰、汪涛、范毓周主编《中国古代思维模式与阴阳五行说探源》，江苏古籍出版社1998年版，第114页。

和反思。社会礼俗,尤其是儒家的角色伦理观念,笼统地讲可以溯源到祖先崇拜中特殊的思维结构,具体而言或在直接关系上则是周礼之宗法秩序去中心化的产物。从社会事实性的礼俗到思想观念性的儒家伦理,其间最主要的变化不在于礼俗或伦理内涵上的重新界定,而在于其形式上的名目化,即社会礼俗的大众化与名目化造就了儒家的伦理观念。

(一) 宗法制的家父长支配

宗法制度在儒家追述的"周礼"中,主要是指宗族中的祭祀秩序以及由此而生的宗族等级体系。《说文》曰:"宗,尊祖庙也。"即宗法乃祭祖之法。段玉裁注曰:"凡言大宗小宗,皆谓同所出之兄弟所尊也。"程瑶田《宗法小记》曰:"宗之道,兄道也。士大夫之家,以兄统弟而以弟事兄之道也。"因此,"宗之者,兄之也"。①《礼记·丧服小记》曰:"别子为祖,继别为宗,继祢者为小宗,有百世不迁之宗,有五世则迁之宗。""尊祖故敬宗,敬宗所以尊祖祢也。庶子不祭祖者,明其宗也。"根据"儒家化"的宗法制度,庶子不能单独祭祖,只有随宗子才能祭祖。即要分别到这些宗子家中去祭祀高、曾、祖、祢,如到继高祖的宗子家去祭高祖,去继祖的宗子家中去祭祖,等等,这叫作"敬宗""尊祖"。宗子又分为大宗、小宗。大宗相对小宗而言,小宗相对庶弟而言,大宗为众小宗之所宗,小宗为众庶弟之所宗,如此形成一个严密的等级体系。

但是,这种严密的等级体系太过于伦理化,更像是儒家的美好想象或理想建构,而非历史真实的全部——至少没有揭示出西周春秋早期宗族制度中更本质、更现实的属性:家父长支配秩序。"宗之道"不仅仅是"兄道",更是君臣之道、主仆之道;宗法的意义也不仅是"敬宗""尊祖",更是为了建立政治性统治。郭宝钧指出:"宗法制本是由氏族社会演变下来的以血缘关系为基础的族制系统,周人把它与嫡长制结合起来,使族的纵(嫡长继承)横(宗法系统)两面,都生联系。其制,大约为把全族中最高权位者按嫡长制继承定为大宗,其余的支子划为小宗,使大宗有继承权与主祭权,小宗无之。但小宗在他的本支中仍以其嫡长子为大宗,余子为小宗,权力如前。如此一分、再分、三分,则全族的系属分明,权位

---

① 程瑶田:《宗法小记》,载《程瑶田全集》壹,黄山书社2008年版,第137页。

定、亲疏分,而政治经济的实力亦随之而有判别,即借此巩固其政权。"①也就是说,宗法实质上是一种政权分配和组织的方式,与封建制发挥的功能类似。陈来也同意,"宗法关系即是政治关系,政治关系即是宗法关系"②。

并非所有的血缘或亲缘关系都具有宗法性。宗法的核心是宗子法,无宗子则无所谓宗法。张金光概括了宗法的三点基本内容:第一,"宗族的一切权位(包括族长权、政治权、经济权等),由立为宗子的那个人来继承。因而全宗族应服从宗子的支配,而宗子对全族成员除了具有强大的支配权之外,也当然负有收养义务,能否聚族、收族,也就成为宗子权能否贯彻与存在的重要依据之一。第二,在宗法制下,宗统与君统的继承原则是:'立嫡以长,不以贤;立子以贵,不以长。'……第三,于宗族内分别出大宗、小宗系统,为的是使小宗服从大宗,以确立贵族内部的严格的等级秩序,并进而巩固其整个宗族的统治权位。"③ 三点之中,第一点最为根本。《白虎通·宗族》曰:"宗,尊也,为先祖主也,宗人之所尊也。"毋宁说,宗者,主也,宗子权即一族统率之权。瞿同祖又将这一点分作三种权力:宗子权中最重要的是祭祀权,只有宗子才能祭祀父祖;第二,宗子负有全族的财产权,《仪礼·丧服》曰:昆弟之财用"有余则归之宗,不足则资之宗";第三,宗子亦似有生杀权。④ 裘锡圭认为,宗法制的全盛期,宗子对宗族成员的财产支配圈大概是及于生活资料的。⑤ 正是这些特点决定了宗法制中的父家长制支配原理,决定了它的政治统治性。即一个宗法制血缘团体的成立,必定要依托统治者对某一地域、某个人群的实际控制。《左传·哀公四年》曰:"致邑立宗。""'致邑'与'立宗'实是一事之二面。邑是宗的依托,无其邑也便无其宗,无其宗也便失其邑,有了宗主便可以此为号召,成为众宗人的核心,宗人便可团聚其周围。有了邑,宗主才可收族,即聚族人而居之。这些来归、来聚之民中有其宗人,

---

① 郭宝钧:《中国青铜器时代》,生活·读书·新知三联书店1963年版,第202页。
② 陈来:《古代思想文化的世界:春秋时代的宗教、伦理与社会思想》,生活·读书·新知三联书店2009年版,第4页。
③ 张金光:《秦制研究》,上海古籍出版社2004年版,第452页。
④ 瞿同祖:《中国法律与中国社会》,中华书局2003年版,第21—22页。
⑤ 裘锡圭:《从几件周代铜器铭文看宗法制度下的所有制》,载氏著《尽心集》,中国社会科学出版社1996年版。

也有其外围势力,也有属于他的'私属徒'之类。……不论哪一级贵族,既得一邑土,也就自成一宗族了。'致邑立宗'表明了当时的统治关系与剥削关系,统治主阶级是以宗为核心的,更确切些说是以宗主即宗族长为核心建立起对他人的统治与剥削关系。"① 对于这样的宗法制,伦理性相对于政治性只是次要因素。如张金光所说:"宗族长权势之所以存在与发展之故,其血缘纽带即伦理道德力量实为其次要者。"②

以家父长制支配为基本原理的宗法制,自然具有明显的政治私人性。谢维扬指出:"所谓周代的宗法制度,是指在国家允许和帮助下,由血缘团体领袖,凭借血缘理由,对亲属进行管理并支配他们的行为乃至人身(以及这些亲属相应地服从这种管理和支配)的制度。"因此,"宗法制度的本质可以说是一种'私法'制度。就是国家(同时也表现为法律)承认血缘团体领袖对其成员有代替法律(亦称'公法')来实施的管理和处置权"③。宗族内部,宗子与族人之间不只是单纯的亲族关系,而首先是一种私人性君臣关系或主仆关系。这样的宗法制就传世文献所见,主要存在于西周春秋时期。④

比如,晋国卿大夫中行穆子攻占鼓地,

---

① 张金光:《秦制研究》,上海古籍出版社 2004 年版,第 453 页。
② 张金光:《秦制研究》,上海古籍出版社 2004 年版,第 454 页。
③ 谢维扬:《周代家庭形态》,中国社会科学出版社 1990 年版,第 209—210 页。
④ 朱凤瀚通过甲骨卜辞考察了商代的家族形态,认为商人中的宗族长对于家族成员具有相当的统治权。"宗族长是宗族祭祀的主持者,即宗教领袖,他有权力直接向宗族祖先的神主为本家族成员祈求福佑,同时宗族长又是宗族占卜活动的主持者,拥有独立的占卜机构……他这种人与神之间中介的身份,使其形象罩上了一层神圣的光圈。宗族长同时是家族武装的领导者……这证明宗族长对本家族的族人(或对其下属贵族之家族)都具有类似于对下属的那种政治上的使令权。"同时,"商人的宗族组织皆占有一定的属地,有自己不受王朝支配的独立经营的经济,有农田和畜群,这是宗族存在的经济基础。宗族长主管本宗族的经济与财产,不仅对其族属的生产有指挥权,而且对其生产收获物具有支配权"。这样的宗族长即宗子,而商王则是各宗族之上的最大的宗子。"商王为代表的商王朝与诸商人宗族在军事上、经济上的相互关系,实际上都是由上述在血亲基础上所建立的宗法关系所制约的……这种宗法关系决定了商王不仅对各级贵族具有使令权,并且可以通过各级族长所具有的宗法性的家长权去从经济上役使其族人,从而支配其劳动与产品。商王对同姓诸宗族武装的调动权,与所给予的军事庇护,正是宗法制度下宗子的父家长权、族长对族人的保护权在军事制度上的体现。"(参见朱凤瀚《商周家族形态研究》,天津古籍出版社 2004 年版,第 163、172、208 页。)西周春秋的宗法制社会政治结构应当是商代传统的延续和发展。

> 鼓子之臣曰夙沙釐，以其孥行，军吏执之，辞曰："我君是事，非事土也。名曰君臣，岂曰土臣？……臣闻之：委质为臣，无有二心。委质而策死，古之法也。"（《国语·晋语九》）

"事君"而非"事土"，"君臣"而非"土臣"，意思是某人之（家）臣而非社稷之（国）臣。夙沙釐的表态反映了典型的对宗子或家主私人无条件效忠的观念，这也是宗法制下最主要的伦理。又如，晋国卿族内战，栾氏失败逃亡：

> 栾氏之臣辛俞行，吏执之，献诸公。公曰："国有大令，何故犯之？"对曰："臣顺之也，岂敢犯之？执政曰'无从栾氏而从君'，是明令必从君也。臣闻之曰：'三世事家，君之；再世以下，主之。'事君以死，事主以勤，君之明令也。自臣之祖，以无大援于晋国，世隶于栾氏，于今三世矣，臣故不敢不君。"（《国语·晋语九》）

辛俞义正词严地认为，"从君"就是忠于自己的家主或宗主，晋国国君也要往后靠。可见，春秋时代的主流价值观是建立在宗法秩序下的私人性主仆伦理上的。

这种兼具权力支配原理与血亲伦理内涵的宗法制度，并非周人的专利。陈梦家通过考察殷墟卜辞，认为商人虽然没有嫡庶之制，但也讲究尊卑差等，这正是宗法的体现。① 张光直根据龙山文化墓地里墓葬的空间分布形态，推断宗法制度的原型早在龙山时代就存在了。并且，"这种宗法制度并不是中国特有的制度，而在世界上有很广泛的分布，在非洲和大洋洲尤为常见，在社会人类学文献里一般称为'分支的宗族制度'（segmentary lineage system）"②。韦伯认为，家父长制支配的前身是强调共同体性的、温情的长老制（gerontokratie），其逐渐政治私人化的结果就是家父长制。这也是普遍性的宗法制成立的过程。朱凤瀚指出，西周贵族家庭内部的宗法制关系"进一步发展的结果即是其走向政治化，演化为家族内部的

---

① 陈梦家：《殷墟卜辞综述》，中华书局1988年版，第631页。
② 张光直：《中国考古学论文集》，生活·读书·新知三联书店2013年版，第384—385页。

君（宗君）臣关系（或说主臣关系）以及一整套强化此种关系的礼仪制度。这是血缘关系政治化亦即家族政治的最高形式，但同时又是本来意义上血缘亲族关系进一步减弱的表现"①。宗法制所标志的中国文化特色反而是在其衰落之后才逐渐浮出水面的。

宗法制实质上是披着血缘伦理外衣或借助血缘关系纽带的私人性庇护政治。其在先秦中国的发展方向是内容与形式的剥离及各自独立。春秋战国之后，随着政治上君主集权和官僚制的发展，世卿世禄趋于消亡，以宗法组织起来的大宗族政治体也就纷纷瓦解了。杨宽指出，西周春秋时代的"政治组织体系，是和宗法组织体系紧密结合在一起的，大小宗族长的专制权力，在政治组织上就表现为君主和卿大夫的专制权力"②。这种专制权力丢弃宗法外衣之后，换装了一套更高级的组织方式，即君主集权的官僚制。而官僚制的早熟正是中国政治文明的特色之一。另外，血缘亲族伦理也逐渐脱离政治性支配关系的基础，具备了独立的、单纯的社会性，从而开始成为儒家讨论和宣扬的主题。亲族伦理的发达及其对社会秩序的意义，无疑是中国古代文明的又一项显著特征。这两个发展趋向，从不同的角度为扭转宗法制的政治私人性、重建政治公共性进行了尝试。

（二）丧服制与大众化伦理

前儒家的宗法制是以宗子为中心的秩序结构。宗法群体中的每个成员都要根据与宗子的关系确定自己的位置。儒家追溯的"周礼"或儒家的礼义设计最重要的一个标志是丧服体系。儒家的丧服制与前儒家的宗法制之间，存在一次明显的伦理大众化、公共化过程，并分别代表不同的社会形态。

在丧服制度下，整个宗族被划分为若干个互不统属的次级群体；每个次级群体都是一个独立的丧服单元；每个独立的丧服单元都包括斩衰、齐衰、大功、小功、缌麻五个服丧等级，因此又被称为"五服"。在这一组织内部，宗族成员之间的关系就是根据为死者所服丧服的等级来确定的，而丧服的等级则是根据服丧者与死者的血缘亲疏距离而制定的。并且，由于每个人的宗族关系都是多元的，不同的丧服单元之间必然会有重叠；由

---

① 朱凤瀚：《商周家族形态研究》，天津古籍出版社2004年版，第313页。
② 杨宽：《西周史》，上海人民出版社2016年版，第475页。

于每个人的宗族角色是变化的（比如由人子而为人父），整个宗族成员也会因人的生老病死而新陈代谢，因此每一个丧服单元都不是排他的，也不是永久的。唯一不变的是这一套客观的丧服伦理规则。在这种规则中，每个宗族成员的身份地位或角色义务都是相对的，是在与其他成员的具体的相互关系中得以确立的。就像坐标系中的某个点必须在与坐标轴或其他点的相对关系中才能确定自己的位置，这是一种去中心化的结构，不再以嫡长子继承制下的宗子为永恒不变的权威中心。因此，以丧服为标志的儒家伦理体系预示了新的平民社会中"礼下庶人"的发展方向。

中心化的宗法制与去中心化的丧服制，对应政治经济层面的两种阶层和社会经济层面的两种继承方式。前者与嫡长子继承制相配合，后者则以财产均分制为基础。财产均分制只有社会经济层面的意义，适用于官僚和平民；而嫡长子继承制则涉及政治层面的权位和名号的传递，这种政治资源不可分割，因此只适用于一些拥有特定政治地位的人，比如皇帝、诸侯、有爵位的贵族等。① 略言之，宗法是国君、卿大夫之礼，丧服主要是士（儒家努力普及于庶人）之礼。《左传·桓公二年》曰：

> 天子建国，诸侯立家，卿置侧室，大夫有贰宗，士有隶子弟；庶人、工、商，各有分亲，皆有等衰。

《襄公十四年》曰：

> 天子有公，诸侯有卿，卿置侧室，大夫有贰宗，士有朋友，庶人、工、商、皂、隶、牧、圉皆有亲昵，以相辅佐也。

在西周春秋时代，天子、诸侯、卿、大夫、士与庶人、工、商等似乎

---

① 实际上，中心化的宗法制度在儒家的礼义世界中并没有消失。由于其政治意义，上层的政治领域（主要是皇族或王室、贵族世家内部的权力秩序构建）仍然对其有不可替代的需求。比如，西汉后期的庙制改革就是按照宗法制的原理进行的。即废除郡国庙，由皇帝作为宗室大宗之宗子专享对于祖先的祭祀权，因此只保留京师的宗庙。宗室支庶只能作为宗子（皇帝）的助祭，或者征得宗子的批准才能进行祭祀。如韦玄成的奏文曰："父不祭于支庶之宅，君不祭于臣仆之家，王不祭于下土诸侯。"（《汉书·韦贤传》），它根据的就是《礼记·丧服小记》"庶子不祭祖者，明其宗也"的宗法制原理。

是两个世界，各处于不同的组织原则之中。"西周春秋时，家庭形态有二大类型。一为贵族若大夫之家，如《论语》所称'千室之邑，百乘之家'。此家即贵族大家庭，亦可称为集体大家庭，是按宗法组织起来的。另外有庶民、奴隶之小家，这是个体家庭，但无经济、政治上的独立性，尚被包容于宗法以及各类共同体外壳之中。"① 前者属于贵族阶级，皆有属隶之人，即有宗法；后者属于平民阶级，只有彼此之间的亲昵，而无宗法。宗子或宗族的家父长奴役着众多有血缘的子弟、宗族成员和非血缘或拟血缘的私属家庭与宾客。"只有领主贵族才有宗庙，即才行宗法，才能按宗法结成宗族组织。社会下层即广大'持手而食'的劳动者，则无族氏，不得立宗庙，因而不行宗法。他们只有'分亲'家庭，按五服制确定了彼此亲疏各有等衰的家庭族党关系，但并不按宗法结成庞大的宗族集团。"② 根本原因在于他们是被统治者，而宗法是统治阶级的组织工具。

但正是在宗法所不及的平民家庭礼俗中，孕育了新的伦理法则和对宗法的去中心化改造。儒家礼义相对于前儒家宗法制的去中心化，体现在对"仁"这一中心理念的揭示和强调上。丧服体系中的宗族伦理，或曰礼义，区别于宗子专制的最核心特征就是吸纳了表示自然亲情的"仁"。前儒家宗法制中的宗子支配实质上是一种小范围的"君主专制"，以宗子权威为本位。其与宗族成员的关系中，伦理义务有余，道德温情不足。只有在更紧密、更直接的亲缘关系中（如父母子女之间）才能产生自然的温情，孕育"仁"，使血亲伦理中冰冷的支配服从关系更加人情化；也只有以父子伦理（孝、慈）为起点和本位，将"仁"的精神层层扩充至宗族的更大范围，才能将以宗子为中心的宗族专制组织改造成去中心化的、公共性的伦理共同体。宗法的去中心化意味着社会伦理化、去政治化和宗子地位的淡化。丧服制度的普及，使每个人都可以是家族—社会伦理体系的基点，意味着亲族伦理不再是宗子或少数宗族领袖聚合政治权力、分配政治资源的工具或私法，而成为客观的、公共的社会秩序法则。

更明显地表现宗法去中心化和礼俗大众化的是"孝"的伦理内涵之变迁：从祖先崇拜的宗族祭祀礼仪义务，到父母子女之间出于"仁"或亲情

---

① 张金光：《秦制研究》，上海古籍出版社2004年版，第452页。
② 张金光：《秦制研究》，上海古籍出版社2004年版，第451页。

的伦理义务。西周之孝不同于儒家孔孟之孝。《尔雅·释诂下》曰:"享,孝也。"《国语·鲁语上》曰:"夫祀,昭孝也。各致齐敬于其皇祖,昭孝之至也。"《诗经·周颂·闵予小子》云:"於乎皇考,永世克孝。念兹皇祖,陟降庭止。维予小子,夙夜敬止。"《毛诗序》曰:"《闵予小子》,嗣王朝于庙也。""孝"的对象"皇考"是先公先王,而非在世之父母。"孝"的意义是期待先祖神灵的降临①,而非父母现世的安康。因此,这里的"孝"应该与宗庙祭祀有关。而宗庙祭祀是宗子的专利,其他宗族成员只能围绕宗子而助祭。《大雅·文王有声》云:"筑城伊淢,作丰伊匹。匪棘其欲,遹追来孝。""追孝"即祭奠,为金文中常见的固定用语。在西周金文和春秋文献中,孝、享经常连用,曰"是用享孝""用追享孝""用孝用享""以享以孝"等。"孝与祭祀是西周孝道观念中不可分割"的"孪生范畴"。因此,"西周的'孝子''宗子'可互训。《诗》中'孝子''孝孙'非君即宗也可为证。所以,孝在西周是重要的政治权力,为君德、宗德,非后代的子德。孝子在其时是表示政治地位的称谓,而非后代敬养父母优异者之美称"②。即只有掌握主祭权的宗子才能称为"孝子";而庶子、余子只是"介子",介者,助也,在此为助祭也。

"孝"经过春秋时代的观念演变,在孔子思想中已经是人伦之本,"不同于西周享孝先王的宗教","礼的道德代替了孝的享祀","享祀祖先的特权变为一般的道德规范"。在这一过程中起关键作用的是孔子。"把道德律从氏族贵族的专有形式拉下来,安置在一般人类的心理的要素里,并给以有体系的说明,这可以说是孔子在中国古代思想史上的大功绩。"③ 儒家就是由此而生的。从此,孝成为儒家伦理体系之本。尧、舜很早就被誉为圣人,但直到孟子之前,关于舜的传说从未见舜为孝子的故事。而在《孟子》中,舜的崇高孝行甚至超越其他功绩成为舜为圣人的核心理由。所谓

---

① "陟降庭止",《毛诗故训传》(以下简称《毛传》)解"庭,直也";郑玄《毛诗传笺》(以下简称《郑笺》)云:"陟降,上下也";孔颖达《毛诗正义》曰:"为上以直道事天""为下以直道治民"。上述汉唐旧说基本上是曲解。今人雒三桂、李山注释曰:"陟降专用于神。在此意为请先祖神灵下降。庭,林义光《通解》:'读为呈,呈犹见也。'止,语气词。"(雒三桂、李山:《诗经新注》,齐鲁书社2000年版,第618页。)

② 查昌国:《西周"孝"义试探》,《中国史研究》1993年第2期。

③ 侯外庐、赵纪彬、杜国庠:《中国思想通史》第一卷,人民出版社1957年版,第160—161、156页。

"尧舜之道，孝悌而已矣"（《孟子·告子下》）。当然，舜的孝不是春秋之前的祭祀之孝，而是儒家的仁爱德性之孝。

这种新型的孝是对宗法贵族支配秩序的反动，而与平民阶层的礼俗更有亲缘性。总之，儒家的意义就在于对平民阶级所代表的普遍性伦理事实给予了更多的关注和更自觉的提炼、概括与普及。完成这一任务需要专门的工作。

（三）礼义：礼俗的名目化

孔子认为，为政之先，"必也正名"（《论语·子路》）。正名是孔子论述普世性儒家伦理的中心工作。正名的前提是先有"名"，或者说正名的要求本身就是建立"名"的过程。比如，孝首先是一种人类学意义上的礼俗或文化现象。罗素（B. Russell）曾指出："孝道并不是中国人独有，它是某个文化阶段全世界共有的现象。奇怪的是，中国文化已到了极高的程度，而这个旧习惯依然保存。古代希腊人、罗马人也同中国一样注重孝道，但随着文明程度的增加，家族关系便逐渐淡漠，而中国却不是这样。"① 在中国，孝成为儒家伦理学的主题，进而成为中国文化的特色。中国相对于其他文明的独特之处，与其说是更多保留了家庭在社会、政治、经济的重要性，② 不如说更多保留甚至强化了某种类型的家庭伦理的重要性——儒家界定的家庭伦理。而做到这一点的方法是将习惯性的、无定准的伦理精神或礼俗加以概念化、名目化，使之更加便于言称，即名正则言顺；便于言称则便于按照统一的标准去执行，即言顺则事成，则礼乐兴、刑罚中；同时也便于省察、便于责难，从而使这种价值规范获得公共性、权威性。因此，孔子才说"君子于其言，无所苟而已矣"（《子路》）。

周飞舟发现，"在以'孝'为理想的社会里，'孝'的行为虽然只局

---

① ［英］罗素：《中国问题》，秦悦译，学林出版社1996年版，第30页。
② 家族的重要性在所有的传统社会中都是相似的，但家庭的组织形态却有不同。比如古代和中世纪的欧洲、古代的日本都流行长子继承制或一子继承制，从而形成相对稳定的家族规模和势力，这有点儿像中国西周春秋时期的宗法制家族；而中国自战国之后就普遍实行诸子均分继承制，就算有大家族也是由一个个小家庭通过伦理纽带组合而成的。这就很不同于欧洲和日本传统社会的家族形态。至于家族在政治、经济、社会上的重要性则必须分别而论，若是社会上层，则中国式家庭远不如欧洲、日本的贵族家族之权尊势重；若是社会下层，则欧洲、日本的平民或农奴家庭又不如中国平民家庭或家族之有社会影响和意义。而儒家的孝道更多的是以平民家庭为原型阐发其伦理主张的。

限于自己的家庭,却最容易被感通、最容易感动到他人……所以,'孝'虽然在西方理论的视野下是一种典型的'私德'或者狭隘的德性,但是在中国的关系社会里却以'感通''感动'的方式奇特地实现了它的普遍性和公共性,成为这种社会结构下所有德性的基础"①。德性之所以能够"感通"从而具有普遍性、公共性,前提在于它的客观价值化,而一种抽象价值的客观化则来自名目化。

因此,命"名"之义大矣。曹峰认为,"在古人看来,世间万物为何会存在秩序,首先不是因为有法,而是因为有名"。"古人认为名称反映事物的本质,可以视为对象不可分割的一个部分,所以中国古代对事物之名也看得很神圣。""为物命名,等于通过把握万物本性来定义万物、规范万物、给万物以秩序,这绝不是普通人可以胜任的行为。道家以外的文献,把直接为物命名视为一种神异的类似巫术的功能。"由此,曹峰提出了关于孔子"正名"说的新见解:"孔子'正名'的原意也许很简单,并不是要建立什么关于'名'的具体的规范系统,而只是在历史上孔子第一个意识到了或者说提出了语言对政治的重要性。也就是说,孔子作为一个政治家注意到、预见到了名之不确定性、暧昧性、随意性对政治会带来的影响。……因此孔子所要正的'名'可能是一种有利于君主统治的、相对统一的、稳定的语言使用准则。"② 但是,儒家的命名之学又有着特殊的性质。借用海德格尔(M. Heidegger)的话,儒家之"名"是一种指引性语言,而非工具性语言;③ 是价值规范性的,而非认知性的。比如,"荀子语言学更多强调的不是语言的认知意义而是语言的伦理的内容,其所谓的'正名说'不是像西方传统的正名学说那样为了建构一种'辞事相称'的理想的指称理论,而是为了把语言作为一种'制度的制度'之'元制度',以反对当时'邪说僻言'这一'私人语言'日益风靡,使语言功能服务于儒家的'克己复礼'这一社会协同的需要"④。戴卡琳(Carine Defoort)也

---

① 周飞舟:《行动伦理与"关系社会"——社会学中国化的路径》,《社会学研究》2018年第1期。
② 曹峰:《中国古代"名"的政治思想研究》,上海古籍出版社2017版年,第45、47、112页。
③ [德]海德格尔:《在通向语言的途中》,孙周兴译,商务印书馆1997年版,第158页。
④ 张再林:《西方传统的语义学与中国传统的语用学——中西语言哲学的歧异与会通》,《江苏社会科学》2004年第5期。

认为,"我们似乎可以在他们论证的思维中发现一种与西方非常不同的隐喻:'名'并不是既存实在的映照,反而是透过'名'的作用,一个政治意义上的世界才开始被划分出来"①。

孔子之后儒家正名之学的努力方向,就是围绕孔子所命之"名"继续为之限定明确的、公共的价值内涵,创造有关价值判断和社会秩序的统一性、固定性公共话语,反对以诡辩奇辞消解和混淆既定之"名"的言论。《荀子·正名》曰:

> 王者之制名,名定而实辨,道行而志通,则慎率民而一焉。故析辞擅作名,以乱正名,使民疑惑,人多辨讼,则谓之大奸。

这里对名家的批判,典型地反映了儒家站在前置性公共价值的立场对于价值观思辨、争论的态度。名家,如墨辩、惠施、公孙龙等,认为真正正确的价值判断须由辩论获致。《墨子·经上》曰:"辩,争彼也。辩胜,当也。"《经说下》曰:"辩也者,或谓之是,或谓之非,当者胜也。"《庄子·天下》也说惠施好"胜人为名"。但荀子却斥之为"僻言""邪说""奇辞"诡辩,认为对于社会公共价值进行私人性的自由判断,必将人人自是其是而非彼,导致价值观混乱,造成政治上的分裂和"内战"。

儒家伦理的名目化是对道德实践之现实经验的概括和提炼,而不是西方道德哲学所构建的普遍性伦理法则。儒家的任何一个道德名目都系于特定的社会角色之上,而不是建立在一个排除了任何特殊属性的抽象之人的基础上。儒家理解人和伦理的视角,类似于"人的本质并不是单个人所固有的抽象物,实际上,它是一切社会关系的总和"②。人的各种社会关系就是他的各种社会角色。因此,安乐哲(Roger T. Ames)称为"角色伦理学",它"总是指向独特、具体的关系,这个关系是人基于过去经验的类比性认识。它被'公认'是具有德行的"③。儒家要做的就是把在所有的具

---

① [比利时]戴卡琳:《名还是未名:这是问题》,崔晓姣、张尧程译,《文史哲》2020年第1期。
② 《马克思恩格斯全集》第3卷,人民出版社1960年版,第5页。
③ [美]安乐哲:《儒家角色伦理学:一套特色伦理学词汇》,[美]孟巍隆译,山东人民出版社2017年版,第175—176页。

体关系中，被人公认的德行概括出来，而不是去创设和论证新的德行主张。罗思文（H. Jr. Rosemont）和安乐哲这样描述儒家伦理与西方规范伦理学的差异："我们试图到儒家著作中去寻找什么普适性原则，等于以方作圆，是做不到的事情；因为儒家思想是特殊性导向的——不含糊的特殊性——与康德、边沁和穆勒追求不含糊的普适性的程度一样的。"① 名目化只是名目化，不等于理论体系化或形而上学化。

礼义名目化的表现，一是伦理规范本身的名目化，二是社会角色之名的伦理化。如君君、臣臣、父父、子子，第一个"君""臣""父""子"是社会身份角色之名，是描述性的；第二个则是伦理化了的社会身份角色之名，是规范性的，但仍然是具体导向的。建立在角色之上的伦理是相对的，因而具有一定的公共性。伦理秩序公共性反对的是伦理关系的私人性，即家父长制权威——父亲对其他家庭成员拥有绝对的权威，妻子、子女等处于依附和从属的地位，必须对夫权、父权单方面且无条件地服从，相当于户主的财产，实际上类似于主奴的关系。"传统的家长制观念认为，孩子和其他的家庭成员是绝对地服从于一家之主的。……'一家之长是按自己的意愿而不靠其他的法律来治家的'，这些观点相沿成习。户主就是一个国王的缩影，是必须尊敬和服从的统治者和保护者。"② 这种单向的伦理义务关系，广泛存在于东西方各个传统文明之中。而在儒家的角色伦理中，高度私属性的主奴关系被具有对偶性、公共性的五伦名教所取代，从而在伦理观念中排除了私人性的主、奴的合法身份，及其间的"无名"即无规范的专制。

陈寅恪在王国维自杀之后，对其所殉之道有一番解释。他说："吾中国文化之定义，具于白虎通三纲六纪之说，其意义为抽象理想最高之境，犹希腊柏拉图所谓 Idea 者。若以君臣之纲言之，君为李煜亦期之以刘秀；以朋友之纪言之，友为郦寄亦待之以鲍叔。其所殉之道，与所成之仁，均

---

① Henry Jr. Rosemont and Roger T. Ames, *Family Reverence (xiao) as the Source of Consummatory Conduct (ren)*. 转引自［美］安乐哲《儒家角色伦理学：一套特色伦理学词汇》，［美］孟巍隆译，山东人民出版社2017年版，第181页。
② ［美］戈登·S.伍德：《美国革命的激进主义》，傅国英译，商务印书馆2011年版，第53页。

为抽象理想之通性,而非具体之一人一事。"① 且不论王国维的信仰究竟是什么,陈氏对中国伦理的界说颇有可堪寻绎之端。按照《白虎通》三纲伦理的要求,如陈寅恪所言,即使君主昏庸如李煜,也应视如明君如刘秀而事之;即使朋友如郦寄卖友之不义,亦须视如鲍叔之贤而尽友道。于是有学者认为这代表了伦理的绝对性,与先秦儒家伦理的相对性、对偶性有明显龃龉,因而感到困惑。② 但这恐怕是一个误会,并且也代表了今人对《白虎通》三纲伦理的广泛误解。这一误会产生和消解的关键其实都在陈氏自己的表述中。暂时抛开伦理的绝对性或相对性不谈,陈氏对中国传统伦理之抽象理念性的鉴识可谓精准。这种抽象理念性即来自礼俗的名目化,儒家伦理的公共性也正在于此。

所谓的社会秩序公共性,是指每个人在社会关系网络中的思想和行为方式都遵循一定的客观共通的标准,人们对于同一社会秩序内的他人,无论认识与否,都能对其行为模式有相当程度的预期,而较少面临难以预测的个性意志之反应。就像在一个理性科层制中,由于存在客观公共的规章制度,职员对彼此的行为和反应有高度确定的预期。中国传统文化,尤其是儒家思想,主要是通过构建角色伦理来实现这种社会秩序的公共性。政治学者斯科特曾概括传统农业社会的特征为:"农民诞生于社会和文化之中。这个社会和文化给予他道德价值的源泉、一组具体的社会关系、一种对他人行为的期待模式以及这一文化中其他人过去如何实现自我目标的认识。"③ 这并非中国传统社会所独有。④ 但儒家通过制名、正名,将这种礼俗秩序的潜在公共性显化并提升至更高水平,同时突破小范围乡土地域而普及广土众民的国家共同体中,就是中国古典文明的特异之处了。

---

① 陈寅恪:《王观堂先生挽词并序》,载氏著、陈美延编《陈寅恪集·诗集》,生活·读书·新知三联书店 2001 年版,第 12 页。

② 秦鹏飞:《儒家思想中的"关系"逻辑——"伦"字界说及其内在理路》,《社会学研究》2020 年第 1 期。

③ James C. Scott, *The Moral Economy of the Peasant: Rebellion and Subsistence in Southeast Asia*, New Haven: Yale University Press, 1976, p. 166.

④ 相互性的君臣父子在其他传统社会的礼俗中也有表现。比如在西方,"即使是在更传统的家长制社会里,父子关系、主仆关系、统治与被统治的关系都一直被看作是相互的关系。地位低的显然对地位高的人应该尽义务,但是地位高的人同样有责任尊重他们下属的权利"。(参见[美]戈登·S. 伍德《美国革命的激进主义》,傅国英译,商务印书馆 2011 年版,第 160 页。)

伦理的名目化，必然使相对性、对偶性的伦理关系分解并固化为一个个孤立的角色伦理，如君臣伦理可以拆解为君敬、臣忠，父子伦理可以拆解为父慈、子孝。于是，从每一个单独的角色出发的伦理规范就具有了绝对性。即作为臣，只管去忠，尽自己的道德义务，而无论对方的君是否敬；同样，作为君，理论上也应该无条件地恪尽敬的角色要求，而无论对方的臣忠心与否。这样，相互的伦理关系和角色秩序得到保全的同时，角色伦理本身也更加客观化、绝对化，不以无常的、特殊的人际关系和社交情景而行废、变易或转移，从而更加凸显了其公共性。但这只是理论上的理想状态。已被拆解为各方绝对义务的对偶性伦理难免会发生失衡而倾向其中一方，在现实社会中，往往就是倾向权威较重的君、父、夫的一侧。结果就是《白虎通》的三纲伦理逐渐被曲解为君权、父权、夫权单方面的权威性支配，并如陈寅恪所说，成为后世"中国文化的定义"。

三纲伦理貌似恢复了家父长专断的单向度伦理，但实质不同。毋宁说，二者之间实现了一次黑格尔意义上的辩证逻辑过程，实现了人伦关系私人性、任意性向伦理法则客观性、公共性的飞跃。臣子所服从的不是君父的随机意志，而是固定的抽象道德义务，有其独立的人格尊严。这种伦理的公共性和人格的尊严，也同样要求君父一方，为纲为常，不行邪僻。因此，"君为李煜"，我尽臣道是一面，同时亦必以刘秀的标准期待之、要求之是另一面；"友为郦寄"，我尽友道是一面，同时亦必以鲍叔的标准期待之、要求之是另一面。并且，这种期待和要求不是出于"我"或当事人的私人愿望，"非具体之一人一事"，而是康德意义上的"绝对命令"，是公共规则。因此，如果说三纲伦理具有绝对性，那也只能是康德"绝对命令"式的道德义务的客观性、公共性。

只不过，儒家的"名"作为一个个的"绝对命令"，在其之上并不存在一个普遍性的终极原理。即便"一以贯之"，也需要"忠""恕"两个"名"。① 这是与康德哲学乃至整个西方理性主义道德哲学传统的根本区别。对后者而言，不存在两个并列的终极原理，也不允许两个相互冲突的"绝对命令"。但儒家的"名"却有可能出现忠孝不能两全的困境。这是因为，

---

① 子曰："参乎！吾道一以贯之。"曾子曰："唯。"子出，门人问曰："何谓也？"曾子曰："夫子之道，忠、恕而已矣。"（《论语·里仁》）

儒家的"名"更忠实于作为社会事实的礼俗,而礼俗并不是一个逻辑一贯的形而上学体系。因此,儒家的伦理名目化呈现出十分多元的情形。

大部分伦理名目在儒家之前就已草创或基本成形,如"忠""信""仁""义""孝""悌"等。但儒家有意识地去粗取精、建构体系、详加阐明和不遗余力地鼓吹强调,是这些德目得以在社会文化中凸显为公共价值法则的重要过程。前儒家的德行体系名目化状况俯拾即是,举凡"三行""三德""四德""五德""五教""六德""六行""七德""八政""九德""九行""九守""十一德""十二德"等皆有各种不同的名目版本。陈来对此有精要概括。① 这些固化的德目在其他文献中有广泛的应用。如"刚""柔","不刚不柔,敷政优优"(《诗经·商颂·长发》)、"柔亦不茹,刚亦不吐"(《大雅·烝民》);又如"温""恭","温恭朝夕,执事有格"(《商颂·那》)、"温温恭人,如集于木"(《小雅·小宛》)等。《左传》《国语》中大量人物和场合对各种德目的界定和使用,使得某些德目逐渐成为权威的公共话语,"在繁多的德目表中自然地会有一些德目渐渐变为共认的主德",其中"以下八项最多:仁、信、忠、孝、义、勇、让、智"②。春秋时人对德目的整理尚不严谨,有待通约。儒家继承了春秋时代整理和归纳德目的传统,继续推进、整合道德礼义的名目化。如"三达德"(智、仁、勇)、"五常"(仁、义、礼、智、信)、"五伦"(父子有亲、长幼有序、夫妇有别、君臣有义、朋友有信)、"十义"／"十伦"(父慈、子孝、夫和、妻顺、兄友、弟恭、朋信、友义、君敬、臣忠)等经典概括相继出现。

道德名目化的继续推进表现为杂多德目的归约与简化。于是,在儒家发扬所有的德目中,仁、义成为最耀眼、最具统摄力的代表。郑开发现,从《尚书》《左传》到《论语》,再到《孟子》,"德"的出现频率逐渐降低,"仁""义"则脱颖而出,出现频率均逐渐升高。③ 最终,"在孟子那

---

① 陈来:《古代宗教与伦理:儒家思想的根源》,生活·读书·新知三联书店2009年版,第334—335页。

② 陈来:《古代思想文化的世界:春秋时代的宗教、伦理与社会思想》,生活·读书·新知三联书店2009年版,第333、341页。

③ "德"在《尚书》《左传》中俯拾即是,而在《论语》中仅40见,在两倍于《论语》篇幅的《孟子》中更是只有37见。成对比的是,"仁"在《论语》中97见,在《孟子》中高达152见;"义"在《论语》中25见,在《孟子》中高达103见。

里,'仁义礼智'的说法已比较显豁明晰,也许是孟子最先从各种'德目'拣择出了'仁义礼智'并予以系统化、整齐化……以前纷然杂陈的'德目'逐渐收敛于'忠信孝悌',收敛于'仁智勇',收敛于'仁义礼智',最关键的还是收敛于'仁义'"①。

过去对于这些德目的研究多强调"德",而忽视了"目",其实后者才是中国伦理传统之特殊性的要害所在。② 各种具体"德目"的出现和定型是儒家伦理发展的重要标志。伦理观念名目化的结果是出现了形式上标准化、统一化的公共话语——虽然在内涵上仍然可能存在细微的分歧。作为公共话语,一个"孝"字相比于子女对父母笼统的、随性的、因人因地而异的道德情感或地方习俗,能够促使人们相互对照和交换意见,从而更容易地界定伦理内容,形成统一规范。因此,虽然不同文明中存在类似的等级分别、社会结构以及共通的道德情感,但中国古典文明的特性恰恰体现在这些独有的伦理名目或专门概念上。这些公共话语创造了一个比单纯质朴的伦理习俗更有确定性、客观性、公共性的价值体系,并成为社会规训和政治建设中人人共识、清晰简洁的"成文"宪章和追求目标。

总之,儒家的伦理观念通过名目化成为一种公共性的"制度"。对儒家来说,伦理制度化了的社会将提供一个框架,使人作为有意义的存在成为可能。同时,这也为伦理的社会化或道德教化提供了有利条件。钱穆说:"此等为同时人所共同尊信之人生律则,用中国传统语说之,则皆是一种礼教也。……而以之教忠焉、教孝焉、教信焉、教勇焉、教直焉、教人以视死如归,教人以不违其内心之所安焉。于是而有种种之德目。"③ 因此,由礼俗的名目化而生的礼教又称名教。

二 伦理的前置性与内在化

儒家内涵复杂,横向上从王官五经到诸子之学,纵向上从先秦两汉到

---

① 郑开:《德礼之间:前诸子时期的思想史》,生活·读书·新知三联书店2009年版,第347—348页。

② 贾谊曾试图概括出人间一切价值规范,并界定了慈、孝、忠、惠、友、悌、恭、敬、贞、信等多达五十五品德目,及其反面:嚚、孽、倍、困、虐、敖、嫉、嫚、伪、慢……参见贾谊《新书·道术》。

③ 钱穆:《中国学术思想史论丛》(卷一),安徽教育出版社2004年版,第195页。

唐宋明清，都存在着种种差异。先秦儒家内部的一个重要分歧是关于人性善恶的争论。孟子主性善，谓儒家德性为"良知""良能"；荀子持性恶，谓儒家德性必须"化性起伪"。但这一对立也并非绝对。就思想史整体面貌而言，有学者认为至少在汉唐时代"孟荀并尊"①。而在韩愈道统说以来，儒者多依孟子、批荀学，但实际上又不自觉地持续受到荀学的浸染，②近似于李泽厚所说的"举孟旗，行荀学"③，以至于谭嗣同过激地断称"二千年来之学，荀学也，皆乡愿也"④。对荀学的褒贬暂且不论，谭嗣同显然认为尊奉孟子的宋明理学究其本质仍与荀学无异。凡此皆令人猜想孟、荀之间并非绝然对立，而有可能在某种视角下是统一的。

就人性论分歧本身而言，孟子的"良知""良能"，所"知"所"能"者为"五伦""十义"的儒家伦理；荀子的"化性起伪"，所"起"所"伪"者亦为"五伦""十义"的儒家伦理。在伦理规范的具体内涵和道德理想的追求内容上，孟、荀别无二致。所不同者主要在于追求的路径，而路径的分歧又源于起点，也即人性论假设的差异。孟子性善说的修养路径是呈现人之内在属性的"尽心""知性""存心""养性"；荀子性恶说的修养路径则是求诸外铄的师法、教化和劝学、积习。但无论是孟子所欲彰显的人之内在心性，还是荀子所坚持的外在师法礼义，其内容同样是仁、义、礼、智、忠、信、孝、悌等儒家伦理主题。这就是孟、荀的"异论同题"。其中，同题是第一位的，异论是第二位的。不仅孟、荀，全部儒家最大的交集也是这些具体的伦理规范和道德实践。

（一）答案的预定与论证的角度

儒家伦理起于礼俗的名目化，具有理论和实践上的独特性质。这种特质在与西方道德哲学的对比中，表现得尤为突出。西方道德哲学起源于苏格拉底，苏格拉底的贡献在于率先使用了辩证法（dialectics）或辩论式探求（dialectic inquiry）的方法来确定什么是真正的"善"。这种将思辨理性

---

① 参见杨海文《司马迁对"孟荀齐号"语法的确立》，《邯郸学院学报》2012年第4期；《贾谊〈新书〉对孟荀的显性—匿名引用》，《中山大学学报》（社会科学版）2012年第5期等。

② 梁涛称为"荀学的隐形化"（参见梁涛《孟荀之间》，《中华读书报》2017年10月25日）。

③ 参见李泽厚《举孟旗 行荀学——为〈伦理学纲要〉一辩》，《探索与争鸣》2017年第4期。

④ 谭嗣同：《仁学》，载蔡尚思、方行编《谭嗣同全集》下册，第337页。

及其从经验世界抽象出的先验理念（idea）置于一切经验性传统、习俗之前和之上的研究方式，开辟了西方道德哲学的道路。不同的思想家理性思辨的过程不同，得出的道德真理也就不同。而最初的苏格拉底之所以如此的原因，可能与希腊世界特定的社会文化环境有关。即在城邦林立的希腊社会，存在多种多样、价值观各异的伦理习俗，缺少统一的规范和指导，因此只能通过思辨的方式破除各种伦理习俗的逻辑漏洞，超越经验层面的价值观混乱，使道德伦理的真正定义逐渐清晰。在达到道德真理之前，任何伦理习俗都不应予以承认，或者至少不置可否。

但对儒家而言，价值体系是统一的，"真理"是既定的，也就是上古圣王与三代之道。从尧舜禹汤到文武周公，从三代共主到百姓万邦，并不存在像希腊世界一样异质性伦理的混乱局面。这一先定的"道"，首先是由三代古礼经典化确定下来的礼仪形式，然后是由经验礼俗名目化确定下来的仁义德目。后者类似于黑格尔所说的"客观的伦理秩序"（objective ethical order）。根据黑格尔的概念区分，伦理是客观的精神，是生活世界的秩序，是对人类理性关系和关系理性的揭示；道德则是个体对伦理的"得"，是个体对伦理的反思，是个体对伦理的主观映象以及重新的建构。道德以伦理为指向与归宿，即伦理是一种客观事实，道德是一种主观思想。"智慧与德行，在于生活合乎自己民族的伦常礼俗。"① 儒家的特点是拥有共同的伦理主张，在此基础上，为了证明和践行、推广这一伦理主张，不同的思想家又有着各异的道德哲学。

麦金太尔（A. Macintyre）指出，当代西方世界的道德语言和道德实践处于一种严重的无序状态。社会上充满各种针锋相对的道德立场和价值判断。"当所有对客观的、非个人的标准的把握都丧失殆尽后"，"这些争论中所展开的诸对立论辩在概念上具有不可公度性"。于是就出现了现代形式的、在个人或相关群体之间的"诸神之战"——就像古代城邦或部落之间的"诸神之战"。为了重建伦理共识，麦金太尔主张回到古典美德，回到亚里士多德。"亚里士多德并不认为自己是在发明一种美德理论，而只是明确表述了一种隐含在有教养的雅典人的思想、言谈与行为中的美德观

---

① ［德］黑格尔：《精神现象学》上卷，贺麟、王玖兴译，商务印书馆1979年版，第235页。

点","是对过去的优良传统予以继承和总结的一种尝试"。① 亚里士多德伦理学一方面继承苏格拉底、柏拉图的理性主义道德哲学取向;另一方面,他也是古希腊三哲中最尊重经验礼俗的一位。麦金太尔希望回到的是亚里士多德伦理学的后一方面。这一方面恰恰与儒家的伦理学传统遥相呼应,而与现代西方主流的道德哲学与伦理生态正相反对。

儒家的道德理想是"成己成物",其前提就是承认存在一个来自经验事实的、名目化或概念化了的、既定的价值目标,它是公共的、公开的,等待着所有的人去实现。无论儒家诸子学有怎样的分歧,但都忠实于同一套伦理主题。这种儒家内部的"同题性"或因太过寻常,少有研究者严肃对待。然而正是此处构成儒家伦理学异于西方主流之规范伦理学的关键,②也蕴含深入理解儒家诸道德学说的要害。儒家的伦理主题不是出于某种哲学论证的推演结果,而可能恰恰相反,它是预设的前提,是先于讨论的答案。儒家各派伦理学都从这个统一的答案出发,去设问、论证,最后又必须回到这个预先给定、不容篡改的答案。因此,若要调和孟荀的对立③或其他儒家派别的分歧,需要穿过人性论、工夫论的多彩帷幕,直抵朴实无华的伦理主题之堂奥,以审视其内在的关联。借用现象学的格言,儒家道德思想的研究也需要"面向儒家伦理主题本身"。

儒家伦理主题的先在确定自有其历史的起源,但随着理性精神的发展,在逻辑上论证这些前置性伦理的合法性,越来越成为思想界的必要任务。从先秦到两汉,儒家各种哲学理论相互竞争,但殊途同归,都以共识性的伦理主题为旨归。李泽厚指出,汉代政治哲学或思想框架的不断变化,始终保持着理论服务于纲常的状态。④ 概言之,在此期间,儒家发展

---

① [美]阿拉斯戴尔·麦金太尔:《追寻美德:道德理论研究》,宋继杰译,译林出版社2011年版,第11、22、151、186页。

② 学界有将孟子或程朱的学说类比康德义务论伦理学的观点,其实似是而非。关键的区别在于:西方规范伦理学的使命"不是考虑提出怎样的道德要求,而是要考虑如何论证道德要求背后的道德理由"(李义天:《理由、原因、动机或意图——对道德心理学基本分析框架的梳理与建构》,《哲学研究》2015年12期),坚持由道德理由推出或批判道德要求,并对后者的具体内容往往不很费心。而儒家的根本关切就在于那套以忠孝为核心的确定的道德要求,不同的道德理由不可以挑战或越出那套具体的道德要求所画的范畴。

③ 梁涛曾尝试调和孟荀人性论,提出荀子是"性恶心善说"(参见梁涛《荀子人性论辨正——论荀子的性恶、心善说》,《哲学研究》2015年第5期),但在人性善恶的对立上仍未弥合。

④ 李泽厚:《中国古代思想史论》,生活·读书·新知三联书店2008年版,第177—184页。

出三种论证的角度。后世儒学的进展，也大体是在这三种论证模式框架下的深化拓新。

第一种是道德哲学的论证，孟子及"思孟学派"是这一思想路线上的主力。对儒家伦理进行道德哲学的论证，关键的概念是人性与天道。虽然"夫子之言性与天道，不可得而闻也"（《论语·公冶长》），但孔门后学却认为必须在此树立儒家伦理的形而上学依据。这里的"天"是道德义理之天，它不是神，甚至不是一种独立自足的存在物，而只是儒家伦理之义务性、崇高性的一种抽象修辞，或者是伦理义务本身。因此，对天只有信仰，没有崇拜，也没有与崇拜相关的任何礼仪戒律，甚至没有伦理之外的其他诉求，比如此生或来世的福报等。人对伦理义务的服从就是对天的尊崇，人对儒家伦理的体悟、践履就能分享天的崇高。人性与天道相通甚至径为一物，遵从天道就是发显人之本性。于是，性与天的观念可以极大地调动人的自觉性，提升人的尊严感。"天命之谓性，率性之谓道，修道之谓教"一句堪称《中庸》的开宗明义章，也是儒家道德哲学的提纲挈领。"天命"意味着不证自明的道德命令或义务，这种道德命令同时又是人性或人之为人的本质，人应当有自觉遵从人性或天命的尊严感，是为人之"道"。

孟子同样将道德伦理与"天"连接，所谓"知其性，则知天矣"（《孟子·尽心上》）。这种对儒家伦理进行形而上学论证的路径，与荀学或易学建基于社会或自然的经验事实以提出假设不同。孟子首先将经验性的口目耳鼻之性排除出"性"的概念，而直接先验地将"性"界定为善，即父子、兄弟、君臣、宾主等儒家伦理规范。然后再将"性"提升到"天"——绝对的义务性与无上的崇高性，从而使儒家伦理获得终极依据。

这种道德哲学主要通过思孟学派得到阐发，而由宋明理学发扬光大，并在表现形式上类似于康德的道德哲学。现代港台"新儒家"，如牟宗三等人尤其乐于将孟子一系的哲学与康德的道德哲学相比附，认为二者遥相呼应。对此赞成者多有，批评者亦众。其实，儒家与康德的道德哲学确有契合之处，但必须明确这一契合的范围。儒家之褪去宗教鬼神性的、作为道德义理的天，相当于康德道德哲学中非人格神的、作为绝对命令者的上帝；儒家的人性尊严与自觉，相当于康德道德哲学中的义务、尊严、自由等"实践理性"。但是离开这一范围，涉及儒家伦理的前置性及其与哲学论证的关系，二者就在根本上分道扬镳了。

第二种是社会哲学的论证，代表者是荀子。荀子重群，认为人实质上是一种社会存在，而社会集体又始终存在利益分配的需要——分配的对象或是物质财富等直接的利益，或是地位、荣誉及名望等间接的利益。因此，人"离居不相待则穷；群而无分则争。穷者，患也；争者，祸也。救患除祸则莫若明分使群矣"（《荀子·富国》）。而要使人类社会"群居和一"，就需要通过"明分使群"，"明分"则必须诉诸"礼"，基于"礼"而划定每个人在社会中的位置，即名分。然后，根据不同的名分来分配各种稀缺性社会资源，此即荀子所谓"维齐非齐"（《荀子·王制》）。也就是说，"礼"起源于调节人群诉求之分配与达致社会集体之有序和谐的需要。不过，有了产生"礼"的必要不等于有了"礼"的现实存在——还需要具备超凡智慧与崇高势位的"先王"发现"礼"的意义原理而制定之、颁布之。《荀子·礼论》曰：

> 礼起于何也？曰：人生而有欲，欲而不得，则不能无求。求而无度量分界，则不能不争；争则乱，乱则穷。先王恶其乱也，故制礼义以分之，以养人之欲，给人之求。使欲必不穷于物，物必不屈于欲。两者相持而长，是礼之所起也。故礼者养也。

不止荀子，对伦理进行社会性起源的论证似乎是战国秦汉时代流行的思想。《礼记·礼运》同样认为礼起源于圣人对人类集体生活的欲患分辨、利害考量：

> 故圣人耐（古"能"字）以天下为一家，以中国为一人者，非意之也，必知其情，辟于其义，明于其利，达于其患，然后能为之。……讲信修睦，谓之人利。争夺相杀，谓之人患。故圣人所以治人七情，修十义，讲信修睦，尚辞让，去争夺，舍礼何以治之？

战国秦汉之际集各家之义、代表相当范围内思想界集体观念的两大著作——《吕氏春秋》和《淮南子》，都对礼的起源表达了类似于荀子的观点，甚至是对荀子理论的直接继承或复述。这似乎可以说明，战国秦汉时代的儒家思想是以荀学为主流，而非以孟子为宗主。

> 凡人之性，爪牙不足以自守卫，肌肤不足以捍寒暑，筋骨不足以从利辟害，勇敢不足以却猛禁悍。然且犹裁万物，制禽兽，服狡虫，寒暑燥湿弗能害，不唯先有其备，而以群聚邪！群之可聚也，相与利之也。利之出于群也，君道立也。（《吕氏春秋·恃君览·恃君》）

> 古之立帝王者，非以奉养其欲也；圣人践位者，非以逸乐其身也。为天下强掩弱，众暴寡，诈欺愚，勇侵怯，怀知而不以相教，积财而不以相分，故立天子以齐一之。（《淮南子·修务训》）

> 法生于义，义生于众适，众适合于人心，此治之要也。（《主术训》）

"众适"就是众人的共同要求、共同利益。"义生于众适"即儒家伦理源自对人类集体利益的权衡与保障。

直到韩愈，仍然坚持这一主流学说，认为礼义本质上是社会的"相生相养之道"：

> 古之时，人之害多矣。有圣人者立，然后教之以相生相养之道。为之君，为之师。驱其虫蛇禽兽，而处之中土。寒然后为之衣，饥然后为之食。木处而颠，土处而病也，然后为之宫室。为之工以赡其器用，为之贾以通其有无，为之医药以济其夭死，为之葬埋祭祀以长其恩爱，为之礼以次其先后，为之乐以宣其湮郁，为之政以率其怠倦，为之刑以锄其强梗。（韩愈《原道》）

第三种是自然哲学的论证，以《易传》为典型。易学中的"天""地"或"乾""坤"等六十四卦及其中各爻都是阴阳之气调配混合的各种具体形态，规定人间的具体行为准则。这种以天道比附人道的逻辑类似西方斯多葛学派以宇宙法则证明既定之古典美德的思路。阴阳学的自然规律亦犹荀子的社会规律，皆为外在于道德行为主体的宏观结构和规律。立据于其上的儒家伦理也表现为一种外在于人性的行为规范。这种规范强调善恶斗争、善胜于恶，正如自然规律中的阴阳斗争、阳胜于阴，因此对应着道德修养过程中的外在灌输和强制，如同在荀子社会哲学式的道德论证中一样。

《易传·系辞》曰："天尊地卑，乾坤定矣。卑高以陈，贵贱位矣。"帛书《易传》曰："位天之道曰阴与阳，位地之道曰柔与刚，位人之道曰仁与义。"① 从整体上看，尊卑贵贱之伦理的依据在于天高地卑之象，天地尊卑各有其位，则人伦之理莫过于各守名位。所谓"天地设位，而《易》行乎其中矣"，实则儒家人伦法则行乎其中矣。具体到六十四卦中，几乎每一条文言、象辞、大象、小象无不是儒家伦理法则的说明。下面各举一例：

> 元者，善之长也；亨者，嘉之会也；利者，义之和也；贞者，事之干也。君子体仁，足以长人；嘉会，足以合礼；利物，足以和义；贞固，足以干事。君子行此四德者，故曰"乾：元、亨、利、贞。"（《易传·文言·乾》）
>
> 师，众也。贞，正也。能以众正，可以王矣。刚中而应，行险而顺，以此毒天下，而民从之，吉又何咎矣。（《彖辞·师》）
>
> 雷风，恒。君子以立不易方。（《大象·恒》）
>
> 妇人贞吉，从一而终也。夫子制义，从妇凶也。（《小象·恒》）

在思孟传统的儒家立场看来，羼入阴阳学说的儒家不是醇儒，因为以阴阳二元说人性②很难导出真正的性善论；从荀学传统的儒家立场看，阴阳学说支配的儒家则可以引为同道，因为在借助外部权威贯彻儒家伦理教化方面，二者可谓异曲同工。汉代儒家哲学很大程度上就是荀学与易学的联盟，并在伦理普及或移风易俗的任务上很有建树。某学者在关于汉代循吏与文化传播的文章中指出，"汉儒用阴阳五行的通俗观念取代

---

① 传世本《易传·说卦》作"立天之道曰阴与阳，立地之道曰柔与刚，立人之道曰仁与义"。应以帛书本为正。因为三才之道本是一道（自然哲学意义上的规律），只是位于不同的方面，而有不同的表现和特性而已。

② 如《白虎通义·性情》曰："性者，阳之施；情者，阴之化也。人禀阴阳气而生，故内怀五性六情。……情生于阴，欲以时念也；性生于阳，以就理也。阳气者仁，阴气者贪，故情有利欲，性有仁也。"

了先秦儒家的精微的哲学论证，但儒教的基本教义也许正因此才突破了大传统（指精英文化——引者注）的藩篱，成为一般人都可以接受的道理"。

问题是，面对同样的伦理主题，为何会生发出不同的修养路径乃至人性假设或道德哲学论证呢？至少部分原因应该归结于儒家道德表现本身的多层次性，即同一套"五伦""十义"的儒家伦理在道德表现时可能既存在内生于人之心性的倾向，又有着作为外来强制力量改造人心的特征。不同的属性可以在各自的条件下并存不悖。若是如此，则可以认为正是儒家道德属性的多样性为不同的思想者或同一个思想者在不同语境下提供了差异化阐释的空间——学者们可能会基于儒家道德表现的不同属性及其特定条件而立论，从而产生不同的修养路径与人性假设。于是，问题就落在了如何探析和证明这种可能存在的多重属性上。

（二）内化的阶段与道德的属性

伦理学与道德哲学常常是同义词或近义词，"道德"与"伦理"两个概念内涵相近相通，也常常混用。但是，现代学术界逐渐发觉了二者的不同。李泽厚分别批评了康德和黑格尔道德伦理观的缺陷，并对伦理和道德的区分做出了最有价值的研究。他说："伦理是外在的制度、风气、秩序、规范、准则，道德是遵循、履行这些制度、习俗、秩序、规范、准则的心理特征和行为。"[①] 简言之，伦理是关于某种价值导向的规范，是一种（非正式）制度或法则；道德是群体或个体认同、践行某种伦理的社会现象和心理现象。区分伦理与道德，对于理解儒家思想，包括解释孟、荀之间的异同来说，尤其必要。反过来，理解儒家思想对于准确区分伦理和道德也提供了绝佳的例证。

相对于伦理，道德作为一种心理现象，"并非神秘的感召、先验的理性或天赐的良知，而是经历史（就人类说）和教育（就个体说）所形成的文化心理积淀"[②]。因此，李泽厚主张以政治哲学研究伦理，以道德心理学研究道德。[③] 但如何具体展开对儒家道德的心理学分析，李泽厚并未给出

[①] 李泽厚：《伦理学纲要续篇》，生活·读书·新知三联书店2017年版，第74页。
[②] 李泽厚：《哲学纲要》，中华书局2015年版，第50页。
[③] 参见李泽厚《伦理学纲要续篇》，生活·读书·新知三联书店2017年版，第26页。

现成示范。对此，可以尝试从道德心理学的角度，① 通过对儒家道德心态不同层次的辨析，概括出儒家道德的多层次属性。如涂尔干（Durkheim）所说，"询问道德要素是什么，并不是要开列出一张能够把所有德性，甚至是最重要的德性都涵括在内的完整的清单。它所涉及的是对基本性情的考察，是对处于道德生活核心的心态的考察"②。

道德内化理论在道德心理学中相对宏观综合，对于分析儒家道德表现的多重属性具有较强的解释力。道德内化最初以社会学的概念出现。涂尔干提出"内化"（internalization）即个体道德的社会化，认为道德是一个命令的体系，而个人良心只不过是这些集体命令内化的结果，内化的基本过程是从"纪律"发展到"自主"的过程。③ 精神分析学说有时被认为是实证心理学中的一个特殊流派，弗洛伊德关于"本我""自我""超我"的三阶段划分已经暗含了道德内化的理论模型。他认为，"本我"是最原始的、无意识的心理结构，由本能和欲望构成；"自我"接受外部要求，通过理性驾驭"本我"；"超我"代表良心，执行道德稽查。道德认知发展理

---

① 道德心理学是从心理的角度探究道德现象的交叉学科，其在伦理学研究上的应用有两种场景：一是哲学心理学式的道德研究；二是实证心理学式的道德研究。前者主要体现在西方美德伦理学研究上，可以追溯到柏拉图、亚里士多德对于灵魂及其组成部分（心理结构）的分析。（参见徐向东、陈玮《境况与美德——亚里士多德道德心理学对境况主义挑战的回应》，《中国社会科学》2019年第3期；聂敏里：《意志的缺席——对古典希腊道德心理学的批评》，《哲学研究》2018年12期；等等。）他们批判现代道德哲学中的理性主义，而将美德理解为某种内在的心理状态或倾向并以此奠基伦理学。如安斯库姆认为："我们当前从事道德哲学是没有益处的……直到我们拥有了一种充分的哲学心理学，这是我们明显缺乏的。"（G. E. M. Anscombe, "Modern Moral Philosophy", *Philosophy*, Vol. 33, No. 124, 1958, pp. 1 – 19.）后者是对道德问题的实证科学式研究，基于问卷访谈、临床报告、实验数据等经验材料，构建了认知发展理论、社会学习理论等解释模型。二者在儒家道德学说上的使用，以哲学心理学式的研究更为常见，似乎较为适宜，但其实并非如此。西方的美德伦理学与儒家道德学说形似而神异，前者出于对现代道德哲学（以康德义务论和功利主义为代表）的批判，但矛头主要是针对其中的理性主义而非道德哲学本身。实际上，美德伦理学同样热衷于道德哲学理论体系的建构，只是把基础从理性转换为非理性的情感或幸福，因此"不过是伦理思想史上各种'主义'的现代本"。（赵永刚：《美德伦理学的兴起与挑战：以道德心理学为线索》，《哲学动态》2013年第2期。）儒家则由于道德主题先行、哲学论证后随，而从根本上不同于一切西方道德哲学，因此也不适用与后者密切相关的哲学心理学，反而不如求助于实证心理学。实证心理学中的道德内化理论提供了比较合适的分析角度。

② ［法］爱弥尔·涂尔干：《道德教育》，陈光金、沈杰、朱谐汉译，上海人民出版社2006年版，第19页。

③ 参见［法］爱弥尔·涂尔干《道德教育》，陈光金、沈杰、朱谐汉译，上海人民出版社2006年版。

论也包含道德内化的分析框架。皮亚杰（Piaget）认为个体的道德内化经历四个阶段；科尔伯格（Kohlberg）进一步细化为三种水平、六个阶段：（1）前习俗道德水平，包含惩罚与服从的定向阶段和工具性相对主义定向阶段；（2）习俗道德水平，包含人际关系的和谐协调或"好孩子"的定向阶段和"法律和秩序"的定向阶段；（3）后习俗道德水平，包含社会契约的定向阶段和普遍性伦理原则的定向阶段。①

无论是精神分析学说还是道德认知发展理论，心理学关于道德内化的研究大多以儿童或未成年人为对象，且对具体阶段的划分缺乏共识。但是，李泽厚认为，道德作为个体心理和行为是有普遍性的，因此，"科尔伯格的三层次便不仅在儿童而且在成人中也存在"②。基于"得鱼而忘筌""得意而忘言"的原则，本节借用道德内化的概念，并将其简要地理解为道德在人心中由外而内逐渐深化的过程，粗略划分为内化前、内化中、内化后三个阶段。由此，基于同一套伦理主题的不同道德属性体现了三种不同的心理状态及其递进关系，并对应道德内化的前、中、后三个阶段。简言之，儒家道德的第一重属性是"社会的强制规范"，这是道德内化的初始阶段，即心理从众的被迫感；第二重属性是"人性的自觉尊严"，反映了道德内化进行中的心理状态，即自足自信的崇高感；第三重属性是"心理的自然反应"，指示出道德内化完成后的精神境界，即自由顺畅的愉悦感。

1. 社会的强制规范

从道德内化的角度看，任何一种道德要求首先必然具有一种外在理由，即主观之外的规范性权威，而后才会借助某种心理联系转化为内在理由，即外在理由先在于后者。作为社会强制规范的道德包含两个层次：一是社会性，二是纪律性。社会性表现为行为者对社会群体的依恋及与社会规则的一致，"如果人要成为一种有道德的存在，他就必须献身于某种不同于他自己的东西，他必须感到与社会一致"。纪律性表现为来自行为者外部的强制性或规范性。"规范本质上是一种外在于人的存在。……它来

---

① 参见郭本禹《道德认知发展与道德教育——科尔伯格的理论与实践》，福建教育出版社2005年版。

② 李泽厚：《伦理学纲要续篇》，生活·读书·新知三联书店2017年版，第74页。

源于我们之外。……它独立于我们而存在。它支配我们,而不是表达我们。"① 因此,规范意味着权威和强制,也就是纪律精神。个人的道德首先是对这种外在规范的服从、学习,并使之成为自己的习惯,这也是道德的初步内化。李泽厚说:"由外到内、由伦理到道德,都有一个严厉强迫的过程和性质。……内在道德的良知良能,归根到底是来自外在群体的严格和严厉的伦理命令。"② 儒家道德的第一重属性就在于此。

虽然孔子强调德礼不同于政刑:"道之以政,齐之以刑,民免而无耻;道之以德,齐之以礼,有耻且格"(《论语·为政》),但政刑与德礼都是外在规范,是对民"道之""齐之"的工具。正因为儒家伦理首先是来自外部的强制性规范,所以对这种规范的学习、践习或熟习的程度不同才导致人与人之间道德水平的差异,即所谓"性相近也,习相远也"(《阳货》)。因此,《荀子》以"劝学"开篇,并始终强调道德学习、积习的重要性。个人对社会规范的学习与服从正是社会对个人的强制与灌输,包括他人或社会的风议、家庭与师长的教育等。为了培养道德,荀子特别重视环境和教育的作用,相信"习俗移志""化性起伪":

> 人之性恶,其善者伪也。
> 必将有师法之化,礼义之道,然后出于辞让,合于文理。(《荀子·性恶》)

对于荀子的性恶论和礼法论,应从道德内化这一角度理解。在内化之初,荀子看到儒家道德作为社会的强制规范这一属性,因而认为:对照这种外在的道德要求,本能和欲望的人性自然是"恶"的,即人性中并非内在地、本原地具有儒家德性。要获得这些德性,必须让儒家伦理经历一个道德内化的过程,即"师法之化"。

> 有师法,则隆积矣。(《儒效》)
> 尧禹者,非生而具者也,夫起于变故,成乎修为,待尽而后备者

---

① [法]爱弥尔·涂尔干:《道德教育》,陈光金、沈杰、朱谐汉译,上海人民出版社2006年版,第24—25、60页。
② 李泽厚:《伦理学纲要续篇》,生活·读书·新知三联书店2017年版,第342—343页。

也。人之生固小人，无师无法则唯利之见耳。(《荣辱》)

在道德内化或个体心性社会化的过程中，师法是关键。在促进人心接受社会性道德规范的诸多外部条件中，师法是一项积极的、能动的因素。客观的社会环境不以人的意志为转移，但师法的有无与优劣则取决于人的主动施为。因此，作师作法必然成为儒家化民成俗、普及培植道德的主要途径。"君子非得势以临之，则无由得开内焉。"(《荣辱》)君子得势，即获得推行政教的权力地位，是为"作师"；"以临之"，即凭借权力地位而教育人民，是为"作法"。通过师法，才可以"注错习俗""成积""化性"(《儒效》)。总之，师法、劝学、积习成为荀子儒学中的核心内容，主要是由于其对儒家道德作为社会的强制规范这一属性的洞察与强调。

儒家道德作为一种外在规范开始内化于人心之后的最初反映，就是荣辱感或耻感。社会性的规范意味着社会或他人会根据共同规范对行为者进行臧否评价，而这会在人心中形成以特定德目为标准的荣辱观念。因此，荣誉感和耻辱、羞耻感成为儒家道德呈现为外在性规范的一个重要心理标签。

> 子贡问曰："何如斯可谓之士矣？"子曰："行己有耻。使于四方，不辱君命，可谓士矣。"曰："敢问其次。"曰："宗族称孝焉，乡党称弟焉。"曰："敢问其次。"曰："言必信，行必果，硁硁然小人哉！抑亦可以为次矣。"(《论语·子路》)

"使于四方，不辱君命"为忠，"宗族称孝"为孝，"乡党称弟"为悌，"言不信，行必果"为信或诚，而忠、孝、悌、信等儒家德目的共同纲领和要求就是孔子开宗明义提到的"行己有耻"，即对君主、宗族、乡党、他人所构成的外在道德评价有所敬畏，或荣或辱皆由其所出，从而受其规范。

《荀子·荣辱》有"廉耻隅积"一语，始将"廉耻"并称。王先谦谓："隅，一隅，谓其分也；积，积习。"① "廉"，《说文解字》曰："仄

---

① 王先谦：《荀子集解》，中华书局1988年版，第64页。

也，从广兼声"；段玉裁《注》曰："厌也。此与广为对文，谓偪厌也。廉之言敛也。堂之边曰廉。……堂边有隅有棱，故曰廉。廉，隅也。又曰：廉，棱也。"郑玄《仪礼注》曰："侧边曰廉。"《九章算术》曰："边谓之廉，角谓之隅。"总之，廉、隅就是侧边、棱角或边角的意思，引申为方正、正直、有规矩，正是儒家道德之外在规范性的表征。所谓"隅积"，是指儒家道德的积习，"廉耻"则是基于儒家道德的耻感。

本尼迪克特（R. Benedict）曾将日本的传统道德观称为"耻感文化"，与"罪感文化"相对，以说明其对名誉的极端重视。实际上，这种名誉道德观或"耻感文化"正暗合了儒家道德的第一重属性——社会的强制规范。"真正的耻感文化依靠外部的强制力来做善行。……羞耻是对别人批评的反应。一个人感到羞耻，是因为他或者被公开讥笑、排斥，或者他自己感觉被讥笑，不管哪一种，羞耻感都是一种有效的强制力。但是羞耻感要求有外人在场，至少要感觉到有外人在场。"因此，在耻感文化中，"任何人都十分注意社会对自己行动的评价"。而"罪恶感则不是这样。有的民族，名誉的含义就是按照自己心目中的理想自我而生活，这里，即使恶行未被人发觉，自己也会有罪恶感"①。

先秦儒家道德既有耻感文化的特点，如强调"有耻"和"荣辱"，反映儒家道德作为社会强制规范的属性；又与罪感文化相通，如极其强调"良知"和"慎独"，这实际上正反映了其第二重的属性。

2. 人性的自觉尊严

《礼记·冠义》曰："凡人之所以为人者，礼义也。"一种社会伦理规范及其效力的持存，必然需要这种社会规范的意识形态化，将历史性的文化产物升华为超历史的、本质性的、绝对的精神。就儒家而言，就是将"五伦""十义"等社会伦理界定为绝对而至高的天地之理。荀子曰：

> 无君子，则天地不理，礼义无统，上无君师，下无父子，夫是之谓至乱。君臣、父子、兄弟、夫妇，始则终，终则始，与天地同理，与万世同久，夫是之谓大本。（《荀子·王制》）

---

① ［美］本尼迪克特：《菊与刀》，吕万和译，商务印书馆1990年版，第154—155页。

儒家伦理作为历史时空中的社会强制规范，意识形态化之后的状态就是自觉的人性和自明的天道或天理——此人性即是天理，"天命之谓性"（《中庸》）。这意味着外在性的社会强制规范实现了进一步的内在化，并在此基础上出现了超越性。儒家伦理实现意识形态化和超越性的途径并不是直接借助形而上学建构，而是首先基于心理学意义上的道德内化，前者在儒学内部反而是后者的派生，是对后者的写状。因此，某些拒斥形而上式宇宙哲学的儒者（如荀子），同样也能够得到儒家伦理作为绝对至高之理的体认。

荣格（C. Jung）曾对于外在的社会规范如何内化为"良心"、潜在的"良心"如何凝固成有意识的道德做出过心理学的说明。"无论在人类文化的哪一个层次，都存在着我们称之为'良心'的这种现象。对于一个爱斯基摩人来说，他会因为自己用铁制刀具而不是传统的燧石刀来剁取兽皮而惴惴不安，也会因为自己把朋友弃于险境未施以援手而良心不宁……会由于背离了某种根深蒂固的习俗或普遍接受的规则而生出困惑不安的心情。……道德法则的产生则是后来的事，它是道德行为的一种伴生物，是道德行为凝固成戒律的结果。"[①] 所谓"良心"，就是这种原始的道德反映，是不自觉的、不连贯的。而构成道德原则、道德人格的是自觉的、连贯统一的意识。这是道德从习俗到"良心"再到自觉意识的内化过程。

儒家同样存在类似的心理过程：外在的强制规范内化并扎根于心，形成潜在的"是非之心""羞恶之心""恭敬之心"，貌似"固有"，"非由外铄"，再通过自觉的意识将这些"良心"呈现出来，成为不证自明的价值原则，即孟子所谓"良知"，从而实现了儒家道德的内在性，证成了以儒家道德为内涵的人性。同时，进一步在道德内在化的基础上，以形而上学的方式赋予内在价值原则（儒家道德人性）以某种与世界本体、宇宙本源相通的终极地位，使之具有超越性。因此，对孟子等部分儒家而言，人性就是"良心"的自觉、人之为人的自尊，也即对儒家诸德目的衷心信奉和恪守。于是，儒家道德在其内化的这一阶段就表现出第二重属性——人性的自觉尊严。

[①] ［瑞士］荣格：《文明的变迁》，周朗、石小竹译，国际文化出公司2011年版，第343—344页。

儒家道德充实的人性自尊是通过自觉意识树立起来的，始终存在失坠的危险。正如荣格所说，"意识的统一性和连贯性都是较晚近才获得的属性，以致迄今为止人们心里还存在着害怕它们再度失落的恐惧"①。因此，维持人性的挺立昭彰就需要持续不懈地发扬道德自觉。孔子将对内在价值的自觉恪守称为"忠"。

　　子曰："赐也，女以予为多学而识之者与？"对曰："然。非与？"曰："非也，予一以贯之。"（《论语·卫灵公》）

　　子曰："参乎！吾道一以贯之。"曾子曰："唯。"子出，门人问曰："何谓也？"曾子曰："夫子之道，忠恕而已矣。"（《里仁》）

孔子的德性不是或不仅是源于对外在规范的"多学而识"，而是由内在之道"一以贯之"，此道即为"忠恕"。"尽己之谓忠，推己之谓恕"（朱熹《论语集注》），或者说中己之心之谓忠，如人之心之谓恕。中己之心，就是自觉地符合与服从内心的价值规范，即服从已经内化的儒家道德人格。

孟子则从积极和消极两方面介绍了关于自觉树立人性尊严的经验。积极的方面，孟子"善养浩然之气"。"浩然之气""是集义所生"（《孟子·公孙丑上》），不是宇宙论的气，而是心性论和修养论的气，实际上是一种精神状态，是人在其意识之中树立起某种价值准则之后所呈现出的精神自足、自信的状态，是儒家道德之"义"内化为心性或人格之后的表征。消极的方面则主张找回失掉的"良心"——此心"求之则得，舍之则失"。

　　仁，人心也；义，人路也。舍其路而弗由，放其心而不知求，哀哉！……学问之道无他，求其放心而已矣。（《孟子·告子上》）

"人路"即成人之路，是人之规定性。"求其放心"者，找回或重建曾或失却的儒家道德自觉，重新走上"人路"，找回人性的尊严与价值。

---

① ［瑞士］荣格：《文明的变迁》，周朗、石小竹译，国际文化出公司2011年版，第343—344页。

> 口之于味也，有同耆焉；耳之于声也，有同听焉；目之于色也，有同美焉，至于心，独无所同然乎？心之所同然者何也？谓理也，义也。
> 生，亦我所欲也，义，亦我所欲也；二者不可得兼，舍生而取义者也。生亦我所欲，所欲有甚于生者，故不为苟得也。（《孟子·告子上》）

内化中的儒家道德在同一个伦理共同体中造就了共通的思想意识——"心之所同然者"，从而在该人群中取得了人性的地位，并且是比本能更高级的人性，代表了人性的最高价值追求和尊严，值得"舍生而取义"。

因此，孟子的性善论和修养论应从儒家道德之人性的自觉尊严这一属性进行理解，正如荀子的性恶论和师法论应从儒家道德之社会的强制规范这一属性来理解一样。孟子所谓的性善，其实是指原本外在的儒家伦理内化于人心，形成了自觉的道德意识，令人感觉人性本就应该如此，舍此不足为人。

另外，儒家道德既已被看作一种崇高的人性价值，则往往与人之本能欲望不一致且高于本能欲望，因此多少带有对本能欲望的鄙夷，以及某种禁欲或寡欲的倾向。这其实是儒家道德内化到一定程度之后被认为是人之本性，而与同样为人性的诸种欲望发生对立之时所产生的心理现象。于是，这层属性上的儒家道德精神的特征就是自制、严肃、谨饬，甚至冷峻。

> 子曰："克己复礼，为仁。"（《论语·颜渊》）
> 孟子曰："养心莫善于寡欲。"（《孟子·尽心下》）

总之，当儒家道德尚未内化之时或内化之初，需要外部力量的强制规范和引导；而当其达到一定程度的内化之后，就像是在人心中占领了一块阵地，必须固守，并时刻要对人心中其他敌对领域保持进攻，这块阵地就是人性的自觉尊严。这重属性使儒家道德本身成为人性的尊严所系、人格的光荣所在，使其对应着形而上的道德哲学或"绝对主义伦理学"，因此被李泽厚称为"宗教性道德"——与"社会性道德"相对，且来源于后者。[①] 从"社会性道德"到"宗教性道德"是从经验变成了先验，在道德

---

① 参见李泽厚《两种道德论》，载氏著《哲学纲要》，中华书局2015年版。

心理上则是道德内化深入了某一阶段的反映。

3. 心理的自然反应

如果说儒家道德在第二层属性中须待道德主体用力的经营才可维持，那么当道德内化继续深入而趋于完成时，则呈现出一种轻松、自然的气象。孟子曰：

> 人之所不学而能者，其良能也；所不虑而知者，其良知也。孩提之童无不知爱其亲者，及其长也，无不知敬其兄也。(《孟子·尽心上》)

良知、良能，首先是"良"，即儒家伦理主题，其次是"知"与"能"，表示一种道德的自觉意识和意志力，但"知"与"能"并不等于事实上的行为。实际上，儒家道德行为的发出完全可以不必基于某种意识和意志的积累与支撑，而直接表现为一种心理上的不自觉流露或类似本能的自然反应。这是道德内化完成之后所呈现出的一种精神状态，是一种经验意义上的"第二天性"，与本能、欲望等经验性的"第一天性"相似，而不同于上一层属性中的超验"人性"，因为后者的呈现尚需借助有意识的体知和自觉的维护。

《易传·系辞上》曰：

> 仁者见之谓之仁，智者见之谓之智。百姓日用而不知，故君子之道鲜矣。

所谓"君子之道鲜"，是指儒家道德的流行不待于作为精英的君子谓仁谓智、朝乾夕惕、耳提面命，而可以化为百姓日用而不知，自然而行。因此，如果说儒家道德第二属性即人性的自觉尊严需要一定的抽象思维和体悟，需要自觉的人格建设，因此更多体现在具备某种文化程度的人或精英阶层身上，那么心理的自然反应则不需要任何思考和确认，可以表现于任何普通人的生活中。前者需要一种通过反思来把握的道德意识，后者只是无意识的心理与本能现象。"不偏不倚之谓中，平常之谓庸"（朱熹《中庸章句》），中庸即是"百姓日用而不知"的道德表现，这种"百姓日用而不知"的、平常的"庸言庸行"正体现了儒家道德的第三层属性，即心理自然的、不假思索的反应，就像本能一样。

子曰:"吾十有五而志于学,三十而立,四十而不惑,五十而知天命,六十而耳顺,七十而从心所欲,不逾矩。"(《论语·为政》)

这段孔子自述的学习经历,正反映了儒家道德由内化而养成的过程,包含着儒家道德三重属性由外而内的层层递进与显现。"十有五而志于学",所学者即儒家的道德主题、礼义伦常,"学"本身就意味着社会规范是由外而内地附着于人身的,是行为习惯从无到有的人为之塑造,体现的是儒家道德的第一属性。"三十而立,四十而不惑"则是"学"的成果,也是儒家道德就第一属性而言在孔子身上得到了充分的实现。"五十而知天命",关键在于"天命"。商周原始宗教即有"天命"的概念,但儒家的"天命"新义不同于前者,而应属"天命之谓性"(《中庸》)的范畴。至此始将伦理内化为先验的、本然的、绝对的人之本性(或天命),并在此先验理念的鼓动下发出道德行为,其所体现的正是儒家道德的第二属性。"七十而从心所欲,不逾矩",则又进入一个新的境界,不待天命、人性等先行之理念为前导,一切行止皆出自心理的自然流露,而无时无处不是道德的完全表现。既随心所欲,又合乎规矩,既像是本能,又实际上是道德现象,这就是儒家道德内化后的第三属性。

对此,孔子还以物譬喻:

色斯举矣,翔而后集。曰:"山梁雌雉,时哉时哉!"子路共之,三嗅而作。(《论语·乡党》)

雌雉在山中梁上三步一啄,五步一饮,翔集起落,自由自在,从容而优雅,正是孔子所赞赏的"随心所欲"。而"随心所欲"的前提或伴生条件是"不逾矩",也就是孔子所感叹的"时哉时哉"。[①] 所谓"时",清人刘

[①] 对于此条,传统经解多认为是孔子对自己政治处境或仕途的感叹。如何晏注:"言山梁雌雉得其时,而人不得其时,故叹之。"(何晏《论语集解》)所谓"时",即"仕止久速各有其时"(王艮《心斋王先生语录》)。本书认为这种观点对"时"的理解太过狭隘,未把握到经文强调一般性道德成就的本意。

逢禄说:"孔子言行皆准乎礼,而归之时中,礼以时为大也。"① "时"者,"时中"也,即随时随地合于礼义而毫无疑虑滞碍,也就是"从心所欲不逾矩",或伦理规范内化到可以随当下情境即时、自然且正确地发出道德行动的状态。李泽厚说:"这常常是在特定文化传统中,经由漫长的训练、培育、修养,才能出现的。"②

颜回是孔门德行境界最高者,因此最为孔子所器重。

> 子曰:"贤哉,回也!一箪食,一瓢饮,在陋巷,人不堪其忧,回也不改其乐。贤哉,回也!"(《论语·雍也》)

这也是宋儒常说的"孔颜乐处"(周敦颐语)。就儒家道德的修养而言,其第一属性是外在规范,第二属性是内在规范,都有或被动或主动的强制意味,在此状态下,很难有真正的、经验性的"乐"。只有在儒家道德内化完成、第三属性充分显露之时,道德表达完全脱去强制的因素,纯粹以心理之自然反应示人,如此才能有随心所欲的轻松、畅然和快乐。这就是"孔颜乐处"的本质,也是儒家道德修养的最高境界。因此,"乐"是孔子道德精神中突出的特色,也是孔子作为儒家宗师高于孟荀诸子的标志。孔子的"乐"是纯粹的道德之乐,是道德由内而外自然流动之乐,是不在乎环境与际遇的"无所倚之乐"③。

> 子曰:"仁者不忧。"(《论语·子罕》)
> 子曰:"饭疏食,饮水,曲肱而枕之,乐亦在其中矣。"(《述而》)

李泽厚解读"孔颜乐处"的真义是"情理交融","实现人的自然

---

① 刘逢禄:《论语述何·乡党篇》,转引自刘宝楠《论语正义》,中华书局1990年版,第436页。
② 李泽厚:《哲学纲要》,中华书局2015年版,第16页。
③ 王艮:"有有所倚而后乐者,乐以人者也,一失其所倚,则慊然若不足也。无所倚而自乐者,乐以天也,舒惨欣戚、荣悴得丧,无适而不可也。"(黄宗羲:《明儒学案》(修订本)下册,中华书局2008年版,第723页。)

化",即"中国传统所追求的道德最高境界或道德人格的完成形态,乃是'自由意志'的道德力量不再有对感性情欲的束缚性、控扼性、强制性、主宰性的突出显现,而是让它(道德力量、自由意志)沉浸在非欲非理、无我无他、身心俱忘的某种'天人合一',即理性与情欲合一的心理状态中,似乎'与天地万物合为一体',从而自自然然地或安贫乐道或见义勇为,或视死如归或从容就义……真是'万物皆自得,心灭境无侵',由道德而超道德"①。

孟子亦有道德之乐。孟子认为"仰不愧于天,俯不怍于人"是"君子三乐"之一,认为"反身而诚,乐莫大焉"(《尽心上》),主张"仁义忠信,乐善不倦"(《告子上》)。但无论不愧不怍还是反身而诚,都需要不断地"遇事逆觉反求",时刻保持清明的道德自觉,需要"不倦"的努力,成就道德,同时得到快乐。② 这与孔子之乐相比,少了点轻松自然,多了些努力整饬,其快乐当然也就不可同日而语。正如二程,伊川恭谨,明道洒脱,非独个性不同,亦因道德境界有别。至于荀子,则关于道德之乐的发明又更逊于孟子。孔、孟、荀在这一点上的差异,同样可归结为对道德内化层次与三重属性侧重的不同。

总之,儒家的中心任务是将一套儒者公认共尊的伦理在个人和群体中树立起来,即"立己立人"。不同儒者对于这一套伦理的论证和体认都是派生于该中心任务并为之服务的。其分歧则是由于儒家伦理在人心中树立的过程表现为道德内化的不同阶段,对不同阶段的阐发形成了不同的伦理学说,分别呈现出儒家道德不同层次的属性。荀子偏重于道德内化的初始阶段,因此通过性恶论着重强调了儒家道德作为社会强制规范的属性;孟子、《中庸》聚焦于道德内化的深入阶段,因此通过性善论、天命论表达出儒家道德作为人性自觉尊严的属性;孔子统观无偏,把握了道德内化完成后的精神状态,体验了道德作为心理自然反应的高级属性。其他先秦儒家的道德论述也基本上可以在这一道德内化的分析框架下得到辨明,甚至汉唐儒学以宇宙说伦常、程朱理学"性即理"、

---

① 李泽厚:《伦理学纲要续篇》,生活·读书·新知三联书店 2017 年版,第 136、140、143 页。

② 参见杨泽波《孟子之乐的层级性质及其意义》,《云南大学学报》(社会科学版)2003 年第 1 期。

陆王心学"心即理"在伦理思想上的发展与对立也可回溯到这一分析框架而得到部分解释。

儒家道德学说的特殊性正在于它是先于形而上学的,即它不同于西方伦理学传统的求知导向,不是从追问伦理起源或本质的哲学回答出发,建构先验合理的伦理法则或德目;而是实践导向,先有确定的、公共的伦理主题,再去探索推动这套伦理主题实践的途径方法。因此可以说,儒家伦理学本质上是关于公共伦理之教化和内化的"教育学"。其内部关于道德本质和起源的哲学或形而上学,是由道德的内化阶段性或不同层次属性所派生的,而这些内化阶段性和多重属性又是出于道德修养与教化实践中的体验和总结。因此,孔子不言性与天道,无损于宗师之尊;孟荀异论殊途,同归于德化之教。如李泽厚所说,孟、荀"统一于孔子'性相近也,习相远也''兴于诗,立于礼,成于乐'的'学'即教育上。……'学'——教育才是道德的根由"①。从这个角度看,不仅朱熹,②整个儒家传统都可以说是"举孟旗,行荀学"——这不是虚伪或自相矛盾,而是儒学内在的辩证统一。儒学的这一伦理—道德结构也决定了伦常教化首先是一项公共性的政治事务,而非私人性的个体修养之学。

三 儒家家国观的三个层次

讨论儒家的政治思想离不开伦理,而儒家的伦理主要是家族亲缘伦理。如果说政治学的主要思考对象是国家,那么儒家政治的关键议题就是家与国的关系。传统上常见的观点是,儒家的政治理念是伦理政治,是家国同构的。但任何对儒家某方面思想的简单处理,都应谨慎。尤其是考察先秦两汉儒家主流观念中的家国关系时,上述传统看法即使不是有所错讹,至少也不够全面。如果说儒家政治是伦理政治尚不为错,但将伦理政治直接等同于家国同构就需要审查辨析了。

(一) 化家为国的理念建构和历史现实

佐证儒家家国同构说最常引用的证据是《礼记·大学》"八条目",由个人层面的"正心""诚意""修身"到家族层面的"齐家",最终到政治

---

① 李泽厚:《伦理学纲要续篇》,生活·读书·新知三联书店2017年版,第80—81页。
② 李泽厚认为朱熹是"举孟旗,行荀学"。参见李泽厚《举孟旗 行荀学——为〈伦理学纲要〉一辩》,《探索与争鸣》2017年第4期。

上"治国""平天下"的次第扩充。由此,"家国天下"就被很多人当成内含儒家家国同构政治理念的标签式话语。比如许章润说,家国天下"就其内在结构来看,从生民个体身心起步,扩展个人的基本伦理组合单元家庭,渐进而至邻里、社群、地区与邦国,再扩大,胸怀天下,由近至远,一步一步,拢括一切……全凭各自用功和悟性……原本是极为个体性的"。"由此'家国天下'这一修辞,等于是用一种文明间架,建构起一种人类意象与普世境界中的公共空间,起自生民个体,由小至大,而无远弗届,天下无外,恰为'家国天下'。"① 照此说法,家国天下的完整表述应该是"身心家国天下"。因此黄玉顺说:"中国传统的话语模式,'家国天下'其实并非完整的表述;完整的表达应当是'身—家—国—天下'。换言之,中国传统的伦理政治话语模式并非'以家为本',而是'以身为本'。"② 如此理解下的儒家政治,实际上是"化家为国"的过程。其中,家族是本,国家是末;国家政治是家族伦理自然扩展的结果或表现。甚至在根本上,家族伦理的本又在于个人,是个人道德修养的结果或表现。

这种儒家政治观,固然直接地来自对某些早期儒家著述的解读。但其深层的思想背景,一方面受到费孝通"差序格局"说的影响;另一方面则表现为默认思孟一派代表了先秦两汉儒家的主流,或接受了宋明理学至"现代新儒家"传统下的儒家思想史叙事为早期儒学的真实写照。最后,还因为感到了与当代主流话语体系——西方自由主义在某种维度上的相通而受到鼓舞。

"差序格局"是费孝通提出的社会学概念,以描述中国传统社会的伦理结构:"我们的格局……是好像把一块石头丢在水面上所发生的一圈圈推出去的波纹。每个人都是他社会影响所推出去的圈子的中心。被圈子的波纹所推及的就发生联系。……可以一直推出去包括无穷的人。"同时,费孝通又认为这一"差序的推浪形式"也可以解释《大学》中身—家—国

---

① 许章润:《论"家国天下"——对于这一伟大古典汉语修辞义理内涵的文化政治学阐发》,载许章润、翟志勇主编《历史法学》第十卷《家国天下》,法律出版社2015年版,第71、72页。

② 黄玉顺:《"以身为本"与"大同主义"——"家国天下"话语反思与"天下主义"观念批判》,载许章润、翟志勇主编《历史法学》第十卷《家国天下》,法律出版社2015年版,第151页。

——天下的关系理论。① 于是，儒家的某种家国天下观获得了具有现代社会科学意味的概念解释。有学者就指出："从既有的本土概念与理论框架看，费孝通在《乡土中国》中所提的'差序格局'这一经典概念，似乎应当能够成为探讨'家''国'关联的理论基础。"② 当然，这种家—国关系的构想更多的是儒家理念性的，而非历史性的。

《大学》关于化家为国的政治理念，在早期儒家只有《中庸》《孟子》等少数同道。如《孟子·离娄上》曰："人有恒言，皆曰'天下国家'。天下之本在国，国之本在家，家之本在身。"直到宋明理学兴起才将之发扬光大。比如，阳明后学王艮曰："身也者，天地万物之本也，天地万物，末也。"则身是本，天下国家是末；"吾身是个'矩'，天下国家是个'方'。"（《答问补遗》）黄玉顺评论道："'吾身是矩'意味着个体自我乃是家、国、天下的尺度，这显然是一种典型的个体主义表达。""在'家国天下'话语模式中，'家—国'并不具有恒久的意义。"③ 既然吾身是本，家国是末，"君子务本，本立而道生"，则从宋明新儒学到"现代新儒家"乃至现代儒学研究的主流谈论政治理念时就以心性为主要的思考对象了。不独古代政道，就是被认为"新外王"的西式自由民主政体的建立，也必须并可以从"本"即良知处生发出来——虽然牟宗三认为需要经过一番良知"自我坎陷"为知性的过程。④ 总之，儒家化家为国说的关键是对个体之道德发动力量与政治主体性的强调。

牟宗三还说："公性是政治之本质。……由孝子进于忠臣，乃其德之大飞跃。由私转公，乃人格之开扩，生命之客观化。孝子，亲亲也，忠臣，尊尊也。公而忘私，国而忘家，人所尚也。何者？为其超越一己之小限而献身于大公也。"⑤ 儒家伦理式的以己身为本、化家为国、移孝作忠，

---

① 费孝通：《乡土中国》，北京大学出版社2012年版，第41—42、46—47页。
② 沈毅：《"家""国"关联的历史社会学分析——兼论"差序格局"的宏观建构》，《社会学研究》2008年第6期。
③ 黄玉顺：《"以身为本"与"大同主义"——"家国天下"话语反思与"天下主义"观念批判》，载许章润、翟志勇主编《历史法学》第十卷《家国天下》，法律出版社2015年版，第152页。
④ 参见牟宗三《现象与物自身》，吉林出版集团有限责任公司2010年版，第106页。
⑤ 牟宗三：《历史哲学》，广西师范大学出版社2007年版，第31页。

本质上是以私求公、化私为公。① 这在逻辑结构上类似于西方自由主义民主政治从私利竞争中推求公共价值。只不过，前者的推动力是道德修养，后者的推动力是利益诉求。二者同样潜藏着去政治化的倾向，即既然个体（或家族）是本，国家是末，而前者对于伦理或利益很大程度上可以在自身范围内或与其他主体的互动中得到满足，那么国家政治存在的必要性就将始终处在质疑之中。这种内在逻辑上的亲缘性，也是现代的儒家学者，尤其是接受思孟一派或宋明理学传统的儒家学者，在讨论政治议题时更容易、更乐于接纳西方自由主义的深层背景。

但是，儒家的化家为国理念存在内在无法克服的悖论。按照"差序格局"的逻辑，不同的主体以各自身家为圆心扩充出去必然产生无数的圆环，岂能重叠为同一个圆？《大学》的"齐家"与"治国平天下"，如果只适用于君主一人一家，自然是妥帖的；但若要超出君主之家而对全部士民具有普遍指导意义的话，则家自然是不同的家，而由此推廓出的国和天下却仍然只能是同一个国和天下。因此，以多元个体为圆心的"差序格局"式的家国天下模型在政治领域难以自圆其说。这就意味着，要么"差序格局"在政治体的构成逻辑上只适用于君主一人；要么，对于绝大多数人而言，化家为国或"差序格局"不是政治体系的构成逻辑，而最多只可能是政治主体的参与逻辑。

因此，儒家的化家为国说只是一种政治理念，而非历史描述。从历史现实的角度看，化家为国很大程度上也确实是显著的政治图景，但内涵与儒家理念有差异。历史上化家为国的典型形态是西周春秋时期的宗法封建制国家。宗法既是宗族的法则，也是国家的组织纽带。西周国家就是通过分封宗族子弟并通过宗法维持尊卑主从秩序而建立起来的。周天子之家与姬周之国，诸侯之家与诸侯之国是基本重合的，卿大夫之家本身就是一个"准政治体"或"准国家"。这时，可以说是家国同构、家国一体的。这一政治现实正是儒家开发出新式的、伦理主义的家国同构说的历史背景和参

---

① 比如周飞舟认为，"中国近代以来对中国社会'私'字当头的认识，就是在与西方社会结构原则的对比下得出的。但如果只就中国传统文明本身的原则来看，差序格局恰恰是一个以'公'为基本原则的结构"。（周飞舟：《行动伦理与"关系社会"——社会学中国化的路径》，《社会学研究》2018 年第 1 期。）其所谓的差序格局的"公"就是指推己及人而达成的普遍性。但准确地说，这只能是一种潜在的公共性。

考模型。只不过，儒家为这种家国同一的结构注入了新的生成逻辑和内在精神。其伦理主义的化家为国是面向所有士民的，而非君主王侯之专利；因此，其过程是伦理实践范围的延伸，而非权力支配领域的扩张。这种家国政治体构想的内在原理不再是家父长自上而下的支配，而是各个成员之间建立在身份等级基础上的相互的伦理义务。为此，儒家化家为国的理念把原点设为个人的伦理自觉和道德修养。

但是，战国之后的帝制国家就很难用化家为国或家国同构的模型充分解释了。换言之，秦汉之后的王朝政权是化家为国的不完全形态。一方面，从君主政治或帝制自身的角度看，皇帝"家天下"[1]以及嫡长子继承制等是对周礼宗法制下家国同构模型的继承和发展。"皇权的集权化使得天子真正实现了'己''家''国''天下'四者的权力统一。"[2]从最早的三家分晋、田氏代齐开始，历代王朝国家的成立莫不如此。隋末，李世民劝其父起兵，李渊曰："我日夜思量，汝言大有理，破家灭身亦由汝，化家为国亦由汝。"（《册府元龟·帝王部·创业》）五代，后梁朱友宁妻泣谓朱温曰："陛下化家为国，诸子人人皆得封，而妾夫独以战死，奈何仇人犹在朝廷？"（《新五代史·杂传》）视国为家之扩大，是君主政治的固有逻辑。另一方面，随着官僚政治的发展壮大和政治公共性观念的持续影响，国家政治在很多方面已经具有了独立自主的性质，明显不是能够从家生长出来的。化家为国只是事情的一个侧面，家国同构更不能反映全部的政治事实。从这一点看，即使是西周春秋的宗法封建制国家，也并非完全的家国同构。

尾形勇概括了中国历史学关于"家族国家观"的三种立场："家族主义"的、"父家长制"的、"游离论"的。"家族主义"的观点从儒家的家族伦理来理解整个社会政治秩序，把父慈、子孝等家内伦理同时当作国家秩序的原则。这是儒家的化家为国理念。"父家长制"的观点认为国家秩序建立在君主父家长式的支配权之上，全体臣民都被视作近似于君主的家内奴隶。这是历史上化家为国的部分事实。"游离论"的观点则认为父家长制原则分别作用于国家秩序与社会秩序之中，但二者并不贯通，而是各

---

[1] 参考本书第一章第二节"二、家国间的公与私"。
[2] 沈毅：《"家""国"关联的历史社会学分析——兼论"差序格局"的宏观建构》，《社会学研究》2008年第6期。

自独立建立和发展起来的。① 即家与国之间并非以家庭伦理和父家长支配为连接纽带。这是历史上家国关系的另一半事实。因此，尾形勇指出，家族主义或父家长制的"家族国家观"的缺陷和谬误在于："其立论的背景，是以把政治和道德、君臣和父子，或者忠和孝看作各自等同的，或同性质的，乃至处于未分化的状态的认识为必要前提的。这些前提中，还能够加上'公'='私'一项。因为按照'家族国家观'的说法，如果家族内秩序＝国家秩序，乃至家族制度＝政治制度的话，理论上的必然归宿，即能够构成这样的图式：私的秩序＝公的秩序。"② 然而，私＝公，这在逻辑上是不成立的，除非认为中国古代国家完全不具有公权力的属性。这又是在史实上不成立的。因此，家国同构说即使有不少历史证据，也不能独立地解释中国古代国家的历史现实。

当然，主张化家为国的儒家政治观并非政治科学意义上的事实判断，而是政治哲学式的价值判断、应然判断，认为理想的政治应该照此原则来组织。集中反映此一政治理念的还有《孝经》。《孝经》以孝为最高价值，并"移孝作忠"，即"将这两个并列的伦理规范变成逻辑上递进的关系，视孝与忠为一体，由孝推导出忠"③。如《开宗明义章》曰："夫孝，始于事亲，中于事君，终于立身。"《广扬名章》曰："君子之事亲孝，故忠可移于君。"《士章》曰："以孝事君则忠。"这正是儒家在伦理的维度上化家为国思想的一种具体方案。然而，不论对政治现实的解释力如何，单纯作为政治理念，以西周春秋的政治形态为原型而注入新的伦理原则，从而被表述为差序格局的儒家化家为国说，是否就反映了早期儒家政治思想的主流意见呢？或者说，面对战国之后的国家形态，面对国与家不再完全贯通，而是出现明显游离的新的政治现实，儒家在家国关系上是否有新的思考或提出了不同于化家为国的其他政治理念呢？

（二）家国之间的主客关系与立国为家

关键的问题是：儒家的政治理念是由个人修养和家族伦理派生出来的外围部分，还是独立的思想存在？"尊尊"或政治权威是在怎样的基础上建立起来的？是作为家族伦理的自然延伸而成立的吗？君主之尊、忠君之

---

① ［日］尾形勇：《中国古代的"家"与国家》，张鹤泉译，中华书局2010年版，第18页。
② ［日］尾形勇：《中国古代的"家"与国家》，张鹤泉译，中华书局2010年版，第14页。
③ 刘九勇：《论〈孝经〉中的政治内涵》，《孔子研究》2014年第4期。

义是作为家父长权威和孝子之义的拟制或类比吗？

化家为国的政治学是建立在修身齐家之上的。但身—家—国—天下的修养次序，对于儒者而言是进退自如的，或者如费孝通所说是"能放能收、能伸能缩"的，① "穷则独善其身，达则兼善天下"（《孟子·尽心上》）。有机会施展德性于国家天下，自然可以追慕尧舜之圣；尽心养性于一己身家，也足堪侔拟于孔颜之贤。考虑到天下之圣王非寻常人所能够企及，对于绝大多数人来说，修身齐家就是德业的最高追求。因此，"人皆可以为尧舜"（《告子下》）。这条思想路线在宋明理学，尤其是阳明心学处得到了极大的发扬。而政治伦理却在绝大多数人那里失去了关心的必要和可能。这并不符合早期儒家主流对政治的高昂热情。

吴飞认为丧服制度是差序格局"同心圆"结构最典型的反映，但同时，差序格局只能解释儒家伦理的"亲亲"原则，却不能涵盖"尊尊"，更会"使一切关于家国天下的道德观念都失去文化合法性"。② 侯旭东也指出："差序格局是古代中国人行为模式之一，但非唯一的模式。如前所述，古代中国是家与国的矛盾统一，熟人世界与陌生世界的矛盾统一，后者体现为广土众民的帝国、官僚制与礼仪型君臣关系，其中奉行的原则是形式化的，对事不对人，具体体现为律令、制度与故事，用儒家的言语是'公'，正与差序格局相对。"③ 也就是说，儒家的政治理念相对于家族伦理是有其独立性的。《礼记·丧服四制》曰："门内之治恩掩义，门外之治义断恩"，反映的就是政治伦理与家庭伦理的对立并存，前者并不是后者自然推导出的产物。

如果认为己身和家族与国家和天下是本末关系，那么政治性的"尊尊"就将派生于家族内的"亲亲"，而不具有独立性。但实际上，儒家将"尊尊"并列于"亲亲"，意味着国家政治的运作既是建立在独立的基础上，同时以孝友为政，以亲亲为本，又意味着国家政治不能脱离于家族伦

---

① 费孝通：《乡土中国》，北京大学出版社2012年版，第46页。
② 参见吴飞《从丧服制度看"差序格局"——对一个经典概念的再反思》，《开放时代》2011年第1期。阎云翔认为费孝通所讲的差序格局并不只是一个平面的同心圆，还包括尊卑上下有序的等级结构，这是大多数人所忽略的。（参见阎云翔《差序格局与中国文化的等级观》，《社会学研究》2006年第4期。）但吴飞认为费孝通并没有这个意思。
③ 侯旭东：《宠：信—任型君臣关系与西汉历史的展开》，北京师范大学出版社2018年版，第242页。

理的价值约定。这其实是一种特殊的"主客关系"①。主客关系与本末关系不同。

本—末的概念是中国思想史，尤其是政治社会思想史中常见的分析工具。比如以农为本、以工商为末；《韩非子·扬权》曰"君为国本，臣为枝叶"，枝叶就是末；《孟子·尽心下》曰"民为贵，社稷次之，君为轻"，民贵就是民本，君轻就是君为末；《大学》曰"自天子以至于庶人，壹是皆以修身为本"，以利禄名爵等为末。无论本末分别为何物，可以肯定的是本重而末轻，应该重本而轻末，甚至固本而弃末。化家为国的政治理念以家为本、以国为末，不仅仅是上述一般意义上的本末关系，而更接近于在魏晋玄学和宋明理学中形而上学化了的本—末关系。这对哲学范畴表示的是一体的事物中何者为规定性的根源（即本体）、何者为派生性的表现（即现象）。比如理学中以理为本，以二气、五行为末：

> 自其末以缘本，则五行之异，本二气之实，二气之实，又本一理之极。
>
> 自其本而之末，则一理之实而万物分之以为体。（朱熹《通书解》）

这种思维模式或许契合西方自由主义政治哲学以个体为本、以国家为末的理论，但显然早期儒家的政治思想并非如此。

这里说的主—客也不是西方哲学范畴中认识论意义上的主体与客体，而是社会关系中的主人与客人，借以指代两个主体之间对偶性的角色关系，其中为主者长居不移以待客，为客者不知何所来、不知何所去，与主相交，为主所爱则淹留，为主所憎则骤去。这是中国古代文化中常见的譬喻修辞。比如，《老子·第六十九章》："用兵有言：'吾不敢为主而为客，不敢进寸而退尺。'"汉无名氏《青青陵上柏》："人生天地间，忽如远行客。"白居易《杏为梁——刺居处僭也》："逆旅重居逆旅中，心是主人身是客。"司马光《又代孙检讨作二首其一》："人为天地客，处世若浮休。"明人谈修《呵冻漫笔》："谚云：'田是主人，人是客。'自天地开辟以来，此田此地卖者买者不知曾经几千百人，而后传至于我，我今得之，子孙纵

---

① 这里不是西方哲学范畴中认识论意义上的"主客关系"。

贤而能守，能必知世世相承千百年而不失乎？"①

主—客与本—末虽然都表示价值排序的先后，但区别在于："末"相对于"本"是派生的，而非独立产生的；"客"相对于"主"却具有独立性，并非由"主"所派生。"客"是应"主"的需求而服务于主的，"末"则是因"本"的性质而内生于本的。"末"的组织与行为逻辑则由"本"的自身性质所决定，是后者在更大范围内的呈现。"客"的组织与行为逻辑由"主"的需求所决定，致力于为后者创造条件、提供服务。

黄宗羲《明夷待访录·原君》曰"古者以天下为主，君为客；凡君之所毕世而经营，为天下也"，就十分类似于早期儒家政治哲学中家国之间的主客关系。徐复观说："儒家……以'天下'在政治中为一主体性之存在，天子或人君对此主体性而言，乃系一从属性的客体。"② "君"对应"国"，而"天下"的实体则是无数的"家"。借用黄梨洲的话，可以说儒家的政治理念是"以家为主，国为客，凡国之所经营，为天下之万家也"。国家政治之立，不是任何私家扩充而出，乃是由"天"所设，以服务于有关家的社会理想。这种观念在早期儒家中是分明可见的。其包含两层含义：一是"主"恒久不变，"客"则变换如走马灯。正如天下恒为天下，而"天命靡常"。或者作为政治价值规范的"天命不易"，"天不变，道亦不变"，是为"主"；而作为政权归属的天命则会不断地易姓革命，是为"客"。二是"客"的存亡寿夭取决于"主"的爱憎，因此"客"的职责就是服务于"主"。正如"天之生民，非为君也；天之立君，以为民也"（《荀子·大略》），则民是"主"，君是"客"。

这种政治上的主客观甚至不是儒家的专利，而是先秦诸子的通义。儒家的特殊之处表现在，将政治上的"主"或者说恒定不易的政治价值具体规定为一种以家为载体的社会理想。所谓的"家国同构"，不如说是"家国同旨"。即二者不是在组织结构或私人伦理关系上，而是在更加公共性的价值目标上有共同的宗旨。儒家不是追求整个国家像一个大型的家庭一样组织起来——儒家从未描绘过这样的社会结构；而是希望整个国家是由众多（践行儒家伦理的）理想家庭所组成，无论在民间还是在政治高层。

---

① 张鲁原编著：《中华古谚语大辞典》，上海大学出版社2011年版，第282页。
② 徐复观：《中国思想史论集续篇》，九州出版社2014年版，第290页。

儒者论家则直言其旨趣，论政则谋划如何通过政治培育更多的理想家庭。这种思维与其说是"化家为国"，不如说是"立国为家"——正如"天之立君，以为民"。前者是宗法贵族之家，后者是普遍的，与政治分离的家；前者在实践中只能容纳一家，后者则是无数的家；前者以伦理代替政治，后者以政治服务伦理。家是国的行动目的，而不是组织起点。

孔子曰："《书》云：'孝乎惟孝，友于兄弟，施于有政。'是亦为政，奚其为为政？"（《论语·为政》）孔子的意思是，这是一种看似反常、实则合理的为政方式——所以特地引经论证。即孔子也承认孝友德行并不是常规的政治行为。假如儒家果真是秉持"家国同构""化国为家"的思路，那么在理想状态中，国就是家，政治秩序就是家族秩序，家族伦理实践本身就应该是政治行为最直接、最实质的表现，孔子就应该理直气壮地说："是即为政，舍此焉得为政？"这显然不符合孔子本意。孔子想说的是普及孝友伦理本应是政治的目的，直接践行孝友，形成风气或舆论，从而影响政治行为的选择，使之树立和明确其使命，也算是间接地参与政治了。这里强调的是政治真正的职责。

儒家的理想家庭兼摄伦理与民生两方面，且二者辅车相依，不可独存。如果不能使人民"仰足以事父母，俯足以蓄妻子"（《孟子·梁惠王上》），则孝、慈、敬、爱之伦理无所附丽。反过来也一样。在古代农业社会，家庭几乎是唯一的生产单位和最重要的民生保障机制。缺乏伦理，则民生事业必然大受影响。因此，国家政治除制礼作乐、推行教化之外，还应以民生为务。

这才是儒家政治思想中家国关系的主流面貌，即国家独立于各个私人性的家族之上，并为培育理想的家庭社会而立法施政。既独立于私家社会又有价值约束的国家，一如"客"的角色，是儒家构想政治公共性的必要充分条件。思孟学派之外的大部分儒家并不寄希望于从"亲亲"的私人性伦理中能够推导出"尊尊"或公共性的君臣伦理。侯旭东指出："后起的普遍君臣关系却被儒生视为帝国中最基本的'公'的关系，而置于三纲之首，原先存在已久的信任与亲密关系则被贬斥为'私爱''私情'，力图予以排除、压制，至少要用贤人来取代，战国时期的法家，以及后来儒家的话语中，都接受此说。"甚至，"儒生以势不两立的态度看待公与私的关系，没有给皇帝私人感情与关系任何生存空间"①。

（三）家的譬喻与家国同构的另一种情形

分别"亲亲"与"尊尊"，不仅揭示了国家政治相对于家庭的独立性，还有助于辨识家庭本身的形态变迁。因为前儒家的宗法社会中，家的内部一度是以"尊尊"为主导原则的，而典型的儒家家庭伦理则以"亲亲"为本。所以，对家国关系的认识，包括对儒家家国理念的理解，需要注意"家"的两种形态。

一种是具有政治实体意义的卿大夫之"家"，这是《大学》阐述家国同构时的家的原型。虽然进行了伦理化改造，但《大学》的家国模型或儒家的家国同构说中的"家"仍然是与国相似的"准政治组织"。如果不论家内宗法伦理的严密程度，则类似的社会政治结构在其他古代文明中也很常见。古希腊荷马史诗中已有"家"（oikos）②的概念。"Oikos不仅指家庭，也指整个家庭的成员、田产和资财的总和。""家"的组成不仅有血缘意义上的家庭成员，还包括各种庇护关系中的人。"成为他人之oikos的一员意味着丧失大量的选择自由和行动自由。……他们是家臣（therapontes），用服务来换取在家庭这一基本社会单位中的位置。"③ 类似地，拉丁文的"家"（familia）"基本意思是'家宅'，即包括家仆、家奴在内，居于同一房舍的全体成员"。子女的地位与奴隶没有实质不同，"pater（父）、mater（母）不是表示血缘关系而是表示对权威的依赖。……'父亲'最初是一家之长，独裁者，他享有在妻子、子女、奴隶及其他属于这个家庭的人们之上的权力。这些人共同构成了家庭"④。这种"家"，无论中外古今，都与贵族制社会如影随形。

另一种则是社会生活意义上的"家"，不再具有政治实体的意义。这是儒家阐发家国主客说或立国为家论所依据的"家"。这种家更加突出了

---

① 侯旭东：《宠：信—任型君臣关系与西汉历史的展开》，北京师范大学出版社2018年版，第167、234页。

② "经济"（economics）一词即来自"oikos"的拉丁化形式"oecus"，意为对"oikos"的管理之术。

③ ［英］M. I. 芬利：《奥德修斯的世界》，刘淳、曾毅译，北京大学出版社2019年版，第54—55页。

④ ［奥地利］迈克尔·米特罗尔、雷因哈德·西德尔：《欧洲家庭史》，赵世玲、赵世瑜、周尚意译，华夏出版社1987年版，第6—7页。

共同生活的温情脉脉,而淡化了家长与子弟之间主仆式的统治关系。儒家的伦理既继承了卿大夫之家的宗法制,又开始纳入了士民或平民之家的血缘亲情,如对慈、孝的阐释。简言之,儒家在新的士民之家的伦理中提高了"亲亲"的意义,相对降低了"尊尊"的比重,即所谓"门内之治恩掩义"。董仲舒曰:"亲亲而多仁朴","尊尊而多义节";"亲亲而多质爱","尊尊而多礼文"(《春秋繁露·三代改制质文》)。谢维扬指出:"义节,即礼制,是古代的制度,也就是政治。"① 既然"尊尊"是政治,那么"亲亲"就倾向于非政治的质朴仁爱,这就突出了与作为政治实体的卿大夫之家的不同。

两种"家"的不同在西方社会发展史上也有体现。17—18世纪之后,从贵族社会到平民社会转变过程中,作为"准政治体"的大家庭解体,纯粹社会生活性质的更小的、私人化的核心家庭逐渐成为主流,家庭伦理也从冷冰冰的支配性质转向了温情脉脉。托克维尔(Tocqueville)在对19世纪中期美国社会的考察中就感受到了两种家庭的不同。他发现,"在美国,始终就不存在罗马人和贵族就'家庭'这个词的含义所理解的那种家庭"。在民主社会,②"随着民情和法制日益民主,父子关系也会更加亲密和温和,而不像以前那样讲究规矩和仰仗权威;他们之间的信任和眷爱也往往是坚定的"。兄弟姐妹之间也变得更加亲密,"因为他们血统相同,在同一家庭里成长,受到同样的关怀,没有任何特权使他们各不相同和把他们分成等级,所以他们之间从小就容易产生亲密无间的手足情感"③。不过,在西方近代以来的政治思想发展中,起到原点作用的是个人主义而非标志着同质性诉求的家庭共同体。

古代中国早在战国秦汉时期就在很大程度上实现了贵族社会向平民社会的转型,反映在家庭形态上就是卿大夫之家向以士民之家为主流的转变。新的家庭形态也奠定了儒、墨之后的诸子思考社会政治问题的基本前提。作为百家先驱、诞生于社会转型期的儒家,仍然寄希望于基于卿大夫之家挽救贵族社会,即伦理化的化家为国说;但更多的是基于士民之家组

---

① 谢维扬:《周代家庭形态》,中国社会科学出版社1990年版,第33页。
② 托克维尔所说的"民主"主要是指身份平等的社会,与贵族制社会相对。
③ [法]托克维尔:《论美国的民主》下卷,董果良译,商务印书馆1989年版,第796、800、801页。

成的社会结构而申发的政治理念，包括家国分离与立国为（万）家的思想。同时，在此基础上，儒家也对社会政治的终极理想指明了方向。这个方向就是：以"亲亲"原则下的家庭共同体为模型，想象和塑造一个不再有无数小家之隔阂而囊括天下的大型共同体——就像一个巨大的（平民之）"家"。它不是真的家庭，而是以"家"为譬喻的天下共同体。

子夏曰"四海之内皆兄弟也"（《论语·颜渊》）；《孟子·梁惠王上》曰"老吾老以及人之老，幼吾幼以及人之幼"；《荀子·王制》曰"四海之内若一家"。《礼记·礼运》曰：

> 圣人耐以天下为一家，以中国为一人者，非意之也，必知其情，辟于其义，明于其利，达于其患，然后能为之。①

天下一家的关键在于天下之情、之义、之利、之患皆若一人，即立足于人类生存与发展的共通性，如此才能兴天下之公利，除天下之公害，也就是建设一个天下共同体。这与《礼运》篇首描绘的"大道之行""天下为公"的"大同"完全契合。

宋儒张载曾阐发"民胞物与"之义。《西铭》曰：

> 乾称父，坤称母；予兹藐焉，乃混然中处。故天地之塞，吾其体；天地之帅，吾其性。民吾同胞，物吾与也。大君者，吾父母宗子；其大臣，宗子之家相也。尊高年，所以长其长；慈孤弱，所以幼其幼。圣其合德，贤其秀也。凡天下疲癃残疾、惸独鳏寡，皆吾兄弟之颠连而无告者也。

以天地为父母，正如以天下为一家，同样是一种譬喻，不需要存在真实的血缘纽带。《西铭》描绘的理想秩序固然有明显的宗法元素，②但作为一种比拟，其所取譬的宗法精神，在宋人的时代背景中，应该是非政治性的平

---

① "耐"，古"能"字；"辟"，同"譬"。
② 何炳棣认为"《西铭》所构绘的宇宙本体论不可能是基于博爱和泛平等的理念，无疑是宗法模式的"。何炳棣：《儒家宗法模式的宇宙本体论——从张载的〈西铭〉谈起》，《哲学研究》1998年第12期。

民家族之亲睦互助的伦理，尤其是兄弟友爱之谊。相对而言，悌道或兄弟友爱更容易超出血缘界限而扩展到更大的社会范围。因此，张载对天下秩序的想象归结为"凡天下……皆吾兄弟"，皆"吾同胞"。这正是对《礼运》"天下为一家"的继承发扬。《宋元学案》引明儒薛瑄曰："读《西铭》，有天下为一家，中国为一人之气象"；"读《西铭》，知天地万物为一体"。① 王阳明《答顾东桥书》曰："唐、虞、三代之世……天下之人熙熙皞皞，皆相视如一家之亲。"可以看作对上古大同之世的阐释。程颐也说"仁者，以天地万物为一体，莫非己也"②，同样是对儒家爱人之仁、天下一家之义的扩充与发扬。上述所有围绕"家"的譬喻，所使用的都是内部自然团结、相亲相爱、互助互有的平民之家的概念。

之所以用（平民之）家为天下共同体的譬喻，是因为根据共同体的性质，家是最贴切的意象。鲍曼（Z. Bauman）指出，共同体是一个"温馨圈子"，"在这一'温馨圈子'内，人们不必证明任何东西，而且无论做了什么，都可以期待人们的同情与帮助"；"'共同体'意味着一种'自然而然的''不言而喻的'共同理解"。③ 现实社会中还有什么组织形式比家庭更接近这样的共同体精神？因此，家就自然而然地成为一切共同体常用的譬喻。滕尼斯（F. Tönnies）将"共同体决定性的意志的总形式……称为和睦或家庭精神"④。同时，"家庭是社会共同体的一种最古老的形式，并且无论何时，人们都将家庭用作构成人类社会的一种模型。这一点已被这么一种方式清楚地表明，即源于亲属关系的称谓已为绝非基于血缘关系的社会形式采用。例如：在修道团体中使用'父亲'和'兄弟'"。或者，"社团和联合会常常以家庭中成年兄弟们的实例为根据"。⑤ 肖瑛总结了以"家"为隐喻的社会政治观念在古今中外都有丰富的表现。它主要有三类模本：一是基于自然情感的家之友爱；二是基于权力关系的家内支配，转

---

① 黄宗羲原著、全祖望补修：《宋元学案》第一册，中华书局1986年版，第776页。
② 程颢、程颐：《二程集》上，中华书局2004年，第15页。
③ [英] 齐格蒙特·鲍曼：《共同体》，欧阳景根译，江苏人民出版社2003年版，第6、7页。
④ [德] 斐迪南·滕尼斯：《共同体与社会：纯粹社会学的基本概念》，林荣远译，北京大学出版社2010年版，第60页。
⑤ [奥地利] 迈克尔·米特罗尔、雷因哈德·西德尔：《欧洲家庭史》，赵世玲、赵世瑜、周尚意译，华夏出版社1987年版，第2、3页。

化出父权制、家产官僚制、封建制等；三是家政。① 第一类更符合家的自然原型，因此作为隐喻的模本，具有更深厚、持久的潜质。

如果说西方文化某种程度上压抑了人们以家作为其他社会组织之原型的自然冲动，② 那么，这种思维在中国文化中可谓十分盛行，尤其突出的一点是以家庭为模型而构想国家天下。但是，这种被用作理想社会、理想国家之模型的家庭不是家父长秩序或宗法专制支配下的"准政治体"——后者在传统社会中本就是现成的社会组织形式，无须构想，甚至还是新构想所欲挣脱的枷锁。

因此，如果一定要说家国同构，就必须剔除具体的宗法伦理式组织方式的干扰，而在极为抽象的层面去理解"家国同构"的另一种情形。如赵汀阳所说："儒家只是认为，就可能性而言，家庭是个人利益计较趋于最小化的一种生态环境，最有利于形成无条件的互相关心和相互责任，在这个意义上，作为理想概念的家庭性足以解释人道，所谓'人道竭矣'，于是，家庭原则被认为是处理一切社会问题、国家问题乃至天下问题的最优原则。"③ 即家庭被儒家推尊，是由于它最接近互相关心、相互负责的人道理想。因此，家庭就成为想象和构建其他更大范围的人道组织（如国家）时常用的参考模板——但参考不是照搬。在这里，家不是本体，无论家族还是国家都是次生的社会组织形式。对于先秦两汉的儒家而言，真正的本体是合作共生的人道原理，而非具体的家庭伦常礼法。在这一本体之上，家庭和国家是并列的，是在不同领域、执行不同职能、体现同一个人道之本体的社会组织。由此，忠和孝、尊尊和亲亲才是并列的基本伦常。所谓"门内之治恩掩义；门外之治义断恩"，仁（即"恩"）义作用于不同领域，相互配合，犹如主客有别，各执其道。

《管子·牧民》曰：

> 以家为乡，乡不可为也。以乡为国，国不可为也。以国为天下，天下不可为也。以家为家，以乡为乡，以国为国，以天下为天下。

---

① 肖瑛：《"家"作为方法：中国社会理论的一种尝试》，《中国社会科学》2020年第11期。
② 从古希腊文明和犹太—基督教文明到现代自由主义理论，都倾向于否定或排斥"家"在公共生活中的实际意义或参考价值。
③ 赵汀阳：《天下的当代性：世界秩序的实践与想象》，中信出版社2016年版，第86页。

家有为家之道，乡有为乡之道，国有为国之道，有主（万家）有客（国），然后可以为君、为政，为主（万家）尽职，才能去私而存公。无论为家、为乡、为国都是在实践合作共生的人道原理，最终服务于天下共同体的形成。而这个巨大的共同体则被比喻为"家"。

总之，国、家关系的本质是政治上的公私关系。家、国之间的张力在公私之辨的视角下具有更深刻的内涵。儒家家国观的三个层次在公私之辨的维度上呈现出明显的差异和逻辑上的递进关系。儒家基于西周春秋时代的家国同构、化家为国的政治现实，提炼出最初的家国同构的理念——基于伦理驱动的化家为国思想。但是，这一理念若要成为现实，其"家"必然是少数的、贵族式的、政治性的私家，由其扩大而来的"国"也只能是私家性的权力组织。随着春秋战国之际开始的家国分野，官僚去家入国，儒家也重构了家国关系，提出了立国为家的主张，以更加明确地分辨公私、追求政治公共性。立国为家的"家"是非政治性的无数平民化的家。由此，与之分离的"国"则可以被设想为独立的、公共性的政治机构，并赋予其服务于生民万家的伦理职责。从政治公共性建立发展的角度讲，立国为家比第一层次的化家为国更能反映儒家政治观念的进步性。沿着这一路径更进一步，儒家在立国为家的基础上提出了更高的政治理想。基于"天下为公"的立场，儒家将国与"家"的意象重新联系起来。所谓"天下一家"的譬喻式理念，实际上是"化国为家"，即建立整个国家范围的政治共同体。这是家国同构的高级形态，是贵族式的家国同构经过否定（家国分离与立国为家）之否定的螺旋式上升之后达到的新的合题。不过，这一理想是否还属于儒家范畴，或者是否已经部分地重叠了墨家或道家思想的畛域，就是另一个问题了。但至少可以推测，相比于化家为国说，国超越家的伦理性组织秩序，同时又服务于家所诉求的社会价值，进而打破私家隔阂，追求全体共生共享的家国观——立国为家与化国为家，是中国政治哲学传统中更加值得关注的一条脉络。

第三节　刑名与齐民秩序

相对于儒家，与名学关联更紧密的是法家。尤其是"黄老学"或"道法家"① 开创的形名之学,与战国晚期君主专制下的名分制度相吻合,为法家政治社会秩序的设计提供了理论基础。《尹文子·大道下》曰:"政者,名法是也,以名法治国,万物所不能乱。"曹峰发现战国秦汉时期存在"名""法"对举的普遍现象,并认为二者都与规则秩序相关,但作用有所差异。"其作用可以用一纵一横来表达。纵者,名也,用名来确定社会的上下尊卑等级秩序。横者,法也,用法来确定社会上上下尊卑贵贱不同阶层都必须遵循的共同的秩序。"而且,"'名''法'都具有绝对的、公正的意义,是一种政治工具,所以在这个时期,将'名''法'与'度''量''衡'或'符''节'连用极为常见"②。

形名之学的目的是提高政治组织运行的理性化程度,提高行政效率。以"名法"为政或政治上形名之学的关键是形名参同。虽有"形以定名""名以定事"(《尹文子·大道上》)二义,但主要是以名责形、循名责实。曹峰认为:"它可以分三个步骤进行。第一,'审名以定位';第二,'循名以责实';第三,据'名实'以定赏罚。这种政治思想,即便没有黄老道家思想背景,作为一种纯粹的法家理论,也可以充分展开。"③ 其实现的领域,或者责民,或者责官。以名责官,即近似于科层官僚制;以名责民,则意味着某种国家规制下的有阶级或无阶级的社会秩序,包括司法秩序——规范司法秩序的"形名"又称"刑名"。

在形名论中,"名"对"形"处于决定性地位。这不是"唯心论"或"唯名论",而是实践论、方法论,是一般性的"术"。即"名"是"形"或"实"的规范和参考标准,对后者的展开与呈现起着应然的指导作用,也就是"循名以责实",使"形名参同"。在循名责实的形名论上,儒、法两家是一致的,区别在于他们设计和主张的"名"不同。

---

① 对该派学说而言,"道法家"比"黄老学"的名称更准确。因为《老子》并不属于该派,托名黄帝的众多著作中也有不少属于其他学说。"道""法"二字连类而称,精准地概括了该学派的主旨。出土帛书《黄帝四经》之《经法》中有《道法》篇,代表了该派的学术思想。参见裘锡圭《马王堆〈老子〉甲乙本卷前后佚书与"道法家"——兼论〈心术上〉〈白心〉为慎到田骈学派作品》,载氏著《中国出土古文献十讲》,复旦大学出版社2004年版;张富祥:《黄老之学与道法家论略》,《史学月刊》2014年第3期。
② 曹峰:《中国古代"名"的政治思想研究》,上海古籍出版社2017年版,第88—89页。
③ 曹峰:《中国古代"名"的政治思想研究》,上海古籍出版社2017年版,第146页。

一　身份责任下的编户齐民

战国中期以后，思想界的一个重要话题是"名分制度"的确立。无论是儒家、法家或黄老学派，"都可以看到他们建立在名分制或分业论之上的，大同小异的政治理想。即要实现君、臣之间，士、农、工、商之间，甚至贤、愚、能、鄙之间都互不侵扰，各尽其职，井然有序，'全治而无阙'的政治理想，最重要的是确立名分制度，使每个人都处于其规定的正确的位置上，而为了确立名分制度，首先要做的是正名"①。身份即"名"，或曰"名分"。君臣父子是"名"，编户齐民也是"名"。每种"名"都有分职责任。因此，划定不同身份的责任义务是政治的中心议题之一。《商君书·定分》曰："圣人必为法令置官也，置吏也，为天下师，所以定名分也。"

但编户齐民是政治—法律身份，不同于儒家关注的社会—宗族身份。因此，儒家正名之"名"与法家刑名之"名"意味着不同的秩序。前者（除君臣一伦外）可称为"在家之名"，规范着宗族或私人关系；后者可称为"在官之名"，编织起国家或公共秩序。如果说儒家之"名"是一种社会关系的自然存在，对应着先验的、"天命"的伦理义务，那么，法家的政治—法律身份之"名"主要是国家的理性创设，对应着国家后天规定的政治—法律义务和公共责任，需要以国家权威为保证，存在于有形的档案之中——也就是籍、册、书、簿等。《说文》曰："籍，簿书也。"儒家使形名参合、名实相符的办法是"正"，"子帅以正，孰敢不正"（《论语·颜渊》）的"正"，即伦理的自觉与自律；法家（包括前法家的政治渊源）使形名参合、名实相符的办法是"刑"，即国家强制力下的他律与服从。官僚政治②和编户齐民是法家刑名之治通过名分职守，落实公共责任、建立公共秩序的两大抓手。前者主要是政治分工，后者则属于社会分工。在"名"所规定分工体系中，每个政治—社会成员履行义务，忠于职责，即可造就理想的国家，并在东周列国的生存竞争中立于不败之地。《韩非子》曰："古者世治之民，奉公法，废私术，专意一行，具以待任。"（《有

---

① 曹峰：《中国古代"名"的政治思想研究》，上海古籍出版社2017年版，第92页。
② 形名之学与官僚政治的关系详见本书第五章第二节。

度》）又曰："周合刑名，民乃守职。"（《扬权》）

（一）四民之分与国野之别

在西周春秋时代的封建—宗法共同体中，从天子、百官，到诸侯、卿大夫、庶士以及庶人以下，都要按照身份等级承担不同的国家责任。《国语·鲁语下》曰：

　　天子大采朝日，与三公、九卿，祖识地德；日中考政，与百官之政事，师尹、惟旅、牧、相，宣序民事；少采夕月，与大史、司载、纠虔天刑；日入，监九御，使洁奉禘郊之粢盛，而后即安。
　　诸侯朝修天子之业命；昼考其国国职；夕省其典刑；夜儆百工，使无慆淫，而后即安。
　　卿大夫朝考其职；昼讲其庶政；夕序其业；夜庀其家事，而后即安。
　　士朝受业；昼而讲贯；夕而习复；夜而计过，无憾，而后即安。
　　自庶人以下，明而动，晦而休，无日以息。……
　　社而赋事，蒸而献功，男女效绩，愆则有辟。古之制也！君子劳心，小人劳力，先王之训也！自上以下，谁敢淫心舍力？

而且，庶士及以上的贵族身份及其责任划分，常常载于名籍。在官之"名"是社会成员获得政治身份的标志，也是政府管理社会成员的手段。《周礼·夏官司马》曰："司士掌群臣之版，以治其政令。岁登下其损益之数，辨其年岁与其贵贱，周知邦国、都家、县鄙之数，卿、大夫、士、庶子之数。"贾公彦疏："云掌群臣之版者，谓畿内朝廷及乡遂都鄙群臣名籍。"《天官冢宰》曰："宫伯掌王宫之士、庶子凡在者，掌其政令，行其秩叙，作其徒役之事，授八次、八舍之职事。"郑玄注："版，其人之名籍。"贾公彦疏："版，谓宿卫人名籍。"如果《周礼》的上述记载为真，则西周时就有了记录宫廷宿卫、畿内之臣乃至军队士卒相关信息的名籍。《周礼》作为史料虽应谨慎使用，但也不可忽视其中的真实信息。周天子军队的成员既有卿大夫士的嫡子与支庶，也包括都城内外、封疆之中及边鄙城邑的国人或野人。如此庞杂的人员构成，没有名册档案是无法有效组织和管理的。因此，《周礼》中记载的士卒籍制度，就不能仅仅看作战国时代的产物，而应当有更古老的渊源。春秋之后出现的户籍实质上就是将西周时以国人或士为主的名籍覆盖范围扩展到全民的结果。周宣王欲"料民于太原"，遭到反对而作罢，大概就是最早的建立全民户籍的尝试。春秋晚期，"书社"的出现标志着各诸侯国建立户籍制度的开始。《荀子·仲尼》杨倞注："书社，谓以社之户口书于图。"西周春秋时的名籍，大概与庶士以上的宗法谱牒作用类似，都是使各阶层的人按照身份履行国家职责或伦理义务的管理手段。

卿大夫以下的身份责任制有两个重要的划分标准：一是"四民"，二是国野。《国语·齐语》中对"四民"的划分和管理应该就是基于名籍之上的。士、农、工、商"四民"应该是国人内部的区分。"昔圣王之处士也，使就闲燕；处工，就官府；处商，就市井；处农，就田野。"《管子·大匡》同样记载了管仲的治民办法，其分配住宅的原则是"凡仕者近宫，不仕与耕者近门，工贾近市"。"四民"皆居于"国"内，即国人。

工、商在战国之前不仅是固定的职业身份，其最初也是特定的氏族族群。从商代就已经能看到，不同的族群专司不同的职业。① 比如在安阳殷墟、郑州商城，"这里不仅是高度分化和专业化的社会，而且是一个不同阶级和不同手工业分布于不同地点的聚落格局"②。《左传·定公四年》提到封建鲁国时赐予的殷商遗民，曰："殷民六族，条氏、徐氏、萧氏、索氏、长勺氏、尾勺氏，使帅其宗氏，辑其分族，将其类丑，以法则周公，用即命于周。是使之职事于鲁，以昭周公之明德。"同样分封卫国，曰："殷民七族，陶氏、施氏、繁氏、锜氏、樊氏、饥氏、终葵氏。"这些殷商氏族大多以职业为名，如索（绳索）、陶（陶器）、施（旗帜）、锜（炊器）、长勺与尾勺（酒器）、繁（马之饰品）、樊（篱笆围栏）等。这些氏族之名想必是与某工商职业连在一起被登记于国家名籍，而集体性地履行工商职责。《庄子·逍遥游》讲了这样一个故事：

> 宋人有善为不龟手之药者，世世以洴澼絖为事。客闻之，请买其方百金。聚族而谋曰："我世世为洴澼絖，不过数金，今一朝而鬻技

---

① 李亚农：《殷代社会生活》，上海人民出版社1955年版，第50页。
② 张光直：《商文明》，生活·读书·新知三联书店2013年版，第311页。

百金，请与之。"

既世世以之为事，又可一朝鬻之，说明战国时仍有家族世袭式的工商职业之遗风，但已经开始打破氏族藩篱了。

士一般认为原本属于贵族阶级的最底层。《国语·晋语四》曰："公食贡，大夫食邑，士食田，庶人食力，工商食官，皂隶食职，官宰食加。"童书业认为，"士食田"即士分有"公田"，但耕田与否尚待考证。① 春秋以降，士阶层不断分化，部分上升至卿大夫，但更多的则逐渐混同于一般的庶民。朱熹曾分辨两种士，为"有命之士"和"未命之士"，曰："上士、中士、下士，是有命之士，已有禄。如《管子》'士乡十五'，是未命之士。若民皆为士，则无农矣，故乡止十五。亦受田，但不多，所谓'士田'者是也。"② 瞿同祖说："第一种是有官禄的小吏，居于卿大夫之下，以佐治政事。……另外一种成为'士民'，无官禄，与农工商三民同列称为四民。""士民以学问为事，不耕不作，又无赋役，如何事上呢？……这些士民便是士的预备阶级，致力于政事学问，以备诸侯卿大夫的擢用，或为家臣，或为邑宰。这便是以治术事上。学未成不为官，便是庶民，被擢用时，便可进而为士。"③

士民虽志在"学而优则仕"，不愿从事稼穑，但在未被擢用时，想必也是要以农维生的。《论语》《孟子》中都有对这类人的描述：

> 长沮、桀溺耦而耕，孔子过之，使子路问津焉。（《论语·微子》）
> 有为神农之言者许行，自楚之滕，踵门而告文公曰："远方之人闻君行仁政，愿受一廛而为氓。"文公与之处，其徒数十人，皆衣褐，捆屦、织席以为食。陈良之徒陈相与其弟辛，负耒耜而自宋之滕，曰："闻君行圣人之政，是亦圣人也，愿为圣人氓。"（《孟子·滕文公上》）

孔子时代的长沮、桀溺，孟子时代自楚之滕、向滕文公求授一廛之田而耕

---

① 童书业：《春秋左传研究》，上海人民出版社2019年版，第117、119页。
② 朱熹著、黎靖德编：《朱子语类》第六册·卷八十六，第2219页。
③ 瞿同祖：《中国封建社会》，上海人民出版社2012年版，第123、127页。

的许行及其徒众，同样自宋之滕、求滕国授田的陈相兄弟，恐怕都不是普通的农民，而是出身士、阶层下降后的新庶人，是传统士的阶层裂变之中，与汲汲求仕的孔门儒生或其他游士分道扬镳的另一部分。这样由士而为农的情况，在厉行法家打击游士政策的秦国等地应该更为普遍。

农或耕者居住在城门附近，属于国人无疑。但作为国人的"农"与鄙野的农民显然是不同的。国人与野人的身份区分来源于周初的封建过程。周人作为征服者自然是统治阶级，其中的"民"或"士"主要承担兵役。"被周人征服的商族和其他族，不是奴隶，也不是农奴，他们是殷人居住区（野）九一而助的井田制下身份低一级的劳动者。用现在的话说，周族人是一等'公民'，他们是二等'公民'。虽是二等，仍是公民。"① 其任务主要是农耕以提供贡赋。即国人与野人之间更多的是分工或国家职责不同，并通过不同的田制和税制分别管理。西周春秋的传统税制大致如《孟子·滕文公上》所说："野九一而助，国中什一使自赋。""野九一而助"是指"野"之邑社实行劳役地租制，即邑社成员共耕于公田，公田所出即为贡赋。"国中什一使自赋"则意味着"'国中'无'公田'之制，虽'分田制禄'亦实行'授田'制，恐此种土地私有性较强，但收什一贡赋而已"。因此，春秋晚期鲁国的"'初税亩'者，或推'国中'之制与'遂''野'，开始'履亩而税'"②。

国人的税制普及于野人，则土地制度、名籍制度也应该配套推广，否则无法形成有效的管理。因此，鄙野之农也像国人一样，开始有了国家直接掌握的名籍，即户籍，并根据户籍，像国人之士一样接受国家授田（即邑社自行分配的"私田"改为国家统一颁授和管理的份地），同时承担提供赋税、劳役和兵役的责任。这样，从前的国人与野人便消除了差别，成为同质性的编户齐民。或者说，编户齐民是从前的士阶层在全国范围的扩展和普及。

（二）编户齐民的公共身份与责任

进入编户齐民时代，士作为一个身份阶级就消失了，这时的士变成了"游士"。他们是从庶民阶层之中逸出、游走于庙堂与江湖之间，寻求入仕

---

① 何兹全：《中国古代社会》"序言"，北京师范大学出版社2007年版，第4页。
② 童书业：《春秋左传研究》，上海人民出版社2019年版，第180页。

机会的一群人。国家不再有专门的士人名籍。传统的"四民"界限逐渐模糊,士、农、工、商之间开始出现自由职业式的流动,所有的人民成为"齐民"。所谓"编户齐民",《汉书·高帝纪》颜师古注曰:"编户者,言列次名籍也。"《汉书·食货志》如淳注曰:"齐,等也。无有贵贱,谓之'齐民',若今言平民矣。"即法律身份平等之庶民。身份平等只是在庶民内部,庶民整体仍然是一个低于君主贵族、高于刑徒奴婢的身份阶层。从前庶人中间"士"与"民"、"国人"与"野人"的身份差别消弭了,但与此同时,身份责任并没有消失。传统的身份制管理借助新的"编户"方式得以扩张,以农为主的庶民作为一个整体而被重新身份化了。他们将过去国中之士与鄙野庶人的职责一肩承担,并被纳入了更严格的国家管理之中。由于新的国家组织中,贵族领主等私人性政治元素的削弱,编户齐民的身份和责任更加具有公共性了。

  国野之别意味着:宏观而言,"国人"作为血缘世袭的统治阶层,对"野人"的统治是部落式的"殖民统治"[1];局部地看,"野人"很多时候是卿大夫采邑中的私人领民,并非像"国人"一样是国家的"公民"。政治结构的价值取向是少部分人的私人利益,而非全民的公共福祉,因此是典型的私人性政治。编户齐民在主要指标上可以说是"野人"的"国人化",在部分层面则是"国人"的"野人化"。由原本专用于国人的地域概念"乡"[2] 作为新的齐民行政区域之名,就能表明"野人"的"国人化"。编户齐民的意义在于更多的人进入了为公的身份责任之下。这尤其表现在贵族私人的领民变为国家编户之"公民"。[3] 在编户齐民的体制中,政府与齐民之间主要是政治性和法律性的关系——维持政府机构存在的必要条件,如赋税、兵役、徭役等,主要是由编入国家户籍、法律身份大抵

---

  [1] 童书业称"周初之'封建'实为部落殖民之制",载氏著《春秋左传研究》,上海人民出版社2019年版,第35页。

  [2] "国人""野人"的差别,用《周礼》的术语是"乡"与"遂"、"乡民"与"遂民",《左传》中亦有"乡""遂"对称的记载(《左传》襄公九年),且"乡"大多位于城内。《仪礼》中《乡饮酒礼》《乡射礼》的"乡"指示的就是"国人"之礼。子产不毁乡校(《左传》襄公三十一年)之"乡"也专指"国人"的生活领域。

  [3] 春秋末期以后,随着君主权力的集中,贵族私人领地被动"充公"或主动"致邑"归公的现象逐渐增多。《左传·襄公二十八年》:"与子雅邑,辞多受少。与子尾邑,受而稍致之。公以为忠。"

齐等的人民来提供的。齐民内部则主要是非政治性的社会经济关系。

法家形名之学就表现为循编户身份之名，责齐民义务之实。户籍就是授田赐爵、征课徭役、判断法律责任的依据。有户籍，则受国家分田，承担国家责任。法家体系中，编户齐民最重要的公共责任是耕战和禁奸。首先是农耕务本。庶人之力耕务农犹如君臣官长之任事守职。《商君书·去强》曰："农、商、官三者，国之常官也。"《管子·五辅》曰："君择臣而任官，大夫任官辩事，官长任事守职，士修身功材，庶人耕农树艺。"在以齐民为公共身份、务农为公共责任这一点上，儒、法两家的观点基本一致。《荀子·王霸》曰："农分田而耕，贾分货而贩，百工分事而劝，士大夫分职而听，建国诸侯之君分土而守，三公揔方而议，则天子共己而已矣。"一般被视为"道法家"作品的《尹文子》也有类似的思想："全治而无阙者，大小多少，各当其分；农商工仕，不易其业。老农、长商、习工、旧仕，莫不存焉。则处上者何事哉？"（《大道上》）

农民的公共职责建立在公共性的国家土地制度之上。战国时代，各国皆实行土地国有制基础上的国家授田制，① 接受国家授田是农民的权利，这意味着农民有义务履行授田所要求的公共责任。《周礼·大司徒》② 曰："凡造都鄙，制其地域而封沟之；以其室数制之。……乃分地职，奠地守，制地贡，而颁职事焉。"张金光解读道："分田是权利，耕则为义务。……一方面国家要保证分之田，而另一方面民必为国而耕，这就是责任义务，此即民之重要'职事'也。"这种"分田而耕，或可谓份地责任制"③。不能履行责任，应受惩罚。韩愈《原道》曰：君为出令者，而"民不出粟米麻丝、作器皿、通货财以事其上，则诛"。农耕务本不仅仅是对于统治者的私人义务，更是对于国家的公共责任。一夫一妇之耕织也不是个人或家庭的私事，而是天下民生之公事。贾谊曰："古之人曰：'一夫不耕，或受之饥；一女不织，或受之寒。'"（《汉书·食货志》）这成为汉代有识之士

---

① 详见本书第四章第二节"一 仁政：王田与官社"。

② 关于《周礼》作为先秦史料的可信度，笔者同意张金光的判断："对于《周礼》制度，不必苛求其细微，若从毛细处等之，则几皆无所获。然有一点必须肯定，若从大处着眼，其制度之基本原则、背景、基本底子，无疑是历史的存在，是现实的。它基本上反映了战国社会经济面貌。"（张金光：《战国秦社会经济形态新探》，商务印书馆2013年版，第302页）

③ 张金光：《战国秦社会经济形态新探》，商务印书馆2013年版，第306—307页。

谈论民生作为公共事务时的常用语。西汉贡禹曰："一夫不耕，必有受其饥者。"(《汉书·王贡两龚鲍传》) 东汉王符曰："一夫不耕，天下必受其饥者；一妇不织，天下必受其寒者。"(《潜夫论·浮侈》)

编户齐民的公共身份与责任还体现在民政管理上。比如，战国秦汉时代，原本是贵族禁脔的姓氏逐渐普及于平民，庶人脱离了姓氏贵族之家内私属的地位，而具有了独立的政治地位。这与户籍制度的建立基本同步或稍后。毋宁说，姓氏的全民化是编户齐民社会内在逻辑的必然结果，即国家施于个体化编户齐民的公共责任，要求后者必须纳入户籍，并应有名有姓，以便精确管理。为此，还需要建立相应的基层组织。编户齐民组织的建立很大程度上是对军队组织的模仿，即所谓的"作内政而寄军令"。《国语·齐语》《管子·小匡》对此皆有所设计，且内容基本相同。《周礼》也有类似的方案：

> 令五家为比，使之相保；五比为闾，使之相爱；四闾为族，使之相葬；五族为党，使之相救；五党为州，使之相赒；五州为乡，使之相宾。(《地官司徒·大司徒》)

> 五家为比，十家为联；……使之相保相爱，刑罚庆赏，相及相共，以受邦职，以役国事，以相葬埋。(《乡师》)

最有代表性的是十家为"什"、五家为"伍"。"什伍"本是军队组织单位，连坐也出于军法。兵书《尉缭子·伍制令》曰："伍有干令犯禁者，揭之，免于罪；知而弗揭，全伍有诛。什有干令犯禁者，揭之，免于罪；知而弗揭，全什有诛。"什伍连坐制度，表明了编户齐民相互纠弹、维护治安的公共责任。一个基层单位就是一个法律上的连带责任区。《晋书·刑法志》记载战国时李悝著《法经》，有《网捕》二篇。商鞅变法"令民为什伍，而相牧司、连坐"(《史记·商君列传》)，就像在基层组织中织成罗网，以捕盗贼，大概就是李悝的"网捕"之法。什伍组织的规制范围不止于治安司法，更及于一切人民生活。《管子·立政》曰：

> 什伍皆有长焉。筑障塞匿，一道路，博出入，审闾闬，慎筦键，筦藏于里尉。置闾有司，以时开闭。闾有司观出入者，以复于里尉。

凡出入不时，衣服不中，圈属群徒，不顺于常者，间有司见之，复无时。

总之，法家对于士民的要求和评价标准是去私奉公。士民奉公的主要表现是履职各自身份所界定的公共责任。《韩非子·六反》描述了六种世俗所誉但实为徇私之士，以及六种世俗所少但实为奉公之民。① 关于士，法家秩序中一个重要的特点是排斥游侠辩士、杜绝声誉相高之风气。其原因，可以解读为愚民、弱民以巩固专制，但也可以从政治公共性的角度去理解，即辩士以侈谈博名，以声誉相高，实质是社会政治关系私人性的体现，是对公共秩序的解构，因此不能容其放纵。《淮南子·主术训》曰："天下多眩于名声，而寡察其实。……治国则不然，言事者必究于法，而为行者必治于官。"公权力固然可以"并用周听"，"不偏一曲，不党一事"（《主术训》），但如果任由偏私之言泛滥，政治之公共性很难不受影响。如果说儒家的正名与人伦秩序致力于使君臣关系代表的政权组织本身公共化，那么法家的形名与齐民秩序就是致力于使君民之间、官民之间的统治与被统治关系公共化。因此，韩非子的法家秩序与所谓的"威权体制"本质不同，法家思想的集权程度和"法"的工具性程度之高，是建立在完全公共性的基层行政组织和彻底扫荡社会内生之私人性权力结构的基础上的。

（三）法家价值观的是与非

一种消灭了任何社会私人性权力组织、彻底地以国家法令为规范的公共秩序是如何成为可能的？法家的秩序理想需要更多的理论支持。除了接受名家思想而生成"名法家"，法家还纳入道家哲学而成为"道法家"。不过，法家接纳的道家哲学主要来自老庄正宗之外的"道家支派"，如杨朱、

---

① 畏死远难，降北之民也，而世尊之曰"贵生之士"；学道立方，离法之民也，而世尊之曰"文学之士"；游居厚养，牟食之民也，而世尊之曰"有能之士"；语曲牟知，伪诈之民也，而世尊之曰"辩智之士"；行剑攻杀，暴憿之民也，而世尊之曰"磏勇之士"；活贼匿奸，当死之民也，而世尊之曰"任誉之士"。此六民者，世之所誉也。赴险殉诚，死节之民，而世少之曰"失计之民"也；寡闻从令，全法之民也，而世少之曰"朴陋之民"也；力作而食，生利之民也，而世少之曰"寡能之民"也；嘉厚纯粹，整谷之民也，而世少之曰"愚戆之民"也；重命畏事，尊上之民也，而世少之曰"怯慑之民"也；挫贼遏奸，明上之民也，而世少之曰"谄谗之民"也。此六民者，世之所毁也。

田骈、慎到、宋钘、尹文等人。他们的思想基本上是对老庄之学的庸俗化，表现为两个方向：一是关于"无身""丧我""全生""贵身"等命题，从精神上的全性葆真堕落为生理上的节欲贵生、延年益寿，即告子说的"生之谓性"。"'生之谓性'，不是告子个人的观念，实际恐怕是代表了老学支派的共同观念。"① 二是关于"齐物""物化"，从精神上的超脱自由堕落为行政管理之法术的哲学依据。

田骈、慎到从这样的道家思想出发，将"道"与"法"联系了起来，为法家秩序观提供了理论说明。"田子贵均"（《尸子·广泽》），"陈骈贵齐"②（《吕氏春秋·审分览·执一》），"齐万物以为首"；又认为万物均齐、人物均齐皆有赖于法和势的外在强制力。在法与势之下的均齐之人如同土块，是纯生理性的、几无个性意志的存在。因此，慎到认为，法家的理想社会是"块"的秩序。只有人如土块，才能实现无差别、标准化的管理，形成真正公共性的、无私无主的社会，也就是纯粹的编户齐民社会。这就是"道"，"块不失道"。《庄子·天下》载：

> 公而不党，易而无私，决然无主，趣物而不两，不顾于虑，不谋于知，于物无择，与之俱往。古之道术有在于是者，彭蒙、田骈、慎到闻其风而悦之。齐万物以为首。……故曰："至于若无知之物而已，无用贤圣。夫块不失道。"豪桀相与笑之曰："慎到之道，非生人之行，而至死人之理。"

徐复观从儒家和现代自由主义的立场出发，批评田骈、慎到"只把握到人性下半截的纯生理的构造；由生理性的构造再向下落，下落到'若无知之物'的土块；在这一土块的生理状态之下，要均齐万物，要使自己与万物均齐，便只能靠着法与势；并以泯灭人的个性、自主性，以求达到其目的。老庄是在内在的精神中与万物关联在一起；而慎到们则靠外在的法与势与万物关联在一起；这便成为没有个性、没有自由的关联"③。因此，"非生人之行，而至死人之理"。不过，虽然缺少对于民众自由而全面发展

---

① 徐复观：《中国人性论史》，华东师范大学出版社2005年版，第254页。
② 陈骈即田骈、田子。
③ 徐复观：《中国人性论史》，华东师范大学出版社2005年版，第267页。

的考虑，但是慎到"依然是以人民为政治的立足点"①，以公共性的天下为政治思想的主题。其"公而不党""决然无主""立公弃私"的政治原则也鲜明地体现在《慎子》②残篇中：

> 古者立天子而贵之者，非以利一人也。……故立天子以为天下，非立天下以为天子也；立国君以为国，非立国以为君也；立官长以为官，非立官以为长也。法虽不善，犹愈于无法，所以一人心也。……故蓍龟，所以立公识也；权衡，所以立公正也；书契，所以立公信也；度量，所以立公审也；法制礼籍，所以立公义也。凡立公，所以弃私也。（《威德》）

法家思想的意义在于揭示了一个内在的悖论：人类集体生活或政治的公共性程度本质上是政治的普遍性，而普遍性的程度本质上取决于政治所处理的人性需求之基础性、物质性的程度。这就涉及法家对人性的理解。法家的人性论大体是接近功利主义的，其对人性的基本判断是趋利避害。边沁（J. Bentham）说："自然把人类置于两位主公——快乐和痛苦——的主宰之下。"③ 功利主义由此建立了一套基于快乐与痛苦计算的社会政治和立法学说。与之类似，法家也阐发了以赏罚为"二柄"的治国之道。但不同的是，功利主义将（消除）痛苦和（追求）快乐并列为人类行动的根本动力，对二者的性质和优先性不作区分与侧重。而法家则倾向于认为，"（回避）痛苦其实是人类行动的更根本的驱动"，快乐则是避免痛苦之后的次要追求。"在驱动人行动的趋利与避害之间，避害更有刚性与普适性。"④ 基于避害原理制定的刑法与基于趋利原理制定的庆赏相比，在治理的效能上，前者更加可靠、更为法家所倚重，因此也构成了法家之法治的主要内容，即所谓"重刑少赏"（《韩非子·饬令》）。

扩而言之，这种人性论反映了法家独特的政治价值观。相比于快乐，

---

① 徐复观：《中国人性论史》，华东师范大学出版社2005年版，第268页。
② 参见国学整理社《诸子集成》第五册《慎子》，中华书局2002年版。
③ [英]边沁：《道德与立法原理导论》，时弘殷译，商务印书馆2000年版，第58页。
④ 白彤东：《韩非子人性说探微》，《哲学研究》2021年第4期。

人类对于痛苦有更优先的感受，也有更大的共识。免去了痛苦，才能追求快乐。在人性中越是基本的东西越是具有普遍性和共同性，相反则越是具有特殊性和多样性。（消除）痛苦更加偏向于前者，"虽然也有个人性的痛苦，但人类对痛苦认识的重叠性要比对快乐的认识的重叠性更高"。① 因此，从消除痛苦出发能够呈现出价值诉求上的某种公共性。（追求）快乐则相对倾向于后者，从而比较容易表现为个体化和多元性的价值目标。功利主义笼统地考察痛苦与快乐，实际上是尊重甚至偏重快乐原则所内涵之价值多元性假设的。所谓"最大多数人的最大幸福"原则，也不是要提炼抽象出全体人共同的某种公共价值，而只是对多元特殊的快乐/幸福的加总。② 与之不同，法家关心的不是多元的快乐，而是一致的痛苦。因为一致性，所以不必对多元特殊进行加总计算，而是可以直接地、先验地把握社会整体的价值诉求，即围绕生产的基本民生问题，如安全、温饱、繁育等。至于在此之上的更加多元的、自由的快乐或价值，则完全不在法家考虑范围之内——甚至由于潜在地与前者之间存在对政策注意力的竞争，还要受到刻意的压抑。

　　法家的政治社会就是根据这一公共价值的优先性来设计的。实际上，不止法家，由诸子构成的中国古典政治思想的主流也是建立在与消除痛苦相关的人类价值一致性或公共性价值基础之上的。如果说这种政治思想传统也算一种广义的功利主义，那么建立在这种"功利主义上的国家体系，更应该关注减少人类共同承认的痛苦，而非增进在认识上更加多元的快乐。"③ 但是，痛苦与快乐或一致性与多元性的价值之间并没有截然的界限，而是一种过渡或渐变的状态。问题在于界限画在何处。很明显，法家把这条线画得很低。

　　将人极度地压低到基础物质性需求的状态，就是慎到"块"的秩序。因此，"块不失道"。在马斯洛需求层次理论中，低级需求（生理、安全）

---

① 白彤东：《韩非子人性说探微》，《哲学研究》2021年第4期。白彤东认为虽然韩非子并未明说，但这符合其人性论的逻辑。

② 正是基于价值多元性的假设，虽然功利主义反对自由主义在哲学基础，如自然权利论、社会契约论等，但在社会政治主张的价值取向上，包括对个人基本权利的重视和维护，二者是高度亲和的。

③ 白彤东：《韩非子人性说探微》，《哲学研究》2021年第4期。

的满足是高级需求（情感、尊重和自我实现）满足的基础和前提。优先关注更具普遍性和公共性的社会低级需求，固然是政治理论共通的主题。但无论低级的还是高级的需求，都是人类社会追求的价值，不应该相互否定和排斥。即使二者在公共资源的投入和社会制度的安排上存在一定的竞争，好的政治理论也会尝试协调，避免它们互为妨害。然而，法家思想的理论洞见和实践弊端恰好同出一源，就在于将社会低级需求与高级需求完全对立起来，为了满足低级需求而毫不吝惜地牺牲高级需求的合法性与可能性。有论者批评法家是极权思想、法西斯主义，固然过甚，但法家政治方案之缺乏人文关怀，因而难以吸引文化阶层予之肯定，则是无可讳言的。比如，作为战国时代诸子思想集大成者的《吕氏春秋》统合了儒、墨、道、阴阳等各家思想，却唯独拒斥法家。扬雄曰："申韩之术，不仁之至矣，若何牛羊之用人也。"（《法言·问道》）桓谭曰："见万民碌碌，犹群羊聚猪，皆可以竿而驱之。"（《新论》）然而另一方面，关心底层人民的基本生存需求、追求全民共生的公共性政治之立场[①]会一定程度地认同法家，虽然那往往是穷极之时振弊起衰的阶段性意见。

正是基于这一悖论，章太炎既对商鞅、韩非的治道颇多赞词，又深刻而准确地揭示了法家思想的人文之弊："今无慈惠廉爱，则民为虎狼也；无文学，则士为牛马也。有虎狼之民、牛马之士，国虽治、政虽理，其民不人。……韩非有见于国，无见于人；有见于群，无见于孑。"[②]《淮南子·泰族训》更是对这种人文主义的高级需求及其意义有精彩的描写：

> 凡人之所以生者，衣与食也，今囚之冥室之中，虽养之以刍豢，衣之以绮绣，不能乐也。以目之无见，耳之无闻，穿隙穴，见雨零，则快然而叹之，况开户发牖，从冥冥见炤炤乎！从冥冥见炤炤，犹尚肆然而喜，又况出室坐堂，见日月光乎！见日月光，旷然而乐，又况登泰山，履石封，以望八荒，视天都若盖，江河若带，又况万物在其间者乎！其为乐岂不大哉！

---

① 虽然都将复杂的人性压低为基础性的物质需求，但秉持全体主义的法家价值观根本区别于个人主义本位的"经济人"假设和理论，由此导致二者在社会政治秩序设计的立场上也截然不同。

② 章太炎：《国故论衡》，上海古籍出版社2003年版，第115页。

然而，这些高级的人文需求不是法家关心的对象。法家秩序"是确立在这样一种信念之上的，即认为百姓与政府官吏都应受到公正且普遍适用的法律的绝对约束"①。但这种貌似"现代"的法治原则并非法家秩序的全部。法律的普遍约束性，一方面固然是公共秩序的本身；另一方面也是某种特定社会秩序的建立手段，或某种特定公共价值的实现工具。法家理论上认定的公共价值就是不惜低水平而必求普遍性、公共性的民生保障。虽然在某些时候，儒家也认同"不患寡而患不均"，但法家的特色在于不惜以刑法达致之。这也正是法家体系与西方罗马法传统相区别的根源之一。罗马法以私法为重心，欧洲独立的公刑法典至近代以后才成立。而法家之法的公法角色是其突出特征，具体而言即倚重刑法典的工具作用，致力于政治和社会组织体系化的公共目标。

二　从重刑主义到合理主义

法家形名之学又写作"刑名"，这表示规范社会秩序的，除了编户齐民的身份之名，还有刑法之名。所谓"刑名"，即以罪名论刑。因此，"名"或罪名的厘清是首要问题，刑律的编制随之而生。商鞅改法为律，即以刑律为主。杜预《律序》曰："律以正罪名。"（《太平御览》卷六三八）

战国之前，惩罚性法律被称为"刑"，其具体的表现为"刑典"或"典刑""刑书""刑器"，但是成分复杂，缺乏固定的内容和统一的规范。西周春秋时代断狱的依据，可以是近古之典，也可以是远古之典；可以引本国旧事，也可以征外国之法。司法依据秘而不宣，执法者依凭私人意志的自由裁量空间很大。而"法"的本义只是抽象地指代模式、准则，不限于任何具体内容。

春秋晚期以降，各国纷纷公开发布新式的、统一的成文刑典，于是逐渐出现了具有更高客观性、公共性的刑法规范。战国诸子为之鼓吹论证者被称为"法家"。法家借用传统上与"礼"密切相关的"法"的概念，将新的刑法规范称呼为"法禁"。这等于为传统"法"的概念注入刑法的内

---

① ［美］安乐哲：《中国古代的统治艺术——〈淮南子·主术〉研究》，滕复译，江苏凤凰文艺出版社2018年版，第206页。

涵，从而使原本被称为"刑"的、无定型的刑法，在"法"的概念下逐渐模式化、规则化。简言之，取传统概念之"法"的形式和"刑"的内容，加以结合，构成法家之"法"的新概念。这一概念的转化与"法"所内含的客观性、公共性规范之意很有关系。其重点不是"法"的刑法化，而是本已存在但基于私人意志和主观任性的"刑"之客观化、制度化，从而也是某种程度的公共化。

如果说"法"是法家之公共性、统一性秩序的抽象概括，"律"就是"法"的具体载体和实践依据。"律"将"法"的原则落实为普适性、可操作的条文。《说文》曰："律，均布也。"段玉裁《注》："律者所以范天下之不一而归于一。故曰均布也。"古代兵刑不分，这可能也影响了公共性刑法的产生。作为后世刑法之名的"律"字最早就有军纪之义。比如《易·师卦》爻辞："师出以律。"即刑法之"律"最初出现于师旅之中。之所以如此，梁启超推测道："在团体中之基本团体员（所谓贵族）以情谊相结合者，良无需乎此。及至用兵之际，专恃情谊，不足以帅众，不能不以律以肃之。《史记·律志》《汉书·刑法志》其发端皆极言兵事之不可以已。……降及后世，一面种族及阶级之界限渐混，前此制裁特种人所用之工具，次第适用于一般人。一面团体内事故日繁，前此偶然一用之手段，浸假而时时用之，此则法律之应用所由日广也。"① 籾山明考察春秋时期的刑与兵之后指出："军事集团中的刑罚以及秩序原理可以归纳为以下两点。第一，有其合理性。这体现在公布应当遵守的'命'与'誓'，又有专门负责刑罚执行的'司马'。第二，有其平等性。这体现在连国君都成为制裁对象，而且其效力超越列国的范围。"公共性刑法起源于春秋晚期以来刑鼎和刑书的公开。其意义在于，如籾山明所说："将曾经只实行于军事集团内部的规范公开，并在日常中采用将民众包括在内的方式予以施行，从结果上看，可谓是将军事集团所具有的平等、合理的秩序原理导入内政的端绪。"②

刑法规范由私人性向公共性的转变集中表现在刑罚的重刑主义向合理主义的过渡上。重刑主义的标志是肉刑的广泛使用。肉刑的特征是残躯亏

---

① 梁启超：《先秦政治思想史》，商务印书馆2014年版，第59页。
② ［日］籾山明：《法家以前——春秋时期的刑与秩序》，徐世虹译，《日本学者中国法制史论著选·先秦秦汉卷》，中华书局2016年版，第204、211页。

体、刑罚残酷。在各大早期文明中，肉刑都是主流的刑罚方式。欧洲直到16世纪，车刑、烹刑、火刑、断手刑、断指刑、抉目刑、断舌刑、切耳鼻刑等仍见于法典，并占据重要的地位。中国古代早期的"五刑"也基本都是肉刑。"五刑"始见于《尚书·吕刑》，即墨、劓、剕、宫、大辟，无一不是毁身亏体的肉刑，因此又被形象地称为"五虐之刑"。又《国语·鲁语上》曰："大刑用甲兵，其次用斧钺，中刑用刀锯，其次用钻笮，薄刑用鞭扑，以威民也。"除鞭扑外，其他四种刑罚也都是损毁肉体的。先秦并没有固定的"五刑"目录。钱穆认为："大概五行学说既起，乃始有五刑之编配。所谓'墨、劓、剕、宫、大辟'，则仅是当时人有意编成五刑之说中之一种耳。后来此说但占优势，为五刑之解说遂臻固定。"①《白虎通义·五行》曰："刑所以五何？法五行也。大辟，法五行之灭火；宫者，法土之壅水；膑者，法金之刻木；劓者，法木之穿土；墨者，法火之胜金。"

肉刑的思想基础大约有两点：原始思维的报复主义与威吓民众的预防主义。关于前者，古籍中关于"刑"的最早记载是《尚书·舜典》②"象以典刑，流宥五刑，鞭作官刑，扑作教刑，金作赎刑"。所谓"象以典刑"，朱熹认为："象者，象其人所犯之罪，而加之以所犯之刑。典，常也，即墨、劓、剕、宫、大辟之常刑也。……但象其罪而以此刑加之，所犯合墨，则加以墨刑；所犯合劓，则加以劓刑；剕、宫、大辟，皆然。犹夷虏之法，伤人者偿创，折人手者亦折其手，伤人目者亦伤其目之类。"③这反映了同害刑或同态复仇的基本原则。关于后者，如《尚书·大禹谟》说"刑期于无刑"，《商君书·靳令》说"以刑去刑"，甚至荀子也说过"杀一人，刑二人而天下治。传曰：'威厉而不试，刑错而不用。'此之谓也"（《荀子·议兵》）。其实都是期望通过严厉的刑罚威吓民众，使之不敢违禁，达到预防即"无刑"或"不试""不用"的效果。无论是同害刑的报复主义，还是威吓性的预防主义，本质上都是私人性的支配手段，具

---

① 钱穆：《两汉经学今古文平议》，九州出版社2011年版，第345页。
② 虽然《尚书》中的《虞夏书》是后人追述，所谓"曰若稽古"，不能视作可靠的上古史料，而是更多地反映了春秋战国时代的某些思想观念，但至少记载了春秋战国时人对于上古社会的认识，因此也多多少少保留了上古时代的某些文化遗留。
③ 朱熹著、黎靖德编：《朱子语类》第五册卷七十八，中华书局1986年版，第2000页。

有统治者或当事人的私人性意志直接干预刑罚的明显特征。

春秋战国之后,刑律或刑法典的成立本身就意味着某种公共性权威和社会秩序的建立,是对侵害案件中私人性裁决方案的超越。所谓私人性裁决方案,主要是指原始血族复仇及其发展而来的自愿和解、赔偿/罚金制度。这种私刑主义是绝大多数古代民族的"司法"方式——包括罗马法和日耳曼习惯法,也包括中国古代史籍中记载的周边少数民族社会或政治体内的各种法律。① 中国在春秋战国时期出现的统一化刑律,则开始了一种不同的社会秩序维持方式。它是以公共权威依据客观的律令条目对私人间的伤害与冲突进行公共性的裁处。在战国和秦汉乃至后世正统王朝的律法中,允许私人性复仇或以同害刑、赔偿解决刑事争端的内容已经很少。刘邦入秦,与父老约法三章,"杀人者死,伤人及盗抵罪",就精练地体现了社会秩序的公共性约束。

在刑律或刑法典的观念中,刑事犯罪的损害对象不只是受害者私人(及其背后的家庭、氏族),而是针对整个社会秩序和公共规范,因此必须由公共权威加以规制。仁井田陞认为,"在一个公的秩序被当成共同生活的必要条件的社会中,诸如杀人和伤害、奸淫,以及盗窃之类,虽然也可以说是对于私人的违法行为,但因为它同时也扰乱、威胁到社会秩序,因而公的权威者为了维持自身秩序,就有必要对直接行为者处以刑罚,这样的倾向是很自然的。这样的话,曾经为了私人的自力救济而让渡给私人的制裁权,就出现了日益集中到团体的过程"②。这与集权式国家的建立是同步的。于是,中国的传统法律具有了"公法化""刑事性"的特征。仁井田氏指出:"在中国,至少公元前 3—4 世纪,似乎就已经有了公刑罚法典。不用说,当时公权威无论如何是成立了,以至于对违法行为只能通过国家之手进行制裁,而不容许个人间随意和解、不承认私刑主义,成了公

---

① 比如《北史·突厥传》记载突厥法律,曰:"反叛、杀人及奸人之妇、盗马绊者,皆死;……折肢体者输马;盗马及杂物者,各十余倍征之。"复仇主义刑法的典型表现是"同害刑"或"同态复仇",即施害者必须受到和受害者相同的伤害。这在《汉谟拉比法典》、罗马《十二铜表法》以及各种民族的古法中均有体现。《汉谟拉比法典》第 196、197、200 条分别规定:伤人眼者还其眼;折人骨者还折其骨;落人齿者还落其齿。最著名的是摩西律法中的"应该以命偿命,以眼还眼,以牙还牙,以手还手,以脚还脚,以烙还烙,以伤还伤,以打还打"(《旧约·出埃及记》或《旧约·申命记》)。

② [日]仁井田陞:《中国法制史》,牟发松译,上海古籍出版社 2018 年版,第 75 页。

认的原则。"①

由此，重刑主义和肉刑开始消退。取消肉刑，代之以流放、有期徒刑和笞刑等开始于汉文帝、景帝时期。《汉书·刑法志》记载，直接原因是缇萦上书自愿没为官婢，"以赎父刑罪，使得自新"。刑罚转型之大略为："诸当完者，完为城旦舂；当黥者，髡钳为城旦舂；当劓者，笞三百；当斩左止者，笞五百；当斩右止，及杀人先自告，及吏坐受赇枉法，守县官财物而即盗之，已论命复有笞罪者，皆弃市。"但是，文帝时期的肉刑废除并未改变重刑的倾向。"是后，外有轻刑之名，内实杀人。斩右止者又当死。斩左止者笞五百，当劓者笞三百，率多死。"于是，景帝时期继续调整和规范。

> 景帝元年，下诏曰："……其定律：笞五百曰三百，笞三百曰二百。"狱尚不全。至中六年，又下诏曰："……其减笞三百曰二百，笞二百曰一百。"又曰："笞者，所以教之也，其定箠令。"丞相刘舍、御史大夫卫绾请："笞者，箠长五尺，其本大一寸，其竹也，末薄半寸，皆平其节。当笞者，笞臀。毋得更人，毕一罪乃更人。"自是笞者得全，然酷吏犹以为威。

废除肉刑、多用笞刑、实行有期劳役刑和流放刑的原因，流行观点认为是战国以来，战争频繁，人力资源的价值提高，国家需要保留更多肢体健全的可用之人。仁井田陞则认为，汉初时代"战国以来通过苛酷的刑罚以威慑社会的必要性在日益减小"是"肉刑后退的主要原因"。② 这些观点似乎都未达一间。

滋贺秀三反对将肉刑的观念基础归结为"同害刑"或"反映刑"的观点。他认为肉刑、放逐等起源于上古邑社国家时代，"刑罚的原始意义和机能，在于把恶人驱逐出社会，这意味着刑罚的原始机能在于维护社会的存在，刑罚本是一种消极的非常手段"。"从根本上看，死刑与肉刑也是在与放逐同样的理念上建立起来的刑制。也就是说，为了实现将某个成员从

---

① ［日］仁井田陞：《中国法制史》，牟发松译，上海古籍出版社2018年版，第89页。
② ［日］仁井田陞：《中国法制史》，牟发松译，上海古籍出版社2018年版，第64页。

社会中除掉的同样目的，死刑是别无其他的最直接的方式，肉刑则是以较缓和的方式实现上述目的。……为毁伤肉体而加以刻印，令受刑者承受伤痛和残疾之苦，不是肉刑的主要目的。受刑者被称为刑余之人，通常令其担任后宫杂役和宫殿看门人等贱役，以终余生。所谓肉刑，和没身为奴在意义上关系极近。"① 支持滋贺氏观点的史料有很多。比如，《国语·周语上》载周内史言先王之教曰："犹有散迁懈慢，而著在刑辟，流在裔土，于是乎有蛮夷之国，有斧钺、刀墨之民。"《周礼·掌戮》曰："墨者使守门，劓者使守关，宫者使守内，刖者使守囿，髡者使守积。"这些都是刑徒兼奴隶的职役，而这种低贱的职役本身就是惩罚。

其实，滋贺秀三与仁井田陞论证"同害刑""反映刑"的观点并非难以相容。毋宁说，肉刑的社会放逐性与报复威吓性是可以并存的。滋贺氏也承认，随着时代的演进，刑罚成为国家治理的常规手段，产生了对新刑种的需求，因此发生了肉刑向有期劳役刑的转化，但肉刑向新的、更适于社会日常治理的刑种转化的过程必然存在中间阶段。即给肉刑本身赋予维持社会内部秩序的功能，使肉刑成为国家治理的常规手段。为此，就需要配备相应的指导思想，这就是"同害刑""反映刑"的观念。历史上，在有期劳役刑取代肉刑之前的战国至汉初，刑余之人虽然仍受鄙夷和轻贱，但已经不再被视为社会的弃儿，而能保持法定的社会地位。比如，孙膑受膑刑、黥刑，齐"威王问兵法，遂以为师"（《史记·孙子吴起列传》）；缇萦的上书及文帝对肉刑的反思，也只是针对"其刑之痛而不德"，并没有提到受刑之人永久丧失社会地位，沦为终身的奴隶。

但问题是，肉刑本身的性质决定了其无法承担规范化、理性化的国家司法工具之角色。肉刑的缺陷不仅在人文精神上，也在技术上。即肉刑本身缺少定则，没有细分且合理可信的量刑等级。虽然《尚书·吕刑》曰"墨罚之属千，劓罚之属千，剕罚之属五百，宫罚之属三百，大辟之罚其属二百。五刑之属三千"，但割鼻之刑如何划分出一千种类型？斩趾断足之刑如何划分出五百个等级？男子去势之刑又哪儿来三百种的花样呢？这是不可思议的。而且，执行肉刑时的轻重往往受到私人随意性或自由裁量

---

① ［日］滋贺秀三：《刑罚的历史——东方》，徐世虹译，载《日本学者中国法制史论著选·先秦秦汉卷》，中华书局2016年版，第63—64、182页。

权的很大影响,缺少客观性、公共性。这种刑罚方式适合于只做"定性判断",而无须做"定量判断"。所谓"定性判断",是指将一个人判处"社会性死亡";"定量判断",则需要在保留一个人社会性生存的前提下,依照罪行轻重暂时剥夺其社会身份,因此必须对这种暂时性加以量化。滋贺秀三指出:"伴随着时代的迁移,伴随着官僚制国家的出现,为了贯彻国家意志,进一步建立社会秩序,刑罚开始具备日常社会的统治手段——行政辅助手段的功能。与此相适应,人们对既可以多样化地加减轻重,又非致命性质的刑种和罪刑的成文化也产生了需求,于是有期强制劳动刑应运而生。"① 这就是起源于战国、形成于秦汉的"徒刑""流刑"等。秦汉刑徒仍保留的髡、耐等象征性"肉刑",可以看作肉刑的残留。

秦汉时作为徒刑的刑名颇为怪异,从字面上往往不得其解。例如"髡钳城旦""完城旦""舂""鬼薪""白粲""司寇""耐"。其实,它们指的是刑徒被强制劳役的内容。"髡"为剃发;"钳"是铁制颈钳;"完"是不受髡钳,姿容完整;"城旦"则是在边境上,早晨修整城防,白天警备寇虏;"舂"就是舂米;"鬼薪"是进山砍伐用于鬼神祭祀之薪;"白粲"是择精米(即"粲")以供祭祀;"司寇"即"伺寇",是警备盗贼;所有刑徒都须剔去须鬓,总称"耐"。滋贺秀三认为,这些刑名"恐怕是自战国时代以来经不同途径分别产生出来的名称,最后定位轻重,分别以刑名特指刑期,形成一个体系"。并且,"各种劳役刑在实际运用时,未必是课以像各种名称所反映的劳役内容,而是根据必要性和权宜性,让受刑者从事内容庞杂的劳役。……城旦以下的刑名,与其认为反映了劳役内容,不如说它已是反映刑期长短的代名词"。② 比如髡钳城旦——刑期五年,完城旦——四年,鬼薪——三年,司寇——二年,等等。《刑法志》曰:

> 罪人狱已决,完为城旦舂,满三岁为鬼薪、白粲。鬼薪、白粲一岁,为隶臣妾。隶臣妾一岁,免为庶人。隶臣妾满二岁,为司寇。司寇一岁,及作如司寇二岁,皆免为庶人。其亡逃及有罪耐以上,不用

---

① [日]滋贺秀三:《刑罚的历史——东方》,载《日本学者中国法制史论著选·先秦秦汉卷》,中华书局2016年版,第64页。
② [日]滋贺秀三:《刑罚的历史——东方》,载《日本学者中国法制史论著选·先秦秦汉卷》,中华书局2016年版,第66页。

此令。前令之刑城旦舂岁而非禁锢者，完为城旦舂岁数以免。

总之，从肉刑为主到自由刑为主，是私人性同态复仇和笼统的人格贬低到同质性、可量化之公共刑罚的进步。自由刑的主要内涵是在一定设施（如监狱）内的管制或拘禁，以剥夺人的自由。其中徒刑（拘禁于监狱）是自由刑较为彻底的形式。徒刑在先秦就有，但一直没有刑期，要终身服刑，遂形成一种固定的身份，即官奴婢。他们被安排承担各类低贱的职事劳役，结果这些职事反过来成为各种刑徒之人的专称，如秦代有"城旦""司寇""鬼薪""白粲""舂"等。汉文帝诏令中的"有年而免"是指开始制定徒刑期限，服完刑期，即可免为庶人。汉代的"徒"刑①其实是特定时限的强制劳动，并没有固定的监禁场所或设施。虽有作为设施的"狱"，但主要是关押未处决犯人的临时场所，而不是执行自由刑的固定设施。"流"刑是强制移居，同时也包括强制劳役。秦汉的"徒刑""流刑"可以说属于广义上的自由刑，滋贺秀三认为不如更准确地称为"（有期）劳役刑"。② 无论是监禁还是劳役、流放，可量化的刑期是刑罚合理化、公共化的重要标志。由睡虎地秦简和张家山汉简可见，汉文帝之前已经存在刑期，只是尚未常态化、系统化。文景时期，刑期和笞杖量化体系逐步建立完善。③

法家思想通过刑法对社会进行全面化、细致化管理的要求，及其对于刑罚合理化、规则化的主张，在客观上推动着不规范的肉刑向着可度量的徒刑、笞刑、流刑演进。更加精确量化的刑罚方式也必然有助于社会秩序更加客观化、公共化。在法家的法治原理下，无论君长、有司或人民，"莫得自恣"，不得擅断。《淮南子·主术训》曰："法定之后，中程者赏，缺绳者诛。尊贵者不轻其罚，而卑贱者不重其刑，犯法者虽贤必诛，中度者虽不肖必无罪，是故公道通而私道塞矣。古之置有司也，所以禁民，使不得自恣也；其立君也，所以剬有司，使无专行也；法籍礼仪者，所以禁

---

① 汉代有"徒""刑徒""流"等语，但无"徒刑""流刑"等词。"徒刑"一词最早出现于北周；"流刑"一词最早出现于北魏。

② ［日］滋贺秀三：《中国上古刑罚考——以盟誓为线索》，姚荣涛译，载《日本学者中国法制史论著选·先秦秦汉卷》，中华书局2016年版，第183页。

③ 至隋律，形成了笞、杖、徒、流、死的新"五刑"体系。

君,使无擅断也。人莫得自恣,则道胜;道胜而理达矣,故反于无为。"法家认为,法就是公共规则,是任何政治、经济、社会关系都应统一地受其规范的公共准则。任何私人的、随意的、任性的表达和干预都是不被容许的。一个超越任何私人意志的公共秩序自动地运行,即"无为"之治。

这就要求刑罚体系必须具有完全客观的、普遍的、形式化的准绳和度量,使人人皆知同一套规则,不使法律成为私人弄权舞弊的工具,即《商君书·定分》所谓"如一而无私"。《韩非子·诡使》曰:"夫立法令者,以废私也。法令行而私道废矣。私者,所以乱法也。"《有度》曰:"能去私曲就公法者,民安而国治。"这又进一步要求律法能够一一列明各种行为的具体刑罚方式,而不是在几种有限的肉刑与众多的违法行为之间进行随意的连接,使人民无法预测某种行为的具体刑罚程度。法家反对在民不知法的情况下行刑法之治,这也是孔子反对"不教而诛"思想的引申和应用。因此,法家积极鼓励吏民了解律法条文,并建立吏民获取法律知识的途径与制度保障。如《商君书·定分》曰:

> 诸官吏及民有问法令之所谓也于主法令之吏,皆各以其故所欲问之法令明告之。各为尺六寸之符,明书年、月、日、时、所问法令之名,以告吏民。主法令之吏不告,及之罪。

其最终应达到"使天下之吏民皆明知而用之"(《定分》)的效果。为此,具体细致、可操作性强的刑罚规则是必要条件。总之,在法家政治公共性观念的要求下,最能表达客观性的"数量化"就成为刑罚设计的演进方向。

不过,刑罚设计的合理化并不直接等于人道化或酷烈程度的降低。在法家推动的刑罚体系合理化的同时,进一步使之人道化,是儒家思想的努力方向。虽然先秦儒家典籍中也有不少支持肉刑和鼓吹威吓主义、预防主义的内容,与此同时,儒家的教育主义对肉刑向自由刑的过渡也起到了重要作用。这种思想认为刑罚的目的不仅是报复或威吓,还要关注受刑者的改恶从善、悔过自新,即刑罚也要承担教化功能。《周礼·秋官》云:"以圜土聚教罢民,凡害人者,寘之圜土而施职事焉。"汉律于今不存,无从考证,但《唐律疏议》中明确引用了这段话,显示了儒家刑罚观的影响。

儒家对传统和法家残酷刑法的改造，还在于新瓶装旧酒式的理论化包装。比如，"弃市"是在街头或闹市中执行死刑，其本意应该是以公开行刑的方式威吓民众。但儒家对弃市另有解释。《礼记·王制》曰："刑人于市，与众弃之。"《周礼·秋官·小司寇》云："杀之于市，与国人共弃之。"这都反映了一种基于公共价值或公共意志的审判，从而为弃市之刑赋予了新的意义。儒家对刑法的理论改造，实质上将统治者相对较为私人化的威吓主义法治，改造为社会全体及其价值规范为主体的公共性惩教主义法治。

虽然法家思想主导的刑罚合理化进程缺乏人道化的动力，但至少，一种可以量化因而在量刑上增减调适的刑罚体系，毕竟为人道主义提供了条件。儒家的刑罚人道化诉求，如果脱离了法家的合理化基础，直接对不规范的肉刑传统进行改造，就容易走上歧途。最典型的例子是对"象刑"的解说。

最先是慎到想象上古的理想刑罚：

> 有虞之诛，以幪巾当墨，以草缨当劓，以菲履当刖，以艾韠当宫，布衣无领当大辟，此有虞之诛也。斩人肢体，凿其肌肤，谓之刑；画衣冠，异章服，谓之戮。上世用戮，而民不犯也；当世用刑，而民不从。（《慎子》）

此后，儒家称为"象刑"，即使用特定的服饰进行象征性惩罚。《尚书大传》、汉文帝诏书、武帝诏书、元帝诏书、《孝经纬》和《白虎通》等都有类似的说法，① 认为唐虞之世实行象征性刑罚是汉代儒家流行的看法。虽然是追述上古，但也代表了儒家的刑法理想和现实主张，即反对肉刑为主的重刑主义，主张象刑为主的轻刑。《汉书》颜师古注引如淳曰："古无

---

① 《尚书大传》曰："唐虞象刑，犯墨者蒙皁巾，犯劓者赭其衣，犯膑者以墨幪其膑处而画之，犯大辟者布衣无领。"汉文帝诏云："盖闻有虞氏之时，画衣冠、异章服以为戮，而民弗犯。"（《史记·孝文本纪》）武帝诏云："朕闻昔在唐虞，画像而民不犯。"（《汉书·武帝纪》）元帝诏云："盖闻唐虞象刑而民不犯。"（《汉书·元帝纪》）《通典》载："《孝经纬》亦云：'五帝画象，三王肉刑。画象者，上罪墨蒙衣，中罪赭衣杂屦，下罪杂屦而已。'"（《通典》卷一百六十三"刑法一"）《白虎通》云："画象者，其衣服象五刑也。犯墨者蒙巾，犯劓者赭著其衣，犯髌者以墨蒙其髌，犯宫者扉，扉，草屦也，大辟者布衣无领。"

象刑也。所有象刑之言者近人恶刑之重,故遂推言古之圣君但以象刑,天下自治。"《尚书大传》曰:"有过必赦,小罪勿增,大罪勿累,老弱不受刑,有过不受罚。是故老而受刑,谓之悖。弱而受刑谓之克。不赦有过谓之贼。率过以小谓之枳。故与其杀不辜,宁失有罪。与其增以有罪,宁失过以有赦。"但是,一味地轻刑,甚至以所谓的象征性刑罚而实际上去刑,显然无法满足维持社会秩序的需要。因此,荀子早就对这种象刑说的不切实际提出了批评:

> 以为人或触罪矣,而直轻其刑,然则是杀人者不死,伤人者不刑也。罪至重而刑至轻,庸人不知恶矣,乱莫大焉。凡刑人之本,禁暴恶恶,且惩其未也。杀人者不死,而伤人者不刑,是谓惠暴而宽贼也,非恶恶也。故象刑殆非生于治古,并起于乱今也。(《荀子·正论》)

那么,如何才能真正地实现轻刑或刑罚的人道化呢?在价值取向上,当然应当遵从儒家的人道主义伦理。但在实现方式上,如果只有恢复肉刑和将肉刑化为象征性惩罚两个选项,就只能走进死胡同了。因此,法家思想主导的刑罚合理化是必要的前提。只有在刑罚的方式由难以化约或拆解的肉刑转变为可量化、可调节的自由刑(或鞭答之刑)时,轻刑的主张才具有可操作性。这就需要儒家的合作,即儒家人道主义在批判法家刑律内容之严酷或"重刑主义"的同时,也应正视刑法的常规化、合理化形式所具有的意义。

三 内礼外法与礼法同归

先秦时代"法"的概念与今日的法律、法制并不相同。表示国家暴力惩戒性、强制性规则的另有专门概念"刑"。"法"与"刑"不同。"法"泛指国家制度,包罗万象。《尔雅·释诂》曰:"法,常也。""刑"是"法"的一部分,是"使法必行之法"(《韩非子·画策》),因此,周礼及儒家所继承发展之礼制的一大特性就是礼、法不分。在《荀子》中,"礼法"成为固定名词,专指儒家之礼。"非礼,是无法也;非师,是无师也。……故学也者,礼法也。"(《修身》)

根据春秋史事，"法"可以概括出以下几种含义：一是朝觐、聘问等诸侯之礼；二是封建等级秩序；三是封建君臣体制；四是军赋与军事令则；五是封疆郊鄙之管理与田野土地之经营；等等。总之，西周春秋封建时代的政治体制、军国方策、贵族礼仪、民生农事等无不属于"法"的范围。这种意义上的"法"是"礼"的同义词，只不过"法"更强调外在制度性，也叫作"法度"；而"礼"在儒家的改造下更倾向于内在义理性。在周礼的正常秩序中，礼、法是统一的——正如在三代政治或儒家理想政治中，内圣和外王是统一的，孔门儒学与王官之学是统一的。如果说儒家的礼义之学在形式上是私学化了的诸子学，则儒家关于礼与法不二的观念，关于礼义之学源自王官之学，并期之重建王官之学的立场，正体现了儒学的公共性理想，即儒家认为礼义法度就是国家统一的公共法则。据此，荀子倡言"礼法"完全是儒门正统家学，是自觉承继王官之学的表现，并非受到法家的影响而离经叛道。

但同时，在古文献中，"刑""法"又可互训。《说文》曰："法，刑也。"《管子·心术》曰："杀戮禁诛谓之法。"之所以如此，阎步克认为"'礼'不训'刑'而'法'可训'刑'，正在于政统的分化，使其作为系统化公共强制的方面，充分地显露出来了。商鞅、韩非学说之鲜明的'刻薄寡恩'特色，并不仅仅出于单纯的残暴"①。即"法"本身就意味着一种客观性、公共性、普遍性而又精确化的规则，它的贯彻必然也需要排除私人意志和特殊情况的干扰，结果只能以暴力强制作为一视同仁并准确贯彻的保障。这也能解释为何在儒家经典中最具成文法特征的《周礼》，同时也包含了大量的涉及刑罚的内容。

古典意义上的"法"与"礼"固然相类，但战国以后，"法"作为法度的古典意义逐渐消失，作为刑罚的后世意义逐渐普及。本节所论之"法"，指的是作为刑罚之依据的法，是代表法家思想的成文律令。其与儒家之"礼"的对立是显而易见的，二者的统一则有待辨析。萧公权指出："礼法间之界限本细微而难于骤定。法有广狭二义，与礼相似。狭义为听讼断狱之律文，广义为治政整民之制度。就其狭义言之，礼法之区别显

---

① 阎步克：《士大夫政治演生史稿》，北京大学出版社2015年版，第154页。

然。若就其广义言之，则二者易于相混。"①

侯外庐等以"礼""法"分别代表儒、法两家的社会秩序理念，认为"'礼'是讲上下尊贱之别的，是不能在所谓一个标准之下来'齐'的，然而'法'不然，'法'是要讲一个标准的。……所以，礼在于'别'，而法在于'齐'。……法与其说是对于贵族'刻薄少恩'，毋宁说是把贵族的'别''分'降低了。"②侯外庐认识法的意义十分精准，但将儒家之礼几乎等同于保守周代贵族宗法秩序，就有些失于狭隘了。儒家礼书确实保存并支持了政治宗法制；但另一方面，其在礼义上强调的父子、兄弟、夫妇等血亲伦理以及在礼仪上建构的丧服制度，都本质地通向一个更加平民化的社会结构。可以说，儒家在政治上希望保留部分贵族制、等级制元素，但在社会层面却追求建立一种非支配性的、政治身份平等的伦理结构——虽然也有尊卑差等，但不是政治支配性的，而是伦理性的。因此，儒家一方面完善礼仪体系；另一方面，尝试为新兴的刑律（"法"）注入礼义的精神，使之一定程度上"礼法化"，最终在新的领域重建礼、法的统一。

（一）礼仪的法典化

传统主流观点认为，西周至春秋战国的伦理观念变化是"仪式伦理"主导渐渐变成以"德行伦理"为主导。但实际上，周礼仪式的完备体系可能是个相当晚近的传统，是"西周晚期礼制改革"之后逐渐完善的产物，是在春秋而非西周时期得到集中展示的文化现象，甚至要经过儒家之手的整理总结才能最终定型。因此可以说，仪式伦理与德行伦理都是前儒家的春秋时代遗留的资源，并在儒家的兴起和发展中表现为同一个成长过程。尤其是《仪礼》的主体——丰富细致的"士礼"，更像是春秋而非西周时代的文化总结。

周"礼"首先是稳定的政治秩序，而这未必意味着完备的礼乐仪式。典型的宗法秩序有着显著的私人依附性，其中支配与服从的行为方式往往是随意的、无定则的。有着客观的、完备的礼仪法度的时代，宗法制度反而未必是更有效的。就像西周初期的封建，在礼的成熟度上必然不如后世的积累更加郁郁乎文哉，但谁又能否认周公、成王时代的封建关系比后世

---

① 萧公权：《中国政治思想史》，新星出版社2010年版，第74页。
② 侯外庐、赵纪彬、杜国庠：《中国思想通史》第一卷，人民出版社1957年版，第589页。

繁复的封建礼制更为典型和有效呢？这种原始粗糙的"礼"既缺少伦理之义，也陋于形式之仪，其本质是虽无定则却行之有效的治国、利民、安家、全身之术。《左传·昭公五年》曰："礼，所以守其国，行其政令，无失其民者也。"

虽然西周之"礼"是法无定法的立国行政之道，但儒家重建周礼的方向却是使礼有定法而成"礼法"，包括客观化、普遍性的伦理之义与形式之仪。阎步克指出："西周重'德'，而春秋以来对'礼'的申说却日益增多，对之不妨认为，社会的分化与复杂化，已使得在维系古老的'德'时，必须更为强调其'客观方面的节文'了。'礼'已非自然服习的东西，它已具有了处理政治、经济、文化、外交、军事等事务的程序与原则的意义，并经常地远离了人情人性。……'礼'反而被认为是纠矫民性、'化性起伪'的东西。"①

所谓的"礼崩乐坏"并不是说（西周）曾有过完善的礼乐秩序，而现在崩坏了。就像现代政治学者以某些第三世界国家为例研究"民主的崩溃"，其实不是指这些国家曾经有过完善的民主政体，结果现在崩溃了；而是在传统国家解体之时，政治理论家们希望用民主政体的方案为之重建国家秩序，结果却遭到军事政变、民粹主义、部落政治等各种因素的扰乱，坐视追求民主理想的努力付诸东流。这就是"民主的崩溃"。它实际上不是民主传统的崩溃，而是民主理想在现实中的受挫和崩溃。儒家痛心疾首的"礼崩乐坏"也有类似之处。"礼崩乐坏"与其说是历史陈述，毋宁说是在现实中的理想受挫之后的哀叹。西周国家曾在远逊于春秋时代礼乐文明的条件下维系了三百年的统一秩序。"周代政治并没有后人形容的那样讲道德，其实周人自始至终是崇尚武力的征服，从周人东下，灭殷践奄，以至征南土，伐玁狁，是一路杀下来的。"② 西周灭亡后，春秋时代秩序混乱，贤大夫以至孔子儒家持续不断地通过总结整理、发展完善周礼法度，提炼政体理想，并强调其在政治上的应用，冀望以此重建合理的政治。但在现实中，他们的理想一再受挫，屡屡失败，就像现代政治理论家的民主理想在第三世界国家的实践中脆弱不堪、时常崩溃一样。只不过为

---

① 阎步克：《士大夫政治演生史稿》，北京大学出版社 2015 年版，第 76 页。
② 侯外庐、赵纪彬、杜国庠：《中国思想通史》第一卷，人民出版社 1957 年版，第 99 页。

了增强正义的信念，儒家往往将自己的礼乐政治方案假托起源于周公时代，以获得基于传统的权威；而现代的民主理想更愿意用某种政治哲学取代历史作为自己的正当性基础。

为了使礼乐文明获得在现实政治社会中立足的基础，儒家的努力远远不只是为形式性的礼注入内在的伦理精神，更重要也是更基础的工作，是礼仪制度的成文化、规范化——这为礼乐文明的建设提供了操作指南。礼，包括形式性的礼仪，就其相对于后起的内在性道德情感而言，往往被看作儒学外围的或浅层的部分，而尤其受到后世理学传统及形而上学导向下的现代中国哲学专业研究的轻视。但在早期儒家，却是另有一番情形。先秦儒家群体中，除了所谓"思孟学派"关注内在性、形而上的道德内涵之外，似乎还有不少学者致力于外在礼仪的整理与完善，很难说哪一方更像当时的主流。

上节已提到，儒家对法家的反对，集中在刑罚的过甚，而非形式化的规则上。儒家在形式化规则的追求上，与法家实为同道中人。只不过，法家规则化的是刑罚，儒家是礼仪。国家礼典，非"法"而何？唯非"律"耳。礼仪与刑律在形式化规范的意义上，是类似的事物。《韩非子·难三》曰："法者，编著之图籍也。"章太炎指出"著书定律为法家"①，即制定成文法是法家的重要特征。而儒家整理的礼书毋宁说也是一种"成文法"。在社会治理方式上，虽然德化与刑罚相悖，但礼制与法制相近。刑罚与礼制并存的典型文本就是《周礼》。因此，礼制—法制其实是应对"礼崩乐坏"、重建政治秩序的一脉相承的持续努力。《慎子》曰："法制、礼籍所以立公义也。……定赏分财必由法，行德制中必由礼。"

阎步克认为："在古代中国，当原生'乡俗'的支配地位消失之后，代之而在政治领域居于主导的并不就是'法制'；换言之，由原生'乡俗'到发展出纯粹政治性的'法制'的时代，曾有一段漫长的'礼'秩序介乎其间。"② 由自然礼俗而变为人为礼制，本身就是一种"法制化"的过程，也是从人类学意义上的"礼"变为儒家意义上的"礼"的过程。法家之制是儒家礼制的延伸。马小红将礼分为"礼制（仪）"和"礼义"两大部

---

① 章太炎：《检论·原法》，载《章太炎全集》第三册，上海人民出版社2014年版，第444页。

② 阎步克：《士大夫政治演生史稿》，北京大学出版社2015年版，第109页。

分。其中，礼义构成儒家的特色，而礼制（仪）发展出刑罚法制，是法家的源头。① 由礼俗而礼仪的成文化，其意义类似于由礼俗而礼义的名目化。作为抽象礼义和道德规范的"礼"固然可以类比于"自然法"，但同时，包含具体节文、仪式、典章、制度等琐屑细则的，"作为一种具体繁复的规则体系的礼，已经与实在法颇为接近了"②。详见图3—2。

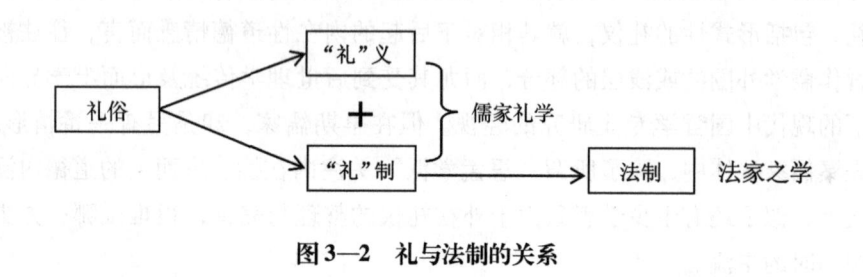

图3—2 礼与法制的关系

在道德哲学或形而上学的视角下，这些礼仪的整理与构建本身似乎显得颇为乏味，必将纳入道德本性之外化成像的范畴或系于文化传统之神圣遗产的信仰，然后方能从容研习问学。但如果从政治或社会秩序的角度看，则会有新的理解。比如，第二章提到的礼仪作为政治合法性来源的意义。此外，礼仪的编制，其实质与伦理的名目化相似，都是针对因受主观影响而随机随性的人伦秩序，欲以一种制度化的方式使之客观化、公共化。也许，对于早期儒家来说，礼的内在精神化与外在制度化是同时推动的，是同等重要的工作。于是，礼的条文化也像刑律一样发展起来了，儒者认为二者甚至应该无缝对接。王充曰：

> 古礼三百，威仪三千，刑亦正刑三百，科条三千。出于礼，入于刑，礼之所去，刑之所取，故其多少同一数也。今《礼经》十六，萧何律有九章，不相应，又何？《五经》题篇，皆以事义别之，至礼与律独（犹）经也，题之，礼言昏礼，律言盗律何？（《论衡·谢短篇》）

---

① 参见马小红《礼与法：法的历史连接》（修订本）第二、三章，北京大学出版社2017年版。

② 梁治平：《寻求自然秩序中的和谐——中国传统法律文化研究》，上海人民出版社1991年版，第309—310页。

陈宠亦曰：

> 臣闻礼经三百，威仪三千，故甫刑大辟二百，五刑之属三千。礼之所去，刑之所取，失礼则入刑，相为表里者也。（《后汉书·陈宠传》）

从先秦儒家的礼书编纂到汉代开始的经学研究与国家礼制订立颁布，实际就是礼制的法典化。程树德谓："汉沿秦制，顾其时去古未远，礼与律之别，犹不甚严。《礼乐志》叔孙通所撰礼义与律同录藏于理官。《说文》引汉律祠宗庙丹书告，《和帝纪》注引汉律春曰朝秋曰请，是可证朝觐宗庙之仪，吉凶丧葬之典，后世以之入礼者，而汉时则多属律也。"① 章太炎也认为刑律之外，汉律犹有"制度法式之书"，涉及官制、驿传法式、度数章程等，"国典官令无所不具"。因此，"汉律非专刑书，盖与《周官》《礼经》相邻"②。汉代之后，律法刑书与官制礼仪之典才逐渐分离。

儒家礼制的一个突出特点是"数字化"或"数列化"。这一方面固然与战国秦汉时代的数术信仰有关。"中国礼制的'数字化'，首先可能具有'数术'的意义。在中国人的心中，天地人秩序也是'数字化'的。所以中国的巫术被称为'数术'，'术'与'数'直接相关。"但另一方面，数字化的标识把人符号化了，便于标示、识别、晋升、流动。于是，"'数字化'还有一种行政与管理的意义，为精细安排身份、地位、礼遇及其变动，提供了重大便利"。因此，"中国早期礼制的'数字化'倾向，与中国早期文化的官僚制倾向，盖有密切关系。官僚制对'整齐'的内在寻求，推动了'量化'手段的普遍运用"③。"礼家的那些编排，依然反映了早期文化的一种内在的倾向性：对臣民生活的各个细节都要管起来，都要等级化。臣民的私人空间，被'国有化'了。"④ 总之，以量化实现客观化，以及因为量化而规则细致化、规制全面化，实质上就是律法的精神，也是政

---

① 程树德：《九朝律考》，"汉律考"，中华书局1963年版，第11页。
② 章太炎：《检论·原法》，载《章太炎全集》第三册，上海人民出版社2014年版，第445—446页。
③ 阎步克：《服周之冕——〈周礼〉六冕礼制的兴衰变异》，中华书局2009年版，第114页。
④ 阎步克：《中国古代官阶制度引论》，北京大学出版社2010年版，第199、259—260页。

治公共性的精神。

（二）礼义的法理化

礼与法的结合，除了礼仪采取律法的形式化包装之外，还有礼义采用律法的强制性动力。关于后者，瞿同祖有深刻的理解："礼加以刑罚的制裁便成为法律。……成为法律以后，既无害于礼所期望的目的，也不妨害礼的存在。同一规范，不妨既存于礼，又存于法，礼法分治，同时并存。儒家所争的主体，与其说是德治，毋宁说是礼治，采用何种行为规范自是主要问题，以何种力量来推行这种规范的问题则是次要的。"① 在保持礼义自身价值方向的同时，引入刑罚等推行和实践的动力，是礼法结合的另一种场景。这一过程，也可以说是律法的道义化，或礼义的法理化，即儒家礼义成为法家律令的法理或价值基础。《管子·枢言》曰："法出于礼。"《心术上》曰："礼出乎义，义出乎理，理因乎宜者也，法者所以同也，不得不然者也。"

以礼义为律法之义、立法之本，是儒家一贯的理想。汉代流行的"春秋决狱"是这一理想的早期实践。梁启超称为"礼刑一致"的观念，并说："刑罚以助成伦理的义务之实践为目的，其动机在教化，此实法律观念之一大进步也。"② 律法与礼仪同为形式化典则，只是包装上的统一，内里可以各行其是。但律法与礼义则是本末的关系，在儒家政治理念的推动下，二者的结合越来越紧密。阎步克指出："自汉以后，'律'一方面逐渐纳入了'礼义'原则指导之下，另一方面它与'礼仪'却日益分途。""'礼'之入'律'，主要是就'礼'之'礼义'方面而言的，也就是把'礼治'的纲常名教原则贯注于法律之中；但是在'礼仪'即'礼'的典制节文方面，情况则复杂得多了。"③ 结果就是，"中国法律原无律无正文不得为罪的规定，取自由裁定主义，伸缩性极大。这样，儒家思想在法律上一跃而为最高的原则，与法理无异"④。以礼入律也构成后世所谓"中华法系"最显著的特征之一。《淮南子·泰族训》曰："法之生也，以辅仁义。……治之所以为本者，仁义也；所以为末者，法度也。"

---

① 瞿同祖：《中国法律与中国社会》，中华书局2003年版，第348—349页。
② 梁启超：《先秦政治思想史》，商务印书馆2014年版，第61—62页。
③ 阎步克：《士大夫政治演生史稿》，北京大学出版社2015年版，第427—428页。
④ 瞿同祖：《中国法律与中国社会》，中华书局2003年版，第350页。

李泽厚概括了司法事务中"儒法互用""礼法交融"的四个特征：（1）"屈法申情"。即儒学强调以亲子关系为基础的尊卑、长幼、亲疏（如五服丧制）等级秩序被纳入正式法律条例中，父子相隐、无异财、反分居、存留养亲等成为明文规定。（2）"原心论罪"。即相比客观行为效果，更重视以当事人的主观动机、目的来作为衡量裁判的法律标准。董仲舒的"春秋决狱"方法将之称为"从其志以见其事"（《春秋繁露·玉英》）。（3）重视行"权"。即以具体的情境、人情、情感关系突破和冲淡礼法秩序之普遍形式的严格性。（4）"必也无讼"。即强调以人伦亲情来感化人心、平息诉讼。①

儒家礼义作为法理对律法产生了广泛的影响，比如亲亲相隐对法治的改造。法家思想反对以私害公，主张国家权力贯彻于基层甚至家庭内部，因此商鞅将传统的"族刑"规范化为连坐之法。②秦汉法治相沿不改。但儒家思想将亲族伦理和家庭秩序视作社会秩序的基石，应该独立于国家权力的干预之外，避免受到后者的破坏。因此，在二者发生冲突时，儒家主张"父为子隐，子为父隐，直在其中矣"（《论语·子路》）。进入汉代之后，这种伦理观持续对连坐和族刑的法律规定施加影响。盐铁会议上，代表儒家立场的"文学"们也对族刑连坐提出批判：

> 为民父母，以养疾子，长恩厚而已。自首匿相坐之法立，骨肉之恩废，而刑罪多矣。父母之于子，虽有罪犹匿之，其不欲服罪尔。闻子为父隐，父为子隐，未闻父子之相坐也。闻兄弟缓追以免贼，未闻兄弟之相坐也。闻恶恶止其人，疾始而诛首恶，未闻什伍而相坐也。（《盐铁论·周秦》）

汉宣帝则在部分至亲关系中废除了连坐之法。《汉书·宣帝纪》：

> 父子之亲，夫妇之道，天性也。虽有患祸，犹蒙死而存之。诚爱

---

① 李泽厚：《历史本体论 己卯五说（增订本）》，生活·读书·新知三联书店2006年版，第201—210页。

② 关于商鞅之前的秦国和其他各国，乃至西周时期的族刑情况，参看［日］小仓芳彦《围绕族刑的几个问题》，徐世虹译，《日本学者中国法制史论著选·先秦秦汉卷》，中华书局2016年版。

结于心，仁厚之至也，岂能违之哉！自今，子首匿父母、妻匿夫、孙匿大父母，皆勿坐。其父母匿子、夫匿妻、大父母匿孙，罪殊死，皆上请廷尉以闻。

其他儒者的相关言论不一而足。最终在东汉之后，相关法律发生了质的改变。《尚书·康诰》孔颖达《正义》引郑玄注曰："今之律令，大功以上得相容隐，邻保罪有相及。"可见，东汉的律令已经允许一定范围内的亲亲相隐。这在以后形成传统。

但是，儒家礼义的法理化和对法治的改造，并没有颠覆法治的基本政治模式，没有将"私人领域"或儒家伦理提高到超越公法秩序之上的地位，而是将前者安顿在了公法秩序之中，将伦理这一公共价值糅进了法治这一公共秩序之中，实现了公私的融合与兼顾。如小仓芳彦所说，"'私'最终还是要通过'公'的认可而存在，认可属于'私'范畴的'容隐'未必就降低了'公'权的权威"，"反之，认定'私'的范畴，将有助于较高层次的'公'权的确立——事实已然如此。较高层次的'公'并不排斥与'私'的矛盾，而是通过承认并包容'私'而使权威的确立成为可能"①。也就是说，像儒家伦理这种私人性价值追求，实际上也是人人相通、普遍向往的公共性价值。只有容纳更多的公共价值，法治秩序才能体现出更高层次的公共性、权威性。

（三）礼法同归于平民社会

儒法两家共同的历史背景是宗法制与奴隶制融合的贵族制社会及私人性程度较高的政治形态。家父长权威支配下的奴隶制，在微观上是私属性君主政治的缩影，在宏观上是私属性君主政治的内核。晁福林指出，"春秋战国时期奴隶制度的根本特点……在于其间蕴含的宗族性质"，"许多奴隶也属于宗族组织，并且其身份往往具有两面性，既是宗族成员，又是奴隶"②。宗法制与其说是家族伦理原则，不如说是一种政治组织，是基层管理方式，其所塑造的是贵族专制的社会形态。

《论语·子路》曰："仲弓为季氏宰，问政，子曰：'先有司，赦小过，

---

① ［日］小仓芳彦：《围绕族刑的几个问题》，《日本学者中国法制史论著选·先秦秦汉卷》，中华书局2016年版，第336—337页。

② 晁福林：《春秋战国的社会变迁》下册，商务印书馆2011年版，第671页。

举贤才.'"仲弓做的是季氏的家臣,问的却是"政",可见卿大夫之家本身就是一个政治组织。《左传·昭公七年》曰:

> 天有十日,人有十等,下所以事上,上所以共神也。故王臣公,公臣大夫,大夫臣士,士臣皂,皂臣舆,舆臣隶,隶臣僚,僚臣仆,仆臣台。马有圉,牛有牧,以待百事。

其中,隶、僚、仆、台、圉、牧等都是奴隶。《左传·桓公二年》载:"大夫有贰宗,士有隶子弟。""士有隶子弟"即士作为宗子,以宗族的其他成员、子弟为隶。他们之间类似于君臣关系,是主人与奴仆、家臣的关系。先秦两汉时期的奴隶、臣仆大多是家内奴隶,从事家务劳动,不像古希腊、古罗马主要是生产性奴隶,从事农业和商业活动。这是礼、法两种理念所共同面对的社会条件。

在构建理想社会秩序的维度上,礼、法都反对奴隶制:法家主张分家析产,消灭家内奴隶的土壤。儒家主张血亲伦理,淡化宗族内部的主奴/君臣支配关系。社会治理意义上的礼,主要是士冠礼、士丧礼、士婚礼、士相见礼、乡饮酒礼等,其中最重要的是丧服之礼。礼、法的理念都建立在平民具有独立而平等的社会地位这一基础之上,都是反对私人性支配关系或反宗法专制的武器。比如,汉代政论中常见的两个主题——抑制豪强与解放奴婢,分别基于法家和儒家的理论支持,是一体之两面。礼、法共同为战国之后平民社会的发展提供了指导和保障。法为平民社会提供了他律机制,礼则为之提供了自律机制。这种自律机制的作用发挥是在后世儒家士大夫持续的移风易俗的努力之下,逐渐得以呈现的。

男女之礼是维护一夫一妻的小家庭独立、稳定的保障,是抵御主奴结构的大家族吞噬小家庭的堤防。"以小私有制为基础的小家庭的存在是需要他(她)们严守贞操节信的,没有贞信就没有个体农民一夫一妻小家庭和谐的存在与稳定的发展。"[①] 对此,儒家的贡献不言而喻。前儒家的贵族宗法制以嫡长子继承制为核心,以主观的宗子支配权威为主要特征,礼主要表现为宗子主祭、族人助祭之礼;儒家化的平民宗法制以诸子均分制为

---

① 张金光:《秦制研究》,上海古籍出版社2004年版,第464页。

基础，以客观的丧服伦理网络为主要特征，礼主要表现为家人根据亲疏尊卑相互对待之礼。这必然将有效地维护平民为主体的社会结构。法家实际上也有着同一方向上的努力。

商鞅变法的一项重要内容是分居析户政策，规定"民有二男以上不分异者，倍其赋"，"令民父子兄弟同室内息者为禁"（《史记·商君列传》）。这与儒家希望的社会伦理图景似乎异轨殊途，因此早在汉初就遭到了贾谊的激烈批判：

> 商君遗礼义，弃仁恩，并心于进取。行之二岁，秦俗日败。故秦人家富子壮则出分，家贫子壮则出赘。借父耰鉏，虑有德色；母取箕帚，立而谇语。抱哺其子，与公并倨；妇姑不相说，则反唇而相稽。其慈子耆利，不同禽兽者亡几耳。……曩之为秦者，今转而为汉矣。（贾谊《治安策》）

贾谊认为商鞅之法以利益为导向，败坏了秦国的礼俗道德，从一般原则上讲是成立的，但商鞅思想本身和秦国社会文化的状况却并不完全支持贾谊的批判。

商鞅之法的利益导向集中在国家层面的耕战之上，而不在民与民的私利之间。相反，商鞅追求的是"民勇于公战，怯于私斗"（《史记·商君列传》），导致风俗败坏的民间私利争斗恰恰是商鞅所反对的。至于秦地的民风浇薄，更有可能是当地文化传统的遗留，而非法家政治破坏的结果。甚至，商鞅是以改善秦国民风、提高人民伦理水平而自许的。他对赵良说："始秦戎翟之教，父子无别，同室而居。今我更制其教，而为其男女之别，大筑冀阙，营如鲁卫矣。"（《史记·商君列传》）张金光认为，所谓戎狄之俗大概就是父子无别、男女无别，即家庭中的两性关系不甚严肃，比较随便。① 秦人受其影响，也多染此风，甚至贵族阶层也不例外。比如宣太后芈氏的淫乱，② 秦人竟不以为耻。

---

① 张金光：《秦制研究》，上海古籍出版社2004年版，第462页。
② 《史记·匈奴列传》载："秦昭王时，义渠戎王与宣太后乱，有二子。宣太后诈而杀义渠戎王於甘泉，遂起兵伐残义渠。"《战国策·秦二》载："秦宣太后爱魏丑夫。太后病将死，出令曰：'为我葬，必以魏子为殉。'"

荀子对于秦人在父子、夫妇之际的风俗也有如下批评：

> 天非私齐鲁之民而外秦人也，然而于父子之义，夫妇之别，不如齐鲁之孝具敬文者，何也？① 以秦人从情性，安恣睢，慢于礼义故也，岂其性异矣哉！（《荀子·性恶》）

荀子认为秦地风俗不如齐鲁，是因为秦人本来就处于性恶的自然状态中，缺少礼义的干预。这种自然状态不待商鞅之法的败坏，是本性所致，自古已然。

而商鞅的政策反倒是要为秦国移风易俗，使之"如鲁卫"。《商君书·开塞》曰：

> 天地设而民生之。当此之时也，民知其母而不知其父，其道亲亲而爱私。……故圣人承之，作为土地、货财、男女之分。分定而无制，不可，故立禁；禁立而莫之司，不可，故立官；官设而莫之一，不可，故立君。

这一套圣人明分定制、立官立君以化民成俗的逻辑与荀子代表的儒家主流思想十分相似。睡虎地秦简中有一篇南郡守腾通告属县官吏的《语书》：

> 古者，民各有乡俗，其所利及好恶不同，或不便于民，害于邦。是以圣王作为法度，以矫端民心，去其邪避（僻），除其恶俗。法律未足，民多诈巧，故后有间令下者。凡法律令者，以教道民，去其淫避（僻），除其恶俗，而使之之于为善殹（也）。今法律令已具矣，而吏民莫用，乡俗淫失（泆）之民不止，是即法（废）主之明法殹（也），而长邪避（僻）淫失（泆）之民，甚害于邦，不便于民。故腾为是而修法律令、田令及为间私方而下之，令吏明布，令吏民皆明智（知）之，毋巨（歫？）于罪。②

---

① 《荀子》杨倞注："'敬父'当为'敬文'，传写误耳。"
② 本书所引秦简文本皆参见陈伟主编《秦简牍合集》卷壹，武汉大学出版社2014年版。

这件文书也典型地反映了法家以法令移风易俗的思想。

到秦始皇时，社会价值观的转变已初见成效——不仅在秦地，而是普及天下，尤其是在邻近夷狄的边缘地区。如旌表守节的巴地寡妇清；① 又如泰山刻石之辞曰"男女礼顺，慎遵职事"；会稽刻石之辞曰"防隔内外，禁止淫泆，男女絜诚"。始皇帝是法家思想的忠实实践者，继承了商鞅移风易俗的事业。顾炎武据此评论始皇及秦法之功业当不愧于儒者："秦之任刑虽过，而其坊民正俗之意固未始异于三王也。汉兴以来，承用秦法以至今日者多矣，世之儒者言及于秦，即以为亡国之法，亦未之深考乎？"（《日知录》卷十三"秦纪会稽山刻石"条）

但改造传统、提升民间伦理水平仍是长期的任务。贾谊将不理想的风俗状况归咎于商鞅变法造成的恶果，是有失实情与公允的。如果秦人风俗真的是被商鞅之法败坏掉的，那就意味着在商鞅之前，秦地已经具有了如齐鲁中原一般进步的以角色式家庭伦理为内涵的礼义水平。这不仅于史无征，而且也不符合社会文化发展的一般规律。"野人曰：父母何算焉。"（《仪礼·丧服》）"算"就是别，贾公彦疏云："（野人）不知分别父母尊卑。"可见不独秦地，各国历史上广大的"野人"区域都缺少基本的家庭伦理，只是东方各国进步较早而已。上节提到，编户齐民某种程度上意味着"野人"的"国人化"。"国人"是礼文化的最低阶层，而法家的齐民政策使"野人""国人化"，自然就意味着使更多的庶民进入礼文化的影响范围。礼—法正是在这一层面上结合的。

至于分户析产或小家庭的社会结构与伦理道德的败坏，也并没有必然的因果关系。② 实际上，强调父子、夫妇等小家庭伦理与打造以独立小家

---

① 《史记·货殖列传》载："清，寡妇也，能守其业，用财自卫，不见侵犯。秦皇帝以为贞妇而客之，为筑女怀清台。"

② 守屋美都雄就对贾谊的批评提出了质疑。他说："贾谊所批判的，就是会导致动摇家长权威的分家方法，如果存在不太会动摇家长权威的分家方法（笔者认为是存在的），那么他是否还会批评就很难说了。……笔者认为，'生分'仅指'父母与儿子分开，父母未得子女照料'。现代的实地调查显示，即使在父母生前分家，也不意味着父母与孩子完全断绝关系，存在或与某子同住，或轮流与诸子同住，或将自己的养老地租给孩子们耕种，以抚养代替租金等做法。汉代的具体情况虽然不得而知，但父母在分家之后一般都住在长子家中。也有少数例子如陆贾，是在各子家中轮住。只要诸子中有人照顾父母，在父母生前分家的行为就没有什么可值得批评的。"（[日] 守屋美都雄：《中国古代的家族与国家》，钱杭、杨晓芬译，上海古籍出版社2010年版，第236—237页。）

庭为主的社会结构本身就是一事之两面——都是打破宗法专制秩序、营建更平等的平民社会的题中之义。当然，秦法要求父子分居在彼时的社会经济条件下不利于子女养老和孝道弘扬，这一点确实构成儒家批判的理由。

因此，虽然汉朝继承了秦的法制，但在家庭制度上已经开始调整。比如，汉惠帝令"吏六百石以上父母妻子与同居"（《汉书·惠帝纪》）。同时，社会文化氛围也逐渐倾向于儒教。比如，"察孝廉，父别居"（《抱朴子·审举》）已为舆论所不容了。应劭则曰："凡同居，上也；通有无，次也；让，其下耳。"（《风俗通义·过誉》）而这种调整，一方面满足了儒家重视家庭伦理的要求，另一方面也仍然保持在了法家所构建的平民社会结构之中。因为即便是由此形成的大家族也不再是宗法制的，而完全是在"五伦"和丧服体系下由一个个小家庭聚合而成的、内部更具公共性的伦理共同体了。并且，这种更具儒教色彩的家族共居，照样无所滞碍地接受着法家式的基层管理。法家的官僚制管理、小家庭本位与周礼的宗法制社会势如水火，但与儒家的平民化伦理体系却能和平共存，甚至相辅相成。因此可以说，这是礼法统一的新境界，也是汉代以后所谓的"中华法系"逐渐完善与成熟的基本前提。

张金光认为："秦自商鞅变法，禁'父子同室内息'，作'父子有别''男女有别'之教，这与儒家宣传的鲁文化所说的'男女有别'实有质的差异。儒是要在维护宗法制下父家长隶子弟的局面，亦即在不拆散父家长大家庭的前提下去讲'别'，只是稍加修饰而已。而秦则是首先要在拆散父家长大家庭，分户异居的原则下实现'父子有别''男女有别'。孔儒顶多算是改良，而商君之法可称之为社会革命。"[①] 这一判断是不准确的。就"父子有别""男女有别"本身而言，儒家的呼吁和法家的提倡并没有"质的差异"。儒家也并不是要固守父家长统治下的宗法制。其实，对儒家思想来说，强调对偶性的身份伦理，强调在自然亲情之"仁"的基础上重建礼义秩序，本身在逻辑上就必然会消解宗子专制性的宗法秩序，消解父家长支配下的大家庭。至于儒家所提倡的数代同居共财的大家族，则是在新的伦理原则上建立起来的，其礼俗内涵与商鞅通过分居析户所欲达成的"父子之别""男女之别"的目标并无本质区别。只不过，儒家在相同的努

---

① 张金光：《秦制研究》，上海古籍出版社2004年版，第467页。

力方向上有着更高的追求，但同时，儒家理想的以血亲伦理组织的大家庭也仍然是平民社会秩序的一部分。

传统宗法制中，宗子垄断整个大家族的祭祀权。云梦睡虎地秦简《日书》部分地反映了战国时期秦人的家庭祭祀情况。比如每个小家庭都有"祠木"，可见祖宗祭祀已经不由宗子代理，而可以自家进行了。不过，只发现了"祠父母良日"的文字，而无祠祖父母及以上祖先的记录，说明小家庭祖先祭祀的发展还很初步。《孟子》理想中的典型家族规模不过是"五亩之宅""百亩之田""八口之家"或"数口之家"；何休在《公羊传》宣公十五年注中则说，"一夫一妇，授田百亩，以养父母妻子，五口为一家"；应劭在《风俗通义》中也说，"五口为一户，父母妻子也"；《周礼·小司徒》曰，"上地家七人""中地家六人""下地家五人"。总之，儒家设想的家庭形态是只包含直系亲属、十人以下的小家庭。这也是推广礼教的基本单位。至少，先秦至西汉的儒家并不认为小家庭的社会结构是培育礼义伦理的障碍。"而且由于这类家族甚至被纳入了井田制度中，因此它决不具有'不道德的'性质。"①

以"孝"为例，孟子讨论过世俗所谓不孝的五种情形：

> 惰其四支，不顾父母之养，一不孝也；博弈好饮酒，不顾父母之养，二不孝也；好货财，私妻子，不顾父母之养，三不孝也；从耳目之欲，以为父母戮，四不孝也；好勇斗狠，以危父母，五不孝也。（《孟子·离娄下》）

这五种不孝行为中的博弈、好饮酒、好货财都暗示人子脱离了父家长权威的直接支配，具有独立的经济基础和社会生活。这意味着父母健在时，父子兄弟已经别财异居——至少是分灶吃饭，分割成一个个独立的核心小家庭。孟子正是在这样的社会结构前提下讨论亲族伦理的。

实际上，只是到了东汉，儒生们才开始大力鼓吹家族聚居、累世同居。汉儒认为更大规模、更紧密结合的家族集体生活，是更好地实践儒家

---

① ［日］守屋美都雄：《中国古代的家族与国家》，钱杭、杨晓芬译，上海古籍出版社2010年版，第285页。

礼义或伦理纲常的理想场域。因此，应劭才说"凡同居，上也；通有无，次也；让，其下耳"。不过，就算是实现了家族聚居，这个大家族也仍然在法家编户齐民的秩序规制之下，内部是去中心化的多元结构，而不再是西周宗法制中的大家长专制组织。

法家对这一过程也发挥了自己的推动作用。随着法家以官僚制和普遍性法治取代宗法制，（除王室/皇室外的）亲缘关系被从政治中排除而退回到了社会领域。于是在社会层面，如阎步克所说："严格意义的（即封建性的）宗法制也日渐让位于家族制。宗法重宗子而家族重父子；或说同尊父兄，而一为宗主，一为家长。二者有同亦有其异，后者的政治色彩大为淡薄了。"① 在宗法制下，只有宗子才有可能因获罪或失势而累及整个宗族；但在丧服秩序中，任何一人都有可能因获罪而连坐"三族"或"九族"。前者是政治意义上的势力瓦解；后者只是司法意义上的连带责任。显然，以个人和社会性的小家族（而非政治性的大家族）为单位的后者所代表的秩序更具普遍性和稳定性。

至于礼治与法治的具体矛盾，比如父子相告与亲亲相隐、什伍连坐与敦信修睦、严刑酷法与德主刑辅等，都是在平民社会这一共同大框架下的内部分歧，是可以相互妥协与调和的。由于其各有功能之侧重，甚至是必须共存与合作的。法家貌似不以礼义为治国之具，所谓"君之直臣，父之暴子也"，"父之孝子，君之背臣也"（《韩非子·五蠹》）。儒家则相反，郭店楚简《六德》篇："为父绝君，不为君绝父"②；孟子曰："尊亲之至，莫大乎以天下养。"（《孟子·万章上》）二者看似针锋相对，其实只是在极端状态下的优先级排序不同，而在一般情境下，并非没有共识。就像儒家主张在发生冲突时，亲亲高于尊尊，但并不否定尊尊。法家也只是在法制与礼义或忠君与孝悌发生冲突时，才取此而去彼，但并不等于完全否定

---

① 阎步克：《士大夫政治演生史稿》，北京大学出版社2015年版，第126页。
② 郭店楚简残篇《六德》一般认为是子思所作，属于儒家"思孟学派"。关于"为父绝君，不为君绝父"一语，李存山认为，"这是以前未曾发现的先秦儒家文献明确讲父子关系高于君臣关系、反对将君臣关系绝对化的思想"。（李存山：《读楚简〈忠信之道〉及其他》，《中国哲学》第二十辑。）刘乐贤则认为，"为父绝君，不为君绝父"讲的是丧服之礼，其引申义"当然可以说是以血缘关系为重，也就是说父子关系重于君臣关系"，并且这种思想"可能是古代儒者的一致看法"。（刘乐贤：《郭店楚简〈六德〉初探》，载《郭店楚简国际学术研讨会论文集》，湖北人民出版社2000年版。）

亲缘伦理的存在意义。同样是《韩非子》，也会说"臣事君、子事父、妻事夫，三者顺则天下治，三者逆则天下乱，此天下之常道也"（《忠孝》）。秦律区分"公室告"与"非公室告"，前者是某家庭对外人发起的侵权告诉，官府必须受理；后者是家庭内部成员之间的告诉，原则上不予受理。这实际上是对家庭伦理的尊重和维护。但对于家庭内部的不孝之罪，则必须严惩。云梦睡虎地秦简《法律答问》曰："子告父母，臣妾告主，非公室告，勿听。"即子女告父母，奴婢告主人，是不予受理的。又曰："免老告人以为不孝，谒杀，当三环之不？不当环，亟执勿失。"意思是老人控告（子孙）不孝，请求官府判处死刑，能否三次原宥？不能，应立即抓捕，勿令逃走。

邢义田指出，秦国商鞅变法之后，宗族仍然存在。比如，秦法有族诛和什伍连坐，被连坐的四邻往往就是父子兄弟、婚姻亲戚。可见，不仅宗族存在，宗族聚居的情况也是普遍的。当然，这种平民宗族不同于宗法制下的贵族宗族。情况应该是"秦国的小家庭各自为户，但编为乡里什伍后的左邻右舍，大概仍以或亲或疏的宗族亲戚为多"①。这恰恰与儒家的社会构想是一致的。邢义田认为："以五服为核心的丧服制，原本出于战国以来儒生建立人伦秩序和规范家族亲疏的构想，其中无疑包含许多古制的元素，也夹杂有理想的成分。"这一儒家式的"礼制建构中的一大特色是将过去行之于封建贵族而不下庶人的礼向下延伸扩大，及于庶人百姓。用先秦典籍里的话来说，就是要建立一套'自天子以至庶人'的礼制"。非独儒家，"先秦诸子构想礼制，在精神上和内容上即使借用若干殷周礼制旧规，尤其是士礼，实质上已不可能不是一个新的建构"②。也就是说，诸子百家共同致力于一种平民或庶人式的礼制建构。

总之，礼、法作为两种不同的社会秩序观，出自共同的历史背景，有共同的克服对象，在追求的目标上也有基本的共识。或者说，礼、法的秩序理念虽有不同旨趣，但其实现却依赖于相同的社会结构，即平民社会。这是礼、法能够统一和融合的最基本条件和保证。

---

① 邢义田：《从战国至西汉的族居、族葬、世业论中国古代宗族社会的延续》，载氏著《天下一家：皇帝、官僚与社会》，中华书局2011年版，第410页。
② 邢义田：《秦或西汉初和奸案中所见的亲属伦理关系》，载氏著《天下一家：皇帝、官僚与社会》，中华书局2011年版，第515页。

第四节　无名与交利秩序

《礼记·礼运》中的"大同"①向来被认为是理想社会的写照，但它属于哪一家学说，学者中却有不同的意见。实际上，诸子百家之中反倒是历史上的儒家并不太讲"大同"。因此，关于"大同"说的学派归属，主要有道家、墨家两种看法。比如，吕祖谦《与朱侍讲（元晦）书》曰：

> 胡文定《春秋传》多拈出《礼》"天下为公"意思。蜡宾之叹，自昔前辈共疑之，以为非孔子语。盖不独亲其亲，子其子，而以尧、舜、禹、汤为小康，其真是老聃、墨翟之论。②

主要内容是道家思想的《鹖冠子》③就提到"大同"，曰："泰一者，执大同之制，调泰鸿之气，正神明之位也。"（《泰鸿篇》）郑玄以《老子》"法令滋章，盗贼多有"注解《礼运》之"小康"。④则与之相对的《老子》"小国寡民"的理想社会与《礼运》"大同"就应该是对应的。近人吴虞曾作《儒家大同之义本于老子说》⑤，是对这一派立场的总结。

也有人相信"大同"是墨家理想。梁启超认为："墨子的兼爱的主

---

①《礼运》："昔者仲尼与于蜡宾，事毕，出游于观之上，喟然而叹。仲尼之叹，盖叹鲁也。言偃在侧曰：'君子何叹？'子曰：'大道之行也，与三代之英，丘未之逮也，而有志焉。'大道之行也，天下为公。选贤与能，讲信修睦，故人不独亲其亲，不独子其子，使老有所终，壮有所用，幼有所长，矜寡孤独废疾者，皆有所养。男有分，女有归。货恶其弃于地也，不必藏于己；力恶其不出于身也，不必为己。是故谋闭而不兴，盗窃乱贼而不作，故外户而不闭，是谓大同。"
②《吕祖谦全集》第1册，浙江古籍出版社2008版，第417—418页。
③《鹖冠子》整体上属于道法结合的黄老一派，既有经典道家的思想，也有重视法令、计谋的法家和兵家元素。
④ 郑玄曰："以其违大道敦朴之本也。教令之稠，其弊则然。老子曰：法令滋彰，盗贼多有。"参见《礼记注疏》，载《十三经注疏》，上海古籍出版社1997年版，第1414页。
⑤ 吴虞：《吴虞文录》下卷，黄山书社2008年版，第39页。

义，和孔子的大同主义，理论方法，完全相同。"① 伍非百将"大同"一章与墨家学说逐条对比，指出："《礼运》大同之说，颇与儒家言出入。学者或疑为非孔氏书，或以为学老庄者掺之。实则墨子之说，而子游弟子援之以入儒耳。……'天下为公'，则尚同也。'选贤任能'，则尚贤也。'讲信修睦'，则非攻也。'不独亲其亲，不独子其子'，则兼爱也。'货恶其弃于地，力恶其不出于身'，则节用、非命也。'使老有所终，壮有所用，幼有所长，矜寡孤独废疾者皆有所养'，则'老而无妻子者，有所侍养以终其寿，幼弱孤童之无父母者，有所放依以长其身'之文也。'货不必藏于己，力不必为己'，则'余力相劳，余财相分，良道相教'之意也。'诈谋闭而不用，盗贼窃乱不作'，亦'盗贼无有''谁窃''谁乱'之语也。综观全文，约百余字，大抵撷拾《墨子》之文而成。其为墨家思想，甚为显著。"② 方授楚也认为："此种大同思想，儒家平日所未有，惟于墨家则甚合。……墨家注重生产，故有此象。货恶其弃于地也，不必藏于己；力恶其不出于身也，不必为己，则尤为墨子所常言。如'有力疾以助人，有财勉以分人，有道劝以教人'，就正面言之也。就反面言之，则'手舍余力，不以相劳；隐匿良道，不以相教，腐朽余财，不以相分：天下之乱，至如禽兽然'。此则爱而利之，乃不必藏于己，不必为己也。谋闭不行，盗窃不作，外户不闭，则'刑政治，万民和，国家富，财用足，百姓皆得暖衣饱食，便宁无忧'也。……大同说与墨家之关系，观此可以恍然矣。"③

那么，围绕大同理想，儒家与道家、墨家学说到底是怎样的关系呢？

---

① 梁启超：《墨子学案》，上海书店出版社1992年，第23页。在判断墨子对私有财产权的态度上，郭沫若与梁启超截然相反。郭沫若认为：兼爱的思想表明，"墨子是把财产私有权特别神圣视的。……你不尊重我的所有权，我不尊重你的所有权，结果是互为盗贼，互相攻乱；……要怎样来救止这种弊病呢？要'兼相爱，交相利'。也就是说：你尊重我的所有权，我也尊重你的所有权；彼此互相尊重，于是也就互相得到好处"（郭沫若：《十批判书》，东方出版社1996年版，第114页。）虽然从所有权的角度评价墨子思想有胶柱鼓瑟之嫌，但比较而言，还是梁启超的见地更接近墨子之意，符合墨家的内在逻辑。

② 伍非百：《墨子大义述》，第200—201页；见任继愈主编《墨子大全》第二十七册，北京图书馆出版社2002年版，第506—507页。

③ 方授楚：《墨学源流》下卷，第102页；见任继愈主编《墨子大全》第四十三册，北京图书馆出版社2002年版，第402页。

（一）伦理之名的反对意见

从名目化的角度审视儒家道德学说，有助于更好地理解儒家与老庄、墨家之间关于道德伦理的分歧。"名"是晚周秦汉之际流行的概念，遍布诸子典籍。① 纵览可见，对"名"的正面讨论主要集中在儒家、法家，或与儒、法相关的其他学派，如"道法家"（黄老之学）等；（除《墨经》之外的）《墨子》和老庄之学②则很少涉及，就算提到也主要是从反面主张"无名"。

因此，老庄非毁仁义的实质不是否定道德本身，而是反对道德的名目化，其所追求的是无名之道德。真正的道德不以"仁""义"之名教为道德，是为"上德不德"（《老子·第三十八章》）。名教出则道德亡。《老子》曰："大道废，有仁义"，"六亲不和，有孝慈"（第十八章）。《庄子·天运》曰："孝悌仁义，忠信贞廉，此皆自勉以役其德者也。"其所以自勉的，就是客观固定的道德名目。以德目"自勉"，实质上就是接受某种外在的公共性力量的规约，所以是"役其德"（此处之"德"指道家的纯任自然、合乎大道之"德"）。如郑开所说："道家认为，'仁义'终究是'有名'的东西，出于'有为'的造作，因此他们首要任务就是在'道德'与'仁义'之间'划清界限'。"③

儒家的伦理之名本质上是一种身份等级和角色伦理，强调不同角色的别异，尤其是尊卑。李泽厚指出："'名'把差异、区别呼唤出来而形成万物。儒家强调'名'整理出秩序和规范，由之构成一个有明确差异和严密区分的社会统领系统。这就是'礼制'，也是'礼治'。"④ 扩言之，按照儒家的原则，"礼"之"分"本质上是个人获得利益的分配机制。荀子说："先王案为之制礼义以分之，使有贵贱之等，长幼之差，知愚能不能之分，皆使人载其事，而各得其宜。然后使谷禄多少厚薄之称，是夫群居和一之

---

① 如《老子》《论语》《礼记》《仪礼》《管子》《荀子》《申子》《韩非子》《吕氏春秋》《尹文子》《黄帝四经》《春秋繁露》等。

② 《庄子》外杂各篇作为庄子后学，从思想倾向可以分为三派："述庄派""无为派""黄老派"。其中"黄老派"明显属于黄老之学或"道法家"。因此，严格意义上的庄学是指《庄子》内篇，以及外杂篇中属于"述庄派"和"无为派"的各篇。参见刘笑敢《庄子哲学及其演变》。

③ 郑开：《德礼之间：前诸子时期的思想史》，生活·读书·新知三联书店 2009 年版，第 353 页。

④ 李泽厚：《由巫到礼 释礼归仁》，生活·读书·新知三联书店 2015 年版，第 53 页。

道也。"(《荀子·荣辱》)总之，别异与名分是儒家思想的基底，也正是道家反对的矛头所指。

池田知久认为，道家思想中包含三种类型的政治思想：一是从原理上对政治表示拒绝；二是理想主义的乌托邦思想；三是中央集权的政治思想。① 第一种是消极的避世，是一种"反政治思想"；第三种是与法家融合之后，主要为法家所利用的政治思想；真正代表道家政治思想积极建构的是第二种，即以"小国寡民"②为标志的理想主义乌托邦思想。其所直接针对的就是儒家荀子所代表的以"分"为基础的"礼"的思想，将其"视作使'同乎'这一平等的人类本性遭到破坏、导致异化的元凶，给予激烈的批评"③。道家理想的小共同体中，人人出于自然情感而亲近互助。"在这样的状态下，'圣人'与'百姓'乃是同一无差别的概念。"④ 无所谓尊卑，无所谓少长，无所谓不同的角色义务或名分，人人都是完全一样的伦理主体。道德是在这样的主体之间产生的自然而然的亲和情感，这就是伦理上的"无名"。除《老子》"小国寡民"章之外，道家其他著作也有相似的描述。比如：

> 化立俗成，少则同侪，长则同友，游敖同品，祭祀同福，死生同爱，祸灾同忧，居处同乐，行作同和，吊贺同杂，哭泣同哀。欢欣足以相助，偟谍足以相止，安平相驯，军旅相保，夜战则足以相信，昼战则足以相配，入以禁暴，出正无道，是以其兵能横行诛伐而莫之敢御。故其刑设而不用，不争而权重，车甲不陈而天下无敌矣。(《鹖冠子·王鈇》)

> 至德之世，同与禽兽居，族与万物并。恶乎知君子小人哉！同乎无知，其德不离；同乎无欲，是谓素朴。素朴而民性得矣。

---

① [日]池田知久：《道家思想的新研究——以庄子为中心》(下)，王启发、曹峰译，中州古籍出版社2009年版，第477页。
② 《老子·第八十章》："小国寡民。使有什伯之器而不用；使民重死而不远徙；虽有舟舆，无所乘之；虽有甲兵，无所陈之。使人复结绳而用之。至治之极。甘其食，美其服，安其居，乐其俗，邻国相望，鸡犬之声相闻，民至老死不相往来。"
③ [日]池田知久：《道家思想的新研究——以庄子为中心》(下)，王启发、曹峰译，中州古籍出版社2009年版，第486页。
④ 侯外庐、赵纪彬、杜国庠：《中国思想通史》第一卷，人民出版社1957年版，第298页。

及至圣人，蹩躠为仁，踶跂为义，而天下始疑矣。澶漫为乐，摘僻为礼，而天下始分矣。（《庄子·马蹄》）

南越有邑焉，名为建德之国。其民愚而朴，少私而寡欲；知作而不知藏，与而不求其报；不知义之所适，不知礼之所将。猖狂妄行，乃蹈乎大方。其生可乐，其死可葬。吾愿君去国捐俗，与道相辅而行。（《庄子·山木》）

墨子对儒家的反对同样是以针对儒家名目化的伦理为中心。墨家节用、节葬、非乐、非命，实际上就是"非礼""非儒"，反对一切贵族式的、"不下庶人"的礼。既然"礼"的内在逻辑是身份等级秩序，那么墨家的"非礼"就是反对贵族制社会的身份等级秩序与儒家伦理。因此，司马谈《论六家要旨》谓墨家"尊卑无别"。而墨家兼相爱、交相利，以功利为义，去伦理之名、等级之差的主张，实为（道家）小共同体理念的扩大化、天下化。《墨子·法仪》曰："今天下无大小国，皆天之邑也。人无幼长贵贱，皆天之臣也。"

关于兼爱，梁启超认为："承认私有权的叫作'别'，不承认私有权的叫作'兼'。……把一切含着'私有'性质的团体都破除了，成为一个'共有共享'的团体；就是墨子的兼爱社会。"[①]"兼"的反义词是"别"。"别"即分，有分即有"名"，"别"就是基于贵贱亲疏之"名"分的"差等之爱"。"兼"则是打破"名"分的秩序，混同人我，不分彼此。"兼相爱"则"交相利"，这是真正的仁。《墨子·兼爱》曰："分名乎天下，恶人而贼人者，兼与？别与？即必曰：'别也。'……'兼以易别。'""然则兼相爱、交相利之法，将奈何哉？子墨子言：'视人之国，若视其国；视人之家，若视其家；视人之身，若视其身。'"

儒家之仁与墨家兼爱有着内在的关联。如果说墨子出于儒家，那么有理由相信兼爱就是仁在某一个维度（剔除等级礼制）上的纯粹化。李泽厚将孔子之"仁"分析为四个要素：（1）血缘基础；（2）心理原则；（3）人道主义；（4）个体人格。其中，人道主义是指"在整个氏族—部落

---

① 梁启超：《墨子学案》，上海书店出版社1992年版，第18—23页。

成员之间保存、建立一种既有严格等级秩序又具有某种'博爱'的人道关系"①。墨子的兼爱大概就是从仁的这一要素发展出来的思想。实际上，先秦两汉的不少思想家正是从兼爱、博爱的角度解释仁的。孔子曰"泛爱众"（《学而》）；"樊迟问仁，子曰'爱人'"（《颜渊》）；孟子曰"仁者爱人"（《离娄下》）；《孝经》云"先王见教之可以化民也，是故先之以博爱，而民莫遗其亲"；贾谊曰"心兼爱人谓之仁"（《新书·道术》）；董仲舒曰"圣人法天而立道，亦溥爱而亡私"（《举贤良对策》），"先之以博爱，教以仁也"（《春秋繁露·为人者天》）皆是也。韩愈曰"博爱之谓仁，行而宜之之谓义"（《原道》）想必就是先秦两汉的旧说。因此，墨子对儒家既有反对，也有继承发展。实际上，儒、墨或孔、墨常常被并举。比如，《淮南子·俶真训》曰："孔、墨之弟子，皆以仁义之术教导于世。"《修务训》亦曰："孔子无黔突，墨子无暖席。……欲事起天下利，而除万民之害。……圣人之忧劳百姓甚矣。"

不过，墨子也并非全然拒绝礼，至少对于与"天志""明鬼"有关的祭祀之礼还是坚持的，而对一般的礼也不是彻底禁绝，只是要求限制和节简，如节葬、非乐。对于身份等级，墨子同样保留了余地。可以说，同样是反对儒家别异化的伦理之名，主张无名而平等的伦理精神，老庄道家更加激进，墨家则相对保守一些。但在价值方向上，二者是一致的。

"朋友"是儒家五伦中唯一不涉尊卑等级的，是最少身份内涵和角色属性的，很难称得上严格意义的伦常或名教，因此可谓"无名"之"名"。童书业论证了"'朋友'古义为族人"②，即同族之人。《左传》庄公二十二年，陈国内乱，公子完奔齐，齐桓公使为卿，公子完辞曰："《诗》云：'翘翘车乘，招我以弓。岂不欲往？畏我友朋。'""友朋"即陈国同族之人。《左传·襄公十四年》载："天子有公，诸侯有卿，卿置侧室，大夫有贰宗，士有朋友，庶人、工、商、皂、隶、牧、圉皆有亲昵，以相辅佐也。"士之朋友，亦如卿之侧室、大夫之贰宗，当为同族之人。《国语·楚语下》曰："国于是乎蒸尝，家于是乎尝祀，百姓夫妇择其令辰，奉其牺牲，敬其粢盛……于是乎合其州乡朋友婚姻，比尔兄弟亲戚。"朋友婚姻

---

① 李泽厚：《中国古代思想史论》，生活·读书·新知三联书店2008年版，第11、18页。
② 童书业：《春秋左传研究》，上海人民出版社2019年版，第116页。

与兄弟亲戚对文,则朋友指兄弟族人。

原始意义的"兄弟"即宗族中同侪,又称"朋友"。《尔雅·释训》曰:"善兄弟为友。"《广雅·释诂》曰:"友,亲也。"甚至西周春秋时期的"友"或"朋友"不仅指同辈族人,而且包括子弟晚辈在内的不同辈分的族人。① 朱凤瀚指出:"西周器铭未见朋友、兄弟并称者,当是亲兄弟亦包含在朋友之称中。"② 周初申饬殷族遗民、反思管蔡叛乱、宣教分封诸侯的文献如《康诰》《大诰》中,一项重要的罪过和教训就是"不友",即"不族"。《诗经》中有很多关于"朋友""兄弟"伦理的诗篇,二者的区分尚不明显。如:

> 脊令在原,兄弟急难。每有良朋,况也永叹。
> 兄弟阋于墙,外御其务。每有良朋,烝也无戎。(《常棣》)
> 嗟我兄弟,邦人诸友。莫肯念乱,谁无父母?(《沔水》)

春秋之后,族人内部的亲疏差等逐渐显化,血缘关系较近的兄弟与血缘关系较远的族人在伦理关系上区分开来,朋友、兄弟开始并称,代表不同的对象。朋友成了兄弟之外的族人。到了孔子的时代,古老氏族的边界已经泛化到几乎消失的地步。因此,朋友也就不再限于几代之内血缘宗族的范围,而成为一种普遍性的伦理关系。朋友范围扩大的同时,又继承了宗族兄弟间的亲睦感情和伦理规则。或者说朋友关系是一种无亲疏差等的、扩大了的拟同族兄弟伦理。"朋友"一伦在儒家伦理体系中长期被忽视。这种边缘的地位直到明末才出现改观。明末同时也是私利在伦理中开始取得合法地位的肇始。

形成对比的是,墨子很喜欢以朋友之交为例,来区分"别"(身份等级伦理)与"兼"(平等仁爱伦理)的两种社会法则,并将对待朋友之义推广到明君对待天下万民的政治原则。《墨子·兼爱》分辨了"别士"与"兼士"交友之道的区别、"别君"与"兼君"为政之道的不同:

---

① 《左传》中有两条相似的史料。桓公二年晋师服言:"天子建国,诸侯立家,卿置侧室,大夫有贰宗,士有隶子弟。"襄公十四年晋师旷曰:"天子有公,诸侯有卿,卿置侧室,大夫有贰宗,士有朋友。"两相对比,则"朋友"即家族"子弟"。
② 朱凤瀚:《商周家族形态研究》,天津古籍出版社2004年版,第297页。

别士之言曰:"吾岂能为吾友之身,若为吾身?为吾友之亲,若为吾亲?"是故退睹其友,饥即不食,寒即不衣,疾病不侍养,死丧不葬埋。

兼士之言……曰:"吾闻高士于天下者,必为其友之身,若为其身;为其友之亲,若为其亲。然后可以为高士于天下。"是故退睹其友,饥则食之,寒则衣之,疾病侍养之,死丧葬埋之。

别君之言曰:"吾恶能为吾万民之身,若为吾身?此泰非天下之情也。人之生乎地上之无几何也,譬之犹驰驷而过隙也。"是故退睹其万民,饥即不食,寒即不衣,疲病不侍养,死丧不葬埋。

兼君之言……曰:"吾闻为明君于天下者,必先万民之身,后为其身,然后可以为明君于天下。"是故退睹其万民,饥即食之,寒即衣之,疾病侍养之,死丧葬埋之。

"兼相爱"的具体表现是"交相利"。道家的理想社会也是以此为原则而组织起来的。所谓"同爱""同忧""同乐""同和""同杂""同哀""相助""相止""相驯""相保",本质就是"交相利",或如梁启超说的"共有共享"。这样的秩序必须建立在相对平等的、打破身份隔阂的"无名"的伦理之上。

(二) 从兼爱到名辩与无名

儒、墨、道三家发生的次序是儒家最早,道家后起,墨家则是过渡。老庄道家思想的后起符合思想史发展的一般逻辑。从理论逻辑的角度讲,可以先"无名"而后"有名";但从思想史的发生顺序上看,必然要先有"名"然后才可能发展出"无名"的思想主张。侯外庐等指出:"孔子是最初把礼的内容理想化,并作为一般的君子的规范来看待的。《老子》所谓'礼者,忠信之薄,而乱之首'(三十八章)、'大道废有仁义'(十八章)乃是后起的思想;《礼记·礼运》'今大道既隐……大人世及以为礼,城郭沟池以为固'、'礼承天之道,治人之情',更是后起的思想。思维过程的历史理论有一定的步伐,不容先后颠倒。孔、墨只面对着历史变化的社会矛盾表示各自的对'礼'的态度;老、庄与后期儒家才从历史的理论方面来分析'礼'这一概念的发生。"①

儒家尊诗书与礼乐，墨子尊诗书古圣而弃礼乐，道家弃礼乐与诗书古圣。墨子虽然尊诗书，但实质上是尊诗书记载的古圣王，至于诗书本身则并不视其为神圣。因此，墨子引诗书常翻作当时之"白话"，而非恪守雅驯文言。墨子反对儒家将三代礼制当作不容置疑的理想秩序，相信"事物之中不存在任何先天的内在的秩序"，只有建构合理秩序的基本原则。具体而言，"人类社会的秩序，产生和维持有赖于一个有目的的合作过程"②。"有目的的合作"就是构建合理秩序的基本法则。这个目的就是"兴天下之公利，除天下之公害"，合作则是平等之人的"兼相爱，交相利"。这里的逻辑推论是：兼爱则交利，人人交利则达成天下之公利。因此，关于兼、爱、仁、义等概念推理和名辩（而非诗书礼乐的背书）对于墨家理想的成立非常重要。比如：

体，分于兼也。……仁，体爱也。……义，利也。……（《墨子·经上》）

义，志以天下为芬，而能能利之，不必用。（《经说上》）

钱穆说："初期墨学的动人处，与其说在他的学说，毋宁说在他的行为。"③ 但是对墨家来说，行为发动于信仰，信仰求助于思辨。因此，后期墨学逐渐转向纯粹的理论思辨，成为名家的重要源头。名辩之学始于《墨子》之《经》上下、《经说》上下、《大取》《小取》诸篇（即所谓《墨经》或《墨辩》），标志着墨家形而上学的萌发。墨学发展的过程，与儒家"先伦理后哲学"的路径是一致的——虽然伦理相对立，哲学也不同。墨家的哲学是名辩之学，比如：

夫物或乃是而然，或是而不然。……
白马，马也；乘白马，乘马也。骊马，马也；乘骊马，乘马也。

---

① 侯外庐、赵纪彬、杜国庠：《中国思想通史》第一卷，人民出版社1957年版，第160页。
② ［美］本杰明·史华兹：《古代中国的思想世界》，程钢译，江苏人民出版社2008年版，第190页。
③ 钱穆：《墨子 惠施公孙龙》，九州出版社2011年版，第54页。

获，人也；爱获，爱人也。臧，人也；爱臧，爱人也。此乃是而然者也。

获之亲，人也；获事其亲，非事人也。其弟，美人也；爱弟，非爱美人也。车，木也；乘车，非乘木也。……此乃是而不然者也。(《小取》)

此后，墨家学说的抽象化就更多地依赖于名家诸子了。"惠施便是对墨家新哲学最有贡献的一个人，便是所谓放松了行为，却进步了理论中的一个代表。"① "惠施多方，其书五车，其道舛驳"，"以善辩为名"，他的思想可能不止一个来源，在言论的外在表现上与庄子的齐物论相仿，而归结为"泛爱万物，天地一体"(《庄子·天下》)。惠施"泛爱万物"的立场与墨子的兼爱主义是一脉相承的。钱穆将惠施之学总结为十点：一曰尚用；二曰重功；三曰勤力；四曰明权；五曰本爱；六曰去尊；七曰偃兵；八曰辨物；九曰正名；十曰善譬。② 其中前七项继承了早期墨学的思想本色；后三项即《天下》篇所谓"惠施历物之意""遍为万物说"，与《墨子》中的后起之学，即《墨经》之学属于同一思想谱系。"惠施论泛爱、去尊、偃兵，此承乎前以为统者也。其辨物、正名，此建乎己以成家者也。" 庄子与惠施相交，引为知己。二子在思想上也确实颇多相通相合之处。庄子之学必有受惠施之学启发者。钱穆总结道："《庄》书持论，多与惠施相出入。……其他可比附相通者，更仆数不能尽。……故惠承墨家之遗绪，庄开老聃之先声。同为自然物论之大宗，创一时风气。"③

公孙龙是惠施之后名家和辩士的代表人物，最著名的命题是"白马非马"：

楚王……丧其弓。左右请求之。王曰："止。楚人遗弓，楚人得之，又何求乎？"仲尼闻之曰："楚王仁义而未遂也。亦曰人亡弓，人得之而已，何必楚？"若此，仲尼异"楚人"与所谓"人"。夫是仲尼异"楚人"与所谓"人"，而非龙异"白马"于所谓"马"，悖。

---

① 钱穆：《墨子 惠施公孙龙》，九州出版社2011年版，第55页。
② 钱穆：《墨子 惠施公孙龙》，九州出版社2011年版，第19—32页。
③ 钱穆：《墨子 惠施公孙龙》，九州出版社2011年版，第27—28、30页。

(《公孙龙子·迹府》)

"白马非马",可乎?曰:可。曰:何哉?曰:马者,所以命形也;白者,所以命色也。命色者非名形也。故曰:"白马非马"。(《白马论》)

关于楚人遗弓、白马非马的议论显然是对《墨辩》中"白马,马也""盗人,人也"等命题的延伸。对墨家而言,这些名辩的议论是来自兼爱论,并为兼爱主义服务的。而到了惠施、公孙龙之后的名家,名辩之学就渐渐脱离了政治思想或社会伦理的本体,而成为独立的思想议题。钱穆认为,由公孙龙开启的"白马非马"之辩中,"兼爱的灵魂早已失去了初期墨学那种感人心动惹人血沸的热忱,早已死灭了"①。名家的忘本逐末,正是荀子所批评的"诱其名,眩其辞,而无深于其志义"(《荀子·正名》)。

虽然由墨家而名家的发展趋势如此,但作为墨家之徒的末流,公孙龙也如惠施一样,一方面部分地继承了墨家思想之宏旨,另一方面也有很多与庄子相似相通的思辨。整体而言,"惠施显然犹是墨家面目,而公孙龙则离而渐远,乃纯粹为名学之讨究矣。要其渊源所自,同出墨派,则为不可诬耳"②。王琯亦认为惠施、公孙龙为墨家者流。③《吕氏春秋》记载的公孙龙,仍以兼爱天下和偃兵(非攻)为主张。如《审应》篇:"公孙龙对曰:'偃兵之意,兼爱天下之心也。兼爱天下,不可以虚名为也,必有其实。'"而代表其思想个性的专著已经沉迷于名辩之学了。《公孙龙子·名实论》曰:"夫名,实谓也。知此之非此也,知此之不在此也,则不谓也;知彼之非彼也,知彼之不在彼也,则不谓也。"

所谓"此之不在此""彼之非彼"以及"坚白论""白马论""指物论"等,既上承《墨辩》,又已经露出庄子齐物论和道家哲学的端倪。虽然名家以正名责实立论,道家以无名为宗,貌似相悖,但名辩的客观结果往往是世俗之名不可信。由此,在思想上再进一步就是名之虚妄,乃至认

---

① 钱穆:《墨子 惠施公孙龙》,九州出版社2011年版,第62—63页。
② 钱穆:《墨子 惠施公孙龙》,九州出版社2011年版,第101页。
③ 参见王琯《公孙龙子悬解》,中华书局1992年版,第9—31页。王琯介绍了认为公孙龙之学出自墨家的诸家观点,如晋之鲁胜,清儒张惠言、汪中、陈澧、孙诒让,近人胡适、梁启超等。

为真实的世界恰在于无名——这就通向了道家的思路。庄子对于公孙龙的诘难，不是反对名辩本身，而是反对公孙龙名辩的目的。名家辩名析理，目的是正名，以更好地循名责实（比如墨家的兼爱交利之道）。但实际结果却是，常识之名越辩越不可靠，真理之名则越辩越玄，成为文字游戏。比如"马非马""物莫非指，而指非指"（《公孙龙子·指物论》）之论。于是，庄子认为"既然你能然不然，可不可，那可与不可或然与不然的区别又何妨取消呢？反正一切都是任意的结果"。即庄子从名家之学中发现，"名的运用其实非常主观"①。名家之学与其目的实为南辕北辙。因此，庄子接续墨辩—名家的相关名辩论题，并贯彻到底，发展出齐物论：

> 以指喻指之非指，不若以非指喻指之非指也；以马喻马之非马，不若以非马喻马之非马也。天地一指也，万物一马也。（《庄子·齐物论》）

由此观之，名家与道家的思想继承关系不可不察。②

宋钘，徐复观认为是道家的别派，"见侮不辱"是道家思想的通义。③荀子则将宋钘与墨子并称，钱穆也认为宋钘代表了后期墨学的新发展。他以谓墨教教义，并非不近人情，而且是最适合于人心的要求的。"他不用初期墨学'天志''明鬼'等等迷信的教训，他要在人心灵里边指示出墨教教义的真源。……'心之容'和'情欲寡'，是宋钘建筑在心理学上的墨家新哲学的两大标语"④。总之，徐复观认为宋钘属道家，钱穆认为属墨家。顾颉刚则认为宋钘是"调和墨与杨的"，"他用墨子之学做事业，用杨朱之学修身心"。并且，杨朱和宋钘在齐物之论上都是道家的思想渊源。⑤因此，宋钘上承墨学，下启道家，实为两派的结合。尹文在《天下》篇中

---

① 陈少明：《〈齐物论〉及其影响》，北京大学出版社2004年版，第36—37页。
② 《隋书·经籍志》载《守白论》一卷，汪馥炎认为"今本《公孙龙子》原名《守白论》，至唐人作注，始改今名"。又《公孙龙子·迹府》称公孙龙疾名实散乱，为守白之论。则《隋书·经籍志》所载《守白论》很有可能就是《公孙龙子》，而隋志又明确将其列在道家。参见王琯《公孙龙子悬解》，中华书局1992年版，第9页。
③ 徐复观：《中国人性论史》，华东师范大学出版社2005年版，第272—273页。
④ 钱穆：《墨子》，九州出版社2011年版，第57—58页。
⑤ 顾颉刚：《秦汉的方士与儒生》，上海古籍出版社2005年版，第27—28页。

与宋钘并列，徐复观以为道家之别派，而《汉书·艺文志》则将《尹文子》录为名家之书。可见，道家、名家、墨家之间必有思想上的密切关联。其说见诸子书：

> 不累于俗，不饰于物，不苟于人，不忮于众，愿天下之安宁以活民命，人我之养，毕足而止，以此白心。古之道术有在于是者，宋钘、尹文闻其风而悦之。作为华山之冠①以自表，接万物以别宥为始。语心之容，命之曰"心之行"。以聏合欢，以调海内。请欲置之以为主。见侮不辱，救民之斗，禁攻寝兵，救世之战。以此周行天下，上说下教。……其为人太多，其自为太少，曰："请欲固置五升之饭足矣。"先生恐不得饱，弟子虽饥，不忘天下，日夜不休。曰："我必得活哉！"图傲乎救世之士哉！（《庄子·天下》）

追求人我毕足、天下民生、禁攻寝兵、自苦为极，是典型的墨家教义；而不累于俗、见侮不辱，追求心灵和精神的超脱，又有道家的风貌。《孟子》曾记载宋牼弭兵止战之事；②《荀子·正论》则记录了子宋子见侮不辱、清情寡欲之义；《韩非子·显学》也提及宋荣之"恕"与"宽"。宋荣就是宋钘，其"恕"与"宽"就是《天下》篇所说的"心之容"，是人心之本性，是自然的"心之行"，即"道"。这样的心是无所谓荣辱的。既无所谓荣辱，便可以寡欲，便无所谓争斗，无所谓身份等级之名，也就易于从事墨家舍己为人、兼爱交利的社会政治事业。因此，实际上，宋钘是借道家之"心术"以支持墨家的政治社会主张与行动。

墨、道两家的关联，除了名家还有其他线索。《汉书·艺文志》之"九流"中有"农家者流"。其代表人物许行，钱穆考证就是墨子之徒禽滑

---

① "华山之冠"，《庄子·天下》郭象注云"华山上下均平"，表示平等兼爱之义，合乎墨家思想。

② 《孟子·告子下》：宋牼将之楚，孟子遇于石丘。曰："先生将何之？"曰："吾闻秦楚构兵，我将见楚王说而罢之。楚王不悦，我将见秦王说而罢之，二王我将有所遇焉。"曰："轲也请无问其详，愿闻其指。说之将何如？"曰："我将言其不利也。"

鳌的弟子许犯，即墨子的再传弟子；① 杨伯峻则认为钱说证据并不确凿。② 但无论是否墨家弟子，许行的社会政治立场是十分接近墨家思想的。吕思勉说："农家之学，分为二派：一言种树之事。……一则关涉政治。"③《汉书·艺文志》曰："播百谷，劝耕桑，以足衣食，故八政一曰食，二曰货。孔子曰'所重民食'，此其所长也"，是为"种树之事"；"及鄙者为之，以为无所事圣王，欲使君臣并耕，悖上下之序"，则是农家"关涉政治"的主张。侯外庐等指出："农家如指关于农业技术，则根本不成为学派，如指许行一派，则又不出道、墨二家的'支与流裔'。"④《孟子》记录了许行等人的言行宗旨："有为神农之言者许行……其徒数十人，皆衣褐，捆屦、织席以为食。""从许子之道，则市贾不贰，国中无伪。虽使五尺之童适市，莫之或欺。布帛长短同，则贾相若；麻缕丝絮轻重同，则贾相若；五谷多寡同，则贾相若；屦大小同，则贾相若。"（《滕文公上》）消灭一切差异，则世无诈伪，亦无须有司。因此钱穆认为，"从许行的思想再进一步，便成了庄子一派的无政府主义"⑤。这是从墨家伦理与墨者生活方式衍生出的结果。

战国之后，墨家消亡。即使在战国时代，墨家诸子也似乎并不显耀。可是墨家却与儒家并称世之显学，何故？大概是因为墨学与儒学并为诸子之源，在战国时代已经衍生出道家、名家、农家等学派，均不失墨家兼爱之道，以与儒家、法家争妍斗艳，说墨学遍布天下不亦宜乎？

总之，名家是对墨家学说的继承和发展。王琯"尝就任公之说，分墨学为两宗：一属于教爱者，为墨子之伦理学；一属于教智者，为墨子之辩

---

① 《吕氏春秋·当染》曰："禽滑釐学於墨子，许犯学於禽滑釐，田系学於许犯。孔墨之後学显荣於天下者众矣。"钱穆按："许犯即许行也。春秋时晋有狐突，字伯行，齐有陈逆，字子行。《晋语》韦昭注：'犯，逆也。'《小尔雅·广言》：'犯，突也。'古人名'突''逆'字'行'，知许行盖名'犯'字'行'矣。"又许行之言行乃"墨家非礼毁乐之绪论也。并耕之说，盖自兼爱蜕变而来。则许行之为墨徒，信矣。"唯在年岁上，钱穆怀疑"许行必师禽子，亦难确定"，但"要之许犯即许行，为墨徒，则似可无疑耳"。参见钱穆《先秦诸子系年》"许行考"，九州出版社2011年版，第365—366页。
② 参见杨伯峻《孟子译注》，中华书局2010年版，第119页。
③ 吕思勉：《中国文化思想史九种》（下），上海古籍出版社2009年版，第562页。
④ 侯外庐、赵纪彬、杜国庠、邱汉生：《中国思想通史》第二卷，人民出版社1957年版，第204页。
⑤ 钱穆：《墨子》，九州出版社2011年版，第53页。

证学。夷考其原，系以所得之辩证方法，阐其所抱之伦理主义。言爱言智，理实一贯。而徒属传授，每就性之所近，各有专习。得其伦理一派，多演为实践家，如孟胜禽滑釐诸人是也。得其辩证一派，多演为名理家，如三墨惠施诸人是也"①。名家之学内在地继承了墨家兼爱、非攻等社会政治主张，外在地发展了后期墨家关于名实之辩的学说。二者原是一本一末，后者服务于前者。《墨经》的名辩之学是为了揭露传统（儒家）伦理之名的虚妄，建立消弭身份、拉平等级的兼爱交利新道德。名家②继之而起。其辩"名"本是为了正名责实，但结果却只是瓦解了世俗之"名"的确定性和规范性。对于儒家而言，"所谓正名者，则谨守社会之习惯而已"③。而对于传统习惯之"名"，名家则如邓析"操两可之说，设无穷之辞"（《列子·力命》）。对于真理之名，却无所树立，最终联通于"无名"。

先秦名家类似于古希腊的"智者"或诡辩派（sophists）——后者同样通过对概念进行"逻各斯"（logos）或"辩证法"（dialectics）式的论辩甚至诡辩，而消解了传统价值观，鼓吹相对主义。只不过，在消解传统之后，柏拉图、亚里士多德沿着这条道路继续前进，力图在思辨或逻辑理性的基础上重新发现真理、重建价值，从而开辟了西方哲学的传统。中国先秦的名家在秦汉之后，除了魏晋之际短暂的复兴之外，部分归于消灭，部分转入老庄的"无名"之学。作为名辩之学总结者的庄子道家，将"无名""齐物"的平等主义推进至极限，大大超出了社会政治等级身份之"名"的批判范围和以民生之"利"为本的社会理想旨趣，而走到了万物之名无不齐等的境界，甚至不承认人相对于自然之物的尊贵，从而消解和弃置了墨子、老子之学原初的社会秩序理想。作为儒家反对者的墨家、道家希望建立非名分的、平等的、更具公共性的社会秩序，并为之提供理论

---

① 王琯：《公孙龙子悬解》，中华书局1992年版，第19—20页。
② 王琯说："诸子之言正名，有兼有专。"（王琯：《公孙龙子悬解》，中华书局1992年版，第23页。）因此，战国秦汉有两种"名家"。曹峰区分二者为：一种是伦理、政治意义上的，包括儒家、法家、道法家对"名"的讨论；另一种是逻辑或知识论意义上的，主要是惠施、公孙龙、墨辩派等人的学说。（参见曹峰《中国古代"名"的政治思想研究》第三章"两种名家"，上海古籍出版社2017年版，第74—81页。）现在一般所谓"名家"多指后者，本书中的"名家"一词也遵循通行用法。
③ 吕思勉：《中国文化思想史九种》（下），上海古籍出版社2009年版，第536页。

证明的努力，最终是一株没能结果的繁花，收获的只有出世的人生与艺术哲学。①

反而是其所反对的儒家"正名"、法家"刑名"之学通过对传统价值观或统治结构的维新，稳固了其作为中国思想史主流的地位（见图3—3）。西方选择了逻辑学，以及对价值的质疑与论辩纷争，以论争求公共价值；中国压制了逻辑学，选择了对价值的共识与统一裁定，以约束论争求公共价值。这是中西思想发展的一大分野。

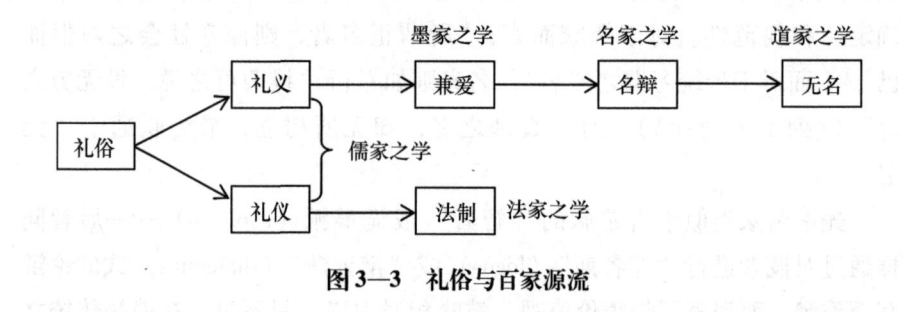

图3—3 礼俗与百家源流

礼俗 → 礼义 → 兼爱（墨家之学）→ 名辩（名家之学）→ 无名（道家之学）
礼俗 → 礼仪 → 法制（法家之学）
（儒家之学）

---

① 徐复观说："对儒家而言，或可称庄子所成就的为纯艺术精神。""老、庄思想当下俗成就的人生，实际是艺术的人生，而中国的纯艺术精神，实际系由此一思想系统所导出。"（徐复观：《中国艺术精神》，广西师范大学出版社2007年版，第35、104页。）

第 四 章

政务职事公共性的观念

第一节 宗教观与共同体

一 从自然崇拜到社会团结

在一般观念中,中国古代社会最显著的特征是宗族性或宗法性。前现代中国,尤其是农村,主要就是以"差序格局"为结合原则的宗族社会。而作为这种社会形态之理论原型的儒家宗法伦理与礼制,两千多年来一直是基层社会秩序的主导性规范。但实际上,这一观念的正确性必须限定在一定的历史和地理范围内。

湖北江陵凤凰山汉墓简牍中有一篇《郑里廩簿》,记载了政府向"郑里"贫困户发放贷谷的情况。墓葬年代被考证为汉景帝时期。这些户主名字分别为:

"圣能""特能""击牛""野""□""立""越人""不章""胜""虏""积""小奴""紽""定民""青肩""□奴""□奴""□□""公士田""骈""朱市人""□奴""□□""公士市人"[①]

据此,"郑里"之民似乎大部分还没有姓氏。[②] 凤凰山汉墓简牍中还记载了

---

① 裘锡圭:《湖北江陵凤凰山十号汉墓出土简牍考释》,《文物》1974年第7期。
② 还有一种可能,即"郑里"廩簿上的大部分人都姓郑,因此就不再注明姓氏。参见邢义田《汉代的父老、僤与聚族里居》,载氏著《天下一家:皇帝、官僚与社会》,中华书局2011年版,第458页。

"平里"居民给死者家庭助葬钱的名单:①

"载翁钟""庄伯""□小伯""□翁仲""陶仲""王它""王翁季""胡兄""袁兄""汜氏""姚季""张母""张苍""杨公子""靳悍""张父"

这些居民大部分已经有了姓氏,但里社显然是异姓杂居,且姓氏高度分散。在此种情况下,仍然存在着给死者家庭助葬钱这类共同体生活。

居延汉简中也有大量的里贯名籍资料,基本属于西汉后期;四川郫县出土的"訾簿"残碑、河南偃师出土的"侍廷里单约束石券",都是记载东汉时期乡村社区的记名石碑;长沙走马楼吴简包含十分丰富的户籍类简牍,大多属于汉末至孙吴初年。秦晖综合考察了这些史料,发现无一例外都表现出极端的多姓杂居状态,最低程度的姓族聚居和最简单的宗族组织几乎不存在。甚至,敦煌文书中的魏晋至唐宋时期,这种非宗族化的状况仍未改变。不过,"敦煌文书中几乎没有同姓同宗之人存在公共事务或共同组织的痕迹,却出现了不少完全没有族姓色彩的公益社团,即所谓的'社邑'。它们是围绕佛事、春秋社席尤其是丧葬互助而建立的"②。其实,除了社祭或其他原始宗教变成佛事,战国秦汉时的乡村情形也与之无异。

总之,先秦的邑社,直到"独尊儒术"之后的汉代里社,甚至是家族组织和士族政治最兴盛的魏晋南北朝隋唐时期的村社,都普遍是异姓杂居的,宗族化水平很低,但基层社会的公共生活并不稍减。这是由于战国至帝制时代早期,国家的编户、什伍、闾里等基层组织相对强力,更重要的原因还是地域性的、传统的公共性宗教对于基层共同体的塑造和维持。先秦两汉时期的基层小共同体,大多以"社"的信仰和组织为中心开展集体生活,并非依赖宗法或家族伦理的血缘凝聚力。这种民间宗教式的组织纽带对于塑造基层共同体的主导作用,直到明清时期,仍是北方地区的主要

---

① 李明均等编:《散见简牍合集》,文物出版社1990年版,第54页。
② 参见秦晖《传统中华帝国的乡村基层控制,汉唐间的乡村组织》,载氏著《传统十论》,东方出版社2014年版。

情形。①

　　自然崇拜或统称为"社祭"，与祖先崇拜、宗庙祭祀是中国传统宗教两个并列的渊源，对后世中国政治社会的组织形态与思想观念产生了深远影响。

　　在人类的早期社会，宗教就常常扮演共同体集体生活与团结纽带的作用。比如，借由宗教祭祀而向共同体成员提供某种公共福利，或者宗教活动成为共同体成员集体享乐方式的现象，在各个古代文明中都是颇为常见的。在古希腊，"对神灵的祭祀只不过是一种狂欢。在荷马史诗里，祭祀似乎只是意味着一场充满了烤肉和美酒的盛宴"②。伯里克利说："当我们工作完毕的时候，我们可以享受各种娱乐，以提高我们的精神。整个一年之中，有各种定期赛会和祭祀。"③古希腊城邦公民生活的一大特色就是大量的集体性节日或宗教庆典活动。在日语中，汉字"祭"既表示祭祀，也等同于集体欢乐的"节日"，如"夏日祭""校园祭""文化祭"等。实际上，原始村社的自然崇拜从一开始就是以村落集体的福祉为念，比如仰韶

---

①　在"礼不下庶人"的原则下，宗法礼制长期局限于统治阶层或精英群体内部，其下沉到民间社会是在宋明以后了。宋明之后，随着儒学的复兴，民间社会的宗族化逐渐发展起来，开始出现各种以宗族为单位、在宗族内部重新组织公共生活，提供公共物品的设想与实践。但整体上，尤其在北方地区，宗族更多的是提供伦理规约，提供文化和礼仪的元素，而非基层社会的组织形式。起到基层"自治"组织作用，承担基础设施建设、社会保障、治安等公共职能的其实是各种地方性的民间信仰与会社。现代社会关于中国古代晚期宗族社会"自治"组织发达的印象来自学术研究的某种偏差。晚清民国时期，东南沿海地区成为与西方文化接触的前沿，也成为西方学术研究观察中国的窗口。20世纪中叶，由于新中国成立初期特殊的历史形势，很多人类学家无法深入内地，仍然只能以闽、粤等华南地区为田野调查的主要对象，甚至只能局限于中国香港、中国台湾、东南亚华人聚居区，这些区域也基本上属于闽粤文化。而华南地区（主要是粤、闽、赣、徽州）恰恰是传统中国宗族社会最发达的少数地方，保留了大量的族谱等资料。于是，主要关注华南一隅的人类学、历史学研究（即所谓的"华南学派"）就自然而然地把局部地区的高度宗族化现象当成整个传统中国的社会形态。或者以华南为典型与衡量标准，而认为北方无宗族。北方当然有宗族，只不过缺少像粤、闽、赣、徽等地方发达的宗族组织和排他性权力以及宗祠、族田等封闭性公共设施。后者其实源于华南（主要是在农业时代相对封闭的闽、粤、赣南、徽州等地）开发较晚，基层组织较为空疏，且存在移民与土著的生存竞争。因此，依靠血缘纽带聚合而成的宗族就成为最便利的基层组织，以帮助人们保障和争夺利益。这是在特定的历史和地理背景中的特殊情形，不能代表传统中国社会的主流形态。

②　[英]简·艾伦·赫丽生：《希腊宗教研究导论》，谢世坚译，广西师范大学出版社2006年版，第1页。

③　[古希腊]修昔底德：《伯罗奔尼撒战争史》，谢德风译，商务印书馆1960年版，第148页。

文化遗址中的祈渔祭、祈猎祭等,张光直认为"这些或都可称之为社祭"①。直到先秦两汉时代,邑社中的"社"仍是集体祭祀的所在,也是公共生活和分享福利的地方;而各种如"腊""雩"等集体祭祀活动,也在很大程度上成为共同体成员聚会娱乐的机会。

涂尔干认为,原始宗教的本质是对社会集体的崇拜,宗教中的神圣性指向的是共同体的团结。"对社会而言,神仅仅是它的符号表达。""膜拜的作用确实是定期地再造一种精神存在,这种存在不仅依赖于我们,而且我们也依赖于它。而的确有这种存在:它就是社会。不管宗教仪典的重要性是多么小,它都能使群体诉诸行动,能使群体集合起来,举行仪式。所以说,宗教仪典的首要作用就是使个体聚集起来,加深个体之间的关系,使彼此更加亲密。"②雷蒙·阿隆批评:"用个人崇拜集体来解释宗教的本质是难以理解的,因为至少在我看来,崇拜社会秩序,从本质上说,恰恰是对宗教的大不敬。"③但是这一批评的意义只是帮助涂尔干的宗教社会学厘定了界限。宗教有不同的形态。杨庆堃根据约阿希姆·瓦赫(Joachim Wach)对两种宗教组织——相同性的"自然团体"和特殊性的"宗教组织"——的区分,总结了两种宗教类型:制度性宗教和弥漫性宗教。前者主要是普世性宗教,表现为一种宗教生活体系,由专门的神职人员建立组织、主持仪式,构成不同于世俗社会的特殊社会制度;而后者弥漫性宗教则渗透进了世俗制度之中,是世俗生活的一部分。二者的区别还在于,制度性宗教是为了"满足个人的精神需求",弥漫性宗教则"将功能集中于团体利益";前者是高级宗教,后者则是早期古代宗教或原始宗教。④由此可知,雷蒙·阿隆理解的宗教主要是制度性宗教,而涂尔干的宗教社会学则应限定在弥漫性宗教或原始宗教的范围内。在中国历史上,占据主流的

---

① 张光直:《中国考古学论文集》,生活·读书·新知三联书店2013年版,第124页。

② [法]爱弥尔·涂尔干:《宗教生活的基本形式》,渠东、汲喆译,商务印书馆2011年版,第475、476页。

③ [法]雷蒙·阿隆:《社会学主要思潮》,葛智强、胡秉诚、王沪宁译,上海译文出版社2013年版,第340页。

④ [美]杨庆堃:《中国社会中的宗教:宗教的现代社会功能与其历史因素之研究》,范丽珠译,四川人民出版社2016年版,第228—235页。

始终是弥漫性宗教,制度性宗教一直处于弱势地位。① 尤其是上古至秦汉,邑社共同体与原始宗教的关系在很大程度上适用涂尔干的社会学理论。②

葛兰言(Marcel Granet)作为涂尔干弟子,以涂尔干式的社会人类学视角研究了《诗经》中的古代生活。葛兰言认为,《国风》中很多诗篇反映的是上古中国各地不同的节庆活动。这些节庆在其本来意义上自然保留着很多巫术或原始宗教的内涵,比如祓除仪式、生育崇拜、祈福、招魂等,但已经基本上世俗化为集体节庆中的程式和道具。因此,大量情歌并没有明显的个性色彩,而是出现在各种程式化的背景中。包括表示人物的"君子""淑女""静女"等模式化名词,表示主题的几种特定的花、鸟、虫、鱼、草、木等通用性意象,以及各篇之间对固定句式的相互借用和被后世视作修辞手法的"一咏三叹"或叠句复沓,等等。陈致认为《诗经》中套语式的表达传统、惯用语和措辞上的固定结构更可能源于宗教祭祀活动,"尤其是《雅》《颂》部分,都是以类似的或相同的形式出现于描摹仪式、器物、颂祷之词"③。《荀子·礼论》曰:"清庙之歌,一倡而三叹也。"所以,类似于《大雅》《颂》作为宗族集体的"清庙之歌",《国风》诸篇也应当是村社集体的宗教式节庆之歌。其中的情歌,葛兰言认为是在公共的节庆活动中,以男女合唱或对唱的方式创作和流传的民歌。这些季节性庆典对村社的团结和共同生活至关重要。"家族集团和性别间的对立是社会组织的基本原则,而分离原则只有在一些重大场合才能暂时缓和一下,在这些场合中,整个国家的人民聚集起来举办一个共同的节庆。于是,在狂欢节期间,他们会暂时忘却单调而闭塞的日常生活的所有原则,他们意识到他们之间的亲和力……"综观诗三百篇,尤其是《国风》,我们会发现一种不同于后世身份等级伦理的上古村邑社会的价值观,一种共同体团结的意识。"虽然当时已经出现了某种国家情感,但他们的主导情感仍然是对乡村的依恋。在劳动期间,家人们一起到家田中干活;而到了

---

① [美]杨庆堃:《中国社会中的宗教:宗教的现代社会功能与其历史因素之研究》,范丽珠译,四川人民出版社2016年版,第228—235页。

② 其实,基督教兴起之前的古希腊罗马时代的宗教也大多是所谓的弥漫性宗教,与城邦共同体的世俗生活密切相连。

③ 陈致:《从礼仪化到世俗化:〈诗经〉的形成》,吴仰湘、黄梓勇、许景昭译,上海古籍出版社2009年版,第97页。

寒冷的季节，他们又共同栖居在氏族村落中。同一地方社区内不同单位的相互对立是如此的明显，因此，在实行外婚制的情况下，当新娘不得不离开她自己的亲人远嫁到陌生人家族中时，她的心情会是多么的悲伤。"①

女子远嫁不免悲伤。但在共同体内部，原本的宗教巫术活动，现在成了人们快乐和团结的社会化场合。在这种社会化的原始宗教活动中，"一个地域中的所有居民都要集合起来，以强化他们休戚相关的意识"，"集合到一起重新构造他们与之休戚相关的共同体。宽泛地说，它们是结合的节庆"。② 孔子甚至以之为施政的理想境界。孔子请子路、曾皙、冉有、公西华各言其志，最终曾皙以"莫春者，春服既成，冠者五六人，童子六七人，浴乎沂，风乎舞雩，咏而归"赢得了夫子的喟叹"吾与点也"。(《论语·先进》)除了子路因不谦让而被孔子"哂之"以外，冉有和公西华一个谈仁政与德教，一个谈宗庙之礼仪，均为儒家政治理想之大端，却都不如曾皙的回答更得孔子之心。曾皙所谓"浴乎沂"，朱熹云"今上巳祓除是也"③，即在沂水中举行祓除驱邪仪式。"风乎舞雩"，《说文》曰"雩，夏祭，乐于赤帝，以祈甘雨也……羽舞也"，《周礼·春官·司巫》曰"若国大旱，则帅巫而舞雩"，即举行舞雩祈雨之祭。"咏而归"，"归"通常解为回家或归来，汉人包咸曰："歌咏先王之道，而归夫子之门"④，实则不然。郑玄注云："馈，馈酒食也。鲁读馈为归，今从古。"⑤ 即"归"是"馈"的通假。贾公彦曰："馈者，上下通称。故祭祀于神而言馈，阳货馈孔子豚而言馈，乡党云朋友之馈，是上下通言馈。"⑥ 因此，"馈"应该就是雩祭之中或之后的公共宴飨，既是献祭仪式，也是集体会饮。也就是

---

① ［法］葛兰言：《古代中国的节庆与歌谣》，赵丙祥、张宏明译，广西师范大学出版社2005年版，第123、151页。
② ［法］葛兰言：《古代中国的节庆与歌谣》，赵丙祥、张宏明译，广西师范大学出版社2005年版，第158、161页。
③ 朱熹：《四书章句集注》，中华书局2012年版，第131页。
④ 何晏注、邢昺疏：《论语注疏》，载《十三经注疏》，上海古籍出版社1997年版，第2500页。
⑤ 郑注中的"鲁"即《鲁论语》，"古"即《古论语》，是汉代《论语》的不同本。《论语》郑玄注以《鲁论语》为本，参考《齐论语》并验诸《古论语》，今已亡佚，清人有辑本。文中所引参见刘宝楠《论语正义》，第475页。
⑥ 郑玄注、贾公彦疏：《仪礼注疏》，载《十三经注疏》，上海古籍出版社1997年版，第1167页。

说，曾晳的为政方案是在暮春时节，与冠者、童子等巫者行舞雩之祭，而后与众人聚会飨宴。

那么，孔子为何"与点"呢？王充说是孔子"欲以雩祭调和阴阳，故与之也"（《论衡·明雩篇》）。但"调和阴阳"是汉代丞相三公之职，① 孔子时阴阳学尚未兴起。朱熹承鲁《论》汉魏旧说而发挥理学之义，认为曾晳"不过即其所居之位，乐其日用之常，初无舍己为人之意。而其胸次悠然，直与天地万物上下同流，各得其所之妙，隐然自见于言外。……故夫子叹息而深许之"②。后世因循，渐成通说。但清人宋翔凤直指其谬："孔子问：'如或知尔，则何以哉？'何以，言何以为治？若以《鲁论》所说，则点有遗世之意，不特异三子，并与孔子问意反矣。"堪称洞若观火。宋氏以礼主别异、乐主和同来解释曾晳与其他三子的不同。"盖三子者之撰，礼节民心也。点之志，由鼓瑟以至风舞咏馈，乐和民声也。乐由中出，礼自外作，故孔子独与点相契。"③ 可谓探骊得珠。舞雩之祭，按照《说文》可以追溯到夏，故而遗传下很多原始巫术或自然宗教的成分，如祓除、羽舞、献祭等。但到了春秋时期，季节性的雩祭已经社会化为邑社的固定节庆和公共集会。人们通过歌舞和宴飨会饮，营造和体验共同体的合和与团结。这种原始淳朴、发乎自然的社会性情感与欢乐，正符合儒家乐主和同的精神，从而被孔子视作比冉有等三子所言之身份礼治更为高级的政治理想。

这种有意识地将自然崇拜或原始宗教理性化为社会团结纽带的思维，更显著地反映在精英文化和国家祭祀制度的规范上。《礼记·祭法》曰："山林川谷丘陵，能出云、为风雨、见怪物，皆曰神。"《左传·昭公元年》曰："山川之神，则水旱疠疫之灾，于是乎禜之。日月星辰之神，则雪霜风雨之不时，于是乎禜之。"由此可见，山川日月星辰之神的祭祀是为了风调雨顺等社群公益而设立的。更明显的证据是《国语·鲁语上》中关于国家祀典设计原则的一段话：

---

① 《汉书·丙吉传》："三公典调和阴阳。"《后汉书·杨震传》："臣蒙恩备台辅，不能奉宣政化，调和阴阳。"
② 朱熹：《四书章句集注》，中华书局2012年版，第131页。
③ 宋翔凤：《论语说义》，华夏出版社2018年版，第153页。

> 夫圣王之制祀也，法施于民则祀之，以死勤事则祀之，以劳定国则祀之，能御大灾则祀之，能捍大患则祀之。非是族也，不在祀典。……加之以社稷山川之神，皆有功烈于民者也。及前哲令德之人，所以为民质也；及天之三辰，民所以瞻仰也；及地之五行，所以生殖也；及九州名山川泽，所以出财用也。非是，不在祀典。

《淮南子·氾论训》也明确指出了鬼神之所以立的社会性、功利性理由：

> 今世之祭井灶、门户、箕帚、臼杵者，非以其神为能飨之也，恃赖其德，烦苦之无已也。是故以时见其德，所以不忘其功也。……此鬼神之所以立。

衡量各种形式的自然崇拜、神灵崇拜、圣贤崇拜等国家祭祀的唯一标准，是"有功烈于民"，是兴天下之利，除天下之害，也就是服务于国家人民的共同利益。《礼记·祭统》曰："天子之祭也，与天下乐之；诸侯之祭也，与竟内乐之。"

在多样的自然崇拜中，以"社"为名或围绕着"社"的祭祀活动脱颖而出，成为最具共同体团结意义的民间宗教，乃至国家宗教的代表性形式。《墨子·明鬼下》"燕之有祖，① 当齐之社稷，② 宋之有桑林，楚之有云梦也，此男女之所属而观也"，《淮南子·精神训》"今夫穷鄙之社也，叩盆拊瓴，相和而歌，自以为乐矣"，反映的都是在原始宗教活动的社祭中集体娱乐与社会团结的情形。进而，"社"逐渐脱离宗教的含义，开始具有了社会组织、地域区划甚至国家政权的内涵。《说文》曰："社，地主也。"社神就是一个地域或社群的公共保护神。"农村公社的最高集体信仰

---

① 王念孙认为"'祖'是泽名"；孙诒让同意王说，又指出"颜之推《还冤记》又作'燕之沮泽，当国之大祀'"。参见吴毓江《墨子校注》上，中华书局2006年版，第346页。

② 王引之认为应在"齐"下校增"有"字；吴毓江认为，"此句疑本作'当齐之有社'，'社'字独立成义，非以'社稷'连文也"，并引春秋史料佐证之。参见吴毓江《墨子校注》上，中华书局2006年版，第346页。

就是'社'。"①"社"甚至成为一种地域群体的概称，如"村社""公社""邑社""里社"。于是，社有大小：

> 王为群姓立社，曰大社。王自为立社，曰王社。诸侯为百姓立社，曰国社。诸侯自立社，曰侯社。大夫以下，成群立社曰置社。（《礼记·祭法》）

周礼封建时代社祭的适用范围仍是小共同体，即使是诸侯国，相对于天下体系，也是小共同体。这种性质类似于山川之祭，而不同于天地之祭。清人金鹗曰：

> 《礼运》云"天子祭天地，诸侯祭礼稷"，是社卑于地可知。且祭地专于天子，而祭社下达于大夫士，至于庶人，亦得与祭。盖祭地是全载大地，社则有大小。天子大社，祭九州之土，王社祭畿内之土，诸侯国社祭国内之土，侯社祭籍田之土，与全载之地尤异。又地有上中下，上为山岳，中为平原，下为川渎。社虽兼王土，而为农民祈报，当以平原谷土为主，是社与岳渎各分地之一体，与全载之地尤异，此社神与地神所以分也。②

随着大一统国家的建立，对于天下范围内大共同体的想象成为先秦两汉政治思想的一大主题。于是，"社稷"就从小共同体的纽带升格为大共同体的标志，而与天下在范围上逐渐趋同。"社稷"代指天下政治，生动地反映了邑社共同体的集体生活原则扩大化为天下国家的政治原则，而后者也继承了前者的共同体精神或公共性观念。侯外庐说："用'社稷'来代替国家的名称，正是指在公社的遗迹上实行氏族贵族所有制的形式。"③所谓"氏族贵族所有制"，明显过于拘泥教条，但"在公社的遗迹上"则点明了"社稷"作为国家代称的历史和观念渊源。

春秋之后的诸子百家对待原始宗教及其共同体观念传统的态度是不同

---

① 张金光：《秦制研究》，上海古籍出版社2004年版，第280页。
② 转引自孙诒让《周礼正义》第五册"大宗伯"，中华书局1987年版，第1316—1317页。
③ 侯外庐：《中国古代社会导论》，河北教育出版社2000年版，第78页。

的。儒家整理的古礼仪典中有乡礼系列（如乡饮酒礼、乡射礼等），应该就是乡里邑社中原始宗教节庆活动的遗存。"乡"字的本义就是乡里共食共饮。杨宽甚至认为，"礼"制与"礼"之名就源于乡饮酒礼和飨礼等原始邑社共同体的聚会活动，① 正如涂尔干认为原始宗教仪式实际就是追求社会团结的共同体崇拜。但显然，儒家将其中追求团结与公益的共同体精神置换成强调内部尊卑秩序的角色伦理。《周礼·地官·党正》曰："国索鬼神而祭祀，则以礼属民而饮酒于序，以正齿位。"儒家改造后的乡饮酒礼、乡射礼等皆围绕宾主之礼展开，以身份秩序为旨归。"乡饮酒之礼者，所以明长幼之序也"（《礼记·射义》）；"合诸乡射，教之乡饮酒之礼，而孝弟之行立矣"（《乡饮酒义》）。荀子力图证明礼的分异是手段，合群是目的。但除非基于既有的血缘纽带，否则在非血缘的群体中，以明分辨等的方式形成社会团结和公共精神，更多的是一种理论假说，其作为现实的力量难免迂阔。群体规模越大，越是如此。

墨家则更倾向于保留共同体宗教的精神，甚至追溯自然崇拜的原始内涵，因而阐发"天志""明鬼"之义。墨子为论证作为自然崇拜之对象的鬼神存在，采取的逻辑是：将鬼神存在的理由落脚在祭祀的社会意义上，即合欢聚众、亲和乡里、团结社会，以"兴天下之利"，从而说明鬼神信仰的必要；既然在价值上必要，就会在实然中存在。《墨子·明鬼下》曰：

> 自夫费之，非特注之污壑而弃之也，内者宗族，外者乡里，皆得如具饮食之；虽使鬼神请亡，此犹可以合欢聚众，取亲于乡里。……
> 是故子墨子曰："今天下之王公大人、士君子，中实欲求兴天下之利，除天下之害，当若鬼神之有也，将不可不尊明也，圣王之道也。"

这一逻辑推导是否成立，姑且存疑。但墨子的推论依据，恰恰表明了原始宗教的含义已经从自然崇拜转变为社会的团结。虽说"明鬼"，但墨家实际上只是将鬼神进行工具性的理解，其真正"明"的是社会团结、社区公利这样的公共价值——最大的是天下之利。墨家（而非儒家）的相关

---

① 杨宽：《西周史》，上海人民出版社2016年版，第815—817页。

理论奠定了后世民间在地方性信仰与会社组织下营造公共生活的合理内核。

二 共同体中的公利与公事

(一) 邑社共同体的生活

先秦时代的社会组织形态，以源自上古、恒久不变的邑社为基本单位，"初为相对独立性较强的邑里社群共同体，继而则渐进为各种国家政权势力严格控制下的社群组织"。"尽管在其上政权势力屡更，然而村社的小圈子却仍是牢不可破的。"① 邑社之内的土地分为两部分，一部分是邑社的"公田"，另一部分是各家庭使用的份地或私田。《诗经·豳风·七月》生动而详尽地描绘了传统邑社共同体的典型生产生活情境及其社会政治关系。② 虽然邑社共同体的居民必须为作为其统治者的"公子""为裳""献豜"，并在"公子"之委派官吏"田畯"的监督下劳作，但同时也有共同体自身的公共活动，即在"公堂"上的献祭与宴会。而"公子"之"公"与"公堂"之"公"恰在同一篇内代表了当时的两种"公"的观念和社会政治关系——"公"既指掌握公权力的个别私人，又指囊括全体私人的共同体公共场所和事务。沟口雄三也从《诗经》中推出如下结论："'公'是对于'共'所表示的众人共同的劳动、祭祀场所——公宫、公堂，以及支配这些场所的族长的称谓，进而在统一国家成立后，'公'成为与君主、官府等统治机关相关的概念。"③ 这二者的并存与结合正是西周之后兴起的政务职事公共性观念的一大滥觞。

传统邑社的共同体性质并不意味着私人财产和家庭生活受到压抑。一方面，公田作为集体财产是祭祀、节庆、教育、武装保卫和征伐等公共生活的经济基础；另一方面，私家财产之间的互联互通、相互救济也是邑社共同体精神的重要表现。比如《周礼·大司徒》所说的"相保""相受""相葬""相救""相赒"与"相宾"，《孟子·滕文公上》所说的"出入

---

① 张金光:《战国秦社会经济形态新探》，商务印书馆2013年版，第28页。
② 孙祚云认为《七月》是周"灭商前后的民歌"或"西周初年诗"。(孙祚云:《诗经与周代社会研究》，中华书局1966年版，第98、202页。)
③ [日]沟口雄三:《中国的公与私·公私》，郑静译，生活·读书·新知三联书店2011年版，第6页。

相友，守望相助，疾病相救"等，都生动地刻画了古代聚落生活的情态。各家既保持私有财产，又相互救济。无论宗族、姻亲或邻里、朋友，邑社共同体成员都以辑睦相处为公认的美德。

战国及秦汉的里居还保留不少古代聚落共同体的痕迹。主要有三点：一是里间建构持续未改；二是里间祭祀与合饮的风俗；三是均赋的遗风，即秦汉赋役虽是"头会箕敛"，以个人为单位，但还有通乡合计的"乡算"，显示古代聚落均赋的遗留。《周礼·大司马》记载大司马"建邦国之九法"，其中有"狩田"之礼，在司马的主持之下，"大兽公之，小禽私之……致禽馌兽于郊。人，献禽以享"。根据传统，邑社公共的社祭腊祠等活动需要里社成员自筹经费。战国时，李悝为魏文侯作尽地力之教，计算了五口之家的生计支出，其中就包括"社闾尝新、春秋之祠，用钱三百"①（《汉书·食货志》）。虽然此时邑社内部的公田已经消亡，各家须拿出自己的收入供给尝新之费，但"社闾尝新"与"（社闾）春秋之祠"作为邑社全体的公共性事务仍一如既往。银雀山汉简《田法》记载："卒岁大息，上予之十人而一斗肉，使相食之。酒食自因其所。上使公人可使畜长者，养牛马及狗豕鸡。先大息五日，上使民之壮者，吏将以猎，以便戎事，以助大息之费。"描述的正是邑社共同体成员在统治者（即"上"）的主持下，于岁末举行集体的休息庆祝活动，无论是"上"及其"公人"还是"民"都须各司其职，共襄此一公共事务。

公产共享和私家之间相互救济的精神还表现为"遗秉"或"滞穗"的现象。《诗经·大田》曰："彼有遗秉，此有滞穗，伊寡妇之利。"无论公田还是私田，收割之后遗落的谷穗特地留给邑社内孤苦无依或劳动力不足的寡妇们拾取，作为一项公共性的福利，是传统邑社共同体内的习俗和不成文的规矩。这种为寡妇、老人、儿童等弱势群体提供一定公共福利的习俗在古今中外皆可见到。除《诗经》外，《列子·天瑞》有言："林类年且百岁，底春被裘，拾遗穗于故畦，并歌并进。"这是老人拾穗。白居易《观刈麦》写道："复有贫妇人，抱子在其旁。右手秉遗穗，左臂悬敝筐。

---

① 《汉书·食货志》载李悝论五口之家收支计计："今一夫挟五口，治田百亩，岁收亩一石半，为粟百五十石，除十一之税十五石，余百三十五石。食，人月一石半，五人终岁为粟九十石，余有四十五石。石三十，为钱千三百五十，除社闾尝新、春秋之祠，用钱三百，余千五十。衣，人率用钱三百，五人终岁用千五百，不足四百五十。不幸疾病死丧之费，及上赋敛，又未与此。"

听其相顾言,闻者为悲伤。家田输税尽,拾此充饥肠。"这是贫民拾穗。《圣经·旧约》之《利未记》记载了上帝对摩西的诫命,其中一条就是:"在你们的地收割庄稼,不可割尽田角,也不可拾取所遗落的,要留给穷人和寄居的。"其从侧面反映了希伯来人氏族共同体的风俗道德。法国画家让·弗朗索瓦·米勒创作于1857年的名画《拾穗者》所描绘的场景,虽然去传统村社共同体时代已远,但从地主允许贫民拾穗的遗风,仍可遥想传统共同体内部某些公共福利性质的习俗。

"遗秉""滞穗"所提供的公共福利,与早期村社共同体时代公共牧场的性质相似。在战国时代"制辕田"① 改革之前,先秦的农业生产普遍实行定期撂荒、换土易居的"田莱制",即轮耕制。休而不耕的莱田长满草木,就成为邑社的公共牧场,"其上之一切毛物皆为公共之物"②。在欧洲的历史中也有同样的情形。公共牧场甚至还是邑社共同体的集体性文化、娱乐场所。除莱田之外,"郊""野"也经常是邑社的公共牧场。《说文》曰:"野,郊外也。"段玉裁注曰:"邑外谓之郊,郊外谓之野。"《诗经》(尤其《郑风》)中多有描写郊野乐游,尤其是男女唱和、自由相会,甚至自由同居的诗篇。

《郑风·东门之墠》曰:

东门之墠,茹藘在阪。其室则迩,其人甚远。
东门之栗,有践家室。岂不尔思?子不我即!

这首诗写的是男女对歌的情形。上章男声唱,下章女声和。墠,亦作坛,即平坦的广场,可能是邑社集体宗教活动的场地。《郑笺》曰:"城东门之外有墠,墠边有阪,茅茝生焉。"即阪为公共牧场。

《野有蔓草》云:

---

① 关于"制辕田",张金光认为:"'制辕田'就是'为田开阡陌封疆'。'辕田'就是封埒田……'環'即'猨',環、猨、辕可通。'辕田'即'環田',正言取名于其周围封埒界畔環绕也。""制,裁互训。……'制田'即把一缦田经一定规划制裁为一定亩之形也。'制辕田'实即制裁而为封埒田,亦即'为田开阡陌封疆'。"(张金光:《秦制研究》,上海古籍出版社2004年版,第25页。)

② 张金光:《战国秦社会经济形态新探》,商务印书馆2013年版,第335页。

> 野有蔓草，零露漙兮。有美一人，清扬婉兮。邂逅相遇，适我愿兮。

这首诗写的是男女聚会的情形。《郑笺》曰："蔓草而有露，谓仲春之月，草始生，霜为露也。《周礼》：'仲春之月，令会男女之无夫家者。'"欧阳修《诗本义》曰："男女婚聚失时，邂逅相遇于田野间。"即这像是一场以时而举的集体相亲活动，旨在为"剩男""剩女"们解决婚姻问题。

《溱洧》云：

> 溱与洧，方涣涣兮。士与女，方秉蕑兮。女曰观乎？士曰既且，且往观乎！洧之外，洵訏且乐。维士与女，伊其相谑，赠之以勺药。

这首诗写的是众多青年男女在溱水、洧水边的郊野游春欢会的场景。《太平御览》引《韩诗章句》："当此盛流之时，士与女众方执兰，拂除邪恶。郑国之俗，三月上巳之辰，于此两水之上，招魂续魄，除拂不祥。"后世名之为"修禊"，是人们在郊野集体游乐，尤其是青年男女互表衷情的热闹节日。这些都是邑社共同体存在集体性文化或娱乐活动传统的证据。

此外，邑社的共同体性还表现为先秦古籍热衷于对耕地进行规则化设计——比如"井田"制方案或构想。这与后世，尤其是唐宋之后农村土地大多无规则杂乱相间的"鱼鳞"状形成鲜明对比。① 在中世纪和近代早期的法国农村，农田形态大多是地块狭长的"长形敞地"，类似于中国先秦时代的以宽一步、长若干步为一亩的长条形田亩形态。② 其生产所遵循的"习惯法"也与先秦文献中的邑社生活有颇多不谋而合。

比如，村社土地的集体性或公共性，不是基于某种法律意义上的所有权关系，而是表现为某种维护村社整体福利的价值观念。"牧场作为公共

---

① 鱼鳞图册始于宋代，是政府为便于准确地征收赋税而制定的土地登记册籍，因其"以图所绘，状若鱼鳞"（《明实录》卷一百八十，洪武二十年二月戊子，"中研院"历史语言研究所影印本 1962 年，第 2726 页），故得名。

② 张金光根据青川秦牍律文，详密论证了"秦亩不管其有若干方步之积，但其形则无疑仍是一宽一步的直测长条形，而绝非宽八步、长三十步之类的方测短亩。'百亩为顷'，乃百个长条亩相并联而成……普遍采用积碎步成亩作为一单位，那是后来的事情"。张金光：《秦制研究》，上海古籍出版社 2004 年版，第 119—123 页。

财产,总的说是采自一种思想,一种习惯观念:人们认为,作物一旦收获,土地就不再是个人财产了。……土地只在庄稼生长时才得到保护,一旦收获后,从一种人权角度看,土地成为所有人的共同财富,不管他是富人还是穷人。"拾穗权(glanage)就是这一观念的典型体现。"在法国,依照《圣经》的教诲,几乎全国各地都实行这种制度。"公共采集或放牧权也是如此,即"刈割后的再生草属于村社,村社或将这牧场放养牲畜群(这是最古老的办法),或将再生草收割后在全村分配"。"耕地收获并不全属土地所有者,麦穗归他所有,茎秆却属于大家"。包括对土地的规划和耕作经营,也存在着集体的统一强制,因为"耕田的形式与放牧的实践两者促进了公共轮作的形成。在这种狭小得难以置信并被四周土地包围的地块上(要到这种地块去,不得不穿过邻居的块地),如果不对经营者规定一个统一周期的话,生产几乎不可能进行"。甚至特定的耕作工具和技术也与之相辅相成。"双轮犁统治着长形田,而这种耕田格局又有力地维持着一种公有权力的统治。"①

(二)国家共同体的拟制

邑社共同体内部,作为统治者的长老或贵族与邑社成员之间,虽存在支配与被支配关系,但后者并非前者单纯的私属。双方围绕共同体公共生活而建立了某种公的关系。《诗经·小雅·大田》云:

> 有渰萋萋,兴雨祈祈。雨我公田,遂及我私。彼有不获稚,此有不敛穧,彼有遗秉,此有滞穗,伊寡妇之利。曾孙来止,以其妇子。馌彼南亩,田畯至喜。来方禋祀,以其骍黑,与其黍稷。以享以祀,以介景福。

诗中反映的公私之间并无明显的对立,代表统治者的"田畯"与邑社成员之间似乎也可以围绕享祀介福等公共事务而合作融洽。这种共同体性存在的一项基础就是公田。虽然一方面,公田通过劳役地租成为统治者剥削邑社成员的工具;但另一方面,公田也作为财政基础而支持了邑社的公共生

---

① [法]马克·布洛赫:《法国农村史》,余中先、张朋浩、车耳译,商务印书馆1991年版,第59、62、64—65、72页。

活。甚至在春秋战国之后，即使公田消失，公共生活的传统也得到了延续，并凝结为某种价值观念。

在邑社共同体时代的土地制度中，有一种特殊的公田，即周天子与各等级贵族的"籍田"。或者说，籍田"乃是农村社会共同体公田的升华物"，而非周天子或各级贵族的私人庄园。这是因为，"周天子是当时国家的代表，他的社会统治基础就是邑社共同体，他与邑社发生的关系，是国家与社会亦即与民的关系，而不是私人关系"①。周天子与邑社之间存在着公共事务。这些公共事务的经济基础虽然远不止籍田，却往往以籍田为象征。天子、贵族之"籍田"的作用也像公田一样，"籍田之入的用途，一供祭祀，二供尝新，三供布施救济穷困农夫。这在当时，上自天子，下至庶民社会共同体，都具有普遍的社会意义，而不是私家的事情"②。祭祀是邑社共同体的集体之事，尝新也是邑社之人共同尝新。天子籍田代表着国家依据邑社而进行的共同体"拟制"。

国家政治在更大范围上对于传统邑社共同体的拟制首先表现为对后者的规制和支持。由此，邑社的自治与公共生活被整合进国家的统一规制之中，从而成为所谓的"官社"。在官社体制下，在邑社自身继续组织公共生活外，国家还会不定期地为村社的集体祭祀或其他礼仪活动提供一部分公款支持，如"赐牛酒""赐酺"等。《史记·封禅书》载："高祖十年春，有司请令县常以春二月及腊祠社稷以羊豕，民里社各自财以祠。"邑社共同体的一个重要标志是"父老""父兄"的存在并发挥作用。守屋美都雄指出，所谓父老或父兄"是在里中，出于共同自营的需要，亲自创造其位置的实际经验者"③。他们是里社之祭的主持者、社费收支的监督者、社里子弟的教导者、土木修缮的管理者等。而在国家政权体系中，父老不仅是里社的代表，负责与县乡政权交涉，还是国家的工作人员，协助基层政权贯彻国家意志，包括在国家的统一安排下组织邑社共同体生活，比如课征税赋、维持治安、宣明教化、分配福利等。

张金光认为，传统邑社共同体的成员在官社体制下具有双重身份：一

---

① 张金光：《战国秦社会经济形态新探》，商务印书馆2013年版，第28页。
② 张金光：《战国秦社会经济形态新探》，商务印书馆2013年版，第28页。
③ [日]守屋美都雄：《中国古代的家族与国家》，钱杭、杨晓芬译，上海古籍出版社2010年版，第149页。

方面,"他们使用着集体共养之田牛进行生产,经济生产共同体成员的色彩还是很浓的";另一方面,"律文更明显地表明他们乃是国家行政编户,担负着国课更徭等庶务"。① 整体上,随着传统邑社乃至官社的逐渐解体,农民的前一种身份慢慢淡化,后一种身份成为主要的社会政治角色。因此,战国之后的集权国家与自由农民之间,既是统治与被统治、剥削与被剥削的关系,也在新的条件下呈现结为更大规模共同体的可能性,即"统治者利用并接过了村社的某些旧传统,并在官社体制下将其在更大范围内发展至极致"②。这种发展凝结为某种指向公共价值的政治理念——常常以"天下"为名,进而在官社体制式微之后仍旧凭借观念的力量激励着国家共同体的构建。汉初功臣暨名相陈平的故事就生动地反映了公共性理念由小共同体向大共同体的跃升。

> 里中社,平为宰,分肉食甚均。父老曰:"善,陈孺子之为宰!"平曰:"嗟乎,使平得宰天下,亦如是肉矣!"(《史记·陈丞相世家》)

儒家的博施济众、墨家的兼爱尚同,很大程度上就是这一跃升的思想反映。

因此,国家政治对于邑社共同体的拟制进一步表现为将邑社公共生活的某些内容提炼和抽象为国家层面的公共政务。比如,赈灾济贫原来是邑社自治之事,现在是国家的统一政务。又如,传统邑社公共牧场上的娱乐传统,尤其是男女青年自由结合的风俗,引申为国家层面对于"内无怨女,外无旷夫"的公共政务要求。国家对于天下人民公共事务的统一安排,就如同传统邑社内部对于公共生活的组织一样。国家具有了一个大型共同体的影子,政治公共性的观念要求亦由此而生。先秦的政治思想,尤其是关于政务职事的观念,大略可视为渊源于邑社共同体内的实践,而抽象之、理念化,并主张于邑社共同体之上或其瓦解消亡之后的广土众民的国家政治,要求后者应当如一个极度扩大了的邑社共同体一般生存和行

---

① 张金光:《秦制研究》,上海古籍出版社 2004 年版,第 394 页。
② 张金光:《秦制研究》,上海古籍出版社 2004 年版,第 384 页。

政。"起初的社群的社会活动是最为根本的……各类、各层次的社会活动实皆为邑社共同体的社会活动升华物……就是什么王社、国社、候社也只不过是原邑社的'社'的升华。"① 这个极度扩大和升华了的邑社共同体,即国家社稷,在其大一统的意义上又被称为"天下"②,即所谓的"以国为邑""祸灾相恤"(《逸周书·大聚解》)③。

于是,"公事"即政府之事、公职之事或公务,与家事或私事相对。《汉书·薛宣传》曰:"虽事公职之事,于家亦望私恩。"公事或公务的概念不仅仅对于官吏,对一般的庶民也是适用的。《孟子·滕文公上》曰:"八家皆私百亩,同养公田,公事毕,然后敢治私事。"联系到正经界以均井地、平谷禄、克服暴君污吏之慢的国家仁政,孟子所谓的井田制之"公",指的显然不是私家的贵族领主之"公",而是非私家性的国家政府之"公"。《盐铁论·未通》:

> 御史曰:"古者,制田百步为亩,民井田而耕,什而籍一。义先公而后己,民臣之职也。……民犹背恩弃义而远流亡,避匿上公之事。民相仿效田地日芜,租赋不入,抵扞县官。君虽欲足,谁与之足乎?"
> 文学曰:"民非利避上公之事而乐流亡也。往者,军阵数起,用度不足……后亡者为先亡者服事。"

贤良文学虽然为人民负担沉重而被迫流亡鸣不平,但并不质疑"上公之事"本身的合法性。《史记·货殖列传》曰:"任公家约,非田畜所出弗衣食,公事不毕则身不得饮酒食肉。"《汉书·杨恽传》曰:"身率妻子,戮力耕桑,灌园治产,以给公上。"

上述"公事""上公之事""给公上"等都是指庶民为国家缴赋税、服劳役。这些公共义务与自家的私事相对,甚至很多时候在优先级上高于家内私事。因此,尾形勇指出:"在服'公'务时,一般庶民同官吏一样,

---

① 张金光:《战国秦社会经济形态新探》,商务印书馆2013年版,第38页。
② "天下社稷"连称始于宋代,明清时代成为习语。
③ 清人陈逢衡云:"此言四方民大和会不以远近为隔限也。"[参见黄怀信、张懋镕、田旭东撰《逸周书汇校集注》(修订本)上册,上海古籍出版社2007年版,第397页。]

也处在'公'的世界之中……存在着从'家'中出来服'公'役,服役结束后再回到'家'中这样一种结构。""君臣关系不只是皇帝与官僚之间的关系,也是以'公事'为媒介,由'公事'正当化了的皇帝与一般庶民之间真正的统治和被统治的关系。在这里,服务于'公事'者,是从不同的'家''出身'的个别的'臣'。"①

由"公事"所代表的君臣关系之性质,是父家长制的支配,还是共同体式的组织,抑或二者兼有?过去,东方专制主义、王权主义的视角大多关注以"公事"之名行父家长统治之实,强调"公"的概念已经变形为僭取"公"之称号的个体私家势力,而不复氏族共同体的本义。于是,所谓"公室",即作为统治者的"公"之室,"公事"也不过是(王)"公"的私家利害之事。然而,这并非"公"和"公事"的全部意涵。先秦两汉"公室""公家"的概念往往是与"私家"对立而言的国家政府,任何一个封君贵族之家都不可以称为"公"。《韩非子·内储说下》载:"鲁叔孙氏之御者曰:'我,家臣也,安知公家?'"《和氏》曰:"(商鞅)塞私门之请,而遂公家之劳。"即"公家"是与任何一个贵族(包括君主)的家臣、私门相对而言的。因此,尾形勇指出:"把先秦时代的'公室'仅理解为'公之室',是不充分的。实际上,一国之内的诸世家(诸'家')中,唯一的世族掌握了政权,冠以与'私'相对的'公'字,从而标榜与其他诸'家'不同的优越地位。可以说,'公室'正是以此为背景形成的用语。"② 至于"公事",也不只是作为个别统治者的"公"之事。虽然其古代邑社共同体的源头早已湮灭,但"公事"概念中仍然遗存着共同体的精神,并成为"公事"独立于统治者私家之事的观念依据。晚周秦汉的思想家们也几乎都是在这种传统的共同体精神的背景下来讨论"公事"的各种议题的。比如,《管子·问》详细罗列了国家政治需要关心和处理的各种公共事务,涉及方方面面。

对特定公共议题的确认和总结,是政治公共价值最直接的呈现,也是想象国家共同体的思想前提。促使公共议题准确转化为政策议题或使政策议题具有足够公共性的,不仅可以是某种合意的政体制度,也可以是来自

---

① [日]尾形勇:《中国古代的"家"与国家》,张鹤泉译,中华书局2010年版,第171、173页。

② [日]尾形勇:《中国古代的"家"与国家》,张鹤泉译,中华书局2010年版,第189页。

政治文化的观念性力量。因此，不是通过理想的政体或制度设计，而是侧重诉诸政治公共性观念，即从早期社会中归纳总结公共性议题并将之界说为国家政策的必要选项和当然职责，从而塑造出一个合法政府之所谋应为何事的公共性观念，就成为先秦诸子各种政治思想中一项共同的旨趣。

第二节　经世的议题

1962年，美国政治学者彼得·巴克拉克（Peter Bachrach）和莫顿·巴拉茨（Morton Baratz）发表了一篇论文，题为《权力的两方面》（Two Faces of Power），揭示了一个人们习以为常却鲜少反思的现象：影响政务议题和议事日程的设置（agenda-setting）是政治权力和政治生活的重要方面。论文主要关注的是现代西方社会中，传媒以巧妙的手段引导民众聚焦某些特定议题，从而影响和操控公共议程与政策议程的设置。[1] 合理的政策议题与议程应该和来自大众民意的公共议题与议程具有相关性，即政策议题及议程本身应当具有公共性。但被作为利益集团工具或利益集团本身的传媒势力操纵之后，政策议题和议程的公共性必将大打折扣，沦为私人势力实现其意志的工具。例如，新闻媒体通过反复报道和刻意取舍，可以将同性恋平权、堕胎自由等小众议题突出为政治议题的焦点和议程的优先事项，而压倒更具公共性、更值得关注的就业、社保、教育等民生议题，阻止真正的公共议题对既得利益的威胁。这实际上也是哈贝马斯（J. Habermas）所说的资产阶级公共领域衰落[2]的一个侧面反映。对于政治制度的定性，一个重要的标准就在于政策议程与公共议程的契合程度或政策议题的公共性。因此，王绍光认为："如果公共议程能够对政策议程产生直接的影响，后者能切实反映前者的内容和排序，即使官员并非由直选产生，把这种制度斥为'不民主'也显得过于简单化。"[3]

议题设置是古今中外政治生活的常规问题，关键的区别不是具体议题

---

[1] Peter Bachrach and Morton Baratz, "Two Faces of Power", *American Political Science Review*, Vol. 56, No. 4, 1962, pp. 947-952.

[2] 参见哈贝马斯《公共领域的结构转型》，曹卫东、王晓珏、刘北城、宋伟杰译，学林出版社1999年版。

[3] 王绍光：《中国公共政策议程设置的模式》，《中国社会科学》2006年第6期。

在具体时空的特殊性，而在于是否能够稳定地将公共性政务设置为优先乃至主导性的议题。对于人类社会而言，真正具有公共性的政务总是有着相当的共通性和普遍性的。能否将这些普遍性的公共事务辨识和提炼出来，并赋予其在议题序列中相对固定而权威的地位，使之超越任何私人意志而常态化地成为引导和规范政治生活的价值准则，是塑造公共性政治的必要条件。换言之，在公共性的政治中，议题是不可以被"设置"的，或者说是被设置好了的，是"天命"的，是不能被任何人的意见所改变的。阐明并落实这些公共政务正是中国自先秦开始，包括大部分诸子百家的传统政治思想一以贯之的努力方向。这一传统也造就了中国政治思想经世主义的性格——不同于西方同道对于政体的执着。

相对于《管子·问》对公共事务巨细靡遗的罗列，《周礼》作为兼具历史总结和理念设计的政治经典，尤其注重对公共政务的提炼和概括。比如：

> 以官府之六职辨邦治：
> 一曰治职，以平邦国，以均万民，以节财用。
> 二曰教职，以安邦国，以宁万民，以怀宾客。
> 三曰礼职，以和邦国，以谐万民，以事鬼神。
> 四曰政职，以服邦国，以正万民，以聚百物。
> 五曰刑职，以诘邦国，以纠万民，以除盗贼。
> 六曰事职，以富邦国，以养万民，以生百物。（《天官·小宰》）

虽然诸子对公共性政务职事的概括未必完全一致，但大体不出上述"六职"的范畴。这些概括万变不离其宗，就是全体民生之长久。梁启超说："文化演进较深之国，政治问题必以国民生计为中心，此通义也。我国盖自春秋以前，已注重此点。'既富方谷''资富能训'诸义，群经既所屡言。后此诸家政论，罔不致谨于是。"① 比如东汉王符曰："夫为国者以富民为本，以正学为［基］②。……故明君之法，务此二者，以为成太平之

---

① 梁启超：《先秦政治思想史》，商务印书馆2014年版，第9页。
② "基"字原缺，据《北堂书钞》三十九引文补。

基，致休征之祥。"(《潜夫论·务本》)本节将围绕全体民生的公共性政务职事，或者说国家共同体对于原始邑社共同体在观念上的拟制，归结为仁政、德治、强兵、富国四个方面。

一　仁政：王田与官社

如果将仁政视作普适性的概念工具，则传统邑社共同体中的公共生活，尤其是有关民生保障、公共福利等方面的内容，在抽象为国家大共同体之政务职事时，就可以被概称为仁政。孟子称"仁政"为"不忍人之政"，出于"不忍人之心"或"恻隐之心"，但这并非先秦诸子论说仁政的主流思路。本节所论的仁政，是建立在公共性制度机制之上的社会经济管理与民生保障等政务职事，具有客观性、持续性，而非系于统治者个人一己之念的"不忍人之心"。后者企图将客观性的仁政传统建立在主观性的仁心发显之上，这不是早期儒家的主流。早期儒家致力的主要方向是将仁政传统打造为超出任何私人德性之上的客观的、公共的权威性政治观念，使之成为一个独立的政治规范性力量。比如，早期儒家文献中支持仁政合理性的更常见的概念是客观的"先王之道"，而非主观的"恻隐之心"。这样的仁政是公共性、制度性的，而非私人恩惠式的，其所指的内容也不是儒家的专利，而是诸子百家共同关心的思想主题。

（一）井田制的现实与理想

孟子的仁政论首在井田制。《孟子·滕文公上》曰：

> 夫仁政，必自经界始。经界不正，井地不钧，谷禄不平。是故暴君污吏必慢其经界。经界既正，分田制禄可坐而定也。……请野九一而助，国中什一使自赋。卿以下必有圭田，圭田五十亩。余夫二十五亩。死徙无出乡，乡田同井。出入相友，守望相助，疾病相扶持，则百姓亲睦。方里而井，井九百亩，其中为公田。八家皆私百亩，同养公田。公事毕，然后敢治私事，所以别野人也。此其大略也。

先秦传世文献除了《孟子》，很少有讨论井田的。似乎这就是儒家，甚至孟子个人的思想兴趣。除《孟子》外，只有成书年代可疑的《周礼·地官司徒》曰：

> 乃经土地而井牧其田野。九夫为井，四井为邑，四邑为丘，四丘为甸，四甸为县，四县为都。以任地事而令贡赋。

郑玄注将这种田制解释为"井田"，①成为后世定说。

与此同时，从汉代开始，井田及其引申的限田、均田等土地制度主张，成为思想界和政策界的公共议题。《公羊传》宣公十五年何休注云：

> 圣人制井田之法而口分之，一夫一妇受田百亩，以养父母妻子，五口为一家。公田十亩，即所谓十一而税也，庐舍二亩半，凡为田一顷十二亩半，八家而九顷共为一井，故为井田。庐舍在内，贵人也；公田次之，重公也；私田在外，贱私也。井田之义：一曰无泄地气，二曰无费一家，三曰同风俗，四曰合巧拙，五曰通财货。

何休对于井田的阐发是对孟子的继承与发扬。井田制的意义，一是均土地、平赋税，二是构建乡里共同体，总之它是保障民生的制度设施。汉代留下了颇多关于井田或其他相关土地制度的讨论，并且几乎一致地认为井田是周礼古制，现已消亡，但值得赞美。汉人的主流意见是如果井田制难以恢复，至少也要根据国家授田的精神"限民名田"，约束土地买卖，限制占田数量，在最小限度上维护土地公有原则，从而保障一定程度的平等和民生。哀帝时，师丹认为，"古之圣王莫不设井田，然后治乃可平"，然而汉初以来兼并日炽，因此民田及奴婢"宜略为限"（《汉书·食货志》）；东汉仲长统曰："今欲张太平之纪纲，立至化之基趾，齐民财之丰寡，正风俗之奢俭，非井田实莫由也。"退而求其次，"犹当限以大家，勿令过制"（《后汉书·仲长统传》）。荀悦亦曰："既未悉备井田之法，宜以口数占田为之立限。……以赡贫弱，以防兼并。"（杜佑《通典》卷一"食货·田制"）汉末，曹操阵营中的司马朗还在提议恢复井田制："以为宜复井田。……今承大乱之后，民人分散，土业无主，皆为公田，宜及此时复之。"（《三国志·魏书·司马朗传》）恢复井田制的意见和努力中，

---

① 郑玄注曰："此谓造都鄙也。采地制井田，异于乡遂，重立国，小司徒为经之。立其五沟五涂之界，其制似井之字，因取名焉。……"见《周礼注疏》，载《十三经注疏》，第711页。

最著名者是王莽的"王田制"。北魏隋唐的均田制实际上也是这一传统下观念和制度的表现。

上述对于所谓"周礼"之"井田"制度的普遍思考、设计和实践，显然不只是儒家或孟子的私家之义，而应当在先秦时代有着更宽广的历史背景。在杀人盈野、杀人盈城的乱世，方兴未艾的编户齐民社会面临着夭折的危险，人民的生产生活将无所依托。这是当时最严重的政治社会问题。于是，有识之士四处奔走呼号，提倡仁心仁政，托言三代之制，企图挽救自耕农阶层于水火。其办法就是重整战国时代普遍的国家授田制。孟子的"井田制"理想正是由这一现实制度抽象提炼而来。张金光认为："汉代的限田，王莽的王田制，以及汉唐间的均田，等等，皆可作如是观，也可以看作是古代的国家授田制，以及孟子的恒产说在新形势下的不同翻版或不同形式的再现。"①

战国时期，以一夫百亩为标准的国家授田制在各国普遍实行。比如魏国，《吕氏春秋·乐成》曰："魏氏之行田也，以百亩；邺独二百亩，是田恶也。"所谓"行田"，《汉书·高帝纪》曰"法以有功劳行田宅"，即根据功劳分配田宅，则"行田"即国家授田之义。而西门豹治下的邺由于土地质量差，将授田标准提高到了二百亩。再如滕国，《孟子·滕文公上》曰："有为神农之言者许行，自楚之滕，踵门而告文公曰：'远方之人闻君行仁政，愿受一廛而为氓。'"《说文》曰："廛，一亩半，一家之居。从广里八土。"段玉裁注曰："二亩半也。一家之凥（居）。……从广里八土。里者，凥也。八土犹分土也。亦谓八夫同井也。以四字会意。"在儒家井田制的经典模型中，二亩半的宅基地对应的就是八夫同井的百亩分田。可见滕国也是实行百亩授田制的。孟子曰："易其田畴，薄其税敛，民可使富也。"（《尽心上》）赵岐注曰："畴，一井也。"《说文》段玉裁注曰："一井为畴。""易其田畴"即（定期地）重新授田，重新分配井地。其他如《孙子·吴问》之"制田"，《管子》之"分地"，《商君书》谓"制土分民""为国分田"，《孟子》称"制民之产""分田"，《吕氏春秋》名曰"行田""分地"等。《说文》曰："制，裁也。"即所谓"制田""制土""制民之产"都是裁割田地、均分予民之义，皆是国家普遍授田制的反映。

———
① 张金光：《秦制研究》，上海古籍出版社2004年版，第341页。

因此，马端临说"可以见当时未尝不授田"（《文献通考》卷一"田赋考"）。

而贯彻最好的是商鞅变法后的秦国。随着二十世纪六七十年代以来各地战国秦汉简牍等出土文献的大量面世，关于商鞅变法的土地私有制观点逐渐动摇，越来越多的学者倾向于商鞅变法至秦汉间实行的是土地国有制①与国家授田制。比如张金光认为："商鞅实行的田制改革，其实质就是土地国有化。他把立足于村社土地占有制基础上的多级分享同一块土地所有权的多层结构，简化为普遍国有与私人占有的二级结构。"② 晁福林也认为："秦国官府实为土地所有权的拥有者，土地属于国家，只是以授田的方式分配给农民耕种，因此国家才发布关于田亩大小以及整修田间道路和沟洫等的命令。"③ 商鞅变法对于土地的措施主要是所谓的"开阡陌"，这是要废弃阡陌，还是要规划阡陌，向来争论不休。张金光认为："商鞅田制改革，其实质就是土地国有化，并推行国家授田制，'制土分民'。因之，对于土田划分势必有破有立，故'决裂阡陌'与'开阡陌'实为一事物之两面。"④ 这个过程就是国家将贵族和采邑主垄断的土地或村社的公共土地集中到国家，重新规划，按一定标准分配给农民，使之与国家建立直接的联系。守屋美都雄也认为对商鞅"决裂阡陌""开阡陌"更准确的表示应该是"商鞅始割列土地，开立阡陌"（《汉书·地理志》）。即"'开阡陌'是指开辟方向确定的田间道路，按规定面积对耕地进行分割"；进而，"'开阡陌'估计是指包含统一耕地面积在内的土地整理"，"它统一了土地的丈量单位"，"促进了大族的分解"，"确认和确保了小农的私有地"，"有利于开垦作为赏田的官有土地。总而言之，这是一种使得秦国的政治

---

① 在睡虎地秦简发现之后，关于授田制的性质是土地国有还是土地私有，学界存在争论。刘泽华最早提出战国时代土地国有制的主张，张金光进行了系统的论证和补充。但同时也有不少反对的意见，认为前者夸大了土地国有制的范围和内容。近期的研究越来越趋向于质疑或修正土地国有制论。持平的观点认为，授田制应是土地国有向私有制转化的一种形式。参见刘泽华《论战国时期"授田制"下的"公民"》，《南开大学学报》1978 年第 2 期；张金光：《试论秦自商鞅变法后的土地制度》，《中国史研究》1983 年第 2 期；林甘泉主编：《中国封建土地制度史》第 1 卷，中国社会科学出版社 1990 年版，第 91—92 页；晋文：《睡虎地秦简与授田制研究的若干问题》，《历史研究》2018 年第 1 期。

② 张金光：《秦制研究》，上海古籍出版社 2004 年版，第 1 页。

③ 晁福林：《春秋战国的社会变迁》下册，商务印书馆 2011 年版，第 600 页。

④ 张金光：《秦制研究》，上海古籍出版社 2004 年版，第 89 页。

力量可以渗透到国内所有地区，同时开发未开垦国土的具体方法"①。

国家授田的一项必要内容是田间管理。比如，政府主持维护封埒沟洫等田界不被侵慢或废弛，保障农户份地格局的稳定，也就是孟子所说的"必自经界始"。赵岐注曰："经，亦界也。"《礼记·月令》中孟春之月的农事任务就包括"王命布农事，命田舍东郊，皆修封疆，审端经术"。郑玄注曰："田谓田畯，主农之官也。……术，《周礼》作'遂'，'夫间有遂，遂上有径。'"所以，"审端经术"就是修正田界之义。青川秦牍记载了秦武王二年的《更修为田律》规定"以秋八月，修封捋（埒），正疆畔"。因此，孟子以"正经界"为主要内涵的井田制设想，或其所谓"恒产""制民之产"的实质就是，呼吁维持或重建战国时代曾经流行的一夫百亩的国家授田制。张金光指出，"对于庶民给与百亩份地，乃是一个具有悠久历史传统的历史事实，也是非常传统的蛊惑人心的口号。自孟轲猛烈抨击战国之时君世主不能满足农民百亩田，而使之仰不足以事父母，俯不足以蓄妻子，因而提出恒产说之后，社会舆论上便形成了一种定势，即不能满足庶民维持温饱线的百亩份地的起码要求，便不是一个好的、合格的政府和君主"②。这就是儒家仁政说主要的观念来源。

相对而言，儒家关心民生教化，法家追求富国强兵。在支持国家授田制上，孟子与李悝、商鞅等法家是一致的。一夫百亩的授田制同时符合双方的政治目标。对于国家而言，国家授田制是政府征收赋税的前提；公平的授田，保证民众所受土地数量和质量的一致（必要时定期"易田"），是均平税负的前提；而均平税负，则是国家最大程度上汲取资源的前提。对于人民而言，税负均平也是保证民生的必要条件。只不过，儒家要求在这一基础上还必须"勿夺其时"、轻徭薄赋。换言之，仁政所要求的"勿夺其时"等必须建立在国家授田制的基础之上。

总之，以商鞅变法后的秦国为典型代表，战国时期各国改革之后形成的土地制度都应当是不同程度的土地国有制和国家授田制。这是孟子及其他儒家构想"周礼井田制"的现实背景。如果把井田制宽泛地理解为公权力主持的土地规划制度，则"井田制的历史形态，先是村社土田规划制

---

① ［日］守屋美都雄：《中国古代的家族与国家》，钱杭、杨晓芬译，上海古籍出版社2010年版，第73—74页。

② 张金光：《战国秦社会经济形态新探》，商务印书馆2013年版，第189页。

度，后是土地国有制及其国家授田制下的统一田间规划制度。井田制度只是这种集体占有或国家所有土地的一种具体组织规划方式，它并不是唯一的规划方式"①。也就是说，将土地按照"井"字进行规划的形式不是井田制的本质，统一而公平的土地规划和分配本身才是，孟子的"周礼井田制"应做如是观。

但是，国家授田制在秦汉之际就已经名存实亡，其与所谓的"周礼井田制"理念之间的关系也开始被误解。这表现为自汉代董仲舒开始，一众儒生基于"井田"制而批判商鞅田制，认为其允许土地买卖导致了土地兼并和贫富分化以及小农的大量破产，谓秦"用商鞅之法，改帝王之制，除井田，民得卖买，富者田连阡陌，贫者无立锥之地"（《汉书·食货志》）。其实，战国时代的土地国有和国家授田制度在法律原则上是禁止土地买卖的。② 但儒生们的批评也并非无中生有。统一的国家授田制与小农的破产之间确有因果关联。张金光将以秦为代表的战国诸侯的土地制度概括为"具有普遍的国有制形态与实际上的私人占有的二重性特点"，这种特点使得传统的邑社集体公有的土地制度必将不可避免地迅速转化为个体家庭私有的土地制度。③ 而土地国有制和国家授田制就是这一过程的催化剂，因为在传统的邑社体制下，邑社土地以整体作为赋税单位，至少跨邑社的土地交易是受限制的；在国家授田制下，农户成为直接承担国家义务的单元，其对所受份地的占有性会不断固化，一旦国家主持的还授易土力不从心，难以持续，土地的私人交易就将无法遏制。在中国土地制度史上，尤其是汉唐之间，这一情景不断上演。理论上，国家授田和民田私有似乎是相反的概念——前者代表国有制，后者则是私有制。但在现实中，前者往往成为后者的基础。甚至可以说，二者名异而实同。

不管对历史是否误解，儒家理念上的井田制的确倾向于某种程度的公

---

① 张金光：《秦制研究》，上海古籍出版社2004年版，第340页。
② 战国时期关于土地买卖的记载只有两条。一是《韩非子·外储说左上》曰："中牟之人弃其田耘、卖宅圃而随文学者，邑之半。"于"宅圃"曰"卖"，于"田耘"则曰"弃"，可见田地是不可卖的。二是《史记·廉颇蔺相如列传》曰：赵括"日视便利田宅可买者买之"。这是战国时代唯一明确田地可以买卖的史料，但已晚至战国之末。到了秦始皇末年，令黔首自实田，即主动申报土地面积，意味着国家开始默许了土地的私有和买卖。直到汉武帝时，土地兼并和贫富分化开始成为严重的社会问题。
③ 参见张金光《秦制研究》，上海古籍出版社2004年版，第111—112页。

有制。孟子所谓的"恒产",也暗示着土地私人占有但不许买卖之意。孟、荀在这一点上是完全一致的。《荀子·大略》曰:

> 家五亩宅,百亩田,务其业,而勿夺其时,所以富之也。立大学,设庠序,修六礼,明七教,所以道之也。

因此,儒家的井田制理想实质上是战国时代官社体制的理想化,是希望将上述不稳定的土地国有制、国家授田和规划管理制度永恒地固定下来,运行下去,使普遍的民生得到制度性的保障。如张金光所说:"井田方案是一个完整的社会经济体系,是一个以井地授田为基础,以地方行政为网络,编织出的'乡田同井'的井邑社区。……其乡井之民彼此之间'乡田同井',相须相助,同生息、共依存性甚强。"其实质就是国家统一规范的政社合一的官社共同体。①

井田制理想对民生的保障集中体现在税法上。孟子主张,有公田的地区即"野,九一而助",无公田的地区即"国中,什一使自赋"。"九一而助"是劳役地租制,"十一之赋"则是实物地租。相对而言,儒家更倾向于税率较为固定、不容易随意增加农民负担的劳役地租制,即"助法"。《孟子·滕文公上》曰:"治地莫善于助,莫不善于贡。""惟助为有公田。由此观之,虽周亦助也。"所谓的"贡"是定额租制,不依年成丰歉而调整,所以对农民威胁较大。

与劳役地租制相结合的社会政治结构,既可以是贵族领主制或封建采邑制,如《小雅·大田》"雨我公田,遂及我私"描写的情形;也可以是国家授田制或官社经济体制。只不过在后者,传统邑社集体的(也是村社领袖或采邑主的)"公田"变成国家政府的"公田"。如《商君书·垦令》曰:"农民不饥,行不饰,则公作必疾,而私作不荒,则农事必胜。"此时当战国中期,乡民共耕公作的国家乡里公田承自传统,尚且不少。《吕氏春秋·审分》曰:"今以众地者,公作则迟,有所匿其力也;分地则速,

---

① 张金光:《秦制研究》,上海古籍出版社2004年版,第335页。张金光提出"官社经济体制模式"来"概括和表述中国古代历史上一定历史时期(主要是战国、秦)的一种带有普遍意义的社会经济体制"。所谓"官社,即受一定政权支配的社区共同体"。参见张金光《秦制研究》,上海古籍出版社2004年版,第275、281页。

无所匿迟也。"此时当战国之末，政府公田已纷纷按照国家授田制原则分配给了份地农户。孟子所说的"八家皆私百亩，同养公田"，则既处于战国中期，有现实依据；又因为要完全贯彻劳役地租原则，而对田制进行了理想化设计。反过来，这种理想化设计又证明了孟子的井田制必须依赖国家统一的授田规划才有可能实现，而不可能真的恢复西周贵族治下的邑社土地制度之旧。

（二）公共性的经济与资源管理

授田制或井田制只是国家指导下的分工合作与官社体制的一部分，以之为现实背景的仁政思想也包含着更多元的内容。除了正经界，还有节用裕民、轻徭薄赋、税负公平、无夺农时、恤孤养疾、互助互济等方面。这是儒家的通义，甚至是先秦诸子各家的共识。作为一种共同体思维，它们由小共同体的习俗升华为国家政治与社会经济公共性的观念。比如，土地的公平分配是政治经济公共性的基本条件。因此，防止土地分配的失序是仁政的内在要求。秦晖指出，儒、法两家在抑兼并这一基本点上并无分歧，"实际上'抑兼并'不能说是哪一学派的，甚至不能说是哪一封建国家的特有主张。它是以共同体（而不是以公民个人权利）为本位的传统社会（包括中、西在内的一切前近代社会）本质所决定的一种政策"。"历来'抑兼并'者都有两大理由，一是道义方面的，即削富益贫为的是'百姓均平'；一是财政方面的，即'利出一孔'为的是'国富足用'。在传统上前一理由源出自儒家，后一理由源出自法家，这也是在这一问题上儒法能合流而构成'法儒'的主要原因。"①

在保障合理的土地分配秩序的基础上，官社体制下公共性的经济与民生管理，首先需要负责相应政务职事的"干部"。《管子·立政》胪列了虞师、司空、乡师、工师等官职及其分别负责的具体事务，全都是关涉民生福祉的实务。乡里邑社的公共性经济与民生管理中，更重要的是基层"干部"，即父老或三老，与里正或里宰、里魁。他们一方面是传统的村社领袖，拥有民望，另一方面也是政府选定和委任的吏员，执行国家意志，因此是所谓的"庶人在官者"。"三老"之称可能起源较早。《左传·昭公三年》曰："民参其力，二入于公，而衣食其一。公聚朽蠹，而三老冻馁。"

① 秦晖：《传统十论》，东方出版社 2014 年版，第 44、47 页。

里正与父老同为官方认证的村社领袖,在战国时已成为普遍现象。《墨子·备城门》曰:"召三老在葆宫中者与计事得先(失)";《号令》① 曰:"里正与皆守宿里门","(里)正与父老及吏主部者,不得,皆斩;得之,除,又赏之黄金,人二镒","守入临城,必谨问父老、吏大夫"。《公羊传》宣公十五年何休注对父老和里正在官社的生产、治安、教育等公共生活中的管理职能做了详细描述:

> 民春夏出田,秋冬入保城郭。田作之时,春,父老及里正旦开门,坐塾上,晏出后时者不得出,莫不持樵者不得入。五谷毕入,民皆居宅。里正趋缉绩,男女同巷,相从夜绩,至于夜中。
> 十月事讫,父老教于校室,八岁者学小学,十五者学大学,其有秀者移于乡学,乡学之秀者移于庠,庠之秀者移于国学。

《周礼·地官司徒》亦曰:

> 里宰掌比其邑之众寡,与其六畜兵器,治其政令。以岁时合耦于锄,以治稼穑。趋其耕耨,行其秩叙,以待有司之政令,而征敛其财赋。

国家统一组织和管理的经济活动自然是为了便利剩余财富的生产和集中,但同时也是建立和运作公共性政务的基础,是开展德政或仁政的必要条件。张金光认为:"上述并皆为官社体制下,政府强制性的农业政令,是为政府组织、干预生产活动的当然职责,并非如后日循良政府官吏之德政。"② 实际上,虽然秦汉以降官社体制不再,经济干预程度降低,但后世赈灾济困、劝课农桑、兴修水利等作为中央和地方官府公共性政务职事的

---

① 《墨子》之《备城门》《号令》《杂守》等篇,据近人研究,当为晚于墨子之后的战国时代作品。蒙文通、岑仲勉、陈直、李学勤等皆认为出自秦人之手。(参看蒙文通《古学甄微》,巴蜀书社1987年,第215页;岑仲勉:《墨子城守各篇简注》"再序",古籍出版社1958年;陈直:《〈墨子·备城门〉等篇与居延汉简》,《中国史研究》1980年第1期;李学勤:《简帛佚籍与学术史》,江西教育出版社2001年,第119—132页。)

② 张金光:《战国秦社会经济形态新探》,商务印书馆2013年版,第377页。

传统,仍是由此而来。《管子·入国》有"九惠之教:一曰老老,二曰慈幼,三曰恤孤,四曰养疾,五曰合独,六曰问疾,七曰通穷,八曰振困,九曰接绝",与儒家仁政略无出入。而这些出自官社共同体时代的公共职事及其背后的政治公共价值在官社时代结束之后的古典政治史中,亦被完全继承,仍是主导性的政治观念。

公共性的经济与民生管理中很重要的一点是对"时"的极端重视。《孟子·梁惠王上》曰:"不违农时,谷不可胜食也;数罟不入洿池,鱼鳖不可胜食也;斧斤以时入山林,材木不可胜用也。……""不违农时"不是孟子仁政说的专利,而是先秦文献中普遍存在的治国观念。在思想或舆论界的普遍性、共识性使之成为具有客观性、公共性的政务职事观念,从而在后世的现实政治中产生了切实的影响。即无论哪个国家,何人统治,都不得不将这种具有公共权威性的政务职事列为国家政治的主要议题,政治本身的公共性由此得以建立。

类似的政论还有很多。比如,管仲的内政改革有以下内容和目标:

> 相地而衰征,则民不移;政不旅旧,则民不偷;山泽各致其时,则民不苟;陆阜陵墐,井田畴均,则民不憾;无夺民时,则百姓富;牺牲不略,则牛羊遂。(《国语·齐语》)

其中,"井田畴均"相当于孟子井田制的正经界、均井地、平谷禄;"山泽各致其时""无夺民时"则与孟子"不违农时""斧斤以时入山林"别无二致。而《国语·鲁语上》对山泽渔猎之时更是有十分具体的规范和解释:

> 古者大寒降,土蛰发,水虞于是乎讲罛罶,取名鱼,登川禽,而尝之寝庙,行诸国,助宣气也。鸟兽孕,水虫成,兽虞于是禁罝罗,猎鱼鳖以为夏犒,助生阜也。鸟兽成,水虫孕,水虞于是禁罝罜,设阱鄂,以实庙庖,畜功用也。且夫山不槎蘖,泽不伐夭,鱼禁鲲鲕,兽长麑麌,鸟翼鷇卵,虫舍蚳蝝,蕃庶物也,古之训也。

另外,《逸周书·大聚解》曰:

春三月，山林不登斧，以成草木之长；夏三月，川泽不入网罟，以成鱼鳖之长。……万物不失其性，人不失其事，天不失其时，以成万财。

《吕氏春秋·孟春纪》曰：

是月也……禁止伐木，无覆巢，无杀孩虫胎夭飞鸟，无麛无卵。

《仲春纪》曰：

是月也，无竭川泽，无漉陂池，无焚山林。

《季夏纪》曰：

是月也，树木方盛，乃命虞人入山行木，无所斩伐。

《礼记·王制》曰：

林麓川泽以时入而不禁。

《周礼·地官·山虞》曰：

山虞掌山林之政令，物为之厉，而为之守禁。仲冬斩阳木。仲夏斩阴木。凡服耜，斩季材，以时入之。令万民时斩材，有期日。凡邦工入山林而抡材，不禁。春秋之斩木，不入禁。

《迹人》曰：

迹人掌邦田之地政，为之厉禁而守之，凡田猎者受令焉。禁麛卵者与其毒矢射者。

《淮南子·主术训》曰:

> 先王之法,畋不掩群,不取麛夭。不涸泽而渔,不焚林而猎。豺未祭兽,罝罦不得布于野;獭未祭鱼,网罟不得入于水;鹰隼未挚,罗网不得张于溪谷;草木未落,斤斧不得入山林;昆虫未蛰,不得以火烧田。孕育不得杀,鷇卵不得探,鱼不长尺不得取,彘不期年不得食。……先王之所以应时修备,富国利民。

云梦睡虎地秦简的一部分属于秦律,其中有《田律》曰:

> 春二月,毋敢伐材木山林,及雍(壅)堤水。不夏月,毋敢夜草为灰,取生荔麛卵鷇。毋……毒鱼鳖,置阱网,到七月而纵之。①

张家山竹简汉律也有类似的一条:

> 禁诸民吏徒隶,春夏毋敢伐材木山林,及进堤水泉,燔草为灰,取产麛卵鷇。毋杀其绳(孕)重者,毋毒鱼……②

这两条出土文献可能在当时誊抄时有个别错讹,③ 但不影响整体的理解。同样地,还有青川木牍秦律中《为田律》的一条:

> 秋八月,修封埒,正疆畔,及癹阡陌之大草。九月,大除道及阪险。十月,为桥,修陂堤,利津梁,鲜草离。非除道之时而有陷败不可行,辄为之。

---

① 睡虎地秦墓竹简整理小组:《睡虎地秦墓竹简》,文物出版社1978年,第26页。
② 张家山汉墓竹简整理小组:《江陵张家山汉简概述》,《文物》1985年第1期。
③ 李学勤认为:"两条互相对照,可以看出彼此都有个别错讹。张家山简'进堤水泉'的'进'字,显然是'雍'字之误;睡虎地简此句'水'之下,很可能脱落了'泉'字。睡虎地简'夜草为灰'的'夜'字,应为'燔'或其同义字之误。特别是睡虎地简'荔'字……现在知道是衍文。至于'生''产'二字,秦至汉初简帛常常互用,无须详论。睡虎地简'春二月'的'二'字,有可能是'三'字之误。"(李学勤:《简帛佚籍与学术史》,江苏教育出版社2011年版,第111—112页。)

根据时令安排生产活动，也是《礼记·月令》的主题。因此，杨宽判断："战国时代各国为了促进经济发展，已实施一些管理农业、林业、渔业、畜牧、狩猎等生产的政策。……《月令》的种种规定不是毫无根据的，就是汇集当时各国这方面的规定而制订的。"①

此外，为了更好地依照时令管理经济，国家对于生产信息的传递和收集也很重视。睡虎地秦简《田律》有一条内容如下：

> 雨为澍，及诱（秀）粟，辄以书言澍稼、诱（秀）粟及垦（垦）田畼毋（无）稼者顷数。稼已生后而雨，亦辄言雨少多、所利顷数。旱及暴风雨、水潦、螽虫、群它物伤稼者，亦辄言其顷数。近县令轻足行其书，远县令邮行之，尽八月□□之。

李学勤认为，"简文大意是说：在农田降雨时，必须书面报告得到浇溉的田地面积数字。遇到旱灾、水灾、虫害或其他自然灾害时，也必须报告受害田地的面积数字。上报材料，近县应由人徒步呈递，远县则交驿传递送，要在尚未秋收的八月以前送到"②，即律文强调了关于农业生产信息传递的时效性。

总之，这些经济政策或行政要求是先秦思想界几乎一致的政治主张，并已经体现在秦汉国家的政治实践中。张金光指出，关于农牧渔猎生产活动的"四时之禁"，"本为村社共同体处理集体占有的山林川泽等公共牧场、渔猎之地、矿产、水利、草木、森林等自然资源的习惯原则"。"而在村社消亡或村社行政乡官化，亦即政社合一，官社大兴之时，原来的传统习惯，同时也为国家行政接过来，故政府亦多大力推行此等传统禁令，随亦超出了原来共同体狭小的圈子，而成为在更广泛的全国范围内统一治理的事情。"③ 由于文献阙如，这种禁令在现实中实践几何不得而知，但很明显构成先秦政治思想中的一个重要共识。并且，这种禁令不是为了限定或规范公私所有权，"山川薮泽几乎都是从利用方面来考虑的，其所有关系

---

① 杨宽：《战国史》，上海人民出版社 2016 年版，第 91 页。
② 李学勤：《简帛佚籍与学术史》，江苏教育出版社 2011 年版，第 105 页。
③ 张金光：《战国秦社会经济形态新探》，商务印书馆 2013 年版，第 378 页。

并不直接构成问题"①。以客观法则规范农林牧渔生产活动——无论是邑社集体的还是王室的、官府的或百姓的,并设立专门的官司执掌其责的设想与实践,反映出以山林薮泽为公共资源,不由私家专其利的预设价值,也体现了国家政策必须指向共同体公益的政务职事公共性之观念。

换言之,不违农时、四时之禁等主张反映的不仅是生产本身的技术性考量,更是政治层面公共性与私人性的斗争。在以家为国的时代,原来属"公"的邑社共同体及其资源,逐渐由某个人或家族作为权威性代表所支配,后者同时僭取了"公"的名号,使"公"具有了作为统治者的后起意义。这实际上是原始邑社共同体及其公共资源的私有化过程。比如,林野苑囿原本是邑社成员共享共利之地,后来逐渐被作为邑社最高代表的国君所独占,列为禁地禁苑。晚周诸侯普遍大兴园林楼台,秦汉帝王为之尤甚。先秦两汉的思想家对此有清醒的判断,并力图基于传统邑社的公共生活习俗而在大规模国家的层面重建共同体或政治的公共性。这一理念就必然与日益发展的私人性君主政治现实发生激烈的冲突。比如《孟子·梁惠王下》中,齐宣王因人民以王家方四十里之囿为大,却以文王方七十里之囿为小而不平。孟子曰:

> 文王之囿,方七十里,刍荛者往焉,雉兔者往焉,与民同之。民以为小,不亦宜乎?……臣闻郊关之内有囿方四十里,杀其麋鹿者如杀人之罪,则是方四十里,为阱于国中。民以为大,不亦宜乎?

无论孟子所说的"文王之囿""与民同之"是否为历史事实,但其所表达的公共性理念,及其对时君化公为私的批判是明确无误的。无论是《谷梁传》庄公十八年提到的"山林薮泽之利所以与民共也",还是《礼记·王制》说"林麓川泽,以时入而不禁",都是思想界面对君主私人性政治的膨胀及其对经济资源的独占而针锋相对的公论之言。

(三) 公共性的民生与均平保障

传统邑社时期,共同体内的老弱皆由集体供养。随着统一国家的建立和政治思想界普遍地以原始邑社为模本而构想国家大共同体,养老、抚幼

---

① [日] 仁井田陞:《中国法制史》,牟发松译,上海古籍出版社2018年版,第231页。

等民生保障应为国家大共同体的责任或公共性政务职事的观念逐渐形成。《孟子·离娄上》借伯夷、太公避纣而归文王，以其善养老者之事发明为政养老之义："二老者，天下之大老也，而归之：是天下之父归之也；天下之父归之，其子焉往？诸侯有行文王之政者，七年之内，必为政于天下矣。"《礼记·王制》对于国家主持的养老及抚恤鳏寡孤独等公共政务论述得尤为详尽：

> 凡养老：有虞氏以燕礼，夏后氏以飨礼，殷人以食礼，周人修而兼用之。五十养于乡，六十养于国，七十养于学，达于诸侯。八十拜君命，一坐再至，瞽亦如之。九十使人受。五十异粻，六十宿肉，七十贰膳，八十常珍；九十饮食不离寝、膳饮从于游可也。六十岁制，七十时制，八十月制；九十日修，唯绞、衾、冒，死而后制。……有虞氏养国老于上庠，养庶老于下庠。夏后氏养国老于东序，养庶老于西序。殷人养国老于右学，养庶老于左学。周人养国老于东胶，养庶老于虞庠：虞庠在国之西郊。……
>
> 少而无父者谓之孤，老而无子者谓之独，老而无妻者谓之矜，老而无夫者谓之寡。此四者，天民之穷而无告者也，皆有常饩。瘖、聋、跛、躃、断者、侏儒、百工，各以其器食之。

这里值得注意的不仅是养老一事的具体内容，还有作者的叙述方式。先秦诸子习于托古论政——将三代和古圣王作为某种政策主张的发起者和实践模范，并勾画出自古以来该项政务始终得到推行贯彻的历史脉络，以此说明该项政务并非时下某人的私人设计，而是古今天下之通例，从而使该政务主张在庙堂舆论和上下人心中获得公共属性和权威地位，冀其成为国家施政之常务与行政考核之定则。这种观念甚至影响到了现实政治。银雀山汉简《田法》载："□□□以上，年十三岁以下，皆食于上"，反映了汉代养老抚幼政策之实践。

除养老之外，儒家对公共性的民生保障机制有着全面的考虑和设计，根本精神就是打造共生共存、相聚相养、守望互助的社会共同体。《周礼·大司徒》曰：

> 以荒政十有二聚万民：一曰散利，二曰薄征，三曰缓刑，四曰弛力，五曰舍禁，六曰去几，七曰眚礼，八曰杀哀，九曰蕃乐，十曰多昏，十有一曰索鬼神，十有二曰除盗贼。以保息六养万民：一曰慈幼，二曰养老，三曰振穷，四曰恤贫，五曰宽疾，六曰安富。以本俗六安万民：一曰媺宫室，二曰族坟墓，三曰联兄弟，四曰联师儒，五曰联朋友，六曰同衣服。

《管子·入国》同样主张由国家建立公共性的社会保障机制，曰"九惠之教"，包括"所谓老老者""所谓慈幼者""所谓恤孤者""所谓养疾者""所谓合独者""所谓问疾者""所谓通穷者"等各方面的具体政策办法。《管子·五辅》将"民之所欲"树立为兴办政务的准则，并概括为"六兴"：辟田畴，利坛宅，修树艺，勉稼穑等是"厚其生"；发伏利，输滞积，修道途，便关市等是"输之以财"；导水潦，利陂沟，通郁闭，慎津梁等是"遗之以利"；又有所以"宽其政""匡其急""振其穷"的具体政令。

其实，仁政思想不是儒家专利，墨家"兴天下之利"自不必谈，法家、道家诸子也并非不恤民生。李悝作《法经》，但同时也为庶民百姓的生计筹划忧虑（参见《汉书·食货志》）。《淮南子·主术训》主要以道家哲理援饰法家政治，但也不乏对民生多艰的哀矜：

> 古之君人者，其惨怛于民也。国有饥者，食不重味；民有寒者，而冬不被裘。岁登民丰，乃始县钟鼓，陈干戚，君臣上下，同心而乐之，国无哀人。……夫民之为生也，一人蹠耒而耕，不过十亩，中田之获，卒岁之收，不过亩四石，妻子老弱，仰而食之，时有涔旱灾害之患，无以给上之征赋车马兵革之费。由此观之，则人之生，悯矣！

所谓"不忍人之政"不仅源于个体主观的"不忍人之心"，同时也是"古之"政治文化的历史传承，类似于黑格尔意义上的"客观精神"，为诸子百家政治观念所共享，是晚周秦汉思想者们的共识——无论是否同意孟子的心性说。孟子论仁政，也以客观的"恒产"为中心，即保证人民有稳定的生产生活资料。一方面，在土地政策上要求正"经界"，"易其田畴"；

另一方面，在税收政策上主张行"助"法，"薄其税敛"。助法是指方里而井，井九百亩，八家各私百亩，共耕其中百亩之公田，私田的收入全部归自己，公田的收入作为赋税全部归官家。若风调雨顺，则公私同享其利；若遇水旱天灾，则公私共担损失。"助法是天塌砸众家，利害均沾，不是一家独沾其利，也不是一家独当其害，这是比较原始的均平生存法则，共沾雨露和阳光的'雨我公田，遂及我私'，之所以一再受到讴歌，亦在于斯也。"另外，助法的公平与公正还表现为公私"界限分明，不易也不容逾越。如此则对民有利。……使官吏不得任意加码"①。而后世所谓的"彻"法，针对私田征税，无论是固定税额还是比例税率，在家国时代，都难免在专制权力的支配下有意或无意地评产过高，从而高企税额，极尽剥削。无论农户实际收成与剩余几何，务以官府获取稳定且尽可能多的收入为要务。由此可见，助法的意义在于保护了农户在天下之利的分配中拥有固定的权利，抑制了家国化的所谓"公家"肆意扩张私利欲望的冲动。

正经界与行助法共同指向一个无论在先秦还是后世都具有普遍性的政务要求：均平原则。孔子曰："有国有家者，不患贫而患不均。"（《论语·季氏》）董仲舒将贫富轻重多寡之间在维持等级之前提下的适当调和，称为"以此为度而调均之"，俾"上下相安"（《春秋繁露·度制》）。社会的分化必然导致秩序的崩坏，社会的安定有赖于利益分配上的相对均平。基于对"众人之情"趋向自然分化的判断，中国政治思想传统不相信均平能够在多元的私人性力量之间自动达成，而必须依赖更高层级的公共性力量之介入。

因此问题是，如何在国家制度的层面保障一定程度的均平，或者提供维持均平的公共机制？董仲舒在举贤良对策的第三策中，以齿与角不可兼得、傅翼与多足不可并生为喻，说明官爵与产业不可具于一人：

> 身宠而载高位，家温而食厚禄，因乘富贵之资力，以与民争利于下，民安能如之哉！……故受禄之家，食禄而已，不与民争业，然后利可均布，而民可家足。此上天之理，而亦太古之道，天子之所宜法以为制，大夫之所当循以为行也。（《汉书·董仲舒传》）

---

① 张金光：《战国秦社会经济形态新探》，商务印书馆2013年版，第467页。

简言之，为官者不可与民争利。其背后的原则是，爵禄与产业是制造贫富差距的两大来源，必须严禁二者合流以造成更大的贫富分化。官与民争利的本质是政治资源与经济资源的联合，当然，在爵本位—官本位的古代农业社会，更多的是政治势力兼并经济资源。因此，维持最低限度均平的基本要求是"受禄之家，食禄而已，不与民争业"，即为政者不得治产业。如《盐铁论·贫富》中"文学"所说："古者，事业不二，利禄不兼。"即不可以同时从事政治与产业，不可以兼取产业之利与政治职事之禄，然后"贫富不相悬也"。此一原则如果引申到商业社会或资本社会，按照逻辑，就应该是要求有产者不得为政。这一机制是凌驾于官之爵禄与民之产业之上的公共性的政治原则。它是"上天之理""太古之道"，即同时用"天"和"古"来证明该原则的客观性、公共性、权威性；是"天子之所宜法以为制"，即应当制度化为国家法制。

二 德治：社会自律与国家教化

"德"是西周政治文化的标志性概念。赵汀阳指出，在西周语境中或初始意义上，"德治的要义就是兴利除害，按照现代的说法，就是保证安全和利益的普遍供给"[①]。比如《管子·五辅》"德有六兴"，指的就是厚生、输财、遗利、宽政、匡急、救穷。以本节涉及的议题而言，早期或广义的德治包含仁政、教化、富国、强兵诸端。但春秋之后，"德"从综合性的政治—伦理概念逐渐转变为较纯粹的伦理概念。德治的含义也随之而变，收缩为以礼治教化为主要内容，兼及经济层面的仁政。此时的德治有两个层面的含义：一是君主仁心与君子修德、以上率下；二是基层社会以礼义构建起自律秩序。

（一）德治的意义与形态

儒家主张的德治，不仅仅是发乎恻隐之心的"不忍人之政"——若单纯指此，则易与墨家之兼爱混淆，而更主要的是礼义伦常之序。儒家论证以德治国，一个重要的思想线索是在形而上学的层面强调道德伦理本身的绝对价值，强调其为人之为人的本质性规定。因此，己立立人是为了成己成物，为了求其放心，履行天命，与天地合其德。一个德治的社会是符合

[①] 赵汀阳：《天下的当代性：世界秩序的实践与想象》，中信出版社2016年版，第101页。

天经地义、遵循人性本质的正义社会。这是思孟学派，乃至后世宋明理学推崇德治的主要理由。但这并不是先秦两汉儒家思考德治的全部维度，甚至不是主要的维度。早期儒家看待德治不是孤立的，而是与制度性的仁政或社会治理与民生保障密切相连的。即德治或礼教的意义在于养民，是制度性仁政的另一层表现。如果说对于全体民生之长久这一公共价值而言，制度性的仁政是积极有为的政治设施，礼义德治则是在消极保障层面的政治设施。如《荀子·荣辱》曰："先王之道，仁义之统，以相群居，以相持养，以相藩饰，以相安固邪。……彼固为天下之大虑也，将为天下生民之属，长虑顾后而保万世也。"

在农业时代，由于生产力水平和技术进步的限制，社会经济主要是马克思所谓的"简单再生产"而非"扩大再生产"，即农业生产的目的主要是满足社会基本生活需要，用来商业化盈利、资本增殖的空间十分有限。因此，仁政除了君主仁心，在具体政策层面主要不是无谓地追求提高生产力或增加社会财富——这种努力的成效是有限度的，而是更多地意味着轻徭薄赋、不违农时以及体制性的"低成本治理"——类似黄宗智所说的"集权的简约治理"①。这种治理要求在保证中央集权的前提下，减少地方和基层行政的成本，更多地利用基层社会的自律秩序，尤其是儒家主张普及的宗族伦理秩序，即"德治"。因此，仁政与德治这两种价值追求和政策主张是一体两面、互为条件、相辅相成的。孔子论为政之次第，既"庶矣"则"富之"，然后才是"教之"（《论语·子路》）。《管子·牧民》曰："仓廪实，则知礼节；衣食足，则知荣辱。"这个逻辑反过来也是成立的。即礼义教化形成社会的自律秩序，这将有助于增进民生福祉，降低社会成本。比如《管子·五辅》曰：

> 义有七体，七体者何？曰：孝悌慈惠，以养亲戚。恭敬忠信，以事君上。中正比宜，以行礼节。整齐撙诎，以辟刑僇。纤啬省用，以备饥馑。敦懞纯固，以备祸乱。和协辑睦，以备寇戎。

---

① 参见黄宗智《集权的简约治理——中国以准官员和纠纷解决为主的半正式基层行政》，《开放时代》2008 年第 2 期。

德治的自律秩序作为仁政或低成本的治理之条件，不仅在基层社会，对整个国家政治或礼法的设计原理都是成立的。王国维说："周之政治，但为天子、诸侯、卿、大夫、士设，而不为民设乎？曰，非也。凡有天子、诸侯、卿、大夫、士者，以为民也，有制度典礼以治。天子、诸侯、卿、大夫、士，使有恩以相洽，有义以相分，而国家之基定，争夺之祸泯焉。民之所求者，莫先于此矣。"① 周礼政治的意义在于止乱定分，以保障民生，因此非"但为天子、诸侯、卿、大夫、士设"，亦且"为民设"。《左传·文公七年》载：

> 晋郤缺言于赵宣子曰："六府、三事，谓之九功。水、火、金、木、土、谷，谓之六府。正德、利用、厚生，谓之三事。义而行之，谓之德、礼。"

即德与礼的本质是公共性的政治功业（"九功"），是"利用""厚生"。

对这一原理阐释最深入、完善的是荀子。在荀子看来，伦理化的社会规范本质上是一种利益分配的秩序，社会伦理的公共性则意味着这种利益分配格局的公共性，即符合社会整体的公共利益。因此，功利导向的、公共性的政务职事观念要求将普及、贯彻这一伦理化社会秩序纳为自己的内容，将教化与德治作为政府的分内之责。"礼者，养也"，"定分止争"，使人"能群"，所以为养。

从构建自律性的社会秩序以确保民生的角度来讲，德治的理想甚至不限于儒家。法家力主的法治虽然是一种他律，但其终极理想仍然是借助强制性力量培养民间自律的秩序，使人民习惯于以法为教、以律为礼，在此基础上形成新的道德规范。这时，刑律将退居幕后，一种新型的"德治"就浮出了水面，即所谓的"以刑去刑"（《商君书·靳令》）。《管子·小匡》和《国语·齐语》记载或假托管仲阐述的"内政寄军令"之策，② 一般认为是法家思想的体现：

---

① 王国维：《殷周制度论》，载氏著《观堂集林》，中华书局1959年版，第475页。
② 徐复观认为这些思想"可能是真正属于管仲"。（徐复观：《徐复观论经学史二种》，上海书店出版社2005年版，第242页）

> 内教既成，令勿使迁徙。伍之人祭祀同福，死丧同恤，祸灾共之。人与人相畴，家与家相畴，世同居，少同游。故夜战声相闻，足以不乖；昼战目相见，足以相识。其欢欣足以相死。居同乐，行同和，死同哀。是故守则同固，战则同强。

这一"以刑去刑"之后的理想社会除了强调守战，与孟子"乡田同井"的设想十分相似，称之为另一种形态的"德治"或社会自律也未尝不可。

云梦睡虎地秦墓竹简有一篇《南郡守腾文书》，反映了秦法在楚地遭遇抵制，以及国家希望通过法治革除邪僻、诈巧、私好等乡俗、恶俗的情况。可见，法家的政治观念同样要求移风易俗，推行官方认定之价值观的教化。法家式的"德治"，其根本的依据和意义仍然是"便于民"、无"害于邦"，即降低社会成本。无论儒家还是法家，本质上都是希望培养人民遵从某种价值观，形成某种基于人民德行的自律秩序。只不过，两家在何为民之德行、何种价值观的问题上，常相反对。比如，儒家主张亲亲相隐，法家则追求大义灭亲。因此，从儒家的立场看，法家的自律秩序好像是无德的。如《文献通考·职役考一》云：

> 秦人所行什伍之法与成周一也，然周之法则欲其出入相友，守望相助，疾病相扶持，是教其相率而为仁厚辑睦之君子也。秦之法，一人有奸，邻里告之，一人犯罪，邻里坐之，是教其相率而为暴戾刻核之小人也。

但其实，周之法与秦之法未必水火不容。其公约数为内部联系紧密的共同体，成员之间互相负有义务，集体之内自发形成约束。儒、法两家一在积极方向引导，一在消极方面设禁，共同致力于共同体的自律秩序。《周礼》描述的理想社会很大程度上就是儒、法两家德治或社会自律原理的融合。《地官·大司徒》曰：

> 令五家为比，使之相保；五比为闾，使之相爱；四闾为族，使之相葬；五族为党，使之相救；五党为州，使之相赒；五州为乡，使之

相宾。

郑玄注引杜子春云:"赒当为纠,谓纠其恶。"孙诒让曰:"五家为比,亦使之相保信不为恶。"① 相纠、相弹与相爱、相宾并存,正是儒、法两种理念融会于共同体自律秩序的反映。

因此,如果说法家反对德治,其所反对的实际上并非德治或自律秩序这一理想本身,而是实现社会自律或实施教化的纯粹儒家式方法。

(二)教化的路径选择

实现德治的办法,在个人层面是修身,在国家政治的层面则是教化。儒家甚至诸子各家一致地以移风易俗为最重要的政务职事之一。《诗·大序》曰"美教化,移风俗";《礼记·乐记》曰"移风易俗,莫善于乐";《管子·法法》曰"变异风俗";《荀子·王制》曰"美风俗";陆贾《新语·道基》曰"正风俗,通文雅";贾谊《新书·辅佐》曰"文修礼乐以正风俗";《淮南子·泰族训》曰"治国,太上养化";等等。阎步克指出:"中国国家不仅仅通过赋税与司法与民间生活相联系。从理论上,政府认为,自己有权力也有义务,教化民众脱离低俗尊崇礼义,学会忠于君主、服从官长、孝顺父母、礼敬贤人,并把车马舆服、婚丧嫁娶、衣食住行都纳入等级秩序。……人们认为天子有责任、有权力管,而且天子确实在管——礼典法规上明文规定着。"②

然而,如何移风易俗,如何推行教化,儒、法两家有着不同的意见。这集中体现为礼与法的分歧。礼、法是两种不同的维持规范、建立秩序的力量。法律秩序的形成在原动力上更多地依靠国家权力的强制,礼义秩序则倾向于从一开始就直接诉诸人们的自律。因此,礼与法的区别似乎是内在自发性和外在强制性的对立。前者是润物细无声的,后者则如雷霆万钧般地入心入脑。孔子说:"导之以政,齐之以刑,民免而无耻;导之以德,齐之以礼,有耻且格。"(《论语·为政》)但问题是,如何导之以德、齐之以礼?德和礼本身会使人自发地学习和遵从德与礼吗?一定程度上可以。这要靠两点:一是人人都能建立道德主体意识,从而自觉地修身复

---

① 孙诒让:《周礼正义》三,中华书局1987年版,第753页。
② 阎步克:《中国古代官阶制度引论》,北京大学出版社2010年版,第200页。

礼，即所谓"人皆可以为尧舜"（《孟子·告子下》）；二是圣王以身作则，受到感召的臣民风行草偃。后者又以前者为条件。这是思孟学派以及后世宋明理学致力的思想方向，由此发展出心性之学与工夫论等。但是很显然，个体自觉的心性修养这条路只适合少数精英。

对于社会整体，尤其是大众而言，形成道德自律的一个有效办法是建立某种集体无意识的文化传统。这种传统的建立则有赖于公权力的有意识培育和引导，即教化。如费孝通所说："维持礼这种规范的是传统。……如果我们对行为和目的之间的关系不加推究，只按着规定的方法做，而且对于规定的方法带着不这样做就会有不幸的观念时，这套行为也就成了我们普遍所谓的'仪式'了。礼是按着仪式做的意思。……礼是合式的路子，是经过教化过程而成为主动性的服膺于传统的习惯。"① 因此，真正实现德治与礼教普遍性的，必须依赖教化这一公共性的事业。德治或礼治是一回事，教化则是另一回事。礼的自发性更多的是教化完成之后的状态，而非推行教化过程中的状态，否则就不需要"教化"一事的存在了。教化本身就包含着自外而内地灌输规范之义。于是，单就教化推行的过程而言，礼教和法治必然有着某种共通之处。这就是荀学立论的逻辑。

教化与法治的相通首先在于对威信的要求。教化之能行，在于有信、有威。孔子曰："自古皆有死，民无信不立。"（《论语·颜渊》）历代注家有不同的解释。何晏《论语集解》引孔安国注曰："死者古今常道，人皆有之，治邦不可失信。"刘宝楠《论语正义》曰"'信'谓上与民以信也"，古之道"咸以信为政要"。② 徐复观认为："孔注，尤其是刘宝楠的《正义》……最能得孔子的原意。"③ 政府的信用之所以重要，盖因为它是教化推行的必要前提。郭店楚简《成之闻之》曰："行不信则命不从，信不著则言不乐。民不从上之命，不信其言，而能念德者，未之有也。"④ 政府信用既是教化的前提条件，行则必赏，违则必罚，示礼法有常也。因此，史华兹指出："在治理整个社会时，甚至在最好的时代，'教化'也必

---

① 费孝通：《乡土中国》，北京大学出版社2012年版，第84—86页。
② 刘宝楠：《论语正义》下，中华书局1900年版，第492页。
③ 徐复观：《中国思想史论集续编》，上海书店出版社2004年版，第266页。
④ 释文参考荆门市博物馆《郭店楚墓竹简》，文物出版社1998年版。

须通过赏罚措施来执行。"① 对德教的奖赏主要通过旌表忠孝节义。汉代的"孝悌力田""孝廉"成为察举人才的常规科目。这些都是国家信用在教化事业上的表现。阎步克说："王朝的官爵名号向民间广泛渗透，左右了中国社会的评价机制与身份秩序，甚至道德秩序——当名位向孝子、向老者、向各种'做出突出贡献者'颁授的时候。"②《淮南子·主术训》曰："义者，非能遍利天下之民也，利一人而天下从风。"无论赏罚，都因国家的信用而可以预期，由此，教化才能落实。《商君书·修权》曰："国之所以治者三：一曰法，二曰信，三曰权。……民信其赏，则事功成；信其刑，则奸无端。"威信在儒家教化中发挥的作用与在法治中是相通的。

教化之行基于威信，威信之立则有赖于"势"。对此，儒法两家更无二致。安乐哲通过对"势"的考察发现，从《荀子》到《淮南子·主术》存在着一个儒家与法家学说混合的思想脉络，即凭借法家式的君主之"势"去实现儒家式的教化人民之目标。③"势"表示集中化的君主权威及其对臣下和国民可能造成的影响，属于诸子思想世界中的"公共话语"，但在不同学派中发挥着不同的意义。中国传统学术的一个普遍特征是延续性，即后世著作会大量借用或沿用前人的语词概念、思想命题、文句表达以及案例典故。于是，就会在不同的学派和学术著作中形成一些共享的论述依据和对象，但同时又能够化为己用，从中生发出独特的观点主张。比如，儒家文献与法家文献关于尧舜禅让的不同解读，《庄子》中塑造的孔子、颜渊等人的另类形象，诸子百家对"道""性""气""心"等"公共话语"④的不同阐释，等等。后世中国文学中好用典故的习惯，与此传统似乎也不无关系。围绕着"势"的思想史演进，就体现了这种在延续中创新的特征。对"势"的说明集中表现为两个历史范例：楚（灵）王好细腰，越王（或吴王）好勇（或好剑）。《管子》《荀子》《韩非子》《淮南子·主术训》都对这一题材有所讨论，但思想侧重点明显不同。

---

① ［美］本杰明·史华兹：《古代中国的思想世界》，程钢译，江苏人民出版社 2008 年版，第 410 页。
② 阎步克：《中国古代官阶制度引论》，北京大学出版社 2010 年版，第 452 页。
③ ［美］安乐哲：《中国古代的统治艺术——〈淮南子·主术〉研究》，滕复译，江苏凤凰文艺出版社 2018 年版，第 154—161 页。
④ ［美］本杰明·史华兹：《古代中国的思想世界》，程钢译，江苏人民出版社 2008 年版，第 234 页。

《管子》关注的是通过君主之所欲和君主专擅生杀予夺之势，改造社会价值取向，树立以农为本的国策——与《商君书》的思想一致：

> 一人之治乱在其心，一国之存亡在其主。天下得失，道一人出。主好本则民好垦草莱，主好货则人贾市，主好宫室则工匠巧，主好文采则女工靡。夫楚王好小腰而美人省食，吴王好剑而国士轻死。（《管子·七主七臣》）

《韩非子》则要说明君臣互动中的欺骗与反欺骗、控制与反控制，以此告诫君主不要轻易表露好恶和行动意向，以免被臣下利用：

> 任贤，则臣将乘于贤以劫其君；妄举，则事沮不胜。故人主好贤，则群臣饰行以要群欲，则是群臣之情不效；群臣之情不效，则人主无以异其臣矣。故越王好勇而民多轻死；楚灵王好细腰而国中多饿人。（《韩非子·二柄》）

《荀子》从儒家教化的角度，恰与韩非相反，认为君主不必故作神秘莫测之状，却应主动、鲜明地展示其德性操行，为民之仪表规范。而君主之势及其上行下效的影响，正可以作为教化的助力：

> 君者仪也，民者景也，仪正而景正。君者槃也，民者水也，槃圆而水圆。君者盂也，盂方而水方。君射则臣决。楚庄王好细腰，故朝有饿人。（《荀子·君道》）

《淮南子》从法家的"权势之柄"出发，却落脚在儒家的"移风易俗"上，与《荀子》遥相呼应。所谓"主术"，不似韩非之君臣"上下一日百战"的机变权"术"，更像是廓然坦荡的"道"：

> 人主执正持平，如从绳准高下，则群臣以邪来者，犹以卵投石，以火投水。灵王好细腰，而民有杀食自饥也；越王好勇，而民皆处危争死。由此观之，权势之柄，其以移风易俗矣。（《淮南子·主术训》）

总之，《管子》《商君书》以君主权势树立重农务本的价值观，《荀子》《淮南子》以君主之势贯彻正直忠信的风俗之美。其本质是类似的，都是一种公共教化，即以某种公共性价值作为政治的客观任务和君主运用权势的既定目标，并以君主权势作为公共价值贯彻落实的国家信用保证。

儒家设想的教化之具是学校庠序。学校庠序是传统邑社共同体内公共劳动、聚会和授业等集体活动的场所，是共同体进行教化与形成自治秩序的重要机构。《周礼·地官》中规定，乡、县、遂、鄙各个地区都有师，担任指导教化民众之职。但是，一方面随着原始邑社小共同体的解体，另一方面由于教化所必需的威信和权势，儒家虽然批评法家"以吏为师"，但现实中也不得不让兼具儒家德性与政治威信、权势的士大夫官僚成为推行教化和移风易俗的主力。① "政教"一词在战国晚期典籍中已经出现，且不限于儒家著作。② 而在两汉文献中，"政教"已十分常见，成为"公共话语"。这说明，教化作为政务职事的一项内容，已经成为广泛的共识，成为客观的"公共议题"。

汉宣帝时的酷吏严延年之母曾斥责延年道："幸得备郡守，专治千里，不闻仁爱教化，有以全安愚民，顾乘刑罚多刑杀人，欲以立威，岂为民父母意哉！"（《汉书·酷吏传》）与酷吏相对的是循吏。"从思想源流的大体言之，循吏代表了儒家的德治，酷吏代表了法家的刑政。"所谓"循吏"，即尊重和遵循社会公共价值观（以法令或不以法令的形式出现），以为行政之指导的官吏。"循"字表明了公共性政务职事的存在。某学者在关于汉代循吏与文化传播的文章中指出，循吏具有"吏"和"师"的双重身份。"吏"的身份要求他执行朝廷法令，"师儒"的身份则要求他以"仁爱"化民。但这两重身份发生抵触时，他往往舍"法令"而取"仁爱"。这是汉代循吏的特征。实际上，"吏"的身份与相应的威信、权势是成为"师"的必要条件。荀子之学强调化性起伪与劝学、师法，是教化事业最佳的理论说明。荀学在战国秦汉的实质性影响与汉代盛行的循吏推行教化之事是可以相互印证的。

汉代循吏的教化成绩是很突出的，尤以后汉为然。顾炎武说："三代

---

① 战国秦汉时代的"官"与"吏"是等同的。
② "政教"在《管子》5见，《荀子》8见，《周礼》5见，《礼记》2见，《逸周书》3见，《六韬》1见，《文子》2见，《鹖冠子》5见，《晏子春秋》3见，《孔子家语》2见。

以下，风俗之美，无尚于东京者。"（《日知录》卷十七"两汉风俗"条）司马迁《史记》中设《循吏列传》，班固《汉书》继之。太史公谓循吏曰："奉法循理之吏，不伐功矜能，百姓无称，亦无过行。"即循吏只是忠实地遵循客观的、公共的法与理而为政，并无独出心裁的政治理念，也无超凡的个性魅力或德行，一切都是"公"事"公"办而已，因此"百姓无称，亦无过行"。而值得注意的恰恰是循吏所"循"之法和理。法自然是国家公布的典章制度、律令刑名。"理"指示何物，太史公未明言。《史记·循吏列传》曰："奉职循理，亦可以为治，何必威严哉？"所载孙叔敖、子产、公仪休、石奢等人之治，皆施教导民、风化美俗之事。其所谓循理，则是在刑罚威吓之外，遵循和提倡社会固有的、公共的价值规范，使之落实成真、畅行成风而已。《汉书》《后汉书》的《循吏传》及其他名吏列传，亦大致如是。如黄霸、张敞、韩延寿等人并非纯然儒生，甚至出身文法吏，但他们所奉之职、所循之理、所化之俗，基本都与儒家礼义之教相合。可见，儒家代表的亲缘伦理已经成为社会的公共性价值理念，并具有了规范现实的力量，因而构成政府事实上而非法律上的公共性行政职责。

因此，循吏之治意味着在国家法令之外，甚至之上，存在着更高的公共价值规范，包括利用、厚生、正德、教化。这些公共价值规定了客观的、公共的政务职事，是任何政治人物从政时都应当不问而知、不思而行的工作指南。它基于社会本身的价值性诉求，不依赖任何执政者个人主观的德性而彰显，它是客观存在的，只需官吏奉之循之的公共职责。后世历代政治无不在此规范之下。而实际上，"公"事"公"办虽然并非私德之显，但能够做到、做好的也一样值得赞扬。因此，汉代循吏"所居民富，所去见思，生有荣号，死见奉祀"（《汉书·循吏传》），成为后世为官的楷模。

循吏教化事业的进展又反过来推动了儒学成为公共性的权威思想。一般观点认为汉武帝独尊儒术是儒学在意识形态领域取得统治地位的原因和开始。某学者在关于汉代循吏与文化传播的文章中认为恰恰相反，实际上战国以来，儒教已经逐渐在"大传统"中取得了主导地位，而汉武帝崇儒正是这一现实影响下的结果。比如景帝时的文翁任蜀郡守，"仁爱好教化"，修学官、招弟子，使之"明经饬行"，"由是大化，蜀地学于京师者比齐鲁焉。至武帝时，乃令天下郡国皆立学校官，自文翁为之始云"(《汉书·循吏传》)。文翁的教化之举在中央政府尊儒之前，因此是自发的行动，并且是在郡守本职之外的工作。而这一做法竟然得到了中央政府的肯定和推广。由此可见，虽然推行教化尚未被列入官僚行政的政务清单，但已经隐然成为社会公认的政务职事之必备内容。正是有这种政治共识做基础，文翁的实践才会如此顺利地升格为国家统一的政策。这反映了公共性价值观念改造私人性政治权威的部分成效，或者说"是政治权威最后不得不向文化力量妥协"。

三　强兵：用众的方法

战争是政治生活绕不过的议题之一，尤其在春秋战国的大争之世。墨家主张非攻，春秋晚期也曾流行弭兵运动。道家同样反对战争。《老子》曰："师之所处荆棘生焉。大军之后必有凶年。"(第三十章)《管子》曰："贫民伤财，莫大于兵；危国忧主，莫速于兵。"(《法法》)但是回避战争是不现实的。《老子》又说："兵者不祥之器，非君子之器，不得已而用之。"(第三十一章)《管子》也说："天下不顺，而求废兵，不亦难乎？"(《法法》)《管子》批评兼爱、寝兵之论太过理想化："我能毋攻人可也，不能令人毋攻我。"(《立政九败解》)因此，用兵是政治中必须考虑的事。"兵者，国之大事，死生之地，存亡之道，不可不察也。"(《孙子兵法·计》)

至于如何用兵、如何强兵，古代早期思想共同的策略是"用众"。《吕氏春秋·孟夏纪》有《用众》一篇曰："夫取于众，此三皇五帝之所以大立功名也。……故以众勇无畏乎孟贲矣，以众力无畏乎乌获矣，以众视无畏乎离娄矣，以众知无畏乎尧、舜矣。夫以众者，此君人之大宝也。"《三国志·孙权传》云："能用众力，则无敌于天下矣；能用众智，则无畏于圣人矣。"

兵家将用众以强军的原理总结为上下一体。《孙子兵法·计》曰："道者，令民与上同意也，故可以与之死，可以与之生，而不畏危。"《谋攻》曰："上下同欲者胜。"《九地》曰："齐勇若一，政之道也……故善用兵者，携手若使一人。"法家则将兵家治军的方法用于为政。《商君书·壹言》曰："治国能抟民力而壹民务者，强；能事本而禁末者，富。……故治国者，其抟力也，以富国强兵也。"所谓"抟民力""壹民务"，其实就是用众。《淮南子·主术训》曰："夫乘众人之智，则无不任也；用众人之力，则无不胜也。"用众既是强兵之策，也是官僚制的原则和效果。实际上，在现代国家，军队就是最典型、最纯粹的官僚制组织；在历史上，军队也是官僚制孕育的重要温床。① 春秋各国的官僚制，尤其是基层社会管理中官僚制的最早实践，也是以"作内政而寄军令"的形式出现的。因此，战国时代的法家与兵家有着密切的关联。② 除了兵家、法家，用众的思想还有着更为古远和普遍的文化传统。

（一）国人的团结与尚武精神

西周春秋贵族制国家中的用众与富强之政，以团结贵族与国人为要。春秋时代颇有尚武之风。贵族中的尊者也与普通士族一样，投身于军旅戎行，并以之为荣。如桓公五年，由于郑伯不朝，周桓王亲自率军征讨郑国，身陷敌阵，结果"王卒大败。祝聃射王中肩"，即便如此，"王亦能军"（《左传·桓公五年》）。雷海宗说："在整部《左传》中，我们找不到一个因胆怯而临阵脱逃的人。"③ 从词源上讲，"士""大夫"本义皆为军职。杨宽认为国人是贵族的下层，属于士一级，具有自由公民的性质，有参与政治、教育、选拔的权利，有提供军赋、服兵役的责任。国人获得国家授田份地，平时从事农业生产，战时充当甲士，成为军队主力。④ 国人阶层在春秋时代的政治生活中扮演着重要角色。

春秋前期，"卫懿公好鹤，鹤有乘轩者"，国人不满。狄人伐卫，国家危急，"将战，国人受甲者皆曰：'使鹤，鹤实有禄位，余焉能战！'"（《左传·闵公二年》）结果卫国灭于狄人。宋楚泓之战，宋襄公因迂腐守礼而败绩，"国人皆咎公"（《左·僖二十二年》）。春秋后期，卫灵公"欲叛晋，而患诸大夫。王孙贾使次于郊……公朝国人，使贾问焉，曰：'若卫叛晋，晋五伐我，病何如矣？'皆曰：'五伐我，犹可以能战。'……乃

---

① 参见 Edgar Kiser, Yong Cai, "War and Bureaucratization in Qin China: Exploring an Anomalous Case", *American Sociological Review*, Vol. 68, No. 4, 2003.
② 比如商鞅和吴起都是身兼兵、法的政治家，《韩非子》也多次提到吴起的用兵之道及其为人行事。
③ 雷海宗：《中国文化与中国的兵》，商务印书馆2014年版，第9页。
④ 参见杨宽《西周春秋的乡遂制度和社会结构》，载氏著《西周史》第三编第五章。

叛晋"(《左·定八年》)。晋国卿族势力强盛,范氏、中行氏进攻晋定公,"国人助公,二子败"(《左·定十三年》)。这些事例表明,国人是春秋各国的重要军事力量。

甚至对于政局变动、政权更迭,国人也发挥着重要影响。春秋前期,秦晋韩原之战,晋惠公被俘,使人立公子圉为君,曰:"朝国人而以君命赏,且告之曰:'孤虽归,辱社稷矣。其卜贰圉也。'"(《左·僖十五年》)可见,嗣君即位需要国人的参与和支持。晋楚城濮之战前,卫国外交政策出现分歧,"卫侯欲与楚,国人不欲,故出其君以说于晋"(《左·僖二十八年》)。春秋中期,莒国内乱,太子仆"因国人以弑纪公"(《左·文十八年》)。宋国卿族内战,"华喜、公孙师帅国人攻荡氏,杀子山"(《左·成十五年》)。春秋后期,齐国崔杼弑君,立齐景公,"盟国人于大宫"(《左·襄二十五年》),以求取得国人的支持。

因此,国家军事力量的强弱取决于对国人的团结与动员程度。《诗经·鸤鸠》云:"淑人君子,正是国人,正是国人。胡不万年?"即国人是贵族("淑人君子")的主要力量来源。所谓"人惟求旧"(《尚书·盘庚》),即孔子说的"不遗故旧"(《论语·泰伯》)之意。侯外庐等认为,"所谓'旧人',是指氏族的联盟体"①,即作为统治氏族的国人共同体。《逸周书·大武解》曰:

> 武有六制:政、攻、侵、伐、搏、战。……政有四戚、五和……四戚:一内姓,二外婚,三友朋,四同里。五和:一有天无恶,二有人无隙,三同好相固,四同恶相助,五远窄不薄。此九者,政之因也。

"四戚"是团结的范围,即氏族和同里,或者说宗族与邑社共同体成员。"五和"则是团结共同体成员的方法。此为"政之因"。政治工作是军事工作最重要的一部分,所谓"武有六制","政"居其首。又如,富辰谏周襄王以狄伐郑:

---

① 侯外庐、赵纪彬、杜国庠:《中国思想通史》第一卷,人民出版社1957年版,第16页。

王曰:"利何如而内,何如而外?"对曰:"尊贵、明贤、庸勋、长老、爱亲、礼新、亲旧。然则民莫不审固其心力以役上令,官不易方而财不匮竭,求无不至,动无不济。百姓兆民,夫人奉利而归诸上,是利之内也。若七德离判,民乃携贰,各以利退,上求不暨,是其外利也。"(《国语·周语中》)

伐于外必须利于内,利之内则要求团结宗族、亲戚与百姓国人。晋文公称霸的基础是修内政,"昭旧族,爱亲戚,明贤良,尊贵宠,赏功劳,事耇老,礼宾旅,友故旧"(《晋语四》)。晋悼公中兴之政同样需要团结内部力量,"育门子,选贤良,兴旧族,出滞赏,毕故刑,赦囚系,宥闲罪,荐积德,逮鳏寡,振废淹,养老幼,恤孤疾,年过七十,公亲见之,称曰王父,敢不承"(《晋语七》)。楚平王初期之政亦然,如"分贫,振穷,长孤幼,养老疾,收介特,救灾患,宥孤寡,赦罪戾;诘奸慝,举淹滞;礼新,叙旧;禄勋,合亲;任良,物官"等(《左传·昭公十四年》)。这些富国强兵之政,有很多共同点,其中之一就是"友故旧""兴旧族"或"叙旧",即团结"氏族的联盟体"或国人的共同体。又如,申包胥为越王勾践规划的强兵之政是"智为始,仁次之,勇次之。不智,则不知民之极,无以铨度天下之众寡;不仁,则不能与三军共饥劳之殃"(《吴语》)。用兵首在明知可用之众,是为智;其次则在与众同甘共苦,以团结动员,是为仁;单纯的作战之勇,是次之又次的。

当然,在信息传播和社会控制水平低下的古代,能够被比较直接的方式团结和动员起来的,基本上只能是一个范围相对较小、身份相对明确的群体。这在春秋时代就是国人。换言之,便于用众或利于军事人口团结与动员的社会条件是规模适度的共同体——共同体的规模可以随着信息传播和社会控制水平的提升而相应扩大。但无论规模大小,都必须具备可团结、可凝聚、可动员的共同体性。反过来说,共同体也内在地蕴含着尚武精神,因为生存——在消极层面保障外部安全,在积极层面开拓发展空间,永远是任何一个共同体面对的首要课题。对这一课题的回答,从政治体的角度是"富国强兵"。《商君书·壹言》曰:"故治国者,其专力也,富国强兵也。"对政治人物来说是"建功立业"。马克思说:"一个共同体所遭遇的困难,只能是由其他共同体引起的。……战争就或是为了占领生存的客观条件,或是为了保护并永久保持这种占领所要求的巨大的共同任务,巨大的共同工作。"① 马克思所说的共同体或公社"巨大的共同任务,巨大的共同工作"就是富国强兵。

为了承担这一任务,古代的共同体或公社,比如古希腊罗马的公民城邦,往往是"政治组织与军事组织的(或多或少地完全的)重合"②。不考虑礼义等级的话,西周春秋时期的国人共同体存在着某种近似于西方古典共和主义的精神元素。梁启超早就发现,西周春秋时代的贵族制列国类似于欧洲所谓少数人统治的共和政体,尤其接近于斯巴达。③ 西周春秋的诸侯国与古希腊罗马城邦共和国都是相对的小国寡民,可以比较容易地使"国人"或公民阶层做到兵民合一、人人皆兵、同仇敌忾和团结奉公。原本的"六艺"不是"六经",而是礼、乐、射、御、书、数,其中射、御都是军事才能。作为儒宗的孔子十分看重射、御,常以尚武形象示人,正是早期国人军事共同体的遗风。这与苏格拉底多次的参军经历、优秀的军事素养和对军事荣誉、体育锻炼的重视④恰好遥相呼应。

不过,先是公民自耕后由奴隶供养的希腊罗马公民城邦没有历史的后继者。当希腊城邦体系被打破、罗马超越城邦范围走向广土众民的帝国之时,公民范围的不断扩大和奴隶来源的日益萎缩,使得那种支持城邦走向富强的文化根基迅速地衰朽了。类似地,近代欧洲启蒙运动在政治思想上的一大主题即鼓吹恢复作为土地所有者共同体的古希腊罗马城邦,以及兵农合一、无私奉公的共和主义公共性政治。但这一理想,如卢梭明确指出的,只能在小型共同体或共和国中实现。⑤ 因此,古典共和主义理想最忠实的践行者——美国独立中的革命党人发现,一旦他们凭借共和精神建立了大型领土国家,这种公共性的精神就逐渐式微,而不得不接受国家以另

---

① 《马克思恩格斯全集》第46卷(上),人民出版社1979年,第475页。
② [苏联]科谢连科:《城邦与城市》,王阁森译,载[苏联]安德列耶夫等《古代世界的城邦》,张竹明等译,华东师范大学出版社2011年版,第12页。
③ 梁启超:《论中国与欧洲国体异同》,载《饮冰室合集》第一册·《饮冰室文集》之四,第62页。
④ 参见[古希腊]色诺芬《回忆苏格拉底》,吴永泉译,商务印书馆1984年版。
⑤ 卢梭说:"社会的纽带愈伸张,就愈松弛;而一般来说,小国在比例上要比大国更坚强得多。"参见[法]卢梭《社会契约论》,何兆武译,商务印书馆2003年版,第59页。

一种鼓励私人竞争性的原则（自由主义）而运作。① 其他欧洲民族国家在以共和主义精神建立之后所经历的政治文化变迁也都大同小异。

西周春秋诸侯国的政治原则有更多的宗法性和封建性，不同于西方的古典共和主义。但在富国强兵的模式，尤其在军事组织的方式和原则上还是有颇多相似之处的，即都以兵农合一为军事组织之原则，以尚武奉公为社会政治之价值。甚至有的诸侯国连宗法性都相对淡漠，如晋国在献公之后基本上是以各个异姓卿族与公室的"共和"来建构政权、强国争霸的。但与西方古典或近代的小共和国最大的差别在于，春秋诸侯国内除了兵农合一的国人阶层和作为国人上层的贵族，还有广大的"野人"，即国都之外单纯务农、不服兵役的平民阶层，他们不是奴隶，与国人或士人阶层没有绝对的等级悬隔。因此，各国进一步富国强兵的方向就是吸纳这些平民进入军国体系，并循此进程而建立更加广土众民的领土国家。基于这样的国家而构想大型的共同体，在更大规模上承继传统的国人团结与动员的方法，是中国古代政治思想早在先秦时期就开始致力的方向。

（二）平民时代的军政公共性

战国时代，随着贵族与庶民间阶层界限的打破，社会结构趋于扁平化、平民化。士在西周春秋时期主要是指武士。春秋末期以来，以孔子为代表的新型士人标志着士开始了由武向文的转变，从军队主力和家臣向国家官僚预备队的转变。同时，国野之别取消，"国人"之称已很少使用，其词义也逐渐泛化，成为一国之民的普遍性称谓。比如孟子说："君之视臣如犬马，则臣视君如国人。"（《孟子·离娄下》）此时的"国人"显然已经不再有共同体内亲密团结的朋侪之感了。在不断追求富国强兵的过程中，在国家规模极度扩大、军事结构发生巨变的条件下，如何继续保持传统的政治和军事公共性，如何继续在一定的政治公共性基础上实现富强的目标，引发了各派思想家的共同思考。

法家顺应社会结构与国家形态的变化，提出了社会治理军事化的方案"作内政而寄军令"，以期全体社会成员随时可以整体地转化为军事力量，将用众的原则发挥到极致。这一具有军国化色彩的方案相当程度上变成战国诸侯的现实。首先是贵族制时代，军队以武士为主，国人为辅，于农隙

---

① 参见［美］戈登·S. 伍德《美国革命的激进主义》第十八章"赞颂商业"。

讲兵；然后开始全面组织和动员国人，即管仲的"作内政而寓军令"；最后是全面组织和动员野人，在更大范围内"作内政寄军令"，使全部基层社区成为准军事化的组织：

> 五家为轨，轨为之长；十轨为里，里有司；四里为连，连为之长；十连为乡，乡有良人焉。以为军令：五家为轨，故五人为伍，轨长帅之；十轨为里，故五十人为小戎，里有司帅之；四里为连，故二百人为卒，连长帅之；十连为乡，故二千人为旅，乡良人帅之；五乡一帅，故万人为一军，五乡之帅帅之。……令勿使迁徙。伍之人祭祀同福，死丧同恤，祸灾共之。人与人相畴，家与家相畴，世同居，少同游。故夜战声相闻，足以不乖；昼战目相见，足以相识。其欢欣足以相死。居同乐，行同和，死同哀。是故守则同固，战则同强。（《国语·齐语》）

野人既被纳入授田和"税亩"的编户齐民体系，又被纳入准军事化组织，成为如同以前国人般兵农合一的耕战共同体成员。理论上，用众范围的扩展，或军事共同体的扩大，必将有助于强兵目标的实现。不仅法家热衷此道，儒家也受到吸引。比如，徐复观认为，《周礼》一书的三大支柱之首就是内政寄军令的组织体，其本于《管子》，是法家思想的性格。① 后世两次由儒生主导的大规模改革，王莽改制和王安石变法，都以《周礼》为蓝本，也都积极推行内政寄军令的军国式组织方式，希望富国强兵。晚清时期，仍有很多儒家士大夫将《周礼》奉为维新图强的指南。比如，梁启超曾谓"（康）有为早年酷好《周礼》，尝贯穴之，著《政学通义》。后见廖平所著书，乃尽弃其旧说"②。儒生们推崇《周礼》，为的主要就是内政寄军令的军国式组织方法，以达到上下一体、团结图强的效果。如孙诒让于清末著成的《周礼正义》序言所说的，"君民上下之间，若会四枝百脉而达于囟，无或雍阏而弗鬯也"③。

然而，这种上下一体的军国化设计还是过于理想化了，即使被强制执

---

① 徐复观：《徐复观论经学史二种》，上海书店出版社2005年版，第242页。
② 梁启超：《清代学术概论》，中华书局2016年版，第117页。
③ 孙诒让：《周礼正义》序，中华书局1987年版，第1—2页。

行也难以长久维持。王莽和王安石的尝试也都以失败告终。根本原因在于，国人时代的用众基于共同体成员的团结和有效动员，这又有赖于众人的团结和动员所带来的公共利益对于每个成员都是可期的。但是，平民时代的用众，既缺少有效的信息传播和宣传、严密的社会组织与控制，又不能保证用众所带来的公共利益足以补偿如此广阔的共同体之中的所有成员，或者即使能够获得足够大的公共利益，也无法保证这些利益可以公平、有效地在如此广大的共同体成员之间合理分配。缺少利益反馈机制的用众是无源之水。于此，法家、儒家提出了不同的应对策略。

法家的思路是，既然以全体平民为一个可团结、可动员的整体缺少足够的条件支撑，那么可以采取差异化和竞争性策略，使部分平民根据军事功绩优先获得政治经济权利，从而刺激全体平民为之奋斗。这就是军功授爵制度。在军功爵制下，对平民来说，从军固然是沉重负担，但同时也意味着国家"公民"的权利，即通过军功和其他方式提高社会经济地位或进入仕途的权利。这就打破了过去由贵族（包含国人）垄断的入仕特权，使政治结构呈现一定水平的公共性。这种公共性成为某种程度上动员团结、用众强兵的基础。利益的反馈虽然不够普遍，虽然需要竞争，但客观的竞争规则和公开的上升渠道还是能够为平民的动员提供相当的刺激。秦汉的二十等爵制就是一种公法。《韩非子·有度》曰："能去私曲就公法者，民安而国治；能去私行行公法者，则兵强而敌弱。"

军功赐爵的实施与赐爵范围的扩大是战国时期各国的普遍做法。比如长平之战前，韩国上党太守冯亭献上党于赵国，赵王赐冯亭部下"诸吏皆益爵三级"（《战国策·赵策一》）。《墨子·号令》曰："城周里以上，封城将三十里地为关内侯，辅将如令赐上卿，丞及吏比于丞者，赐爵五大夫，官吏、豪杰与计坚守者，十人及城上吏比五官者，皆赐公乘。男子有守者，爵人二级，女子赐钱五千……"其中提到的关内侯、五大夫、公乘等爵位都见于秦国的二十等军功爵制。《商君书·农战》曰："善为国者，其教民也，皆作壹而得官爵，是故不官无爵。"《尉缭子·制谈》曰："非战无所得爵。"韩非曰："使士民明焉，尽力致死，则功伐可立而爵禄可致，爵禄致而富贵之业成矣。"（《韩非子·六反》）总之，原则就是"爵禄循功"（《八经》）、"推功而爵禄"（《人主》）、"有功者显荣，无功者虽富无所芬华"（《史记·商鞅列传》）。军功授爵制度使得富国强兵是一项对全体平民开放的、公共性事业。人们对于以功业博取名爵的热情，直到汉代仍长盛不衰，这是秦汉国家军事强盛的重要原因之一。

然而，法家的方案内含着事物自我否定的辩证性。春秋战国时代，君权的集中是富国强兵的结果，富国强兵是国际竞争的反映。因此，富国强兵不完全是君主私人意志的外化和膨胀，也在一定程度上是东周诸侯国作为贵族政治共同体谋求生存发展的公共性事业。但是，随着贵族或国人共同体被一君万民的集权君主制和平民社会所取代，同时，真正上下合一的国家大共同体远未成为现实，利益的分配高度集中于统治者的私人意志，因此，强兵的意义发生变化。支撑用众和强兵的政治组织方式，比如内政寄军令和军功授爵制，也趋于沦为君主或部分野心家、投机者谋求私人功业的手段。即法家的方案内含着为公器私用大开方便之门的倾向。穷兵黩武、虚耗天下，只为满足少数人的私欲。儒家对此有清醒的认知和激烈的批判，这在西汉的盐铁会议上得到集中的反映。

荀子概括了儒家关于强兵与用众的立场，反对不教而战，主张君民同一；主张藏富于民，民富而兵强。核心思想是在平民社会的时代，仍要努力回归上下一体的共同体精神，回归公共利益普遍化作为用众与强兵政策的必要前提。

> 凡用兵攻战之本在乎壹民。……士民不亲附，则汤、武不能以必胜也。故善附民者，是乃善用兵者也。故兵要在乎善附民而已。……仁人上下，百将一心，三军同力；臣之于君也，下之于上也，若子之事父，弟之事兄，若手臂之扞头目而覆胸腹也。……仁人之兵，聚则成卒，散则成列。
>
> 不杀老弱，不猎禾稼，服者不禽，格者不舍，奔命者不获。凡诛，非诛其百姓也，诛其乱百姓者也；百姓有扞其贼，则是亦贼也。……四海之内若一家，通达之属莫不从服，夫是之谓人师。（《荀子·议兵》）

荀子承认了魏国、秦国等实行军功赏罚制度的国家确实有强兵之效，但又认为单纯的差异性功利激励不能真正地使士民亲附、百将一心、三军同力。能做到这一境界的，是礼义教化。只有仁义礼教、以百姓之心为心，才能使万民协同、四海一家，真正地无敌于天下。传统国人共同体内有一定程度上自然的团结合作、致力于公利的习俗。平民社会打破了各个小共同体，极大扩展了"群"的范围。因此，为了用众和强兵，必须人为地再造共同体性，儒家认为正确的方法就是仁政和德治。《淮南子·兵略训》也反映了"兵之所以强者，民也"的儒家思想：

> 兵之胜败，本在于政。政胜其民，下附其上，则兵强矣；民胜其政，下畔其上，则兵弱矣。故德义足以怀天下之民，事业足以当天下之急，选举足以得贤士之心，谋虑足以知强弱之势，此必胜之本也。
>
> 纣之卒，百万之心；武王之卒，三千人皆专而一。故千人同心，则得千人力；万人异心，则无一人之用。将卒吏民，动静如身，乃可以应敌合战。

在富国强兵的策略上，儒家的方案本质上是对春秋时代国人共同体社会的继承、提炼和发扬，是希望在新的平民社会时代，恢复军政与民政的公共性。价值方向虽然严守不失，但从仁政、德治到用众、强兵的逻辑推导链条其实可疑的、薄弱的。因为儒家的仁义礼教是家族本位的，而平民时代的用众与强兵需要的是大共同体精神和公共利益的普遍性。对这一要求，儒家的仁政、博爱或天下担当庶几近之，却又限于小规模的君子群体，远远不敷所需。

抗日战争时期，雷海宗曾呼吁复兴中国两千年前"兵的文化"，即尚武精神，以创造民族的新生。"'新生'一词含义甚广，但一个最重要的意义就是'武德'。""所有的兵必须直接出自民间，兵与民必须一体，二千年来兵民对立的现象必须彻底打破。"① 雷海宗追慕的春秋时代已经一去不复返，而在平民社会如何重建"武德"和"兵的文化"？如何打造"军民团结如一人"的新共同体精神？早在战国秦汉之际，就已经为思想界所关注。然而，虽有儒、法各家尝试回答，但直到近现代，如何从社会组织的层面强兵仍是中国政治思想亟待解决的重要课题。现代中国某种新型意识形态的引进和兴起，也应当从这一角度理解一二。

---

① 雷海宗：《中国文化与中国的兵》，商务印书馆2014年版，第162、164页。

四　富国：崇本务实与轻重权衡

富国强兵是春秋战国时代的主题。如果说强兵是国家共同体保证安全的必要条件，那么富国就是强兵的必要条件。同时，对于仁政而言，国家掌握充足的公共财富也是各项公共性福利政策得以开展的前提。因此，富国不仅是大争之世的国策，其在中国历史的政治语言传统中，从来都是重要的经世主题。国家机器的维持、公共政策的推行，都需要一定水平的财政基础。儒家主张藏富于民，官不与民争利，是在批判苛征暴敛的语境下说的，并非如现代西方自由主义意识形态一样从个体利益与国家利益的对立出发，一味主张小政府。只要确保国家政治具有公共性而非被君主私欲所支配，儒家同样支持近乎无限的政府职责，以及完备严密的国家机器。《周礼》正是在这一前提下设计理想的国家政治的，其中合理而充足的公共财政是重要的部分。荀子也有专论《富国》一篇。甚至孟子也不是一味地主张轻敛薄赋，而是以"什一之税"为常法。魏惠王的相国白圭曾主张"二十税一"，孟子认为不敷于君子政教之用而斥之为"貉道"（《孟子·告子下》）。

在先秦的思想世界中，富国往往并非与富民对立。先秦诸子典籍提到"富国"或"富国家"凡18处，提到"国富"凡30处，① 无一处与富民或民富相对立，反而常常与富民并列而言。如《墨子·耕柱》曰："此诸侯之所谓良宝也。可以富国家，众人民，治刑政，安社稷乎？"《慎子》曰："善为国者……移富国之术而富民。"《文子·上仁》曰："先王之所以应时修备，富国利民之道也。"《管子·治国》曰："国富则安乡重家，安乡重家则虽变俗易习、驱众移民，至于杀之，而民不恶也。"可以说，富国与裕民、安民的统一是诸子共通的价值追求。

问题是，应如何获取和使用作为富国和富民共同来源的整体社会财富呢？

（一）国家与人民的财富来源

孔子曰："百姓足，君孰与不足？百姓不足，君孰与足？"（《论语·颜

---

① 其中，提到"富国"或"富国家"的，《墨子》3处，《管子》5处，《商君书》2处，《慎子》2处，《文子》1处，《荀子》1处，《韩非子》2处，《六韬》2处；提到"国富"的，《墨子》1处，《管子》14处，《商君书》10处，《慎子》1处，《韩非子》4处。

渊》）荀子进一步阐释了将国家之富与人民之富视作统一整体的思想，并将财富资源归纳为节用、省商贾、轻赋少役、无夺农时诸端。《荀子·富国》曰："节用裕民，而善臧其余。节用以礼，裕民以政。……轻田野之赋，平关市之征，省商贾之数，罕兴力役，无夺农时，如是则国富矣。夫是之谓以政裕民。"其中最重要的是重视农业生产。《管子·八观》曰："行其田野，视其耕芸，计其农事，而饥饱之国可以知也。……行其山泽，观其桑麻，计其六畜之产，而贫富之国可知也。"

先秦诸子在崇本重农的问题上是有着广泛共识的，因为农桑耕织是农业时代主要的实体经济，是创造和积累财富的主要部门，是为"本"。如果将民生视作一个整体，则崇本务实既是富国也是裕民的前提。《管子·揆度》曰：

> 一农不耕，民有为之饥者；一女不织，民有为之寒者。饥寒冻饿，必起于粪土。故先王谨于其始，事再其本，民无·者卖其子；三其本，若为食；四其本，则乡里给；五其本，则远近通，然后死得葬矣。

工商业固然在基本民生器物的生产、基本物资的调剂余缺上有其必要性，但是受限于生产力和技术发展水平，农业时代的手工业和商业往往很少增加社会整体财富，而是更多地趋向满足奢侈消费，成为少数人"损不足而补有余"的工具，或者是对社会整体财富的低效消耗与浪费。既然富国和裕民都以社会整体财富的增进或保存为基础，那么，崇本抑末、勤俭朴素就自然而然地成为诸子各家富国强兵、安民厚生的共同必要选择。《管子·立政》曰：

> 山泽救于火，草木植成，国之富也。沟渎遂于隘，鄣水安其藏，国之富也。桑麻植于野，五谷宜其地，国之富也。六畜育于家，瓜瓠荤菜百果备具，国之富也。工事无刻镂，女事无文章，国之富也。

民风朴素则尚勤务实，尚勤务实则致力于农功，力农即崇本。《管子·治国》曰：

> 凡为国之急者，必先禁末作文巧，末作文巧禁则民无所游食，民无所游食则必农。民事农则田垦，田垦则粟多，粟多则国富。国富者兵强，兵强者战胜，战胜者地广。……故禁末作，止奇巧，而利农事。

崇本或力农对勤俭和劳动的推崇，不仅是出于经济或功利的考虑，甚至被树立为社会整体的价值观，乃至法治的原则。《国语·鲁语下》曰：

> 昔圣王之处民也，择瘠土而处之，劳其民而用之，故长王天下。夫民劳则思，思则善心生；逸则淫，淫则忘善；忘善则恶心生。沃土之民不材，淫也。瘠土之民，莫不向义，劳也。

《管子·大匡》曰：

> 耕者……用力不农……有罪无赦。

《管子·轻重乙》曰：

> 春至……十日之内，室无处女，路无行人。苟不树艺者，谓之贼人。

睡虎地秦简《田律》云：

> 百姓居田舍者毋敢酤酒，田啬夫、部佐谨禁御之。

法家耕战为本、利出一孔、重本抑末、禁绝淫逸的主张与西周春秋时代国人共同体的"先王之训"是相继的，也是诸子百家对这一传统价值观最激进的代表。

在相当程度上，这一价值传统也是与古罗马加图、近代卢梭等代表的西方古典共和价值观相通的。或者说，在农业时代，基于共同的生产力发展水平，不同社会的价值观念等上层建筑必然具有某种相似性。无论古希腊罗马城邦公社的德行原则，还是近代西方古典共和主义的价值理念，都认为从事农业、以自身劳动耕种自己的土地是最高的价值，是公民的基本美德。① 农业是自由民的本业，也是训练士兵的学校。从事四年以上手工业劳动的人，将丧失共同体公民的权利。② 这一价值观似乎与现代常识相悖。但是，芬利明辨地论证了不能用现代的概念和标准去认识古代的经济和社会关系。古希腊罗马的城市是消费中心，而非生产中心，它依赖于周围农业地区的财富供给。依靠科学技术的研究取得工艺上的持续进步和生产力的持续提高，这种概念是不存在的。因此，在国家政策上，重点是维护土地所有者或农民与政治体的联合，而不是浪费精力去鼓励工商业。③

亚里士多德概括了两种致富的方式：一种是"凭借天赋的能力以觅取生活的必需品"，包括农作、游牧、渔猎等，这是一种合乎自然的获得财产的方式；另一种是"凭借某些经验和技巧以觅取某种非必需品的财富"，即通过商品交换"获得金钱（货币）的技术"，是不合乎自然的。商品交换又有两种情形。"财物是同一财物，但应用的方式有别，其一就是按照每一种财物的本分而作正当的使用，另一则是不正当的使用。"比如鞋穿在脚上是正当使用，不问用途、只求交易不是制鞋的目的。因此，在小范围内以物易物，直接满足彼此的生活必需，不以获得金钱为目的，仍属自然；但无限制地谋利贩卖，尤其是长途贸易，并为此发展出繁复的营利技术，财富的观念从物品转向货币，就不合乎自然了。其原因在于，亚里士多德对自己所处时代的生产力水平有着清醒的认识。虽然"一般的技术在其所拟想的目的（效益）也都没有限度（止境）——各行各业都希望在其本业上获致最大的成果"，但是现实中，自然的"每一种技术在它的本业上实际各有范围（限度），用以达到目的的手段也不是没有限度的"，而"企图由贩卖致富的人们就在求取上面所涉及的那种虚拟的财富，即钱币，那是没有限度的"。④ 因此，牟利性经商在当时的条件下，实际是在总量相

---

① 芬利指出，在古希腊罗马，即使是大土地所有者也以自给自足为美德，"无论在城市的花费方面是多么铺张浪费，在庄园的自给自足方面他们还是具有'农民式的'热情"。参见［英］M. I. 芬利《古代经济》，黄洋译，商务印书馆2020年版，第118页。

② 维尔：《希腊世界与东方》第一卷，转引自［苏联］安德列耶夫等《古代世界的城邦》，张竹明等译，华东师范大学出版社2011年版，第17页。

③ 参见［英］M. I. 芬利《古代经济》第5章"城镇与乡村"。

④ ［古希腊］亚里士多德：《政治学》，吴寿彭译，商务印书馆1965年版，第21—32页。

对有限的社会财富中谋取无限大的分配份额。这违背了社会宇宙秩序中比例和节制的法则，因此是不正义的。相反，保持自然的财富获取方式在经济生活中的主体性，是正义的，也是最合乎财富分配的公平性要求的。而在农、牧、渔、猎中，农业显然是收益最高也最稳定的生产方式。

亚里士多德的观念以及芬利对西方古代经济特性及其与政治社会关系的揭示，对于我们理解中国古代的重本思想有重要的启发。奖励力农在战国秦汉时代，是政治生活的常规主题。比如，汉代以"力农"为察举人才的科目，晁错关于"纳粟拜爵"的策论等，都是崇本价值观的反映。

（二）分配与消费的公共性

诸子认为富国与裕民是同一事，都源于农桑之本，因此主张崇本抑末。这一思想隐含的假设是将整个国家社会视作一个利益共同体，因此，有关财富之事应进行整体性的讨论，天下之财利无不是公共之财利，其生产和使用都应在社会全体层面加以考量。《礼记·大学》曰："生财有大道。生之者众，食之者寡，为之者疾，用之者舒，则财恒足矣。"这种共同体式或整体性思维，还表现在对于公共财富之分配与消费等问题的立场上。

《管子》一书兼具儒、墨、法、道诸家思想，而犹以经济思想为胜。黄汉认为："《管子》之言经济，非基于个人，而以全国国民为前提也。……《管子》之力倡国民经济，并力谋国民经济之发达，其主旨有对内对外二种，对内，若国民经济不发达，则民贫者众，民贫者众，则散亡不能禁，教育不能施，法令不能行，故国无以治；国无以治，则国必亡。对外，则国民经济若发达，必可以战胜他国。一国之强弱，端赖国民经济发达与否。……《管子》力谋发达国民经济，系在全国国民之福利，非仅为君主，此后世理财家徒以充实府库之所不及也。"[①] 这其实代表了先秦诸子经济思想的某种共识。围绕着富国的要求，春秋战国时代兴起了所谓的轻重学说，并主要赖《管子》而保存下来。"轻重"即财物与货币之多寡、贵贱、聚散的规律。《管子》"轻重"诸篇的主题就是运用轻重原理，调节经济，调节分配，实现富国强兵、均平贫富的目的。《管子·山权数》曰：

---

① 黄汉：《管子经济思想》，转引自司马琪主编《十家论管》，上海人民出版社2008年版，第170—174页。

"彼重则见射，轻则见泄，故与天下调。"

以《管子》为代表的经济思想明确意识到商业可以流通物资，反映财富分配情况，但不能创造财富本身，不能决定社会财富总量之多寡。《管子·乘马》曰："市者可以知治乱，可以知多寡，而不能为多寡，为之有道。"只有国家具备较强的经济管理和财政调节能力，才能实现"富而能夺，贫而能予"（《管子·揆度》），才能"散积聚，钧羡不足，分并财利而调民事"（《国蓄》）。这不是直接剥夺富人财产补贴穷人，而是通过经济和财政手段促进财富的合理流动和较公平分配。总之，"万民之不治，贫富之不齐也"，"不通于轻重，不可为笼以守民，不能调通民利，不可以语制为大治"（《国蓄》）。至于如何依据轻重原理而执行具体的调节方法——散敛之道，《国蓄》又曰：

> 善者委施于民之所不足，操事于民之所有余。夫民有余则轻之，故人君敛之以轻；民不足则重之，故人君散之以重。敛积之以轻，散行之以重，故君必有十倍之利，而财之櫎可得而平也。……故大贾蓄家不得豪夺吾民矣。

胡寄窗将《管子》中关于抑并兼、均贫富的具体措施总结为以下几种方法：(1)国家将掌握的农业生产及生活资料，在农民有特别需要时贷放赊售或租与农民，将来均以产品偿还，以免富豪乘时投机操纵；(2)掌握调节农民所需物品的价格，杜绝富豪兼并的机会；(3)通过预购先行付给农民生产资金，使农民不受高利贷的剥削，即《管子》所谓"环乘之币"或"公币"的部分作用；(4)利用财政政策以调剂民食并减轻租税负担，灵活征收实物或货币，以丰收地区所征收的谷物做接济歉收地区之用；(5)令豪富之家以现金或实物贷与农民，低其利率或劝其不取利息，甚至劝其不索还本金。此外，如收盐铁之利以及森林山泽国有等措施，其目的之一也在均富。① 这些方法在古代经济管理中叫作"轻重"之法。《史记·平准书》曰："齐桓公用管仲之谋，通轻重之权，徼山海之业。"不知齐桓公和管仲是否真的实施了轻重之法，但在汉武帝、桑弘羊以富国为目标的

---

① 胡寄窗：《中国经济思想史》上，上海财经大学出版社1998年版，第309—310页。

财经政策中，轻重原理及作为其落实的均输平准之法确实是重要的组成部分。

通过轻重原理实现社会财富更公平地分配和流通，在价值理念上是可贵的，在逻辑环节上也是可行的，其所要求的负责任的大政府在秦汉时期业已初现雏形。但是，将上述理念转化为现实还需要较高水平的权力组织和监督机制，以及相应的行政技术条件，而这些在农业社会的古代是难以具备的。条件不足时强行上马，就很有可能使原本公共性的政策设想，变成君主或官僚公器私用的机会和与民夺利的工具。桑弘羊、王莽、王安石等进行的类似尝试，都在不同程度和同样性质上走向了反效果。

先秦两汉诸子关于财富消费的关注也同样体现了天下财富公共性的原则。崇本思想不仅是以农为本，也是以粟为本，是对社会财富的生产与消费进行整体性的把控。就此而言，本末是宽泛而相对的概念，并不只是简单地对应农业与工商。比如，财富的生产性活动是本，非生产性活动是末；必要的消费是本，非必要的消费是末；服务于普遍性需求的百工技艺和商品流通是本，服务于少数人私利的奇技淫巧和囤积居奇是末；等等。因此，崇本思想是对国家社会整体利益的理性判断和维护，最终目的是"民富国平"。王符曰："夫富民者，以农桑为本，以游业为末；百工者，以致用为本，以巧饰为末；商贾者，以通货为本，以鬻奇为末。"无论农、工、商，舍本逐末的结果"虽于私家有富，然公计愈贫矣"，"虽于奸工有利，而国界愈病矣"，"虽于淫商有得，然国计愈失矣"，总之"外虽有勤力富家之私名，然内有损民贫国之公实。故为政者，明督工商，勿使淫伪，困辱游业，勿使擅利，宽假本农，而宠遂学士，则民富国平矣"（《潜夫论·务本》）。

在农业社会，生产力水平有限，且在工业革命之前长期稳定在一个既定水平。因此，对于社会财富的生产和利用效率最大化而言，节流比开源更重要。即反对奢侈在农业社会不仅仅是个人品行的问题，更是涉及国计民生的政治大义。儒、墨、道、法各家无不反对奢侈靡费。虽然"以自苦为极"（《庄子·天下》），墨家之节用、节葬、非乐等主张针对的是儒家，但在儒家看来，与礼乐仪则相关的人力、物力投入是必要的消费，而在此限度之上，儒家也是一样力倡俭朴的。孔子曰："礼，与其奢也宁俭。"（《论语·八佾》）臧哀伯论君人之德曰："清庙茅屋，大路越席，大羹不致，粢食不凿，昭其俭也。"（《左传·桓公二年》）这正是孔子之言的注脚。《老子》的"三宝"之一就有"俭"，并且要求"绝巧弃利""见素抱朴"，反对"服文彩，带利剑，厌饮食，财货有馀"（第五十五章）。尤其对于君主的奢侈靡费，诸子各家向来都严厉批判。《管子·重令》曰："菽粟不足，末生不禁，民必有饥饿之色，而工以雕文刻镂相稚也，谓之逆。布帛不足，衣服毋度，民必有冻寒之伤，而女以美衣锦绣篡组相稚也，谓之逆。"

这种思想界几乎一致的共识，反映了某种对于社会经济的整体性思维，认为任何私人的财富所有和消费享受都不具有绝对的不可干预性，而应该服从于社会整体的财富生产、保存与分配之原理，以整体效益的最大化为价值准则，即王符所说的"通计"："王者以四海为一家，以兆民为通计。一夫不耕，天下必受其饥者；一妇不织，天下必受其寒者。"（《潜夫论·浮侈》）在该篇中，王符对奢侈靡费现象进行了全景式写状和批判。刘文英概括为："一曰衣食器用之靡费"；"二曰车舆庐舍之僭上"；"三曰游手博弈之纷繁"；"四曰杂耍玩物之淫巧"；"还有巫觋祝祷之欺惑、崇丧厚葬之泛滥……"①

类似的主张也反映在《周礼》中。《周礼》认为，商业必须与人民的普遍需求和一般消费水平相适应，才具有公共意义，否则就会成为少数人追求奢侈浮华与投机谋利的私人性工具。《地官司徒》中"司市"的职责包括"以政令禁物靡而均市"，郑玄注引郑司农云："靡，谓侈靡也。"《礼记·月令》曰："百工咸理，监工日号；毋悖于时，毋或作为淫巧以荡上心。"郑玄注曰："淫巧，谓伪饰不如法也。"则伪饰即淫巧。《地官·司市》曰："凡市伪饰之禁，在民者十有二，在商者十有二，在贾者十有二，在工者十有二。"是工商之物、民用之具属淫巧靡饰而为法所禁者，凡四十八种。

徐复观认为，法家的追求是"一个上下一体、既勤且俭而决无浪费的政治"②。其实，儒家、墨家的追求也无二致。这是政治公共性观念的重要组成部分。

---

① 刘文英：《王符评传》，南京大学出版社1993年版，第84—85页。
② 徐复观：《两汉思想史》第三卷，华东师范大学出版社2001年版，第122页。

（三）公私视角下的盐铁之争

汉昭帝始元六年召开的盐铁会议是不同政治思想和治国理念的一次难得的公开展示与交锋。代表官方立场的御史大夫桑弘羊及其属官与代表民间儒生意见的贤良、文学六十余人围绕武帝以来的财经政策展开辩论。盐铁论的双方立场是：贤良文学提出"愿罢盐铁、酒榷、均输，所以进本抑末，广利农业"（《盐铁论·本议》）；"大夫"则坚持富国强兵的必要，并论证"富国何必用本农，足民何必井田也"（《力耕》），官营工商才是利国利民的上策。

虽然褒贬不一，各有袒护，但传统上对盐铁论的定性通常都是儒法斗争。吕思勉说："一读《盐铁论》，则知桑弘羊之所持，纯为法家之说矣。"① 萧公权认为："汉代儒法冲突最详之记录，无过桓宽之《盐铁论》。"② 郭沫若指出，"这一次的会议事实上是一场思想上的大斗争"，"'贤良'与'文学'以儒家思想为武器，讲道德，说仁义"，桑弘羊则"站在法家的立场，议论都从现实出发，有时也很尖锐地批评儒家和孔子"。③ 冯友兰《中国哲学史新编试稿》关于《盐铁论》一节的标题即为"《盐铁论》中反映的儒家与法家思想的斗争"。④ 王利器也认为："桑弘羊就是代表法家思想而和贤良、文学所代表的儒家思想作斗争的。"⑤ 阎步克则指出，"盐铁会议上的交锋，固然已不尽同于先秦的儒法对立，但无疑就是其延续和发展"⑥。所谓"不尽同"是指，桑弘羊确实推崇商鞅、韩非，《盐铁论》中也涉及刑法之治与礼义之治这样传统的儒法对立的主题，但会议的主要内容是关于财经政策的分歧。桑弘羊的财经思想基本承自《管子》。但是《管子》代表的所谓齐法家，与商、韩等三晋法家是不同

---

① 吕思勉：《吕思勉读史札记》，上海古籍出版社1982年版，第648页。
② 萧公权：《中国政治思想史》，新星出版社2010年版，第184—185页。
③ 郭沫若：《序〈盐铁论读本〉》，《郭沫若全集·历史编》第八卷，人民出版社1985年版，第473页。
④ 冯友兰：《中国哲学史新编试稿》第二十二章第一节，中华书局2017年版。
⑤ 王利器：《盐铁论校注》"前言"，天津古籍出版社1983年。后期的王利器将儒法斗争的观点修改为"儒家内部""纯儒与杂儒的斗争"，或"王道与霸道的斗争"，桑弘羊所用乃"杂霸"之儒术。[参见王利器《盐铁论校注（定本）》"前言"，中华书局1992年版。]但阎步克认为："桑弘羊之言论虽然多引经传，但这不能作为其非法家的证据。"（阎步克：《士大夫政治演生史稿》，北京大学出版社2015年版，第324页，注③。）
⑥ 阎步克：《士大夫政治演生史稿》，北京大学出版社2015年版，第324页。

的。前者以官营经济的思想为特色。而在这一点上的所谓儒法对立，很难用礼法之争的模式去概括，更有解释力的是政治公共性的视角。

首先，富国是国家层面进行财富再分配、促进公平的必要条件。盐铁会议上，大夫们正是基于此而为武帝以来收铸币之权、行盐铁专卖的富强政策辩护的。大夫认为，铸币与盐铁之权放任民间必使豪强专利、人民趋附，不利于务农之本。

> 大夫曰："夫权利之处，必在深山穷泽之中，非豪民不能通其利。……今放民于权利，罢盐铁以资暴强，遂其贪心，众邪群聚，私门成党，则强御日以不制，而并兼之徒奸形成也。"（《禁耕》）

> "豪强大家，得管山海之利，采铁石鼓铸，煮海为盐。一家聚众，或至千余人，大抵尽收放流人民也。远去乡里，弃坟墓，依倚大家，聚深山穷泽之中，成奸伪之业，遂朋党之权，其轻为非亦大矣！"（《复古》）

地方豪强专利山泽盐铁，必将结党营私，形成独立王国，暴凌细民，兼并贫弱，破坏公共秩序，甚至分裂国家。

> 大夫曰："王者塞天财，禁关市，执准守时，以轻重御民。丰年岁登，则储积以备乏绝；凶年恶岁，则行币物；流有余而调不足也。……故均输之物，府库之财，非所以贾万民而专奉兵师之用，亦所以赈困乏而备水旱之灾也。"（《力耕》）

调节社会财富的分配，损有余而补不足，尤其是赈困乏、备水旱、养战士等公共支出必须依赖相当的国家财政能力，这是府库之财与均输之法存在的理由。

> 大夫曰："令意总一盐铁，非独为利入也，将以建本抑末，离朋党，禁淫侈，绝并兼之路也。古者，名山大泽不以封，为下之专利也。山海之利，广泽之畜，天地之藏也，皆宜属少府；陛下不私，以属大司农，以佐助百姓。"（《复古》）

第四章 政务职事公共性的观念 337

> 御史曰:"夫理国之道,除秽锄豪,然后百姓均平,各安其宇。……大夫君运筹策,建国用,笼天下盐、铁诸利,以排富商大贾,买官赎罪,损有余,补不足,以齐黎民。是以兵革东西征伐,赋敛不增而用足。"(《轻重》)

因此,官营盐铁的意义在于防止民间形成朋党豪强及其对弱者的兼并欺凌,禁绝民间财富畸形积聚及其对奢侈淫逸的刺激、对政治公平与社会良俗的腐化败坏,还在于不增赋敛而壮大国家财政,提高开展国防、赈济、调剂损益财富分配等公共性政务职事的能力。

其次,富国强兵、开展外战是维护公共利益、保障公平的必要举措。

> 大夫曰:"王者包含并覆,普爱无私,不为近重施,不为远遗恩。今俱是民也,俱是臣也,安危劳佚不齐,独不当调邪?不念彼而独计此,斯亦好议矣?缘边之民,处寒苦之地,距强胡之难,烽燧一动,有没身之累。故边民百战,而中国恬卧者,以边郡为蔽扞也。诗云:'莫非王事,而我独劳。'刺不均也。是以圣王怀四方独苦,兴师推却胡越,远寇安灾,散中国肥饶之余,以调边境,边境强,则中国安,中国安则晏然无事。"(《地广》)

国家兴师旅、平胡越的原因是出于国家共同体的考虑。无论南北远近、内地边境,都是中国之民。在一个共同体内部,不应当安危不一、劳逸不齐,边民承受外患之苦,内地独享安居之乐。这就需要国家进行调剂和均衡,组织国防战争。

> 大夫曰:"汤、武之伐,非好用兵也;周宣王辟国千里,非贪侵也;所以除寇贼而安百姓也。……先帝举汤武之师……匈奴遁逃,因河山以为防……省曲塞,据河险,守要害,以宽徭役,保士民。由此观之:圣主用心,非务广地以劳众而已矣。"(《地广》)

对于公共性的国家而言,富国的直接目的是强兵,强兵则是为人民的公共利益服务的,而非为了统治者的一己私欲。总之,在大夫们的理念中，武帝时期以盐铁专营和征伐胡、越为中心的富强政策，在政治公共性的标准下，是符合公共价值、具有充分合理性的。

但是，贤良文学们却激烈地批判了大夫们的说辞。关于外战，尽管可以设想公共性政治的理念，但如果这种思想性的力量不能找到有效的干预机制，那么在家国时代的政治现实中，富国强兵之策就往往被用于私人的目的，成为私人性政治的工具。比如君主拓土广地以遂奢侈之心，将相好事贪功以谋进身之阶，代价则是罢敝天下、流离百姓。

　　文学曰："秦之用兵，可谓极矣，蒙恬斥境，可谓远矣。今踰蒙恬之塞，立郡县寇虏之地，地弥远而民滋劳。……张骞通殊远，纳无用，府库之藏，流于外国；非特斗辟之费，造阳之役也。由此观之：非人主用心，好事之臣为县官计过也。"（《地广》）

大夫们在论证己方主张合理性时，总是以"陛下不私""王者包含并覆，普爱无私"为前提，即盐铁之策、富强之法具有公共性意义的前提是执行这些法策的国家政权本身具有公共性——在家国时代或集权君主制时代，就是君权本身具有公共性。贤良文学们正是针对这一存疑的前提而发难的。比如，他们指出了家国时代的一个重要现象：政治权势或特权成为积累财富的主要工具，而不是大夫们所标榜的节约积累与合法经营。家国体制下的官僚经营产业，必然以公谋私。

　　大夫曰："余结发束修年十三，幸得宿卫，给事辇毂之下，以至卿大夫之位，获禄受赐，六十有余年矣。车马衣服之用，妻子仰养之费，量入为出，俭节以居之，奉禄赏赐，一二筹策之，积浸以致富成业。"

　　文学曰："古者，事业不二，利禄不兼，然诸业不相远，而贫富不相悬也。夫乘爵禄以谦让者，名不可胜举也；因权势以求利者，入不可胜数也。食湖池，管山海，刍荛者不能与之争泽，商贾不能与之争利。……故古者大夫思其仁义以充其位，不为权利以充其私也。"（《贫富》）

虽然根基不牢，大夫们仍然据守盐铁政策的公共性，批评文学们目光短浅，"欲以闾里之治，而况国家之大事"（《忧边》）。文学们则反讥有司的政策也许本意是为国为民深谋远虑，但实际上却沦为权势之家近水楼台先得之利：

> 有司之虑远，而权家之利近；令意所禁微，而僭奢之道著。自利害之设，三业之起，贵人之家，云行于涂，毂击于道，攘公法，申私利，跨山泽，擅官市，非特巨海鱼盐也；执国家之柄，以行海内，非特田常之势、陪臣之权也；威重于六卿，富累于陶卫。（《刺权》）

于是，本为打击豪强、促进均平的公共政策却异化为私人工具，权力转化为财富，官僚及其所庇护的势力成为新的豪强。贤良文学曰："公用弥多，而为者徇私。"（《刺复》）"今县官之多张苑囿、公田、池泽，公家有鄣假之名，而利归权家。"（《园池》）侯外庐等人则从普遍规律的角度总结道："中央集权专制主义造成另一部分大豪富的政治特权以及因此享有的经济特权，不但没有真正消灭豪强，反而是打击一类豪强地主，制造另一类豪强地主。"① 这可以说是贤良文学之议的千古回音。总之，贤良文学的批评反映了家国时代的一个根本矛盾，即私人性的政权结构本身不足以保证合格地履行公共性政治价值原则。或者说，国家政策的公共性立意与集权君主制下官僚行政过多的私人性裁量之间存在的矛盾，在古代社会政治发展（包括意识形态、权力组织、行政技术等）的具体条件下是难以克服的。

在更深的层次上，贤良文学们认为，如果不能保证国家的公共性，即保证国家对于社会财富的公共性支配与调节能力，那么富国思想本身就会败坏风俗，扭曲利益分配格局，扰乱社会秩序，危害社会生产。文学曰：

> 治人之道，防淫佚之原，广道德之端，抑末利而开仁义，毋示以利，然后教化可兴，而风俗可移也。今郡国有盐、铁、酒榷，均输，

---

① 侯外庐、赵纪彬、杜国庠、邱汉生：《中国思想通史》第二卷，人民出版社1957年版，第172页。

与民争利。散敦厚之朴，成贪鄙之化。……传曰："诸侯好利则大夫鄙，大夫鄙则士贪，士贪则庶人盗。"是开利孔为民罪梯也。(《本议》)

这种言利则为害于（社会整体）利益、不言利反而得其（社会整体）利益的辩证思想就是儒家的"义利之辨"。即农业时代的社会整体利益在于农业生产，力农则要求质朴勤恳、安分守己的道德风尚，质朴安分的风俗则要求禁绝谋利、求富的言论和宣传。"孟子见梁惠王，王曰：'叟不远千里而来，亦将有以利吾国乎？'孟子对曰：'王何必曰利？亦有仁义而已矣。'"（《孟子·梁惠王上》）"太史公曰：余读孟子书，至梁惠王问'何以利吾国'，未尝不废书而叹也。"（《史记·孟荀列传》）董仲舒曰"正其义不谋其利，明其道不计其功"（《汉书·董仲舒传》），然后可得天下之大利。宋明理学更将这种义利观发扬光大了。因此，贤良文学们主张罢除盐铁酒榷与均输，成为后世儒生的主流意见。

但是，《管子》轻重论和《盐铁论》中大夫御史所代表的功利思想在中国思想史上并未断绝，始终是经世主义一条重要的发展脉络。李泽厚认为，不是宋明理学，而是经世致用的观念传统，是陈亮、叶适、顾炎武、黄宗羲、王夫之、章学诚等人的"外王"路线，与近代中国的进步思想有更直接的联系。① 虽则主张不同，盐铁论中的富国观念仍是这一路线上的重要一环。尤其它的论辩对手所提出的批评，揭示了中国古代经世主义思想的内在矛盾。解决这一矛盾正是近代以来中国政治思想发展所面对的课题和新意识形态得以确立的内在依据。

第三节　民本的辩证

民本是理解中国古代政治思想的一把钥匙。金耀基说："吾国政治所以专制而又开明之理何在？笔者试大胆拟一案曰，此重人文精神的儒家之民本思想的巨流冲洗，减杀了专制毒害之故，吾人若谓儒家之政治思想之

---

① 李泽厚：《中国古代思想史论》，生活·读书·新知三联书店2008年版，第310—311页。

主要精神与贡献为'民本'之说，似非大误。"① 其实不止儒家，可以说"民本"思想是诸子百家共享的观念。"民本"一词出自对《尚书·五子之歌》"民为邦本，本固邦宁"及其他类似表达的概括。作为对古代政治思想的一种抽象说明，现代学术界从中提炼出的"民本"概念是相当贴切的。梁启超甚至径称"民本主义"②。

有学者则认为："中国古代有'民本'之论，却无'民本主义'。古人所说的'民为国本'并不意味着唯此为本。除民为国本外，还有储君为国本、选贤为国本、宰辅为国本、封疆大吏为国本、京畿为国本、财政为国本、诚信为国本等说法。在为数众多的'国本''政本''治本'之中，'民本'只是其中的一种。……在儒家思想体系中，可以明确无误地找到'民本君末'和'君本民末'两种思路并存的现象。君与民究竟何为本末，不可一概而言。涉及的话题不同，答案也就有所不同。"③ 然而，"民本"本身就是现代学术从古代政治思想中抽象、提炼出的概念，有理论建构的性质，与古代既有的"国本""政本""治本"等内涵因语境而异的说法不可同日而语。实际上，该学者自己就致力于梳理或构建民本的理论体系，认为"'以民为本'的思想几乎可以贯通所有重大的政治理论命题。甚至可以说，一部民本思想发展史就是一部主流思想、统治思想发展史"④。因此，将民本论称为"民本主义"也不为过。只是，对于民本思想或民本主义的评判仍值得一辩。

一　民本是目的与工具的统一

儒家、墨家、法家政治思想在维护和壮大小农经济这一"国本"的问题上，是高度一致的。儒家的王道、仁政，墨家的兼爱、节用，法家的编户齐民、重本抑末，都是为了维护作为立国之基的小农经济，只是具体方法和侧重点不同。这就引申出对民本的两种理解方式。李存山指出："中

---

① 金耀基：《中国民本思想》，台湾商务印书馆1993年版，第2页。
② 参见梁启超《先秦政治思想史》，商务印书馆2014年版，第38—45页。
③ 张分田：《论"立君为民"在民本思想体系中的理论地位》，《天津师范大学学报》（社会科学版）2005年第2期。
④ 张分田：《论中国古代政治调节理论——民本思想在中国古代政治学说中的核心地位》，《天津社会科学》2007年第2期。

国古代的'民本'思想,可从两个主要方面去理解:一是说人民的利益是国家和社会的价值主体,二是说君主的权力只有得到人民的拥护才能稳固。……就两方面意义的统一而言,前者是价值判断,后者只是一种事实判断。"① 或者说,一种是目的论的,即认为人民是政治运作的价值目标;一种是工具论的,即认为人民是兵马钱粮之所出,是政权建立和稳定运行之所本。这很接近韦伯关于价值理性与工具理性的区分。

单纯从工具理性的角度看,法家无疑是最坚定,也是将这一工具运用到极致的民本论者,为此常常受到现代思想基于人本主义的批评,认为其以人民为工具和代价而一味献策取媚于专制君主的私欲和功业。比如《商君书·去强》曰:

> 举民众口数,生者著,死者削。民不逃粟,野无荒草,则国富,国富者强。……强国知十三数:竟内仓、口之数,壮男、壮女之数,老、弱之数,官、士之数,以言说取食者之数,利民之数,马、牛、刍藁之数。欲强国,不知国十三数,地虽利,民虽众,国愈弱至削。

这是将人民及其财产当作国家富强的"资源"而加以统计。无论民口多少、民财几何,不能被国家掌握并成为国家的"资源",就是无意义的。

儒家则以价值论的民本主义而受推崇,比如"民之所欲,天必从之"(《尚书·泰誓》)、"古之为政,爱人为大"(《礼记·哀公问》)、"仁者莫大于爱人"(《表记》)等命题。孟子的"民贵君轻"说是民本价值论的最佳代表。张岱年指出:"价值是后起的名词,在古代,与现在所谓价值意义相当的是'贵'。贵字的本义指爵位崇高,后来引申而指性质优越的事物。……人人有贵于己者,便是人所固有的价值了。"② 基于人所固有的价值性,孟子曰:"民为贵,社稷次之,君为轻。……诸侯危社稷,则变置。牺牲既成,粢盛既洁,祭祀以时,然而旱干水溢,则变置社稷。"(《孟子·尽心下》)诸侯(君)不利于社稷则变置君主,社稷不利于人民则变置社稷,天子从民之所欲才能立为天子。总之,人民是政治的终极目的和

---

① 李存山:《中国的民本与民主》,《孔子研究》1997年第4期。
② 张岱年:《中国古典哲学的价值观》,载《张岱年全集》第6卷,河北人民出版社1996年版,第67页。

最高价值。同样地，荀子也说人"最为天下贵"（《荀子·王制》），因此"天之生民，非为君也；天之立君，以为民也"（《大略》）。汉儒完全继承了这一价值立场。董仲舒说："天之生民，非为王也；而天立王，以为民也。故其德足以安乐民者，天予之；其恶足以贼害民者，天夺之。"（《春秋繁露·尧舜不擅移汤武不专杀》）《白虎通·封公侯》曰："列土为疆非为诸侯，张官设府非为卿大夫，皆为民也。"既然"天"与民联系在一起，那么民在价值性上自然就高于君。否则，难道君要高于"天"吗？"天"是目的，君是工具，就等于说民是目的，君和卿大夫臣都是工具。既然民是目的，那么国家政治就必然应当是公共性的。这种思想大概是儒家从传统政治文化中继承下来的。《左传·襄公十四年》曰："天生民而立之君，使司牧之，勿使失性。……天之爱民甚矣。岂其使一人肆于民上，以从其淫，而弃天地之性？必不然矣。"

于是，似乎儒、法两家在民本论上有着截然不同的立场，而这也被看作儒法对立的一个表现。但是，在更全面的考察之下，可以发现很多反例。即法家也有价值论层面的民本思想，而儒家在工具论层面谈论民本主义更是不遑多让。法家与儒、墨、道各家一样都可以在民本价值论这个公共的政治思想谱系中找到位置，正如它们也都围绕着"天下"这一公共的政治观念传统一样。《管子·形势解》曰："古者三王五伯皆人主之利天下者也。"《商君书·修权》曰："三王以义亲，五霸以法正诸侯，皆非私天下之利也，为天下治天下。"只不过，为了实现民本或"利天下"的公共价值，法家更加关注理性化的法治与官僚组织建设。《商君书·更法》曰："法者所以爱民也。"商鞅又说："圣人苟可以彊国，不法其故；苟可以利民，不循其礼。"（《史记·商君列传》）但由于爱民、利民的方式是"法"，所以法家的民本主义价值论表现得曲折一些，也更容易被误解。比如，同样是出于民本价值而希望没有战争和刑杀，法家的说法却是：

> 以战去战，虽战可也；以杀去杀，虽杀可也；以刑去刑，虽重刑可也。（《商君书·画策》）
>
> 圣人之治民，度于本，不从其欲，期于利民而已。故其与之刑，非所以恶民，爱之本也。……法者，王之本也；刑者，爱之自也。（《韩非子·心度》）

法家的办法更像是用雷霆手段，显菩萨心肠。无论手段是否合理，在价值性上仍然是归于利民的。"天下人的普遍权益为'公'，个人权益为'私'。代表天下整体利益的法就是'公法'，体现君主个人利益之法就是'私法'。"① 法家之法就是以公共价值为指向的"公法"。可以说，儒、墨、道、法这四家主要的政治思想派别都同意：整体性的"民"是所有政治活动的终极目的，即坚持价值性的民本主义。所以，有学者认为法家思想"是在一定时空下的以利全民为目的的民本思想"。②

同时，儒家中也不乏民本主义的工具论。汉末徐幹《中论·民数》③曰：

> 夫治平在庶功兴，庶功兴在事役均，事役均在民数周，民数周为国之本也。故先王周知其万民众寡之数……民数者，庶事之所自出也，莫不取正焉。以分田里，以令贡赋，以造器用，以制禄食，以起田役，以作军旅。国以之建典，家以之立度，五礼用修，九刑用措者，其惟审民数乎？

徐幹以民数为治国之本、国富兵强之源，与上文所引《商君书·去强》的意见如出一辙。《荀子·王制》曰"君者，舟也；庶人，水也。水则载舟，水则覆舟"，实际上也是基于工具论的民本主义而立论的。

实际上，更多的关于民本思想的论述是兼具价值论与工具论而不加区分的。似乎二者在逻辑上本就是不可割裂的整体。比如《管子·牧民》曰："民恶忧劳，我佚乐之。民恶贫贱，我富贵之，民恶危坠，我存安之。民恶灭绝，我生育之。能佚乐之，则民为之忧劳。能富贵之，则民为之贫贱。能存安之，则民为之危坠。能生育之，则民为之灭绝。"顺应民心与利用民力是一致的，以国利民与以民利国是统一的。谷永的两段话也恰好分别阐发了民本的工具论和价值论两个维度：

---

① 曾振宇：《"以刑去刑"：商鞅思想新论》，《山东大学学报》（哲学社会科学版）2013年第1期。
② 王晓波：《先秦法家思想研究的若干问题》，《国学学刊》2013年第3期。
③ 除《宋史》将《中论》列入杂家类之外，历代史书均将其列入儒家类。

王者以民为基，民以财为本，财竭则下畔，下畔则下亡。是以明王爱养基本，不敢穷极，使民如承大祭。

　　天生烝民，不能相治，为立王者以统理之，方制海内非为天子，列土封疆非为诸侯，皆以为民也。(《汉书·谷永传》)

《淮南子》更是从民本的工具论自然地转换到立君为民、立政为民的价值论，将二者完美地融合为一：

　　食者，民之本也；民者，国之本也；国者，君之本也。是故人君者，上因天时，下尽地财，中用人力，是以群生遂长，五谷蕃殖，教民养育六畜，以时种树，务修田畴，滋植桑麻，肥墝高下，各因其宜……以为民资。是故生无乏用，死无转尸。(《主术训》)

政治的行动准则是人民的爱恶，这是价值民本论；政治的安危取决于人民的爱恶是否得到满足，这是工具民本论。中国思想传统（相对于西方）的特点是不沉迷于对世界本源或终极本体的形而上学式的甚或说宗教式的热忱探究，而是更加尊重经验世界自发呈现的价值追求，哲学理论都是为之服务的。既然民本被认定为这样的公共价值，那么无论是工具理性的还是价值理性的论证，即便在理论上有所扞格，也完全可以和谐并存。这种实然规律与应然规范不二的政治思维同样有着传统的渊源。比如《左传·文公十三年》邾文公曰："苟利于民，孤之利也。天生民而树之君，以利之也。民既利矣，孤必与焉。"即邾文公认为人民之公利与君主之私利在根本上是统一的。前者是自足的价值规范，后者则以前者为手段而与之形成因果联系。

　　自从韦伯将价值理性区分于工具理性之后，两种理性的对立就成为知识界的常识，但二者的统一却往往被人忽视。功利论的延长线必然通达义务论。工具理性在运用中的规则化、抽象化会演变为价值理性，比如西方的功利主义与自由主义的关系。功利主义的规则化和抽象化就是私人利益竞合结果的最优化规则，这一规则"恰好"就是自由主义所主张的自然权利。因此，在政治思想的具体主张（而非哲学论证）上，功利主义与自由主义实际上是一致的，都符合由个体主义出发而设想公共价值的逻辑。

中国传统的民本主义内部也是类似的情形，即价值论和工具论实际上是统一的，都符合政治公共性的逻辑，是以全体民生为本位这一政治公共性观念不同方式的表述。或者说，政治公共性观念是二者的连接纽带。工具论民本政治的常态化，会形成公共性政治观念，其进一步的抽象理念化、伦理化，即价值论的民本政治。民本论和君本论也并非水火不容。比如有学者指出："民本学说在本质上不是民本位理论，而是君本位理论，一种明智的、眼光远大的君本位理论。"① 简言之，是一种工具论意义的"开明专制"。其特点在于君主的"眼光远大"，也就是能超越一人一时的主观冲动而将某种合理的政治传统客观化甚至制度化，长期持续下去。如果只为君主私人的利益打算，就应该想办法让君主尽情尽兴，而不管死后洪水滔天；就算为了更大的利益而说服君主延迟满足，也必须保证这种满足能在君主生前实现，而不是让每一任现世的君主克制和付出，却只为让抽象的社稷宗庙延续，或为了使永远在未来的后继之君获利。如果是后者，那实质上就不是为了任何君主个人之利。因此，一种超越任性的私人意志、超越及身的私人利益而客观化了的工具理性政治又被观念化、理论化了之后，和纯粹基于价值论的政治还有多大距离呢？这个距离是趋于无限小的。所以，古代民本思想将两种思维融为一体就可以理解了。

由此，再看贾谊《新书·大政》关于民本论的一系列表述：

> 闻之于政也，民无不为本也。国以为本，君以为本，吏以为本。故国以民为安危，君以民为威侮，吏以民为贵贱，此之谓民无不为本也。
>
> 闻之于政也，民无不为命也。国以为命，君以为命，吏以为命。故国以民为存亡，君以民为盲明，吏以民为贤不肖，此之谓民无不为命也。
>
> 闻之于政也，民无不为功也。故国以为功，君以为功，吏以为功。国以民为兴坏，君以民为强弱，吏以民为能不能，此之谓民无不为功也。
>
> 闻之于政也，民无不为力也，故国以为力，君以为力，吏以为力。

---

① 冯天瑜：《人文论衡》，武汉出版社1997年版，第279页。

对于政治，人民既是根本，又是天命，既能兴功，又能为力，兼具价值和工具的属性。因此，侯外庐等人说："贾谊在形式上是设想统治者的治安问题，在内容里却含有对人民的同情。"① 这两种关切在贾谊身上都是真诚的。某种意义上，贾谊代表了古代中国思想家或士大夫群体的典型形象。他们既爱君又爱民，既以人民为君主治国的资源，又以人民为君主治国的目的。

看似矛盾的两种思维在政治公共性观念的视野下，是同等真诚而内在统一的。人民的价值主体性是被政治公共性所规范的，君主的价值主体性也是被政治公共性所界定的，因而看上去好像是君主"目光远大"。于是，民本主义的两种"对立"的价值取向，实际上是统一在了公共性的政治之中。比如张分田认为，"天下为公"论与民本思想是相辅相依、互推互证的关系。"战国秦汉以来，思想家们普遍秉持天下、国家之公高于王朝、君主之私的政治理念。《礼运》的'天下为公'就是这类理论的最高概括。"而这类理论实际上也是民本思想体系的一部分，以民本为理论基点。② 这一对于民本思想与天下为公之间联系的直观感受，恰可以通过民本的两个属性在政治公共性观念下的统一而得到验证。

这种统一性有助于更好地认识和化解现代思想对于民本主义的两种对立态度。一方是强调民本的价值论，而高赞其为现代（西式）民主之先声；另一方则针对其工具性，而批评其为专制政治之缘饰。二者各执一偏，都不是对民本思想的准确理解，也不利于发掘民本思想发展的真正潜力。

二 民本作为民主的第一前提

虽然民本思想是中国传统政治文化的核心内涵，但在古代并未被有意识地、系统地提炼和总结。其被概括为专门的概念，毋庸讳言，很大程度上是由于近代以来在与异质的西方政治思维的鲜明对比中发觉了自身的独特性。尤其是在民主思想的冲击下，中国人开始系统地反思自身的民本传

---

① 侯外庐、赵纪彬、杜国庠、邱汉生：《中国思想通史》第二卷，人民出版社1957年版，第70页。

② 张分田：《论中国古代政治调节理论——民本思想在中国古代政治学说中的核心地位》，《天津社会科学》2007年第2期。

统。因此，与民主的关系是现代民本思想研究的中心问题。

中国近现代早期的学者或政治家习惯将西式民主的特质概括为"民治"或"民权"。孙中山说："美国总统林肯他说的'The government of the people, by the people, for the people'，兄弟将他这主张译作'民有、民治、民享'。……就是兄弟的民族、民权、民生主义。"①"民权"一词在中国近代思想史上是个有中国特色的概念，但整体上仍然是强调西方式的公民政治参与之权。② 因此，大多数中国现代早期学者以民权为民主最核心的标志，并认为中国的民本虽然也有民众政治的色彩，但没能发展出民权或民治的观念，是显著的欠缺。梁启超指出："中国人很知民众政治之必要，但从没有想出个方法叫民众自身执行政治。所谓 by people 的原则，中国不唯事实上没有出现过，简直连学说上也没有发挥。"③ 梁漱溟也说："在中国虽政治上民有民享之义，早见发挥，而二三千年卒不见民治之制度。岂止制度未立，试问谁曾设想及此？三点本相联，那两点从孟子到黄梨洲可云发挥甚至，而此一点竟为数千年设想所不及，讵非怪事？"④ 金耀基也认为："中国自孔孟以迄黄梨洲、谭嗣同，一直都有一极强的民本思想贯穿着。任何一位大儒，都几乎是民本思想的鼓吹者，'天下非一人之天下，天下人之天下'肯定了民有的观念；'民之所好好之，民之所恶恶之'肯定了民享的思想；……但是，中国的民本思想毕竟与民主思想不同，民本思想虽有民有、民享的观念，但总未走上民治的一步。"⑤ 随着中国学术界对西方政治思想理解的逐渐深入以及西方社会科学话语霸权的扩张，晚近的学者更加明确地辨析了民本与民主有着本质的区别，甚至指出民本是服务于专制政治的，与民主的精神背道而驰。对此，他们深以为

---

① 《孙中山选集》，人民出版社1981年版，第494页。
② 王人博认为，清末梁启超等人提倡的"民权"概念是"民主"的弱化本，是对"民主"这一强颠覆性概念的替代，"更多的是一种策略的选择"，强调在君主制格局下分享权力。"民权"概念还能够唤起中国传统的民本主义对君臣一体、君民一体或"君主民本"的理想。这是一个中西折中的概念。但就其本质或深意而言，"民权"的要义仍然是潜藏着对（西式）民主政制的诉求。这在孙中山的"民权主义"思想中就表现得更为明显了。（参见王人博《民权词义考论》，《比较法研究》2003年第1期。）
③ 梁启超：《先秦政治思想史》，商务印书馆2014年版，第239页。
④ 梁漱溟：《中国文化要义》，上海人民出版社2011年版，第238—239页。
⑤ 金耀基：《从传统到现代》，中国人民大学出版社1999年版，第21页。

憾，似乎中国的政治思想有着先天的不足。

但是考诸历史，对比中西，中国所谓的"周代城邦"与希腊罗马的城邦国家在内部的共同体精神、民主政治倾向上，至少是与希腊罗马的前民主政体（即王政时代、贵族政体）在民主原则的潜在倾向上，是有相当近似之处的。尤其是西周春秋时期的国人有着显著的政治参与。另外，根据达尔（Robert A. Dahl）的理论，民权不仅表现为外在的政治参与机制，更是建基于内在的社会多元权力结构。因此，学者常以为古希腊民主为近现代西方民主提供了观念指导，而中世纪封建传统则为之提供了直接的孕育温室。由此看来，中国古代早期的政治史同样不乏封建元素，即民权政治的潜在因子或萌芽，甚至在思想观念上也有近似蕴含民权原理的例证。比如，《左传·成公六年》曰："圣人与众同欲，是以济事。子盍从众！子为大政，将酌于民者也。"《管子·君臣上》曰："夫民，别而听之则愚，合而听之则圣。"对此，很多中国学者津津乐道，但他们又惋惜于中国历史没能像希腊罗马或近代欧洲那样发展出真正的民权政体。

实际上，古人对此并不会觉得可惜，因为中国思想史树立民本主义而缺失民权主张，与其说是思想进化不足的表现，不如说出于主动的价值选择。中国历史的发展无论从观念上还是在现实中都抛弃了多元竞争的传统，主动地搁置了潜在的民权观念。其原因是有更高的政治价值追求，并因此选择了一种独特而合理的政治哲学指导。《左传·成公六年》载：

> 或谓栾武子曰："圣人与众同欲，是以济事。子盍从众？子为大政，将酌于民者也。子之佐十一人，其不欲战者，三人而已。欲战者可谓众矣。《商书》曰：'三人占，从二人。'众故也。"
>
> 武子曰："善钧，从众。夫善，众之主也。"

"从众"就是民权的多数决原则，从善则是遵从公共价值的权威。梁启超解说道："多数取决，为现代议会政治一铁则，良无他道足以易之。然谓多数所赞者必与国利民福相应，则按诸理论与征诸史迹而皆有以明其不然也。栾书（即栾武子——引者注）之言谓两善相均则从众，果能如此，真可以现出理想的好政治，独惜言之易而行之难耳。"① 栾武子代表的中国古代精英清醒地认识到，从众与从善往往不相一致。对此，他们选择了公共价值（善）作为第一权威，在公共价值不受影响的前提下，才承认从众的第二权威。民本就是对公共价值权威性的一种表达方式。因此，先民本后民权是中国古代政治思想的主动选择。

梁启超关于民本主义及其与民权关系的思考、对于民本主义长短之处的判断、对于西方民权标准的谨慎看待，虽然是讲现代政治，但若能古今会谈，大概也会被栾武子引为知音。梁启超将"of the people, by the people, and for the people"译为"政为民政，政以为民，政由民出"，并认为中国的政治观念传统于前二者极有光芒，形成了民本主义，"申言之，则国为人民公共之国，为人民共同利益故乃有政治"。至于参政权的有无，并不能否定和代替前二者的价值，甚至真正的"by the people"还要由民本主义来界定。因此，古希腊城邦、近世西方代议制都未必符合"政由民出"的真正精神。中国民本精神的意义却是值得珍视的。②

所谓"国为人民公共之国，为人民共同利益故乃有政治"，正是民本主义作为政治公共性观念的准确内涵，也是民主的题中之义。民本的对立概念是民权，而非民主。民主是以人民为主体的政治，即"of the people"，意味着人民的公共意志形成公共决策，实现公共价值。其有两项基本含义：一是人民普遍参与政治意志的表达，即"by the people"；二是政治意志的表达要体现人民共识，即"for the people"。前者表现为民权，后者表现为民本。民权 + 民本 = 理想民主，即理想民主必须兼具民权与民本。以民权代表民主而批评民本，是评价民本思想的流行观点。这种立场的前提是假设民权能够完全代表人民的公共意志（general will），实现真正的公共价值。但这是理想状态，意味着社会利益的同质性和人民意志的同质性，或者马克思所说的无阶级社会。而在不平等或阶级社会的现实中，民权不会自然而然地结成一个整体意志。片面强调多元化的政治参与及竞争，其结果体现胜利者的意志，大多不是人民的共识。鉴于此，民本思想从经验出发，坚持预定在一定范围内的或公共价值作为政治权威，部分地限制了

---

① 梁启超：《先秦政治思想史》，商务印书馆2014年版，第41页。
② 梁启超：《先秦政治思想史》，商务印书馆2014年版，第8—9页。

普遍参与和多元竞争，确保一定程度上的人民共识。这就是栾武子说的"夫善，众之主也"。

民权政治认为普遍参与通过合理的竞争机制或理性辩论这只"看不见的手"，可以导向人民共识或公共价值。然而，亚当·斯密（Adam Smith）的"看不见的手"其实是能看见的。博弈论就是对这只"手"的研究。约翰·纳什（John Nash）发现，两个或多个参与者的理性博弈最终会形成一个平衡的结果，即"纳什均衡"（Nash equilibrium）。这一结果虽然不是最差的，但也绝非最好的，并不符合参与者全体的最大利益。即在利益多元的异质性社会，无价值预设的普遍政治参与本身无法导向真正的公共价值或关于公共利益的共识。梁启超质疑希腊公民会议、近世诸国之代议制"遂得谓为真 by the people 耶"，是很有见地的。因此，如果从民权的理想状态出发批评民本不是民主，是没问题的。但如果基于现实状态，民权主义与民本主义都不过是在民主理想之下各守一隅。虽然性质不同，但是半斤八两，谁也没有资格自诩得道，批评对方不够民主。

在现实条件不能满足民主政治的充分条件时，中西两种政治传统各取了民主理念的一部分。

相对而言，在不可兼得的情况下，民本比民权更应该成为理想民主建构的前提。对民主理想而言，民享是目的，民权是手段，不可能由手段决定目的，只能是目的矫正手段。目的的明确预设，是手段合理化设计的必要前提。民本思想恰好致力于提供政治的目的。民本主义的基本假设是"民"的利害在最基本的层面存在一致性、整体性。《淮南子·修务训》曰："夫七尺之形，心知忧愁劳苦、肤知疾痛寒暑，人情一也。"人民利害感受一致性的范围就是预定的公共价值，以此为本的政治就是民本主义。民本政治的意义在于不断培育和实现人民一定程度的同质性，从而为理想民主的到来打下必要的基础。

赵汀阳认为："对于制度的合法性的证明来说，'民心'比'民主'更为正确。……民主只是一种在操作上比较容易的程序，并不能表达好的价值。可以说，民主问题是民心问题的歪曲表现。如果民主是有意义的，那么，当且仅当，民主能够准确表达民心。"此处所说的"民主"即民权，"民心"即民本。何谓民心？"真正的民心是经过理性分析而产生的那些有利于人类普遍利益和幸福的共享观念。……是出于公心而为公而思的思想。那些'为公而思'的观念并不专门属于哪些人,而是属于人类,尽管通常是由精英所思考并说出来,但其所思所虑却不是为了精英集团,而是为了人类共同幸福。"① 民心不是一个统计学的结果,而是"人人心同此理的需要,也就是以推己及人的方式即可直观的普遍人情。……民情不需要统计学,只需对人情的理性判断即可了解"②。这一民心所归,或普遍人情,或对人情的理性判断,就是社会公共价值,也就是"最完美的政治公正标准"。民本主义即是遵循这一标准的政治思想。民本政治与民权政治的矛盾在于,在社会同质性的积累达到一定程度,足以支持真正的集体共识决策或人民直接民主之前,民本政治认为当务之急是继续培育社会同质性,过早的民权政治会分裂和阻碍社会同质性的成长,而民权政治则批评民本政治缺少制度性保障。但是,支持民本主义的制度自有其发展的过程。

中国古代民本主义的问题不是排斥民权政治,而是缺少更好的自身实现机制,因此不得不依赖于君主政治的模式,也就不得不始终受到君主私人性政治的干扰。中国古代晚期,即明清之际的进步思想家,一面继续高举民本主义的大旗,一面抨击君主政治之私,就暗示了古代政治思想的发展方向不是抛弃民本主义,而是在新的权力组织基础上完善民本主义,实现更高水平的民本政治。只要价值方向正确而坚定,就为将来在更好的条件下容纳政治参与,引入民权机制,提供了根本保证。现代中国政治体制中与传统民本主义相呼应的是群众路线。"一切为了群众,一切依靠群众",前者是目的论,后者是工具论,在思维结构上与传统民本主义如出一辙。杨光斌指出:"群众路线说到底是讲人民的重要性,即儒家自古以来的'以民为本'思想。""过去所有的民本主义思想只是停留在思想层面,或者是各级官员所奉行的一套指导思想,而无实现这套思想的制度或者中介机制。所不同的是,作为政体的民主集中制不但是民本主义思想的政治制度,而且还有实现民主集中制度的中介机制即我们耳熟能详的群众路线。"③ 群众路线是更为宏观的中国式协商民主的一环。协商民主则是向

---

① 赵汀阳:《天下体系:世界制度哲学导论》,江苏教育出版社 2005 年版,第 28—29 页。
② 赵汀阳:《天下的当代性:世界秩序的实践与想象》,中信出版社 2016 年版,第 101 页。
③ 杨光斌:《论作为"中国模式"的民主集中制政体》,《政治学研究》2015 年第 6 期。

着人民民主递进的准备阶段。① 现代中国的政治实践已经基于民本政治的价值,向着民主政治的理想进行了更深入、更有前景的探索。

总之,虽然民本不等于民主,但民本主义是民主唯一正确的前提,是唯一有可能走向民主理想的政治思想形态。

---

① 参见刘九勇《中国协商政治的"民主性"辨析———一种协商民主理论建构的尝试》,《政治学研究》2020 年第 5 期。

第五章

政权组织公共性的观念

第一节 政权集中性

以民为本，意味着明确拒绝以贵族世家、私属家臣或悍将骄兵为政治之本。但同时，古代思想又有以君为本的观念。《老子·第二十五章》曰："道大，天大，地大，王大。域中有四大，而王处一。"晁福林说："就社会而言，老子说的道、天、地这三大皆为虚置，唯有'王'才是现实存在。"①《荀子·君道》曰："君者，民之原也。"君本与民本实为一体之两面。晁福林以为："正由于'民本'理念的核心在于要让君主关注民众，让君主'以民为本'，所以其实质与'君本'理念是一致的。""在实际的逻辑中，'君本'是常在的价值指向，'民本'理念并没有超逸出其范围。"② 但这只是将民本视作君本的工具，不符合思想史关于君本与民本统一的真实意涵。笼统地争论君本为价值、民本为工具，还是民本为价值、君本为工具，是无意义的辩经，关键是厘清概念。

所谓"君"，在中国古代政治思想中有两层含义：一是个体层面的统治者；二是抽象意义的公权力。虽然大多言论并未明确区分，但"君"作为抽象公权力在古代思想中的客观存在是断无疑问的。在此意义上，君本和民本实为同一问题基于不同角度的描述。君本与民本都反对贵族世家、私属家臣、骄兵悍将支配的私人性政治，都是政治公共性的体现。公共性

---

① 晁福林：《从"民本"到"君本"——试论先秦时期专制王权观念的形成》，《中国史研究》2013年第4期。
② 晁福林：《从"民本"到"君本"——试论先秦时期专制王权观念的形成》，《中国史研究》2013年第4期。

政治在政务职事公共性上被概括为民本，在政权组织公共性上被总结为君本。二者在逻辑上是互相支撑的。单纯地将君本理解为最终的价值指向，民本是为之服务的手段，等于完全从个体人格的角度界定"君"，是一种庸俗化的理解，无法解释古代思想家以尊君、一统等信念为价值理想的事实。

君本思想实质上是强调公权力的集中性、权威性。唯其如此，才能保证民本政治或公共性政治的可能性。集权是克服政治中之私人性，导向公共性政治的虽不充分但绝对必要的前提。换个角度说，私人性的政治由于缺少客观性、普遍性的组织机制，也根本做不到高水平的集权。在政治上，公权力太强，未必是人民之福；但公权力太弱，却绝非人民之幸。总之，对于古代思想家来说，为了实现民本主义的政治，一方面要提炼公共价值，具化为公共性的政务职事观念，并树立为政治生活的权威性遵循；另一方面，要根据公共价值的要求，建立公共性的政权组织。而关于后者，首先要促进公权力的集中；然后要决定以何种具体的权力组织方式承担这一集中起来的公权力。君本主义就是上述思考的时代性成果。

一 尊君：忠道与尚同

诸子百家的政治思想都以君主制政体为依归。这不是由于思想自由自觉地或不自觉地受到了现实中王权主义的禁锢，而是因为对于内涵确定的公共价值之落实而言，主权的集中是保证公共性、克制私人性的必要安排，而在特定历史条件下，能想象到的公权力集中方式只有君主制。因此，尊君的本质是主权集中，反对代表私利的私议分割主权、干预公共性政治。《商君书·修权》曰："世之为治者，多释法而任私议，此国之所以乱也。……夫废法度而好私议，则奸臣鬻权以约禄，秩官之吏隐下而渔民。"因此，法应当成为公共性的治理准则；而作为对法之公共性的保证，权力应当由公共性的主权者（例如君主）独立掌握，不受私人势力分割、干扰。如《修权》曰：

> 国之所以治者三：一曰法，二曰信，三曰权。法者，君臣之所共操也；信者，君臣之所共立也；权者，君之所独制也。人主失守则危，君臣释法任私必乱。故立法明分，而不以私害法，则治；权制独

断于君,则威;民信其赏,则事功成;信其刑,则奸无端。惟明主爱权重信,而不以私害法。

君主是古代公共性政治设计中的枢纽,无论儒、法、墨各家,对此都无异议。

(一) 忠于事与忠于人

尊君的伦理名目化即"忠"。"忠"是儒家继承自春秋时代的伦理观念。春秋时代的"忠"不同于后世狭隘化的主仆式的忠。战国之后,家产官僚制国家成立,君主与官僚之关系的底色是私人性的家产制主仆关系,这种历史条件下的世俗之"忠"就是为人主谋、遵人主命、尽人主事,即韩非所谓"不从法令为私善者,世谓之忠"(《韩非子·诡使》)。而在春秋时代的宗法贵族制国家中,与鄙野相对的"国"是统治氏族集团结合的共同体,不仅有公室及其同姓的宗法共同体,还有同姓或异姓国人团结的社稷共同体。《左传·定公六年》曰:"阳虎又盟公及三桓于周社,盟国人于亳社。"鲁国国人有很多是当初鲁人先公伯禽受封建国时被赐予的殷人后代,因此有"亳社"。政治上的权威必须建立在国人的广泛认同和支持之上,因此要与之盟于社。在这种政治社会结构中,所谓"忠"就是忠于国人共同体的公共利益,而不是国君的私人意志,即"无私,忠也"(《左传·成公九年》)、"以私害公,非忠也"(《左传·文公六年》)、"公家之利,知无不为,忠也"(《左传·僖公九年》)。因此,童书业说:"'忠'之道德(似起于春秋时)最原始之义似为尽力公家之事。"①

晋灵公使力士鉏麑刺杀赵盾。

> 晨往,寝门辟矣,盛服将朝。尚早,坐而假寐。麑退,叹而言曰:"不忘恭敬,民之主也。贼民之主,不忠;弃君之命,不信。有一于此,不如死也!"触槐而死。(《左传·宣公二年》)

守信于"君之命",是私人伦理,是后世流行的不事二主之忠;而以不害"民之主"为"忠",即效忠于国民集体利益之代表,则是"忠"作为政

---

① 童书业:《春秋左传研究》,上海人民出版社2019年版,第254页。

治公共性观念的体现。因此，季梁曰："所谓道，忠于民而信于神也。上思利民，忠也。祝史正辞，信也。"（《左传·桓公六年》）战国之前的"民"指国人，即统治氏族共同体成员。以"利民"为忠，即忠于国人之社稷，忠于共同体利益。

"忠"见于《论语》中凡十八次。其中，"忠信"连称六次，"忠恕"与"忠告"连用各一次，"忠"字单见共十次。孔子从"忠"的传统含义中提取出一般性内涵，即诚实勤勉地做事、认真负责地对人，所谓"居之无倦，行之以忠"（《论语·颜渊》）或朱熹的解释"尽己之谓忠"，从而将"忠"扩展为一般性的伦理法则。所忠的对象或情境不再限于国人共同体事业，而是适用于一般的人际交往，当然也包括对日益垄断化、一元化的新型家主或专制君主的关系。但是，孔子的"忠"仍未改变春秋时代忠道的基本特性，即"忠"是属事的，而不是属人的。《论语·学而》曰："吾日三省吾身：为人谋而不忠乎？与朋友交而不信乎？传不习乎？""忠"是为人谋事之诚实勤勉，指向的是主体所认可的特定的事，而不是无原则地迎合他人的随机意志。"忠"于人的本质是"忠"于事，"忠"于事的前提是行为主体对该事的认可和承诺。就像春秋时人的"忠"是忠于自己和全体一致认可的国人社稷共同体之公业。这意味着在"忠"的伦理关系中，双方之间必须存在某种关于事的共识，而不能是单方面的任性指使与服从。因此，孔子阐释的忠道是对传统之"忠"的抽象提炼与继承发扬，是希望通过伦理应用场景的转化，将正在解体的传统宗法社稷共同体中的政治伦理或政治公共性精神保存下来，并对即将兴起的、专制的新型家产式君臣关系加以规范，使后者不至于彻底沦为私人性的奴仆式愚忠。

这样的"忠"是"君使臣以礼，臣事君以忠"（《论语·八佾》），是与"君臣以义合""事君以道，不可则止""事君数，斯辱矣；朋友数，斯疏矣"等原则相一致的，都是以公共性的"义"或"道"为君臣交接的行为准则，在此基础上才谈得上"事君能致其身"。贾谊《新书·阶级》曰：

> 为人臣者，主耳忘身，国耳忘家，公耳忘私。利不苟就，害不苟去，唯义所在，主上之化也。故父兄之臣，诚死宗庙；法度之臣，诚死社稷；辅翼之臣，诚死君上；守卫捍敌之臣，诚死城廓封境。

无论死宗庙、死社稷、死君上、死城廓封境，都是"唯义所在"的忠道。

当君主的私人意志与国家的公共利益对立时，忠道要求臣下毫不犹豫地抗争于前者，服从于后者。臣道之忠，在忠于国家社稷，忠于寄托在国家社稷之上的天下公利、百姓民生。君主真正的"利"不取决于其私人的好恶趋舍，而是有着不以君主个人意志为转移的客观固定的内涵；君主真正的"荣辱"也不取决于其私人的体验判断，而是有着特定的标准。换言之，君主首先是一个客观的政治角色，其次才是一个具体的个人。作为政治角色的君主之职已被先在地界定为服务于国家社稷之安危、民生德教之存亡。臣民尊君与忠道所尊、所忠的不是作为君主的具体个人，而是名为"君主"的公共性政治角色或"职位"。

为此，必须不断地在君主的公共角色和私人意志之间详加分别，警惕和拒斥作为私人意志的"君命"对作为公共角色的"君职"的干扰。荀子对此有明确的辨析：

> 从命而利君谓之顺，从命而不利君谓之谄；逆命而利君谓之忠，逆命而不利君谓之篡；不恤君之荣辱，不恤国之臧否，偷合苟容以持禄养交而已耳，谓之国贼。……传曰："从道不从君。"此之谓也。（《荀子·臣道》）

甚至要将"君命"与"君职"对立起来，逆"君命"而利"君职"，即从（君之）道、不从君（之命），才能谓之"忠"。相对于"忠于人"或"忠于命"完全是单方面的臣道，"忠于事"或"忠于义""忠于道"就不仅是臣道，还内含着对君的要求。因此，荀子又将"忠"分为不同的层次：

> 有大忠者，有次忠者，有下忠者，有国贼者：以德覆君而化之，大忠也；以德调君而辅之，次忠也；以是谏非而怒之，下忠也；不恤君之荣辱，不恤国之臧否，偷合苟容以持禄养交而已耳，国贼也。（《臣道》）

越高层次的"忠"越突出德的地位，即与其说是忠于君，不如说是忠于德或合德之君。所谓的国贼即不忠，反而是苟合取容，即"忠于"主上的个人私利、私意。

可以说，儒家尊君或忠道的背后，正是对君主这一政治角色或政治结构的价值性理解，反映了儒家政治学的基本假设。荀子认为万物遂其生需要"群"，"群"避免争则需要"分"，君主的产生和存在是为了社会整体利益，具体而言就是"管分之枢要"（《富国》），或者说是群道的担当，即"君者，善群也"（《王制》）。荀子的思想代表了一种普遍的政治观。《吕氏春秋》中也有几乎相同的见解：

> 群之可聚也，相与利之也。利之出于群也，君道立也。故君道立则利出于群，而人备可完矣。……自上世以来，天下亡国多矣，而君道不废者，天下之利也。（《恃君》）

甚至，这种忠道观也不是儒家的专利。法家虽然在尊君伦理或忠道观念上主张"忠于法"而与儒家有所区别，但同样着重批判了"忠于人"或服务于主上一人私利的世俗之善、家臣之忠。《韩非子·饰邪》称为"小忠"，曰："小忠，大忠之贼也。"慎到也批评道："将治乱，在乎贤使任职，而不在于忠也。故智盈天下，泽及其君；忠盈天下，害及其国。"（《慎子·知忠》）因此，法家之忠同样具有政治公共性的意义。那么，作为公共性政治之道的忠道就是一种普遍性的观念。与之相近的，还有墨家的"尚同"。

无论忠道还是尚同，其中的君民关系出自君、民分别所处的角色定位及公共职责，不同于西方思想史中关于君民关系或领主—封臣的契约理论。后者是私人与私人之间关于保护和效忠的相互交易，是"市场化"的关系，是排他性的"婚姻"。而在中国古典的政治公共性观念中，君、臣、民各自的职责都是相对于公共秩序和公共价值整体所负的义务，是无条件的、客观既定的、无所逃于天地之间的，并非彼此之间的私人性约定，可以讨价还价。因此，李峰认为："周王与不同诸侯之间的关系具有明显的'公共性'（public），即是一种'君主—属臣关系'（ruler-subject relationship），这种关系要求后者绝对服从于前者。"[①] 这种绝对服从关系的合法

[①] 李峰：《西周的政体：中国早期的官僚制度和国家》，生活·读书·新知三联书店2010年版，第292页。

性依据在于假定君主承膺天命，代表公共价值之最高权威。至于西方资产阶级革命时代的"社会契约"理论，虽然创造了政府或公权力的公共领域，但其成立基础和建构逻辑仍然是公民私人与私人之间的某种协定。公共领域的责任和义务始终是派生的、有限的，这一方面可以避免权力的滥用，但另一方面在追求公共利益、承担公共责任时也有缺少能动性和使命感之弊。中国古代思想的忠道或尚同就是基于遵从公共价值、承担公共责任而被设想的。

（二）同于上：专制还是集权？

墨家"尚同"是春秋时代"忠"的扩大化，或者说忠道的墨家式表达。表面上看，"上之所是，必皆是之，所非，必皆非之"（《墨子·尚同上》）的尚同（即"上同"）原则很像儒家批判的"忠于人"、忠于主上的私人意志。因此，郭沫若强调墨家与韩非在尊君主张上的联姻。他认为韩非接上了墨子的政治独裁，"把尚同、非命、非乐、非儒的一部分发展到了极端"①，尤其是尚同。"绝对君权的主张已经就是墨子'尚同'的主张，所谓'一同天下之义'；'上之所是亦必是之，上之所非亦必非之'；'尚同而下不比'②。而'以一国目视'，'以一国耳听'的多设耳目之办法，更是墨子所发明的。"③看样子，郭氏将墨子和韩非同时视为君主专制政治的支持者。

但实际上，墨子的同于上不仅仅是同于主上的个人意志，其在终极意义上要求同于天或"天志"。天志即天下之义，是兴天下之利、除天下之害的国家共同体整体利益。《墨子·尚同上》曰：

> 天下之百姓皆上同于天子，而不上同于天，则灾犹未去也。
> 圣王明天鬼之所欲，而避天鬼之所憎，以求兴天下之利，除天下之害。

为了更好地落实兴天下之利、除天下之害的天志，需要将权力和权威

---

① 郭沫若：《十批判书》，东方出版社1996年版，第366页。
② 这两处引文与原文略有出入，《墨子·尚同》原文是："上之所是，必皆是之，所非，必皆非之"；"上同而不下比"。
③ 郭沫若：《十批判书》，东方出版社1996年版，第363页。

集中于统一的主权者,避免"人异义,是以一人则一义,二人则二义,十人则十义。其人兹众,其所谓义者亦兹众。是以人是其义,以非人之义,故交相非也。……天下之乱,若禽兽然"(《墨子·尚同上》)的情形,是为尚同。从这个意义上讲,同于上的实质是一种公权力的集中性组织方式,是一种政体原则。它要求垄断权力的君主必须是天下公义的代表,也认为君主有可能成为公共性政治的代表。古代政治的主权组织方式,除了君主制,还有贵族制(如元老院制、部落联盟制)和民主制(如公民大会制)。但在缺少现代政党政治的条件下,无论贵族制还是民主制,都无法有效地集中和凝合公权力。这是墨家与法家在所谓政治独裁上具有相似性的共同基础,也深刻地影响了秦汉国家的意识形态。《史记·孝文本纪》载:

> 代王驰至渭桥,群臣拜谒称臣。代王下车拜。太尉勃进曰:"原请间言。"宋昌曰:"所言公,公言之。所言私,王者不受私。"太尉乃跪上天子玺符。

尚同或尊君的反面是多元的、私人性的家主专制或家臣政治。在权力组织方式相对原始的古代,"家"构成人们在社会中势力和权力的自然基础。比如在希腊古风时代,"拥有地产的普通人与贵族之间(以及贵族与贵族之间)的根本区别在于他们各自的 oikos 的大小,因此也在于他们所能供养的家臣的数量"[①]。在古代中国,卿、大夫、士与一切臣民都有私家,尤其西周春秋时代表现为宗法制之下的各个贵族家族政治体。即在宗法制家族中,同族子弟或外族加入之人向宗子称臣,任仆隶之事。其中,如朱凤瀚所说:"非族人的家臣与所服事的贵族家族本身虽无血缘联系,但贵族家主与此种家臣之间,无论在心理上还是在相互交往的亲密程度上都形成了一种以往只有在血缘基础上才能发生的关系……实际上是一种拟制的亲族关系。"[②] 这是中国古代政治中"家产官僚制"元素的重要来源。战国之后,随着尚同或集权原则的贯彻,各种大大小小的私人性权力组织被打破或消解,统一集中的政治体建立起来。但是贵族政治体内部的性权

---

① [英] M. I. 芬利:《奥德修斯的世界》,刘淳、曾毅译,北京大学出版社 2019 年版,第 54—56 页。
② 朱凤瀚:《商周家族形态研究》,上海古籍出版社 2004 年版,第 320 页。

力关系在国家政治体中被继承了下来，并随着权力的统一和集中而进一步扩张。这成为思想家们必须面对的现实背景。

因此，尚同或尊君的思想还要求集中起来的权力本身也是公共性的，君主应当是公共性的政治机构，而非一个私人、私家。这就不同于家产式君主专制的逻辑。后者建立在作为君主家产的权力资源之上，比如领地、奴隶、家臣。或者是君主独占的土地及依附者直接构成国家，或者是君主家产与其他贵族或社会势力的私产并存而实力居绝对优势，并使后者臣服和依附。但是，先秦两汉思想界的尊君观念则不同，其前提条件是不存在君主的私有家产。所谓"富有天下"（孟子、荀子语）、"以四海为家"（萧何语）、"以天下为家"（蔡邕语）或"普天之下，莫非王土；率土之滨，莫非王臣"（《诗经·北山》）等说辞，虽然在字面意义上好似具有鲜明的家产制属性，体现了私人性政治的无限欲望，但在思想家的使用语境中，它们并非实指对天下土地进行家产式经营，对天下之人进行家主式支配，而只是对统一国家或最高权威的一种譬喻。其真正的意思是，君主没有实际的私人性家产，即天子无私家。谷永曰："《易》称'得臣无家'，言王者臣天下无私家也。"（《汉书·五行志》）对于《易》的这条经文，王弼注曰："得臣为一天下，故无家。"王肃注曰："得臣，万方一轨，故无家。"孔颖达疏曰："无家，光宅天下，无适一家。"因此，如果有"天子之家"的话，也只能在譬喻的意义上称为"天家"。后汉蔡邕云：

  天家，百官小吏之所称。天子无外，以天下为家，故称天家。（《独断》）

后汉胡腾云：

  天子无外，乘舆所幸，即为京师。（《后汉书·窦何列传》）

"天子无外"的"外"，即"祁大夫外举不弃仇，内举不失亲"（《左传·襄公二十一年》）的"外"，"门内之治恩掩义，门外之治义断恩"（《礼记·丧服四制》）的"外"，也就是家门之内外。"天子无外"意思是天子既然无家，也就无所谓家门内外。因此"乘舆所幸"、天子所在即为"家"，即为京师。是虽然无家，以天下为"家"也。这种譬喻的"家"就是"国家"。"天子以四海为家""天子以天下为家""王者以天下为家"等，自先秦起就成为习语。《公羊传·隐公元年》曰："王者无外。"何休注曰："王者以天下为家，无绝义。"《左传·成公十二年》杜预注曰："天子无外，故奔者不言出。"僖公二十四年杜注曰："天子以天下为家，故所在称居，天子无外。"南宋绍兴年间状元王十朋在《廷试策》中有句话："臣闻有家法，有天下法。人臣以家法为一家之法，人君以家法为天下之法。"① 人臣之家即是私家之家，人君之"家"则是天下政治体的譬喻之称。尾形勇说："为了完成'公'的统治，'君'自己也需要遵循废弃本人的'私家'程序。""把'天下一家'、四海之万民皆为'臣妾'和'得臣无家'即'无"私家"之"天下"'这一理论综合在一起，即可重新出现这样一种构造：在每个具体的'私家'全部被废弃的地方，建立起包括万民和全部地域在内的'天下一家'。"② 因此，"天下一家""天子无家"看似矛盾，实则统一在政治公共性的观念之中。

在这种观念下，诸子各家，无论儒法，在尊君的同时，都严厉批判佞幸政治，警惕私臣近嬖。表面上是为了防止君权旁落，保护君主的一人专制，似乎是在为君主的私人性权柄考虑，但实际上，佞幸近嬖恰恰是君主私人性政治伸张的工具。韦伯所谓的家产制之极端形态"苏丹制"，其核心特征就是佞幸政治。离开这些完全私属的家臣亲信，君主的私人权威便在很大程度上失去了具化显现的条件。因此，各家思想一致地批判佞幸政治，鼓吹尊君，貌似是为君主一人专权着想，实际上却要废除君主私人性政治的臂膀。这种情况下的尊君，实质上是以君主为旗号和无私的载体，借由君主而尊崇和集中国家公权力的意思。许倬云指出："中国历代皇朝，常有宦官过问政务的现象，尤以汉、唐、明晚期为甚，就是混淆了公私分野，以皇帝的私臣干预了国家的公务，历史记载给予了严厉的批评。"总

---

① 王十朋：《梅溪集》，载《景印文渊阁四库全书》第1151册梅溪集，第50页。
② ［日］尾形勇：《中国古代的"家"与国家》，张鹤泉译，中华书局2010年版，第185—187页。

之,"皇家'私的部分'和政府'公的部分'却是必须分开的"。①

相比于自然的"家",包容各种私"家"的"国"是需要思想建构的。在一个遍地是个人性依附关系、家长式支配关系交织和争斗的社会中,君权集中的意义在于打破、限制或弱化各种小规模社会团体中私人独断性的支配关系,在统一主权和公共秩序之下,减少社会成员之间的私人依附性,增加其独立自主性和彼此的身份平等性,从而结束混乱,重建和平。因此,建国在于集权,集权在特定历史中只能是尊君。既然思想家认为君主不应有家产或私家势力,就必须为之提供另一种凌驾于社会各"家"之上的权威。否则,君主之尊就无从谈起,公权力之尊也就无以托付了。这才是尊君思想的真义。也就是说,尊君思想意图使君主权威不是建立在私家家产与家长式支配之上,而是希望通过树立价值规范,以观念性的力量界定君主之职的内容和意义,为君主之尊提供支撑,使之凌驾于任何私家之上,获得超然无私、至高独尊的地位。这样的君主之尊或至高权威必然是具有公共性的。政治的公共性,就是尊君思想的终极所指。

尚同或君权集中,在法家的理论中即"势"。"势"不是君主私人的卡里斯玛权威,而是一种公共权威的抽象。它为法治和官僚制等普世性、非人格化的政治机制提供了公共基础。从逻辑上讲,不可能"势"是私属的,而"法"却能够是公共的。反过来讲,如果承认法家之"法"是公共规则,那么法家理论中的"势"或尊君也应当是公共性的。实际上,法家政治方案的设计就是为了消除个性化意志的影响,消除对圣人和贤人的依赖,建立整体上客观自律的秩序。这很接近韦伯"法理型"支配的逻辑——虽然在政体模式上并不相同。因此,如史华兹所说,"真正的法家开明统治者也许实际就如同孟子所说的真正有德性的统治者一样地罕见。他不应该是一位武断的专制君主,假如专制君主指听任他全部的本能冲动、荒诞的怪想和激情支配的暴君(tyrant)。一旦维持整个结构的体系安排到位,他就不再干预它们的运作过程。……他必须始终在其个人的私生活与公共角色之间架起一道铁幕。嫔妃、友人、阿谀奉承者以及卡里斯玛型的圣人,都不能影响他的决策过程,而且对于身边人的动机,也从不放

---

① 许倬云为李峰著作《西周的政体:中国早期的官僚制度和国家》所作的《序言》,第Ⅲ页。

松怀疑的警惕性"①。

总之，去私存公而又垄断权威的君主制政治模式，与其称为"君主专制"，不如称为"君主集权"。专制是传统的概念，具有明显的私人性；集权是现代的术语，具有明显的公共性。在古汉语中，"专制"意为凭一己之意，独断行事，操纵一切，其主体是个人，体现的是私人意志。如《淮南子·泛论》："周公事文王也，行无专制，事无由己。"《汉书·文帝纪》曰："夫以吕太后之严，立诸吕为三王，擅权专制。""集权"在现代汉语中是指集合权力于某单位，其主体一般不是个人，而是机构或组织，体现的是一种客观的权力结构。阎步克曾建议用"集权君主制"代替"中国专制主义"来描述中国古代政治模式。②虽然在阎氏看来只是换个标签，实质没有不同，但无心插柳，却为更加准确地把握古代政治思想与体制打开了一扇窗户。"专制"一词即便被当作中性概念，也难掩其君主私人性政治的特点。而"集权君主制"则将"君主"与"集权"两个政治元素分别呈现，使人更容易地理解这是一种"通过君主追求集权的政制"。即古代中国的所谓专制政体作为一种政治模式，实质上是以集权为目的，以君主专制作为实现中央集权的方式。

墨家的尚同，以及法家的类似思想，追求的首先就是公共性的中央集权这一维度，其次才是个人性的君主专制，后者只是前者的具体承载者。只不过，古代早期的思想家整体上对于公权力集中的君主式承载方式还比较乐观。然而，这种政治思想的内在逻辑也意味着：一旦发现君主专制在集权的任务上表现不佳，或者君主专制的私人性对中央集权的公共性干扰太大，同时又发现了更好的、公共性更少受到私人性干扰的集权方式，专制君主制就很容易被思想界抛弃。这就是明清之际的批判性思维，尤其是清末以来思想界放弃帝制、拥抱共和，最终走向党国体制的内在逻辑。

二 一统：封建与郡县

公权力的集中表现在中央与地方的关系上就是国家的统一性，因此，

---

① [美]本杰明·史华兹：《古代中国的思想世界》，程钢译，江苏人民出版社2008年版，第465—466页。

② 阎步克：《政体类型学视角中的"中国专制主义"问题》，《北京大学学报》（哲学社会科学版）2012年第6期。

中央集权与国家一统互为表里。秦始皇混一海内之后，朝堂上对于国家体制出现了争论，并最终决定"废封建""行郡县"。此后，封建①与郡县便常为对称。过去对二者区别的讨论不厌其烦，但对它们之间的一致性却较少阐释。其实，周之封建与秦之郡县在追求政治统一的问题上算是同道。为了实现天下一统，二者的制度设计实际上遵循着共同的逻辑：既要强化属地责任（首先是军事或安全责任，然后是引申出的财政责任，再是半引申、半自在的治民、安民、教民的责任），又防止地方主义（通过授权机制和监察机制、行政技术等）。其间的区别更多的不是在制度设计的理念上，而是在实现理念所能够凭借的社会政治条件上。

由部落联盟或商人封建进化于周人之封建，由周礼封建进化于战国秦汉之郡县，其性质是一致且连贯的，那就是在中央与地方关系的层面建立和强化国家统一。儒家在天下分崩离析时，主张恢复周礼的宗法封建制，是为了求统一；法家在天下重归一家时，主张实行新式的官僚郡县制，是为了巩固统一。在关切国家统一的维度上，儒家与法家的思想也体现出统一性或连续性。

（一）周代封建的政治统一性

封建在中国历史上的起源，根据顾颉刚的考证，可以追溯到殷商，②但是商、周在国家结构的内在原理上有本质区别。商代国家的统治范围囊括了中原的大部分地区，但它的国家结构并不是一个同质性的政治共同体。殷商后期的统治中心是战国秦汉时代的河内地区。另外，商丘或亳作为商人的故都和宗庙所在，也是重要的都邑。在其外围，则是众多臣服于商人的邦国。殷墟卜辞中的"方白""邦白"即后来的"方伯""邦伯"，也就是"大邑商"（或"天邑商"）周围的大小"诸侯"。陈梦家称其地为"族邦"，即氏族邦国，并认为"各个族邦，有他们自己的土地人民，似非

---

① 对"封建"或"封建社会""封建主义"的界定在中国现当代学术史上争论丛生。但在传统文献中，与"郡县"对称的"封建"是内涵清晰的，指的是周代政治的一项特征，即封土建国。本节即在这一意义上使用该词。至于诸侯国内部的世卿世禄政治，则是对封建诸侯之义的推演和模仿。何怀宏将卿大夫的立家嗣世称为"社会性的封建"，以区别于诸侯的"政治性的封建"。（何怀宏：《世袭社会：西周至春秋社会形态研究》，北京大学出版社 2017 年版，第 111 页。）本节所论主要是"政治性的封建"。关于"封建"概念的系统梳理和辨析，参见冯天瑜《"封建"考论》，中国社会科学出版社 2010 年版。

② 顾颉刚：《顾颉刚古史论文集》第二册，中华书局 1988 年版，第 329—330 页。

殷王国所封赐，与后代的封土式的情形自有不同"。"当时商王国是以宗主的保护小邦的形式出伐，它和族邦与国的关系是如此的。"① 臣服的族邦也需要参与商人的军事活动。"而且除了军事实力可以体现商的强大之外，再没有其他权力资源可以被用来支持商王的权威。"因此，李峰认为："商代国家中，安阳地区的王族与承认商王统治的众多地方势力之间的政治关系是一种协商与权力均衡的关系，它的维系要求商王通过田猎与军事征伐行动来不断展示他的统治实力。……商王拥有的权力用'霸权性的'（hegemonic）来概括要比'正当的'（legitimate）更为恰当。"② 由此来看，商国家接近于亚述、波斯等古代早期帝国的统治方式，本质上也是一个"共主"式的帝国。③

武王克殷后，周人将殷商遗民分割发配，有迁至宗周者，有安置于洛邑者，有赐予诸侯远赴四方协助建国者。由此亦可见，商人并不能遍布于中原，而是有其聚居的本土，以成"大邑"，威服"多方"。所以，周人能够集中解决，分而遣之。不似秦汉以后，异民族入主中国必然面对华夏人口的汪洋大海，只能被动融入或自我隔离。这种中国大地众民一统的情形实由周人封建所肇造。

周人封建不同于商人封建或其他东方古代帝国的所谓"行省"制。后

---

① 陈梦家：《殷墟卜辞综述》，中华书局1988年版，第312、332页。
② 李峰：《西周的政体：中国早期的官僚制度和国家》，生活·读书·新知三联书店2010年版，第30页。
③ "帝国"有时仅指地域广大的国家，或统治者称帝的国家，但标准意义上的"帝国"是一种特定的统治模式或权力结构。西方历史上标准的"帝国"（empire）概念和马克思列宁主义的"帝国主义"（imperialism）概念，有着共通的内涵，都是指"以一国而统治世界"，背后的哲学精神是"以部分支配整体"。（参见赵汀阳《天下体系：世界制度哲学导论》，江苏教育出版社2005年版，第34—36页。）帝国"这个词本身就有某个种族、集体或核心区域单位支配其他的种族、集体或区域单位的含义"。（［英］塞缪尔·E.芬纳：《统治史》（卷一），王震、马百亮译，华东师范大学出版社2014年版，第9页。）"帝国主义无非是建立或维持一个帝国的过程或政策"。（参见 Michael W. Doyle, *Empires*, Ithaca: Cornell University Press, 1986. 转引自刘文明《"帝国"概念在西方和中国：历史渊源和当代争鸣》，《全球史评论》2018年第2期。）根据这一定义，某些西方学者喜欢将秦汉之后的中国古代王朝称为"帝国"，部分中国学者也表示同意（如葛兆光《名实之间——有关"汉化""殖民"与"帝国"的争论》，《复旦学报》（社会科学版）2016年第6期）。这是对古代中国国家形态和政治理念的错误理解。中国古代王朝国家最接近"帝国"的是殷商，而周代之后王朝，特别是秦汉之后的帝制国家则不应称为"帝国"，用中国传统的政治概念"天下"来指称更为恰当。关于"天下"，参见本书第六章第二节。

者承认各地原有的社会结构、统治秩序和宗教信仰,只是凭借统治氏族的武力威慑使之臣服,或派遣总督赴"行省"取代该地原有的统治权威,成为该地新的统治者。周人在伐商成功之后,武王也采取了类似的"封建"方式。比如保留殷人之邑与社,并承认纣王之子武庚的统治地位,"俾守商祀"(《逸周书·作雒》),唯求其臣服而已;同时,封管叔、蔡叔、霍叔为"三监","俾监殷臣"(《作雒》)。许倬云指出:"所谓三监,也不过是三支屯戍的周军,未必能真有建国于东的规模与气象。"① 这种松散的统治结果是武庚与"三监"叛乱。周公二次东征之后,周人开始大规模地创新封建制度,即大封同姓和姻亲,使之在各地建立新的区域性政权,以改造各地原有的社会结构,加强周人的统治。

这种封建邦国,相比于亚述、波斯等古代早期帝国的"行省",更像罗马帝国中由罗马兵团征服并驻扎的包含若干罗马人殖民城市的行省。因此,侯外庐认为:"周代同姓诸侯的'封建'无疑地是和罗马的殖民制度相似,至于异姓诸侯的'封建',却不过是自居于盟主地位罢了。"② 童书业、钱穆也同意周人封建实质上是部落的武装殖民。③ 张光直从考古人类学的视角将该过程描述如下:"在王族发展的某一个阶段,会产生某种需要,得让族中一位男子离开王都,到外地去建立新的城邑。他或许是王的手足,也可能是王的叔伯或堂表兄弟。大批人民会随他出行,这或者为了减轻人口压力,或者为了开垦新的土地,也可能是去戍守边防。……于是,一个新的支系开始繁衍。……分支宗族的聚集核心,是城墙环绕的城邑。……城市构筑其实是一种政治行动,新的宗族以此在一块新的土地上建立起新的权力中心。"④

不过,周人封建固然有武装拓殖的一面,但以此定论似乎未达一间。比如,朱凤瀚就批评"武装殖民"说虽有一定道理,但似不够严格,因为殖民的主要目的在于经济的盘剥与掠夺,而周人封建之本义当主要不在经济之掠夺,不是为了向宗主国输纳。朱凤瀚说:"封建之制初意,一在于

---

① 许倬云:《西周史》,生活·读书·新知三联书店2012年版,第134—135页。
② 侯外庐:《中国古代社会导论》,河北教育出版社2000年版,第145页。
③ 参见童书业《春秋左传研究》,上海人民出版社2019年版,第34页;钱穆《国史大纲》上册,商务印书馆1996年版,第45页。
④ 张光直:《美术、神话与祭祀》,生活·读书·新知三联书店2013年版,第7—8页。

化大为小，分散治理……封国在最初与中央王朝关系密切，封国实有政区性质，近似于王朝之地方政权。其二则是设立军事屏藩。"① 即相对于武装殖民的一面，更重要的是从中央到地方建立统一的政权体系。前者只是手段，后者才是目的；前者是早期的阶段性过程，后者才是恒久的制度化常态。封建体系建立政治统一性的纽带包括册命制度、宗法制度、巡守制度、贡赋制度、朝聘制度、监督制度、武力威慑、随王祭祀和礼俗文化的大一统等，而不是承认和接受原有的地方政权，只以武力威慑加以羁縻。这就脱离了一般的"帝国式"统治模式，开启了国家建构的过程。李峰也认为西周诸侯国虽然是一种"地方封国"（regional state），"行使与西周国家相同的功能甚至有与其相似的政府结构——尽管其复杂程度并不如中央政府。但是地方诸侯并不是一个真正的'主权统治者'；相反，他依靠周王授予他的政治权力进行统治。……它在很多基本方面复制了西周国家"，"它拥有对所属领土区域内多样化分层人口实施民政、司法、财政以及军事权威的综合权力"。② 这种地方政权对中央政权的复制，实际上正是统一国家建构的过程。

当然，建立区域性政权也不是一蹴而就的。在这一过程中，西周中央政府始终是坚强的后盾。比如，齐国"太公封于营丘，比及五世，皆返葬于周"（《礼记·檀弓上》）。周王对于封国拥有所有权和最高统治权，可以封之，也可以废之。周王委任诸侯统治地方，这种统治权在理论上是可以收回或变更的。比如，申国本在关中以西的平凉地区，③《诗经·崧高》描写的就是周宣王把申伯改封到了本来由召伯经营的"南国"谢邑。④ 周王对诸侯还建立监察机制。齐国的国氏、高氏两族直接受命于周王，代表天子辅助并监督齐侯，被称为"天子之二守"（《左传·僖公十二年》）。杜预注曰："国子、高子，天子所命为齐守臣，皆上卿也。"《国语·齐语》

---

① 朱凤瀚：《商周家族形态研究》，天津古籍出版社2004年版，第238—239页。
② 李峰：《西周的政体：中国早期的官僚制度和国家》，生活·读书·新知三联书店2010年版，第235、244页。
③ 关于申国的地望变化，参见李峰《西周的灭亡：中国早期国家的地理和政治危机》，徐峰译，上海古籍出版社2007年版，第252—260页。
④ 《大雅·崧高》："亹亹申伯，王缵之事。于邑于谢，南国是式。王命召伯，定申伯之宅。登是南邦，世执其功。王命申伯，式是南邦。因是谢人，以作尔庸。王命召伯，彻申伯土田。王命傅御，迁其私人。申伯之功，召伯是营。……"

曰:"士乡十五,公帅五乡焉,国子帅五乡焉,高子帅五乡焉","有中军之鼓,有国子之鼓,有高子之鼓",即国、高二子与齐国君主并为三军之帅。被认定为西周中晚期的仲幾父簋(《集成》编号3954)铭文中有"诸侯诸监"。这种监察官可能普遍存在于诸侯国中。《礼记·王制》曰:

> 大国三卿,皆命于天子;……次国三卿,二卿命于天子,一卿命于其君;……小国二卿,皆命于其君。……天子使其大夫为三监,监于方伯之国,国三人。

因此,有学者认为:"西周封国与周朝、诸侯与周王的臣属关系,说明西周封国与后世地方官吏及政区,他们在统辖一定的地理区域,代表中央政府在辖区内行使权力,为国家征收赋税,提供军队,保卫国家统一,维护社会秩序等方面,有着相同的职能。所以,我们不妨将西周的封国看作我国奴隶制时代的地方行政区域。"甚至,"事实上,周人就是把封国作为周朝的地方行政区域看待的。'我自夏以后稷、魏、骀、芮、岐、毕,吾西土也。及武王克商,蒲姑、商奄,吾东土也;巴、濮、楚、邓,吾南土也;肃慎、燕亳,吾北土也。'这既是周人的领土观,也是周人的地方政区观"。而与后世的行政区相比,"封国虽然在世袭、独立性以及有井田制作为基础等方面为后世的地方政区制度所不容,但这些正是地方行政区域的时代特色,表现了作为上层建筑的地方行政区域制度对经济基础的适应。它并不影响西周统治者按地区统治其国民的目的和任务"[①]。

周人封建也不同于欧洲中世纪的封建。[②] 仁井田陞指出,欧洲"封建主义下人与人之间关系的成立,是契约性的、人为的,是相互带有条件并受此条件制约的独立对等的主体者之间的'御恩'(恩惠)和'奉公'(效忠)的忠诚契约关系"。而西周封建的特点是以宗法制度为表,以君权

---

① 李志庭:《西周封国的政区性质》,《杭州大学学报》1981年第3期。
② 欧洲"封建"(feudalism)的概念在西方学界的使用同样复杂纷乱。在18世纪以前,封建主要是一个法律术语,指领主与封臣之间的关系。孟德斯鸠开始用封建来指称某种社会结构,随后这一用法不断发展。封建社会的基本要素成为争论主题,包括封建的土地占有关系、人身依存关系、权力等级体制等。本书在描述中世纪欧洲社会结构的含义上使用欧洲的"封建"这一概念。

支配为里。"其血缘的氏族的东西被原封不动地转化成了权力支配的手段……其君臣关系拥有血缘的自然的基础……然而周末以降，由于处在血缘基础趋于动摇和君主权力得到加强这样一种此升彼降的相对关系中，君主权力呈现出了抛弃仁慈包装的倾向。"① 这种性质更倾向于政治的统一而非分裂。欧洲的封建是统一国家（罗马帝国）旧制度崩溃的产物；而西周封建本身就是致力于统一的国家制度。钱穆指出："周公封建之主要义，实在于创建政治之一统性。"② 沈长云认为，周人的封建是一种空前的历史创造，它"促进了周人在国家形态上的跃进"，结束了上古夏商万邦协和的政治格局，建构了中央集权的国家政治结构。③ 徐复观也认为："可以说古代政治的统一性，至周的封建而大为加强。"④

周人封建的一项重要工作是筑城，以之为宗庙社稷所在、诸侯大夫所处，即以城邑为统治四方鄙野之庶民的中心。相反，欧洲封建社会是以农村为出发点去支配城市。商业性城市往往在封建体系的边缘或外围，而类似周人城邑的则是领主的私人城堡。这种区别的一个原因是，欧洲中世纪封建在法律关系上主要是"封土"，确定土地所有关系，至于领地之内的民政和司法被领主垄断则是自然发生的结果，而非封建关系法定的内容。因此，领地内的农奴如果逃到另一块领地或者自由城市，是可以脱离对原领主的人身依附的。瞿同祖说周人的封建"实际上不异委托他们去做王室各地地产的经纪人"⑤，这是不够准确的，是把欧洲封建的情形套在了周人的身上。周人封建的核心与其说是封土，不如说是赐民或"赐姓"。所谓赐姓，就是中央政府将某地的某服属族群（以姓为标志）分配给受封诸侯，要求后者对其进行民事管理。天子与诸侯的委托—代理关系围绕的主要不是土地的经营，而是人民的管理。

因此，"西周分封并不只是周人殖民队伍分别占有一片东方的故地，分封制度是人口的再编组，每一个封君受封的不仅是土地，更重要的是分

---

① ［日］仁井田陞：《中国法制史》，牟发松译，上海古籍出版社 2018 年版，第 110—111 页。
② 钱穆：《中国学术思想史论丛》（卷一），安徽教育出版社 2004 年版，第 85—86 页。
③ 沈长云：《上古史探研》，中华书局 2002 年版，第 89—95 页。
④ 徐复观：《两汉思想史》第一卷，华东师范大学出版社 2001 年版，第 16 页。
⑤ 瞿同祖：《中国封建社会》，上海人民出版社 2012 年版，第 65 页。

领了不同的人群。……分封制下的诸侯，一方面保持了宗族族群的性格，另一方面也势须发展地缘单位的政治性格"①。西周封建制既不是西方古代帝国的殖民掠夺的性质，也不是欧洲中世纪以封地或采邑代替薪酬的性质，而是具有明显的地方政权建设的色彩。欧洲中世纪的封地附带着有限权力和更多的契约义务，但本质上仍是一种财产。西周诸侯国首先是一种政府组织形式，是西周国家政权的组成部分。并且，欧洲封建主的军事力量几乎完全依赖封臣骑士遵照契约的效力以及后者武器物资的自给自足；而西周国家有着一支强大的中央常备军（"西六师""成周八师"），诸侯的军队只是辅助。

赵汀阳认为，周朝的天下体系或分封体系具有某些近似互联网的网络性质。比如，"每个局域结构都是总体结构的复制，每个局域都是一个规模较小的完整系统，类似子集与全集的关系，因此，政治秩序是普遍传递的"②。其实，后世的官僚制乃至现代中国的行政体制都继承了这种上下同构的网络特征，并不断加强上下层级间的纵向管理或政治秩序的普遍传递。这是政治统一性的标志。

罗马帝国与秦汉帝国时代相当，故常相提并论。但从政治发展的角度看，与罗马帝国建立的政治统一体国家相当的，毋宁说是西周国家。而且，正如罗马帝国前期不存在文化统一体，必待帝国后期基督教被树立为国教之后才有文化的统一，周代国家也是类似。西周封建体系主要是在政治统一上有所进步，但在文化上却并不是像后世儒家著作中所描绘的周式礼乐文化大一统。《左传·定公四年》记载，周初封建鲁国、卫国于殷商旧地，要求他们"启以商政，疆以周索"；分封晋国于夏墟（今山西西南部），则要求"启以夏政，疆以戎索"。直到春秋时期，晋国的文化仍有明显的戎狄特色，比如晋国公室常与戎狄通婚。齐国也没有完全遵从周礼，与鲁国不同。"鲁公伯禽之初受封之鲁，三年而后报政周公。周公曰：'何迟也？'伯禽曰：'变其俗，革其礼，丧三年然后除之，故迟。'太公亦封于齐，五月而报政周公。周公曰：'何疾也？'曰：'吾简其君臣礼，从其俗为也。'"（《史记·鲁世家》）可见齐国的立国之策是遵从当地旧俗。其

---

① 许倬云：《西周史》，生活·读书·新知三联书店2012年版，第167页。
② 赵汀阳：《天下的当代性：世界秩序的实践与想象》，中信出版社2016年版，第71页。

他诸侯国也有类似情形。许倬云认为:"燕国在春秋时期,不甚参与内地诸侯的会盟,未尝不可因正因其文化中有东北地方文化(如夏家店下层)的成分,不免自外于中国。"① 西周国家的文化同化或各诸侯国的周礼化想必是一直在进行的。到了春秋时代,各国内部及其之间以周礼为纽带的交往已蔚为大观。在此背景下,文化统一体的思想建构即便不始于春秋,至少也是显现于此时,继而大盛于战国。这种儒家封建式的文化大一统构想反而是在秦汉郡县时代得到了实施的机会。

(二) 重建一统的思想探索与历史路径

西周封建的政治统一模式在东周时代逐渐瓦解,走向了制度初衷的反面,到最后被郡县制的新型政治统一模式取而代之。位于封建式一统与郡县式一统之间的,是春秋时代的霸主式"一统",如齐桓、晋文之所为。霸主式"一统"不是制度化的政治统一,只是制度化统一形式缺位时的临时替代。春秋时,封建式一统日趋解体,郡县式一统尚在可望之外,霸主式"一统"作为唯一的补救方案得到了孔子的赞许。因此,管仲虽不臣,孔子仍不吝赞美。到了战国时代,"王天下""一天下"的新模式——郡县式一统已经隐隐可见,霸主式政治便被孟子、荀子所摒弃了。因此,孟子坚称"仲尼之徒无道桓、文之事者"(《孟子·梁惠王上》)。孔子与孟、荀对霸道政治的态度差异,反映在对政治统一性的共同追求中不同历史条件所促生的不同思考。

儒家为了更好地通过恢复封建制,再造国家统一,对宗法封建制度进行了细致而整齐的重建——不是历史的还原,而是理念的设计。《礼记·王制》《周礼》等记载了大量形式规范、标准统一的礼仪法度。后之学者常常以其过于整齐而怀疑其为杜撰。比如,郭沫若指出"五服""不消说是儒家的伪托",是"虚造"的。② 其实单从真伪的角度衡量,儒家礼书的描述既有历史事实的依据,也有出于理想的整理和构建。如"五服""九服"的观念就是对西周封建秩序的理想化和扩大化,是现实经验变形而来的观念,顾颉刚说"五服"是"由真而化幻"③。其中"真"的、在西周

---

① 许倬云:《西周史》,生活·读书·新知三联书店2012年版,第151页。
② 郭沫若:《中国古代社会研究》,商务印书馆2011年版,第281页。
③ 顾颉刚:《禹贡》注释,载侯仁之主编《中国古代地理名著选读》(第一辑),学苑出版社2005年版,第3页。

历史上实行过的自不必说，即使是"幻"的部分也有其意义。"从思想史的角度说，许多所谓'虚造'的概念，'非事实'的观念都具有重要的思想意义，它们是思想史中的'事实'。"①"五服""九服"的观念就表现了儒家对于天下国家一统的热切渴望与积极的思想重建。

吊诡的是，封建制度本身建立在尊重地方特殊性的基础之上，而儒家对封建体系的设计则力求形式规则、整齐划一甚至永恒不变，似乎完全无视现实社会的种种特殊性与内在逻辑，不为个性化和偶然性因素留下任何空间，只是一味贯彻统一性理念，相信"制度万能论"，以为"制定则天下自平"，因此反而很有现代政治思想中理性建构主义的特点。这一特点体现在儒家对各方面制度或礼制的设计理念之中，尤其以《周礼》最为典型。从社会科学的角度讲，儒家的方案显然过于理想化。这些方案甚至不像真正的理性建构主义一样是基于一定的社会科学知识，滥用理性、无限建构的结果，而是建立在某种绝对且正当的政治意志基础之上——这一政治意志不是个人化的命令，而是公共性的"礼"。

儒家认为，"礼"是社会政治秩序和价值的唯一来源。"礼"是恒定的、客观的，是外在于并高于现实社会政治的经验习俗之上的。因此，儒家理想的"礼"的世界，在其自身逻辑的极致，是不在乎任何内生性社会秩序和规律的。儒家在原则上希望社会完全在"礼"的支配之下，形成统一规范，完全脱离其自然的、地方性的状态。如果儒家尊重地方习俗，大多也是策略性的，是为了最终化民成俗、普及伦理、统一礼制而做的暂时妥协。总之，儒家希望国家和社会像白纸一样接受自己精心设计的社会政治方案。这种思维与法家推行"法"的秩序时要求扫荡一切社会自生秩序的想法颇为相似。儒、法两家在追求政治统一性上，可谓殊途同归。

但是在历史进程中，真正为重建一统奠定基础的是郡县制和官僚制的自发演进，儒家和法家在思想上对于政治统一性的自觉建构是在这一基础上生发的。封建和郡县在起源上都是为屏藩或巩固国家边疆而创设的独立性军政单位。周振鹤将春秋战国时代县的发展分为三个阶段："县是县鄙，县是县邑，县是郡县。由县鄙得县之名，由县邑得县之形，由县的长官不

---

① 唐晓峰：《从混沌到秩序：中国上古地理思想史述论》，中华书局2010年版，第232页。

世袭而得郡县之实。这或者可以看成是县制成立的三部曲。"① 其中，县鄙之县基本还在旧的国野体系下，与鄙、野同义，是国都之外地域的泛称。继而，县邑之县已经成为可数的聚落或地域，不过仍是贵族采邑的性质，如春秋时期楚国灭国为县、秦以戎地为县、晋国遍设诸县都属此类。但是，边地之县已经开始成为国君直属之地。特别是灭国为县或在新领土上成立之县的长官是不世袭的。这是与传统大夫采邑的重要区别。即便如此，其间的连续性仍然有迹可循。杨宽谈到春秋时期的县时说："县尹是由国君派到边境的县而镇守在那里的，他们常常带领宗族中的人和私属定居在那里，有的就老死在那里，如果得到国君信任的话，就比较容易出现一些父子相传的情况。"② 最后，随着官僚制的普及和基层行政组织的建立，郡县之县定型，完成了地方政权的区域行政化。

郡县制与封建制的连续性早就根植于周人封建肇始之时。这在周代封建与欧洲中世纪封建的对比中分外明显：前者是周王自上而下单方面的封土授权，诸侯同样单方面地向周王履行治理和拱卫的义务；后者则是领主与附庸双向的"契约"关系，其中的权利义务关系也是相互的，甚至是有成文或口头的契约具体限定权利义务内容的。周代的封建制毋宁说是原始条件下的、幼稚的郡县制，或"弱郡县制"——相对于秦汉之后主流的"强郡县制"。实际上，秦汉郡县天下之后，州郡长官常被称为"使君"，一县之尊也被称为"百里侯"，郡县流官如同封建诸侯般曰"君"、曰"侯"。这不仅是语言上的比拟修辞，还反映着制度史和观念史的实质性内涵，即封建与郡县之间是有着某种同质性和发展连续性的，其中的官僚性、郡县制的属性也是由少而多逐渐进化的。总之，由"弱郡县制"到"强郡县制"是一个持续地追求政治统一的过程。

由封建而郡县的转型，关键是官僚制的兴起和成熟。东周以降，王室式微，宗法封建制的内聚性日减，离散性日增，封建秩序的政治统一性难以为继，先是"礼乐征伐自诸侯出"，继而"政逮于大夫"，甚至"陪臣执国命"（《论语·季氏》）。以封建求统一的道路走到了尽头，因此始以郡县和官僚为再造统一的方案。孔子及其弟子的从政，正属于官僚制和郡

---

① 周振鹤：《县制起源三阶段说》，《中国历史地理论丛》1997 年第 3 期。
② 杨宽：《杨宽古史论文选集》，上海人民出版社 2003 年版，第 73 页。

县制的早期尝试。

孔子非世卿,而为鲁国司寇;不受封土或采邑,但领谷禄,游仕列国皆如此。《史记·孔子世家》:"卫灵公问孔子:'居鲁得禄几何?'对曰:'奉粟六万。'卫人亦致粟六万。"孔子且以受禄之职自勉,类似于今人所谓"职业精神"。《论语·宪问》:"邦有道,谷。邦无道,谷,耻也。"孔门弟子也多为鲁国"三桓"之家宰或邑宰,同样只受谷禄,不受封土。可见,孔子及其弟子从政的身份,不同于宗法制之下的世卿世禄或受封土采邑的卿大夫、家臣,① 而是十分接近于单纯的行政官僚。孔子为鲁司寇时,子路为季氏家宰,虽一公一私,但都是职业官僚。师徒二人为"张公室"而谋废"三桓"之私邑,即"堕三都",形如后世之尊王削藩。彼时"三都"皆为"三桓"之宗法家臣所据有。因此,"堕三都"的斗争可以看作孔子、子路等新式职业官僚与公山不狃(季氏家臣、费邑宰)、公敛处父(孟氏家臣、郕邑宰)等贵族出身的宗法家臣之间的竞争。虽然最后功亏一篑,但士人官僚代表的新的政治发展方向已经出现。童书业说:"盖孔子之图,在客观上实行中央集权官僚制度,如孔子之谋成,则孔子及其弟子得掌鲁政,彼辈受谷禄,无封土,无宗法关系,实为最早之官僚,孔子改革之历史意义,在此部分废弃'宗法封建'关系而实行不彻底之中央集权官僚制度也。"②

其他弟子入仕,如"季氏使闵子骞为费宰""子游为武城宰"(《论语·雍也》)、"子路使子羔为费宰"(《先进》)、"子夏为莒父宰"(《子路》)、"子皋将为成宰"(《礼记·檀弓》)等,也都是受命主政一地的情形。《说文》曰:"宰,辠('罪')人在屋下执事者。"郑玄《三礼目录》谓:"宰者,官也。"宰的本义是出身微贱,从事庶务之人,后扩展为不问出身、委以职事的官僚或官吏。也就是说,孔子弟子们所做的邑宰,不同于传统宗法封建秩序下有采邑或封土的独立性大夫、家臣,而是只受谷禄、不受封土的行政性官僚,可以随时撤换。因此,在实行官僚制的邑,

---

① 春秋时代的宗法家臣不同于私属性、无根基的仆隶家臣,前者出身贵族庶子,依附于本族或他族宗子,甚至可以组织以自己为中心的宗族。如鲁国季孙氏的家臣阳虎,出身"三桓"的另一支孟孙氏,为季氏家臣,据郓、阳关等地为采邑,因以为"阳氏",故能篡季氏之权,专鲁国之政。因此,"陪臣执国命"不是一般而言的仆隶家臣所能做到的。

② 童书业:《春秋左传研究》,上海人民出版社2019年版,第87页。

自然就有了后世郡县行政区的属性。从孔子积极求仕及其弟子们遍布各地出任邑宰的情况来看，儒家至少在行动上是支持郡县制的新行政体系的——毕竟只有摆脱宗法出身限制的官僚制和郡县制才能为儒家开创的自由士人群体提供足够的出仕机会。

无论封建还是郡县，都可以成为大一统理念的制度载体。制度化的政治统一性（包括封建制、郡县制）之所以能够作为王道政治的进路，是因为制度化本身蕴含着政治公共性的可能，公共性也必然要以某种政治秩序的制度化为基础。非制度化的政治统一，如帝国式支配或霸道政治，是本质相同的各个私属势力之间凭借实力大小和直接的暴力强制而形成的支配与依附关系。因此，它不具备公共政治的属性，从而成为王道政治的反面形态。王道政治意味着君主制政体的合法化、制度化和公共性，也即非暴力强制性。

这种与直接的暴力支配关系相对的合法性、制度性、公共性的政治秩序，儒家以为周礼是最佳的例证。封建是在特定历史条件下，为了构建政治统一而设计的中央—地方关系。在封建秩序中，天子、诸侯、卿大夫各有其私家，封建政体就是各层级私家势力之间的支配格局。为了避免这种权力格局太过于依赖直接的暴力强制，就需要建立某种非暴力的、有价值规范的、作为制度程式的秩序或政治领域，而周礼就是这样的政治公共秩序，或超越各个私家关系之上的政治"公共领域"。待到君主集权政治逐渐成熟，新的、更具统一性的中央—地方关系——郡县制逐渐取代封建秩序之时，更多的政治统一性为更多的政治公共性提供了可能，比如郡县政府本身不再是任何私家世袭的势力，因此也就同时减少了用周礼或封建秩序补救政治公共性的必要性。

但这并不意味着周礼的完全过时。秦王朝的迅速崩溃和缺少韧性迫使人们重新思考统一的模式问题。因此，汉初先是部分地重拾政治一统、文化从俗的西周模式，继而在郡县制的政治统一基础上，又着重推进了文化统一的过程。后者同样是大一统必不可少的内容。这就出现了前文所述儒家礼制一统之思想的实践机会。风俗文化上的差异是政治上不能稳定统一的客观背景。传统社会是千里不同风，百里不同俗。因此，需要"入竟而问禁，入国而问俗"（《礼记·曲礼上》）。儒家的理想是一道德、同风俗，使"天下为一，万里同风"（《汉书·终军传》）。西汉王吉曰："《春秋》

所以大一统者,六合同风,九州共贯也。"(《汉书·王吉传》)《礼记·王制》曰:

> 司徒修六礼以节民性,明七教以兴民德,齐八政以防淫,一道德以同俗,养耆老以致孝,恤孤独以逮不足,上贤以崇德,简不肖以绌恶。

这一理想同时也是秦汉国家追求政治一统、社会和谐的必要内容。《淮南子·主术训》曰:"天下一俗,莫怀奸心。"而且,在儒家看来,政治一文化上大一统的合法性,来自"天命",天命即人类社会客观存在的公共性价值规范。

封建与郡县在政治统一性观念上的一致,建立在共享的"天命"与"王土"观念之上。周人封建的前提是"王土"观念。周人认为既然统治权威和治理职责来自"天命",就应当遍布于"天下"的每个角落,因此"普天之下,莫非王土"。在这种"王土"观念的支配下,周人向张光直所说的"中国相互作用圈"内的每个地方封建诸侯国,尽量形成政治上的统一。唐晓峰说:"在传统古代世界,大小部落长期占据各自的土地,似乎是一种'天然'的权力。……周人'普天之下,莫非王土'的口号,向所有的部族地域提出挑战,宣告一个新的天下土地权威的出现。""周代分封是对原有族地域的全面整顿,全面控制,越是危险的地方越是要去,越是地方势力顽强的地方越是要分封。"① 战国诸侯也都在"天命""王土"观念的激励下,利用郡县官僚制的新办法,追求重建天下的一统。秦人完成此一伟业后,始皇帝勒石记功。《琅琊刻石》曰:

> 皇帝之功,勤劳本事。上农除末,黔首是富。普天之下,抟心揖志。器械一量,同书文字。日月所照,舟舆所载。皆终其命,莫不得意。应时动事,是维皇帝。……皇帝之德,存定四极。诛乱除害,兴利致福。节事以时,诸产繁殖。黔首安宁,不用兵革。六亲相保,终无寇贼。欢欣奉教,尽知法式。六合之内,皇帝之土。西涉流沙,南

---

① 唐晓峰:《从混沌到秩序:中国上古地理思想史述论》,中华书局2010年版,第240页。

尽北户。东有东海，北过大夏。人迹所至，无不臣者。功盖五帝，泽及牛马。莫不受德，各安其宇。

碑文以政治统一性为各项公共价值（如民生、礼义等）得以实现的必要条件，因此值得上昭于天、下宣于民，使天下人明知一统乃"应时动事"、天命之义。

总之，天下一统的观念之所以在秦汉之后成为中国人最深刻的集体意识，就在于政治统一性是政治公共性的必要条件，而政治公共性是政治合法性的主要来源。因此，只有完成大一统的政权，才可能成为真正合法的、有资格永续的政权。

三 规约集权的礼制之维

政治的集中性和统一性最终要凭借君主的个体肉身来承载，这就必然使得政治公共性的建设不可避免地掺杂君主个体性、私人性的干扰。德国学者康托洛维茨（E. H. Kantorowicz）提出"国王的两个身体"的理论，认为（欧洲）传统君主制国家的国王有两个身体：一个是"自然之体"，即国王个体的肉身，有生老病死、七情六欲；另一个是"政治之体"，即后世被称为"人民"和"祖国"的政治实体，永远存续，不可朽坏。同时，国王的"自然之体"还是"政治之体"的"头"，是为后者负责任的部分。[①] 撇开康托洛维茨的政治立场，这一譬喻本身也同样适用于分析中国古代政治。古代中国的君主也有这样的两个"身体"，并且同样是由自然身体作为政治体的"头"。换言之，由私人性的身体承担或代表公共性的政治理念，这是中国古代政治最基本、最深刻的内在矛盾。

儒家鼓吹复礼，除了追求文化统一，更重要的企图在于通过周礼约束君主的自然身体，规范君主政治，并强化"政治之体"，重建官僚群体的政治身份性，以对抗战国以降日益突出的君主政治私人化倾向，从而谋求在新的政治现实中实现一定程度的君臣关系公共化。这成为汉代政治思想首创的一大议题，并对后世产生了深远的影响。

[①] 参见［德］恩内斯特·康托洛维茨《国王的两个身体：中世纪政治神学研究》，徐震宇译，华东师范大学出版社2018年版。

（一）礼为君长之曲防

孔子曰："为政先礼。"（《礼记·哀公问》）儒家主张以礼作为政治的组织方式和纲纪规范。但必须申明的是，这里的礼不只是抽象的道德法则或伦理要求，而首先是有形的、客观的、共享的一整套礼制或礼法。以礼为政是一种将政治活动尽量在每一个细节上加以制度化、规范化的思维。同样是致力于驯服权力为恶的倾向，区别于权力之分割与制衡的制度化思路，这种思维追求的是将权力作为一个整体而直接置其执行者于行为规范的罗网之中。分权制衡方案的缺陷在于分权各方如果形成联盟或默契，则约束权力的制度就会失效；而礼制方案的问题在于，这种细密到烦冗琐碎的制度罗网如何获得自发、独立而持续的权威和效能？即如何使未被分权制衡的权力执行者们就范？这就有赖于思想家和文化精英们不厌其烦、日复一日地鼓噪宣传，以塑造具有公共权威性和共识性的社会价值观与"政治规矩"——有了思想上的权威性，就有了现实中的约束力。

作为"政之本"的礼，就是一套"政治规矩"，既规范政权内部的等级秩序和权力关系，也约束着政治人物对人民和社会的任性妄为。《礼记·哀公问》曰："君子过言，则民作辞；过动，则民作则。君子言不过辞，动不过则，百姓不命而敬恭。"礼的核心精神是"防""节"。礼制的意义就是使君子（政治人物）"言不过辞，动不过则"。虽说"礼者……以为民坊者也"（《礼记·坊记》），但纵观儒家传承与修订之礼，规范君主与卿大夫之行止的并不在少数。因此，礼不仅是民之坊，更是为政者之坊。《缁衣》曰："长民者，衣服不贰，从容有常。"

礼制固然强调尊卑之差、贵贱之别、等级之序，但在一个奴隶制仍是人类社会主流的时代，若不立礼制，或无尊卑贵贱之名，则弱肉强食、威逼压榨之情形恐怕是要更加放肆和惨烈的。儒家对礼之生于止乱定纷、以养民活命的论述，表明了他们清醒而准确的认识。《荀子·富国》曰："足国之道：节用裕民，而善臧其余。节用以礼，裕民以政。"以礼所节之用，自然主要是君主、官贵等君长之用。因此，贾谊《新书·礼》曰：

> 故礼，国有饥人，人主不飧；国有冻人，人主不裘。报囚之日，人主不举乐。岁凶，谷不登，台扉不涂，榭彻干侯，马不食谷，驰道不除，食减膳，飨祭有阙。故礼者自行之义，养民之道也。

《白虎通义·礼乐》亦云：

> 礼所以防淫佚，节其侈靡也。……礼者，盛不足节有余，使丰年不奢，凶年不俭，贫富不相悬也。……太平乃制礼作乐何？夫礼乐，所以防奢淫。天下人民饥寒，何乐之乎！功成作乐，治定制礼。

东汉仲长统对君主之私意放纵有精练的概括，有此五者，则国家政治不可救药：

> 人主有常不可谏者五焉：一曰废后黜正，二曰不节情欲，三曰专爱一人，四曰宠幸佞谄，五曰骄贵外戚。

而预防或克制之法，则在礼：

> 不忘初故，仁也；以计御情，智也；以严专制，礼也。(《昌言》)

因此，礼对于君主私意放纵的曲防和克制，就是政治公共性的表现，是与君主受命而服务于天下民生的公共性政治规范相一致的。西汉谷永曰：

> 陛下……诚留意于正身，勉强于力行，损燕私之闲以劳天下，放去淫溺之乐，罢归倡优之笑，绝却不享之义，慎节游田之虞，起居有常，循礼而动，躬亲政事，致行无倦，安服若性。……窃恐陛下公志未专，私好颇存，尚爱群小，不肯为耳！(《汉书·谷永传》)

即所谓"起居有常，循礼而动"、有些不近人情、礼仪化的生活方式反映的是一种"公志"，要抑制的是君主人情之常的"私好"。

为此，贾谊甚至专门写了一篇《容经》，对君主在各种情形下的形容仪态分门别类地做了详尽的规定，比如"容有四起""视有四则""言有四术"，又有"立容""坐容""行容""趋容""拜容""坐车之容""立车之荣"，等等，不一而足。以之为言行举止之纲纪，故称为"经"。总之，儒家要求君主举止合法，私意不得放纵，如此才能合乎其作为公共性政治之代表者的要求。

黄仁宇在《万历十五年》中生动地描绘了明代万历皇帝在政治文化整体的无形压力之下，对于各种细密繁复、琐碎无趣而又因循固化的礼仪典制不得不严格履行，身体和心理受到了极大压抑，以致心生厌恶和畏惧。[①]这些礼仪包括每年的祭祀天地神祇、祭拜皇陵太庙、籍田礼、庆贺新年、颁布黄历、纪念先皇与太后的生辰忌日、批准皇室婚礼、授予爵位、召见使节、检阅军队、处置战犯，以及每天三次朝会风雨无阻，从不推迟或间断。这些礼仪的每个程序都要求皇帝行礼如仪、庄严肃穆。芬纳指出，"这种僵化的形式主义是皇帝的一个可怕负担"。但同时，芬纳也认为，这些对于皇帝必须做什么、一定不能做什么的约束，可以称为中国式的"宪政"。[②]借助礼制对君主身心的约束在明清两代已是常态，但其产生和发展的历程却是始自两汉儒生的努力。

（二）家产官僚之轻贱

秦汉官僚阶层的历史出身是很轻贱的。秦汉的官僚等级是禄秩，以"若干石"为名。阎步克认为："它源于周代'稍食'的定等和报酬之法。'稍食'的特点是'以食定秩'，胥吏们的口粮之数，事实上就构成了胥吏的等级。"[③] 以"若干石"为等级的秦汉官僚，实质上类似于胥吏——秦汉国家都是用"吏"来作为百官统称的。"汉代视官为'吏'，自佐史至三公皆可称'吏'。"[④] 其"身份"等级就是工作报酬。阎步克认为："以收入多少做等级之名，是一种很轻贱的做法，是'非人化'（impersonal）的、'以事为中心'的。……意味着'吏'不过是出卖心力换取报偿者……所以对'吏'的尊严和荣誉，君主无须经心关怀，尽可漠然视之。"[⑤] 这是家臣官僚制的自然面貌，是战国秦汉的官僚制取代西周春秋贵族制的结果，反

[①] 参见［美］黄仁宇《万历十五年》第一章"万历皇帝"，中华书局2006年版。

[②] ［英］塞缪尔·E. 芬纳：《统治史》（卷二），王震译，华东师范大学出版社2014年版，第225页。

[③] 阎步克：《从爵本位到官本位：秦汉官僚品位结构研究》，生活·读书·新知三联书店2009年版，第48页。

[④] 阎步克：《品位与职位：秦汉魏晋南北朝官阶制度研究》，中华书局2009年版，第167页。

[⑤] 阎步克：《从爵本位到官本位：秦汉官僚品位结构研究》，生活·读书·新知三联书店2009年版，第49—50页。

映了周代"稍食"胥吏的范围逐渐从底层向上扩展,排除爵位贵族,直到覆盖整个官员系统顶端,从而形成禄秩序列的过程。

秦汉国家也有身份性的爵位,即"二十等爵制",但这是军功爵,获得爵位的方式是通过军功或与国防贡献相关的入粟、纳钱等,不是专门标定文官等级的爵位体系。作为官僚等级的还是禄秩,而禄秩本身的身份制属性是很弱的。这表现在附着在禄秩上的政治、经济和礼制特权,既逊于周礼官爵,也远少于后世王朝的官品。在汉人的观念中,以战功赐爵封侯是比做刀笔吏逐步升迁更荣耀的晋身方式。爵位可以占田蓄奴,可以减刑抵罪,可以免除徭役,可以穿着华服,但禄秩除了那点钱粮薪水就没什么用了。因此,秦汉官僚的政治独立地位和尊严是缺少支撑的。当然,不少高级官僚个人通过各种途径获得了爵位,但这毕竟不是秦汉官僚制本身的属性。

阎步克通过对"宦皇帝者"和"比秩"的考察进一步论证了秦汉官僚制的特性。[①] 先秦君主、秦汉皇帝的侍卫官被称为"宦于王"或"宦皇帝者",是君主的私属和家臣,比如周代的庶子,[②] 秦汉的郎官、谒者、舍人等。他们承担为君主个人的宿卫、侍从等职役,与君主形成私人性的依附关系。裘锡圭指出:"'宦'本是为人臣仆的意思。郎官、谒者之流本是门廊近侍,有类家臣,故以'宦'称。"[③] 文景之后,"宦皇帝者"的名称逐渐消失,但这个人群还在,一般统称郎官。他们成了国家选官的重要来源,作为一种"储官",是官僚的后备军,不再只是皇帝的私属了。因此,"宦皇帝者"的政治公共性开始增长。于是,国家为他们专门设计了"比秩",即"比吏食俸",类似于担任正式官职之前的试用期不能拿全薪。之后,"比秩"的适用范围扩大,包括军官、文学官、王国官以及政府长官辟除的掾属私吏。"掾属(或部分掾属)采用'比秩',对私吏来说具有

---

① 参见阎步克《从爵本位到官本位:秦汉官僚品位结构研究》,生活·读书·新知三联书店2009年版,第88—123页。
② 此庶子非嫡庶之庶,而是指未获官爵任命的贵族子弟,担任天子宿卫或随从。俞正燮、孙诒让都有考证论述。(参看俞正燮《癸巳类稿》卷三"周官庶子义";孙诒让《周礼正义》一,中华书局1987年版,第229—232页。)阎步克认为周代的庶子制度具有一定的公共性,庶子接受公共教育和公共管理,并不完全是君王的私属。(参看阎步克《从爵本位到官本位:秦汉官僚品位结构研究》,生活·读书·新知三联书店2009年版,第101—106页。)
③ 裘锡圭:《古代文史研究新探》,江苏古籍出版社1992年版,第152页。

公职化的意义,对公职来说具有私属化的意义。"同时,郎官的来源也发生了变化。早期的郎官多来自贵族、高官的子弟;武帝之后,兴太学、创孝廉察举之科,来自民间的士人通过太学课试、察举孝廉得以为郎,从另一个方面促成郎署的"士人化"和"公共化"。"宦皇帝者"的演变其实揭示了整个官僚群体的历史起源与基本性格,比如周官之冢宰、秦汉之三公九卿最早也是家臣,① 也就是更早的"宦于王"者。因此,即使最后都趋向于获得一定的政治公共性,但家国时代官僚群体的基本性格始终无法摆脱依附于君主的政治私属性和轻贱的地位。

彭信威曾比较汉、唐、宋三代官吏月俸,发现汉代无论高级官员还是低级小吏的俸禄都远远低于唐宋。② 东汉荀悦曰:"古之禄也厚,汉之禄也轻。"(《申鉴·时事》)有学者则认为汉代是厚禄,证据是皇帝的大量赏赐。③ 阎步克认为这恰恰证明汉代的薄禄。"汉代的赏赐数量巨大。……'赏赐'使君臣关系蒙上了'个人化'或'家臣'意味。若法外施恩的赏赐占到了官员收入的较大部分,官员便会认为,他的生计取决于皇帝的个人爱恶,而不是正常公职服务。皇帝要的就是这个,以此来强化官僚对他的个人性依附。赏赐的巨大数额,意味着其时皇帝仍以'私属'视臣下,以'私恩'待臣下。而且那些赏赐,确实也不是出自国库,而是出自少府,是从皇帝自己钱包里掏出来的私房钱。……秦汉正式薪俸的形态相当简洁,钱币辅以谷物而已;赏赐却形态繁多,吃的、穿的、用的、花的、住的、乘坐的、役使的都有,直到葬礼用的丧器,是很'生活化'的,不妨说是'家长式'的,很像爹妈给儿女的恩惠。"并且,"官位越高,赏赐的比重越大。高级官僚得到了皇帝'私恩'的最大眷顾。低级官吏所沾溉的皇帝'私恩'较少,从这个角度看,他们的'公共性'就强得多了"。④

---

① 《说文》:"宰,罪人在屋下执事者。"冢宰原为掌管王家财务及宫内事务的官吏,后演变为百官之长。钱穆指出:"不仅九卿为皇室之私臣,即丞相御史大夫,就实而言,亦皇室私臣耳。……宰本膳庖之职,为王室之私臣。及封建之制渐变而为郡县,往者贵族既就渐灭,或则膨大,化家为国,遂以主庖膳之宰夫,一跃而为天子之丞相。若以汉制说之,则丞相犹周官之太宰也,御史大夫犹小宰也,御史中丞则犹宰夫也。其先乃系贵族家庭之私仆,渐变而为国家朝廷之大僚焉。"钱穆:《秦汉史》,生活·读书·新知三联书店2004年版,第286—287页。
② 参见彭信威《中国货币史》,上海人民出版社1965年版,第468页。
③ 参见张兆凯《两汉俸禄制度研究》,《中国社会经济史研究》1996年第1期。
④ 阎步克:《中国古代官阶制度引论》,北京大学出版社2010年版,第158—159、161页。

秦汉士人对于官僚阶层待遇之轻贱有普遍的反映。《黄帝四经·称》曰："帝者臣，名臣，其实师也。王者臣，名臣，其实友也。霸者臣，名臣也，其实[宾也。危者]臣，名臣也，其实庸也。亡者臣，名臣也，其实虏也。"庸，傭（佣）也。虏，如奴仆也。现实中的君主，既非五帝三王，也不肖齐桓、晋文，大多只是君子"危者""亡者"，其臣虽名为臣，实则低贱的佣人、奴仆。东汉崔寔《政论》曰："昔在暴秦，反道违圣，厚自封赏，而虏遇臣下。汉兴，因循未改其制。夫百里长吏，荷诸侯之任，而食监门之禄。"（《群书治要》①卷四十五）君主对臣，正如贾谊所说，"如遇犬马""如遇官徒"（《新书·阶级》）。贾谊又在《治安策》中痛陈卿大夫所受待遇之卑贱，希望还士人以尊严：

> 古天子之所谓伯父、伯舅也，而令与众庶同黥、劓、髡、笞、弃市之法……夫尝已在贵宠之位，天子改容而体貌之矣，吏民尝俯伏以敬畏之矣，今而有过，帝令废之可也，退之可也，赐之死可也，灭之可也；若夫束缚之，系绁之，输之司寇，编之徒官，司寇小吏詈骂而榜笞之……夫天子之所尝敬，众庶之所尝宠，死而死耳，贱人安宜得如此而顿辱之哉！（《汉书·贾谊传》）

官僚阶层的卑贱还体现在地位的不稳定、不确定性上，一切全凭君主任性的私人意志。东方朔将君臣关系的不确定性总结为："贤与不肖何以异哉？……尊之则为将，卑之则为虏；抗之则在青云之上，抑之则在深渊之下；用之则为虎，不用则为鼠；虽欲尽节效情，安知前后？"（《汉书·东方朔传》）杨恽曰："大臣废退，当阖门惶惧，为可怜之意，不当治产业、通宾客、有称誉。"（《杨恽传》）扬雄亦云："当涂者入青云，失路者委沟渠。且握拳则为卿相，夕失势则为匹夫。"（《扬雄传》）贾山《至言》曰：

> 雷霆之所击，无不摧折者；万钧之所压，无不糜灭者。今人主之

---

① 《群书治要》由唐代魏征、虞世南、褚遂良等人辑录前人著述编纂而成，唐以前不少著作赖此得以保存。

威非特雷霆也；势重，非特万钧也。开道而求谏，和颜色而受之，用其言而显其身，士犹恐惧而不敢自尽，又乃况于纵欲恣行暴虐，恶闻其过乎！(《贾山传》)

君主纵欲恣行暴虐，士人恐惧不敢自尽，是家产制下君臣关系和士人地位的真实写照。司马迁《报任安书》中如此描述自己的身份地位："仆之先非有剖符丹书之功，文史星历，近乎卜祝之间，固主上所戏弄，倡优所畜，流俗之所轻也。"太史公/令是九卿之首的太常之属官，尚且不能保持自尊。西汉前期，除非是军功勋贵（即"有剖符丹书之功"）子弟，一般的官僚恐怕都不免被主上视如倡优，而被流俗所轻。这表明彼时官僚之地位待遇极大地取决于与君主的私人性关系，还未形成拥有相对固定身份礼遇的、具有一定贵族色彩的士大夫阶层。官僚群体或士人群体的这种轻贱地位，正是君主制私人政治的鲜明反映。

（三）礼为士人之尊严

秦汉之后，典型形态的官僚制不是单纯的家产官僚制，而是士大夫官僚制。官僚体系相对于君主的独立性，或对君主专断权威的批判反抗，是士大夫政治发展内在逻辑中一条重要的线索。对此，礼制建设居功至伟。根据西周春秋时代贵族制的经验，官僚体系的独立性需要建立在某种客观稳定的身份等级秩序之上，也可以说是一定程度上的贵族化或对贵族制的拟制。但新的官僚制身份等级依据的不是血缘世袭的原则，而是功、德、才等人文性的标准。如《周礼·司士》曰："以德诏爵，以功诏禄，以能诏事，以久奠食，唯赐无常。"因此，古代中国的官僚政治身份性是一种"人文的等级身份"。如黑格尔所说："在中国，实际上人人是绝对平等的，所有的一切差别，都和行政连带发生。"[1]

这种官僚的身份等级即官阶制。"中国官阶是一种安排社会身份的手段，是一种分配权势利益的手段。"[2] 从个体层面上看，身份等级的相对确定是对官僚私利的保护。但在宏观上，身份等级官僚制对政治公共性也有意义。这不仅体现为利益分配上从君主一人的垄断转变为部分人共

---

[1] ［德］黑格尔：《历史哲学》，王造时译，上海书店2001年版，第125页。
[2] 阎步克：《中国古代官阶制度引论》，北京大学出版社2010年版，第346页。

享的常态化格局,更重要的是,等级身份赋予了官僚群体相对独立的政治地位,使之成为与君主共治天下的政治主体。比如,宋代是历史上建设官僚品位结构、优待官僚权位利益最为显著的时期,而这种"对士大夫的礼遇无与伦比"的做法,也"大大激发了宋代士大夫践履儒家理想的道德自律精神……以天下为己任"①。这种在更具社会开放性、流动性或曰公共性的基础上部分恢复起来的贵族制元素,对于平抑君主私人性政治很有帮助。贵族制与君主制的对冲,是世界政治史中的普遍规律。培根说:"一个完全没有贵族的君主国总是一个纯粹而极端的专制国:土耳其是也。因为贵族是调剂君权的。"②孟德斯鸠也认为:"在没有贵族的君主国,君主将成为暴君。"③梁启超同样指出:"贵族政治,为专制一大障碍。其国苟有贵族者,则完全圆满之君主专制终不可得而行。""贵族政治者,虽平民政治之蟊贼,然亦君主专制之悍敌也。试征诸西史,国民议会之制度殆无不由贵族起。"④

在理想型上,官僚制与贵族制互斥;但在现实中,二者未尝不可混合。既可以在贵族制的基础上组织一定程度的官僚行政,也可以在官僚制的底色上加入某种贵族制元素。中国古代的士大夫政治就是后者的典型代表。贵族制元素一个重要的属性是与身份等级相应的礼仪体系。尤其是中国古代,要在官僚制的机体上重现贵族制政治元素,没有血缘世袭制可以凭借,就更加依赖通过礼仪规范塑造等级身份了。儒家继承和发扬光大的所谓古礼,很多是基于新的身份等级制原则而将某些周代礼俗加以整理、编排而来的。其意义就在于为新兴的士大夫官僚树立客观的等级身份和自足的政治地位提供合法性依据。王夫之将儒家追求的君臣之间客观公共的尊卑等级礼制称作"国纪",这是士大夫官僚建立自尊的基础:

> 贵士大夫以自贵,尊士大夫以自尊,统士大夫而上有同于天子,重天之秩,而国纪以昭。秦汉以下,卿士大夫车服礼秩绝于天子矣,

---

① 苗书梅:《宋代官员选任和管理制度》"引言",河南大学出版社1996年版,第3页。
② 《培根论说文集》,水天同译,商务印书馆2009年版,第49页。
③ [法]孟德斯鸠:《论法的精神》上册,张雁深译,商务印书馆1959年版,第18页。
④ 梁启超:《中国专制政治进化史论》,载《饮冰室合集》第一册·《饮冰室文集》之九,第71、80页。

而犹不使之绝也。举立以行，进之以言，敍之以功，时复有束帛安车之征，访之以道。上下有其大辨，君子小人有其大闲，以为居此位者，非其人而不可觊，抑且使天下徼幸之徒望崖而返。卿大夫士且有巍然不可扳跻之等，临其上以为天子者，其峻如天而莫之敢陵。(《读通鉴论》卷八"桓帝")

因此，汉代开始的对官阶制的探索首先表现为恢复周礼，或借鉴周礼以政治品位分等为内容进行礼制设计。阎步克说："'礼'的功能一是'便事'，协助安排政治等级；二是文饰，即'君子以为文'。""在皇帝看来，礼乐可以文饰朝政、神化皇权；在儒生看来，礼乐可以改造朝政、改造皇权。"① 改造朝政和皇权最重要的是改造了家产官僚制的性质，创造了具有贵族制色彩的士大夫官僚群体。"任何组织都有两个性质，技术性质和仪式性质。"② 加入了礼仪制度之后，中国古代国家"不仅是一个功能组织，还是一个生活组织；中国官阶不仅是一种行政制度，还是一种社会制度"。就这种集体生活组织的特性而言，中国"传统国家具有浓厚的'仪式组织'意味"。③ 这种制度本身优劣的关键就在于其仪式性的高低，仪式的高低则在于其形式上的完整性、公共性、传统性，而非工具理性意义上的合理性和效率性。礼制秩序的理想和官僚贵族化的诉求，意味着君臣士庶之间鲜明的尊卑等级，以及每个等级中的人都具有既能流动又相对固定的身份，并以礼确认和文饰这种身份，从而营造出一个繁文缛礼的世界，人人各得其所，尤其是儒家君子可以获得独立而有尊严的社会身份。侯旭东称之为"普遍的礼仪型君臣关系"，是帝国时代思想建构的产物，而与之相对的"信—任型君臣关系"则是帝国体制原生的。④ 对君臣双方的私人意志而言，后者是无所约束的表现；而对政治公共性理念而言，前者是对抗后者的工具。

---

① 阎步克：《服周之冕——〈周礼〉六冕礼制的兴衰变异》，中华书局 2009 年版，第 28、168 页。
② 阎步克：《中国古代官阶制度引论》，北京大学出版社 2010 年版，第 197 页。
③ 阎步克：《从爵本位到官本位：秦汉官僚品位结构研究》，生活·读书·新知三联书店 2009 年版，第 12—13 页。
④ 侯旭东：《宠：信—任型君臣关系与西汉历史的展开》，北京师范大学出版社 2018 年版，第 10—21、48、228 页。

这是西汉开始的"古礼复兴运动"的基本逻辑。比如，养老是古礼之义。西汉官员因病、因丧等离职，超过三个月则失去官身，重新入仕则需通过拜郎、察举、征辟等起家途径重新再来；西汉官员年老致仕，除少数出于皇帝私爱的特赐外，制度上皆无禄养。平帝元始元年，在王莽专政之下，诏"天下吏比二千石以上年老致仕者，参分故禄，以一与之，终其身"（《汉书·平帝纪》）。实际上，汉儒对西汉晚期三公制改革的关心主要不在于实际权力的得失，而在于是否符合古礼的规范获得礼仪特权，以锚定身份、区分尊卑。为了稳定官僚的政治地位，汉朝不断地依秩次向官僚授予等级特权。例如：六百石以上官吏的免役权；① 六百石以上官吏的"先请"权；② 二千石以上长官的任子权；③ 六百石以上官吏的子弟入学权④；等等。阎步克说："加上舆服方面的等级规定和依禄秩赐爵、赐金等做法，都使禄秩等级日益蒙上了'品位'色彩。"⑤

车马舆服是区分和界定身份等级、构建"品位"的重要依据。贾谊曰："人之情不异，面目状貌同类，贵贱之别，非天根着于形容也。所持以别贵贱明尊卑者，等级、势力、衣服、号令也。"（《新书·等齐》）董仲舒亦云：

> 圣人之道，众堤防之类也，谓之度制，谓之礼节，故贵贱有等，衣服有制，朝廷有位，乡党有序，则民有所让而不敢争，所以一之也。……凡衣裳之生也，为盖形暖身也，然而染五采、饰文章者，非以为益冗肤血气之情也，将以贵贵尊贤，而明别上下之伦。（《春秋繁露·度制》）

---

① 《汉书·惠帝纪》："今吏六百石以上父母妻子与同居，及故吏尝佩将军、都尉印将兵，及佩二千石官印者，家唯给军赋，他无有所与。"
② 《汉书·宣帝纪》："吏六百石位大夫，有罪先请。"《后汉书·光武帝纪》："吏不满六百石，下至墨绶长相，有罪先请。"
③ 《汉书·哀帝纪》注引《汉仪注》："吏二千石以上视事满三年，得任同产若子一人为郎。"
④ 《后汉书·质帝纪》："自大将军至六百石，皆遣子受业，岁满课试，以高第五人补郎中，次五人太子舍人。又千石、六百石、四府掾属、三署郎、四姓小侯先能通经者，各令随家法，其高第者上名牒，当以次赏进。"
⑤ 阎步克：《品位与职位：秦汉魏晋南北朝官阶制度研究》，中华书局2009年版，第237页。

于是，冠服被视作士大夫乃至一般庶民人格尊严之所系，而舆服之制自汉代开始也成为礼制建设的重要领域。

阎步克详细考察了儒家六冕礼制的起源和应用。六冕礼制及其对应的政治等级制是如何起源并对应的呢？"第一步，《周礼》作者搜罗现行冕名，如衮冕、玄冕、絺冕，再加上通用的羽冠、毳帽等，将之汇聚一处；第二步，是割断它们旧日所指，抹杀它们的本来形制，再用井然有序的章旒等级重新安排其外观，令其焕然一新；第三步就是把它们跟祭祀等级、跟王朝爵命搭配起来。"① 同样的还有《周礼》中的"十二章"礼服体系。"十二章"即十二种礼服纹样，包括日月星辰、奇珍异兽等。每种礼服上使用的"十二章"数量标定了相应的政治地位，如十二章、九章、七章、五章、三章的章服等级。类似的还有列鼎制度，《公羊传·桓公二年》何休注："礼，祭，天子九鼎，诸侯七，卿大夫五，元士三也。"总之，以冕服、列鼎等礼制划定和规范政治等级，使其尊卑有常、各安其位，不是周代就已成熟的政治传统，而是儒家利用周礼的相关素材，在自身政治思想的指导下进行的政治组织设计。

礼制的意义不只是判分尊卑等级，更在于辨别上下的同时赋予各等级一定程度的平等性政治主体地位。阎步克发现，"《周礼》六冕最引人注目的特征，就是'如王之服'。即天子的冕服种类较多，臣下的冕服种类较少，但他们有共同的冕服。……这个结构性特点，是以周朝的'等级君主制'为基础的；沟通'等级冕服制'与'等级君主制'的中介，则是'等级祭祀制'"②。所谓"如王之服"，是指《周礼》的冕服礼制中，等级越高的人使用的礼服种类越多，但不同等级之间总会有部分相同的礼服种类，也就是说存在着君臣通用的礼服。比如，天子祭祀昊天上帝时用"服大裘而冕"，是天子专用的礼服，但除此之外的其他礼服却是与公一样的。各个等级的服制也是以此类推：

> 王之吉服，祀昊天上帝，则服大裘而冕；祀五帝，亦如之。享先生，则衮冕；享先公、飨、射，则鷩冕；祀四望山川，则毳冕；祭社

---

① 阎步克：《服周之冕——〈周礼〉六冕礼制的兴衰变异》，中华书局2009年版，第54—55页。

② 阎步克：《服周之冕——〈周礼〉六冕礼制的兴衰变异》，中华书局2009年版，第79页。

稷五祀，则希冕；祭群小祀，则玄冕。凡兵事，韦弁服；视朝，则皮弁服。凡甸，冠弁服。……

公之服，自衮冕而下，如王之服。侯伯之服，自鷩冕而下，如公之服。子男之服，自毳冕而下，如侯伯之服。孤之服，自希冕而下，如子男之服。卿大夫之服，自玄冕而下，如孤之服。其凶服，加以大功、小功。士之服，自皮弁而下，如大夫之服。（《周礼·春官宗伯·司服》）

而且，这种礼制上君臣既分等又通用的规则，普遍存在于儒家整理或建构的其他礼制领域中。比如祖庙制度，《礼记·王制》曰：天子七庙，诸侯五庙，大夫三庙，士一庙；祭祀制度，《祭法》曰：天子立七祀，诸侯立五祀，大夫立三祀，嫡士立二祀，庶士、庶人立一祀；殡葬制度，《王制》曰："天子七日而殡，七月而葬。诸侯五日而殡，五月而葬。大夫、士、庶人，三日而殡，三月而葬。"这种礼制安排使得君臣和卿大夫上下等级之间的差别好像只是量上的，而非质上的——甚至在质上是一致的，是同质的政治主体。这反映了儒家的政治理想中君臣不甚隔绝的关系和等级臣僚各有尊严的状况。因此，王夫之说："古之天子虽极尊也，而与公侯卿大夫士受秩于天者均。故车服礼秩有所增加，而无所殊异。……昭其为一体也。"（《读通鉴论》卷八"桓帝"）按儒家古义，天子亦为爵位。《孟子·万章下》曰："天子一位，公一位，侯一位，伯一位，子男同一位，凡五等也。君一位，卿一位，大夫一位，上士一位，中士一位，下士一位，凡六等。"《白虎通义·爵》曰："天子者，爵称也。……爵者，尽也，各量其职尽其才也。公之为言公正无私也；卿之为言章，善明理也；大夫之为言大，扶进人者也。……爵人于朝者，示不私人以官，与众共之义也。"这意味着君臣政治地位的实质是一样的，都是爵位，都是"量其职尽其才"以致力于公共价值的政治职位。自天子以至士大夫、庶人在官者，虽有"高低贵贱之分"，但同时也是"革命分工不同"，都是公共性政治之中的特定角色，应当履行各自的既定职能。因此，顾炎武说："为民而立之君，故班爵之意，天子与公、侯、伯、子、男一也，而非绝世之贵。代耕而赋之禄，故班禄之意，君卿大夫士与庶人在官一也，而非无事之食。"（《日知录》卷七"周室班爵禄"条）这样的礼制安排，当然不是为了独尊君主的专制之权，而是为了通过引入贵族制元素提高士大夫官僚的地位。

王莽的礼制改革获得了儒生官僚群体的一致支持，其深层原因就在于儒家思想一直希望通过礼制之维赋予官僚面对专制君权相对独立、稳定的地位和尊严。王莽建政后就开始着手为官僚改名，将带有轻贱意味、"稍食"性质的"若干石"秩等改为较尊贵的、身份性的士、大夫、卿，并为之订立车服等级之制，使"车服黻冕，各有差品"（《汉书·王莽传》）。东汉明帝继续礼制建设与实践："宗祀光武皇帝于明堂，帝及公卿列侯始服冠冕、衣裳、玉佩、绚屦以行事。"（《后汉书·明帝纪》）汉儒的经学在政治上也终于开花结果。《后汉书·舆服志》称：

> 孝明皇帝永平二年，初诏有司采《周官》《礼记》《尚书·皋陶篇》，乘舆服从欧阳氏说，公卿以下从大小夏侯氏说。……天子、三公、九卿、特进侯、侍祠侯，祀天地明堂，皆冠旒冕，衣裳玄上纁下。乘舆备文，日月星辰十二章，三公、诸侯用山龙九章，九卿以下用华虫七章，皆备五采，大佩，赤舄绚屦，以承大祭。百官执事者，冠长冠，皆祗服。

其中，十二章、九章、七章等服章数列很明显就是采纳的《周礼》。

虽然东汉之后的礼制建设普遍抛弃了《周礼》中的君臣通用原则，而更加突出了君臣的尊卑差别，但仍然基本实现了凭借礼制树立士大夫地位与尊严的基本目标。周礼式的等级官僚制在魏晋之后发展为以"官品"为标志的品位秩序，奠定了古代中国士大夫官僚政治的基本形态。

总之，礼制的建立帮助家国时代的官僚摆脱了作为君主之纯粹家臣、私属的地位，具有了相对独立和自尊的政治社会身份。这种"准贵族制"的政治元素固然会对君主代表的集权体制造成一定的掣肘，但却是为了平衡君主任性的私人性政治倾向而不得不设计的折中路线。林聪舜指出，贾谊的"'礼'也是对士大夫集团有利的，例如尊礼大臣与'刑不至大夫'的主张，虽是堂、陛、地阶级观念的一环，具有极端尊君的目的，但确实也认识到了君臣是利益共同体的事实，代表辛苦挤进权力核心的士大夫集团的心愿"①。汉代政治思想的任务不是如何达致平等均富的理想，而是如何避免君主一人专制的暴政和频繁的改朝换代与战乱。从这个意义上讲，利用儒家礼制的方案将君主独占的权利部分地分享给更大范围的官僚精英阶层——而不仅限于私人圈子里的佞幸近臣、勋贵故旧和外戚姻亲，扩大政权的社会基础，扩大其共享性或公共性，最终增强其稳定性，在特定历史条件下是有正面意义的。

第二节 政治责任性

士大夫政治中的拟贵族制元素使集权君主制的私人任性倾向受到了一定的限制，但并没有改变君主官僚制的基本结构和公权力集中的基本性质。对于既定的公共价值或政务职事之落实，除了公权力的集中，还需要集中起来的国家权力担负起相关的公共责任和工作。这些工作大致可分两类：一类是程序性事务或例行性工作，只需循名责实、照章办事；另一类是创造性事务或能动性工作，需要调动主观积极性，并寻找对策。前者完全是行政事务，接近于理性行政；后者则更有政治性，归属于责任政治。②二者的不同还反映在激励机制的区别上。理性行政中公务人员发挥能动性的空间不大，难以按照个人化的功绩作为升迁的依据，因此常规模式下往往以资历为晋升标准。资历又叫年劳、年资，是时间积累的结果，不需有功，但求无过即可。"任官年久则资深——这就是在铨选中与考绩相并行、相对立而存在的年资。"③ 而责任政治中的官僚必须通过一定的功绩才能证明自己，从而获得政治晋升，这是功绩主义。理性行政和责任政治这两个中国古代官僚政治中并存的运行原理，在实践中常常是融为一体的，但在先秦秦汉的政治思想中分别得到了具体的阐释，并体现出中国政治传统的鲜明特色。

---

① 林聪舜：《儒学与汉帝国意识形态》，上海人民出版社2017年版，第146页。
② 关于政治与行政，美国政治学家古德诺做出了经典的区分。"'政治'是关于指导或影响政府决策的，而'行政'是关于执行政府决策的。"政治是国家意志的表达；行政国家意志的执行，包括政府行政和司法行政。政治既要控制行政，又要保证行政自身的合理运行。参见〔美〕弗兰克·古德诺《政治与行政——政府之研究》，丰俊功译，北京大学出版社2012年版。
③ 邓小南：《宋代文官选任制度诸层面》，河北教育出版社1993年版，第98页。

一 理性行政的理念设计

马克斯·韦伯的理性官僚制概念向来被视作经典。但韦伯主要是把它当作现代社会的标志。同时,韦伯有所谓家产官僚制的概念,并将古代中国的官僚制归属于这一类型。然而实际上,家产官僚制在世界历史上是非常普遍的,而中国古代的官僚制又通常被认为是特殊的,其严密和完善程度是明显"超越时代"的。因此,将古代中国的官僚制看作单纯的家产官僚制就显得十分片面了。为了更准确地进行界定,我们不得不将韦伯的理性官僚制概念从现代社会借用到古代中国,并在更宽泛的意义上使用这一概念。即古代中国在具备家产官僚制这一古代世界普遍的政治现象之同时,还在理性官僚制或理性行政的领域有着明显超越其他文明的发达程度。其背后的政治思想理念和原因正是本节讨论的主题。

(一) 理念的彻底性及其公共性前提

理性行政最基本的特征是建立在文书行政基础上的合理分工与职责划分。这在中国政治史上有悠久的传统。王国维考证"史"在殷商是宗教活动的书记员。"史为掌书之官,自古为要职。殷商以前,其官之尊卑虽不可知,然大小官名及职事之名都由史出。……殷人卜辞皆以史为事,是尚无事字;周初之器……卿事作事,大史作史,始别为二字。"① 侯外庐进一步阐明:殷商有卿史、御史,但"'吏'和'事'还没有出现。周人进到文明,周初史、事就分了家,表示宗教职能以外有了处理财产以及市民生命的权力。《诗·小雅》有'三有事',《春秋左传》有'三史',都是大官的称号。《书·酒诰》说'有正有事',《立政》说'立政立事',公权的职能极为明显"②。可见,早在商周时代,便有了公共职事的简单分工。再比如春秋时,周定王使单襄公聘于宋,假道于陈。单襄公发现陈国官职不修,行政混乱:

> 火朝觌矣,道茀不可行也。侯不在疆,司空不视涂,泽不陂,川不梁,野有庾积,场功未毕,道无列树,垦田若艺,膳宰不置饩,司

---

① 王国维:《释史》,载氏著《观堂集林》,中华书局1959年版,第269页。
② 侯外庐:《中国古代社会导论》,河北教育出版社2000年版,第223页。

里不授馆，国无寄寓，县无旅舍。……

又介绍了合理的职官行政应当如何分工：

> 周之《秩官》有之曰：敌国宾至，关尹以告，行理以节逆之，候人为导，卿出郊劳，门尹除门，宗祝执祀，司里授馆，司徒具徒，司空视涂，司寇诘奸，虞人入材，甸人积薪，火师监燎，水师监濯，膳宰致饔，廪人献饩，司马陈刍，工人展车，百官以物至，宾入如归。……（《国语·周语》）

理性行政还意味着非世袭的人事任免方式。李峰的研究表明，"到了西周中期，政府官员的生活和仕途都带有清晰的官僚化特点，而他们所服务的西周政府也发展成了一个官僚化机体"。虽然西周政府只面向贵族阶层，但是对所有贵族家庭开放。具体官职也非世袭，而是在所有贵族成员之中选人任官。"一个人的家庭背景仅意味着一个'资格'或仅是一个'更好的机会'，而若要沿着官僚阶梯向上发展在很大程度上可能取决于他本人。"[①]

不过，官僚制或理性行政虽在古代中国最为早熟，但并非中国的专利。古埃及王国、拜占庭帝国、奥斯曼帝国、莫卧儿帝国都曾拥有发达的官僚制。芬纳指出，古埃及的王宫由两部分组成：法老寝宫和行政机关，或对应的王族官员和廷臣，并且认为"这种模式在大多数宫廷类型的政体中都存在，如果没有反倒是罕见了"[②]。尤金·卡门克认为古埃及官僚制度中所谓王家（royal household）管理与王朝国家（royal government）行政的分离是迈向永久性官僚制度的重要一步。由此，中央政府官员在王家管理官员之外，形成了相对独立的、自我运行的行政体系。[③] 这是官僚制"理性化"或"官僚自治"的起点。

[①] 李峰：《西周的政体：中国早期的官僚制度和国家》，生活·读书·新知三联书店 2010 年版，第 212—213、230 页。

[②] ［英］塞缪尔·E. 芬纳：《统治史》卷一，王震、马百亮译，华东师范大学出版社 2014 年版，第 197 页。

[③] Eugene Kamenka, *Bureaucracy*, Oxford: Basil Blackwell, 1989, pp. 17–18.

中国区别于上述古代帝国的特点在于对官僚制的贯彻深度出类拔萃。冨谷至认为:"彻底化的文书行政成就了中国历史上持续时间最长、强盛至极的古代中央集权国家——汉帝国。"① 秦汉国家与罗马帝国在兴衰时间、领土面积、人口规模等方面都基本相当,但在一点上差异极大。据《汉书·百官公卿表》,西汉"吏员自佐史至丞相,十三万二百八十五人"。鲁惟一(M. Loewe)根据对江苏尹湾汉简所载西汉东海郡官吏人数的研究,推算出西汉后期全国地方官员应有99214人,再加上中央政府官员,总人数与《汉书》的记载基本一致。② 而这个数字是同时期罗马帝国官员人数的20倍,③ 是公元4—5世纪已经完全官僚化了的罗马帝国官员人数的4倍多。④ 因此,芬纳认为,按照理性原则组织起来的现代式官僚制和常备军是中国古代政治文明最重要的发明,而近代欧洲则是"二次发明者"。⑤ 福山也认为:"可以肯定地说,是中国发明了现代官僚机构。"⑥

秦汉国家的一大特点就是文吏政治的盛行,以笔墨文书为职业工具的文吏又称"刀笔吏"。循吏就是文吏群体的代表者。按照形式理性进行的司法也是广义上理性行政的重要部分。睡虎地秦简有一篇《封诊式》,包含二十几种治狱案例。李学勤认为:"案例中的人名、地名,一律用'某'或甲乙丙丁代替,说明它不是单纯的案件记录,其性质可能类似汉代的'比',即后代供狱吏处理案件参考的案例。"⑦ 张家山汉简有一篇《奏谳书》,也是议罪案例的汇集和文书程式,既作为官吏判案的参考,也是学为吏者读书的教材。这有点儿像现代中国司法系统发布的"指导性案例"

---

① [日]冨谷至:《文书行政的汉帝国》,刘恒武、孔李波译,江苏人民出版社2013年版,第5页。

② Michael Loewe, *The Government of the Qin and Han Empire*: 221BCE - 220CE, Indianapolis: Hackett Publishing Company, Inc. 2006, pp. 71 - 85.

③ Peter Garnsey and Richard Saller, *The Roman Empire*: Economy, Society and Culture, Berkeley: University of California Press, 1987, p. 20.

④ [英]塞缪尔·E. 芬纳:《统治史》卷一,王震、马百亮译,华东师范大学出版社2014年版,第510页。

⑤ [英]塞缪尔·E. 芬纳:《统治史》卷一,王震、马百亮译,华东师范大学出版社2014年版,第92页。

⑥ [美]弗朗西斯·福山:《政治秩序的起源:从前人类时代到法国大革命》,毛俊杰译,广西师范大学出版社2014年版,第107页。

⑦ 李学勤:《简帛佚籍与学术史》,江苏教育出版社2001年版,第106页。

或"司法标准化"建设。理性行政的基础是文牍治理或文书行政。近百年来丰富的出土材料呈现了秦汉国家文书行政的发展程度。① 如睡虎地秦律《内史杂》曰:"有事请也,必以书,毋口请,毋羁请。""口请"即口头请示,"羁请"即托人请示。行政程序的完全文书化正是理性行政的显著特征。

古代中国超越同时代其他文明的官僚制实践深度与相关的政治思想有直接关系。其中最主要的是法家思想对理性行政原则的明确总结和彻底贯彻,并有意识地使之成为国家政治建设的指导原则。理性行政要求职责分工必须严格执行,不可随意轻慢、越界混淆。韩非讲了一个经典的故事:

> 昔者韩昭侯醉而寝,典冠者见君之寒也,故加衣于君之上,觉寝而说,问左右曰:"谁加衣者?"左右对曰:"典冠。"君因兼罪典衣与典冠。其罪典衣,以为失其事也;其罪典冠,以为越其职也。非不恶寒也,以为侵官之害甚于寒。(《韩非子·二柄》)

监督执行既定的职责分工即循名责实、"形名参同"之道。《韩非子·扬权》曰:"君操其名,臣效其形,形名参同,上下和调也。"人人各司其职,贯彻理性行政精神,将极大地提高行政效能。《淮南子·主术训》曰:"古之为车也,漆者不画,凿者不斫,工无二伎,士不兼官,各守其职,不得相奸,人得其宜,物得其安。是以器械不苦,而职事不嫚。"

不仅法家,儒家在一定程度上也认可理性行政原则。至少在设官分职的层面,儒家与法家的主张并无二致。荀子曰:"人主者,以官人为能者也。"(《荀子·王霸》)"明分职,序事业,材技官能,莫不治理,则公道达而私门塞矣,公义明而私事息矣"。(《君道》)更不必说《周礼》中体系宏大、科层清晰、巨细靡遗的官制设计。也正因此,《周礼》又被称为《周官》。

根据理性官僚制理念建立的秦汉帝国,侯旭东认为:"制度安排上大致是'设官分职,委事责成',透过相对固定下来的百姓分工、官吏设置

---

① 参见[日]冨谷至《文书行政的汉帝国》,刘恒武、孔李波译,江苏人民出版社2013年版。

与执掌来实现。官民只需各司其职、按部就班地履行职责,就可完成,运行中亦渗透了相当的成本与效益的盘算('理性'成分)。就连涉及'宦皇帝者',乃至近臣的许多规定也纳入律令或成为'故事',基本无需皇帝过问与干预。""后宫生活,亦不能沉溺私情,同样为了广继嗣,按照规矩对后妃雨露均沾,'临幸'亦成为一种'事务'。……此一侧面的帝国呈现为持续的机械式有序运转,……这一面向亦与儒生对帝国的普遍期待:皇帝垂拱,大臣任贤,无为而治大致相符。"①

整体上,对理性行政原则的彻底贯彻做出重要贡献的还是法家思想。儒家中对此颇有赞许的荀子和《周礼》也往往被认为吸纳了法家思想的元素。而法家思想之所以能够进行如此设计,与其秉持的政治公共性理念密不可分。如果所有的家产制官僚都只是君主的家臣、仆隶,忠实地服从君主私人意志的任性支配,从事任何被指定的工作,那么严格而细致的职权分工就不是必要的,至少是难以稳定持存的,因为随时会被君主的随机命令所打乱。因此,法家坚持贯彻理性行政原则,前提就是其理想的政治秩序本身是具有公共性的,即官僚制(在理念上)不再成为君主家产式统治的工具,不再是君主专制政体的附属物,而应当是一种具备政治公共性的、独立的政体之本身。在法家思想中,这种公共性的政治秩序规范就是"法"。法家以法为公,无论君主或臣下皆不得行其私以害法之公。在此基础上,才能真正地落实设官分职、各司其事、循名责实的理性行政原则。《管子·君臣》曰:"为人君者,倍道弃法而好行私,谓之乱。"《韩非子·有度》曰:"明主使法择人,不自举也;使法量功,不自度也。"

因此,法度就成为私的对立面和理性行政的基本遵循。《管子·明法解》曰:

> 法者,天下之程式也,万事之仪表也。……法度者,主之所以制天下而禁奸邪也,所以牧领海内而奉宗庙也。私意者,所以生乱长奸而害公正也,所以壅蔽失正而危亡也。故法度行则国治,私意行则国乱。……案法式而验得失,非法度不留意焉。故《明法》曰:"先王

---

① 侯旭东:《宠:信—任型君臣关系与西汉历史的展开》,北京师范大学出版社2018年版,第209—210页。

之治国也，不淫意于法之外。"

在完全贯彻公共性法治的原则下，君主既是立法者，也是遵法者。这使得君主也被纳入了理性官僚制的逻辑框架，成为最高级的"官僚"。《管子·任法》曰："卿相不得剪其私，群臣不得辟其所亲爱，圣君亦明其法而固守之……君臣上下贵贱皆从法，此谓为大治。"为了保证法的公共性和权威性，《商君书·定分》主张内藏法令于密室并封禁，"有敢剟定法令、损益一字以上，罪死不赦"。

总之，在一定程度上，正是以法家为主的中国古代政治思想所特有的政治公共性观念，才保证了对理性行政原则的彻底设计；而这种力求贯彻理性行政原则的政治主张，持续地促进着古代国家在官僚制领域的深入发展，从而塑造了中国政治传统中最鲜明的特征。

但必须说明的是，关于理性行政的彻底化设计并不等于理性行政在现实中的彻底化实行。前者是一种理念，而现实政治虽然会受到思想理念的影响，却不会完全地符合理念的设计。春秋战国以来，先是公卿贵族权力膨胀，后是君主专制逐渐强化；卿大夫的私人性支配泛滥于前，专制君主的私人性统治接踵于后。政治的私人性成为突出的时代现象。战国秦汉的君主私人性政治常常是无规则的、任由君主随机意志而发动的。《史记·酷吏列传》中的人物大多即是君主肆行私人意志的工具，完全违背了法家关于法治公共性的思想。比如：

> （杜）周为廷尉，其治大放张汤而善候伺。上所欲挤者，因而陷之；上所欲释者，久系待问而微见其冤状。客有让周曰："君为天子决平，不循三尺法，专以人主意指为狱。狱者固如是乎？"周曰："三尺安出哉？前主所是著为律，后主所是疏为令，当时为是，何古之法乎！"（《酷吏列传》）

这种政治现实使法家关于理性行政的彻底化设计在很大程度上只能停留在理念设计的层面，而真实的官僚政治远远没有达到法家理想的彻底化状态——即便如此也足以保证古代中国在这项领域的遥遥领先。

（二）官僚制"早熟"的思想史解释

理性行政的发达或官僚制"早熟"是中国古代政治最鲜明的特征之

一,已经成为知识界的共识。芬纳指出:"中国宫廷政权和其他许多宫廷统治的首要区别就在于其官僚机构。"① 但何以如此,过去缺少可靠的解释。自从蒂利(C. Tilly)基于近代欧洲的经验发表了战争导致国家形成的理论以来,② 便有学者用该理论模式解释中国古代官僚制国家的形成机制。比如,凯瑟(E. Kiser)和蔡泳(Yong Cai)认为春秋战国时代大规模的战争对官僚制兴起有决定性的影响,表现在战争削弱了贵族的力量,为官僚的崛起创造了条件。③ 许田波从战争的角度将春秋战国与近代早期欧洲做比较研究,试图回答为何前者走向了统一而后者保持了多国平衡格局。许氏借用政治科学式的"世界政治的动态理论"(dynamic theory of world politics),认为国家在应对战争或国际体系转型过程中的战略选择会对历史的发展方向产生不同的影响。如果采取"自强型改革"(self-strengthening reforms)的战略应对战争压力,则国际政治中的"宰制逻辑"(logic of domination)会得到强化。由此,先秦中国从分裂走向统一。反之,如果自始即倾向"自弱型权宜"(self-weakening expedients)的策略来处理战争压力,"宰制逻辑"会被弱化,而国际政治中的"平衡逻辑"(logic of balancing)则会盛行。结果就是如前近代欧洲一般维持多国平衡的格局。④ 中国官僚制的"早熟"就是战争中的"自强型改革"和"宰制逻辑"的产物。

赵鼎新批评凯瑟和蔡泳的论述违背了一些史实,并指出他们将春秋战国时代的战争与科层制国家的形成连接起来的因果机制太过简单粗略。⑤ 赵鼎新还从理论误区、方法局限和经验偏差等角度批评了许田波的研究,认为春秋战国时代的中国很难与近代早期的欧洲进行有效的对比。不过,

---

① [英]塞缪尔·E. 芬纳:《统治史》卷二,王震译,华东师范大学出版社 2014 年版,第 163 页。

② 参见[美]查尔斯·蒂利《发动战争与缔造国家类似于有组织的犯罪》,载彼得·埃文斯、迪特里希·鲁施迈耶、西达·斯考克波编著《找回国家》,方立维、莫宜瑞、黄琪轩等译,生活·读书·新知三联书店 2009 年版,第 228 页。

③ 参见 Edgar Kiser, Yong Cai, "War and Bureaucratization in Qin China: Exploring an Anomalous Case", *American Sociological Review*, Vol. 68, No. 4, 2003.

④ 参见许田波《战争与国家形成:春秋战国与近代早期欧洲之比较》,徐进译,上海人民出版社 2009 年版。

⑤ 参见 Dingxin Zhao, "Spurious Causation in a Historical Process: War and Bureaucratization in Early China", *American Sociological Review*, Vol. 69, No. 4, 2004。

赵鼎新同样认为:"春秋—战国时代的封建制度导致了诸侯国之间频繁而输赢不定的局部性战争（frequent but inconclusive wars），正是在这种特殊类型的战争中所形成的竞争和冲突，促进了效率导向型的工具理性文化（efficiency-oriented instrumental culture）在军事、政治、经济和意识形态等领域的扩展，进而为春秋—战国时代社会各领域的演变提供了根本动力。"他将这一深层次机制称作"战争驱动型理性化（war-driven rationalization）：反复发生的非毁灭性战争将迫使参战各方采取富有效率的行动以赢得战争"。当然，赵鼎新也承认并不是所有的战争都会刺激官僚制发展，而"只有某些时期的战争才促发了科层制的发生"①。

因此，问题仍然没有解决。战争的作用固然不容否认，但为何只有在先秦时代的中国，战争有效地刺激了工具理性思维的发展，进而造就了官僚制的"早熟"？从战争这种普遍现象的角度是很难准确地解释中国官僚政治的发展这一特殊事物的。毕竟，中国先秦时代的战争并非独一无二，人类历史上的战争又何其之多。比如，古代西亚和地中海世界长期的国家或部落战争、中世纪和近代早期欧洲各国持久的国际竞争，在烈度、广度和持久度等各个层面的多样性都能够提供远超先秦中国的样本，但它们都未能明显地促成如中国般的官僚制高度发展。并且，中国的官僚制在战国时代的发展也只是初级阶段，其在秦汉之后的历代大一统王朝国家中仍在持续地进化和完善，并不完全依赖先秦时代的国家战争作为发展的源动力。因此，必须从更具中国历史文化特色的角度解释理性行政原则的彻底化应用和深刻影响。

本书基于政治公共性的观念，可以提供一种新的解释。即在政治中，如果公共价值具有相对确定且统一的内涵，那么政治思考和政治发展的关注焦点就必然落在如何落实公共价值上。在这样的思想和政治环境中，官僚制的发达就成为合乎逻辑的结果。与之相对的是另一种政治。在其中，政治生态包含着过多的异质性元素。政治思考也将公共价值虚悬在上，纷纷研究如何确定公共价值内涵的途径和标准，即希腊哲人追问的何为城邦之善。于是，政治思想和政治发展的主题就集中在了如何保持公共价值内

---

① 赵鼎新:《东周战争与儒家国家的诞生》，夏红旗译，华东师范大学出版社2006年版，第2、19页。

涵的开放，避免被部分人预先界定？又如何在上述前提下寻找关于公共价值的永恒真理？结果反映在思想上是西方传统中各种形而上的政治哲学、主义各是其是各非其非；反映在政治上则是对政治参与、分权制衡等方面的极端强调。

对中国而言，既然公共价值的内涵已经基本确定，或者被认为必须预先确定，则多元民权之竞争、代议、制衡等西方政治元素就违背了由先定之公共价值统一政治生活的要求。对西方来说，只要公共价值没有确定内涵，则服务于公共价值之落实的理性官僚政治就是无源之水、无本之木，而无从发展了。现代西方的理性行政是资本主义经济合理性的反映。其之所以发轫于企业就是因为企业较容易达成价值目标的确定性和统一性。因此，其在企业组织中的应用实际上成为政府学习的模板。① 并且直到19世纪之后，由于社会主义思潮、工人运动的影响和社会保障发展的要求，西方国家的政治生活接受了一定限度内的预定公共价值，才有了现代理性官僚制建立和生长的空间。但其整体的政治哲学仍然是反对预设公意的，因此理性官僚制的应用范围也始终局限于政治下层。

中国思想界早在先秦时期就致力于政策议题公共性观念的塑造。理性官僚制的产生是为某种客观理性、常规恒定的目标服务的，是为了提高达成该目标的效率而构造的。而预定的权威性公共价值或公共性的政务事项恰好为这一客观恒定的官僚机制目标提供了依据。重复同样的工作有利于积累经验，形成专业化的技术和工作模式。因此，不同执政者长期围绕一些共享的、具有公共性而无法回避或否定的政策议题开展行政，相关经验日积月累，证明有效率的组织结构和程式逐渐被归纳总结并固定化，结果就是理性行政制度的生长。同时，在这一过程中，揭示其内在原理的思想观念也随之产生，并反过来为国家更自觉、更合理地规划和运作理性官僚政治，提供必要的观念基础和原则指导。或者说，理性行政制度被设计出来，就是为了保障政治之公共性的。荀子曰："明分职，序事业，材技官能，莫不治理，则公道达而私门塞矣，公义明而私事息矣。"（《君道》）因此，认为古代中国对人类政治文明最大的贡献仅仅是官僚

---

① 直到20世纪七八十年代之后的西方"新公共管理"运动仍然以引入私营部门的管理技术为主要标志。其基本理念就是：政府就应像一个大型公司那样予以组织和管理，公共部门和私人部门都需按照同样的经济参数和管理原则进行评价。

制,恐怕是只见树木、不见森林了,公共性政治才是问题的关键。

另外,中国古代官僚制的"早熟",或者政治思想关于理性行政的彻底化设计,并没有导向罗森伯格所谓的"官僚专制主义"(bureaucratic absolutism)。后者以拿破仑时代的普鲁士为原始版本的典型,其特征是职业官僚对国家的独立统治,君主就像官僚队伍中的一员,或"最高行政长官"。① 法家的理念和中国的历史与之不同。在"官僚专制主义"中,官僚是拥有独立意志的主人,形成了类似于德热拉斯(Milovan Đilas)所谓的"新阶级"②;而法家则要求包括君主在内的官僚队伍全部成为工具,服务于在他们自身利益之外的公共性政治法则,并对其负责。换言之,中国古代在理性行政上的"早熟"之所以没有导致官僚阶级固化为自成一体的统治机器、具有自为的组织能力和自利的运行方向,原因在于官僚是需要对他者负责的。这个他者就是集权君主,君主可以操控官僚。这样的常被称作"专制"的权力关系看似不利于理性行政的发展,但其实它并没有妨碍中国理性官僚制的"早熟",甚至对于后者还有促进作用。在历史上,专制君权的建立和理性官僚制的"早熟"恰恰发生在同一时期——春秋战国至秦汉。孔飞力(Philip A. Kuhn)以乾隆年间的"叫魂案"为例,描绘分析了清代官僚君主制(bureaucratic monarchy)中的"常规权力"(routine power)与"专制权力"(arbitrary power),认为二者并非此消彼长的对立关系,而毋宁说是共生的。③ 所谓"常规权力",即代表了官僚体系中的理性行政机制。

之所以如此,除了上文提到的政治公共性理念主导了理性行政的设计,还需要更具体地说明政治公共性观念是如何将理性行政的"常规权力"和所谓的"专制权力"这两种异质性事物融合在一起的,是如何在推动理性行政的彻底化设计和落实的同时,还能确保理性官僚制组织不会自成独立王国,而始终控制在主权者权力意志之中。答案就是,中国古代的

---

① 参见 Hans Rosenberg, *Bureaucracy, Aristocracy and Autocracy: The Prussian Experience* 1660 – 1815, Boston: Beacon Press, 1958, pp. 18 – 19, 38 – 41.

② 参见[南斯拉夫]密洛凡·德热拉斯《新阶级》,陈逸译,世界知识出版社1963年版。德热拉斯(今译"米洛万·吉拉斯")把苏联等国家的官僚视为一个自利的阶级。

③ 参见[美]孔飞力《叫魂:1768年中国妖术大恐慌》,陈兼、刘昶译,生活·读书·新知三联书店2012年版,第246—287页。

君臣关系理念是一种责任政治。这种责任政治以其对既定公共价值负责的特性，而能够与以落实既定公共价值为原则的理性行政结合起来。尤其考虑到现代西方文官行政与责任政治（与中国传统的责任政治性质不同）的二元区分，中国官僚制传统的上述特性就更值得注意和反思了。毋宁说，中国古代理性官僚制的"早熟"根源于公共价值指导下的责任政治之理念与实践的发达。

最后需要辨明的是，所谓"早熟"是基于域外视角，尤其是西方视角的立论，如果尊重中国政治史自身发展的逻辑和脉络，则所谓"早熟"不过是正常的现象，无须讶异。但另外，也恰恰是比较研究中的域外视角使我们对习以为常的现象产生了惊异，进而促使我们探究寻常现象背后的深层原因和本质——正如亚里士多德所说，哲学产生于惊异。①

二 责任政治的价值之源

人类政治文明史丰富多彩。中国政治史中的官僚制不仅"早熟"，而且独具一格，有些实践形式是韦伯的理想类型所不能准确涵盖的，这就需要新的概念解释。比如尤金·卡门克（Eugene Kamenka）对官僚制的定义是："'官僚'指一个由中心指导的、系统组织和阶梯化建构起来的官员群体（staff）；这个群体专注于按照统治者或者身处官僚体系之外或凌驾于其上的指令者所决定的政策来经常地、惯例性地和有效地行使大规模行政职能。这个群体，正如韦伯所看到的那样，倾向于成为受规则约束的，职能被专门化的，并且鼓励'非个人性'（impersonality）和团体精神（esprit de corps）。"② 这个定义除了继承韦伯专注的科层理性，还突出了政治意志在官僚制中的地位，即官僚不是独立存在和自律运作的，而是必须作为某种政治意志的工具来发挥职能，发挥能动性，开展创造性的工作。这样的官僚制就超出了理性行政的范围，而在"政治"与"行政"二分的视野中具有了"政治"的属性。服从和执行某种意志的指示，即对该意志负责，这就构成某种意义上的责任政治。但是，这种责任政治不等于韦伯所谓的"责任伦理"。后者实际上是形式理性或工具理性意义上的理性行政行为准

---

① 亚里士多德："古今来人们开始哲理探索，都应起于对自然万物的惊异。"［古希腊］亚里士多德：《形而上学》，吴寿彭译，商务印书馆1959年版，第5页。

② Eugene Kamenka, *Bureaucracy*, Oxford: Basil Blackwell, 1989, p.157.

则，是价值祛除和政治中立的，与政治意志支配下的责任政治逻辑正相对立。

现代政治学中的"责任政治"概念往往与民主代议制相关，是一种通过代议制（西方式的议会或苏联—中国式的苏维埃或人民代表大会制度）而对人民意志负责的政治形态。① 扩而广之，"所谓责任政治，就是以责任为'中轴'的政治形态，强调政治中的责任关系与责任形式，并以此展开特定的权力结构、制度设计与行动方式"②。即责任政治作为一种责任关系，具体表现为特定的权力结构或权力关系，其所服从的意志是某种特殊的权力意志——来自具体或抽象的社会主体。福山也是从这个角度看待"政治负责制"的。他认为："正式的负责制只是程序上的：……今天，程序上负责制的主要形式是选举，其中最好的是成人普选的多党选举。"但福山也看到，就本质而言，"负责制政府意味着，统治者相信自己应对治下的民众负责，应将民众利益置于自身利益之上"。因此，"负责制可以多种方式获得，如道德教育，这是中国和受儒家影响国家所奉行的"。即使在西方，"最早形式的政治负责制，其对象不是全体人民，而只是代表社会共识的传统法律，以及寡头的立法机关"。③

在这里，福山无意中区分了两种政治负责的形态：一种是通过权力授受机制对人民的主观意志负责；另一种是通过道德或"代表社会共识的传统法律"对人民的客观意志负责。儒家式的道德责任，与其说是统治者个体层面的主观修养，不如说是以一种客观的"代表社会共识的传统价值观"，即政治生活中的公共价值，作为政治人物负责的对象。回到福山提出的对民众利益负责的标准，认为所谓程序性的选举是最好的责任政治，其实是可疑的。

与上述分析相似的是，很多当代学者基于中国的政治现实将责任政治恰当地理解为政治问责，或政治问责机制之上的"作为政治"。④ 问责机制

---

① 参见张贤明《论政治责任——民主理论的一个视角》，吉林大学出版社2000年版。
② 张贤明、张力伟：《论责任政治》，《政治学研究》2018年第2期。
③ ［美］弗朗西斯·福山：《政治秩序的起源：从前人类时代到法国大革命》，毛俊杰译，广西师范大学出版社2014年版，第289—290页。
④ 邹庆国：《从不作为政治到责任政治：净化党内政治生态的一个分析维度》，《江汉论坛》2017年第2期。

所问的不是官员对某个或某些具体的人（如上级领导或选民）是否尽责，而是问对客观的工作职责是否尽责。这种本土化的理解方式暗示了责任政治的一个特殊维度。中国政治文化中的责任性在表面上是对具体的人负责，但在根本层面是指对"事"负责。不只是对规章程序负责——这属于理性行政，而是对某种具有公共权威性的政务职事负责，对背后的公共价值目标负责。这种公共的政务职事表面上由上级领导布置，实质上不是任何私人意志的表达，而是客观的公共价值在不同领域的具体化。落实规定的政务职事，就是遵从既定的公共价值，这就形成一种特定形式的责任政治。对具体的人负责，就是遵从其意志；对公共性的"事"负责，也是对某种"意志"的遵循。

因此，责任官僚制所遵从的政治意志，可以是主观意志，也可以是客观意志。前者如果是少数人的意志，则等同于私人性价值导向；如果是多数人的意志，则被寄希望于产生公共价值。后者直接是一种既定的权威性公共价值，超越任何主观意志之上。虽然在现实政治中，遵从客观意志也往往需要以遵从主观意志的形式来实现，但二者的区别仍是不容忽视的。服从主观意志的责任官僚制，与理性行政的原则相对立。这是现代西方国家的情形：政治上层是民选政务官主导的任命制，也就是服从主观意志的责任官僚制；下层是理性行政的事务官或文官制。两个层次界限分明，互不干涉。而遵循客观意志的责任官僚制，是可以与理性行政的原则融合共存的。这就是现代中国的情形：政治从最高层到最基层都是责任政治与理性行政两种原则的有机结合。

在古代中国，这种支配官僚行政的政治意志或公共价值，一方面通过天命传导给君主，再通过君命传导给官僚，另一方面则直接作用于士大夫官僚自身。换言之，中国古代思想世界中的责任政治，不只是臣对君这种单纯地对具体之人（的权力意志）负责的模式，还包含君、臣共同对天命或公共的政务职事这种客观之物负责的模式，二者是融为一体的。比如龚鹏程说："判断一政权之正当性的依据，是该政权能否恰当负担其政治责任。如该政权无法妥善安顿其人民、治理其政务，则不论它如何获得天命，天命均将转移，该政权即将灭亡。"[①] 这里反映的就是一种传

---

① 龚鹏程：《汉代思潮》，商务印书馆2008年版，第351页。

统的、中国式的责任政治观。

(一) 政治职命中的责任传导

政治意志的传递和责任的传导即"命"。《说文》曰:"命,使也。从口从令。"段玉裁注曰:"令者、发号也。君事也。"君臣之间关系的主体就是这样的"命"。单从形式或权力关系的角度看,古今中外的君臣关系、主仆关系或所谓事务官系统之外的政务官任命关系莫不如此。但在内容上,古代中国政治文化中的"命"不仅是泛漫的权力关系,还是特定的事务关系。

周礼之中,天子与诸侯、卿大夫间"授土授民"或"赐田"的封建关系就是通过"命"与"受命"建构起来的。这种关系在"普天之下,莫非王土"之原则统摄之下结成。即受土、受田的一方只是在"王土"封建的多级占有制下获得了土地的部分占有权。① 其对土地的占有是有条件的,表现在受土受田者必须承担授土者即天子赋予的特定义务,二者之间是一种类似委托—代理的关系。受土者在义务履行上的失职,可以使天子收回授土授田的成命,或以某种方式加以惩戒。天子授命诸侯的职责义务一般包括敬共祭祀、善治其国与其民、辅翼宗周王室等。《尚书·周书》之《微子之命》《蔡仲之命》②《康诰》等都反映了这种政治任命所包含的具体内容。再比如《诗经·大雅·崧高》。所谓"维周之翰""四国于蕃""四方于宣"是指周天子所命所封之诸侯承担着屏藩周人国家于四境、宣

---

① 中国古代的土地制度有其自身的特点,不宜削足适履地套用西方"土地所有权"的概念,尤其在秦汉之前的时代毋宁概括为土地的"多级占有制"。其本质上关注的是土地所获的分配或贡赋的缴纳征收,而不是所有权的归属。换言之,中国古代早期的土地制度更多的是从公法上的界定,而不是私法上的规范。

② 《尚书》古今文真伪之辩聚讼纷纭,李学勤从考古学的角度,通过考察地下出土的战国秦汉简帛书籍,认为须对近代以来的疑古思潮进行"新的、第二次的反思"。李氏提出古书产生和传流过程中的十种情况,包括"后人增广""后人修改""合编成卷""篇章单行""异本并存""改换文字"等。因此认为:"古文《尚书》东汉末始多流传,今本出于晋代梅赜所献,自孔安国起的整理过程是很漫长的。清代学者批评今本古文《尚书》,其中有些问题也许就出于整理的缘故。……对古书形成和传流的新认识,使我们知道,我国古代大多数典籍是很难用'真''伪'二字来判断的。"(李学勤:《简帛佚籍与学术史》,江苏教育出版社2001年版,第32页。) 李零也认为"很多伪书都是屈打成招","对《尚书》的辨伪,我觉得陈寅恪先生的态度比较可取。他认为,《古文尚书》'绝非一人可杜撰,大致是根据秦火之后,所传零星断简的典籍,采取有关《尚书》部分所编辑而成'"。(李零:《简帛古书与学术源流》,生活·读书·新知三联书店2004年版,第254、256页。)因此,本书仍以古文《尚书》为能反映先秦思想的依据。

教周礼仁惠于四方的公共职责。在同一个地方"南土",前所命之申伯,职在"式是南邦";今所命之召伯,仍以"南土是保"为任。为此,可以"彻申伯土疆,以峙其粮",即征收赋税、经营财政。《大雅·韩奕》则描述了北国的封建之命。周初始封之韩侯与宣王时再封之韩侯,都有明确使命,即威震北国百蛮,讨伐不庭之方,稳定北部秩序,为此可以"实墉实壑"营建城池,"实亩实藉"治田征税。这是申伯、召伯、韩侯等诸侯所受王命中除了土地、人民等配套权利之外的真实内容,舍此不成其为"命"。

这就是周王与诸侯或公卿之间的"策命"。周王之命记载于简册,并向受命者宣读。策命的内容一般包括追述先王与受命者先公的关系、列举受命者的功劳和赏赐之物的项目、列举授予的官职与责任、诫勉受命者善自为之,等等。几个主要诸侯国受命的职事都不离此类。比如,卫康叔所受职事是助王保殷民、助王宅天命、助王作新民;鲁侯伯禽所受职事为守土藩屏周邦、治理殷民六族及其附属族众;齐侯所受职事为征伐反叛势力、拱卫周室安全;唐叔/晋侯所受职事是抵御戎狄、藩屏周邦,治理怀姓九宗即殷遗民;燕侯所受职事为藩屏东北边疆,管理六个部族。据此,张利军归纳了西周诸侯的主要职事是镇守邦土、藩屏周室、治理各自统御之民众等。① 这些普遍性要求即公共性政务职事。

诸侯受命或受职的同时也受赐信物以明之,如《崧高》《韩奕》中的"介圭"。《国语·周语上》曰:"诸侯春秋受职于王,以临其民,大夫、士日恪位著以儆其官,庶人、工、商各守其业以共其上。犹恐其有坠失也,故为车服、旗章以旌之,为赘币、瑞节以镇之,为班爵、贵贱以列之,为令闻嘉誉以声之。"诸侯所受之职命的内容很可能就直接记载在介圭等信物之上,也就是《国语·吴语》说的"命圭有命"。这一点在王廷之臣(相比于诸侯,更接近官僚)所受职命与信物上表现得更为明确。膳夫克之《大克鼎》铭文:"王若曰:'克,昔余既令汝出纳朕命……乃令……易汝田于埜,易汝田于渒……敬夙夜用事,毋法朕令。'"《毛公鼎》铭文记载毛公受命为宰辅的职责;《盠方尊》铭文记载盠奉命兼任之职司。

---

① 张利军:《商周服制与早期国家管理模式》,上海古籍出版社2016年版,第245—256、258—259页。

西汉伏生撰《尚书大传》曰:"古者圭必有冒,言下之必有冒,不敢专达也。天子执冒以朝诸侯,见则覆之。故冒圭者,天子所与诸侯为瑞也。瑞也者,属也。无过行者,得复其圭,以归其国。有过行者,留其圭,能改过者,复其圭。三年圭不复,少黜以爵。六年圭不复,少黜以地。九年圭不复,而地毕。"以冒覆圭,犹以名责实。因此,许倬云说:"策命赐圭之礼,在其雍容进退的表象下,也有执左券以责成功的意义。"①

可见,王命或君命在相对固定的君臣关系、政治秩序中,是有着较为明确的内涵的。所谓固定的君臣关系、政治秩序,不是君对臣的偶然性差遣,而是君臣之间常态的任命与履职。作为偶然、任性差遣的君命,其内涵因时因事而异;作为常态性任职的君命,其内涵必然相对恒定而明晰,因此可以层层传递而保持任务一致。诸子思想对这一政治文化传统有清晰的继承。《墨子·天志上》曰:

> 义者,政也。无从下之政上,必从上之政下。是故庶人竭力从事,未得次己而为政,有士政之;士竭力从事,未得次己而为政,有将军、大夫政之;将军、大夫竭力从事,未得次己而为政,有三公、诸侯政之;三公、诸侯竭力听治,未得次己而为政,有天子政之;天子未得次己而为政,有天政之。

所谓"必从上之政下"就是政治责任由上而下层层传递。庶人受责于士,士受责于大夫,大夫受责于三公、诸侯,三公、诸侯受责于天子。所责者,通行于天下而各级官僚都应竭力从事、"未得次(即'恣')②己"之公共政事。概言之,就是墨子屡称的兴天下之利、除天下之害这一既定的公共价值。

与此同时,天子作为现实政治中权力传递和责任传导的起点,也被认为应当接受同样的职责任命,即"天子未得次己而为政,有天政(即

---

① 许倬云:《西周史》,生活·读书·新知三联书店2012年版,第191页。
② "未得次己",毕沅曰:"'次','恣'字省文,下同。一本作'恣',俗改。"孙诒让曰:"《意林》引下篇'次'并作'恣',则毕说亦通。《节用》上篇云'圣王既没,于民次也','恣'亦作'次',可证。"吴毓江曰:"'次',潜本、绵眇阁本、陈本、《绎史》本并作'恣',可为毕说之证。"(参见吴毓江《墨子校注》上,中华书局2006年版,第293页。)

'正'——引者注)之",于是形成了天—天子—官僚的责任传导链条。君主没有现实权力关系意义上的授权者,但这不意味着他必然不负责任。天子受命于天,墨子认为存在人格之天,其意志即天志。天之人格或意志只是虚拟,其实质内涵即前述的公共价值,将之树立为最高的政治权威来源,是诸子政治思想的共识。这一权威性的公共价值是政治职命的真实内容,是君臣百官设置的最高依据、政治责任传导的终极渊源。《墨子·尚同下》曰:"天下之欲同一天下之义也,是故选择贤者,立为天子。天子以其知力为未足独治天下,是以选择其次,立为三公。三公……诸侯……卿之宰……乡长家君。是故古者天子之立三公、诸侯、卿之宰、乡长家君,非特富贵游佚而择之也,将使助治乱刑政也。"

因此,对君主而言,"天命"之"命"必有所命之事。天子作为受天命者,必定在领受权位、人民、土地的同时,被认为亦应领受与之相应的、具体的职责,而非仅仅享有权利却不承担义务。《淮南子·修务训》曰:

> 古之立帝王者,非以奉养其欲也;圣人践位者,非以逸乐其身也。为天下强掩弱,众暴寡,诈欺愚,勇侵怯,怀知而不以相教,积财而不以相分,故立天子以齐一之。……是以地无不任,时无不应,官无隐事,国无遗利,所以衣寒食饥,养老弱而息劳倦也。……《诗》云:"我马唯骐,六辔如丝。载驰载驱,周爰咨谋。"以言人之有所务也。

所谓"载驰载驱,周爰咨谋",刘文典谓:"事之不自专,已慎之至,乃圣人之务也。"① 之所以周爰咨谋、事不自专,是因为圣人所务之天下国家政治乃公共事业,非一人一姓之私事,故而责深任重,不得恣意懈怠。

汉代灾异思想也是天命君职的责任政治观的具体表现。谷永曰:"灾异,皇天所以谴告人君过失,犹严父之明诫。畏惧敬改,则祸销福降;忽然简易,则咎罚不除。……陛下践至尊之祚为天下主,奉帝王之职以统群生,方内之治乱,在陛下所执。"(《汉书·谷永传》)承天之命则应致力

---

① 刘文典:《淮南鸿烈集解》,中华书局1989年版,第653页。

中兴或治安。若失君道，使社稷有危亡之忧，"如此，岂不负哉！"所负者，一是先祖功业，二是天命君职。能够以灾异的方式谴告人君过失的"皇天"，绝不只是人格神——否则应该以某种更直接的方式降祸人君本身，而更应当是自然法则与社会公共价值的混合之物。自然法则决定了灾异现象，社会公共价值决定了灾异缘由。因此，"皇天"的谴告可以说是社会公共价值和自然法则借助人格神的形象或方式表达意志的过程。鲍宣亦曰："天下乃皇天之天下也，陛下上为皇太子，下为黎庶父母，为天牧养元元，视之当如一……今贫民菜食不厌，衣又穿空，父子夫妇不能相保，诚可为酸鼻。陛下不救，将安所归命乎？"（《鲍宣传》）《说苑·君道》曰："为人君行其私欲而不顾其人，是不承天意，忘其位之所以宜事也。"

使君主就公共价值或君之职命负起责任，确实缺少权力机制以为保障。但在这种价值理想之下的责任政治模式，也无法寄希望于某种完美的权力组织设计能够满足所需。因此，古代思想家的策略是通过反复论说和宣传，以营造关于公共价值的共识和树立公共话语的权威，使之形成主权者不得不负责的对象。

（二）功绩主义中的责任自觉

一旦政治生活中的公共价值被明确标榜，相应的政务职事被清晰罗列，那么对于政治功绩的追求就有路可循了。并且，由于功绩的客观性、公共性，君与臣被认为应当携手致力于同一种事功。晏子曰："君民者，岂以陵民？社稷是主。臣君者，岂为其口实？社稷是养。故君为社稷死，则死之；为社稷亡，则亡之。若为己死，而为己亡，非其私昵，谁敢任之？"（《左传·襄公二十五年》）社稷是君与臣共同的责任、公共的事业。《淮南子·主术训》曰："百官述职，务致其公迹也。主精明于上，官劝力于下，奸邪灭迹，庶功日进。"

对客观功绩的追求与对公共责任的履行，内涵与外延是重合的。但是履行责任的动力则有内外之别。君主之上没有现实的权力授予者，也就缺少职命的外在督责者。因此，君主的尽职履责，一方面是由于公共价值权威的促动，另一方面也出自君主对于政治责任的自觉精神。二者毋宁说是一体之两面，都是内在的动力。官僚履行公共责任的直接动力来自授命者，即君长的督责。但同时，官僚也与君主一样，被思想家赋予了内在的冲动。即官僚的事功不仅来自对君主、长上私人命令的执行，也来自对公共责任内在召唤的回应。后者形成了一种客观的政治功绩观——与君主的从政原理类似。《管子·明法解》曰：

> 凡所谓功者，安主上，利万民者也。夫破军杀将，战胜攻取，使主无危亡之忧，而百姓无死虏之患，此军士之所以为功者也。奉主法，治竟内，使强不凌弱，众不暴寡，万民欢尽其力而奉养其主，此吏之所以为功也。

于是，这种特定的功绩主义观念及其内在的公共责任之自觉，使得官僚士大夫也有资格成为政治的主体，而不仅仅是工具。

论及士大夫的政治主体性，学者多称宋代优待士人，与士大夫共治天下的政治文化。其实，士人的政治主体意识或担当精神在中国思想史上可谓源远流长。其突出的标志就是对客观公共之事功的追求。《左传·襄公二十四年》载叔孙豹"三不朽"之论："太上有立德，其次有立功，其次有立言，虽久不废，此之谓不朽。"孔颖达《正义》对叔孙豹的"三不朽"[①]新义解释道："立德谓创制垂法，博施济众"；"立功谓拯厄除难，功济于时"；"立言谓言得其要，理足可传"。其中"立德"和"立功"都是经世主义的，是以人民大众的利益为旨归的，其内涵包括了仁政、德治、富强等公共价值或公共性的政务职事。春秋时代的贤大夫认为，为官为政不是为了利禄爵位的永葆和传承，而必须有更高的追求，比如立德、立功、立言，并以之为人生意义之所在、永恒价值之所系。

---

① "不朽"的观念是春秋时代贵族的普遍追求，但其本意并非如穆叔所闻。原来的"不朽"是指在祖先崇拜的祭祀体系中，死后得享血食，鬼神永续存在。比如殽之战，秦军败于晋，秦将孟明视被俘，旋即被释。他对晋侯说："君之惠，不以累臣衅鼓，使归就戮于秦，寡君之以为戮，死且不朽。若从君惠而免之，三年将拜君赐。"（《左传·僖公三十三年》）又如邲之战，晋军败于楚，晋将知䓨被俘。当几年后被楚人释放时，他对楚王说："以君之灵，累臣得归骨于晋，寡君之以为戮，死且不朽。若从君之惠而免之，以赐君之外臣首；首其请于寡君而以戮于宗，亦死且不朽。若不获命，而使嗣宗职，次及于事，而帅偏师以修封疆，虽遇执事，其弗敢违。其竭力致死，无有二心，以尽臣礼，所以报也。"（《成公三年》）又如鄢陵之战，楚军败于晋，子反承担丧师之责，请罪于楚王，说："君赐臣死，死且不朽。臣之卒实奔，臣之罪也。"（《成公十六年》）这些事例似乎表明，死在自己的国家，归骨于宗庙而享祭祀就是"不朽"。

这种观念在后世的普及和深入人心，实际上在官僚制中塑造了一种功绩主义和责任政治的公共文化。它不同于公共性的理性行政文化，后者强调官僚机械性地遵守行政规章、循名责实，而功绩主义和责任政治则要求官僚必须具有积极作为的能动性。积极作为的动力，一方面有赖于更高主权者基于同样的公共价值而沿着授权任命之路径"发包"、下压的外在责任，另一方面也来自官僚自身"以天下为己任"的责任自觉和事功追求。贾谊《新书·大政》曰："夫为人臣者，以富乐民为功，以贫苦民为罪。"谷永曰："有官守之任，当毕力遵职，养绥百姓而已。"（《汉书·谷永传》）苏轼《应制举上两制书》曰："古之圣贤建功立业，兴利捍患，至于百工小事之事皆有可观。"① 圣贤士大夫的建功立业，不在私利性的收益，而是意味着公共性的兴利捍患。

儒家没有神灵信仰，而主张圣贤崇拜。圣贤必定是开太平、立功业、惠泽天下的英雄伟人，而非超验的神明。《国语·鲁语上》载圣王之制祀的依据是"皆有功烈于民者也"，即有功于民是成为圣贤、受人崇拜的标准。钱穆论道，古史人物的神话"不如谓之是圣话。……因尧舜禹汤文武诸圣之在中国古人观念中，确是圣而非神。所谓圣人者，乃人文历史中之杰出人物，而并非自然界之神"②。儒家思想下的君臣上下、公卿大夫、士人官吏都以之为崇敬的对象，也正反映了儒家功绩主义的责任政治观。在儒家发明"不忍人之心"作为"仁政"之基的义理之前，为民兴利除害的责任政治观就已经是政治文化的公共传统了。

这种功绩主义、责任自觉的政治文化即使在法家思想主导的秦朝也有显著影响。比如，睡虎地秦简《为吏之道》有对官僚行政职责事无巨细的罗列，为首的一句纲领就是"除害兴利，兹（慈）爱万姓"。当然，在秦汉国家的官僚构成中，儒家教育出身的士人相比于法家思维塑造的文吏，在责任自觉性、政治主体性上要更突出一些。王充曰："儒生犹宾客，文吏犹子弟也。"（《论衡·程材篇》）在宗法制家族中，子弟类似家奴，宾客则不同。阎步克说："文吏是工具型官僚，忠实贯彻统治者的指令。儒生背后却有一个士人阶层，有自己所奉之'道'，还可能以'道'抗势，

---

① 《苏轼文集》第四册，中华书局1986年版，第1392页。
② 钱穆：《中国学术思想史论丛》（卷一），安徽教育出版社2004年版，第82—83页。

以其政治理想衡量和改造政治，与统治者不完全'同心同德'。'宾客'的比喻，形象地反映了儒生的相对独立性。"①

在现代政治话语的俗套中，强调政治参与者的责任自觉和能动精神，似乎属于所谓的"人治"。但是，人治不等于私人性政治。西方古典共和主义也强调作为政治主体的公民应当具备高尚的德行，包括爱国、友谊、节制、审慎等，并认为对于共和政体，美德是比任何法律和制度都更为根本的保障。这也是某种意义上的人治，但不是私人性政治，因为共和主义公民美德所塑造的是去私人性的、服从于"公意"的公共性政治角色。中国古代思想中的人治之维，也当作如是观。只不过，在公共性政治角色的具体内涵或政治主体德性内容的界定上，中国古代思想有不同于西方古典共和主义的主张。因此，以价值性责任政治观为内涵的人治思想仍是政治公共性观念的一部分。

政治是不可能完全排除人治的，甚至不可能不以人治为政治的深层逻辑。即便是最能代表韦伯所谓"法理型支配"的现代西方自由民主政体也不可能脱离政治人物对既定公共价值的责任自觉。熊彼特（J. Schumpeter）承认民主本义的前提是"存在人民的共同意志，它完全与共同福利、共同利益、共同福祉或共同幸福是一回事"②。而熊彼特达致共同利益的民主方案是依靠具备优秀素质和政治责任的精英，即所谓"精英民主理论"。萨托利（G. Sartori）也指出："代表不但要对人负责，还要对事负责。也就是说，代议制本身包含着两个要素：回应能力，还有独立负责。"前者自然是民主原则的体现，后者则要求具有美德的政治精英们不要一味屈从于民主原则，不要沉迷于迎合与讨好世人，而应保持独立负责的精神。③ 施米特（C. Schmitt）则揭示了宪政国家必然预先存在某种关于例外状态的政治决断。例外状态或非常状态是超出常规的理性行政之范围的，因此政治决断必定是人的意志的体现。④ 这些都是人治或价值性责任政治观的表现。

---

① 阎步克：《中国古代官阶制度引论》，北京大学出版社 2010 年版，第 408 页。
② ［美］约瑟夫·熊彼特：《资本主义、社会主义与民主》，吴良健译，商务印书馆 1999 年版，第 370 页。
③ ［美］乔万尼·萨托利：《民主新论》，冯克利、阎克文译，上海人民出版社 2015 年版，第 270 页。
④ 参见［德］卡尔·施米特《宪法学说》，刘锋译，上海人民出版社 2005 年版。

因此，既然人治的因素无可避免，真正值得关心的问题就在于：是通过意识形态工作将其改造提升为公共性政治的一部分，还是任由其顺着私人性政治的倾向自由堕落？如果某种自诩法治（rule of law）或法理性支配的政体无视前者，实际上就等于接受了后者。上述西方民主理论的修正者或批判者虽然意识到了问题，但也没有就如何组织和规范人治提出系统的替代方案。中国古代政治思想的普遍性主题正是围绕着这一任务而展开的。其基本思路是，先树立权威性的公共价值，再据此设计价值导向（而非单纯的意志导向）的责任政治——包括政治职命中的责任传导和功绩主义的责任自觉。简言之就是，通过预定公共价值权威实现人治的规范化、公共化。

总之，集权君主制下的责任政治，在实施上有两种方案。一是以官僚为被动的代理者，通过赏罚黜陟等支配手段促使其致力于君主下发的责任政治目标。君臣之间是一种"交易"关系，即君主以爵禄或惩罚等回报换取臣僚的尽忠服务与职责代理。"下必行之令，从之者利，逆之者凶"，"君臣之施者，相报之势也。是故臣尽力死节以与君，君计功垂爵以与臣"（《淮南子·主术训》）。这种"交易式"的权力关系本身固然是私人性的，但若其被更高的公共性价值所统摄和支配，比如承担公共责任的君主政治，则亦可视为公共性政治的一部分。二是以官僚为主动的合作者，期望官员具备与君主类似的公共性政治责任，成为责任政治的主体，从而自觉地、能动地践行公共职责。这样，卿大夫或士人就成为与君主并存的政治责任主体。整个政治的公共性自是不言而喻。笼统而言，第一种方案基本上是法家的思路，第二种方案则主要为儒家所提倡和向往。

公共性的责任政治与理性行政观念一道，相当程度上塑造了秦汉国家的形态，也奠定了古代中国政治体的基本模式。作为公共性政治的反面，两汉的内外朝分立与内朝秉政、[①] 外戚与宦官佞幸的专权是汉代政治的突出特征，也是一般的汉代政治史叙述的主题。比如，认为内朝官（中朝官）掌握决策权，丞相和御史大夫以下的外朝沦为单纯的执行机构；丞相也不再能独立地对百官进行考课等。这种以内朝为主的政治局面具有典型

[①] 中朝官为经常出入禁中、在宫内值宿理事的皇帝近侍，主要为皇帝个人提供参谋、顾问，比如大司马、将军、侍中、中常侍、散骑等，也叫内朝官；外朝官则是丞相、御史大夫、列卿下至六百石的官吏。

的政治私人性。如果这是汉代国家政治的主流面貌，那么就与"苏丹制"相去不远了。但纸屋正和的研究表明，掌握内朝的外戚政权、佞幸政权所关注之重点是高爵厚禄的垄断或支配，而对于一般政务，尤其是对地方行政、民政及地方官并不关心。① 因此，西汉中后期的地方行政与民生政策仍然是以外朝为中心而制定，郡、国政府提交上来的上计簿的审查、考课也仍然是由外朝负责。② 东汉前期的情况也类似。祝总斌指出，汉代的三公作为宰相继续保有实权，内朝与尚书③并未达到取代三公的程度。④ 总之，外朝作为官僚制政府仍然是整个国家政务决策和执行的主体——虽然会受到内朝势力的干预，但这种干预不能取消外朝的政务主体地位。

这可以说是代表着政治公共性观念的理性行政原则和责任官僚政治体系在与政治私人性力量的对立中，取得了相对独立而稳定的地位，从而成为后世中国政治的基本要素。没有这一公共性的政治要素，就没有（以天下为范围的）国家政治本身。比如东汉中期以后，随着代表外朝的三公逐渐被皇帝联手内朝的尚书、外戚或宦官所完全架空，公共性政治逐渐衰亡，整个国家也就迅速地瓦解了。当魏晋政权重建国家时，曾经代表政治私人性的内朝尚书等官职不得不外朝化——配备官僚化的属吏组织，重新承担起公共性政治的角色。

三 法家术论的公私之辨

法家的特征除了明法，还在于特重君主御下之术。⑤ 但现代学者多认

---

① 类似于魏晋南北朝的清浊之分，清官们追求的并不是复杂的政治决策权和繁剧的行政事务执行权，而是以高级地位、丰厚待遇和悠闲工作为内容的政治收益。因此，国家可以将政治收益与政务职事分别安排，使得国家在类似贵族政治的士族门阀主导的时代，仍能保持君主专制下官僚政治的基本局面。关于魏晋南北朝时期门阀政治的暂时性、过渡性，及其与皇权政治、相权政治的关系，参见田余庆《东晋门阀政治》，北京大学出版社2012年版。

② ［日］纸屋正和：《汉代郡县制的展开》，朱海滨译，复旦大学出版社2017年版，第245—274页。

③ 尚书本是主管皇帝文书的办事机构，包括令、仆射、丞等吏员。西汉时，尚书不是中朝官，但中朝官常"领尚书事"；东汉时，尚书权限扩张，兼具了咨询、顾问功能，成为相当于西汉的内朝官。

④ 参见祝总斌《两汉魏晋南北朝宰相制度研究》，北京大学出版社2017年版。

⑤ 郭沫若指出，《韩非子》"书中关于'术'的陈述与赞扬，在百分之六十以上"。（郭沫若：《十批判书》，第369页。）王元化也认为："法术势这三个方面，'术'是居于中心地位。"（王元化：《韩非论稿》，载氏著《文学沉思录》，上海文艺出版社1983年版，第220页。）

为法与术之间存在龃龉。术被普遍视作法家服务于君主一人专制的证据，异于法的精神。梁启超说："术治主义者，亦人治主义之一种也。""术治主义者其作用全在秘密……申子一派，殆如欧洲中世米奇维里（今译'马基雅维利'——引者注）辈，主张用阴谋以为操纵，战国时纵横家所最乐道，亦时主所最乐闻也。而其说实为法家正面之敌……术盖为法家所最恶。"① 商鞅、吴起代表的初期法家"用法而不用术"，"主张公正严明，一切秉公执法，以法为权衡尺度，不许执法者有一毫的私智私慧以玩弄法柄"，因此"是富有进步性的"；而"'术'是执法者以私智私慧玩弄法柄的东西，故如申不害与韩非，严格地说已经不是纯粹的法家了"。"纯粹法家以富国强兵为目标，他们所采取的是国家本位，而不必一定是王家本位。"而，"鬼祟的权谋数术，专为一人一姓谋利益的办法"，应该单独称为"术家"，"这和'法'认真说倒是不两立的东西"②。牟宗三也同意"像李克、吴起、商鞅这样的法家是不坏的"，因为"法本身不是坏的"，但随着申不害、韩非提倡"术"，"法家也变坏了"③。有学者尽管看到了法家之术有助于循名责实、克制君主私情，但仍然认为术冲淡了法的效力、削弱了法的意义，与法的原则发生背离，因而仍然将法家之术与兵家、纵横家的谋略权术等量齐观，认为"在后世的演变中，其消极的一面压倒了积极的一面"④。这好像是说消极的一面是法家之术更内在、更本质的属性。总之，如果说法家之法在某种意义上是客观规范，那么术似乎就是法的对立物，是私家政治的工具。

但是，假如法和术果真如此对立，那么法家思想体系常常连称其为"法术"，不觉得其间有半点儿抵牾，又当如何理解呢？关键在于辨析术的公私属性。

法术思想本质上是对君主集权和官僚政治的公共性与合理化设计。在没有更好的组织形式以代表统一的公共价值之时，以君主制为公共性政治的载体，并非法家或先秦诸子的独见孤行。黑格尔的政治哲学作为对欧洲

---

① 梁启超：《先秦政治思想史》，商务印书馆2014年版，第170—171页。
② 郭沫若：《十批判书》，东方出版社1996年版，第344—346页。
③ 牟宗三：《中国哲学十九讲》，上海古籍出版社2005年版，第52—54页。
④ 彭新武：《论中国传统术治主义》，《中国人民大学学报》2016年第1期。

近代早期国家发展的思想总结,① 提出了一种异于专制主义的君主制理论。君主"作为至上者扬弃了简单自我的一切特殊性","他品质的特殊性格不是有意义的东西……在一个有良好组织的君主制国家中,惟有法律才是客观的方面,而君主只是把主观的东西'我要这样'加到法律上去。"② 即君主是服务于政治公共性的一个功能性环节,其个人的任何特殊性作为私人性元素都应摒弃在外。法家思想中君主与法术的公私属性亦应作如是观。

但是仍有学者疑虑:"法家的问题性在于,它把公的意义集中在国家政治领域中,……又没有同君主的个人人格严格区分开。"③ 实际上,法家对于国家与法之公与君主个人人格之私不仅有明确区分,而且提出了实践办法。

(一) 术的结构性意义

法家之"术",首先是为了因任授官、循名责实,是服务于对官僚政治之贯彻与控制的。官僚制本身是一具没有脑袋的躯体,没有头领的羊群,既是工具性的,又是自利性的。官僚行政的正常运行有赖于政治意志的支配和调控,即君主通过御臣之术而进行督责。这样的术与法是相连接的。广义上的法除了禁民为奸的刑法,还包括循名责实的理性行政和责任政治。在君臣关系上,任法而治即为术,或者说"有术之国,去言而任法"(《韩非子·制分》)。因此,韩非常常"法术"并称。

法术等同于规矩、尺寸等客观公共的行为准则及其执行,对立面是君主的私意妄度与个人贤巧。《韩非子·用人》曰:"释法术而心治,尧不能正一国。"术论的代表人物是申不害,申子思想的基础是高标形名之论。《申子·大体》曰:"为人君者,操契以责其名。名者,天地之纲,圣人之符。……是以圣人贵名之正也。主处其大,臣处其细。以其名听之,以其名视之,以其名命之。"正名立法、循名责实正是法家思想的基本特征。因此,司马迁将申、韩同传,曰:"申子之学本于黄老而主刑名。"(《史记·老子韩非列传》) 刘向也说:"申子学号曰刑(形)名家"(《新序》)。既然申子在谈论形名之学的同时又高唱术论,则术与形名,或术与法必然

---

① 欧洲近代公共性国家的兴起,同样是脱胎于封建私家政治的传统,因此相应的哲学反思也与中国战国时代的政治思想有某些契合之处。
② 黑格尔:《法哲学原理》,范扬、张企泰译,商务印书馆1961年版,第296、302页。
③ 王中江:《中国哲学中的"公私之辨"》,《中州学刊》1995年第6期。

是逻辑统一的。《韩非子·定法》:

> 术者,因任而授官,循名而责实,操杀生之柄,课群臣之能者也。此人主之所执也。法者,宪令著于官府,刑罚必于民心,赏存乎慎法,而罚加乎奸令者也。此臣之所师也。君无术则弊于上,臣无法则乱于下,此不可一无,皆帝王之具也。

这种与法相配合,共同构建一个规则化的政治与社会的术,可以称为狭义的"法术"——推行公法之术。

在法术的意义上,术与法的思想相互配合,共同构建了法家理想的官僚政治。顾立雅认为,"申不害所设想的政府,本质上就是今日所谓'官僚政治'"。他发现,"在现存文献中,申不害称呼君主时从不用'王''天子'或'侯'这些称谓——而只用'君'。在他所处的时代,这种用法即便并非独一无二,似乎也不常见"。"对'君'的指涉象征着申不害正建构一个抽象政府系统的事实;他并非论说任一特定政府或君主。实际上其所说之'君'也不一定是王侯,而是指官僚集团的领袖。"[①] 虽然较之商鞅,顾立雅更重视申不害对中国政治的影响,强调法家之作为"管理者"而非"立法者"的含义,[②] 但所谓的"管理"无非就是对立法的执行和对行政的督责。总之,术的运用与法的存在是不可分割的。

至于郭沫若提出的申不害非法家而是所谓"术家"的观点,其主要证据是申不害相韩十五年期间的政治作为颇有不合法家理念之处。首先,申不害未能统一韩国法制,且执法不严,未能像商鞅在秦一样实现富国强兵,反而成为秦国兼并的第一个牺牲品。其次,申不害以私废公、言行不一。《韩非子·外储说左上》:

> 韩昭侯谓申子曰:"法度甚不易行也。"申子曰:"法者,见功而与赏,因能而授官。今君设法度而听左右之请,此所以难行也。"昭

---

① [美]顾立雅:《申不害:公元前四世纪中国的政治哲学家》,马腾译,江苏人民出版社 2019 年版,第 44、48 页。

② H. G. Creel, "The Fa-chia: 'Legalists' or 'Administrators'?",载"中研院"历史语言研究所集刊外编第四种《庆祝董作宾先生六十五岁论文集》,1961 年。

侯曰："吾自今以来知行法矣，寡人奚听矣。"一日，申子请仕其从兄官。昭侯曰："非所学于子也。听子之谒，败子之道乎？亡其用子之谒？"申子辟舍请罪。

《战国策·韩策一》也详述此事，并说申不害的请谒被阻后，甚至还"有怨色"。

然而，思想家的理念与他的个人作为不应混为一谈。思想家的行为除了所主张的理论之外，还会受到情感、利益、外部环境等因素的干扰，不可以后者之过迁责于前者之不实。比如，秦国崛起而韩国未能足够强盛有各种原因，并不能证明商鞅法家思想是真，而申不害的法家思想是伪。再比如，商鞅失势逃亡时，也曾试图违法求舍，被拒绝后还喟叹"为法之敝一至于此"（《史记·商君列传》）。这是否说明商鞅也像申不害一样言行不一，不是真正的法家呢？恐怕不能。

除了定名正名、循名责实的公开性法术之义外，君主御臣之术还有另一重更常见的意义，即隐微的君主"心术"。前者是进取性的督责行政；后者则是防御性的禁奸除私，保护君权独尊。学界有称前者为"阳术"者，并给予积极评价；而称后者为"阴术"，多以批判为主。作为所谓"阴术"的帝王心术看似更具私人色彩，是否就如郭沫若所说是与公共之法相对的呢？是，也不是。

从外在形式看，君主心术常用的技巧包括疑诏诡使、挟知而问、倒言反事、以明求暗等。其原则是"藏之于胸中以偶众端，而潜御群臣"。（《韩非子·难三》）这当然是毋庸置疑的私人性政治操作，与法治的原则大异其趣。但在更大的视野中，即在法家设计的整个理想政治体系中，私人性的君主心术之治反而是公共性政治不可或缺的关键构件，与循名责实的法术之治各自发挥着不可替代的作用。

君对臣的心术之治主要是防御性的，而非支配性的——积极的支配性功能主要由法术之治承担。《管子·明法解》曰："明主者，有术数而不可得欺也。"王符《潜夫论·明忠》亦曰："所谓术者，使下不得欺也。"在法家的政治理想中，君主是公共价值的唯一代表者和责任人，是公共秩序的最终负责者和保障者。君主心术所防御的就是臣下无处不在的私欲冲动对公共性政治的侵犯。防御的对象不仅是君主私家之外的臣民，更针对自家之内的私人性因素。因此，防御性的术尤重"备内"，即不信妻、子。甚至为了维护公法、常法，君主个人之私也要抑制，不使其成为臣下之私攀附、生长最终架空公法秩序的凭借。《吕氏春秋·君守》曰："凡奸邪险陂之人，必有因也。何因哉？因主之为。人主好以己为，则守职者舍职而阿主之为矣。"尤其是臣下之私可以采取组织化的方式，即结党。对此，在公共性政治的承担主体或主权者（即个体性的君主）本身组织化水平几乎为零的情况下，现实的办法只能是鼓励和帮助君主孤身奋战。

韩非说："上下一日百战。下匿其私，用试其上；上操度量，以割其下。"（《韩非子·扬权》）发生一日百战的，不仅在君臣之间，还在更根本的层面——君主内心之中。君主的御臣之术首先要能驾驭，甚至消灭自己的私心，比如"去听""去视""去智"，否则就无从抵御臣下之私的进犯。这就将为君之术引向了因循无为的黄老之道，即黄老道家的无为之教成了君主御下之术的终极状态。因此，太史公说"申子之学本于黄老"。《申子·大体》曰：

> 故善为主者，倚于愚，立于不盈，设于不敢，藏于无事，窜端匿疏，示天下无为，是以近者亲之，远者怀之。……凡因之道，身与公无事，无事而天下自极也。

君主通过无为控制一己之私进而抵御臣下之私的所谓术，可以看作这样的事物：在公权力主体只能以君主个体的形式呈现，而非以有内部信仰和纪律规范的组织为载体的情况下，术就是主权者内部的"纪律"调节机制，进而是主权者与官僚之间的"纪律"保障机制。有学者称为"一种基于职务要求的道德自律"，或"官德"。① 其意义就在于维护主权者自身的公共性定位和主权者与官僚之间的公共性关系。无术，则公共性不立。《吕氏春秋·任数》曰：

> ……耳目知巧固不足恃，惟修其数、行其理为可。……去听无以

---

① 徐克谦：《私德、公德与官德——道德在韩非子法家学说中的地位》，《国学学刊》2013年第4期。

闻则聪，去视无以见则明，去智无以知则公。

法家术论的核心并不是为君主笼络家臣，形成紧密团体；相反，是时刻注意保持君臣之间的合理距离。去除人君耳目知巧之私意，使君主成为公共性政治或公法、常法的化身，从而与臣下之私意形成质的差异，是君臣之间合理距离的根本保证，否则就会君臣混一、公法无存。

心术与法术实为君主御臣之术的一体两面，共同服务于对私人性政治的预防和控制、对公共性政治的维持与运行。实际上，法家对于两种术是不加区分的，也没有赋予二者不同的价值。《韩非子·内储说上》曰：

> 七术：一曰众端参观，二曰必罚明威，三曰信赏尽能，四曰一听责下，五曰疑诏诡使，六曰挟知而问，七曰倒言反事。此七者，主之所用也。

七种术大体而言，前四种属于法术，后三种属于心术。心术的成功实施，促使官僚出于理性去奸私之行、守公法之责，从而为法术之治或循名责实的官僚制如同设定好的程序一般自发而有效地运行，创造了条件。

因此，术治整体上与法治在逻辑上是一贯的。虽然处在形式上有私人性政治的特征，但寻绎术论的原旨与关怀，其在法家思想结构中仍然是政治公共性理念的一个环节。循名责实的理性行政和功绩主义的责任政治，都是公共价值的实现方式。在法家看来，它们的合理运行不能指望官僚群体自发的高尚德性——臣僚已被假定为趋利避害、徇私枉公的行为者，而必须依靠公权力的统一、公权力与代理者或官僚之间命令与反馈关系的顺畅和准确。这意味着通过恒常之法建立稳定和有效的公共权威。为此，必须有约束君主自身私意，同时防止臣僚图谋不轨、以私僭公的具体办法。既然不能分割公共权威——否则统一的公共价值将失去依托，而统一的公权力组织方式暂时只有君主制一种选择，那么结论就只能是继续在个体的主权者身上做文章——使君主绷紧神经，掌握微妙的御臣之法，使君臣既可相安又能如臂使指，于是才兴起了申韩法家的"术论"。

（二）术的理性化辨析

相对于法治思想和官僚行政理念体现出的理性化色彩，术所遭到的批评主要在于其藏于君主一人胸中、隐秘不可为外人见，任性恣意、诡谲阴鸷，违背了政治公开性、透明性标准，似乎是君主谋一己之利的工具，因此无论形式理性还是价值理性都不可许之与术。不过，也有学者指出"韩非的'术治'更多的是建立在理性之上的"，"致力于'纯粹'政治秩序的追求"，① 但可惜缺少论证、言之不详，且仍然与纵横家的谋略、君主的私意任断混淆不分。

首先，君主之术所刻意隐匿的并非相机而动的阴谋计策，而是君主私人的好恶趋舍、感情亲疏，甚至不仅是隐匿，最好能消灭，所谓"好恶见则下有因"（《韩非子·外储说右上》）。法家之术为的就是防止臣下根据君主的个人偏爱而投机钻营，结党擅权，因私废公。韩非论君主之"术"的言论中，最经常出现的反面或防备、克服的对象就是臣民的各种"私"，而所要保护的则是"公"。

> 匹夫有私便，人主有公利。不作而养足，不仕而名显，此私便也；息文学而明法度，塞私便而一功劳，此公利也。（《韩非子·八说》）
>
> 明主审公私之分，审利害之地，奸乃无所乘。（《韩非子·八经》）

从这个角度讲，术本身就是公共性政治的重要组成部分。御臣之术其实就是对于臣属、官僚的管理，其目的是建立臣对君的稳定可期的负责关系。法家设想的责任政治与儒家一样，是对人负责与对事负责的统一。即法家之术并不是为了操纵臣属，使之服从于君主的私意，而是希望官僚服从公共价值及作为其具体表现的公法和君主政令。换言之，法家术论是符合价值理性的。

何以见得法家之术不是为了服务于君主的私欲呢？政治价值以人为载体，范围越小（如一人、一家或数家），私人性越强，同时其价值"目录"的随机性、变动性也越大，短期性越明显；范围越大（如血统绵延、社稷长存、国家兴盛甚至天下郅治），公共性越强，同时其价值"目录"的确定性、一贯性也越大，长期性越明显。法家的术和法一样，虽然明面上是

---

① 彭新武：《论中国传统术治主义》，《中国人民大学学报》2016年第1期。

为君主个人服务,却有意地将君主的利益界定为抽象的、超出个人当下感受的内容,如政治地位的稳定持续、社稷国家的长治久安等"天下长利"(《韩非子·备内》),并明确地拒绝君主个性化的私利表达和追求。君主个人价值目标在时间上的长期性,等同于价值目标在空间上超出个人范围的广大性;帝王家族价值目标在时间上的长期性,意味着价值目标在空间上超出一家一姓范围的广大性。非广大不足以致长远,致长远必出乎务广大。统治者主观上越想实现私有价值的长期性,客观上就越会导向致力于价值的公共性和普遍性。韩非正是以此立论。

其实不止法家,这种"话术"是先秦诸子游说统治者的通行策略。私耶?公耶?未可一言为断。老庄之"道"与申韩黄老之法术之所以能够比附,是因为它们处在相似的对立关系之中。老庄之道反对一切人为事物,包括法术,是为了超脱出"日方中方睨,物方生方死"的无常世界,寻得无名、无为而又有常、可待的价值寄托。这些经验性的无常之物,首先是人的各种物质欲求,与之相对的就是生命本身的长生久视。因此,道家世俗应用化的第一步就是养生学说。法术也是以君主私欲的外显和人臣私权的擅作为克服对象的,其目的也是达到私意无为而公法有常,从而实现公共价值。因此,同样出自"道",法家去私之"法术",不就像是国家的"养生术"吗?《韩非子·解老》曰:

> 夫能有其国、保其身者,必且体道。……道也者,生于所以有国之术。……夫道以与世周旋者,其建生也长,持禄也久。

实际上,韩非确实常将治国之术与养生之术相类比。《韩非子·安危》曰:

> 古扁鹊之治其病也,以刀刺骨;圣人之救危国也,以忠拂耳。刺骨,故小痛在体而长利在身;拂耳,故小逆在心而久福在国。故甚病之人利在忍痛,猛毅之君以福拂耳。忍痛,故扁鹊尽巧;拂耳,则子胥不失。寿安之术也。

养生术关键在于忍身体之"小痛"而获身体之"长利"。治国之术略有不同,因为君主有"两个身体",所以关键在于忍私人性的个体心意之"小逆",而获公共性的国家或政治体之"长福"。

如果只是出于纯粹的君主私人性政治,如家产式支配,那么古今中外屡见不鲜的君主骄奢淫逸、弄臣佞幸围绕才应该是正常的状态。专制君主似乎没有太大的必要劳心费力、自律克己、隐藏好恶、不动形色,为了抽象的政治安全而放弃一切具体的统治享受。从君主私人利益最大化的角度,申韩的术论未必是合意的选择。如果君主超越一身之利,关心社稷安定、治理有序,追求功业著史、天下称颂,则必须精于御臣之术,打造合理的君臣关系。因此,法家之术这一工具是服务于君主私人性的统治和享受,还是适配于君主集权下的公共性政治之需要?恐怕后者的必要性和解释力更强一些。

《说苑·权谋》曰:

> 夫权谋有正有邪;君子之权谋正,小人之权谋邪。夫正者,其权谋公,故其为百姓尽心也诚;彼邪者,好私尚利,故其为百姓也诈。……诚者隆至后世;诈者当身而灭。……则是亦权谋之术也。

刘向说的"君子之谋"以公共性价值目标为旨归,以"正"与"诚"为表现,正大光明,坦荡无私,类似于毛泽东所说的"阳谋"。① 因此,法家从不掩饰任术而治的主张。《管子·任法》曰:"圣君任法而不任智,任数而不任说,任公而不任私,任大道而不任小物,然后身佚而天下治。""法""数"(术)、"公""道""天下治"是统一的。

其次,作为公共性政治一部分的术治,并不是君主一人不可捉摸的诡计,而是可以总结、概括和共享的行事准则。《韩非子·安危》曰:

> 安术有七……一曰,赏罚随是非;二曰,祸福随善恶;三曰,死生随法度;四曰,有贤不肖而无爱恶;五曰,有愚智而无非誉;六曰,有尺寸而无意度;七曰,有信而无诈。

---

① 毛泽东于1957年7月1日在《人民日报》发表的社论《文汇报的资产阶级方向应当批判》中使用"阳谋"一词后,该词为世人所知。

这些概括意味着，术是可学习、可普及的通用技术，也就是有着形式理性的潜在属性。《管子》中，《明法》《明法解》等篇代表了齐地法家政治思想的特色。其中一个关键概念是"术数"——不同于通过历数占卜预测吉凶的"术数"。《明法解》曰："乱主则不然，听无术数，断事不以参伍。""术数"就是断事以参伍，即循名责实、多方参验。这与申不害主张的任用、考核、监督臣下之"术"是相近的。但《管子》法家又多出一个"数"字，曰"术数"，包括"七法""八观"等具体的调查研究、明辨是非的方法。其实，无论研究天道的"术数"，还是研究君主御臣之道的"术数"，其中的"数"都是指事物发展变化的规律，根据规律而指导行为就是"术"。将其运用在不同的领域就形成不同的"术数"。杨宽认为："齐法家使用于政治上的'术数'，当然是指国家大事发展变化的规律，因而这种'术数'实质上就是政治学。……齐法家主张君主必须用'术数'来防止臣下的欺诈，就是主张用'七法'和'八观'的调查研究，辨明国家的真情，使君主能够按照事物发展变化规律来治理。申不害和韩非所用的'术'是隐秘而不给人知道的，而齐法家所用的'术数'，要根据多方面调查研究的结果，当然是公开进行的。"① 并且，政治事务像一切事物一样，其变化发展规律是客观恒定、古今一贯的。《管子·形势解》曰："人主务学术数，务行正理，则化变日进，至于大功。"

不仅齐法家侧重的客观法术，申韩发挥的帝王心术同样不是随机而变的私意算计，而是一种普适性的策略设计，追求一种特定行为模式的塑造。这也是制度层面的形式理性化。就像儒家也有心性论，讲"'天理'二字却是自家体贴出来"（《程氏外书》卷十二），但这不等于非理性的、情感主义的伦理学，因为道德修养同时也被五伦十义、洒扫应对等明确的规范所预定了。同样，法家心术虽然发于一人胸中，但也有用"七术"、察"六微"等经过合理设计的固定程式，类似于法家版本的君主"德教"，可学而至。史华兹认为法家的政治模式建构是"由非人格化的法律机制、'技术'（即'术'——引者注）和神秘的权势支配的；在这种社会中，数不清的私人激情、情感、价值以及信念的力量都被清除出去"。②

---

① 杨宽：《战国史》，人民出版社 2016 年版，第 565—566 页。
② ［美］本杰明·史华兹：《古代中国的思想世界》，程钢译，江苏人民出版社 2008 年版，第 470 页。

术以其本身的规律性、技术性,保证着政治体系的法则性、公共性。因此,术是法家兼具价值理性与形式理性的"政治科学"和政治模式的有机组成部分。

(三) 比较中的权术论

法家术论常常被拿来与马基雅维利主义比较。但过去的比较研究大多流于表面的相似,未能深入其内在的差异。只有在相似之中挖掘出二者本质的不同,才能真正理解两种政治思想,并借此分辨法家之术与兵家、纵横家之阴谋权术的区别,甚至可以更加准确地认识中西迥异的政治思想传统——法家术论和马基雅维利主义恰恰分别在其中扮演了重要的角色。

首先,关于政治追求。两种权术思想都将政治与道德分离,在运用权力的主张中蔑弃道德,因而都背上了某种邪恶的骂名。① "但是从总体上讲,与其说他是不道德的(immoral),还不如说他是非道德的(non-moral)",② 法家同样如此。而否定个人行为层面的传统德行,不等于没有价值追求。实际上,二者在更高的"道德"层面仍然有着某种政治理想——区别也正在于此。

虽然二者都身处乱世,都追求富国强兵,但法家之术的终极目的是重建"天下"秩序,马基雅维利的君主权术则是为了在建立与法国、西班牙等相颉颃的民族国家,而明确放弃了基督教世界一统或罗马式帝国一统的传统理想。以天下秩序为理想,则法家之术自然有其公共性的价值导向,更多呈现在公共性的国家治理层面;从民族国家的特殊性出发,马基雅维利主义的权术则以国家之间丛林社会式的私利竞争为语境,更多呈现在国家外交的层面,以及创建国家、改造腐败国家、应对国家的特殊紧急情况等。③ "马基雅维利的政治论著与其说属于政治理论,不如说更属于外交文献的范畴,……在马基雅维利的时代,外交角逐……为了成功既要依靠赤

---

① 政治思想史研究中的"剑桥学派"力图将马基雅维利政治思想中离经叛道的元素纳入共和主义框架,论证他是共和主义者,代表了古典共和主义强调公民美德和公共精神的传统。但这种解读无异于抹杀了马基雅维利思想的新异性和颠覆性,是对其思想的扭曲。(谢惠媛:《共和主义的歧路:剑桥学派对马基雅维利政治德性的解读》,《伦理学术》2021年第1期。)

② [美] 乔治·萨拜因:《政治学说史》下卷,邓正来译,上海人民出版社2008年版,第12页。

③ 至于在国家建立之后或者尚未腐败之国家的日常维护和治理之中,马基雅维利继承古典共和主义的主张,寄希望于公民美德。但这与他独具创新性的权术思想是两回事。

裸裸的强力，也要依靠技巧性的权术。"① 黑格尔也使用"'马基雅维利主义'这个术语来指称建国的技艺，而不是指国家建立后进行管理的方式"②。史华兹指出，马基雅维利"的路数似乎近似于苏秦和张仪之类战国时代的'国际战略家'（译者按，纵横家）的路数，而不是法家"③。基于政治目标的不同，法家之术不仅受到价值理性的规范，也潜在地追求某种形式理性化的常态运行；"不仅仅是应对乱世的'救世'之学，而且还是蕴涵普世政治原理的'治世'之学"。④ 马基雅维利主义的权术则满足于机会主义的临时性策略选择，"并没有假定任何简单的、可预测的'行为'模式"⑤。因此，应该修正梁启超之说，即与"主张以阴谋为操纵"的"战国时纵横家"类似的只是马基雅维利主义的权术论，而申子及法家之术则与它们根本不同。

其次，关于政治主体。二者都依托君主政体，强调君主一人之"德"，即权术，而非众人之德。马基雅维利主义"主要依凭的乃是强力和权术"，⑥ 类似于法家的"势"和"术"，唯独缺少了法家之"法"的对应物。而作为君主一人之"德"的权术与国家之法的关系则体现出两种权术之性质和君主之角色的不同。

马基雅维利思想中，共和主义的法治与君主专制的私人权术是分离的；而在法家，法与术是有机统一的，术是为法服务的，并共同致力于实现天下民生之长久的政治公共价值。曼斯菲尔德发现，"在马基雅维里的主要著作中，'执行'只有一次是和'法律'一起出现"，"一旦执行行为不再明确地服从法律和正义，技巧便成了处置各种紧急事态的一种普遍可用的手段"。⑦ 而不受法律规范、依靠技巧的"执行"就是权术，即马基雅

---

① ［美］乔治·萨拜因：《政治学说史》下卷，邓正来译，上海人民出版社2008年版，第11—12页。

② ［以色列］阿维纳瑞：《黑格尔的现代国家理论》，朱学平、王兴赛译，知识产权出版社2016年版，第139页。

③ ［美］本杰明·史华兹：《古代中国的思想世界》，江苏人民出版社2004年版，第470页。

④ 宋洪兵：《先秦法家政治正当性的理论建构》，《北京师范大学学报》（社会科学版）2017年第6期。

⑤ ［美］本杰明·史华兹：《古代中国的思想世界》，江苏人民出版社2004年版，第469页。

⑥ ［美］乔治·萨拜因：《政治学说史》下卷，邓正来译，上海人民出版社2008年版，第11页。

⑦ ［美］哈维·C.曼斯菲尔德：《驯化君主》，冯克利译，译林出版社2017年版，第154、155页。

维利特色的"德行"(virtù)。法家主张"君任臣而勿自躬",反对"舍法而以身治""舍法以心裁"(《慎子》内篇)。通过消弭君主之私,避免启发官僚之私,通过君主不自躬、不身治、不心裁,保证官僚无所投机、依法而行、秉公而治,这就是"术"。因此,法家之术是消极防卫的,君主是无为的,是去人格化、去私人性的。相比之下,马基雅维利的权术是积极进取的,君主是有为的,是张扬私人个性的。在君臣关系上,马基雅维利认为"一个好的大臣……应该只想着君主,并且绝不想及同君主无关的事情",① 君主也要努力与大臣建立各种私人性的恩威关系。法家术论的用力方向则恰好相反,力图使君主隐藏私意,避免君臣之间基于私人性爱恶的关联。徐复观说,"法家是有原则的严酷",君主私人政治则是"无原则的严酷"。② 法家之术与马基雅维利式君主私人政治之机诈权术的区别也当做如是观。

因此,史华兹认为秦始皇是法家政治理想的忠实信仰者和实践者,而汉高祖刘邦则是一名真正的马基雅维利主义者。刘邦没有任何明确的社会政治组织信条,但却具有狡黠和权谋的天赋及"与复杂得数不清的力量打交道的能力,而这些力量正是由人格、激情、道德观念以及超乎寻常的与人交往的能力组成的"③。这本质上是一种建构私人权力关系的能力。刘邦集团主客结合的性质,无论是豪族结构④、任侠集团⑤还是父老子弟关系⑥,都是一种私人性权力关系的结合。其中的纽带就是刘邦个人的马基雅维利主义的政治

---

① [意]尼科洛·马基雅维里:《君主论》,潘汉典译,商务印书馆2005年版,第112页。
② 徐复观:《两汉思想史》第三卷,九州出版社2014年版,第117页。
③ [美]本杰明·史华兹:《古代中国的思想世界》,江苏人民出版社2004年版,第470页。
④ 该观点认为刘邦集团的中心构造形态是一种生活集团,以血缘集团为中心,非血缘者通过拟制的家族或家内奴隶的结合原理与家父长结合起来,从而形成汉代特有的豪族集团。参见西嶋定生《中国古代帝国形成の一考察——漢の高祖とその功臣》,《歷史學研究》141号,1949年,转引自氏著《中国古代帝国的形成与结构》,武尚清译,中华书局2004年版,第19—20页。
⑤ 该观点认为刘邦集团起源于任侠的刘邦与众多游侠、豪侠的私人性交往与结合,隶属其下的游民也以任侠习俗为纽带而联结,最终随着天下的平定而向君主式的公权力支配关系转型。参见增渊龙夫《中国古代的社会与国家》第一篇第一章(三)"秦汉之际游侠的活跃——刘邦集团的分析"。
⑥ 该观点认为刘邦集团从亡命之徒的团伙转变成角逐天下的政治、军事集团,是建立在父老阶层的支持以及普遍的父老—子弟关系基础之上的。参见守屋美都雄《中国古代的家族与国家》第五章"关于汉高祖集团的性质"、第六章"父老"。

能力或者卡里斯玛权威，这与秦始皇以某种公共价值或政治法理为旨归的法家术治有着本质的不同。

最后，关于研究方法。在某种程度上，二者都不依赖形而上学的根本法则与演绎，作为"一种常识经验主义"（empiricism of common sense）①，都是通过"观往者得失之变"（《史记·老子韩非列传》），提出应用性的具体策略。虽然二者都有对人性恶或人性自私、趋利避害的假设，却并没有由此推演出一套"完备性学说"，而只是为某种具体的政治策略提供依据。

但是仍然有区别。法家背后确实存在某种哲学支撑：循名责实之术有名家之学为依据，虚静无为之术有道家思想为资源。但是这种哲学支撑更多地是后续补充的强化说明——就像儒家中的阴阳宇宙哲学也是后起的理论支撑一样。因此，法家术论在政治哲学上的真正根基在于先秦诸子共同预设的"天下长利"这一公共价值的先在性，而非从外部援引的某种自然哲学或经验主义的人性观点。只有以这种中国式的公共性政治哲学传统为基底，才能理解法家之术无非是"天下一致而百虑"中的一"虑"，也才能解释在战国晚期至西汉前期，各家思想融合互补的杂家著作集中出现，术论只是其中的有机组成部分。

马基雅维利主义的思想史意义则在于为西方近现代主流政治哲学传统提供了重要的启发。虽然马基雅维利"的概念并不是个人主义的政治概念，……不存在从孤立的原子式的个体行为出发而对社会关系进行的演绎""在马基雅维利那里，君主是唯一的历史个体"。②但是，既然君主是个性化而非去人格化的、有着特殊性而非普遍性价值追求的政治主体，马基雅维利就可以"通过展示这种决意做到真正单独一人的勇气，从而催生出最早的自由个人。这个最早的个人是一个专制者"。"马基雅维利的'一个人自己的武装'这句口号，与自由主义的自我保护的权利有着明确的相

---

① ［美］乔治·萨拜因：《政治学说史》下卷，邓正来译，上海人民出版社2008年版，第15页。

② ［法］路易·阿尔都塞：《政治与历史：从马基雅维利到马克思》，吴子枫译，西北大学出版社2018年版，第305、306页。

似性。"① 因此在方法上成为自由主义或现代宪政共和主义的渊源之一。

总之，西方近现代主流政治哲学的根本是唯（私人）意志论，一切公共性（如公共领域、公共理性等）都立基于此。马基雅维利的君主权术论是在一个极小的范围内（君主一人）对这种唯意志论的深度呈现，后续政治思想的发展脉络就是依据这种唯意志论扩展至众多政治主体使用权术进行的政治参与，而构想众多权术交织之下的基本规范与合理秩序——即民主与宪政。中国传统政治哲学——乃至于经过改造的现代版本，其根本则是唯公共价值论。法家术论就是在君主集权和家产官僚制的给定条件下，避免公共价值的权威性被君臣互动中的私人性所遮蔽或扭曲的方法论。

第三节 政治开放性

一 选贤之法与士人之群

儒家的政治思想可称为"君子政治学"。君子主要是儒、墨两家的习用概念，尤其是儒家。君子的概念在儒家手中经历了从世袭贵族到人文精英的转变。在儒家的政治构想中，"由活生生的人（尽管是先锋队精英担任的中介）所构成的中介力量在塑造社会的过程中起着主导作用，这样的人类个体就可以实现社会政治秩序的最高规范"②。这些理想秩序的塑造者就是君子。《荀子·王制》曰："天地生君子，君子理天地；君子者，天地之参也，万物之揔也，民之父母也。无君子，则天地不理，礼义无统，上无君师，下无父子，夫是之谓至乱。"因此，强调"君子"的意义和作为成为儒家政治思想最显著的标签。梁启超说："一切政治由'君子'出，此儒家唯一的标帜，遍征诸儒书而可信者也。"③

君子、小人是儒家理想秩序中最基本的两个阶层。④ 君子意味着较高的道德意识与成就和较优的才智水平，小人反之。然后应当"论德而定

---

① ［美］哈维·C.曼斯菲尔德：《驯化君主》，冯克利译，译林出版社 2017 年版，简装本前言第 2 页、前言第 11 页。
② ［美］本杰明·史华兹：《古代中国的思想世界》，程钢译，江苏人民出版社 2008 年版，第 444 页。
③ 梁启超：《先秦政治思想史》，商务印书馆 2014 年版，第 226—227 页。
④ 儒家所说的"君子""小人"不再是传统的基于血统的世袭身份概念，而成为不同道德成就的称谓。

次"（《荀子·君道》），使"大德必得其位，必得其禄，必得其名，必得其寿"（《礼记·中庸》）；"德必称位，位必称禄，禄必称用"（《荀子·富国》）。总之，"无德不贵，无能不官"（《荀子·王制》）。即在儒家的理想秩序中，德、位、禄是一体的，道德成就决定地位，地位决定物质享受。这是一个以道德成就为标准而不均等地分配地位、权力和物质资料的等级秩序。于是，君子应当位尊，小人应当处卑；君子应当富贵，小人应当贫贱。贫贱则意味着德行有缺，所以孔子说："邦有道，贫且贱焉耻也。"（《论语·泰伯》）君子的位尊与富贵是对道德成就的奖励和对小人（潜在的君子）的鞭策与激励，冀其致力于德性提升——因为政治秩序的成立本身就是为了追求这一核心价值。

儒家的理想秩序不仅是利益分配秩序，也是权力分配秩序，即君子应当是统治阶层，小人应当是被统治阶层。君子劳心以治小人，小人劳力以养君子，以服从君子。"有大人之事，有小人之事。……或劳心，或劳力。劳心者治人，劳力者治于人。治于人者食人，治人者食于人。天下之通义也。"（《孟子·滕文公上》）君子的统治权力实际上是对道德成就者的授权，授权的目的或者说君子治小人、小人服从君子的目的，是开展道德教化，是通过君子的教导使得小人也能提升其道德成就，实现人格自立。《春秋繁露·俞序》曰："教化流行，德泽大洽，使天下之人人有士君子之行。"即儒家的最终目标是人人皆为君子。梁启超说："夫天下人人皆成为'君子'，则儒家'全民政治'实现之时矣。"[①] 这就是儒家的"君子政治学"。

（一）选举的公共依据

儒家的伦理体系中，仁、义、礼、智最具代表性。其中，礼是仁、义的外饰，仁、义是礼的内核，仁、义、礼是一个整体；而"智"虽然也特指道德实践上的明智，但毕竟不同于仁、义、礼等德目所概括的道德本身。二者类似亚里士多德"道德德性"与"理智德性"（明智）之分。[②]

[①] 梁启超：《先秦政治思想史》，商务印书馆2014年版，第226—227页。

[②] 亚里士多德认为："明智与道德德性完善着活动。德性使得我们的目的正确，明智则使我们采取实现那个目的的正确的手段。"并且，明智或理智德性对于道德来说不可或缺，"严格意义的德行离开了明智就不可能产生。……所有的德性都是明智的形式"。［古希腊］亚里士多德：《尼各马可伦理学》，廖申白译，商务印书馆2003年版，第187、189页。

仁、义、礼所概括的道德本身作为应然的规范，对所有人都是同等的要求，但"智"首先作为一种实然的才智之能，却在人与人之间有智愚贤不肖之分。孔子曰："生而知之者上也，学而知之者次也，困而学之，又其次也。困而不学，民斯为下矣。"(《论语·季氏》)这就是人在"智"上有差等。因此，理想秩序中的权力分配不仅依据道德成就，也是符合人在"智"上有智愚贤不肖之天赋差别的合理安排，即"量能而授官"(《荀子·君道》)。当然，在儒家看来，"智"是道德实践的明智，必然关系到人的道德能力和成就。"能"与"德"是一致的，智愚贤不肖与道德成就的高低基本对应，并在君子—小人的等级划分中得到一贯的体现。

另外，道德成就所关联的天赋资质("智"或"能")之优劣，并不会使君子—小人的等级区分变成天生固定的。孔子认为："唯上智与下愚不移"(《论语·阳货》)，"上智"是"生而知之者"，是不学而能的圣人。以孔子之贤都说"我非生而知之者"(《述而》)，可见"上智"者极少，"下愚"者亦然。大多数人介于"上智""下愚"之间，是中人之资，"性相近也"，是可以通过"习"而"移"的，即可以通过学习修养提升自己的道德成就，成为君子圣贤。于是，"人皆可以为尧舜"(《孟子·告子下》)，"涂之人可以为禹"(《荀子·性恶》)。儒家的理想秩序不是固化的利益分配格局，而是开放的、动态的激励机制。这是由贵族政治变为君子或士大夫政治的基本原则。《荀子·君道》曰："王公士大夫之子孙，不能属之礼义则归之庶人；虽庶人之子孙，积文学身行，能属之礼义，则归之卿相士大夫。"

并且，仅仅区分君子—小人对于理想政治的组织体系是远远不够的。孟子说有"一乡之善士""一国之善士""天下之善士"(《孟子·万章下》)，重要的是对君子划分等级，这样才能"论德而定次，量能而授官"。

于是，开放的、动态的政治体系如何制度性地保证君子参与政治，选择不同层次的君子充实不同层次的位置，就成为儒家政治学必须考虑的问题。不只儒家，无论是循名责实的理性行政，还是君主责任政治下的官僚代理模式，或者官僚自觉的士人责任政治，选贤任能都是首要的前提，尤其对于强调功绩主义的责任政治而言。因此，选人用人是诸子各家政治思想普遍的议题，是在预设的权威性公共价值主导下的公共性政治之展开的必要环节。《淮南子·主术训》曰：

人主之一举也，不可不慎也。所任者得其人，则国家治，上下和，群臣亲，百姓附。所任非其人，则国家危，上下乖，群臣怨，百姓乱。……贤主之用人也，犹巧工之制木也，大者以为舟航柱梁，小者以为楫楔，修者以为櫩榱，短者以为朱儒枅栌。无小大修短，各得其所宜；规矩方圆，各有所施。

选贤任能本身就意味着政治职位的公共性，其对立面是君主出于私意地用人。孔子讥世卿，是"春秋大义"之一。墨子在尚贤论中也批评了私幸政治和用人不察："王公大人有所爱其色而使，其心不察其知，而与其爱。是故不能治百人者，使处乎千人之官；不能治千人者，使处乎万人之官。……虽日夜相接，以治若官，官犹若不治。"（《墨子·尚贤》）《淮南子·主术训》曰："君人者不任能而好自为之，则智日困而自负其责也。"公共性的政务职事，是君主一人无法也无须"自负其责"的。西汉鲍宣批评汉哀帝曰："夫官爵非陛下之官爵，乃天下之官爵也。陛下取非其官，官非其人，而望天说民服，岂不难哉！"（《汉书·鲍宣传》）在政治现实中，春秋战国以降，各国纷纷通过荐举、荐引的方式选拔官吏，搭建和更新官僚体系。比如赵文子知人，所举晋国管库之士七十余人（《礼记·檀弓》）；秦孝公求贤国中，景监举荐商鞅（《史记·商君列传》）；"淳于髡一日而见七人于宣王"（《战国策·齐策》）等。但早期的举荐充满了私人性、随机性，虽有一定程度的开放，但缺乏稳定性、公共性。像祁奚内举不避亲、外举不避仇，已属难能可贵。总之，如阎步克所言，"这类荐举行为在举主资格、举人标准、考校方法、铨任方式等方面，肯定是较为散漫无章的"①。因此，选贤任能原则的贯彻必须依据一定的客观、公共的选举规则和人才标准。

儒家认证的公共性人才评定标准是人文修养，即以道艺论等。② 这些人文修养被称为"六艺"。六艺有两个目录，从"礼""乐""射""御"

---

① 阎步克：《察举制度变迁史稿》，中国人民大学出版社2009年版，第5页。
② 阎步克说："儒家伸张的禽兽、小人、君子之辨，是一种道艺等级。……道艺等级应该与政治等级相应。"（阎步克：《中国古代官阶制度引论》，北京大学出版社2010年版，第489页。）

"书""数"的"六艺"到"诗""书""礼""乐""易""春秋"的"六经"①,名目有几处重合,但其实内容有异。"六艺"之"书"是识字,"六经"之"书"是《尚书》。其间的变迁反映了儒家君子观和政治观之开放性的扩展。传统"六艺"是贵族教育,必须具备较高的社会经济条件才学得了;"六经"教育主要是读书,门槛就会低很多。即便在很大程度上平民化了的后世社会,也有"穷学文,富学武"之说。项羽是贵族出身,他所建立的西楚霸权被认为是先秦封建贵族政治的复辟,而项羽接受的教育也是颇有贵族遗风的。《史记·项羽本纪》记载:"项籍少时,学书不成,去,学剑,又不成。项梁怒之。籍曰:'书足以记名姓而已。剑一人敌,不足学,学万人敌。'于是项梁乃教籍兵法。"所谓"书足以记名姓而已",就是贵族"六艺"教育的典型观念,而"学万人敌"就是学兵法,更是体现了贵族教育作为军事教育的本质属性。从政治社会开放性、流动性的角度讲,当然是读书更有利于选贤任能。

因此,孔子肇造的新君子群体,相对于传统君子,不仅仅是由血缘性向道德性的进化,同时也是从军事性教育向文史性教育的转型。孔子说:"俎豆之事,则尝闻之矣;军旅之事,未之学也。"(《论语·卫灵公》)孔子时代的士阶层除了少数上升为卿大夫,大多数已经降为庶民。庶民虽然也要服兵役,但毕竟不同于传统职业的武士阶层,"军旅之事,未之学也"恐怕不全是出于谦虚和反战的思想,也是实话实说。李零说儒家对后世的影响有三,全跟读书有关。"一是它给我们留下的经典最多,对衔接传统和传播文化有很大影响;二是它讲'学而优则仕',和古老的贵族制度相反,不问出身,只凭读书取士,这个制度很重要;三是它'不语怪神,罕言性命','敬鬼神而远之',这种淡化宗教的态度,影响也至为深远。它给我们留下的是书,是读书的制度和态度。"②

以读书学文为标志的儒家道艺,作为人才的考评标准,又被进一步"分科",从而更具客观性、公共性。除了"六经"本身就是经学科目,最重要的就是孔子的"四科之教":

---

① "六经"也被称为"六艺",是新"六艺"。但为了区别,本书称"六艺"仅指传统"六艺",新"六艺"以"六经"称之。

② 李零:《简帛古书与学术源流》,生活·读书·新知三联书店2004年版,第464页。

> 子以四教：文、行、忠、信。（《论语·述而》）
>
> 德行：颜渊，闵子骞，冉伯牛，仲弓。言语：宰我，子贡。政事：冉有，季路。文学：子游，子夏。（《论语·先进》）

儒家这种分科的思路深刻影响了后世中国人才选举制度的实践。阎步克指出，"是汉廷政治方针的变化和知识群体的参政，才导致了贤良对策和孝廉察举的出现，由此，'进贤''贡士'成了汉代察举的典型形态，'科目'取士之法也因之获得了制度化的形式"①。即儒家的君子政治观为春秋战国以来随机性、无定制的人才荐举或选官方式，提供了规范化、制度化的契机，即以某种政治价值或行政素养为标准，确立举荐或选官的依据，并使之科目化、客观化。儒家的价值准则自然成为选举标准的主要来源，从而形成贤良、文学、方正、孝廉等科目。但这一制度化思路也可以超出儒家价值的范畴，以相同的方式应用于其他行政价值。如偏向法家思想的"治剧""明法"等，本来只是笼统的行政原则，在儒家思想的启发下，也成为明晰、客观的选举科目。

在纯粹法家的政治模式下，体制内的官吏固然可以因文法良而得拔擢，因功绩高而得升迁，但更重要的是官僚体系的纳新机制，即从体制外到体制内的选官方式。对此，法家思想按照"利出一孔"的原则大概只能说"仕进之途唯辟田与胜敌而已"（《通典》卷十三"选举一"）。然而，胜敌或军功不可能是和平时代选官的常法。唯辟田或农功差可树为选贤之标准，却又显得太过简略、粗疏。选贤任能是除老庄道家外的先秦诸子政治思想之通义。之所以是儒家而非法家或墨家，成为选举科目化、规范化的思想源头，主要是由于儒家更为关注人的政治主体性，因而对于人的资质、学习、培养和分类也就有着更多的思考。这些思考与战国秦汉的人才举荐实践逐渐结合并对后者产生影响和制度化改进，是古代政治思想塑造公共性政治的又一例证。后世围绕这些科目的考察、检验不断创新制度和方法，是帝制中国公共性政治进步的重要表现。

从汉代察举制到魏晋九品官人法、隋唐之后的科举制，都是在科目化的思路之下对于人才等级划分、选举任用的制度化探索。其本质就是为选

---

① 阎步克：《察举制度变迁史稿》，中国人民大学出版社2009年版，第12—13页。

贤任能提供客观性、公共性的标准和依据。这种依据被概括为科目。因此，其发展方向很明显是以科目化为载体不断地趋向选举制度的客观化、开放性，也即政治的公共性。汉末兴起的清议之风与人伦鉴识之学也是在这一思想史演进逻辑中的产物，是有关探寻更加细化、客观的人才评定标准的一系列努力中的一个环节。这些努力不仅致力于为选贤任能的公共性制度提供依据，也为士人群体的身份觉醒与自我认同创造了契机。

（二）士人的身份认同

儒家主张君子群而不党，何为群？"君子"和"士"都是儒家之前就有的人称或阶层，儒家为它们重新注入道德的内涵，改造成儒家信徒的名号。君子与小人大致相当于士与（除士之外的）民，但二者又有细微的差别。"君子"侧重于个体性概念，"士"则由于出自职业和身份等级而更倾向于是群体性的概念。在君子之间建立"士"的共同身份观念，是君子之群的主要依据。"君子"偏重人格修养，"士"则强调道义担当与力行；君子温润如玉，士人慷慨激昂；君子更像是私人性生活场景中的形象，士则偏向于公共性政治活动中的角色。《吕氏春秋·士容》篇中，分别描绘了士人和君子的形象，确有异趣：

> 士不偏不党。柔而坚，虚而实。其状朗然不儇，若失其一。傲小物而志属于大，似无勇而未可恐狼，执固横敢而不可辱害。临患涉难而处义不越，南面称寡而不以侈大。……此国士之容也。
>
> 君子之容，纯乎其若锺山之玉，桔乎其若陵上之木；淳淳乎慎谨畏化，而不肯自足；乾乾乎取舍不悦，而心甚素朴。

先秦文献论"士"大多是从君主的角度立论，以"士"为政治之客体或工具。与之相应，士人也以入仕为立身的依据。儒家士人是最为拥抱政治、积极入仕的，士人始终寄希望于通过参与政治实现其道德理想。政治是士人的本职，乃至天职。

> 学而优则仕。（《论语·子夏》）
> 孔子三月无君，则皇皇如也，出疆必载质。
> 士之失位也，犹诸侯之失国家也，

> 士之仕也，犹农夫之耕也。(《孟子·滕文公下》)

士者未必没有私利，但绝不以私利害公义，是为"有恒心"。

> 士志于道，而耻恶衣恶食者，未足与议也。(《论语·里仁》)
> 无恒产而有恒心者，惟士为能。(《孟子·梁惠王下》)
> 居天下之广居，立天下之正位，行天下之大道。得志，与民由之，不得志，独行其道。贫贱不能移，富贵不能淫，威武不能屈，此之谓大丈夫。(《滕文公下》)
> 生，亦我所欲也，义，亦我所欲也。二者不可得兼，舍生而取义者也。(《告子上》)

虽然必须入仕于君，但士人的政治主体性、独立性意识也在日益滋长壮大。同时，在政治主体意识的基础上，士之群体性的观念逐渐萌发。《吕氏春秋·士节》曰："士之为人，当理不避其难，临患忘利，遗生行义，视死如归。有如此者，国君不得而友，天子不得而臣。"徐复观指出，《韩诗外传》要应对的一个重要问题是，在战国以来士人数量大增、逐渐沦为无业游民、生活和人格都成问题的背景下，士的地位应如何树立？韩婴的回答是通过集结于生活困顿中标持人格的故事，"形成对'士节'的要求，亦即是对所谓'节义'或'名节'的要求"。士人应以节义为立足点，"此立足点应即视为一己之生命，守死不渝。……东汉名节之士的规范，在这里大概已经标指出来了"。①《韩诗外传》卷一曰：

> 义之不立，名之不显，则士耻之，故杀身以遂其行。由是观之，卑贱贫穷，非士之耻也；天下举忠而士不与焉，举信而士不与焉，举廉而士不与焉，三者存乎身，名传于世，与日月并而息，天不能杀，地不能生，当桀纣之世不之能污也，……故陋穷而不悯，劳辱而不苟，然后能有致也。
>
> 所谓士者，虽不能尽备乎道术，必有由也；虽不能尽乎美者，必

---

① 徐复观：《两汉思想史》第三卷，华东师范大学出版社2001年版，第20—24页。

有处也。言不务多，务审所行而已，行既已尊之，言既已由之，若肌肤性命之不可易也。……君子洁其身而同者合焉，善其音而类者应焉。

君子志同道合、同类相应，就形成了士人团体。《韩诗外传》对士人角色的丰富论说，体现了士人群体的自我认同。林聪舜认为，韩婴"是一位冷静的经学大师，面对新帝国的建立，发现'士'的机会，但也意识到'士'的困境，特别是个别的'士'的无力感。他想透过《诗》教'造士'，善用儒士所拥有的知识、道德，建立共同的认同，建构'士'的共同体，转化出'士'集团坚强的现实力量"[①]。其实，这种士人共同体思想或士人集体身份观念的建构在先秦儒家中就已经开始了。只不过这种建构停留在欲发而未发的萌芽状态，并没有得到继承发扬。一个重要的原因可能是博士制度和察举制度的先后建立，为君子政治所追求的选贤任能提供了渠道。士人可以自谋仕途，似乎已经没有必要再去想象和构建独立的、集团的力量来相互协助从政入仕了。但是，一旦常规的选举、铨叙制度遭到破坏，士人自进之途受阻，则集体身份意识必将复生。

士人集体身份意识的建构体现在两个方面：一是对"士"这一身份概念及其特质的塑造与砥砺；二是对士人之师道、友道等关系伦理的推崇与宣扬。汉末儒生的相互标榜、同气连枝，实际上具有某种组织性意义，是对圣人"君子群而不党"教条的发展。东汉王符《潜夫论·交际》篇专论朋友相交之伦理，反映了东汉中期之后士人阶层集体意识的强化和群体关系的趋于紧密。这在以君臣等级、家族血缘为伦理主题的儒家内部，是一种相对独立的思想因子。朋友交际之道，实际上是身份平等的士人君子相互之间的伦理要求，王符将其概括为"四行"："恕、平、恭、守"。

所谓恕者：君子之人，论彼则恕于我，动作则思于心；……已欲立而立人，已欲达而达人；善人之忧我也，故先劳人，恶人之忘我也，故常念人。

所谓平者：内怀鸤鸠之恩，外执砥矢之心；论士必定于志行，毁

---

① 林聪舜：《儒学与汉帝国意识形态》，上海人民出版社2017年版，第115页。

誉必参于效验；不随俗而雷同，不逐声而寄论……

所谓恭者：内不敢傲于室家，外不敢慢于士大夫；见贱如贵，视少如长；其礼先入，其言后出；恩意无不答，礼敬无不报；睹贤不居其上，与人推让。

所谓守者：心也。有度之士，情意精专，心思独睹，不驱于险墟之俗，不惑于众多之口；……故守其心而成其信。(《潜夫论·交际》)

这种秉持独立精神、彼此平等对待、"见贱如贵，视少如长"的伦理原则具有普遍意义。"交际之理，其情大矣。非独朋友为然，君臣夫妇亦犹是也。"(《交际》)即君臣夫妇亦当如身份平等、志同道合的朋友。刘文英认为："王符论交际，主要是朋友之间的交际。因而他对'四行''三患'的分析，不但超越了世俗的势利观念和恩怨之情，而且在很大程度上摒弃了儒家传统的等级尊卑和宗法家族观念。……这恐怕是孔、孟、荀和董仲舒都没有胆量而敢于申言的。"① 当然，这与东汉后期士林风气的激荡是分不开的。

汉代士人很看重朋友。《后汉纪》卷六曰："寇恂居九卿位，飨大国租，皆以施朋友，赈给故人。"汉末群雄中，刘备集团的建立和组织就比较多地体现了基于道义的士人之群的特征。《韩诗外传》所代表的潜在的士人集体性观念，跨越整个汉代，在汉末的士人政治运动中得到相当程度的彰显。如林聪舜所说："'士'阶层内部各分子之间的互相标榜、互相援引，是壮大此一集团力量的重要方式。《外传》鼓吹对'士'的看重，尊师以建立师道的秩序，以及重视朋友的助力，都可以发挥'士'之间相互标榜、相互援引、相互垫高地位的作用。……'士'共同体的意识进一步被强化，'士'集团的现实力量也就会被建立起来。"② 这样的评论对于《韩诗外传》本身已有言过其实之嫌，在两汉的大多数岁月中也未见其化作实践。而在汉末，士人共同体才第一次真的长出了粗疏的轮廓。某学者在关于汉晋之际士之新自觉与新思潮的文章中认为，"南北朝以下'士大夫固非天子所命'之时代，在精神意态上殆已滥觞于兹矣！"汉末清议之

---

① 刘文英：《王符评传》，南京大学出版社1993年版，第217页。
② 林聪舜：《儒学与汉帝国意识形态》，上海人民出版社2017年版，第116页。

风与"党锢之祸"就在一定程度上反映了士人的集体意志和组织团结。"部党之形成正是其时交游风尚之必然归趋"。只不过，抱持公共性政治理想的清流士大夫之群体自觉与组织团结，不可与为了营私而结党之徒等量齐观。汝南月旦评的直接目的是承担起官方失落的乡论察举之责，但实际上，由于这一活动由士人自发举办，因而具有了士人团体自组织的性质。汉末、明末两次士大夫结党高潮，都与选举制度遭到腐败势力的破坏或渗透有关，都是为了恢复和加强士人在选举制度中的主体性和主导性。验之清末，士大夫转型为现代知识分子而结社组党，与清末废科举之策也有很大的关系。

　　法家对于朋党比周一概反对，认为非官方的组织必定营私而背公。儒家则主张君子"群而不党""周而不比"。法家的理想是纯粹的行政理性和政治责任的传导，而在政治责任之自觉性上的安排明显不足。儒家则恰好相反，十分强调士人群体自觉的政治担当。但是即便如此，儒家对于公权力的组织方式或执政集团内部的关系仍然是以忠君伦理和选贤任能为主。士人群体自身的组织团结和更直接的政治参与只是支流或非常规的主张。钱穆认为中国古代政治不是专制主义，而是"士人政府"，"政府力量，不在贵族，不在军人，不在商人，而在一辈有特殊教育与特殊理想的士人手里。而此辈士人之教育，则操在社会下层之士群，不操在政府"，① 因此是"民主政治"。这不仅混淆了理念和现实，也高估了古代士人作为政治主体的可行性。公共价值主导的政治模式必须存在一个统一的权力主体，也就是卢梭说的公意或主权不可分割。这个主体如果不是君主，而是士人，那么士人必须被组织成具有统一意志的整体性行动者，才能承担公共责任，组成所谓的"士人政府"。然而，儒家对此并无措意。儒家明确意识到，士人政治主体性的发挥是建立在君主政治选贤任能的基础之上的。可以说，正是在这一点上的欠缺，为墨家、道教等边缘性政治组织的产生留下了空间。这种权力组织的现代性转化或重生，也是近现代中国政治发展要解决的主要课题之一。

---

① 钱穆：《中国历史上的传统政治》，载氏著《国史新论》，生活·读书·新知三联书店2001年版，第124页。

二　君臣之契与士人之隐

古代国家政治关系中最重要的是君臣关系。无论历史中的君臣关系包含多大程度的家产性、主仆性或依附性等私人性关系元素，在政治思想观念中，如侯旭东所说，"后起的普遍君臣关系却被儒生视为帝国中最基本的'公'的关系，而置于三纲之首，原先存在已久的信任与亲密关系则被贬斥为'私爱''私情'，力图予以排除、压制，至少要用贤人来取代，战国时期的法家，以及后来儒家的话语中，都接受此说"①。《韩非子·爱臣》曰："处国无私朝，居军无私交。"对于这一公共性的君臣关系理念，儒家申说尤勤。

儒家主张"以道事君，不可则止"（《论语·先进》）、"从道不从君"（《荀子·臣道》）、"君臣以义合"等，首先建立在西周春秋国家之社稷共同体之上，又与春秋时代"忠"的观念相一致。西周春秋时期的贵族政治中，卿大夫还颇有独立之地位，而不同于纯为家臣的"臣仆""臣妾""臣御""臣虏"等。"臣"的本义即家臣奴婢。战国至秦汉，卿大夫的贵族身份失坠，官僚群体从上到下，家臣属性遂成为主流，王权政治的私人性空前突出。这迫使儒家总结春秋之前的政治文化，将传统政治共同体基础上的君臣关系理念化，有意识地改造"臣"的家臣属性，为臣树立独立的政治地位与尊严，为君臣关系注入合作性与公共性，使之继续规范战国之后兴起的君主集权制国家，即儒家认为一切政治体中的君臣都是为了既定的公共价值之实现而相约共事、尊卑差等、分工合作的。徐复观说儒家政治思想的一项通义就是："一切政治活动，是为人民而非为人君，于是人臣之事君，并非为了人君个人之应当供奉，而实为了一种共同的任务。"② 或如黄宗羲所说："夫治天下犹曳大木然，前者唱邪，后者唱许。君与臣，共曳木之人也。"（《明夷待访录·原臣》）

在共同的政治事业面前，君臣的关系是相对平等的，彼此间的伦理义务具有相对性。这是君臣契合的必要条件。《孟子·离娄下》曰："君之视臣如手足，则臣视君如腹心；君之视臣如犬马，则臣视君如国人；君之视

---

① 侯旭东：《宠：信—任型君臣关系与西汉历史的展开》，北京师范大学出版社2018年版，第234页。

② 徐复观：《中国思想史论集续篇》，上海书店出版社2004年版，第292页。

臣如土芥,则臣视君如寇雠。"因此,儒生批判阿世媚主、假君权谋私欲的佞幸嬖臣,也力谏君主与臣下交接当遵循公义。刘向《说苑·君道》记载了燕昭王和郭隗君臣相得的故事,并借郭隗之口提出君与臣的四等组合:

> 帝者之臣,其名臣也,其实师也;王者之臣,其名臣也,其实友也;霸者之臣,其名臣也,其实宾也;危国之臣,其名臣也,其实虏也。

贾谊则将之分为六等。《新书·官人》曰:"王者官人有六等:一曰师,二曰友,三曰大臣,四曰左右,五曰侍御,六曰厮役。"这实际是以官僚从政的公共性—私属性为标准所做的光谱排列。徐复观评价道:"贾生为了巩固天下的统一,而把皇帝推尊得至高无上,但在他的官制中,却从道德、政治原则、才能、法制等方面,把政权安放在集体的有机体中去运行,决不许人君以个人的意志随意加以干犯。"① 贾谊所谓公共性的君臣关系就是臣下虽死君难,君主却"不得以阿私托",臣之进退一决于"职之所守"。甚至,臣下在对公共价值的代表和践行上,不下于或超过了君主,则可以为君之师、君之友。总之,在既定的公共价值权威之下,君臣之间应当契合为一个有机的集体,为了共同的事业目标而存在。汉末刘备与诸葛亮等臣僚之间堪称古代君臣契合与公共性政治的典型。《蜀书·先主传》:"评曰:先主之弘毅宽厚,知人待士,盖有高祖之风,英雄之器焉。及其举国托孤于诸葛亮,而心神无贰,诚君臣之至公,古今之盛轨也。"

孔子曰"君子和而不同",君臣之间犹当如此。君臣之契在于"和",而不在于"同"。君臣之"和"是以其各自承担的角色、职责彼此匡正,相互合作,共同致力于和谐、正义的社会秩序,就像五味之和以致美味之羹。而君臣之"同"实际是唯君所欲,臣则一味顺从,放弃了君子政治中不同角色的政治职责。《左传·昭公二十年》载晏子论"和"与"同"之异:

---

① 徐复观:《两汉思想史》第二卷,华东师范大学出版社2001年版,第83页。

和如羹焉，水火醯醢盐梅以烹鱼肉，燀之以薪。宰夫和之，齐之以味，济其不及，以泄其过。君子食之，以平其心。君臣亦然。君所谓可而有否焉，臣献其否以成其可；君所谓否而有可焉，臣献其可以去其否。是以政平而不干，民无争心。……今据不然。君所谓可，据亦曰可；君所谓否，据亦曰否。若以水济水，谁能食之？若琴瑟之专一，谁能听之？同之不可也如是。

总之，君臣之"和"实际上是一种公共性的合作关系，君臣之"同"则是君主专制、臣仆附和的私人性政治。

然而，在战国秦汉君主私人性政治日益高涨的时代，公共性原则下的君臣契合往往可遇不可求。坚持原则会有生命危险，与现实妥协则意味着违背政治理念。士人必须在去留之际有所抉择。孔子曰："邦有道，谷；邦无道，谷，耻也。"（《论语·宪问》）又说："天下有道则见，无道则隐。邦有道，贫且贱焉，耻也；邦无道，富且贵焉，耻也。"（《泰伯》）似乎为了维护公共性政治的"道"而不惜放弃仕途谷禄，但儒家积极追求君臣契合的思想底色使其面对私人性政治的无道之时，并非决然离去，而是降低标准，力求有所改变，这就是对"谏"的强调；或者易主而事，择木而栖，即去国而不避世。刘向《说苑·正谏》曰："三谏而不用，则去。不去则身亡。身亡者，仁人所不忍为也。"孔子甚至为政治不合作划分了层次："贤者辟世，其次辟地，其次辟色，其次辟言。"（《宪问》）人君私意恣肆，则辟言、辟色，即易主而事；私家秉政、国事无道，则辟土，即易国而仕；只有贤者才能抛弃幻想，辟世归隐。

如果说儒家仍然努力在集权君主制时代分辨公共性国家与私家性政治的不同倾向，而谨慎地判断是非、权衡利弊、选择出处的话，道家则可以说对现实政治的公共性已经彻底绝望。《庄子·胠箧》曰"窃钩者诛，窃国者为诸侯"，不仅是对田氏代齐等政治变局的讽刺，也是对传统公共性国家普遍沦为私家政治的批判。在这种私人性政治横行的时代，道家发展出最彻底的政治批判和出世思想。池田知久将这种道家的政治态度称为"从原理上拒绝政治"。这些"原理"包括：一是在"万物齐同"的哲学中，"是非""可不可"等价值判断被作为无意义的东西受到否定、排斥；二是站在"天"的立场上，将儒家的"仁义""忠孝"等伦理道德及由此形成的种种人为视作属"人",予以否定;三是在"游"的思想中,从包括人类社会在内的万物之假象中超脱出来,进入本体的"道"内而飞翔、沉潜。① 不必说,《庄子》是这些原理的集大成之作。《齐物论》曰:"圣人不从事于务,不就利,不违害,不喜求,不缘道,无谓有谓,有谓无谓,而游乎尘垢之外。"无所谓利害、是非、有无的逍遥态度归根结底来源于"不从事于务"。"从事于务"或类似的表达亦见于《墨子·鲁问》:"凡入国,必择务而从事焉。""择务而从事"是入国为政,那么"圣人不从事于务"就是拒绝政治的意思。

在家产式君主专制政治中,士人不堪忍受君主私意恣睢、任性妄为,又无力改变之时,孔子说"天下有道则见,无道则隐"(《论语·泰伯》),孟子提出"穷则独善其身"(《孟子·尽心上》)。可是,如何"隐"?如何"独善其身"?除了颜回"一箪食,一瓢饮,在陋巷"而"不改其乐"(《论语·雍也》),或季次、原宪"终身空室蓬户,褐衣疏食不厌","怀独行君子之德,义不苟合当世"(《史记·游侠列传序》)的案例,儒家并没有为处士或归隐提供太多的思想资源——孜孜不倦地谋求入仕才是儒者的真正寄托。

老庄道家之学的独特造诣恰恰在于教导为何以及如何从精神上与主仆政治、刑赏荣辱脱钩,通过涤除玄览、致虚守静、隐机而嘘、逍遥而游,真正做到与僭主暴政义不苟合、独善其身。这是对私人性政治的反抗,背后潜藏着对公共性政治纯洁不可侵犯——否则就不与合作——的浪漫情怀。从而,道家出世精神成为儒家入世理想的必要补充。由于这一补充,儒家对于公共性政治的追求才有可能更加自主、更为纯粹,在追求公共性君臣关系的努力受挫之后可以回归自足的精神家园,而不必"累累若丧家之狗"(《史记·孔子世家》),即使面对暴君佞臣也只能哀叹"鸟兽不可与同群,吾非斯人之徒与而谁与"(《论语·微子》)。因此,反对政治建制或对政治公共性几乎绝望的道家思想,反而从另一个方向成为古代中国政治公共性观念得以树立的几根支柱之一。

先秦儒家基于对政治理想付诸实践的自信而反对道家的离群索居。但

---

① [日]池田知久:《道家思想的新研究——以庄子为中心》(下),王启发、曹峰译,中州古籍出版社 2009 年版,第 478 页。

汉代之后，隐逸之士成为标举和坚持政治公共性理念的重要力量。于是，不仅道家，两汉时期的儒家内部也产生了隐逸避世的思想。某学者在关于汉晋之际士之新自觉与新思潮的文章中以西律中，认为汉末士风开始表现出士之个体自觉，如个人主义的人生观、以自我为中心的思想等，成为后世士林风尚之滥觞，如同西欧文艺复兴之个人主义的觉醒。龚鹏程修正了余说，认为汉末的避世养生、山水怡情之风并非"新自觉"，而是早在汉初即已兴起，并在整个汉代持续稳定地发展着。《韩诗外传》便是很好的证明，甚至董仲舒的《春秋繁露》亦有《山水颂》一篇。①

其实，从所谓个体自觉的角度理解东汉士风的转变，并不十分妥帖。东汉中期之后，士人面对的大环境是选举制度的日益腐败，仕进之途逐渐壅塞，即公共性的政治趋于堕坏。于是，士人开始做挽救政治公共性的努力。但既然在野，便无法通过法定制度的渠道，而只能奋起士人的群体抗争和内部整饬。于是，积极者力倡师友交际之道，大谈人伦鉴识之学，消极者则转向山林隐逸、独善其身。所谓的个体自觉，并不像西方文艺复兴时代的个人主义是独立自足的价值观，而是公共性政治阙如或衰败时期对公共性理想的特殊反应或折射。因此，某学者所谓汉末士人新自觉之"群体自觉"与"个体自觉"两个并行且多少相悖的倾向，实际是一体之两面。因此可以说：选贤之法不行，则有君子之群；君臣之契不立，则有处士之隐。

三　公共性政治团体的探索

在追求公权力集中的政治模式中，以何种政治主体为中心集中公权力是一个核心问题。虽然在政治观念上，国与家是作为公与私而被区分的，但在现实中，三代之后几乎所有的国家都来自某个家族势力的扩大化、国家化，也就是化家为国的过程。从创建到运行、存续，中国古代的王朝政治无论战国之前还是秦汉以降，都是以某个私家为中心来组织国家，或可称为"家国"。个体性君主的权力合法性也直接世袭自家族的统治地位。因此，家在古代政治学中占据着中心的位置，维持家内秩序的伦理也就顺理成章地成为古代政治的中心主题之一。但是，这种政治组织方式天然地

---

① 龚鹏程：《汉代思潮》，商务印书馆2008年版，第192—193页。

存在着国之公与家之私的内在张力。政治公共性的伸张始终受到私人性家族政治的禁锢。因此，虽然没有足够显性的表现，但古代的政治公共性观念潜藏着批判家国政治的思维，孕育着接受更具公共性的政治组织方式的可能。前者在明清之际已经浮现，后者则在近现代的思想变迁得到证明。这样一种思想发展的潜力，其实在先秦两汉的思想史中已经埋下了种子——虽然有着种种的先天不足而没能通往更有发展前途的新阶段。这些种子包括任侠精神、墨家团体与早期道教代表的宗教组织及其内含的政治组织原则。

（一）任侠对宗法家族的突破

中国古代能够孕育国家的政治团体之主干是氏族/宗族血缘组织，或者再加上外围的拟血缘成员，但仍是以父家长式伦理为组织机制，其结构是封闭的、特殊主义的。这种政治团体是典型的私人性组织。比如，西嶋定生指出，"刘邦的早期集团，具有父家长制家内奴隶性质。……是非血缘者以父家长家内奴隶制形式而结合起来的。……秦汉帝国就是与如此复杂的父家长家内奴隶制相照应的权力结构"①。其实，西周春秋的贵族宗法制本质上就是更典型的"父家长家内奴隶制"，秦汉国家可以看作它的扩大。

但是，增渊龙夫提出了反对意见。他同意秦汉国家总体上的父家长制性质，但又强调了作为西汉国家起点的刘邦集团所依赖的人际结合方式是任侠精神，而非专制的家内奴隶制组织。② 任侠团体是在宗法制组织崩溃之后兴起的"新一类世族势力"。所谓"任侠"，增渊龙夫如此界定："战国时代之侠，应是指私剑勇武立威于乡里、聚集和自己有私交的徒党。若遇侵害宗族朋友者，则以剑报之，是所居州里之雄。由于结成私交，又具有节操，即使触犯法禁，在民众中也享有声望。所谓任，是指结成这种以信为基础的私交，一旦结交，便意味着对他担负责任，可以不顾个人利害生死而交友，可以救人之急，可以藏匿亡命的罪人。"刘邦集团与战国四公子的客卿集团，其他王侯权贵或民间豪族招养的客侠，朱家、剧孟、郭

---

① ［日］西嶋定生：《中国古代帝国的形成与结构——二十等爵制研究》，武尚清译，中华书局2004年版，第19—20页。

② 参见［日］增渊龙夫《中国古代的社会与国家》"第一篇　战国秦汉社会的结构及其性格"，吕静译，上海古籍出版社2017年版。

解等闾巷游侠的社会势力等,"是同一性质的社会形成体,亦即在其固有意义的人际结合关系方面,在支撑同一意识规范的所谓任侠风气方面,是完全一致的。……它作为组织机理,作用于从战国末到汉代民间社会广泛存在的、各具规模的,且以豪侠、土豪为中心的地方群小势力,并在乡曲中转变形成为强者的秩序"①。秦末群雄的军事势力大多源于此。

这种主客结合式的任侠团体,一般是以主家的权势和财力为基础的。宾客与主家的结合打破了宗族的界限,形成以个体人格(而非像宗法制一样以宗族地位)为中心的家长式支配关系。主客之间除了权势与财力的供给关系,还以志趣相投,以气节相尚,因此相比于家内奴隶制更为平等一些,主客的结合与分离也更为自由一些。守屋美都雄指出,游侠式的"主客结合的原理与封建世袭的原理,在本质上是无法相容的"②。对于曾经的宗法贵族来说,任侠结合可以作为宗族结合的外延或者宗法制式微之后的弥补和替代。

魏公子信陵君屈尊纡贵,不以隐士侯嬴家贫且贱(为大梁夷门监者),虚左亲迎,为之执辔,奉觞为寿,拜为上客。且侯生又有客名朱亥者,同样与之以礼相交。这个故事在《史记·魏公子列传》,是大家耳熟能详的。如果说信陵君与门下的宗室宾客还是传统宗法制下的主仆关系的话,那么信陵君与侯生、侯生与朱亥就已是典型的任侠式结合了,尤其是侯生与朱亥更是去宗族的纯粹任侠式关系。作为城门看门人的侯生原本微贱家贫,显然不具备豢养食客的能力,但却以朱亥为客。朱亥以屠者的职业糊口,并不依赖侯生过活,也没有像传统的父家长集团那样主客同居一处。可以说,二者的团结完全基于任侠的人格。这是主客式人际结合的全新形式,参与者之间更倾向于一种平等的关系。守屋美都雄认为,"促成主客间形成结合关系的契机,正以战国四公子的时代为一个关节点,从生活承担向人格信赖方面转移。……其中既有倾向于宾客隶属的情况,也有主客间呈

---

① [日]增渊龙夫:《中国古代的社会与国家》,吕静译,上海古籍出版社 2017 年版,第 69、73 页。

② [日]守屋美都雄:《中国古代的家族与国家》,钱杭、杨晓芬译,上海古籍出版社 2010 年版,第 140 页。

现出对等的情况"①。这种建立在人格信赖基础上的、倾向于主客对等的人际结合,就是任侠团体最本质的内涵。

以任侠为特征的新型主从、党友关系,作为一般性原理逐渐向民间扩散,为更多的、非贵族出身的社会势力提供了新的组织方式。很多不具备强宗大族的平民之士也有机会借助任侠式的结合而组织社会团体,形成政治力量,进行政治参与。刘邦集团的崛起与建国是最成功的典型案例。②去宗族化的自由式任侠结合都是个体的关联,而非家族的收聚或联合;是自愿的加入,而非世袭的义务。游侠的财力不是来自家产世袭,也不是通过奴役欺凌、巧取豪夺积累而成,而是由结合者慷慨捐献;其使用的目的不是财富的增殖,也不是追求自身的享乐,而是相互保护和行侠仗义。《史记·游侠列传》曰:"至如朋党宗强比周,设财役贫,豪暴侵凌孤弱,恣欲自快,游侠亦丑之。"总之,任侠团体不同于私人性的宗族,而是在有限范围内具有一定程度公共性的社会组织。

司马迁正是在以信义相交、必死相托的意义上称道任侠之士的。《史记·游侠列传》曰:

> 今游侠,其行虽不轨于正义,然其言必信,其行必果,已诺必诚,不爱其躯,赴士之厄困,既已存亡死生矣,而不矜其能,羞伐其德,盖亦有足多者焉。……布衣之徒,设取予然诺,千里诵义,为死不顾世,此亦有所长,非苟而已也。故士穷窘而得委命,此岂非人之所谓贤豪间者邪?

游侠"不轨于正义"大概是不合乎儒家式的主流伦理,但有着自己的道德节操。其核心是身份平等基础上的互利互助。所谓"言必信""行必果""千里诵义,为死不顾""不矜其能,羞伐其德"等,都是由平等互助这一中心理念生发出来的伦理德行。这种人际纽带就算没有将游侠联合为有形

---

① [日]守屋美都雄:《中国古代的家族与国家》,钱杭、杨晓芬译,上海古籍出版社2010年版,第130页。

② 刘邦年轻时好交游,"仁而爱人,喜施,意豁如也。常有大度,不事家人生产作业"(《史记·高祖本纪》),这是典型的任侠作风。身为亭长,立威于乡曲,刘邦身边聚集了一帮好勇轻侠之徒,正是他日后起事的班底。

的团体,也为某种新的、血缘伦理之外的社会政治组织提供了团结的依据。

然而,西汉中期以后,急公好义的游侠逐渐混同于豪族之客,沦为对民众横暴威逼的打手,这意味着游侠时代的结束。曾经盛行一时的任侠式结合最终还是被私人性的家族势力所俘获与支配了。虽然如此,任侠风气也并未全部绝迹,在某些需要新的政治力量重建公权力组织的时代,任侠式结合常常是家族势力之外的另一种可能的方式。比如汉末群雄中,曹操集团的起事凭借的是曹氏/夏侯氏的宗族力量,刘备集团的形成则与任侠有着较多的关联——恰与其祖刘邦相似。① 同时,侠的精神也成为中国传统文化,尤其是民间文化的重要一脉,② 在民间团体的组织和发展中继续发挥作用。

不过,任侠集团虽然具有一定程度的开放性,但往往是以某个中心人物的卡里斯玛权威为纽带而联结成的临时性组织,缺少政治纲领,即缺少能够持久地凝聚思想、团结人心的公共价值。这样的任侠团体往往沦落为对外以盗贼、渔利为业——司马迁所谓"此盗跖居民间者耳"(《史记·游侠列传》),对内则以拟宗族式的身份伦理重建等级秩序。不仅民间的游侠,进入政治领域的任侠集团,如刘邦集团、刘备集团在建政之后也是一方面整体上转化为封闭排他的功臣食利阶层,另一方面其内部的团结纽带逐渐被家产式君臣等级伦理所替代。这说明,任侠团体在突破宗法家族的血缘界限之后,向着更具公共性的社会政治组织演进的途中,有着先天的不足。

(二) 墨家对任侠团体的改造

有关游侠的一大争论是它与墨家的关系。自从梁启超提出墨家钜子集团与游侠的性质相类似③之后,这一观点很快就成了共识。比如侯外庐等也认为:"墨子死后,他的弟子主要分为两派,一派注重名辩的研究,是

---

① 《三国志·蜀书·先主传》:"先主不甚乐读书,喜狗马、音乐、美衣服。身长七尺五寸,垂手下膝,顾自见其耳。少语言,善下人,喜怒不形于色。好交结豪侠,年少争附之。中山大商张世平、苏双等赀累千金,贩马周旋于涿郡,见而异之,乃多与之金财。先主由是得用合徒众。……评曰:先主之弘毅宽厚,知人待士,盖有高祖之风,英雄之器焉。"

② 参见龚鹏程《侠的精神文化史论》,山东画报出版社2008年版。

③ 梁启超:"直至秦汉之间,任侠之风还大盛,都是墨教的影响。"《墨子学案》,上海书店出版社1992年版,第78页。

为墨辩；另一派注重游侠的社会活动，是为墨侠。"① 认为战国以降的任侠之风即出自墨家团体的观点，也成为流行的意见。在勇武重信的风尚、舍己互助的关系、内部的约法或纪律等方面，墨家巨子集团固然与一般的任侠团体有颇多相似之处，② 因此称为"墨侠"并无不妥，但任侠的风气是否源于墨家并没有确凿的证据。而且，墨家团体的特性也有一般任侠组织所不具备者。因此，郭沫若提出了不同意见，认为"侠者以武犯禁，轻视权威，同情弱者，下比而不上同，在精神上与墨家正相反对"③，洵为真知灼见。墨者任侠的理念诉求以普遍性的兼爱和公利为指向，明显不同于一般游侠或权门卿客的私利性结合。如冯友兰所说，墨家与普通的侠之不同处，在于"侠士为帮人打仗专家，而墨家者流为有主义的帮人打仗专家"，"墨子不仅为有主义的打仗专家，且亦进而讲治国之道"。④

为了连通墨家思想与任侠团体之间的歧异，冯友兰将墨与侠的关系翻转过来，认为不是侠出于墨，而是墨出于侠。墨家不同于一般侠士的主义与政治理想，即兼爱学说，是墨家作为侠士集团，将其内部相互扶助的道德系统化、理论化、普遍化的结果，"以为一般社会之公共的道德"。⑤ 增渊龙夫发挥了这一观点。他认为，春秋战国之际，传统的宗法制贵族势力趋于解体，"在各个新兴势力的内部，维持集团存在的基础不是血缘关系，而是墨子所谓兼相爱的新型的结合关系。产生这种新型的现实社会中具体关系的需求，与墨子所提倡兼爱的现实需求之间存在着某种共通的部分。当把这种具体固有的社会关系与维持这种关系的习俗规范、生活情感加以抽象化，并普遍用于所有的人际关系，就形成了墨子的兼爱学说"⑥。但是，墨家首先是一个学派，墨子在世时也像儒家一样师徒相随、弟子奉命，没有证据表明已经有了后世的钜子制度和墨者团体的组织、纪律。墨

---

① 侯外庐、赵纪彬、杜国庠：《中国思想通史》第一卷，人民出版社1957年版，第472页。
② 《吕氏春秋·孟春纪·去私》载有"墨者之法"，即墨者团体的内部纪律。关于一般任侠团体的内部约束，参见增渊龙夫《中国古代的社会与国家》第一篇第四章"关于战国秦汉时代集团之约"。
③ 郭沫若：《青铜时代》，中国人民大学出版社2005年版，第134页。
④ 冯友兰：《原儒墨》，载氏著《中国哲学史补》，中华书局2014年版。
⑤ 冯友兰：《原儒墨》，载氏著《中国哲学史补》，中华书局2014年版。
⑥ ［日］增渊龙夫：《中国古代的社会与国家》，吕静译，上海古籍出版社2017年版，第123页。

子时代的其他游侠，也大多是围绕在权贵主家周围以命谋生的落魄武士。这种主仆色彩仍然浓厚的早期任侠团体，恐怕很难从中抽象出兼爱的普遍道德，遑论节用、节葬、非乐等其他墨家之义。

实际上，任侠与墨家未必存在因果关系。更可能的情况是，任侠与墨家在春秋战国之际分别产生并各自发展。比如儒家内部也有任侠之风。"性鄙，好勇力，志伉直，冠雄鸡，佩豭豚"（《史记·仲尼弟子列传》）的子路，人生理想是"愿车马，衣轻裘，与朋友共，敝之而无憾"（《论语·公冶长》），可称为任侠之士；"不色挠，不目逃，行曲则违于臧获，行直则怒于诸侯"（《韩非子·显学》）的漆雕氏之儒，也颇有侠义之气。并且，战国秦汉时代的大多数任侠者与墨家思想也并无关联。只不过墨家作为一个思想流派，在墨子后学的发展中采纳了任侠的组织方式，以便于增强墨家参与政治实践的资本，这才使二者紧密联系起来。

如果说任侠团体具有某种公共性，也局限于其对外的开放性与内部的相对平等性。但就具体的组织方式而言，一般的任侠团体仍是一种私人性的结合与人身支配。权门与豪强的养士自不必说，就是游侠的自发性结合也经常以某个实力人物为中心，如朱家、剧孟、郭解之辈；或者是相结合的游侠彼此之间建立个别的相互责任，如侯嬴与朱亥之类。这些关系都不具有普遍性，也不追求全体人民以此方式普遍结合，而只是结合者个体之间的私人性合作。其面向社会的行动目的也不外乎小团体（及其内部个人）的私利。如增渊龙夫所说："这是以具体的人或具体的家族结合为中心的，也是通过将具体的人际关系扩展到其外围而维持的、有极个别的、具体的东西。"①

儒、墨两家都有对任侠精神的改造，方法就是把任侠精神置于某种政治理念或高尚的价值规范之下，使任侠不再是私人的结合，而变成某种超越个人关系、面向社会全体的公共性价值实现自我的工具。单纯的任侠不过是小人之义。儒、墨两家追求的是天下大义，并力求以后者改造前者。比如，对于任侠的核心伦理"信"，孔子说："言必信，行必果，硁硁然小人哉！抑亦可以为次矣。"（《子路》）孟子也说："大人者，言不必信，行

---

① ［日］增渊龙夫：《中国古代的社会与国家》，吕静译，上海古籍出版社2017年版，第86—87页。

不必果，惟义所在。"(《离娄下》)对于"勇"，荀子分辨了单纯任侠之勇和符合大义的勇：

> 有上勇者，有中勇者，有下勇者。天下有中，敢直其身；先王有道，敢行其意；上不循于乱世之君，下不俗于乱世之民；仁之所在无贫穷，仁之所亡无富贵；天下知之，则欲与天下同苦乐之；天下不知之，则傀然独立天地之间而不畏：是上勇也。礼恭而意俭，大齐信焉，而轻货财；贤者敢推而尚之，不肖者敢援而废之：是中勇也。轻身而重货，恬祸而广解苟免，不恤是非然不然之情，以期胜人为意：是下勇也。(《性恶》)

不过，虽然改进了任侠的理念，但儒家学派并未采用任侠的组织形式。不仅儒家，诸子百家都有各自的政治纲领，但各学各派基本上只是学术和思想上的归类，都没有持久稳固的组织，最多是由师徒组成的小团体，如孔子弟子三千，孟子"后车数十乘，从者数百人"(《孟子·滕文公下》)。但往往没有连续性，老师去世，学生们就会自立门户、各自为政。如孔子死后，"弟子皆服三年，三年心丧毕，相诀而去"(《史记·孔子世家》)。甚至在法家、纵横家等学派内部，连师徒关系都很淡漠。只有墨家是个例外。墨子之后，墨家内部以钜子为领袖形成了墨者组织。这种组织借鉴了任侠的人际联合方式，因此被称为"墨侠"。

钜子主持下的墨者团体不同于一般任侠，而是有"主义"的，是有治国方案的。墨者的侠义正是在墨家"主义"的指导之下而发挥作用的，因此具有了政治性团体的含义。墨者的主义又是普世性的政治社会学说，墨者们是由于对这一思想体系的信奉而团结在一起的。他们的团结不是为了个人或团体的私利，而是希望通过组织性的行动或团体性的政治参与，更有效地追求"天下之公利"。钜子以墨家的公共理念和墨者的集体利益为己任，而墨者组织的其他成员也以同样的理由服从于钜子。钜子尊贤让能、代代传承，墨者组织也常存不坠，从而形成了先秦诸子百家中独一无二的有理想、有纪律的公共性政治团体。郑杰文概括道："墨学学团是一个有严密组织纪律的、行动统一化的、经济一体化的半军事学术团体；成员遵守统一的纪律，遵奉同一个领袖，信奉同一种学说。"并指出:"墨家弟子无论在游说诸侯而为官前,还是在诸侯国为官时,抑或在离开诸侯国时,都由墨家学团统一策划行动","使墨家学团内部服从统一部署、同从统一指挥的得力措施是学团内部的维系手段"。①

《吕氏春秋·离俗览·上德》载:墨者钜子孟胜,受楚国阳城君之托守城。楚国政变,阳城君走,楚收其城。孟胜死之:

> 因使二人传钜子于田襄子。孟胜死,弟子死之者百八十。三人以致令于田襄子,欲反死孟胜于荆,田襄子止之曰:"孟子已传钜子于我矣,当听。"遂反死之。墨者以为不听钜子不察。

从这个故事可以看出:第一,钜子在墨者团体中具有绝对的权威,保证了墨者集团的组织力和凝聚力。"孟胜死,弟子死之者百八十。"而田襄子继任钜子之后,对于不听命令的弟子,墨者的公论是批评的。第二,钜子的继承虽由上任在墨者中指定,但依据的不是私交,而是贤能与否。这是对政治体领导者的"禅让"理想或选贤任能原则的真正实践。梁启超指出,墨家的钜子制度是对"上同而不下比"的"尚同"学说的实践。"钜子很像天主教的教皇……但教皇是前皇死后,新皇由教会公举;钜子却是前任指定后任,有点像禅宗的传衣钵。……墨学是一种有组织有统制的社会,和别的学派不同。倒是罗马人推行的景教,有许多地方和他不谋而合,真算怪事。"②

又《吕氏春秋·孟春纪·去私》载:

> 墨者有钜子腹䵍,居秦,其子杀人,秦惠王曰:"先生之年长矣,非有他子也,寡人已令吏弗诛矣,先生之以此听寡人也。"腹䵍对曰:"墨者之法曰:'杀人者死,伤人者刑。'此所以禁杀伤人也。夫禁杀伤人者,天下之大义也。王虽为之赐,而令吏弗诛,腹䵍不可不行墨者之法③。"不许惠王,而遂杀之。子,人之所私也。忍所私以行大

---

① 郑杰文:《中国墨学通史》上,人民出版社2006年版,第57、60—61页。
② 梁启超:《墨子学案》,上海书店出版社1992年版,第77页。
③ "墨者之法"今本或作"墨子之法"。此据涵芬楼影印明人宋邦乂等刊本。

义,钜子可谓公矣。

方授楚认为,"此种《墨者之法》,森严如铁,断非后世之学规、乡约,所可比拟。唯革命团体与秘密会社之所谓纪律,庶几似之"①。墨者之法就是墨者组织内部的纪律或客观规范,是政治社会组织超越私人性、具有公共性的标志。这种公共性还表现为一定程度的集体财政。墨者团体中,一人出仕获得谷禄,则有义务反馈集体,或者团体中的其他成员可以前往寻求接济。②《墨子·耕柱》曰:

> 子墨子游耕柱子于楚。二三子过之。食之三升,客之不厚。二三子复于子墨子曰:"耕柱子处楚无益矣!二三子过之,食之三升,客之不厚。"子墨子曰:"未可智也。"毋几何而遗十金于子墨子,曰:"后生不敢死,有十金于此,愿夫子之用也。"子墨子曰:"果未可智也。"③

因此,钱穆说:"他们学派里,有公共服从的领袖,有错略的分财共产制,又有团体内自行的法律,像腹䵍所说,真可说是一种有组织有统制的社会。"④

对外,墨子自己并要求弟子们的政治活动是以墨家政治理念为指导原则的,就像墨者团体本就是基于这一共同的理念而组织起来的。越王欲迎墨子,墨子则问中间人越王是否愿意遵从墨家之道。"用吾道,则翟将往,量腹而食,度身而衣,自比于群臣,奚能以封为哉!抑越不听吾言,不用吾道,而吾往焉,则是我以义粜也。钧之粜,亦于中国耳,何必于越哉!"根据同样的原则,

---

① 方授楚:《墨学源流》上卷,第117页,见任继愈主编《墨子大全》第四十三册,北京图书馆出版社2002年版,第189页。
② 孔子门下似乎也有类似的集体性财政分配机制。"子华使于齐,冉子为其母请粟,子曰:'与之釜。'请益,曰:'与之庾。'"(《论语·雍也》)但很显然,孔门的团体组织性并没有成为持续的现象。
③ 智,即知。潜本、绵眇阁本、陈本作"知"。参见吴毓江《墨子校注》下,中华书局2006年版,第657页。
④ 钱穆:《墨子·惠施公孙龙》,九州出版社2011年版,第52页。

> 子墨子使胜绰事项子牛。项子牛三侵鲁地，而胜绰三从。子墨子闻之，使高孙子请而退之，曰："我使绰也，将以济骄而正嬖也。今绰也禄厚而谲夫子，夫子三侵鲁而绰三从，是鼓鞭于马靳也。翟闻之，言义而弗行，是犯明也。绰非弗之知也，禄胜义也。"（《墨子·鲁问》）

墨子批评弟子胜绰不能以墨家非攻之义谏争于主君，沦为干禄之家臣私仆。这与孔子在季氏将伐颛顼事件中对冉有、子路的批评可谓异曲同调。由此可见，一方面，墨家参政坚持政治理念；另一方面，又缺少充分的政治独立性。

墨者团体本身为解决独立的公共性政治组织作为政治主体这一问题提供了某种可能，只可惜墨家对此缺少理论提炼的自觉。在实践上也仍然像当时的儒家等新兴士人阶层一样以干禄求仕为主要出路，以君主和王公权贵为实现政治理想的力量依托。这是墨者团体最终消散的根本原因。不过，在当时的历史条件下，"实业、教育、文化种种无可发展的地步，舍却耕稼劳作，要限止他不向政治路上跑，这是不可能的"。"原来儒家以礼、乐、射、御、书、数六艺托附于贵族，墨家则以'患难处前后'托附于贵族。他们都是有他们进身的凭借。尽管他们学说上反对贵族，生活上还是同样地要依赖贵族的。儒、墨相争，到此也便是他们的限界了。"① 孔子就说过："三年学，不至于谷，不易得也。"（《论语·泰伯》）这是针对包括墨家弟子在内的整个新兴士人阶层而发的平实之论。墨家最深刻的内在张力是政治理论上的平民主义与政治实践上的依附权贵。墨子像孔子一样等待着得君行道的机会，同时也会利用自己的影响力帮助弟子们获得出仕的机会。比如，墨子曾对游学于门下者说"姑学乎，吾将仕子"（《墨子·公孟》），又"使管黔傲游高石子于卫，卫君致禄甚厚，设之于卿"（《耕柱》），以及墨子本人"游公尚过于越"，并"使胜绰事项子牛"（《鲁问》）等。

墨子之后的墨家成员，也仍然以结交王公显贵并为其宾客为主要的政治参与方式。比如，钜子孟胜与楚国城阳君交好，而受托为之守

---

① 钱穆：《墨子 惠施公孙龙》，九州出版社2011年版，第42、45页。

国；钜子腹䣄游于秦国，其子杀人，在商鞅之法已行的秦国，秦惠王却令吏弗诛，可见腹䣄必是秦王私好的座上宾。尤其是孟胜与楚阳城君善，以符为约，为之守城时的表白颇具代表性：

> 孟胜曰："受人之国，与之有符。今不见符，而力不能禁，不能死，不可。"其弟子徐弱谏孟胜曰："死而有益阳城君，死之可矣；无益也，而绝墨者于世，不可。"孟胜曰："不然。吾于阳城君也，非师则友也，非友则臣也。不死，自今以来，求严师必不于墨者矣，求贤友必不于墨者矣，求良臣必不于墨者矣。死之，所以行墨者之义而继其业者也。我将属钜子于宋之田襄子。田襄子，贤者也，何患墨者之绝世也？"（《吕氏春秋·上德》）

作为钜子的孟胜要为整个墨者集体的从政机会负责，所以担心因一己惜命而有损于墨者在王侯求贤之"人才市场"上的声誉，保全了墨者的声誉，就保全了墨者为王侯之师、之友、之良臣的机会，却完全没有想过墨者集团作为独立的政治主体去从事政治活动、践行政治理念。顾颉刚说："他们确是一个政党。他们不主张暴动，也肯帮王公们做一点事，得以寄存于诸侯之国，所以不能成为革命党。"[①] 这也反映在墨家尚贤的主张中。史华兹说："尽管强调贤能，尽管对于权力机构持有积极的欣赏态度，尽管为了实现正义目标不惜采取进攻性的策略，但我们实际上并没有发现要'改变制度'本身的努力，也没有发现要把墨家运动转变为起义运动的暗示证据。"[②] 所谓的"兼爱"，在实践上主要是"人之处高爵禄则以让贤，多财则以分贫"（《墨子·鲁问》）的调和主义。结果，具有高度的理想信念与组织性、纪律性的墨者团体没能充分发挥出潜在的政治功能。

总之，任侠只是一种非血缘的人际团结组织方式，并不能表明组织的行动目标。由此，任侠组织可分两类：有政治理念的和无政治理念的，或者说具有公共性的与完全私人性的。前者一般衍生于学派或教派，如

[①] 顾颉刚：《禅让传说起于墨家考》，载《古史辨》第七册，海南出版社2005年版，第521页。

[②] ［美］本杰明·史华兹：《古代中国的思想世界》，程钢译，江苏人民出版社2008年版，第218页。

漆雕氏之儒、墨者团体；后者则包含众多，如春秋以降的养士之风、战国秦汉时的游侠团体，甚至像盗跖领导的盗贼团伙，等等。私人性政治团体，无论是宗法式结合，还是任侠式结合，都在古代中国的政治史上扮演着重要角色，但具有公共性的政治团体在政治私人性主导的家国时代始终缺少充分的思想探索和实践机会。儒家澄清了某些观念基础，但没有进一步走向政治组织的构想；墨家走得更远，他们基于政治理念，利用任侠的方式组织了最早的公共性政治团体，但可惜对此缺少充分的自觉和反思，没能以这种集团的身份走上更高的政治舞台，尝试创造更具公共性的国家政治。在战国秦汉之后，墨家及其组织就迅速衰亡了。不过，由墨家播下种子的公共性政治团体之精神和实践并没有彻底消失，而是在后世以新的形式继续探索着自己的成长之路。

（三）宗教组织的政治意义

墨者在后世的遗绪，如果说有的话，也完全不再以"墨"为名。李泽厚认为，墨家思想在秦汉之后并没有消失，而是以另外的形式得到了传承。他说："从历代农民起义、农民战争某些意识形态的共同特征看……宗教信仰和博爱精神主要是当作统一意志、发动群众的行动纲领和组织力量（着重号为作者所加——引者注），并直接地具体地落实在集团的战斗行动之中，与儒家讲的仍不相同，而毋宁说与墨家的特色相接近。"① 郑杰文认为，汉末的政治性道教组织——如张角领导的"军教合一"的早期道教组织、张道陵创建的"政教合一"的五斗米教道团，都受到了墨家结社斗争形式的影响。② 王桐龄则认为："墨子以行道为目的，以抑强扶弱为手段，开后世游侠一途。……唐代小说虬髯客传、红线传、刘无双传、剑侠

---

① 李泽厚：《中国古代思想史论》，生活·读书·新知三联书店2008年版，第66—67页。
② 郑杰文：《中国墨学通史》上，人民出版社2006年版，第223—224页。更早的有福永光司阐发此说：（墨家）"教团组织结构和内部秩序定位，成为后世——太平道张角'众徒数十万……遂置三十六万。大方万余人，小方六七千，各立渠师'（《后汉书·皇甫嵩传》）的军队组织，或者五斗米教张修以'奸令''祭酒''鬼吏主'为信徒统率的组织形式，以及将这一教团组织又做了改进的张鲁的'以鬼道教民，自号师君，其来学道者，初皆名鬼卒；受本道已信，号祭酒。各领部者为治头、大祭酒，皆教以诚信不欺诈'（《魏志·张鲁传》）——的教团组织结构、秩序定位的雏形。"（[日] 福永光司：《道教思想史研究》，岩波书店2002年版，第196—197页，转引自[日]谷中信一《先秦秦汉思想史研究》，孙佩霞译，上海古籍出版社2018年版，第415—416页。）

传、元代小说水浒传所载之理想的人物与事实为当时社会背景,其心思之巧、手段之辣、律己之严、赴义之勇,犹有古侠士面影。其替天行道主义、戕官救民主义、杀富济贫主义,隐然墨教徒之遗风也。""墨子之兼爱主义,自东汉以后,佛教输入中国,慈悲之说流行,为第一次复活。有明以来,耶稣教输入中国,博爱之风流行,为第二次复活。墨子之抑强扶弱主义,自有清初年,明末之忠臣义士组织秘密结社,如哥老会、天地会、三点会等,以反对满洲政府,为第一次复活。有清末年,民国之创业先烈,如吴樾、徐锡麟、温才生等,输入日本之武士道、俄国之虚无主义,组织暗杀党,翦除满廷大臣,为第二次复活。"①

上述观点都有一定道理。但是墨家思想和墨者的组织方式是两回事,其在历史上的传承或影响须分别看待。单从墨者作为一个具有理想信念和组织纪律的社会政治集团来看,相对接近这一特征的主要还是某些宗教组织。

中国本土的跨地域的民间宗教组织最早产生于汉代,②即早期道教。这种新的、制度化的宗教组织,从一开始就具有政治意义。即宗教组织同时也是政治集团,比如汉末太平道与黄巾军的关系。增渊龙夫认为,在"太平道信徒集团的组织里,有吸引一般民众内心的宗教性因素,但同时在那里,至少其组织的干部中间,也掺入了游侠的任侠式组织原理了"③。其中,普遍性的宗教性因素在任侠式结合的基础上,赋予了组织整体的公共性,为组织树立了共同的纲领和行动目标,扩大了任侠纽带所能聚合的人群范围。这种民间宗教为农民提供了血缘家族之外的大规模组织形式。龚鹏程认为:"黄巾起事时,其附从之群众固然多属农耕者,但成为黄巾军队中的一员,其身份却不是农民,而是'教众'。"④

对于太平道等原始道教的政治影响,过去的研究大多强调宗教思想蕴含

---

① 王桐龄:《儒墨之异同》,见任继愈主编《墨子大全》第三十二册,北京图书馆出版社2012年版,第460、463—464页。

② 汉代之前的传统宗教除了国家宗教,民间宗教要么是血缘性的祖先崇拜、要么是地域性的自然崇拜。国家宗教也无非是某个(些)特定的祖先祭祀和自然崇拜获得了最高政治地位。无论哪种形式,都没有严格地教义、规范的经典、身份性的教徒和制度性的教团组织。

③ [日]增渊龙夫:《中国古代的社会与国家》,吕静译,上海古籍出版社2017年版,第104页。

④ 龚鹏程:《汉代思潮》,商务印书馆2008年版,第245页。

的社会进步性。但其实,古代民间宗教对于政治运动的组织意义是超过其教义作为政治意识形态意义的。比如,黄巾起义本身也是一宗教团体,所谓"苍天已死,黄天当立",就是在宣传一个太平将至的预言或"福音",以此鼓动民众。其中当然会包含一些对太平理想政治社会的描述,但既不深刻,也不成系统。因此,"这是以预言革命,以福音吸收教众;与政治革命之以政治主张与立场进行革命行动完全不同,也不是社会革命。故其政治与社会规划,皆极稀薄"①。并且,单就《太平经》中的社会价值观而言,也远非传统研究所强调的所谓平均主义、财产公有、反对封建等级。

龚鹏程认为,这种误解来自对《三合相通诀》《六罪十治诀》等几条有限经文的断章取义。而整部《太平经》的思想脉络是在汉代流行的宇宙观背景下,从调和阴阳、治身顺气出发,"从个体生命的安顿,联结到帝王这个特殊的人身上,再由帝王开太平的思维方式","以君臣民三者消弭矛盾、不相侵害而能相爱相通为太平;又以公正为平均,其义甚明"。并且,通过顺天行气、遭逢时运即能获致太平,"有一种宗教的启示福音性质。因为太平不是由政治社会体制的规划与改善,逐步达成的,如儒家所谓三世或井田那样。而是'降临'的"。它要求人们不究问所以,只需入信,并由此规定人的伦理法则和政治社会措施。"它不是说因为我们做什么,才能获得太平安乐;而是说太平安乐要来了,所以我们该怎么做。"②这不同于儒家、佛教基于理性思辨、努力修为而言社会理想,反而与基督教说弥赛亚将要降临、带来末日审判和神恩,人应入信忏悔以行善道的思路,是一样的。《太平经》曰:

  今天太和平气方至,王治且太平,人当贞邪不当贞?何以当贞?夫贞者少情欲不妄为也。(《一男二女法》)
  今太平气临到,欲使谨善者日益兴,恶者日衰却也。为其有伤杀人、盗贼发。为作政当云何乎?(《兴善止恶法》)

再比如,"天师道之治理巴蜀,倚赖的不只是教义,更是个庞大且严

---

① 龚鹏程:《汉代思潮》,商务印书馆2008年版,第245页。
② 龚鹏程:《汉代思潮》,商务印书馆2008年版,第246—249、251—252页。

密的教团。这个教团同时也即是它的官僚体系"①。这说明早期民间宗教——政治性组织动员的号召和团结的纽带是粗劣的迷信或宗教预言,②缺乏合乎世俗理性的政治意识形态。后世频繁出现的以太平金阙帝君的名义或弥勒降生信仰而组织起来的民间政治团体也是如此。③龚鹏程还揭示了《水浒传》水泊梁山与汉末黄巾太平道道教在政治组织意义上的呼应。④即使汉魏之后,尤其唐宋之后,道教逐渐远离政治,而专注于养生修炼的学问方术,但早期道教所奠定的政治影响仍然余绪不绝,如奉李帝君壬辰下生的名义起事者、以弥勒降生信仰为主但也弥漫着道教色彩的白莲教起义等。此外,"民间流传《女仙外史》《平妖传》之类描述造反起事的小说,辄与九天玄女书有关;记载武王革命的小说《封神演义》之类,也与《水浒传》一样,把故事嵌在道教的体系中。这些都可以让我们理解到太平道在民众革命史上的地位"⑤。

总之,对于政治性的民间宗教团体来说,教义中的思想是否深刻、理论是否先进并不十分重要,重要的是用某种方式快捷有效地吸引人心,团结民众,形成政治力量。为此,采纳粗鄙简陋的迷信巫术为工具也在所不辞。这使得民间宗教团体在对更广大人民的团结力和组织力上远胜过墨者集团,更不必说松散的、小规模的任侠团体了。民间宗教团体或会社往往是秘密性的。"就政治角度而言,秘密会社是长期存在的反叛力量与具有革命性的群体。毫无疑问,秘密会社是中国社会中在亲缘体系以外组织性最强的团体之一,与其他社团一样,宗教成分也是控制成员、动员社会的重要组织力量。"⑥

但与此同时,由于教义或意识形态脱离世俗理性,经不起主流思想的质疑和责难,建立在民间宗教基础上的政治团体难以持久有效地运作,更无法承担起组织世俗的公共性政治之责任。因此,既然有先天不足,与既

---

① 龚鹏程:《汉代思潮》,商务印书馆2008年版,第335页。
② 当然,除了太平降世的迷信,太平道同大多数类似的中国民间宗教一样,也强调人在伦理上的道德自省、修身自为、行善积功,从而保持了能够区别于基督教的部分中国特色。
③ 关于佛教的弥勒降生信仰在政治上的影响,参见孙英刚《神文时代》,上海古籍出版社2015年版,第143—161页。
④ 龚鹏程:《汉代思潮》,商务印书馆2008年版,第240—243页。
⑤ 龚鹏程:《汉代思潮》,商务印书馆2008年版,第244页。
⑥ [美]杨庆堃:《中国社会中的宗教:宗教的现代社会功能与其历史因素之研究》,范丽珠译,四川人民出版社2016年版,第49页。

有的国家政治合作，而非妄想取代前者、构建新的政治体系，就成了很多宗教组织的现实选择。狄百瑞（W. T. Bary）评价中国历史上受佛教、道教感召的救世主运动和农民起义时说道："鉴于这些宗教没能产生任何系统的政治纲领、权力意识形态或者一套基本的原则，任何一种组织所必需的价值观没有建立起来，因此，它们发起的挑战即使不那么短暂，国家实际上也很少需要应对它们。……佛道两家的救世主思想虽然足以鼓动造反，但是，一个带有强烈反差的问题就可以把它们贬为不足挂齿的另一股政治性力量。'除了为政府做事，他们还有什么选择？'"①

梁启超认为墨家具有宗教性，"吾所以指墨家为宗教者，谓其赋予主义以宗教性。夫革命排满，本一主义耳，在前清末年，则含有宗教性。共产，本一主义耳，其在马克思派之党徒中，则含有宗教性。主义成为宗教性，则信仰之者能殉以身，义无反顾"②。梁氏认为儒家的道德教育与之不同。但其实，儒家亦不乏舍生取义、以身殉道的教诲，只不过没有墨者那般集体性的决绝。因此，梁氏所谓的"宗教性"实际上是这样一种精神和现象：围绕某种意识形态而形成政治社会组织，通过组织的力量去践行或追求该意识形态的实现。其与宗教在外表上确有某种相似处。这种在政治上求道、行道的方式有着历史的渊源和内在的演进逻辑。它要求意识形态和团体组织这两项元素必须契合，否则便会解体，或难以持久。精英的、世俗价值的意识形态（如儒学）与开放的、严密组织的政治团体（如墨者、原始道教及其他政治性教团），都在中国古代的政治思想或观念史中有着或显或微的体现，并在现实政治中有着不同形式，或强或弱的影响，但二者却始终都没能找到契合之处，形成有机整体。

因此，意识形态和政治团体两个方面分别进化得更加合理、更加科学，并在此基础上实现二者的有机结合，从而造就更具公共性的政治团体，进而成为主权者，建立更具公共性的国家，或许就是古代中国一直酝酿并期待的现代政治之路。梁启超将墨家、清末革命党、马克思主义政党同等地视作"宗教"，似乎没有高低之分，却不悟三者之间的进化，正代表了中国政治思想和政治模式发展的一大线索。

---

① ［美］狄百瑞：《儒家的困境》，黄水婴译，北京大学出版社2009年版，第71—72页。
② 梁启超：《先秦政治思想史》，商务印书馆2014年版，第203页。

第六章

政治公共性观念的凝结

第一节 天下作为意识形态

对公共性政治权威的论证，对公共性社会秩序的想象，对公共性政务职事的概括，对公共性政权组织的设计，最终要聚合为一个统一的思想标签，这就是"天下"。"天下"是先秦两汉政治公共性观念的凝结，可以说是古代中国政治学的题眼。诸子各家论政无不以"天下"立说。

一 天下理想：诸子异同

从西周到秦汉的政治公共性观念纷杂多变，但都是面对着同一个敌人——君主专制的私人性政治，因而不约而同地高举"天下"的大旗，为公共性政治鼓与呼。"墨家、道家、法家虽然在治国理念上与儒家存在着分歧，但在公私分明、去私存公的基本信念上，却与儒家有着惊人的一致。"① 各家思想之间的矛盾集中在通过什么方式保证统治者天下为公。比如，儒家礼制强调身份等级和每一种等级相对稳定的地位、礼遇和尊严，认为这对全体民生之长久是必要的秩序安排；墨家、道家和部分儒家认为这些等级礼制是对公共价值的损害和违背；法家则相信只有法制才能去私存公。总之，各方的争议都是围绕着同样的论题而展开，因此可以在统一的框架下得到解释。

（一）殊途同归的天下愿景

以天下言政治理想的不只是儒家。安部健夫认为，创造或首倡天下观

---

① 顾肃：《重建东亚社会公共哲学的反思与设想》，载黄俊杰、江宜桦编《公私领域新探：东亚与西方观点之比较》，华东师范大学出版社2008年版，第28页。

念的不是儒家,而是墨家,儒家只不过是赞同墨家的天下概念。① 不仅是儒、墨,道家、法家、杂家等也是天下观念的热情拥趸。比如,仅《韩非子》言及"天下"凡267次,《吕氏春秋》则达281次。《庄子》杂篇有《天下》一篇,是先秦思想史的重要材料。其以"天下"为名,并非仅仅因为"天下"为篇首二字(《庄子》内外杂篇的题目很多是该篇的关键词,并非篇首之字),而是因为"天下"概括了这篇思想史文献的中心线索和各家各派的集体关怀。

诸子的集体关怀意味着各家思想的殊途同归。司马谈《论六家要旨》曰:"易大传:'天下一致而百虑,同归而殊涂。'夫阴阳、儒、墨、名、法、道德,此务为治者也。"(《史记·太史公自序》)其所同归者,即为治天下的政治理念。《礼记·乐记》曰:"礼、乐、刑、政,其极一也,所以同民心而出治道也。"天下就是基于民心之同的政治。徐复观认为,儒家在政治思想方面的通义(之一)就是,"以'天下'在政治中为一主体性之存在,天子或人君对此主体性而言,乃系一从属性的客体"②。其实,这几乎是先秦诸子各家政治思想的通义。萧公权说,中国古代的政治思想"有一个共同之特点,无论其内容如何,均以'天下'为对象"③。葛瑞汉也提到,"中国没有一支另类的思想学派承认由天下分化而来的国家是政治组织的自然单位。除了拒绝在政府供职的杨朱学派和道家人物外,其他学派不管理论上如何,在其思想背后都有旨在吸引君王注意某种恢复失而复求的社会与政治凝聚力的方案"④。思想界围绕公共议题的这种"团结性"在战国之后也得到了继承。徐复观指出:"'家天下'虽为统治者的共同心理,刘邦直以天下为私人产业。但西汉的思想家们,无不秉承儒、道、墨三家'天下为公'的共同理想,以作为政治的最高准绳。""他们心目中的政权的基本性格,只不过是为了解决人民生存问题的工具。"⑤

他们很清楚何为本,何为末。诸子百家在公共性政治的理想上有着相

---

① 参见[日]安部健夫《中国人的天下观念——政治思想史试论》,宋文杰译,载周伟洲主编《西北民族论丛》(第十五辑),社会科学文献出版社2017年版。
② 徐复观:《中国思想史论集续篇》,上海书店出版社2004年版,第290页。
③ 萧公权:《中国政治思想史》,新星出版社2010年版,第9页。
④ [英]葛瑞汉:《论道者:中国古代哲学论辩》,张海晏译,中国社会科学出版社2003年版,第4—5页。
⑤ 徐复观:《两汉思想史》第二卷,华东师范大学出版社2011年版,第153页。

当大的共识,其分歧主要集中在政治公共性观念之下的具体政策主张、配套伦理,与之上的形而上学世界观、历史观。前者是主要的,后者是次要的。因此,各家思想实际上不是对立隔绝的,往往是相互融合的。融合的结果就是杂家成为早期思想史发展最令人瞩目的结晶之一。蒙文通说:"周秦之季,诸子之学,皆互为采获,以相融会。"① "战国末期,百家之学术渐趋于汇合,综百家之长而去其短者为杂家,《吕览》为之始,而《淮南》继之。"②

杂家著作有三个特点:一是杂取各家思想成分,兼容并蓄;二是对各家思想而言大都未能提供原创性的贡献,而主要是对各家思想的重复、介绍或通俗化解释;三是并未形成一家之言,或将各种思想资源整合为一自成逻辑的思想体系。因此,这些作品或可称为"通识性著作"。这些通识性著作的代表有《管子》《吕氏春秋》《新书》《淮南子》等,其可以被视为晚周秦汉思想史的全景式呈现,因此最能反映彼时政治思想的共通性议题和追求。其中最突出的就是名为"天下"的政治公共性观念。比如《管子》常被认为以法家思想为主,而兼有儒家、道家。《法解》曰:

> 凡人者,莫不欲利而恶害,是故与天下同利者,天下持之;擅天下之利者,天下谋之。天下所谋,虽立必颠;天下所持,虽高不危。

这句话既有法家趋利避害之人性论的影子、"与天下同利"的主张,又与儒家、墨家博施济众的公共性政治精神相同。

《墨子》频言"兴天下之利,除天下之害",可谓先秦政治公共性观念的最佳宣言。伍非百说:"夫墨子之学所谓天志、节用、尚同、明鬼诸目者,皆非本也。其本维何?曰:'为天下兴利除害而已矣。'……斯语也,凡读墨子书者,每篇必一见焉,或再见焉。然则谓墨子之学,皆为天下'兴利除害'而作可也。"③ 这种公利导向的政论虽然在诸子典籍中多少都有反映,但在杂家著作中有更明显的继承。比如《淮南子·兵略训》曰:

---

① 蒙文通:《古学甄微》,巴蜀书社1999年版,第238页。
② 蒙文通:《经学抉原》,上海世纪出版集团2006年版,第210页。
③ 伍非百:《墨子大义述》,第18—19页;见任继愈主编《墨子大全》第二十七册,北京图书馆出版社2002年版,第324—325页。

"古之用兵者,非利土壤之广而贪金玉之略,将以存亡继绝,平天下之乱,而除万民之害也。"又将天下之公称为"大伦",曰:"攘天下,害百姓,肆一人之邪,而长海内之祸,此大伦之所不取也。所为立君者,以禁暴讨乱也。"而先秦两汉儒家之"大伦"一般是指君臣、父子、夫妇等人伦之义。① 因此,前者是晚周秦汉各家政治思想共同的理念,后者则是儒家特有的伦理主张,讨论古代政治思想应以前者为要。

《吕氏春秋》作为先秦诸子思想的集大成之作,② 其中一个重要主题就是发挥"天下为公"的理念。《孟春纪》有"贵公""去私"两篇。《贵公》曰:

> 昔先圣王之治天下也,必先公。公则天下平矣。平得于公。尝试观于上志,有得天下者众矣,其得之以公,其失之必以偏。凡主之立也,生于公。
>
> 天下非一人之天下也,天下之天下也。阴阳之和,不长一类;甘露时雨,不私一物;万民之主,不阿一人。……荆人有遗弓者,而不肯索,曰:"荆人遗之,荆人得之,又何索焉?"孔子闻之曰:"去其'荆'而可矣。"老聃闻之曰:"去其'人'而可矣。"故老聃则至公矣。

《去私》又曰:"天无私覆也,地无私载也,日月无私烛也,四时无私行也。行其德而万物得遂长焉。"这里明显是继承了儒家思想。

---

① 《论语·微子》:"不仕无义。长幼之节不可废也,君臣之义如之何其废之?欲洁其身而乱大伦。君子之仕也,行其义也,道之不行已知之矣。"《孟子·公孙丑下》:"内则父子,外则君臣,人之大伦也。"《万章上》:"男女居室,人之大伦也。"《史记·儒林列传》:"婚姻者,居屋之大伦也。"《外戚列传》:"夫妇之际,人道之大伦也。"

② 关于《吕氏春秋》的主导思想及其对诸子百家之学的杂糅与综合,汉末高诱谓:"此书所尚,以道德为标的,以无为为纲纪。"[(汉)高诱注:《吕氏春秋》,《高序》第2页,上海书店1986年版。]《四库提要》说《吕氏春秋》"大抵以儒为主,而参以道家、墨家";清人卢文弨认为"《吕氏春秋》一书,大约宗墨氏之学,而缘饰以儒术";陈奇猷则认为"阴阳家的学说是全书的重点";(以上均参见陈奇猷《吕氏春秋校释》,学林出版社1984年版,第1856、1864、1886页。)牟钟鉴认为该书"基本上以道家为宗,取各家之长而弃其短,所以能成一家之言";(牟钟鉴:《〈吕氏春秋〉与〈淮南子〉研究》,齐鲁书社1987年版,第6页。)熊铁基也认为《吕氏春秋》是"新道家的代表作"。(熊铁基:《秦汉新道家》,上海人民出版社2001年版,第217页。)

《礼记·孔子闲居》：

> 子夏曰："三王之德，参于天地，敢问何如斯可谓参于天地矣？"孔子曰："奉三无私以劳天下。"子夏曰："敢问何谓三无私？"孔子曰："天无私覆，地无私载，日月无私照。奉斯三者以劳天下，此之谓三无私。"

所谓为政者"参于天地"，意思是说天地不为一事一物而存，政治亦不为私利、私意而设。所谓"三王之德"，无非是假托"三王"而言政治生活的价值标准，即政治的公共性。这正是《吕氏春秋·贵公》之旨。《淮南子·主术训》更是典型地体现了儒、法、道三家思想的整合为一：君主清静节俭，则万民仁和辑睦；无为任势，则百官遵法尽职。

贾谊的思想也明显体现了儒、法、道三家的融合。在《新书·道术》篇中，贾谊将"道"分解为"虚"和"术"，以虚为体，以术为用。这很接近援引道家之无为论证法家之法术的田骈、慎到、《韩非子·解老》及黄老学派或"道法家"的思想。但贾谊取其框架，而注入了新的内涵。徐复观认为："贾谊接受了道家之所谓道，所谓虚，接受了法家以虚为人君运用统治之术的枢纽；但在术的具体化中，却在儒家思想上落脚。"当然，"其中也包含了若干法家思想"。① 简言之，贾谊《道术》篇的基本逻辑结构是：以虚为体（道家思想）；以虚生术，以术接事（"道法家"思想）；所接之事包括仁、义、礼、信、公、法、举贤、使能、操德而固、教顺而必、周听稽验、明好恶、密事端（儒家思想 + 法家思想）。"这样，贾谊便把道家形上学的格架，装入了儒家的内容，以组成新的哲学系统。"② 这种在道家形而上学框架上植入儒家伦理与政治主张的做法，实际上是开了魏晋玄学思维模式之先河。

总之，诸子之间的融合性与杂家的流行，反映的是中国古代思想可以被当作一个整体性的存在处理。《汉书·艺文志》曰："诸子十家，其可观者九家而已。……观此九家之言，舍短取长，则可以通万方之略矣。"

---

① 徐复观：《两汉思想史》第二卷，华东师范大学出版社2011年版，第96页。
② 徐复观：《两汉思想史》第二卷，华东师范大学出版社2011年版，第99页。

(二) 共同体政治的层级

天下的实质是一种共同体，在较强的意义上是政治共同体，较弱的意义上是文化共同体——但也以前者为目标。秦晖曾以"大共同体本位"批判中国传统政治与社会，是站在西方式自由主义意识形态立场上的片面之论。[①] 但客观地说，以"大共同体本位"描述中国古代政治思想的核心特征也算是真知灼见了。只不过，必须摘掉自由主义政治思维的有色眼镜才能理解它的真正价值。

在同样的天下愿景或共同体政治理想之下，儒、墨、道、法各家共享着政治公共性的理念，也面对着共同的私人性政治之敌人。后者有两种表现：一是封建贵族制的政治私人性；二是君主家产制的政治私人性。二者的区分不是简单的先秦与秦汉之后的时代差异。西周春秋时期，私人性政治以封建贵族制为主，兼有君主家产制元素；秦汉之后，私人性政治以君主家产制为主，兼有封建贵族制元素。两种私人性政治元素在古代中国始终是并存交融的。面对同样的敌人，各学派对于共同体政治则设想了不同的方案。

《礼记·礼运》中提出"大同"和"小康"两种理想社会，实际就是两种共同体构想。"小康"是标准的儒家理想社会模式，因此"大同"往往不被认为是儒家理念，而更符合墨家或道家的社会理想。再加上法家设计的法治共同体，早期政治思想关于共同体政治的设想大体分为三种类型，也是从理想性到现实性过渡的三个层次。阎步克从"俗""礼""法"三者递进的角度解释儒、法、道三家思想的关系："儒家法三代，要以'礼'来沟通'法''俗'；法家催生了秦政，要以'法'来制'礼'制'俗'。而在同一视角之中，我们不妨说道家是取法于原生'乡俗'的。《老子》曰'乐其俗'，'俗'者，人之传统自然之行事也。"[②] 即因俗而治的是道家政治共同体——墨家与之相近，以礼而治的是儒家政治共同体，以法而治的是法家政治共同体。道家、墨家的方案理想性最强，现实性最弱；法家的方案现实性最强，理想性最弱；儒家方案取乎中庸。

道家由于站在政治理想阶梯的最高端，对政治公共性理念为了更具可

[①] 参见秦晖《"大共同体本位"与传统中国社会》，载氏著《传统十论》，东方出版社2014年版。

[②] 阎步克：《士大夫政治演生史稿》，北京大学出版社2015年版，第261页。

行性而不断与现实政治折中调和，从而变化出新的思想形态，是理解得最为准确和深刻的。《老子·第三十八章》曰：

> 上德不德，是以有德；下德不失德，是以无德。上德无为而无以为；下德无为而有以为。上仁为之而无以为；上义为之而有以为。上礼为之而莫之应，则攘臂而扔之。故失道而后德，失德而后仁，失仁而后义，失义而后礼。夫礼者，忠信之薄，而乱之首。

《老子》描绘的与其说是真实发生的历史演化过程，不如说是价值理想与政治观念逐步趋于现实性的变化诸阶段。这个社会理想由高到低的"异化"顺序可概括为：道→德→仁→义→礼。道家从价值理想性的角度认为这是一种堕落，但从政治这一公共事物所强调的价值可及性、理论实际性的角度看，则未尝不是一种进化。《庄子·缮性》中也有类似的描述和偏见："夫德，和也；道，理也。德无不容，仁也；道无不理，义也；义明而物亲，忠也；中纯实而反乎情，乐也；信行容体而顺乎文，礼也。礼乐偏行，则天下乱矣。"这个连续的序列可以分成三个阶段：道、德是第一层，仁、义或忠、信是第二层，礼是第三层。到了礼的层次，法就已经呼之欲出了，甚至可以把礼视作广义的法。因此，这三个层次基本对应道、儒、法三家的政治理念。墨家大体位于儒家与道家之间。儒家、法家并非被道家视为完全的对立面，只是被当作等而下之的治世方案。所谓"失道而后德，失德而后仁，失仁而后义，失义而后礼"，或"道散而为德，德溢而为仁义，仁义立而道德废矣"（《淮南子·俶真训》）。儒、墨之间也当作如是观。钱穆说：儒、墨"都只是从同一个根源上发生，他们的根本精神，都只是一个'反贵族'。儒家只是反贵族的右派，墨家是左派。先秦诸子更逃不出他们两家的范围"[1]。所谓反贵族，就是反对私家政治，提倡政治的公共性。

具体而言，政治是对于社会价值的权威性分配，包括对社会经济利益的分配。[2] 尤其在古代，经济活动与利益分配深嵌于社会政治结构之中，

---

[1] 钱穆：《墨子 惠施公孙龙》，九州出版社2011年版，第31页。
[2] 参见［美］戴维·伊斯顿《政治体系——政治学状况研究》，马清槐译，商务印书馆1993年版，第128页。

具有明显的政治属性。而儒家与墨家、道家在社会经济的生产和利益分配与政治之关系的问题上有不同的判断。《荀子·富国》对此言之甚明："墨子之言昭昭然为天下忧不足。……夫天地之生万物也，固有余，足以食人矣；麻葛茧丝、鸟兽之羽毛齿革也，固有余，足以衣人矣。夫有余不足，非天下之公患也，特墨子之私忧过计也。天下之公患，乱伤之也。"墨家相信天下财富不足以支撑任何浪费和分配不均，否则就会有人忍受饥寒，因此必须通过政治消灭上述问题。荀子则认为墨子有些"私忧过计"了，事情并没有严重到这种地步。

但是，道家的判断与应对思路与墨家相近，并更加激进。《老子》认为，任何超出人之基本物质需求的享乐、任何论证和美化人与人之间等级式分配的仁义礼法都是非自然的。追求非自然的利益分配对个人而言如同泡沫幻影，终会物极而反；"服文彩，带利剑，厌饮食，财货有馀。是谓盗夸。非道也哉。"（第五十三章）追逐欲望违背自然，因此"非道"。"盗夸"即盗荂，即盗華（华）、盗花，即不结果实的虚花、谎花，意指欲壑难填，终为虚空。① 奢侈浪费、分配不均对于社会而言则是致乱之道。因此，《老子》的理想社会是由一个个"小国寡民"（第八十章）式的小共同体组成。道家的共同体社会不仅在"尚俭""节用""非乐"等方面与墨子同道，更在此基础上将墨家的"为天下忧不足"推向极致。即道家不再指望墨子主张的圣贤之人为天下兴公利、除公害，而是担忧任何超出小共同体的政治设施与行动都将不可避免地消耗社会财富，即便是出于所谓的公利之心，其结果也难免得不偿失。换言之，大规模的国家政治在道家看来费效比太高了，不值得追求。

因此，道家一反墨子尚贤与摩顶放踵以利天下之说，提出"不尚贤，使民不争"，"为无为，则无不治"（第三章）。道家抱持同样热烈的天下理想，但其所设想的天下实质上是小国寡民的无限放大，即把自然无为的人际关系和利益分配原则扩展到天下的范围。因此，这样的天下或大共同体实际上是去政治化的。《老子·第三十七章》曰："道常无为而无不为。侯王若能守之，万物将自化。化而欲作，吾将镇之以无名之朴。无名之朴，夫亦将无欲。不欲以静，天下将自定。"

---

① 张富祥：《老子校释二题》，《中国哲学史》2003 年第 1 期。

就早期社会的一般状况而言，道、墨两家进行政治思考所依据的"为天下忧不足"的基本假设是完全可以理解的。社会整体财富的增长要靠生产技术的进步，在古代首先是农业技术的进步，尤其是农业工具的改进。但实际上，从考古发现来看，夏商周三代虽然已经进入铜器时代，但出土的青铜农具极为罕见，几乎没有。这一时期的生产工具一仍新石器时代之旧，主要还是石器和木制工具，如石制的镰、锄、斧、铲等，木制工具可能更多，但容易腐烂而较少遗存。另外，还有骨制、贝制等工具。青铜农具反而直到铁器时代的春秋战国才开始零星出现。"在整个周代期间，青铜一直是礼器和兵器的原料……在整个的中国青铜时代，金属始终不是制造生产工具的主要原料。"① 同时，"考古学上在东周以前也没有大规模水利建设或农业灌溉的证据"②。生产工具的改进要等到比较便宜、适于大量制造的生铁普及之后，那已经到了战国时期。大兴水利也同样是在战国时代。因此，张光直判断，商周时代的生产力水平并没有比龙山文化时代有质的提升。"既然生产技术基本上是个恒数，那么唯一的可能的变化因素是资源的重新分配，使它们易于进入若干人的掌握。"③ 在这样的历史背景下产生的墨家、道家等以节用、尚俭为本的社会政治思想是有着坚实的现实根据的。

然而，儒家、法家看到了问题的另一面。对儒家来说，一方面，社会财富并没有紧张到不允许拿出一部分来供养国家政权或者脱产的"君子"，即"天地之生万物也，固有余"，因此允许"治于人者食人，治人者食于人"（《孟子·滕文公上》）；另一方面，生产力水平就算恒定不变，社会生产要发挥出全部潜力，社会财富要得到相对公平的分配，也需要一个持久的、和平的社会秩序，而儒家主张的礼义秩序就是为了保障社会成员团结地开展物质生产、和谐地进行资源分配而设立的，即以礼义秩序的建立和维持为内涵的国家政治不仅不是社会财富的浪费，反而是实现财富生产最大化和利益分配有序化的必要保证。荀子指出，礼义的意义就在于明分使群，一则在利益分配上止争弥乱而使各得其宜，二则在财富生产上善利万物而能厚生养人。由此，礼乐文明本身就应当是理想的社会目标，虽有

---

① 张光直：《中国青铜时代》，生活·读书·新知三联书店2013年版，第12页。
② 张光直：《考古学专题六讲》，生活·读书·新知三联书店2010年版，第154页。
③ 张光直：《中国青铜时代》，生活·读书·新知三联书店2013年版，第1—27页。

代价，但也值得追求。正是基于这样的考虑，荀子才认为墨子之"为天下忧不足"，因而主张节用、节葬、非乐等——甚至道家主张直接把国家政治本身都要节省掉，是"私忧过计"了。这是儒家政治思想的基本假设。墨家思想在伦理的平等性上接近道家，在政治的公共性上接近儒家。因此可以说，墨家思想是道家与儒家思想的折中或过渡。

法家则是沿着这一方向，在儒家之后的进一步发展。法家相对于儒家、墨家，不仅承认国家政治存在的合理性，而且在国家政治的组织方式上，既超越了墨家的为天下兴利除害的抽象原理或尚贤、尚同等笼统原则，也不满足于儒家礼义的软性约束力，而是强调了法作为政治组织之具体纽带和有效工具的意义。同样是为了建构天下共同体，道家认为追求有为的国家政治只会起到反作用。墨家虽然出于与道家相近的天下之忧，却相信国家政治是必要的，但必须遵循纯粹的公共价值之规范，比如兼爱或"兴天下之公利、除天下之公害"以及为此而生的尚贤、尚同等。儒家并不反对墨家标举的公共价值作为政治规范——这也是墨家从儒家继承的主要遗产，但认为空泛的理念本身不足以组织起有效的国家政治来承担这一理念的落实。于是，儒家基于社会伦理之礼俗，推出了礼义秩序与尊卑等级作为国家政治的具体组织原则。因此，在儒家看来，天下本位的政治公共价值与身—家本位的社会伦理规范同样重要。法家同样秉持天下政治观，从天下共同体的角度讨论政治公共性的理念和国家性质。《商君书·修权》曰：

> 尧、舜之位天下也，非私天下之利也，为天下位天下也；论贤举能而传焉，非疏父子亲越人也，明于治乱之道也。故三王以义亲，五霸以法正诸侯，皆非私天下之利也，为天下治天下。

只不过，法家认为儒家的社会伦理无法提供足够有效的政治组织力，不能满足公共性政治对于组织纽带和运行机制的要求，因此法家提出了法—术—势三位一体的公共性政治组织方案。在公共性政治理念的可行性上又深入了一步，同时在共同体的价值理想性上也做了更多的妥协，暴露出更大的变异风险。

以上是各家思想演变的逻辑结构。从思想史发生的顺序来讲，则是以儒家为起点，分别在理想性和可行性两个维度发展出墨家、道家和法家，从而构成古代中国政治思想的完整谱系和结构（见图6—1）。

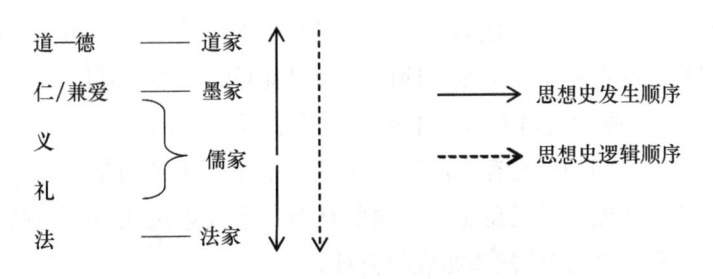

```
道—德    ——道家   ↑  ┊
仁/兼爱  ——墨家   │  ┊        ——→ 思想史发生顺序
                    儒家   │  ┊        ┄┄→ 思想史逻辑顺序
义                  │  ┊
礼                  │  ┊
法       ——法家   ↓  ↓
```

图6—1　古代中国政治思想谱系与结构

在杂家著作中，各家的理念已经开始被相对平等地对待，并在更加整体性的政治公共性思想结构中各有用武之地。比如，《管子·心术上》曰："虚无无形谓之道；化育万物谓之德；君臣父子人间之事谓之义；登降揖让、贵贱有等、亲疏之体谓之礼；简物小未一道，杀僇禁诛谓之法。"道—德—义—礼—法，虽然仍有价值理想的高低之别，但思想家也开始试图抽象出道德、仁义、礼法作为治道内在的统一性、生发的连贯性，而加以调和。

（三）天下政治学的内在结构

中国古代的政治学说作为一个整体或可称为"天下政治学"。天下虽大，其作为政治理念的原型却是小小的邑社共同体。其内部自由联合，若小国寡民或原始邑社共同体，则天下大同，是道家主张；伦理有序，若乡田同井或宗法邑社共同体，则天下小康，是儒家理想；墨家居于二者之间。当自由联合既已缥缈，伦理有序也嫌迂阔，则不得不待法令刑辟以为补救，以官办邑社共同体为单位或原型而再造天下，则是法家道路。因此，各家的为天下共同体之道呈现进阶的关系：乱世用重典，为国致富强；既而制礼乐、行仁政，德教美风俗；然后去伪存真，天下合和，郅治于大同。

道家追慕上古之世，儒家亟称三代、周礼，法家则厚今薄古、法后王，大概也与他们理想的邑社共同体模型所流行的历史时期有关——原始/自由邑社共同体之在上古，封建/宗法邑社共同体之在三代（尤其是周),官办邑社共同体之在战国秦汉。徐中舒指出:"(孔子)所居的乡党是由宗法组织的大家族的家族公社,孔子生长在这样的家族公社中,'出则事公卿,入则事父兄';因此,孝悌就成为他的政治思想的出发点……与此相反,老子和墨子,他们生长在农村公社中,这里没有宗法组织,人与人之间就不存在有亲疏关系;因此,他们就要讲'小国寡民','有什佰之器而不用';或者就讲非攻、兼爱、节用、天志、尚同。这些不同的意识形态,都是不同的社会存在所决定的。"① 老子、墨子的生活环境是否如徐氏所言遽难论断,但其思想所反映的社会背景或理想社会形态确如徐氏所论,是一种无/弱宗法的原始农村公社。

天下的政治内涵在根本意义上,是一个以确定的公共价值作为最高政治权威的政治共同体,是一个公共性政治的概念。古代思想家所追思和推崇的古圣王政治最核心的共同特征就在于民生价值规范之下的政治公共性。《淮南子·主术训》曰:"养民以公。"《管子·形势解》曰:

> 古者三王五伯皆人主之利天下者也,故身贵显而子孙被其泽。桀纣幽厉皆人主之害天下者也,故身困伤而子孙蒙其祸。故曰:"疑今者察之古,不知来者视之往。"神农教耕生谷,以致民利;禹身决渎,斩高桥下,以致民利;汤武征伐无道,诛杀暴乱,以致民利。故明王之动作虽异,其利民同也。

儒家、墨家、法家有一个隐含的共同假设,即政治公共价值是相对确定的。政治的主题不是如何通过讨论、立法去界定"公共价值",而是如何确保决策和行政忠实地遵循已经前置确定的公共价值。虽然在公共价值的设定上,诸子百家略有歧异,但都可以公约为全体民生之长久,或曰"天下有道"。欲致民生长久,墨家主张通过兼爱交利,儒家相信必赖礼义伦常,法家认为大争之世,国家的持存与运作才是重建天下的首要前提。在具体的落实方式上,儒家强调精英政治主体承担公共价值之实现的责任,并通过劝学、选举等机制源源不断地生产合格的政治精英;法家则致

---

① 徐中舒:《孔子的政治思想》,载《徐中舒历史论文选辑》,中华书局1998年版,第1177—1178页。

力于将公共价值客观化、固定化为国家法令,并通过赏罚、去私等君主之"术"运作这台法令机器。但既然存在着价值追求上的公约数,战国晚期至秦汉的所谓杂家著作就倾向于将它们融为一体了。

古圣王之治是天下理念的标准实践或公共性政治的榜样与示范。尧、舜、禹等上古圣王是天下理想的实践代表者,因此儒、墨两家在赞颂古圣王上是一致的。而儒、墨作为诸子百家之渊源,也共同形塑了战国秦汉思想界关于古圣王的流行观念。《淮南子·主术训》曰:"孔丘、墨翟,修先圣之术,通六艺之论,口道其言,身行其志,慕义从风。……举天下而[①]以为社稷,非有利焉。"法家虽然质疑圣王禅让的传说,反对厚古薄今与法先王,但也承认古圣王在致力于天下或建立公共性政治上的贡献。《韩非子·心度》曰:"圣人之治民,度于本,不从其欲,期于利民而已。故其与之刑,非所以恶民,爱之本也。"因此,即便在法家最得道的秦国和秦代,古圣王与天下之关系的观念,或以古圣王为榜样的公共性政治观念也仍在传播。秦二世曾向李斯抱怨不喜欢尧、禹有天下的方式,可见古圣王为天下之公的历史叙述和价值观念已经在社会和政治上相当流行了——虽然肯定要遭到欲逞私意的专制君主们的抵制。《史记·李斯列传》曰:

> 二世责问李斯曰:"夫所贵于有天下者,岂欲苦形劳神,身处逆旅之宿,口食监门之养,手持臣虏之作哉?此不肖人之所勉也,非贤者之所务也。彼贤人之有天下也,专用天下适己而已矣,此所贵于有天下也。……今身且不能利,将恶能治天下哉!故吾原赐志广欲,长享天下而无害,为之奈何?"

如果说古圣王是公共性政治的人格化身,古代经典就被认为是公共性政治的客观记载。因此,春秋之后便开始产生专门的经学,汉代更是将尊经推到了新的高度。不过,前面也提到,诸子之学本质上都是致力于天下理想或公共性政治的不同学说。经学与子学的区别只在于,前者是对公共性政治之"历史经验"的记载和总结,后者是对公共性政治在未来重建的思索和构想。因而,经与子本质上是一致的,都是为天下之道的反映。

---

① 俞樾校:此四字当删。

王充就厌恶汉代高筑门派壁垒的五经章句之学,鄙夷专事一经的章句之儒及其博士系统,而推崇治学上的博览古今、会通经子,并认为经书与诸子书本质上是一样的。《论衡·书解篇》曰:

> 《易》据事象,《诗》采民以为篇,《乐》须民①欢,《礼》待民平。四经有据,篇章乃成。《尚书》《春秋》,采掇史记。史记与书②无异,以民事一意,六经之作皆有据。由此言之,书亦为本,经亦为末,末失事实,本得道质。折累二者,孰为玉屑?知屋漏者在宇下,知政失者在草野,知经误者在诸子。诸子尺书,文明实是。

王充认为,《易》据民事,《诗》采民风,《乐》待民欢,《礼》待民和,皆有所依据。即经书和诸子书都是出于"民事"这一公共性价值的要求,反映了"民事"的不同侧面,二者可以互为本末,互为补充。这一见解是极具科学精神与进步意义的,几乎已经望到了现代社会科学的门径。

儒、法两家是天下政治学的主力担当,论者往往以为在思想层面,儒、法两家水火不容。秦汉之后的政治形态常被称为儒法结合或外儒内法,似乎二者只是机械地拼接。这种看法缺少学理上的论证,未见及儒、法共享的思想底色。舍此,就无法想象一个具有内在整体性的天下政治学。徐复观指出,"'公''法'是儒法的共同要求","在'公''法'的观点上,两家间未始不可以架上一道桥梁"③。其实,真正作为儒、法共同思维结构的只有"公",即政治公共性的观念,也就是天下的政治观。

儒家隆礼,法家尊法,礼、法共同的政治意义是通过某种客观性、公共性的规范,提供政治运作之"常",有常则私意不入,则有公。《荀子·君道》曰:"隆礼至法则国有常,尚贤使能则民知方,纂论公察则民不疑,赏克罚偷则民不怠,兼听齐明则天下归之;然后明分职,序事业,材技官能,莫不治理,则公道达而私门塞矣,公义明而私事息矣。"荀子还曾入

---

① 原本作"不",当作"民"。黄晖:《论衡校释》第四册,中华书局1990年版,第1159页。

② "书"字脱漏,今补,指诸子书。黄晖:《论衡校释》第四册,中华书局1990年版,第1160页。

③ 徐复观:《两汉思想史》第二卷,华东师范大学出版社2011年版,第96—97页。

境秦国实地考察其政教风俗,并大为赞赏,认为接近于儒家理想的古代社会,只是缺少儒生,王道不粹而已。其对秦国政教的赞赏并不是叛离儒家,入了法家思想之门,而是在政治公共性的价值理念之中发现了儒、法思想,乃至不分派别的各家思想的相通之处。《荀子·强国》曰:

> 入境,观其风俗,其百姓朴,其声乐不流污,其服不挑,甚畏有司而顺,古之民也。及都邑官府,其百吏肃然莫不恭俭、敦敬、忠信而不楛,古之吏也。入其国,观其士大夫,出于其门,入于公门,出于公门,归于其家,无有私事也,不比周,不朋党,偶然莫不明通而公也,古之士大夫也。观其朝廷,其闲听决百事不留,恬然如无治者,古之朝也。故四世有胜,非幸也,数也。是所见也。故曰:佚而治,约而详,不烦而功,治之至也。秦类之矣。

儒、法在政治公共性上的相通还表现在,都反对君主与佞幸近习之间的私人性政治。私人性政治很大程度上建立在君臣或上下之间结成的亲密的熟人关系之上。侯旭东指出:"春秋战国时期墨、道、法、儒四派均提出了如何超越'熟人世界'的主张,如'兼爱''一赏、一刑、一教''道''恻隐之心'等。"① 对这一公共议题认识最自觉、表述最清楚的往往是法家。《韩非子·饰邪》曰:"明主之道,必明于公私之分,明法制,去私恩。夫令必行,禁必止,人主之公义也;必行其私,信于朋友,不可为赏劝,不可为罚沮,人臣之私义也。私义行则乱,公义行则治,故公私有分。"儒家王符《潜夫论·潜叹》的论调与韩非如出一辙:"夫国君之所以致治者公也,公法行则轨乱绝。佞臣之所以便身者私也,私术用则公法夺。"

儒家政治哲学以荀子的"初始状态"假设为基础,解决的是群体对内团结的问题;荀子的初始状态假定群体合作是个人生存的条件,赵汀阳将其演化为一个存在论原则:"共在先于存在。"② 法家政治哲学以韩非的"初始状态"假设——类似于霍布斯的自然状态假设——为基础,解决的

---

① 侯旭东:《宠:信—任型君臣关系与西汉历史的展开》,北京师范大学出版社2018年版,第234页。

② 赵汀阳:《天下的当代性:世界秩序的实践与想象》,中信出版社2016年版,第8页。

是群体（或脱离群体的个体）对外战争的问题。法家关心的是如何避免赵汀阳所谓的"最坏可能世界"，而对"最好可能世界"缺乏想象。因此，儒、法两家所针对的问题各有侧重，但都是群体本位或"共在"优先的，是可以并存和互补的。从这个角度讲，儒、法两家的公共秩序方案都是周礼某一层面的扩充、发展或革新。《管子·枢言》曰："法出于礼，礼出于治。"

墨家与儒家在"初始状态"假设上，进而在很多政论上几乎是一致的。韩愈《读墨子》就儒家讥嘲墨家的上同、兼爱、上贤、明鬼诸义等行为，论证了儒家在上述诸端与墨家同义。因此，韩昌黎说："孔子必用墨子，墨子必用孔子，不相用不足为孔、墨。"[1] 李泽厚的"情理结构"（情本位）虽然主要是为解释儒家哲学而设，[2] 但在评判儒、墨异同上，也有相当适用性。在"情"—"礼"—"理"—"情"的结构中，"情"即群体存在情境，可以看作儒家、墨家思想共同的起点，这一群体情境蕴含着社会的公共价值，即个体诉求凝聚成共存共荣的群体诉求。由其引申出的"礼""理"——在广义上包括墨家的义之理和法家的法之理，则是在如何实现已经确定的群体诉求或公共价值上，不同的思想家所持有的不同秩序方案或组织方式。其中既会有分歧，也会有共识。分歧的部分不必多说，共识的方面也是所在多有，比如儒、墨都尚贤，墨、法都尚同，等等。

古代中国的天下政治学应当从这样一种整体性和共通性的视角去理解。赵汀阳指出："中国思想的基本特色就是它的完整性，其中的每一种思想都是在中国思想的整体效果中才获得意义的；……比如说，在价值观方面以儒家为主，但在方法论上则主要是道家和兵家，在制度技术上又很重视法家，如此等等，从而形成系统性。"[3] 能够为各派中国思想赋予整体性、综合性与系统性的线索，或者说一种完整的中国政治思维就是"天下"观，也就是一种以公共价值为本位的政治公共性观念。《六韬·武韬·顺启》有一段精彩的"天下"论：

---

[1] 韩愈：《韩昌黎文集校注》，马其昶校注，上海古籍出版社1986年版，第39—40页。
[2] 参见李泽厚《关于情本体》，载氏著《哲学纲要》，中华书局2015年版，第46—76页。
[3] 赵汀阳：《天下体系：世界制度哲学导论》，江苏教育出版社2005年版，第8页。

文王问太公曰："何如而可为天下？"

太公曰："大盖天下，然后能容天下；信盖天下，然后能约天下；仁盖天下，然后能怀天下；恩盖天下，然后能保天下；权盖天下，然后能不失天下；事而不疑，则天运不能移，时变不能迁。此六者备，然后可以为天下政。故利天下者，天下启之；害天下者，天下闭之；生天下者，天下德之；杀天下者，天下贼之；彻天下者，天下通之；穷天下者，天下仇之；安天下者，天下恃之；危天下者，天下灾之，天下者非一人之天下，唯有道者处之。"

二 人君无为则天下为公

在由"天"所构成的"天下"概念中，尽管不时受到宿命论的侵扰，但整体而言，中国古代的精英思想对人改造社会的能动性普遍充满自信和乐观。"在我们现有的中国古老经典之中，如下的观念占据着主导的地位：普世性的国王（政治秩序的具体体现），以及他所甄选的大臣，拥有塑造或改造社会整体本质的权能。"① 虽然政治社会理想不同，但诸子各家都一致主张以圣王行道的方式追求理想。但与此同时，各家又期待圣王或君主无为。无为不是道家的专利。儒、法两家同样以无为要求君主，并且比道家更有政治意义。既希望君主有为，又要求君主无为，这样的自相矛盾该如何解释呢？关键在于政治公共性观念的要求。即有为是指"有"追求公共性价值、履行公共性政治之"为"，无为是指"无"追求私人性价值、肆行私人性政治之"为"；有为是有天下为公之"为"，无为是无天下为私之"为"。因此，二者并行不悖、相辅相成。

从形式上看，老子的理想政治方案也是一种"内圣外王"，类似于儒家己立立人，正心、诚意、修身而后齐家、治国、平天下的套路，也与柏拉图主张哲人以身说法、引导民众走出洞穴的教育式政治方案相仿。徐复观指出："老子的政治思想，简单地说，是体虚无之道，以为人君之道。由人君向德的回归，以促成人民向德的回归。虽然思想的内容与儒家不同，但在思想构成的形式上，也并与儒家无异。"② 具体而言，首先是圣人

---

① ［美］本杰明·史华兹：《古代中国的思想世界》，程钢译，江苏人民出版社2008年版，第82页。

② 徐复观：《中国人性论史》，华东师范大学出版社2005年版，第214—215页。

体道，即涤除玄览、虚静无为，清除精神中的各种社会性杂质——所谓"为道日损"；然后是圣人化民，即启发、引导人民自发和自觉地进入与圣人相似的人格境界。《老子》曰："圣人云：我无为而民自化。我好静而民自正。我无事而民自富。我无欲而民自朴。"（第五十七章）"功成事遂，百姓皆谓：我自然。"（第十七章）圣人并不进行任何制度设计，也不颁布任何规范，甚至与民众之间没有任何正式或非正式的权力关系。一切所谓的"治国""为政"都是去政治化乃至去社会化，以恢复人民之自然人格、达成自然共同体为目的。

这种无为既是政治性的，也是非政治性的。虽然老子无为的前提是有君，即君主应做出道法自然的圣人式表率，使民自化，不可恣意妄为。但其实这样的"君主"并不具有任何政治上的意义，是事实上的"无政府"。因此，有人认为道家的无为类似于西方无政府主义理论，都反对任何权威性政治建制。庄子哲学和庄子后学中的"无君派"对此有着更为直接和鲜明的反映。①

庄子曾对现实政治激愤道："窃钩者诛，窃国者为诸侯。"（《庄子·胠箧》）窃钩者，民间之逞私欲者；窃国者，政治之逞私意者。当此之时，天下为私。面对化家为国或以国为家的私人性政治现实，道家感到了公共性政治的绝望，认为任何政治都必然是私人性的，"强制性的法律和礼仪规范是一些利益集团为巩固其权势和攫取私利所采用的某种工具"②。从三代兴衰到田氏代齐、三家分晋，无不是化家为国，僭取天下。而"所谓圣者，有不为大盗守者乎？"（《胠箧》）所谓圣人之道，与盗跖之道并无本质区别，都不过是私相分配天下公利的规则而已。所谓盗者之道，"夫妄意室中之藏，圣也；入先，勇也；出后，义也；知可否，知也；分均，仁也"（《胠箧》）。将"室中之藏"换成"天下之利"，则所谓圣人之道也无二致。从老子到庄子，是在理想主义的情绪下，对恢复公共性政治从仍抱幻想到彻底绝望的过程。

战国秦汉之际兴起的黄老学派，则为了道家思想在政治上更有用武之地，牺牲了老庄道家理想的纯粹性，着意于将无为之道进行偏于世俗化的

---

① 参见刘笑敢《庄子哲学及其演变》，中国社会科学出版社1987年版。
② [美]安乐哲：《中国古代的统治艺术——〈淮南子·主术〉研究》，滕复译，江苏凤凰文艺出版社2018年版，第177页。

解读和实用性的改造。比如主张返本复原、清心寡欲、与民将息，不违天下周行之道，使民得自然、自足其用，而不追究自然无为的精神内涵或道家原义。汉初从中央到郡国的准官方意识形态就是这种提倡清静无为之政的黄老之学，以求恢复社会经济，稳定礼俗秩序。《淮南子》可以看作对这一时期道家无为政治思想的总结。《泰族训》曰："为治之本，务在宁民；宁民之本，在于足用；足用之本，在于勿夺时；勿夺时之本，在于省事；省事之本，在于节用；节用之本，在于反性。"

不过，《淮南子》作者群中的儒家对于黄老道家式的片面强调无为而不及于有为的立场提出了反对意见。比如《淮南子·修务训》反驳了圣人无为的观点，指出"圣人忧民"，"劳形尽虑，为民兴利除害而不懈"，"则莫得无为"，即古圣王都是忧劳百姓、思虑天下的大有为之君。[①] 儒家认可的无为是与有为相配合而言的。既要无为，又是有为，则所为者必定是超越君主私人意志的公共性职责，或所谓"天职""天命"者。无为则是不可任凭私意，干扰和破坏公共性政治职责的履行，而不是完全的寂然不动。《修务训》历数神农教民播种五谷、尧立孝慈仁爱使民如子弟、舜教民筑墙茨屋而有家室、禹平治水土、汤吊民伐罪，"此五圣者，天下之盛主，劳形尽虑，为民兴利除害而不懈"。因此，无为并非"寂然无声，漠然不动"，而是出于公心、公意的大有为。

由此，《修务训》给出了君主无为的儒家式定义："若吾所谓无为者，私志不得入公道，嗜欲不得在正术，循理而举事，因资而立，权自然之势，百曲故不得容者，事成而身弗伐，功立而名弗有。"即儒家认为君主之有为与无为是就公私之际而言的。无为是无"私志"、去"嗜欲"，同时循"公道"、守"正术"。因此，在反对君主私人性政治、保护公共性政治的意义上，儒家也是标举无为而治的。儒家描述君主无为常用垂拱而治、垂衣裳、恭己正南面等描述。孔子说："无为而治者，其舜也与！夫何为哉？恭己正南面而已矣。"（《论语·卫灵公》）《易传·系辞下》曰："黄帝、尧、舜垂衣裳而天下治。"王充《论衡·自然篇》曰："垂衣裳者，垂

[①] 这里也可能继承了部分墨家的政治理念。实际上，抛开等级身份式的社会伦理不谈，单就公共性的政治理念来看，儒家与墨家的共性是远大于其分歧的。换句话说，兴天下之利、除天下之害也同样是儒家的政治主张，君主大有为之政也同样是墨家的政治理念。比如禹就是儒、墨两家共同推崇的圣王。

拱无为也。"《荀子·解蔽》曰："仁者之行道也，无为也。"

就循"公道"而言，儒家的君主无为首先是建立在合理的设官分职、选贤任能、官民各司其事之基础上的。《王霸》曰："农分田而耕，贾分货而贩，百工分事而劝，士大夫分职而听，建国诸侯之君分土而守，三公揔方而议，则天子共己而已矣。……垂衣裳而天下定。"《说苑·君道》曰："百官能治，臣下乐职，恩流群生，润泽草木，昔者虞舜左禹右皋陶，不下堂而天下治，此使能之效也。"

其次，君主无为意味着去私。如何去私？儒家的办法是规范君主的行止之礼。儒家认为，君子去私贵公的无为之治，很大程度上就依赖于无微不至的礼仪法度约束着君主的形容举止，使其动辄有"礼"，难以放任性情、恣意作为。孔子曰"克己复礼"（《论语·颜渊》），礼本身就意味着对己身的克制，其内在精神要求去私、去我，所谓"子绝四：勿意、勿必、勿固、勿我"（《论语·子罕》）。

法家同样将无为视作君主之治的理想境界，也同样是基于公私之辨的理由。儒家常用的垂拱而治等，法家也一样使用。《管子·任法》曰："圣君则不然……不思不虑，不忧不图，利身体，便形躯，养寿命，垂拱而天下治。"《韩非子·初见秦》曰："大王垂拱以须之，天下编随而服矣。"儒家德治，法家法治，但在君主克己自制、不以私害公，"禁胜于身，则令行于民"（《管子·法法》）的要求上，两家是一致的。其本质是，儒法两家在限制君主政治私人性及追求政治公共性的方向上是同道的，只是在具体路径选择上有所分歧。法家的无为基于法治，儒家的无为依靠礼治，二者都是为了形成某种客观的、公共的社会行为规范，从而取消君主凭借私人意志治国的必要。同时，为了进一步限制君主的私人政治，儒法两家还共同提倡设官分职、选贤任能的官僚政治。只不过，儒家侧重于选贤任能与贤能的主观能动性；法家更看重设官分职与循名责实的客观规则性。如《吕氏春秋·审分览·任数篇》论因循之义：

> 古之王者，其所为少，其所因多。因者，君术也；为者，臣道也。为则扰矣，因则静矣。因冬为寒，因夏为暑，君奚事哉？故曰君道无知无为，而贤于有知有为，则得之矣。

在法家或受法家影响的思想家看来，循名责实与功绩主义是君主之治的合理策略，是君主应当具有的工具理性，是君主凭借权力和财富资源以驱使与诱导臣僚致力于君主统治秩序的理性方略。"权势者，人主之车舆；爵禄者，人臣之辔衔也。是故人主处权势之要，而持爵禄之柄，审缓急之度，而适取予之节。是以天下尽力而不倦。"（《淮南子·主术训》）但在实际上，这种政治理念必将在客观上形成相当程度的、独立于君主主观意志的公共性政治。工具理性本身就意味着一种客观、独立、公共的运作逻辑——类似韦伯的"责任伦理"，而价值理性（如法家的富国强兵、天下乂安）也同样必须在超越私人意见的众人共识、共享的层面才能存在。这与针对君主私人性支配所要求的"无为"之治，不过是一体之两面、一事而异名。葛瑞汉这样描写法家的无为理想："君王本身被简化为国家机器中的一个部件；臣有全部思想并做所有工作，君仅考察形名并据此实行赏罚。它没有任何一台初级计算机不能胜任的功能。"① 可谓深得其意。因此，所谓君主"无为者，非谓其凝滞而不动也，以其言莫从己出也"（《淮南子·主术训》）。

归根结底，代表法家公共性政治的主要是客观的法治，与之相对的是君主"言从己出"的主观作为。君主无为之治就是国家任法之治。《淮南子·主术训》曰：

> 今夫权衡规矩，一定而不易，不为秦楚变节，不为胡越改容，常一而不邪，方行而不流，一日刑之，万世传之，而以无为为之，故国有亡主，而世无废道；人有困穷，而理无不通。由此观之，无为者，道之宗。

国有法则君无与，无与即无为。徐复观说："任法，便可以无为；而无为，又是保证法的客观性、安定性的必需条件。"② 法的客观性就是法的公共性。儒家任礼、法家任法、道家摒弃礼法，都是无为，都是为了形成人民自律的自治秩序。法家理想中君主无为而人民自治的秩序是如《商君

---

① ［英］葛瑞汉：《论道者：中国古代哲学论辩》，张海晏译，中国社会科学出版社2003年版，第335页。

② 徐复观：《两汉思想史》第二卷，华东师范大学出版社2011年版，第156页。

书·说民》所言:"治则家断,乱则君断。治国者贵下断……故有道之国,治不听君,民不从官。"介于黄老道家和法家之间的慎到,主张"尚法",要求官吏甚至人君不能行私。不可有私情,应当"官不私亲,法不遗爱"(《慎子·君臣》);不可有私智,应当"任法而弗躬""事断于法"(《君人》)。郭沫若认为:"这理论很明显的是儒家'恭已正南面'的发展。"① 郭老蔽于无为而治是儒家专利的成见。但其实,慎到的言论明显属于法家,法家也有无为的主张,在国家治理的理想追求上与儒家相似,甚至可以说这是先秦诸子共通的目标,而不必发于儒家。

天下为公意义中的自治秩序,不仅是君主去私无为,还要求所有行政执法者去私无为,甚至要求百姓去私无为,即要求天下之人无不恪守公共法度,不恣其私意。为此,在君主无为的基础上,道家主张消灭一切代理统治机器——无论是公卿、诸侯还是官僚、军队;儒家主张"自天子以至于庶人,壹是皆以修身为本"(《大学》);法家的方案则是利用君主代表国家政权之势,强制性规制有司与百姓,使之不得纵其私欲,不必任其私德。《韩非子·扬权》曰:"夫物者有所宜,材者有所施,各处其宜,故上下无为。使鸡司夜,令狸执鼠,皆用其能,上乃无事。"其反面则如《管子·任法》所说的"私说日益,而公法日损"。

在法治之下,"一旦奖励和惩罚的体系转化成根深蒂固的人类行为习惯;一旦在国家中适当地界定'名称和表现'(译者按,似为'名实')的恰当关系方法已经到位,并且所有控制官僚制行为的设置都已投入运作;一旦对统治者权威的承认已经内化到了所有人的态度之中,人们最终会说,人类社会的过程就对应自然中'道'的过程"。因此,史华兹称法家为"行为主义"的政治科学。"真正的行为科学将消除对于错误的'私人理论'的需要,但只有借助于商鞅和他本人(韩非——引者注)这种拥有了真正理论的贤良个体,这种科学才能付诸实施。""他们就像具有先见之明的(prescient)、能够创造这种世界的社会工程师一样,当制造完毕之后,世界上将不再需要社会工程师。"② 一方面,政治体系的运转需要排除私人意志,无为而治;另一方面,政治体系的建立和启动又需要圣贤

---

① 郭沫若:《十批判书》,东方出版社1996年版,第171页。
② [美]本杰明·史华兹:《古代中国的思想世界》,程钢译,江苏人民出版社2008年版,第462—463页。

的个体意志，变法立政。这是法家，乃至各家无为理想的内在矛盾，也是中国古代政治公共性观念内在缺陷的一个侧面表现。

总之，在儒、法两家共同的政治理解中，无为不是无所作为，而是主权者的"我将无我"、去私存公——去私人之为、存公共之政。所谓"法籍、礼仪者，所以禁君，使无擅断也。人莫得自恣，则道胜；道胜而理达矣，故反于无为"。如此，则"公道通而私道塞矣"。（《淮南子·主术训》）

三 天的政治理念之必要

"天下"不是现实中的王朝国家，而是作为政治意识形态的理念性国家，支撑"天下"作为一种理念的主要就是"天"的概念。"天"在古代政治思想体系中的地位极端重要。戴震曰："天人之道，经之大训萃焉。"① 从西周的"天命"观，到春秋战国之后的"天下"观，都是建立在"天"这一核心理念之上而展开的。"天"在中国传统思想中，除了少数自然主义的天论被可疑地赞扬为唯物主义，大多数时候具有神秘主义或宗教信仰的色彩，因此一直被视为古代思想中糟粕的部分。而这种神秘主义的天论又往往是主流政治思想体系中无可替代的基石，因此，笼罩在"天"的宗教信仰之中的古代政治思想也多为今人所批判。即便有些思想家是用"天"的人格神意义来为某种高尚的政治理想服务，但是只要涉及神秘化、宗教化，那么这种思想的进步意义就会大打折扣，成为今人眼中的莫大遗憾。这种判断固然符合理性进步的一般标准，却未必能够深入古代思想世界的特定处境，少一些"了解之同情"。

（一）义理悬设与天的譬喻

在中国古代思想史中，"天"的内涵丰富而含混。朱子论经传中的"天"字："也有说苍苍者，也有说主宰者，也有单训理时。"② 冯友兰将"天"划分为五种概念："物质之天""主宰之天""运命之天""自然之天""义理之天"，③ 但略有重复之嫌。日本学者重泽俊郎将对"天"的理

---

① 戴震：《孟子字义疏证》，中华书局2006年版，第61页。
② 朱熹著，黎靖德编：《朱子语类》第一册·卷一，中华书局1986年版，第5页。
③ 冯友兰：《中国哲学史》，中华书局1961年版，第55页。

解分为"宗教的立场""哲学的立场""科学的立场"三种类型，① 正与朱熹的划分相对应；池田知久对这三种类型做了进一步解释：一是作为巫术性、宗教性的主宰者或鬼神的"天"；二是作为哲学性、伦理性的规范或规律的"天"；三是作为科学性、物理性的天空或法则的"天"。② 这种类型划分看似整齐，实则很有问题。

义理之天既然不同于自然之天，那就不是自然之理，而是社会或人事之理。"天"的原义本来只是人格神或自然界，以及从二者中衍生出的不可知的运命。即"天"是不同于人事的，于是才有所谓天人关系的讨论。"天"可以是人间之事的依据，也可以与人事无涉。即便是"天人合一"，其前提也是承认"天"与"人"本不为一。然而，义理之天如果是"天"，就意味着人事（即义理）直接等于"天"，连"合一"都不需要了。这显然与"天"的含义不符。因此，所谓"义理之天"实际上是一种譬喻，并不是真的"天"。义理之天的意思是，义理是主宰之天或自然之天的必然的、直接的呈现，是"天"的内在属性自然而然地显露，就像真的"天"一样，因此把义理比作"天"。

实际上，如果以上述三种类型去衡量，古代思想史中的"天"很多时候难以清楚地区分属于哪种"天"，而更像是各种含义的糅合物。比如，孔子常常提到的"天"似乎是主宰之天，像"天生德于予"（《论语·述而》）、"天何言哉"（《阳货》）、"知我者其天乎"（《宪问》）、"天丧予"（《先进》）、"天厌之"（《雍也》）、"获罪于天"（《八佾》）、"欺天乎"（《子罕》）等。但与此同时，孔子又"敬鬼神而远之"；儒家思想也一般被认为是在人格神的"上帝"或"主宰之天"于春秋时代被理性化思潮所瓦解之后，力图为礼义之道建立新的基础。那么，孔子思想中的"天"就不应该只是单纯的主宰之义。孟子和其他被认为属于子思的作品，贡献了先秦"义理之天"的主要论说。比如，"仁义忠信，乐善不倦，此天爵也"（《孟子·告子上》）、"尽其心者，知其性也。知其性，则知天矣"（《尽心上》）、"天命之谓性，率性之谓道"（《中庸》）、"性自命出，命自天降"

---

① ［日］重泽俊郎：《周汉思想研究》"荀况研究·荀况の思想の科学的性格"，弘文堂书房1943年版。

② ［日］池田知久：《道家思想的新研究——以庄子为中心》（下），王启发、曹峰译，中州古籍出版社2009年版，第364页。

(郭店楚简《性自命出》)。与此同时,孟子也会说"天与之""天受自""天不言,以行与事示之而已"(《万章上》)、"天之降大任于斯人也"(《告子上》)。这些"天"又明显具有主宰之义。这似乎说明,义理之为"天"终究无法完全撇开主宰之天的影子。

但是,"义理之天"的譬喻仍然是极有意义的。原因在于,虽然从逻辑上讲,义理之天归根结底还是要依赖于主宰之天或自然之天,① 但在言说中又尽量避免"天"的主宰义或自然义,而只是笼统地称为"天"。这就使得义理既获得了"天"这一名词在观念传统中已经形成的作为终极依据的特有内涵,同时又淡化了"天"的宗教性、自然性含义。于是,就好像义理本身也成了一种独特的"天",这样的称呼或譬喻使得义理凸显了崇高价值性,并且似乎获得了终极依据。杨泽波将这种现象称为"以天论德",其中的玄机是"借天为说":"当人们对一个问题无法确切回答的时候,往往会沿用先前天论的思维惯性,将其终极根源归到上天,以天作为问题的最后了断。'借天为说'的最大特点全在一个'借'字,以天作为事物的终极根源,只是一种借用。换句话说,儒家在这方面讲天,是借用古代天论的思想传统,将道德的终极根源推给上天罢了。"被借来的"天"或作为譬喻的"天"不再被当作人格神,"而成为最高力量和最终源头的象征"。结果,由于"天"的超越性,拉来了"天"的大旗之后,"儒学虽然不是宗教,在客观上却有着宗教的作用"。②

然而问题是:义理为什么一定要以天譬喻、"借天为说"?杨泽波认为,"儒家道德必然借助于天论的传统,这是由先秦天论发展的内在理路决定的"。简言之,周人"以德论天"的天是主宰之天。随着主宰之天的失落,儒家兴起。但是主宰之天的惯性仍然强大,并影响着人们的思想。③这一解释也许能说明一时,但对于春秋之后至近代前两千几百年间儒家道德始终不能脱离天论的事实,是缺乏解释力的。更根本的原因在于,一种义理或价值观的成立,必然需要逻辑论证,需要通过某种自证自足的理论

---

① 即便是将思孟学派义理之天的概念发挥到极致的宋明理学,其伦理化的"天理"思想也是力图论证其与自然之天理同源共生。以本体论、宇宙论为起点的道德形而上学本质上仍然是自然哲学。

② 杨泽波:《从以天论德看儒家道德的宗教作用》,《中国社会科学》2006 年第 3 期。

③ 参见杨泽波《从以天论德看儒家道德的宗教作用》,《中国社会科学》2006 年第 3 期。

体系为之提供合法性背书，即理性化。对于社会价值观来说，提供论证的本应是理性化的社会哲学/社会科学。① 而当人类文明没有发展出这种思想工具时，就必须寻找其他帮助了。宗教或自然哲学是常见的选择。自然哲学如果不被真正的自然科学所取代，也往往会具有浓厚的宗教性。无论宗教还是巫术色彩的自然哲学，在中国传统思想中都可以"天"名之。比如孔子在初创儒家伦理学说时，似乎并未主动寻求宗教性的论证，② 而到了子思、孟子和《易传》就不得不为儒家伦理援引"天"的支持。

类似的还有"神"。神的本义也是宗教性概念。在古代思想世界中，由于缺少有效的自然科学，当人们对某种自然现象不明其所以然时，往往假借宗教概念称为"神"，以此譬喻无法解释的自然规律。比如《孟子·尽心下》曰："圣而不可知之，之谓神。"《易传·系辞上》曰："阴阳不测之谓神。"《荀子·天论》曰："万物各得其和以生，各得其养以成，不见其事，而见其功，夫是之谓神。"张岂之指出："荀子虽然沿用了'神'这个概念，但是完全不具有神灵的含义，只是用以形容自然生成造化功能的神妙。这也说明他对自然变化的内在过程还没有深入细致的认识，因而也就没有力量正确地解释自然界内在变化的实在内容。"③ 这就像由于缺少社会科学，无法解释一种义理为何具有合法性，而以宗教性的"天"来搪

---

① 这里说的是诸如马克思主义或科学社会主义、（包含政治、经济等领域的）自由主义等综合性的理论体系。这些"主义"之间可能有对错优劣之分，也可能会更新迭代，但都是对人类社会运行规律直接的、全面的、理性化的思考，既不同于传统的从宗教的角度对社会的理解，也不同于从自然哲学的角度对社会的理解。这样的"科学"远不限于当代流行的、狭义的、力求量化和数学模型化的所谓"社会科学"，而是在更基本的层面以经验主义＋逻辑为底色的经典"科学"概念——后者是更适合于社会研究的科学概念。比如霍布斯的自然状态论就自称"政治科学"，亚当·斯密的国富论开启了经济科学，马克思通过剩余价值学说和阶级分析论创立了科学社会主义等。

② 孔子很少谈论伦理与天的关系。子贡曰："夫子之文章，可得而闻也；夫子之言性与天道，不可得而闻也。"（《论语·公冶长》）杨泽波也认为，孔子"发展出儒家仁的学说。由于当时主宰之天已经失落，孔子不大可能再直接回到周人祖先那里，明确将仁的根源归于上天，所以他只是自己带头行仁，教导弟子勉力行仁，希望人人都成为仁人，这样复周礼的目的就可以实现了。孔子的重点是发现仁，倡导仁，而不是为仁寻找形上的根源。虽然孔子没有解决道德的来源问题，但这个问题总是要解决的。事实也证明，孔子之后，人们确实试图为道德寻找一个终极性的根源，直到找到了天"。参见杨泽波《从以天论德看儒家道德的宗教作用》，《中国社会科学》2006年第3期。

③ 张岂之主编：《中国思想学说史》先秦卷（上），广西师范大学出版社2007年版，第375页。

塞社会义理的终极依据。只不过，"神"所譬喻的主要是自然规律，"天"所譬喻的主要是社会价值观念。

以天为喻、借天为说的义理，不仅仅是儒家的角色伦理。当然，儒家伦理借用"天"的譬喻形成思孟学派关于义理之天的经典论述，尤其是宋明理学提炼出"天理"的概念，将义理之天的儒家思想推到新的高度。儒家伦理的载体或行为主体主要是个人，因此更关注个人内在的道德精神之培养与发扬。与之并行的还有一种义理，其载体是社会政治的组织和运作，因此是一种外在的、更宏观的价值规范。这就是政治上的公共价值，及其引申出的一切政治公共性观念。这种价值观规范的不是个人行为，而是社会政治整体的运作规则和方向。中国政治思想史所共享、公认的政治公共价值可以概括为全体民生之长久。

这一外在的义理，不依赖于身—家本位的伦理支撑而独立存在，也无法像伦理一样内化为个体的道德心理，从而获得某种合法性依据。因此，在缺少社会哲学/社会科学式的理论支撑时，相比儒家伦理，它将更加明显地处于空说无凭的悬设状态。所谓悬设，是因为虽然全体民生之长久作为公共价值是从最普遍的人类社会经验中抽象出来的，有着坚实的事实基础，但这一抽象毕竟是一种直觉判断，缺少与经验事实之间合乎逻辑的理论证明，只能暂且悬设于政治思考之上。因此，政治义理（即公共价值与其他政治公共性规范）同道德义理（即伦理）一样只能借助"天"的概念来取得形而上的、信仰般的支持，不得不接受理性上的暂时妥协。[①]

如果说人伦式的义理之天主要是儒家的论题，借"天"譬喻政治公共价值则是晚周秦汉诸子不约而同的思想倾向。儒家内部也由此发生了一定程度的分歧，即致力于人伦式义理之天的部分儒家思想希望在伦常天理的基础上构建政治，由前者为后者提供合理性依据，即伦理化的政治。但同时，儒家的另一条思路则主张直接为政治公共性理念提供"天"的终极依据，展开独立的政治思想，即以天下论天下，而非以身—家论天下。儒家之外的政治思想，如墨家的天论、阴阳家的天论，坚持的就是外在的政治

---

① 就像现代西方自由主义思想早期也会用不证自明的"天赋人权"或私有财产"神圣不可侵犯"作为理论的起点一样。比如美国《独立宣言》："We hold these Truths to be self-evident, that all Men are created equal, that they are endowed by their Creator with certain unalienable Rights, that among these are Life, Liberty and the Pursuit of Happiness."

义理之天。内向的义理之天追求内在的超越性，外在的义理之天追求外在的超越性。虽然都是借"天"为喻，但是前者更容易形成貌似区别于主宰之天、自然之天的单纯义理之天，后者则更容易被主宰之天或自然之天所吸引，并与之相混合。这也是为什么人伦义理之天能够在晚周秦汉之后继续发展，并以宋明理学的形式获得了极大的深化，代表了中国传统思想的人文之光；而政治义理之天却在两汉之后、近代之前再未有实质性突破，甚至被借来的宗教性元素反客为主，遮蔽了政治公共价值的义理追求，因而在后人眼中难以洗脱政治神学之嫌，代表了古代文化中反动的部分。

（二）宗教与自然之间的徘徊

1. 墨子的模式

儒、墨两家是先秦诸子百家的先驱。从政治思想的角度看，二者的分歧在根本上是对预设性的社会公共价值界定不同。儒家认为公共价值应该包括全体民生之长久与礼义人伦两部分，富民与教化不可偏废、相辅相成；墨家则将政治公共价值纯化为前者。因此，墨家政治思想的根本宗旨就是"兴天下之利""除天下之害"。这一语句，在《墨子》中重复出现十几次。虽然这句话或类似的表达在其他先秦典籍中较少出现，但其所反映的以全体民生之长久为内涵的公共价值之预先设定，在各家思想中是事实上存在的。比如儒家同样会讲博施济众之仁，赞美"卑宫室而尽力乎沟洫"（《论语·泰伯》）的禹。尽管如此，墨子仍然是最早、最清晰纯粹地揭示出政治公共价值，为政治生活设定前置性权威，并着手思考这一公共价值之终极依据的思想家。这是墨家政治思想不朽的贡献。

为了支持兴天下之利的公共价值作为前置性权威、避免政治义理的悬设，墨子直接搬出了彼时已经遭受质疑、趋于式微的传统人格神信仰，即恢复主宰之天作为政治公共价值成立和推行的依据。这就是墨子思想中颇具争议的"天志""明鬼"观念。徐复观认为："墨子的天志，实同于周初宗教性的天命。"[①] 但其实二者只能说形式雷同，内容却大有差异。用杨泽波的话说，周人是"以德论天"，墨子是"以天论德"。[②] 前者以人格神为本，由少数人垄断；后者以政治价值观为本，由所有人共享。墨子以

---

① 徐复观：《中国人性论史》，华东师范大学出版社2005年版，第190页。
② 参见杨泽波《从以天论德看儒家道德的宗教作用》，《中国社会科学》2006年第3期。

"天"论称特定政治价值的目的,就是树立后者的合法性、公共性和权威性。《墨子·法仪》曰:

> 莫若法天。天之行广而无私,其施厚而不德,其明久而不衰,故圣王法之。……天必欲人之相爱相利,而不欲人之相恶相贼也。奚以知天之欲人之相爱相利,而不欲人之相恶相贼也?以其兼而爱之,兼而利之也。奚以知天兼而爱之,兼而利之也?以其兼而有之,兼而食之也。

这样的"天"实质上就是公共性的政治价值准则或尺度。"这把尺度是平等的,可以度量王公大人,也可以度量百姓庶民,这已经不是西周的'绝地天通'的贵族专有物了。尺度在人类社会,是尚贤、兼爱的,但墨子唯恐人们把这原则认成他一个人的私见,于是他把它还原到天上而上帝化,那便成了公意。"① 这种公意的内容就是兼相爱、交相利,是"兴天下之利,除天下之害"。侯外庐等把墨子天志化或公意化了的政治价值称为"主义","兼爱论如果加上'天志',即等于说'兼爱主义',尚贤论加上'天志',即等于说'尚贤主义'了"②。可以说,墨子以义理之天的观念将政治公共价值提到了最大的高度。《天志》曰:

> 义果自天出。今天下之士君子之欲为义者,则不可不顺天之意矣。顺天之意何若?曰:兼爱天下之人。……故子墨子置立天之以为仪法,若轮人之有规,匠人之有矩也。……上欲中圣王之道,下欲中国家百姓之利者,当天之志而不可不察也。天之志者,义之经也。

为了更好地论证和发挥公共价值的政治权威性,墨子不仅提出义理之天,还将天重新主宰化,坚持鬼神的实有。墨子讲"天志""明鬼",论证鬼神的存在,都明确指出是为"求兴天下之利,除天下之害"这一公共价值考虑的。在逻辑上,人格性的天和鬼神不是本源性的存在,而是出于某

---

① 侯外庐、赵纪彬、杜国庠:《中国思想通史》第一卷,人民出版社1957年版,第219页。
② 侯外庐、赵纪彬、杜国庠:《中国思想通史》第一卷,人民出版社1957年版,第220页。

种功能的需要被设想的工具性思想元素，是当时由于没有更好的选项以满足该功能而采纳的权宜方案。侯外庐等说："墨子的有鬼论和'天志'是同样的，鬼神是懂得他的学说的赏罚者，都是照前面所讲的道理，'兴天下之利，除天下之害'。""因此，天鬼便成为'方法'性的手段"①，并且是很方便的手段。然而，这种方便性也有另一面。

墨子的天鬼设定违背了政治理性主义的历史潮流。虽然有借天为说、以天譬喻的必要，墨子的"天志"却不只是借用"天"的抽象概念，而是直接恢复传统的人格主宰之天，使之与公共价值相结合。这未免太过简单、粗糙。一种思想结构落得太实就有可能形成独立的意志或生长逻辑，脱离其所自出的功能限定，即出于价值理性的"天志"政治有可能会走向神秘化、巫术化的老路，反而失去了公共价值的政治导向，沦为服务于私人性政治的宗教化工具。墨子对此是有所警惕的。一般而言，承认天帝／鬼神的人格性和主宰性往往意味着接受某种宿命论，但墨子坚决地"非命"，不惜与"天志"尤其是"明鬼"产生龃龉，导致墨家思想的逻辑自洽未臻圆满。为了保证天志的义理性，墨子既要"明鬼"，又要"非命"，这是有内在矛盾的。因此，维持天帝／鬼神在虚与实、功能性与结构性或价值规范性与自然存在性之间张力下的微妙平衡，就成为一个重要的思想史课题和现实政治要求。总之，在理性化的时代背景下，不加分辨地、实实在在地钻进传统宗教言说的语境，其理论性和说服力必然将备受质疑。墨子解决问题的思路显得不够灵活和弹性。这也是早期思想不成熟的表现。

儒家大概模糊地意识到了这一点。因此，孔子对天存而不论，对鬼神敬而远之，说"祭如在，祭神如神在"（《论语·八佾》），既不像墨子一样拥抱鬼神实在论，②也不像某些"唯物主义"思想家一样彻底否定之。这不仅是宗教观上的智慧，更有着深刻的政治意义。但是，理论上的折中主义往往意味着逻辑推导的不彻底，这在某些强调经验主义、注重心知之

---

① 侯外庐、赵纪彬、杜国庠：《中国思想通史》第一卷，人民出版社1957年版，第220—221页。

② 王桐龄指出："儒家理想之鬼神为抽象的；墨家理想之鬼神为具体的。"（王桐龄：《儒墨之异同》，第207页，任继愈主编：《墨子大全》第三十二册，北京图书馆出版社2002年版，第449页。）

性的思想家看来是难以接受的。比如，荀子就明确地站在墨家天论的对立面，旗帜鲜明地批判对天的超验性、宗教性或巫术性理解，提出了自然主义的、与人事相对疏离的天论。

2. 荀子的模式

荀子天论的核心是"明于天人之分"（《荀子·天论》），冯友兰指出："'天人之分'，'分'读如职分的分，也有分别的意思，所以也可读如分别的分。"① 即天人之分的首要含义是指天与人各有规律和职分，应当各行其道、各安其分。荀子的"天"是典型的自然之天、物质之天，是"列星随旋，日月递照，四时代御，阴阳大化，风雨博施，万物各得其和以生，各得其养以成"（《天论》）的天，是非人格化的客观现象，是孔子所谓"天何言哉"的天。这样的天看似与人事是无涉的，所谓"天行有常，不为尧存，不为桀亡"，"天不为人之恶寒也辍冬，地不为人之恶辽远也辍广"（《天论》）。传统的哲学史研究往往将荀子的天论称为朴素唯物主义。但实际上，这种以特定哲学框架去裁剪中国古代思想的做法，并不能真正准确地理解后者。

一方面，荀子认为，既然天人分职，则政治上的治乱成败一决于人事，不在于天，因此无论成败都不能怨天。《荀子》曰：

> 天地生之，圣人成之。（《富国》《大略》）
> 天地生君子，君子理天地。（《王制》）
> 自知者不怨人，知命者不怨天，怨人者穷，怨天者无志。（《荣辱》）

另一方面，天虽然不言不行，无关人事成败，但公共性政治（王者之政）的合法性仍然要借天为说，以天为则。《荀子》曰：

> 君子大心则天而道。（《不苟》）
> 请问为政？曰：……五疾，上收而养之，材而事之，官施而衣食之，兼覆无遗。才行反时者死无赦。夫是之谓天德，王者之政也。

---

① 参见冯友兰《中国哲学史新编》上卷，商务印书馆2020年版，第522页。

(《王制》)

　　上取象于天，下取象于地……人所以群居和一之理尽矣。(《礼论》)

也就是说，不要寄希望于由天解决所有人事问题。天只负责垂范，不负责落实。但其实，这种客观的、无意识的垂范也有重要的意义，构成政治公共价值以天譬喻的荀子版本。天所垂范即天地之德，是生养万物而不私一物的公共性。政治作为人对天道的落实，一方面是"天地生之，圣人成之"，即落实天地生养万物的公共性；另一方面是为了更好地落实生养万民之责，人道内部由圣人创设出善群之法、礼义之分，因此还要劝学教化，使人民相生相养。《荀子》曰："所以养生安乐者莫大乎礼义"(《强国》)，"人无礼不生"(《大略》)；"礼义者，圣人之所生也"(《性恶》)。

因此，对应着儒家价值观的两个层次——政治公共价值与身—家伦理，荀子的政治思想也分为两截：上截是在论证政治公共价值的依据时借天为说；下截是在论证社会伦理规范的依据时，从社会本身的内在逻辑出发，不直接以天立论——这与思孟学派的天命性理学说形成鲜明对比。荀子论社会伦理是以政治公共价值为依据的，即礼义伦常的产生是为了全体民生之长久的需要。而荀子论政治公共价值的依据，则同样要借助天的帮助。在这一点，荀子和墨子是一致的。

只不过，墨子的天更具人格性、主宰性，荀子的天则倾向于自然性、物质性。前者直接把政治公共价值当作天的主观意志；后者的天没有意志，只能客观地展示自身的运行之道，启发人类不知其所以然地生出某种相似的价值理念。所以，荀子的天人关系更加原本地体现了政治理念以天为譬喻的自我论证方式。由此观之，荀子的天也不能说是单纯的自然之物，因为它仍然与人事有着某种难以言明的、神秘的呼应。晁福林指出："在荀子的理论体系中，天虽然并没有绝对摒弃自然属性，但是这种自然属性却湮没在它的神的属性之中。荀子正是利用了关于天的粗糙表象阐述天的神秘属性的。"[①] 实际上，荀子的天论最终还是回归了古典思想（尤其是儒家）折中调和的天道观。"与孔子、孟子一样，'自然之天''宗教之

[①] 晁福林：《先秦社会思想研究》，商务印书馆2007年版，第438页。

天'与'义理之天'同样是荀子'天'论中的三种基本义项。"①

就荀子思想的下截而言，其"礼义社会学"颇具现代社会哲学/科学的精神，是理性进步的表现。但是，荀子的这部分思想在儒学史上并未占据主流，反而是五行—思孟一系以天道证礼义的哲学，先是在汉代煊赫一时，又有宋明理学后出转精，成为思想界主宰。其间原因有很多，但荀子思想自身的缺陷是毋庸讳言的。即在荀子思想的两截中，下一截是由上一截派生的，而上一截中政治公共价值与自然之天的逻辑关联是模糊的、可疑的，是说服力不强的。这使得下一截中的社会伦理规范在最终的理论依据上也落空了。于是，在自然色彩较重的天人关系中，荀子的政治公共价值和社会伦理规范都缺少坚实的立论根基。对于前者，萧公权指出："今荀子非天命破灾异，既取古人限君重要学说之一而攻之，又未如申韩之明法尊制，则其学说必有流弊，而是非功过，尚难遽定矣。"② 对于后者，由荀学而流入法家的毁灭德性、任刑重法，早已是后学批评荀子的主要理由。

究其根本，原因在于荀子的天毕竟首先是自然性、经验性的，不是形而上的，不具备超验意义或外在的超越性，难以作为政治公共价值这一义理的终极依据。换言之，荀子很难解释为什么对人事"无动于衷"且有自己运行法则的天，却能够成为人间社会价值追求的指引和垂范？天需要与人有更强的逻辑连接，就不能是纯粹自然的。因此，包括荀子在内的古代政治思想仍然无法摆脱某种程度的宗教性，而伦理思想无论是派生于政治思想，还是先在于政治思想，也都只能假借宗教性以为终极依据。这说明，要想使社会伦理摆脱宗教性，彻底理性化，就必须首先在更高层次的政治公共价值论证上实现理性化、社会科学化。

总之，自然之天作为对主宰之天的反动，在荀子思想中并没有为政治公共价值建立一个合适的终极依据。如果没有更好的出路，则预示着政治思想史将向主宰之天的方向适度回归。这一回归是以对自然之天运行"规律"的理解为起点的，即是以自然哲学的发展为条件的。荀子认为，天有自然规律，人类生活有社会规律，二者之间存在"天人之分"。天的运行

---

① 曾振宇：《荀子"天"论百年误读与反拨》，《哲学与文化》2007年第10期。
② 萧公权：《中国政治思想史》，新星出版社2010年版，第80—81页。

规律可以用阴阳来解释，所谓"天地合而万物生，阴阳接而变化起"(《荀子·礼论》)，而社会规律不应该用阴阳五行的解释模型去比附。荀子批判子思、孟子的理由就在于后者拿"五行"这一解释自然规律的概念套在伦常礼法等社会事物之上，这是天人不分，"甚僻违而无类"(《荀子·非十二子》)。但是，既然荀子的自然天论在论证政治公共价值的终极依据上存在缺陷，与此同时，战国晚期以降，阴阳学说盛行，则使用自然哲学对自然和社会进行整体统一的解释，就成为汉代思想的探索方向。

因此，董仲舒即借助新的、更强大的自然天论试图重建紧密的天人关系，提供更可靠的政治义理之依据。然而，缺少自然科学出路的自然哲学，最终往往会被人格神的宗教思维所渗透①——正如西方古代至中世纪的哲学史所经历的过程一样。这表现为董仲舒的天人关系论不可避免地带有明显的人格神或宗教性色彩。

3. 董仲舒的综合

董仲舒的自然之天以阴阳五行为运行原理，同时，阴阳五行也是人文世界中政治公共价值、社会礼法伦常的内在条理。因此，自然之天与人事是相应的、一体的、感通的。政教伦理的实施就是对自然天道的遵从。董仲舒《贤良对策》曰："道之大原出于天，天不变，道亦不变"，"天道之大者在阴阳。阳为德，阴为刑；刑主杀而德主生。……王者承天意以从事，故任德教而不任刑"(《汉书·董仲舒传》)。也就是说，墨子完全求诸传统宗教的"天志"也可以从阴阳五行学说等自然哲学的角度去理解了。《春秋繁露·天地阴阳》曰：

> 王者不可以不知天……天意难见也，其道难理，是故明阳阴入出、实虚之处，所以观天之志；辨五行之本末、顺逆、小大、广狭，所以观天道也。天志仁，其道也义，为人主者，予夺生杀，各当其义，若四时；列官置吏，必以其能，若五行；好仁恶戾，任德远刑，若阴阳；此之谓能配天。

---

① 实际上，在将自然之天进行了哲学建构的代表性文献，如《礼记·月令》中，人格神的主宰之天已经贯穿其中。《月令》规定天子按时令行政的职责之一，就是在相应的季节祭祀该季当值的神祇，比如春季祭祀春神句芒、夏季祭祀火神祝融等。

天之道也是人之道，自然之天同时也是义理之天——包括政治义理与人伦义理。天的遍覆万物、生养万物，与其说是自然主义的认识，不如说是普惠全体民生的政治公共价值之投射。正如天尊地卑、阴阳合和也不是为了客观地描述自然，而是为了投射身份等级、各守其分的人伦义理。① 如果只是笼统地、整体性地以天为说，则更多的是指反映公共价值的政治义理之天。黄玉顺指出："本来，儒家所讲的'仁爱'包括两个方面：一是适用于私域（private sphere）的'差等之爱'；一是适用于公域（public sphere）的'一体之仁'，即'博爱'或'溥爱'。董仲舒对策所关心的正是公域的问题，即权力与人民利益之间的关系问题，所以他强调一体之仁，即强调博爱。"② 指向全体民生之长久的公共价值除了博施济众，还要求公平分配、平等共生。董仲舒曰：

> 夫天亦有所分予：予之齿者去其角，傅其翼者两其足，是所受大者不得取小也。古之所予禄者，不食于力，不动于末，是亦受大者不得取小，与天同意者也。……故受禄之家，食禄而已，不与民争业，然后利可均布，而民可家足。此上天之理，而亦太古之道。（《春秋繁露·天地阴阳》）

利之均布、民之家足作为政治公共价值的权威性，就表现在"宜法以为制""当循以为行"，即国家政治必须以之为准。

同墨子、荀子一样，借天为说、以天譬喻也是董仲舒阐述和论证政治公共价值之合法性、权威性的主要方法。这也是普遍的政治思维。比如《老子·七十七章》曰："天之道，损有余而补不足"，正是董仲舒"天亦

---

① 董仲舒的自然之天中，阴阳、五行、四时只是外在表现，其内在本质是通过阴阳、五行、四时的外在结构呈现一种价值秩序。甚至为了更好地表达既定的价值内涵，董仲舒还对天的自然结构进行了一定的调整。比如阴阳在自然之天中是平等的、同为万物本质的两种元气，而任德远刑是儒家的既定价值观，既然阳主生、主德，阴主杀、主刑，那么就只能打破阴阳的平等，以阳为尊、以阴为卑，于是董仲舒作《阳尊阴卑》篇："阳，天之德，阴，天之刑也。……天数右阳而不右阴，务德而不务刑；刑之不可任以成世也，犹阴之不可任以成岁也；为政而任刑，谓之逆天，非王道也。"（《春秋繁露·阳尊阴卑》）

② 黄玉顺：《董仲舒思想系统的结构性还原——〈天人三策〉的政治哲学解读》，《四川大学学报》（哲学社会科学版），2020年第5期。

有所分予"的政治义理;《易传·系辞下》曰:"天地之大德曰生",即是董仲舒"溥爱而亡私"的政治公共价值。只不过,董仲舒有意识地使政治义理之天兼备了自然之天与主宰之天两种属性。董仲舒对天的人格性描写既有与墨子相似处,也有新的内容——把主宰者的意志性与自然之天的运行法则(阴阳五行、四时灾异等)融为一体。在《贤良对策》中,前者如:"上天祐之""天尽欲扶持而全安之""天心之仁爱人君而欲止其乱也""天之所大奉使之王者""命者,天之令也""天亦有所分予";后者如:"天乃先出灾害以谴告之""春者,天之所为也""天使阳出布施于上而主岁功,使阴入伏于下而时出佐阳""终阳以成岁为名,此天意也"。这使得董仲舒的主宰之天并不是单纯的宗教式人格神,而只是吸纳了人格神的部分属性,融入思想体系之中,使后者表现出一定的宗教色彩。所谓的天人感应说,及建基于其上的灾异论、天谴论,便是以这种义理、自然与人格糅合的天道观为前提的。灾异即天谴、即失德,犹如自然之天即主宰之天、即义理之天。

　　董子的天论政治学继承了墨子、荀子相关的思想成果,同时又在一定程度上克服了二者各执一偏的缺陷。章太炎认为,董仲舒的天人相关论相当程度上继承了墨子的天志论,二者都承认天作为主宰者的一面。[1] 徐复观则认为:"他所说的天,有时好像有意志,但实际只是气而不是人格神;因此,并不能真正成为宗教神的意志。"[2] 这些判断都失于一偏,因此也不能全面地评估董仲舒思想的意义。李泽厚指出:"董仲舒的'天'既有自然性,又有道德性,又有神学性,还有情感性,它们完全混杂在一起。……由于包括命运、规律等都取决于这个图式整体,也就不另需要有超验的主宰神灵了。"[3] 在董仲舒的综合性天道思想中,自然性、宗教性由于共存而相互制约,结果是双方既有所显示,又不会过于突出,尤其是宗教性的部分。二者在对立—合作的动态中保持平衡,其所围绕的中心就是以天譬喻的政治公共性观念。

　　从主宰之天到自然之天,再到二者的融合,新型天人关系的宏观框架

---

[1] 参见章太炎《儒术真论》,载《章太炎全集》第十卷,上海人民出版社2017年版,第164—177页。

[2] 徐复观:《中国人性论史》,华东师范大学出版社2005年版,第355页。

[3] 李泽厚:《中国古代思想史论》,生活·读书·新知三联书店2008年版,第164—165页。

树立起来了，政治公共价值找到了新的、更强大的依托。政治义理的现实性、人文性与"天"这一概念的至上性、超越性完全绑定了。出自万民日用之共识、不待形上哲学之建构的公共性政治价值，借助一个不知其所以然但知其然的传统权威概念而分享了这种权威性。一般认为董仲舒开创的天论之政治意义，在于限制君权，但这种限制既不像西方政治中横向的分权制衡，也不是纵向的权力授受，而是公共价值权威对私人专制权力的价值规范。从某种程度上说，董仲舒代表了古代中国政治思想一个成熟的果实。虽然仍有着明显的神秘性甚至宗教性，从现代理性的角度看属于缺陷和反动，但在之后直至明清之际的一千七百年间，中国的政治思想也确实没有在实质上超越董仲舒奠定的理论体系。

然而，理论上的综合不等于理论上的完善，以调和折中为特色的理论体系必然始终蕴含着无法克服的歧出元素。在董仲舒的思想中，这种歧出就是阴阳五行脱离政治义理的规定，异化为私人性权力政治（而非公共性义理政治）的工具，如符应论等——与墨子思想中鬼神脱离公意天志而流于宿命论的情形异曲同工。徐复观说，"将天下为公的理想，组入阴阳消息、五行生克的庞大的有机体的构造中，将理想化为由天道运行而来的定命论，更以灾祥符瑞，为此定命论的证验"①，描述的就是这一异化的过程。实际上，汉代政治生活中确实遍布着各种神秘主义的符应论、宿命论，成为政治思想面对的突出问题。王夫之批评道："天下翕然信天命而废人事，乃至走传王母之筹而禁不能止。故莽可以白雉、黄龙、哀章铜匮惑天下，而愚民畏天以媚莽。……古之圣人，绝地天通以立经世之大法，而后儒称天称鬼以疑天下，虽警世主以矫之使正，而人气迷于恍惚有无之中以自乱。……汉之伪儒，诡其文而昧其真，其淫于异端也、巫史也，其效亦既章章矣。"（《读通鉴论》卷五·平帝）对此，能否突破董仲舒建立的思想框架，就成为汉代乃至后世政治思想发展面临的一大课题。

4. 王充的困境

后汉思想的主流是对前汉自然哲学的反动，尤其表现为务实的政论与学术之风。史华兹指出："人们在东汉时期可以辨认出一种努力，它以神圣正典的新的解读方式为基础，将儒家的基本原理从相关性宇宙论的全面

---

① 徐复观：《两汉思想史》第二卷，华东师范大学出版社2001年版，第282页。

包围中解救了出来。"① 比如作为两汉学术主体的经学，在西汉的主流是"今学"，即章句家法之学；在后汉逐渐占据优势的则是"古学"，即博通群经之学。前者与阴阳学、谶纬之学等所谓"内学"关系密切，故孔昱以"章句内学"连称；后者则不言图谶，转治训诂，务求经学之实。钱穆认为："当时经学治谶、不治谶之界，即为今学、古学之界矣。"② 务实的政论也主张剔除自然天道所裹挟的迷信与私意之杂质，或者对所谓的天道存而不论，直接地以天下公共价值为政治准则——不论其终极依据何在。如仲长统曰：

> 唯人事之尽耳，无天道之学焉。然则王天下，作大臣者不待于知天道矣。所贵乎用天之道者，则指星辰以授民事，顺四时而兴功业；其大略吉凶之祥，又何取焉？故知天道而无人略者，是巫医卜祝之伍，下愚不齿之民也；信天道而背人事者，是昏乱迷惑之主，覆国亡家之臣也。
>
> 王者官人无私，唯贤是亲，勤恤政事，屡省功臣赏赐，期于功劳，刑罚归乎罪恶，政平民安，各得其所。……故欢于报应，喜于珍祥，是劣者之私情，未可谓太上之公德也。（《昌言》，《群书治要》辑录）

这种求真、求实的学术与思想风气，实际是对天人关系的又一次重新界定。王充对此进行了最深入的理论努力，也代表了这种思维在政治公共价值论上的局限。

在天人关系论上，如果说董仲舒是墨子的继承者，王充就是荀子的接班人。董仲舒在更高层次上重建了天人相关的政治理论，王充则在更广的范围和更激烈的程度上挑战了天人相关的合理性。王充自述其学术的统一旨趣为"疾虚妄"（《论衡·佚文篇》）。他说："故虚妄之语不黜，则华文不见息；华文放流，则实事不见用。"（《对作篇》）王充完全拒绝"天"的宗教性、自然哲学性概念，称为"虚妄"，从现代的科学思维看，当然

---

① ［美］本杰明·史华兹：《古代中国的思想世界》，程钢译，江苏人民出版社2008年版，第511页。
② 钱穆：《两汉经学今古文平议》，九州出版社2011年版，第214页。

值得赞赏。章太炎谓王充"汉得一人焉，足以振耻";① 冯友兰说："在两汉哲学斗争的路线上，他是唯物主义阵营的主将，他的哲学体系是董仲舒的哲学体系的对立面。"②

王充的"天"是摒除价值规范之后的纯粹自然之天，故天人不相知、不相感：

> 夫天道，自然也，无为。如谴告人，是有为，非自然也。黄老之家，论说天道，得其实矣。(《谴告篇》)
> 人不能以行感天，天亦不随行而应人。(《明雩篇》)

王充认为，人道有其自己的法则，包括价值法则，不假外求。将天与人联系在一起时，所谓的"天"往往是人世价值之譬喻，并非实指的天。《谴告篇》曰：

> 夫大人之德，则天德也；贤者之言，则天言也。大人刺而贤者谏，是则天谴告也……《六经》之文，圣人之语，动言天者，欲化无道、惧愚者。之言非独吾心，亦天意也。及其言天犹以人心，非谓上天苍苍之体也。

理解"天"要基于"人"，即"知天以人"。应当说，这是科学的、求实的态度。

王充以难得的理性精神揭露了人文义理以天譬喻的真相。所谓"以人心效天意""以人身效天之意"，都是虚妄之言。其目的是某种实践的便利，即"动言天者，欲化无道、惧愚者"之类，本质上是一种神道设教。应该说，王充以理性祛魅的努力比荀子走得更远，但他在政治理论建设上并没有拿出更好的方案。

在缺少现代自然科学和社会科学的条件下，一味凭借孱弱的知识理性破坏"天"的政治理念性未必有更好的前景。徐复观评价道："王充所追

---

① 章太炎：《訄书重订本·学变》，载《章太炎全集》第三卷，上海人民出版社2014年版，第142页。
② 冯友兰：《中国哲学史新编》中卷，商务印书馆2020年版，第220页。

求的学术趋向有二：一为'疾虚妄'，一为求博通。这两者皆出自求知的精神。两汉思想家，多以人伦道德为出发点，由人伦道德的要求以构成知识系统。王充则以追求知识为出发点，顺着知识的要求而轻视人伦道德。""自孔子以来，没有不重知识的；但都是以知识为达到人伦道德的手段，所以最后总是归宿于人伦道德，连特别重视知识的荀子也不例外。"然而，王充"确是一个例外"。① 这种思维方式的结果没有导向现代意义上的科学。王充只有理性的事实批判，缺少理性的知识建构。他消解了自然天道与社会人道之间的因果或符应关系，但不能提出一个替代的解释方法，结果是不得不落入不可知的命定论。因此，王充曰：

故人之死生，在于命之夭寿，不在行之善恶；国之存亡，在期之长短，不在于政之得失。(《论衡·异虚篇》)

国当衰乱，贤圣不能盛；时当治，恶人不能乱。世之治乱，在时不在政。国之安危，在数不在教。(《治期篇》)

批判政治社会观念中的阴阳天道之迷信，结果把政治理念的根基也一并铲除，就像把孩子同脏水一起倒掉了。这就走向了理性精神的反面。徐复观说："大体上，若将感应说与王充反感应说两者加以比较，则一为有根蒂之人生，一为漂浮之人生。一为有方向之政治社会，一为混沌之政治社会。一为有机体之统一世界，一为无机体之分割世界。一为对人伦道德的严重的责任感，一为对人伦道德的幽暗的虚无感。一为要求对专制政治之控御，一为要求对专制政治之放恣。"② 王充的思想是否为要求对专制政治的放恣，是无根据的主观判断，不足为训，但徐复观对王充政治思想逻辑缺陷的揭示，发人深思。

总之，王充对董仲舒天论及其庸俗化异变提出了反对，但没有提出取而代之的新主张作为政治公共价值的理论依据，没有将公共性政治理念在新的基础上树立起来。就此而言，王充是有破无立。比如，黄侃说王充"破敌善矣，而无自立之能；陈列众言，加以评骘而已"③，章太炎说王充

---

① 徐复观：《两汉思想史》第二卷，华东师范大学出版社2001年版，第356—357页。
② 徐复观：《两汉思想史》第二卷，华东师范大学出版社2001年版，第383页。
③ 黄侃：《汉唐玄学论》，载《黄侃论学杂著》，中华书局1964年版，第483页。

"善为蜂芒摧陷，而无枢要足以持守"①，均为持平之论，只能破坏，无能建立。这不仅是王充的困境，也是整个古代政治思想不得不始终坚持以"天"作为公共性政治理念之依据的根本原因。从墨子到王符等人，政治思想家们为了给政治公共价值奠定理论依据，不断在保守和激进、宗教性与自然性之间徘徊往复，尤其是荀子、王充等具有朴素理性精神的学者努力剔除虚妄，寻找新路，但终究难以脱离借天为说的思想主线。或者说，这条主线正是在这种波动之中逐渐形成的（见图6—2）。

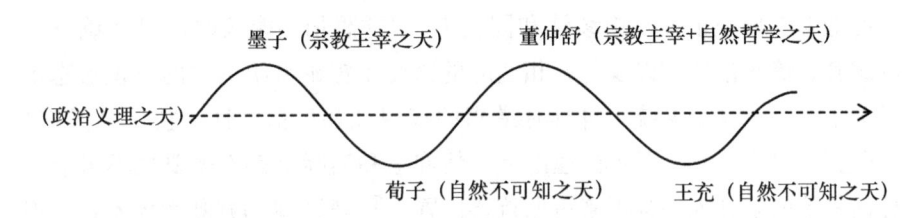

图6—2 政治义理之天在宗教与自然间的徘徊

或许，恰恰是那些使用"天"的概念但不对其性质纠缠过多的政治思想，更能代表以天为名的政治理念的主流，而这种做法在东汉，是与王充、仲长统不同的另一批儒者所选择的方式，致力于去除阴阳符应之虚妄泛滥，纠偏董子学说之流俗异化。他们并未否定天的意义及政治价值的天道性，只是处理得更加聪明、务实，不再让它喧宾夺主罢了。比如王符，"他的天道思想异常简略，而社会思想则充满全篇，他正是为了说明他的社会法则，高举出天道观的大原则，作为前提来处理的"②。王符曰："天以民为心，民安乐则天心顺，民愁苦则天心逆。"（《潜夫论·本政》）论政者只是借天说理，至于天的性质，大可存而不论，论则不免在墨子—董仲舒与荀子—王充之间依违不定，徒增困扰。

因此，最终留下的是一个作为譬喻的、笼统的"天"的概念。这对古代以公共价值为核心的政治公共性理念是不可或缺的。天不会因为其内涵

---

① 章太炎：《訄书重订本·学变》，载《章太炎全集》第三卷，上海人民出版社2014年版，第142页。

② 侯外庐、赵纪彬、杜国庠、邱汉生：《中国思想通史》第二卷，人民出版社1957年版，第426页。

模糊、性质难定而变得可有可无或削弱其意义。池田末利注意到，中国思想传统中的"道德论和政治学说，绝不是排除天和神的，毋宁说是通过天和神的演绎来确立其理论根据的"①。并且，正是作为政治公共价值的天具有模糊性、混杂性、譬喻性，"天下"才可以成为政治理念或意识形态的概念——否则，如果"天"就是明确的"主宰之天"或"自然之天"，那么"天下"也就只能单纯地成为宗教中的俗世概念或地理上的空间概念罢了。

李泽厚曾用天的意识形态解释秦汉之后中国文化面带外来宗教的冲击为何能够保持稳定性、连续性和同化力："这恐怕与秦汉时代已经确立了的这套官僚政治体制以及与之相适应的这套宇宙论系统图式的意识形态不无关系。……这个系统本身具有最高的权威性和可信仰性，它是'天道''天意''天'。……因而在理论上、信仰上和实际上都不需要也不可能让任何其他的宗教人格神再来占据首要位置。"② 李泽厚的判断大体不错，但很不全面，也不彻底。与官僚政治体制相应的意识形态不仅是包含阴阳五行、天人感应、血缘伦理、爱有差等在内的角色化的宇宙论系统图式，在更大的视野中，这种角色化秩序只是先定的公共价值的一部分。另一个更重要、更根本的部分是全体民生之长久。伦理秩序（及伦理化的宇宙秩序）是在契合于全体民生之长久的意义上才成为公共价值的。如果不是附属于这一根本意义，而是一种完全自足的价值目的，那么这种强调身份等级的伦理秩序，即使有着一定的开放性和等级流动性，其所对应的政治体制也将更多地倾向于名爵位次笼罩下的贵族政治，而非以履职和功绩为追求的官僚政治。这就与秦汉之后中国政治模式是以官僚制为主干而糅合了部分贵族制元素的基本情形不相符合了。即中国文化的独特性和同化力直接地来自成熟的官僚制，及其带来的社会世俗性、流动性和组织化，消除了接受大规模制度性宗教的必要。而成熟的官僚制在根本上则来自政治公共性观念的发达，尤其是政治公共价值的权威性。这种政治观念，在古代，则依赖天的意识形态得以凝聚和维系。

天的观念之独立，促成了天下观念的政治意识形态化，即"天下"成

---

① ［日］池田末利：《"天道"与"天命"：理神论的发生》，载张岱年等著《中国观念史》，中州古籍出版社 2005 年版，第 208 页。

② 李泽厚：《中国古代思想史论》，生活·读书·新知三联书店 2008 年版，第 182—183 页。

为理想政治的通行话语,成为柏拉图"idea"意义上的政治理念——在公共价值"天"的统御之下的政治共同体,即天下。如渡辺信一郎所说,"天下的根本在于天,其亦为先验性的设定",即"天下乃是先验性存在的原理",其基本内涵为"天下的绝对公共性"①。从天到天下,是公共价值到公共性政治的展开过程。

中国政治思想史发展的一条线索是回答"墨子问题"或"董仲舒问题":公共价值主导的政治如何可以不需要"天"?在现代中国,传统思想中的主宰之天被祛魅,自然之天交给了科学,义理之天则被科学的社会主义意识形态所取代,于是再也不需要劳苦倦极而呼天了。理解古代的"天",才能理解中国政治思想的古今之变。

第二节 天下作为国家形态

天下不仅是思想性的概念,还在秦汉之后成为现实中历朝历代华夏国家的代称。政治公共性观念的力量对现实政治的塑造作用,也集中体现于此。尤其是在古今思想的对话中,天下作为国家形态的意义就更加凸显了。

一 天下的两重性与连续性

在现代思想语境中,"天下"往往被看作一种世界视野或国际体系——在古代,与所谓的"朝贡体系"相关;在现代,则意味着一种对于超越现行国家体系的世界秩序之设想。有些是哲学性的思考,探讨人类在平等或"亲亲"、仁爱的基础上联合为共同体的必要性和可能方式;② 有些更加关切现实,比如指导国际政治的运行规则、③ 鼓吹中国重回世界权力

---

① [日]渡辺信一郎:《中国古代的王权与天下秩序——从日中比较史的视角出发》,徐冲译,中华书局2008年版,第29页。

② 例如赵汀阳和部分儒家学者的天下观。参见赵汀阳《天下体系:世界制度哲学导论》,江苏教育出版社2005年版;干春松:《重回王道——儒家与世界秩序》,华东师范大学出版社2012年版;干春松:《儒家"天下观"的再发现》,《探索与争鸣》2019年第9期;白彤东:《民族问题、国家认同、国际关系:儒家的新天下体系及其优越性》,《历史法学》(第十卷)2016年。

③ 参见盛洪《天下文明——论儒家的国际政治原理》,《文史哲》2013年第5期。

中心等，① 力求对现代中国的国家战略和对外政策产生影响。葛兆光全面总结和批判了这种现代的"天下"思潮。一方面，他认为现代思想界对于"天下"的想象是一种乌托邦；另一方面又指出，声称追求和平、公正的所谓"天下秩序"更像是"伪装成世界主义旗号下的民族主义"。而且，无论在思想史（除了个别例外）② 还是在历史现实中，"天下"都不是平等主义的，反而十分强调内外有别、华夷不同和尊卑差异。③

　　无论是倡导者还是批判者，双方都是从国家关系、国际秩序、世界主义等超国家的角度看待"天下"的。但这种对于"天下"的现代印象与它在古代的主流内涵大相径庭。实际上，古代"天下"概念的主流是国家建构意义上的，关于世界秩序的意义只是支流。当然，现代人对"天下"的广义使用也并非简单地对于原始概念的主次颠倒，而是有着内在的逻辑依据，因为在古代思想世界中，"天下"从国家建构的意义到世界整合的意义，本就存在连续性的逻辑。

（一）天下作为中华国家

　　一种常见的对古代"天下观"的认识，是强调"天下"作为一个文化共同体，特别是指儒家诗书礼乐、人伦纲常弥散其中的文化世界。比如邢义田对"天下"的界定："天下由诸夏及蛮夷戎狄组成，中国即诸夏，为诗书礼乐之邦，在层次上居内服，在方位上是中心，蛮夷戎狄行同鸟兽，在层次上属外服，在方位上是四裔。方位和层次可以以中国为中心，无限地延伸；诗书礼乐的华夏文化也可以无限地扩张。最后的理想是王者无外，合天下为一家，进世界为大同。"④ 又如许倬云说："所谓'天下'，并不是真正的'普天之下'，只是不同封国内城邑的居民，却还真是认同于同一个文化大系统。"⑤ 葛兆光也指出："古代中国人的'中国'常常是

---

① 参见秋风《世界历史的中国时刻》、欧树军《重回世界权力中心的中国》、施展《超越民族主义——世界领导性国家的历史经验》，三文均载《文化纵横》2013 年第 3 期。

② 比如《墨子·法仪》："今天下无大小国，皆天之邑也。"何休《春秋公羊经传解诂·隐公元年》："至所见之世，著治太平，夷狄进至于爵，天下远近大小若一。"

③ 参见葛兆光《对"天下"的想象——一个乌托邦想象背后的政治、思想与学术》，《思想》第 29 期。

④ 邢义田：《天下一家——中国人的天下观》，载邢义田主编《中国文化新论·根源篇：永恒的巨流》，联经出版公司 1983 年版，第 454—455 页。

⑤ 许倬云：《中西文明的对照》，浙江人民出版社 2013 年，第 236 页。

一个关于文明的观念，而不是一个有着明确国界的政治地理观念。"① 这种泛文化的理解，自然跟后世强调礼乐文明、伦理教化的儒家占据意识形态的主导地位，且接过先秦诸子"天下观"的共同遗产，垄断了对"天下"概念的代言和阐释，有着直接的关联。但是，儒家的新义与晚周秦汉主流的"天下"观仍有明显区别，最主要的就是对政治性的强调不足。比如安部健夫指出："有人认为'"天下"是文化、德义与价值的世界'，主要意思是说天下是文化世界、德义世界，这也是儒家解释的一个变形，不值得相信。"②

"天下"是周人始创的概念，但"天下"在西周文献和青铜铭文中并不多见，《诗经》中仅《北山》"溥天之下"一句，《周书》中也只出现5次。③ 安部健夫考察了"天下"一词的前身或原型是"四方"或"四国"，认为二者可以互相替代。前者是战国之后流行的概念，"四方""四国"则流行于西周春秋时期。"四方"即狭义"中国"（殷之商邑、周之镐京与成周）的四周诸国，是"外方""外邑"，是京师/"中国"的统治范围。"周代的四方，特别是作为地域概念的'四方'，一开始就与周王朝的政治权力或政治权威有关系，后来该关系经过长期调整，最终与周王朝的主权密不可分。"④《诗经·大雅·民劳》云："惠此中国，以绥四方。"《毛传》曰："中国，京师也。四方，诸夏也。"安部还认为，"天下"概念产生于春秋战国之际，是墨家创造或首先倡导的标语。⑤

从"四方"或"四国"到"天下"最基本的变化是组团式的政治体更加具有整体性、统一性。但是内涵仍然是一个范围相对确定的主权政治体。安部健夫说："这个'天下'就是我所说的'国家'，即一个强有力

---

① 葛兆光：《宋代"中国"意识的凸显——关于近世民族主义思想的一个远源》，《文史哲》2004年第1期。

② ［日］安部健夫：《中国人的天下观念——政治思想史试论》，载周伟洲主编《西北民族论丛》（第十五辑），第197页。

③ 分别见于《召诰》《立政》《吕刑》《顾命》《洪范》，其中《洪范》疑为后人伪作。

④ ［日］安部健夫：《中国人的天下观念——政治思想史试论》，载周伟洲主编《西北民族论丛》（第十五辑），社会科学文献出版社2017年版，第221页。

⑤ 参见［日］安部健夫《中国人的天下观念——政治思想史试论》，载周伟洲主编《西北民族论丛》（第十五辑），社会科学文献出版社2017年版。

的主权统治下领土和人民的全体。"① 墨家的政治理念虽然在战国之后如流星般迅速消亡,但其所提出的"天下"概念由于符合思想界对于统一性、公共性、民本性国家的诉求,而被普遍接受。尤其是随着秦汉国家的建立,诸子的政治理想有了现实的寄托载体,源于政治公共性观念之凝结的"天下"概念也被用来指称现实中的统一性国家了。

与此同时,到了战国晚期,扩展性的、世界性的"天下"概念也开始产生。但是,内聚性的、国家性的"天下"概念始终是主流,秦汉之后仍是如此。比如《礼记·王制》描述的"天下"就有着明确的政治隶属关系和地理范围:

> 凡四海之内九州,州方千里。……天子百里之内以共官,千里之内以为御。千里之外,设方伯。……八州八伯。
> 西不尽流沙,南不尽衡山,东不近东海,北不尽恒山,凡四海之内,断长补短,方三千里,为田八十万亿一万亿亩。

《吕氏春秋·审分览·慎势》中的"天下"也与之类似:

> 凡冠带之国,舟车之所通,不用象、译、狄鞮,方三千里。古之王者,择天下之中而立国,择国之中而立宫,择宫之中而立庙。天下之地,方千里以为国,所以极治任也。

即"天下"就是王者(天子与方伯)的治理所能达到的极限范围。就治理而言,舟车所通之外、象译狄鞮所用之地、治任之所不及,都不是"天下";在地理范围上,则是恒山、东海、衡山、流沙四境之内才是"天下",也就是"九州"。

古人对"天下"范围的想象,从方三千里到方五千里、方七千里乃至方万里,从先秦列国到秦汉大一统帝国建立再到汉武帝开边拓土的发展过程中,人们对经验世界的认识、对夷狄世界的了解也在扩展,但外延的扩

---

① [日]安部健夫:《中国人的天下观念——政治思想史试论》,载周伟洲主编《西北民族论丛》(第十五辑),社会科学文献出版社2017年版,第204页。

展没有影响"天下"概念内涵的稳定。《尔雅·释地》划定的"九州"范围是：

> 东至于泰远，西至于邠国，南至于濮铅，北至于祝栗，谓之四极。觚竹、北户、西王母、日下，谓之四荒。九夷、八狄、七戎、六蛮，谓之四海。

《说苑·辨物》曰：

> 八荒之内有四海，四海之内有九州，天子处中州而制八方耳。

"九州"之外有"四海"，"四海"之外有"四荒""八荒"。但是天子所有之地（"天下"）只有"九州"（"中州" + "四方"）。

秦汉时，作为"中国"或"九州"的"天下"仍是观念的主流。韩国学者金翰奎统计了《史记》《汉书》《后汉书》三史中出现的"天下"，总次数为3375例，其中单指中国的有2801例，占比83%；而明确指示包括中国和其他异族领地之整个世界的有64例，占比1.9%。[①] 比如，"司马迁所谓天下的范围，可以代表秦代、汉初的一般观念，从其描述可知，这是一种向心的、凝聚的概念"[②]，即关于秦汉国家的概念。《史记·秦始皇本纪》曰："分天下以为三十六郡。"即三十六郡就是"天下"。汉初张释之曰："法者，天子所与天下公共也。"（《史记·张释之冯唐列传》）这里的"天下"是法的适用领域，当然就是国家政权的支配范围。甚至，在"秦汉之后两千多年里，一般中国人理解的天下，与其说是作为世界的天下，不如说是作为中国的天下"[③]。如渡边信一郎所说："天下乃是州郡之总和，在其领域中生活着天所生之生民。……天下乃是万国的总和，州郡

[①] 转引自［日］渡辺信一郎《中国古代的王权与天下秩序：从日中比较史的视角出发》，徐冲译，中华书局2008年版，第13页。

[②] ［日］安部健夫：《中国人的天下观念——政治思想史试论》，载周伟洲主编《西北民族论丛》（第十五辑），社会科学文献出版社2017年版，第203页。

[③] ［日］安部健夫：《中国人的天下观念——政治思想史试论》，载周伟洲主编《西北民族论丛》（第十五辑），社会科学文献出版社2017年版，第218—219页。

之总和；是带有东西南北界限的有限领域，作为禹迹＝九州之地而与周围的夷狄相区别。"①

如果说"天下"的基本含义是中华国家，那么这是一种怎样的国家呢？回到初始，墨家使用"天下"所要表达的政治理念是"尚同"，尚同的根本是"一同天下之义"（《墨子·尚同》），即超越各个地区或部落氏族特殊的、分立的文化传统，超越各种私人价值不相协调、不可化约的混乱状态，建立统一的、公共的价值准则。尚同与兼爱异曲同工，都是为了形成公利共享的社会和政治秩序。因此，"天下"就是在统一的公共价值权威规范之下的政治共同体。这种内敛型的、政治性的"天下"概念实际上指的就是大一统的、公共性的国家。

日本学者有的直接称为"民族国家"（nation-state）②。比如，渡辺信一郎概括了对"天下"概念的两种理解：一是认为天下是超越民族、地域，呈同心圆状扩展的无限世界，及其世界秩序——这一秩序的中心是"中国"；二是认为天下就是九州，是一个存在边界的有限行政领域，是处于强力统治权下的"国民国家"（nation-state——引者注）概念。③ 这一判断当然很不严谨，但也为理解"天下"作为国家的实际内涵提供了启发。"民族国家"是一个复合概念，由民族属性和主权国家属性结合而成。简言之，"民族国家就是以民族对国家的认同为基础的主权国家"④。所谓的民族属性，并不意味着单一民族，而是一种宽泛的文化共同体。具有相同文化认同的人群通过某种方式建立起统一的主权，就形成民族国家。

从历史上看，民族国家从王朝国家转化而来。"只有打倒专制君主，摧毁王朝国家才能构建起近代民族国家。"⑤ 这首先是文化认同取代了对王朝的忠诚。但其实，文化认同与王朝国家并非不能并存，中国的历史，尤

---

① ［日］渡辺信一郎：《中国古代的王权与天下秩序：从日中比较史的视角出发》，徐冲译，中华书局2008年版，第22页。

② nation-state中文常译为"民族国家"，有人也译作"国族国家"，日文惯译为"国民国家"。

③ 参看［日］渡辺信一郎：《中国古代的王权与天下秩序：从日中比较史的视角出发》，徐冲译，中华书局2008年版，第9—10页。

④ 周平：《对民族国家的再认识》，《政治学研究》2009年第4期。

⑤ 李宏图：《西欧近代民族主义思潮研究——从启蒙运动到拿破仑时代》，上海社会科学出版社1997年版，第256页。

其是儒家的政治理论就是明证。因此，关键不在民族而在"国家"。民族国家的主权国家属性相对于王朝国家的区别，不在于主权的集中性，而在于主权的公共性，即王朝国家代表了政治私人性，而民族国家则要求公共主权。但是，对于只有礼俗层面的文化认同（没有关于政治公共价值之共识）的人群/民族而言，建立公共主权的方式只能是以授权为国家组织原理的（代议）民主制。① 因此，无论是西方历史上，还是在西方的政治理论中，建立民族国家和代议民主制都是一事之两面。实际上，"欧洲历史上民族国家的最终确立，是在资产阶级对国家的宪政化改造完成以后"②，这样形成的主权国家，称为"state"。

将"天下"比作民族国家的表面合理之处不在于民族（nation），而在于国家（state），即相对于王朝国家而言的公共性主权国家属性。王朝国家的原则是"朕即国家"，具有显著的私人性。"天下"等同于公共性国家的观念产生于春秋战国，部分原因在于夏、商、周三代在土地、人民、政事上的连续继承，使得统治（herrschaft）这一现象获得了某种非人格的、持久的稳定性，好像存在一种超越具体王朝的客观秩序，存在一种所有王朝和政体都遵循的价值法则，并凝结为一个抽象的政治实体，这是"天下"概念的思维基础。西方近代以来"国家"概念的兴起也与之类似。如果只是在历史长河和辽阔大地中偶然性地、无规律地存在着一个个君主及其朝廷——如同欧亚大陆历史中的普遍现象，那么名之以君主政权（regnum）或王朝（dynastia）就够了，"如果我们看到的不过是长官们也在街头漫步，与人民毗邻而居，那么管这种景象叫作 civitas（公民政权）也就可以了"③，都不足以称为国家。西方古代和中世纪的政治世界中不存在"国家"的概念与事实。在马基雅维利、霍布斯、博丹之后，以及英国、法国、西班牙等民族国家初现雏形之后，"国家"的政治形态在理论和现实中才逐渐普及。"state"的拉丁词源"status"表示一种客观存在的、非人格性的条件、形势或状态，同时也揭示了"国家"这一政治概念的

---

① 这是继承希腊—罗马小国寡民式城邦的经验，只是在更大的民族范围内无法实行直接民主，因此代议民主制就成了主流模式。
② 周平：《对民族国家的再认识》，《政治学研究》2009 年第 4 期。
③ [美] 乔万尼·萨托利：《民主新论》，冯克利、阎克文译，上海人民出版社 2015 年版，第 429 页。

基本属性，即凌驾于社会之上，具有某种中立性或公共性的命令结构与权威结构。

就此而言，"天下"与现代意义的"国家"具有相当的近似性。"天下"作为国家同样是与王朝相对的概念。渡辺信一郎指出，"天下是由天、天子（王朝）与生民（百姓）所构成的政治社会，是以王朝为媒介的公共之场。在观念上具体成为中国这一划定领域内编户百姓的，是不问种族、职业、贫富的差别，在作为同一文明圈的天下之中，在承受天之委任的唯一主权者皇帝（天子）之下，被均一统治的生民、百姓"[①]。

《荀子·正论》曰：

> 天下者，至重也，非至强莫之能任；至大也，非至辨莫之能分；至众也，非至明莫之能和。此三至者，非圣人莫之能尽。故非圣人莫之能王。圣人备道全美者也，是县天下之权称也。……故可以有夺人国，不可以有夺人天下；可以有窃国，不可以有窃天下也。可以夺之者可以有国，而不可以有天下；窃可以得国，而不可以得天下。

"天下"是一个本体性的政治概念，是其他一切政治概念和现象的前提，因此"至重""至大""至众"，不可以有一个更本源性的存在立于"天下"之外而"夺"之、"窃"之、"有"之。即使是圣人，也不过是测度和标识"天下"之准则的"权称"而已，是"天下"的派生概念。如果一定要追问"天下"的上位概念，即"天下"所出的来源、成立的依据，那就只能是"天"了。"天"是政治公共价值的凝结，在"天"的权威下形成的政治体，即"天下"，就是在前置的公共价值（全体民生之长久）权威之下形成的抽象的公共性国家。

但是，"天下"作为公共性国家与欧洲式的民族国家区别在于，国家公共性的建构机制不同。民族国家是通过一种权力授予与集议的方式（代议民主制）制造政治公共领域，形成决策权威；"天下"则是将预定的公共价值（凝聚为"天"）树立为最高决策依据，主权者（如君主）只是这

[①] ［日］渡辺信一郎：《中国古代的王权与天下秩序：从日中比较史的视角出发》，徐冲译，中华书局2008年版，第79页。

一真正权威的执行者。因此,民族国家作为一种政体,必然不兼容于王朝国家;"天下"作为一种政治构想,则可以与王朝国家合作,由集权君主作为主权者落实"天"代表的公共价值和"天下"的理念,也可以——并内在合乎逻辑地期待着——由更少私人性的主权者组织来践履"天下"的公共国家政治构想。这样的抽象政治体,渡边信一郎称为"天下型国家"。除了作为文明之中心、区别于夷狄藩属的一面,"天下型国家"还有着与私人性王朝国家相对的公共性国家之意涵。"通常'天下'指的是实际支配所及的地域,反过来也指行使实际支配的天子、皇帝的国家最高统治权","天下为公"就是"主张这一最高统治权为公共之物"。① 即"天下乃是先验性存在的原理",具有"绝对公共性"。②

具体地充实和运作这一公共性国家框架的权力体系,在古代就是王朝。借用亚里士多德的哲学概念,"天下"是"形式"(form),王朝就是个别有限的"质料"(matter)之一种。化家为国的君主,虽然形式上掌握着父家长式的专断权力,但实际上,无论是君主还是任何政治社会成员,无论在家庭生活、社会伦理还是在国家政治、宇宙秩序中,都不得不在精神上深刻地依附或置身一整套客观的、合理的、对所有人具有公共性的秩序法则之中,这套公共性秩序规范就是"天下"。任何个人性的私意冲动,尤其是君主的私人意志,如果突破了这一公共性规范,就是冒天下之大不韪,就是为天地所厌、祖宗所恶、百姓所不容。这是先秦两汉各家思想精英们所共同致力打造的观念产品。

《淮南子·泰族训》曰:"所谓有天下者,非谓其履势位、受传籍、称尊号也,言运天下之力而得天下之心。"天下之力、之心就是"天下之人"之力、之心。先秦文献中已经常见"天下百姓"之语,其含义是指中国范围内的人民,而与蛮夷相区别。"百姓"或"生民"本为被统治的客体,但在前面加上"天"或"天下"的定语,曰"天下百姓"或"天生烝民",就使得"天"和"民",一个是公共价值的概括,一个是公共价值的来源,共同构成"天下"的恒定结构,即"state",也构成了王朝政治

---

① [日]渡边信一郎:《中国古代的王权与天下秩序:从日中比较史的视角出发》"自序",徐冲译,中华书局2008年版,第3页。

② [日]渡边信一郎:《中国古代的王权与天下秩序:从日中比较史的视角出发》,徐冲译,中华书局2008年版,第29页。

的底层逻辑。一家一姓之君主、王朝只是公共性国家这一政治主体的过客。王朝的兴灭，不过是"天下"这一公共性国家框架下的具体政权之更替。因此，荀子才说"天下"本身是不可以擅让的。

由此，拨开王朝的外衣，在"天下"的概念之上，可以发现古代中国有着类似于又不同于民族国家的"准现代国家"的一面。"天下正是对战国时期以后的前近代中国之政治社会＝国家的固有称呼，是超越了各王朝而一以贯之的。""所谓天下，正是超越了郡县、诸侯国地域性统合的领域性统合体，是概念性的表现前近代中国之国家的词语。"① 这是自古以来，中国始终能以国家（而不仅是一种文明、文化或地理共同体）的形态传承至今的原因。

（二）在世界主义与民族主义之间

战国末期至汉武帝时期，世界主义的天下观逐渐完成。② 虽然广义"天下"相对于狭义"天下"始终只是支流观念，但其在政治思想上的影响同样不可忽视。尤其是现代学术界借自古代思想资源而阐发的各种"天下体系""新天下体系"几乎完全是广义天下观的再生。广义"天下"的构想出现较晚，但理想更大。

首先是邹衍的内、外"九州"说。《史记·孟子荀卿列传》载邹子学说：

> 以为儒者所谓中国者，于天下乃八十一分居其一分耳。中国名曰赤县神州。赤县神州内自有九州，禹之序九州是也，不得为州数。中国外如赤县神州者九，乃所谓九州也。于是有裨海环之，人民禽兽莫能相通者，如一区中者，乃为一州。如此者九，乃有大瀛海环其外，

---

① ［日］渡辺信一郎：《中国古代的王权与天下秩序：从日中比较史的视角出发》，徐冲译，中华书局2008年版，第9、22页。

② 为了区分，作为中华国家的"天下"可称为狭义"天下"及狭义天下观，作为世界秩序的"天下"可称为广义"天下"及广义天下观。安部健夫认为，广义的天下观定型于汉武帝时期。"该观念逐渐成熟、结果，这种客体化、具体化通过汉武帝得以实现。这个实践活动有两个精神支柱。第一个是汉武帝的'雄才大略'——以再三对外征伐为代表的军国主义。他的权威逐渐扩大，换言之，有了'帝国'主义的意味。第二个支柱与第一个支柱是并行的，即先进的商业主义理论。"参见［日］安部健夫《中国人的天下观念——政治思想史试论》，载周伟洲主编《西北民族论丛》（第十五辑），社会科学文献出版社2017年版，第211页。

天地之际焉。

这是一种新的世界观或天下观,包含"中国"(狭义"天下")与蛮夷,顾颉刚称之为"大九州"说。如何为这一新的、扩展至全世界的"天下"建立秩序,就成为思想界接下来的任务。

《周礼·夏官司马·职方氏》曰:

> 方千里曰王畿,其外方五百曰侯服,又其外方五百里曰甸服,又其外方五百里曰男服,又其外方五百里曰采服,又其外方五百里曰卫服,又其外方五百里曰蛮服。又其外方五百里曰夷服,又其外方五百里曰镇服,又其外方五百里曰藩服。……凡邦国小大相维,王设其牧,制其职,各以其所能;制其贡,各以其所有。王将巡守,则戒于四方曰:各修平乃守,考乃职事,无敢不敬戒,国有大刑。

《周礼·秋官司寇·大行人》曰:

> 邦畿方千里,其外方五百里,谓之侯服,岁一见,其贡祀物;又其外方五百里,谓之甸服,二岁一见,其贡嫔物;又其外方五百里,谓之男服,三岁一见,其贡器物;又其外方五百里,谓之采服,四岁一见,其贡服物;又其外方五百里,谓之卫服,五岁一见,其贡材物;又其外方五百里,谓之要服,六岁一见,其贡货物;九州之外,谓之蕃国,世一见,各以其所贵宝为挚。

《周礼》描绘的天下范围达到方七千里,且在此之外还有蕃国,显然是与邹衍"大九州"相似的广义"天下"。《周礼》还为之安排了秩序,即严格区分邦国的内外等级,"各以其所能""制其职","各以其所有""制其贡",使其"小大相维"。

不过,这种封建性的"中心—边缘"模式不免有点儿"帝国"式国家结构的特征。而原本的"天下"作为国家的核心特征是政治的公共性、统一性,或内部的均质性,即由无数有着共同价值追求的人民、由众多均质化郡县或乡里堆积而成的政治体。即《周礼》的广义"天下"等级秩序与狭义"天下"一统秩序在"天下"概念上并不一致。换言之，主流的"天下"国家理念没有在新兴的广义"天下"世界秩序构想中得到贯彻。其间的落差应该如何解释？

除《周礼》外，另一个对"中国—四夷"这样的广义"天下"进行秩序思考的代表是汉代公羊学。公羊学在处理现实政治问题上严守夷夏之防，阐发华夷之辨的春秋大义，即所谓"内其国而外诸夏，内诸夏而外夷狄"。这与《周礼》等级制"天下"体系在理念上是一致的。但与此同时，公羊学并没有遗忘"大一统"的"天下"秩序之本义。《公羊传·成公十五年》曰："春秋内其国而外诸夏，内诸夏而外夷狄。王者欲一乎天下，曷为以外内之辞言之？言自近者始也。"

如何自近及远？何休《春秋公羊经传解诂·隐公元年》曰：

> 于所传闻之世，见治起于衰乱之中，用心尚粗，故内其国而外诸夏。先详内而后治外，录大略小，内小恶书，外小恶不书，大国有大夫，小国略称人，内离会书，外离会不书是也。于所闻之世，治升平，内诸夏而外夷狄，书外离会，小国有大夫。……至所见之世，著治太平，夷狄进至于爵，天下远近大小若一。用心尤深而详，故崇仁义、讥二名。

在公羊家的设想中，广义"天下"分为（狭义）"中国"—诸夏—夷狄三个层次。历史的发展也将呈现为三个世代的递进。起初（"所传闻之世""乱世"），统一的政治秩序只存在于本国之内；之后（"所闻之世""升平世"），"（狭义）中国"与诸夏形成统一的政治体，过去诸夏之间的等级差异消失了；最后（"所见之世""太平世"），诸夏与夷狄混一，即所谓"讥二名"；政治以民生导向的公共价值为权威依据，即所谓"崇仁义"。于是，"天下"作为一个世界统一的、公共性的政治体终于出现了。

安部健夫将衰乱之世比作"原初的四方结合体时期"，升平之世比作"第二次四方结合体时期"[①]。也就是说，由"诸夏—夷狄"的结构而至

---

① ［日］安部健夫：《中国人的天下观念——政治思想史试论》，载周伟洲主编《西北民族论丛》（第十五辑），社会科学文献出版社2017年版，第205页。

（广义）"天下"的统一过程，实际上与早前由"四方"结合为（狭义）"天下"／（广义）"中国"的统一过程是类似的，也是连续的。如果说（狭义）"天下"实际上是国家的形态，那么广义"天下"也应当是作为国家的政治结构。既然前一种"天下"又被称作（广义）"中国"或中华国家，那么后一种"天下"实际上就是世界政治体。后者是前者保持着同样的属性而扩大范围至全部世界的结果。这种扩张是名为"天下"的政治体基于内在属性的必然倾向。上文已经论述了"天下"作为政治体的内在属性，是在全体民生之长久这一公共价值的权威之下而被构想出的国家形态——无论由谁作为具体的主权者，那么这种国家从局部地区之"天下"扩展至全部世界之"天下"，不正是一个自然的过程吗？这就是"天下"的两重性和连续性。因此，可以说公羊家的（广义）天下观是对主流的"天下"作为国家之理论内在可能性的发展和推进。

然而，思想的建构遇到政治的现实，往往会碰撞出更复杂的局面。赵汀阳认为"天下"是三层含义叠合的概念：（1）在地理学意义上，天下指天底下的土地，即整个世界；（2）在社会心理学意义上，天下指世界所有人的共同选择，即"民心"；（3）在政治学意义上，天下指世界政治制度。① 这一概念分析正适于描述广义天下观的结构。地理学意义上的广义天下观在汉武帝拓边时期最终得以成立，政治学意义上的广义"天下"也在公羊学中有所展现。虽然何休是东汉人，但公羊学的相关思想大约在西汉已经开始流行，甚至可以追溯到先秦。实际上，公羊学正是汉武帝对外政策和行动的赞助者。这不能仅仅归因于公羊学的儒生刻意逢迎、曲学取容。这种思想与政治的亲和是建立在儒家（广义）天下观的内在冲动基础之上的。陈苏镇指出，"'太平'之世当治夷狄是《公羊》家之王道，出师征伐、穷兵黩武是东周以来之霸道，汉武开边，将两者结合起来，形成'霸王道杂之'的对外政策"②。但是与此同时，面对同样的事，儒家内部又产生了截然不同的声音。这就是盐铁会议上，贤良文学对扩张主义政策的激烈批评。

---

① 赵汀阳：《天下的当代性：世界秩序的实践与想象》，中信出版社2016年版，第60—62页。
② 陈苏镇：《〈春秋〉与"汉道"——两汉政治与政治文化研究》，中华书局2011年版，第250页。

安部健夫梳理了《盐铁论》中贤良文学与大夫们对"天下"的不同使用。① 比如，大夫曰："夫中国，天下腹心，贤士之所总"（《论勇》）；贤良文学则说："夫山东，天下之腹心，贤士之战场也"（《国疾》）。大夫曰："所谓中国者，天下八十一分之一，名曰赤县神州，而分为九州。……禹贡亦着山川高下原隰，而不知大道之径。故秦欲达九州而方瀛海，牧胡而朝万国。诸生守畦亩之虑，闾巷之固，未知天下之义也。"（《论邹》）这是认同邹衍的天下观而贬低禹贡的狭义天下观。贤良文学则坚定地站在禹贡天下观的立场上，排斥邹衍怪说，曰："今九州同域，天下一统。"（《忧边》）这是认为禹贡九州就是天下，不必外顾。总之，大夫持的是广义天下观，贤良文学持的则是狭义天下观——以"天下"为中国。双方的对立当然不仅是关于"天下"界定的差异，而是背后所反映的关于对外政策的不同立场。贤良文学主张经营好中国当下范围内的民生事业，反对穷兵黩武、对外扩张、虚空中国以事四夷。他们说："今中国为一统，而方内不安。"（《繇役》）"昔秦始皇已吞天下，欲并万国，亡其三十六郡；欲达瀛海，而失其州县。知大义如斯，不如守小计也。"（《论邹》）

基于贤良文学提供的另一种儒家视角，广义天下观在最终的世界政治体目标上固然值得肯定，但是实现终极一统的过程一旦落实为对外政策，则必将产生问题：中国作为广义"天下"的原型尚未能完成公共性政治的建设，全体民生之长久的公共价值尚未得到有效的落实和保障，此时由中国之民承担成本去追求超出实际能力的目标，结果只能是内外皆失。因此，更加务实的儒家会认为，对于广义"天下"国家的建立而言，首要的任务反而是保护好作为模板和基地的狭义"天下"即中华国家。

在这一思想指导下设计的广义"天下"体系，就是如同前文《周礼》所示的那种等级结构。这种封建式结构既能一定程度地回应广义"天下"内在要求的世界性国家建制，又有可能以较低的成本来实现。这种低成本的实现方式就是儒家礼义文化的纽带力量。这无疑是一种相对现实的"天下"构想。如渡辺信一郎说："对夷狄支配的达成，只要不是被编入现实

---

① ［日］安部健夫：《中国人的天下观念——政治思想史试论》，载周伟洲主编《西北民族论丛》（第十五辑），社会科学文献出版社2017年版，第212—213页。

的郡县制之中进行实际支配,就只能借由天下(皇帝)之德的扩张了。《禹贡》以'声教之所及',将此一语道破。……实际支配是有限的,借由德所进行的意识形态支配则带有无限扩张的可能性。"于是,在这一问题上,儒家就从回避、拒斥,转过身来逐渐垄断了关于广义"天下"体系的阐释权。由此,"天下"在儒家语境中不仅是政治性的国家概念,也开始具有了礼乐文化共同体的意义。"天下观念之所以具有单一政治社会型面貌与复合政治社会型面貌这两个侧面,也正缘于此。"①

而儒家对后一个侧面的强调,逐渐造就了一种弱政治属性、强文化属性的天下观。即华夷之辨、中心与边缘的等级之别,本质在于儒家礼乐文明的程度高低。这种天下观很大程度上影响了后世的"天下"概念。比如许章润认为,"一方面,在历史的视野,'天下'有其固定疆域,常常等同于实际有效统治空间和文化散布之所","另一方面,自法政哲学看,则'天下'又是廓然存在于天下,蔚为一种文教本质性,或者,一种典范性的价值真实"。②

泛文化属性的"天下"构想很有弹性,进可攻,退可守。当中国势强之时,可以广施教化,以礼仪文化为纽带建立广义"天下"体系——在弱政治的意义上或许也可称为一种松散的世界政治体;当中国势弱时,则以礼乐文明为沟壑,严守华夷之限,收缩"天下"的范围,确保中国的独立与尊严。实际上,文化意义上的华夷之辨早在广义天下观普及之前的春秋战国时代就已产生,比如在"南夷与北狄交,中国不绝若线"(《公羊传·僖公四年》)的背景下,《公羊传》阐发的关于夷夏之防的"春秋大义"。而《国语·周语》中祭公谏周穆王征犬戎的故事,及其论述的"耀德不观兵","甸服者祭,侯服者祀,宾服者享,要服者贡,荒服者王。日祭,月祀,时享,岁贡,终王"的秩序,大概是晚周时人托古人之口而在另一个方向上言说的儒家政治理念。文化属性的广义"天下"秩序构想与这种理念一脉相承。

---

① [日]渡辺信一郎:《中国古代的王权与天下秩序:从日中比较史的视角出发》,徐冲译,中华书局2008年版,第71页。
② 许章润:《论"家国天下"——对于这一伟大古典汉语修辞义理内涵的文化政治学阐发》,载许章润、翟志勇主编《历史法学》第十卷《家国天下》,法律出版社2015年版,第64页。

同时，狭义"天下"的中华国家在作为公共性的政治体之外，也浸染了儒家界定的文化色彩。在华夷之辨中不断自我强化的文化属性，一方面以其普世性自任，另一方面也在客观上塑造了特殊的民族性。安部健夫认为："郡县堆积的天下是强有力的统治权之下国家的实现形式。如果从'人'的角度考虑，则有'国民'与'民族'的形成。""可以说，在中国作为郡县堆积的天下实现以后，国家才得以确立，国民才得以形成，然后民族也得以实现。"① 但实际上，单纯在普遍性公共价值权威之下建构的"天下型国家"本身并不会产生任何特殊的民族性。作为"天下型国家"的中华国家在现实中所具有的这种民族性，是在儒家礼乐文教思想渗透进入"天下"观念之后才得到培育和强化的。这接近于现代民族国家中的"民族"作为一种文化共同体的性质。

总之，儒家文教主义的渗透赋予了广义天下观某种现实性和保守性，同时也在一定程度上改造了狭义天下观（中华国家）的内涵。在这样的双重"天下"概念中，世界主义的倾向与民族主义的潜质在动态的平衡中相连接。正如儒家的伦理观中，家族本位与博施济众也在张力中共存。而且，两者又是相互依存的。世界主义的倾向立足于中华国家或民族主义的自我扩张，而非消解后者；反过来，民族主义的成立也应激于并依赖于世界主义的价值导向。

（三）天下观的当代呼应

近代以来，随着西方文明成为强势的"他者"，中国传统的"天下"概念被逐渐抛弃。在国际观上，经历了"天下"—"万国"—"世界"的转变过程；② 在国家观上，则经历了从"天下+王朝"型国家转向了论证和建构欧洲式民族国家的理论与实践方向。然而，自20世纪90年代以来，尤其是21世纪初赵汀阳发表"天下体系"的政治哲学以来，"天下"又重新回到中国思想界的视野之中，以表达某种超越民族国家体系或现行国际秩序的诉求，并引起了不少争论。这些以"天下"为名的言论姑且笼统地称为新天下主义。抛开葛兆光所谓的那些"把'天下主义'伪装成世

---

① ［日］安部健夫：《中国人的天下观念——政治思想史试论》，载周伟洲主编《西北民族论丛》（第十五辑），社会科学文献出版社2017年版，第204—205页。

② 参见金观涛、刘青峰《从"天下""万国"到"世界"——兼谈中国民族主义的起源》，载氏著《观念史研究：中国现代重要政治术语的形成》，法律出版社2009年版。

界主义旗号下的民族主义,在中国崛起的背景下做一个'当中国统治世界'的'大梦'"①的言论,新天下主义仍有很多真诚的哲学思考值得讨论。这些思考中最有代表性的是赵汀阳和部分所谓的"大陆新儒家"学者。他们都立足于传统思想资源,但在某些方面又有不同的意见。

如果说赵汀阳主要从政治哲学的角度论证了"天下体系"的必要性、无外性、公共性等基本原理,强调"天下"的政治属性,②那么"新儒家"的天下观更强调"天下"的建构必须基于儒家式的伦理主导,包括亲亲伦常、身—家本位、差序格局、德治文教等,这是对古代儒家礼乐文教之"天下"构想的继承和发展。二者的不同,在葛兆光的诘问下,会更容易分辨。而这样的分辨也有助于我们更加全面和准确地理解古代天下观的内涵。

葛兆光问:"'天下'是什么?它不是也和这个建立新秩序、包容每一寸土地、四海如一的空间的'帝国'一样吗?在这个'帝国/天下'的背后,不也是有一个世界制度的制定者吗?"③ 这里涉及"天下"与帝国的区别。④ 不必说赵汀阳的"天下体系"本身就是出于对"帝国"秩序的反动而特地提出的,⑤ 即便是被儒家文化教化了的华夷等级秩序,表面上虽然也是"以一国而统治世界"的结构,但在实质上也并不是追求帝国式的统治,而是以"天下远近小大若一"的一体化国家为最终目标。如干春松所说:"说到底,朝贡关系是国内秩序的一种扩展,而并非是对于异族的征服。"⑥

葛兆光又问:"如果真的能够依靠一种'王道'给这个不太好的世界提供新秩序,那么……为什么现代西方思想提供的是'霸道',古代中国

---

① 葛兆光:《对"天下"的想象——一个乌托邦想象背后的政治、思想与学术》,《思想》第 29 期。
② 参见赵汀阳《天下体系:世界制度哲学导论》,江苏教育出版社 2005 年版。
③ 葛兆光:《对"天下"的想象——一个乌托邦想象背后的政治、思想与学术》,《思想》第 29 期。
④ 关于"帝国",参见第五章第一节"二一统:封建与郡县"中的相关注释。
⑤ 参见赵汀阳《天下体系:世界制度哲学导论》上篇"'天下体系':帝国与世界制度",江苏教育出版社 2015 年版。
⑥ 干春松:《重回王道——儒家与世界秩序》,华东师范大学出版社 2012 年版,第 44 页。

儒家提供的是'王道'?"是不是"又要回到古代中国区分华夷的传统秩序?"① 这对"新儒家"的天下观构成实质性挑战,因为后者信仰的所谓具有普世性的儒家文化,有相当的部分实际上是一种特殊性礼俗,或由此转化而来的抽象礼义。这些文化在古代中国相对周边夷狄具有绝对文明优势的时候,或许可以借势而自诩"普世";但近代以来的全球化以及思想领域的理性化,已经使各个民族的传统文化都回归到了地方性礼俗的本来地位。真正的普世性必然是超越任何地方文化、基于人类共性的社会建设方案。现代语境中的国际主义与民族主义是天然背离的。因此,长期借以进行华夷之辨的儒家礼俗、礼义已经失去了作为构建新"天下"体系之纽带的资格,失去了国际主义化的可能。强行为之,只能是文化帝国主义,何况即使现代中国自身也早已不再以之为国家/民族认同的文化基础了。

不过,儒家除了特殊性礼义文化,也自认为确有一些真正基于普遍人性的普世性社会政治思想,比如出于"不忍人之心"的仁政或人道性的政治主张。儒家的伦理化政治起点在于个人的修身,也就是《大学》中"身—家—国—天下"的生成顺序。于是,个体德性成为秩序的起点,差等之爱成为"天下"秩序的组织原则。② 前面提到过,《大学》的家国天下观与其说是一种政治体的建构原则,不如说是政治人的参与方式。因此,"新儒家"新天下体系的一大特点就是喜欢接引或融合西方自由民主的政治文化。③ 比如,干春松认为,西方民主制度和儒家王道政治可以融合。④ 白彤东认为:"虽然法治、人权等也许不能在儒家那里得到在某些厚重的自由主义思想体系中所拥有的神圣地位,但是它们依然可以……为儒家所衷心认可与支持。""在国家认同与国际关系上……儒家的看法最终与某种

---

① 葛兆光:《对"天下"的想象——一个乌托邦想象背后的政治、思想与学术》,《思想》第29期。
② 参见干春松《儒家"天下观"的再发现》,《探索与争鸣》2019年第9期。
③ 所谓的"现代新儒家",从较早的中国港台/海外新儒家(如牟宗三、徐复观、唐君毅、杜维明等)到20世纪90年代之后的"大陆新儒家"(如蒋庆、干春松、白彤东、陈明等)虽然在内圣—外王的优先性问题上有所分歧,但在亲近或吸纳西方自由民主理论上有较为一致的政治立场。蒋庆虽然批判西方民主,但只是反对西方式民主在政体设计上的垄断地位,希望儒家式政制与之共存、互相制衡。
④ 参见干春松《重回王道——儒家与世界秩序》,华东师范大学出版社2012年版,第143页。

自由主义的看法没有太多实质上的或实践上的不同。"①

而赵汀阳的"天下体系"则明确建立在对西方政治模式反思的基础之上。同时，赵汀阳指出了"新儒家"伦理政治学在构建国家或"天下"时的先天不足。他认为在儒家的理想秩序中，伦理和政治是分别独立、双向并进地发挥作用的。"家—国—天下"的传递性伦理只是一面，另一面是"天下—国—家"的传递性政治制度。"在'天下—国—家'的政治顺序中，天下是政治总则，下达为国和家。……与家观念不同，天下观念规模宏大，所要求的眼界与世界等量，是至大无边的'公'……这样，家观念和天下原则就形成一种公私平衡。"②"天下"作为一个公共性的政治体，必须是因为公，所以公，必须基于某种独立自主的、可以自证为"公"的组织原则，即从人类社会最本质的需求中抽象出来的公共价值作为前置的、公共的政治权威，而不可能是因为私所以公（除非是只有形式而无实质的虚假的公）。无论是儒家伦理本位的推己及人，还是西方权利本位的代议竞争，都不能造就真正的"天下"。

可以说，"新儒家"继承了晚周秦汉儒家广义天下观强文化或伦理属性、弱政治属性的传统，尤其是在世界政治体的构想上引西式自由民主模式为外援，等于放弃了传统"天下"政治的主体性，政治意义上的"天下"也就名存实亡了。而相对地，赵汀阳的"天下"构想复活了"天下"作为公共性国家政治体的原始真义。这首先在于，"天下"代表了一种中国传统的、不同于西方的对"政治"的理解，即赵汀阳的"天下"概念"不仅仅是一个世界政治理论，同时也意味着政治的一个新概念，一个让政治重新出发的起点，一个告别战争的出发点。……政治需要成为化敌为友的艺术，而不是斗争的技术。"天下是"以共在为核心的政治概念"。"武力统治不是政治，只是统治而已，真正的政治是创造普遍合作和共同生活的艺术。"③ 赵汀阳分析的"天下"概念的三层含义中，最核心的其实是社会心理学的意义：天下指世界所有人的共同选择，即"民心"。所谓

---

① 白彤东：《民族问题、国家认同、国际关系：儒家的新天下体系及其优越性》，载许章润、翟志勇主编《历史法学》第十卷《家国天下》，法律出版社2015年版。

② 赵汀阳：《身与身外：儒家的一个未决问题》，《中国人民大学学报》2007年第1期。

③ 赵汀阳：《天下的当代性：世界秩序的实践与想象》，中信出版社2016年版，第6、45、59页。

全体之人的共同选择或"民心",其实就是无须论证而客观预定的公共价值,即全体民生之长久。这一公共价值(而非主观性的个人德性)是政治权威的依据、合法性的来源,由此而生的政治是真正的公共性政治。一个合理的国家应当据此组织,作为公共性国家之终极形态的世界政治体或"天下体系"亦应据此构建。这正是墨家之后先秦诸子思想中"天下"的潜在意旨。

类似于渡边信一郎所说的名为"中国"的"天下型国家",赵汀阳称秦汉之后的大一统王朝国家是"内含天下的中国",即"天下精神也作为遗产而化为中国国家的内部结构,因此得以形成一个多文化多民族的大一统国家。所谓大一统,实质就是以天下为内在结构的国家"①。赵汀阳将这样的中国称为"万民国家"(inclusive state)②。在"天下"的政治观中,已经(部分程度地)照此建立的中华国家与应当照此建立的世界政治体之间是同构的,是连续的。这也与先秦两汉思想中狭义"天下"与广义"天下"之间的同构性、连续性相呼应。

回到葛兆光的诘问,赵汀阳所阐发的中国思想传统中的"天下"秩序,在其本质上并不是一种特殊文化相对于其他特殊文化取得了统治地位,而是在更抽象的国家组织方式上提供了一种真正公共性的方案。这一方案不是建立在任何特殊的意识形态或文化价值之上,而是以全体民生之长久这一普世性公共价值为政治体的权威性原则。因此,在这样的政治体中不存在华夷之分,不存在帝国式的支配格局,"天下远近小大若一"。这样的政治体以抛开了儒家礼义文化特征的中华国家为原型,以超越任何民族或地域特殊文化的世界政治体为完全形态,是一个纯粹政治性的构想。而"为什么西方思想提供的是霸道"?是因为代议民主制国家天然地与民族国家如影随形,③ 内在地不具备扩展至世界政治体的动力。不依赖更高的力量,单纯凭借"私"的自发组织与协调,是不可能达致"公"的。基

---

① 赵汀阳:《惠此中国:作为一个神性概念的中国》,中信出版社2016年版,第16页。
② 赵汀阳:《惠此中国:作为一个神性概念的中国》,中信出版社2016年版,第32页。
③ 自由民主政治的逻辑是以私求公,注定难以达致稳定的公共价值共识,这就需要赋予政治体一个团结的理由。这个理由既然难以从内部的政治逻辑中生长出来,就只能在对外关系中寻找,结果就是强调国家内外敌我之分的民族主义。即民族主义实际上是自由民主政治体维持自身的必要条件和自然结果。

于这种政治模式而产生的国际秩序，即使不是帝国主义式的"霸道"，也最多止步于松散的区域性或全球性国家联盟。后者在应对日益突出的全球治理任务上，显然是难以胜任的，因此一定不是人类文明的未来发展方向。

总之，赵汀阳提出的"天下体系"不是要鼓吹中国统治世界、搞武力扩张和帝国主义，而是设想未来的世界应当是一个以人类公共价值为权威的公共性政治体，而这样的政治体是以理念性的中国为原型的。这种原型在于中国自古至今的政治公共性思想传统与"公意型"国家建构的经验。何为中华？从政治哲学的角度看，中华的本质不在于特殊性的礼俗文化，而应当是一种具有普世意义的公共性国家。这种国家的本质又在于以普世性的公共价值——全体民生之长久——作为最高的政治权威而组织起来的公共框架。因此，理念性的中华国家是构想世界政府的原型。借用沟口雄三的话，要"以中国为方法""以世界为目的"。[①] 当然，并不是早期中国的思想史已经具备了如此明确的意图，而是说赵汀阳的政治哲学准确地把握了古代天下观内在潜藏的思想发展方向，或者用他的话说是"中国思路所蕴含的可能性"[②]——虽然这种内涵或可能的前景并未在古代的思想史中得到明确的呈现。

不过，葛兆光的质疑仍然有意义。"天下"的政治理想虽好，但在实现理想的过程中，在具体的道路选择上，如何避免通过一般意义的帝国扩张，避免不正义的国家间支配方式？或者说，如何避免为了实现正义的目的而使用不正义的方式？比如，赵汀阳认为："尽管事实上的古代中国帝国的确与天下/帝国理想有相当的距离，以至于在许多方面只不过是个寻常模式的帝国，但古代中国帝国毕竟在文化追求上一直试图按照天下/帝

[①] 沟口雄三站在日本汉学或中国学的角度，认为以往的中国学是"以世界为榜样、以世界为标准来斟酌中国已经达到了什么程度（或距离目标还有多远），即以世界为标准来衡量中国"，"然而，以中国为方法的世界必须与此不同"，以中国为方法"可以通过中国这一独特的世界（无论好坏），即透过中国这副眼镜来观察欧洲，批判以往的'世界'。例如，什么是'自由'？什么是'国家'？什么是'法''契约'？对于这些曾经被视为普遍真理的概念都可以个别、相对地重新进行探讨"。对此，沟口所举的例子就是对国家主权和国际秩序的反思。（参见沟口雄三《作为方法的中国》，孙军悦译，生活·读书·新知三联书店2011年版，第130—133页。）沟口雄三的见解同样适用于中国学术界的研究工作。

[②] 赵汀阳：《天下体系：世界制度哲学导论》，江苏教育出版社2005年版，第16页。

国的文化标准去行事。"① 这句话也可以反过来说：尽管古代中国在价值追求上一直试图按照"天下"的标准去行事，但古代中国毕竟与"天下"有相当的距离，因而在许多方面就是个一般意义上的帝国。而帝国与"天下"正相反，必有不义之处。孟子曰："行一不义、杀一不辜而得天下，皆不为也。"（《孟子·公孙丑上》）荀子却说："夺然后义，杀然后仁，……功参天地，泽被生民，夫是之谓权险之平，汤武是也。"（《荀子·臣道》）那么，究竟什么才是既正义又有效可行的通往"天下"之路呢？这一古人留下的问题，恐怕今人也难以给出完美的答案。

二 文化地理中的公共性

作为古代中华国家的"天下"概念，除了政治上的意义，也有地理上的内涵，比如"禹迹""九州"等。古代中国在政治组织和价值理念上的统一虽然始于周代，但历经了上古至夏商的长期孕育；而古代中国在文化地理观念上的统一同样始于周代，并且历经上古至夏商长期的酝酿。

从文化地理的角度对上古文化与姓族的分布进行梳理，是上古史研究的一个重要方向。蒙文通、傅斯年、徐旭生三家的学说最为代表。蒙文通"古史三系说"将上古族群按照地理区域划分为三个集团：其一，炎帝、祝融、蚩尤、九黎、三苗所属的"炎族"或"姜姓之族"，活动在江汉之域，可称为"江汉民族"（或"江淮民族"）；其二，黄帝、颛顼、帝喾、帝尧等所属的"黄族"或"姬姓之族"，在河洛地区，可称为"河洛民族"；其三，伏羲、女娲、帝舜、皋陶所属的"泰族"或"风姓之族"，在海岱之间，可称为"海岱民族"。三大集团文化各异，势力相敌，在夏代之后融合为"华夏民族"。② 傅斯年遵照王国维的"二重证据法"，在批判性地运用传世文献的同时，更注意以考古发现的新材料为论证依据，从而发明"夷夏东西说"。傅氏认为中国上古三代社会从地理上看，可分为东西两个文化系统："夷与商属于东系，夏与周属于西系。"夏后氏在西方，与东方之夷竞争；商起于东北方，自东徂西入主中原。三代就是东西两系竞争交替的历史。③ 徐旭生同样综合运用传世文献中的古史传说与甲

---

① 赵汀阳：《天下体系：世界制度哲学导论》，江苏教育出版社2005年版，第77页。
② 参见蒙文通《古史甄微》，巴蜀书社1999年版，第42—71页。
③ 参见傅斯年《夷夏东西说》，载氏著《民族与古代中国史》，上海人民出版社2014年版。

骨金文、古文化遗址等考古资料，提出了新的"三集团说"。徐氏认为上古部族的分野大致为西方的"华夏"、东方的"东夷"、南方的"苗蛮"三个集团。其中华夏集团又包含黄帝、炎帝两个亚集团，东夷集团中又分出混合华夏的高阳氏（帝颛顼）—有虞氏（帝舜）—商人一系亚集团，苗蛮集团中也有来自北方的祝融一系亚集团。后世的华夏民族实际上是三大集团融合的产物。①

上述三种观点主要是凭借古史传说，傅会以考古发现而加以逻辑整理，有不少向壁虚构、假说待验的成分。因此，考古学家往往抛开传说人物及其姓族，单纯地基于考古发现来考察上古中国地理文化的分区与融合过程。苏秉琦提出"满天星斗说"，将中国新石器时代如满天星斗般的文化遗址归纳为六个主要分布区：以燕山南北长城地带为重心的北方、以山东为中心的东方、以关中晋南豫西为中心的中原、以环太湖为中心的东南部、以环洞庭湖和四川盆地为中心的西南部、以鄱阳湖到珠江三角洲一线为中轴的南方。②张光直提出"中国相互作用圈"的概念，认为公元前4000年—前2000年的新石器文化期间，在各个区域性文化之间，出现了一个持续1000多年的有力的程序。"那就是这些文化彼此紧密联系起来，而且它们有了共同的考古上的成分，这些成分把它们带入了一个大的文化网……它们便是最初的中国。""在这圈内所有的区域文化都在秦汉帝国所统一的中国历史文明的形成之上扮演了一定的角色。"③

这些考古学成果对于上古传说人物存而不论，但至少能证明三代之前，虽然已经客观上出现了一定程度的文化统一体或"相互作用圈"，但并没有主观意识上的文化认同与团结，也没有形成统一的文化地理概念。商代虽有"内服""外服"以及甸、牧、边侯、邦方④等功能区域，但只是政治支配性的人为结构。"商"也仅指占据中心统治地位的"大邑"。因而，缺少关于全部政治统治范围的客观的、公共的、恒常的地理概念——商人的"四方""四土"虽有整体宏观性，但更多的是一种归纳，而非独

---

① 参见徐旭生《中国古史的传说时代》（增订本），广西师范大学出版社2003年版，第37—127页。
② 参见苏秉琦《中国文明起源新探》，生活·读书·新知三联书店2000年版。
③ 张光直：《中国考古学论文集》，生活·读书·新知三联书店2013年版，第149、157页。
④ 这些概念首先是指职官，后引申为相应的功能区域。

立的、有特定内涵的专门地理名词。

周人的政治革命同时带来了文化地理概念的更新。"中国"之名即始于西周。最早的"中国"指京师或畿内地区。《诗经·民劳》："惠此中国，以绥四方"，"中"是"天下之中"①，"国"是都城，因此作为京师的"中国"实际上就是周人的东都王城或成周/洛邑。② 陕西宝鸡出土的西周早期青铜器何尊铭文曰："宅兹中国"（《集成》6014），说的就是周初兴建东都洛阳城的事。春秋时期，随着"夏"变成"诸夏"，"中国"也泛化为周人文化区的概念，指代东周诸侯国整体，与"四夷"形成对立。这一含义也延及后世：

> 中国者，聪明睿智之所居也，万物财用之所聚也，贤圣之所教也，仁义之所施也，诗书礼乐之所用也，异敏技艺之所试也，远方之所观赴也，蛮夷之所义行也。（《战国策·赵二》）

> 五政之所加，七赋之所养，中于天地者为中国。过此而往者，人也哉？（扬雄《法言·问道》）

周人文化区又称"华夏"。《尔雅·释诂》云："华夏，谓中国也。"殷商自称"大邑"，仍是聚落点的概念，而无广土性的"华夏"观念。周人经过一番军事、政治与宗教上的整理，与东土各部族糅合成为一个整体，自号"华夏"。"华夏"作为文化地理概念，与周人的价值观建构密切相关。经典中对华、夏二字的释义也立足于周人礼乐文明。比如，《尚书·武成》曰"华夏蛮貊"，伪孔传："冕服采章曰华，大国曰夏。"《左传·定公十年》曰"裔不谋夏，夷不乱华"，孔颖达疏："中国有礼仪之大，故称夏；有章服之美，故谓之华。"

不过，"华夏"的文化属性是后起的，其更早的含义是单纯的地理名称。章太炎指出："夫华，本华山，居近华山而有华之称。后代华称既广，

---

① 周初营造洛邑时，周公曰："此天下之中，四方入贡道里均。"（《史记·周本纪》）
② 许倬云认为东都王城与成周洛邑是紧挨着的两城，"新邑大约有两个城，一为周王的东都，一为殷遗迁入的成周，后者又称'洛邑''洛阳'，'王城在西，成周在东。然而两地合称则是新邑"。（许倬云：《西周史》，生活·读书·新知三联书店2012年版，第139页。）后世常以"洛邑""洛阳"并称二城。

忘其语原，望文生训，以为华美，以为文明，虽无不可，然非其第一义，亦犹夏之训大，皆后起之说耳。"① 詹鄞鑫考察了甲骨文中的"𡺲（华）""夏"二字，认为"华""夏"本来都是地理上的名称，分别指华山和大夏（夏墟、夏邑）。两者对峙于黄河南北，遥遥相望，汔通相连，自古以来就流传着河神擘开"华""夏"的神话。由此，甲骨卜辞记载"河""华""夏"三神相提并祀。"华"—"夏"一带正是上古尧、舜、禹和商、周、秦各代相继据有的中心之地，被视为"中土"。"华""夏"由此转化为"中国"（指中土）的代称，而与"四方""四夷"相对；又以处"中"之义转化为"中华""中夏"之称，均为地域概念。②

周人在翦商之前就以后稷为始祖，以"夏"自居，与商抗衡。《尚书·周书》中《康诰》《君奭》《立政》诸篇都明确地将周人统治的地域称为"我有夏""我区夏""方夏"，《诗经·周颂》中《时迈》《思文》等也将周人国度称为"时夏"，《大雅·皇矣》则称"长夏"。钱穆的名文《周初地理考》认为周人始祖后稷所居之"邰"与公刘所在之"豳"都在晋地（今山西南部一带），即古夏地；而在古公亶父时迁至河西的岐山——钱文认为即渭洛下游、咸阳以北的北山；至王季、文王遂经营丰镐。③ 钱说及其赞同者为周人的自称"夏"提供了依据。由于周人的根据地在关中，"夏"在地理上表示"中土"的同时，有时又有"西土"之义。直到春秋甚至战国秦代，"夏"的这一地理含义仍有迹可循。比如，春秋末叶，吴国公子季札观周乐于鲁，依次点评《诗经》之各国"国风"及"雅""颂"，便将秦风称为"夏声""周之旧"；云梦睡虎地出土的秦始皇三十年（公元前217年）秦简《法律答问》有云："臣邦人不安其主长而欲去夏者，勿许。可（何）谓夏？欲去秦属是谓夏。"

最早的夷夏之别是地理分野：人之所居，不是华夏之区，便在夷狄之域。比如宗族分散之后，"子孙或在中国，或在夷狄"（《左传·僖公二十五年》）；类似的说法还有《史记·魏世家》："其后绝封，为庶人，或在中国，或在夷狄。"西周之后，"夏"的概念开始在文化领域扩展。比如，

---

① 章太炎：《中华民国解》，载《章太炎全集》第八卷，上海人民出版社2014年版，第259页。

② 参见詹鄞鑫《华夏考》，《华东师范大学学报》（哲学社会科学版）2001年第5期。

③ 参见钱穆《周初地理考》，载氏著《古史地理论丛》，九州出版社2011年版。

周人将他们的乐舞称为"夏籥""大夏""九夏"。王引之曰:"雅读为夏,夏谓中国也……古者,夏雅二字互通。"① 王说一出,广受认同。因此,《诗经》之《大雅》《小雅》即《大夏》(不同于乐舞"大夏")、《小夏》。"夏"代表了宗周文化,也就是雅文化,因此开始与地方性的俗文化、非周人的蛮夷文化相对立。于是,"夏""夷"从地理和族群的不同扩展为文明程度的高低之分、高雅文化与鄙俗文化的对立。东周时,"夏"引申为普及周文化的地区,"夏"的地理范围就是指周文化圈内的诸侯国,即所谓"诸夏"。这更多的是一个文化地理概念。

既然周人以"夏"自居,"夏"的始祖禹自然也被推尊。因此,周人也自称其功业为"陟禹之迹"(《尚书·立政》)、"登禹之绩"(《逸周书·商誓》)、"缵禹之绪"(《诗经·鲁颂·閟宫》)、"维禹之绩"(《大雅·文王有声》)、"维禹甸之"(《大雅·韩奕》)等。这在西周春秋铜器铭文中也有反映,如秦公簋铭文曰:"鼏(冪)宅禹责(迹)"(《集成》4315.1),齐侯钟铭文曰:"咸有九州,处禹之堵(都)"(《集成》276.1)。因此逐渐地,"禹迹"就成为周人或周文化统治的范围,与"夏"等同起来。"禹迹"的字面意义是大禹治理过水土的地方,而经过大禹治理的地方就是文明的区域。

对于"禹迹"这一文化地理概念对中华国家共同体的神圣意义,唐晓峰指出:"用禹的名义,用'禹迹'来表述,是对地域的新的定性。禹,一定是大多数族群所崇敬的圣贤,具有超越族群的整合力量。圣贤,而不是上帝,是一种新兴的人文社会权威……中华大地,正是在这种高尚权威的背景下被整合起来的,而被整合起来的地域也因之集思想、道德、政治于一体。中华大地的这种属性,是其履历劫难而不可分割的根本原因。"②

与此同时,"九州"又成为"禹迹"或"华夏"的别名。《左传·襄公四年》曰"茫茫禹迹,画为九州",以及前引齐侯钟铭文曰"咸有九州,处禹之都"。"九州"仍然是一个文化地理概念,而不是部族分野或行政区

---

① 参见王念孙《读书杂志》(四),上海古籍出版社 2014 年版,第 1671 页。
② 唐晓峰:《从混沌到秩序:中国上古地理思想史述论》,中华书局 2010 年版,第 215—216 页。

划的概念。不过，东周秦汉文献中记载的"九州"名单有不同本。① 唐晓峰认为："九州的选择与组合，有一个现实经验知识的积累，但这个观念形成之后，其思想意义逐渐超越现实意义，成为意识形态领域中的独立概念，并在思想史中被反复加工。"② 于是，华夏大地或者"禹迹""九州"，超越王朝领土之上而具有了价值公共性，成为周代邦国以至后世王朝共享的文明世界概念。

周人之所以能够形成统一的文化地理概念，其条件是西周国家在政治社会结构上的统一性相对于上古夏商有了空前的提高。西周之前，虽有共主式的国家权威或统治性氏族（如唐、虞、夏、商），但各土著民族都有各自的地域分布中心和独立的地域性政治社会秩序及文化风俗。西周国家通过军事征服和分封行政，对殷人及其他东部被征服民族进行了大规模的移民，使各地域或封土内原属不同民族的社会成员杂居共处，逐渐融合。原来各地域、各部族之间的松散"联合体"逐渐交融为在共享的周礼之下的政治—文化"共同体"。甚至在西周国家崩溃之后，这种文化共同体的想象和对统一的文化地理概念的强调反而更加显著起来。这也算是"密纳发的猫头鹰要等黄昏到来，才会起飞"③ 的一个例证吧。

集中记述"禹迹"和"九州"的是《尚书·禹贡》篇。现代学者一般认为《禹贡》同《尧典》等篇一样，是战国时人的托古之作。不过，成书的年代不能限定其所反映的思想观念渊源。李零说："《禹贡》不管成书于何时，我以为它所反映的基本思想是夏、商、周三代递相成用的'天下'概念，即一种以地缘济血缘之不足，借职贡朝服间接控御，'柔远能迩'的地理大视野。"④ 这种地理视野也内含着政治价值意义。《禹贡》曰："九州攸同：四隩既宅，九山刊旅，九川涤源，九泽既陂，四海会同。"即"禹迹"和"九州"突出的是"同"的精神，是政治共同体的统一性。程颐曰："盖治水，天下之大任也，非其至公之心，能舍己从人，

---

① 参见《尚书·禹贡》《吕氏春秋·有始览》《周礼·职方》《尔雅·释地》《说苑·辨物》以及上博楚简《容成氏》中关于"九州"的不同说法。
② 唐晓峰：《从混沌到秩序：中国上古地理思想史述论》，中华书局2010年版，第219页。
③ [德] 黑格尔：《法哲学原理》序言，范扬、张企泰译，商务印书馆1961年版，第14页。
④ 李零：《考古发现与神话传说》，《李零自选集》，广西师范大学出版社1998年版，第74页。

尽天下之议，则不能成其功。"① 唐晓峰则认为："《禹贡》虽然是以治水为线索叙述地理，但许多内容却不是表达治水的精神，而是一统天下的意志。地理事实在《禹贡》的组织编排下，显示出一种威权力量或引导力量对天下事物的聚合结构。""《禹贡》的最高意义不是具体的治河或山川的记名，而是其中显示的大地域王朝版图的结构性价值、华夏政体观念、领土的政治文化礼教意义。"② 其实，在《禹贡》的逻辑中，大禹治水的精神与地理的政治文化意义是统一的。禹既以至公之心平治水土，所致力的对象即"禹迹"自然不是私家之产，而是具有了道德结构和公共属性，即神圣的、公共的华夏世界。

因此，稳定的国家地理范围有利于形成政治的公共属性。"华夏""禹迹""九州"等公共性的文化地理概念为春秋战国诸子构建"天下"这一公共性政治理念提供了重要条件。借助这些概念，华夏之人逐渐形成了对于自身所处地理区域的骄傲和清晰的范围认知，即华夏之区是一块价值自足、自我界定的地理范围，是公共的文明世界。这片地理区域与生活在其上的文明之人完全绑定，是一个有"自我意识"的"主体"，而不是任何人的私有物，任由个别意志争夺、交易。它是人文的造物，是可贵的财富，既不像山川大地亘古已然、不生不死，也不像私人物权随王朝兴灭而存亡，而是需要经营和维护才能长久持存的。

在秦汉统一国家建立之前，战国时代的思想家们就在这种概念的基础上，开始为将来的统一国家擘画地理空间与内部区域。他们心中所构想的自然不是任何一家一姓之王朝，而是公共性的"天下"国家。"禹迹""九州"作为"天下"的地理界定，成为先于国家政治的前置性规范。在这一恒定的、公共的文化地理范围之内，"天下非一人之天下也，天下之天下也"。唐晓峰称为"元典区域观念"，是在"天"的意识形态确立之后，对人间秩序的继续完善。"这些观念意识，亦可转化为社会整体的政治、军事、经济方略，开启后世大地域集权国家的先河。……由禹迹、九州、五岳等高层宏观概念所产生的华夏区域的认同力量、维系力量是巨大的，从帝王将相到匹夫志士，无不受其驱动，这在世界历史中恐怕也是仅

---

① 参见程颢、程颐《二程集》下，中华书局2004年版，第1039页。
② 唐晓峰：《从混沌到秩序：中国上古地理思想史述论》，中华书局2010年版，第276、285页。

有的。这些观念成为评价王朝正统性、国家完整性的思想资源，对于大地域王朝的建立有着巨大的推动作用。"①

总之，这些文化地理概念承载着华夏国家的公共地理空间，与公共价值同步，从另一个角度形塑着中华国家的公共性。其之所以能够对政治观念和实践产生如此的力量，原因就在于这些概念所营造的对"天下"国家公共性的想象。正如本尼迪克特·安德森（B. Anderson）将现代"民族主义"或"国家主义"（nationalism）解释为对共同体的想象一样，② 古代中国的公共性政治观念也部分地来自对特定人文地理空间的共同体想象。

三 政治名号中的公共性

理念性的"天下"与现实性的王朝国家相结合，结果是"天下"的政治公共性理念在王朝政治的某种名号中得到了具体的、部分的展示。这些名号，如同公共性的文化地理概念"华夏""禹迹""九州"一般，也是古代中国政治文化中代表政治公共性精神的重要标志。

（一）有天下之号

王朝国家的内在属性和首要特征是家族政治的私人性，这在对国家的称呼上也得到了反映。比如，汉代是刘氏天下，唐代是李唐江山，魏有曹魏、拓跋魏，宋有刘宋、赵宋，等等。"天下"在理念上是"天下之天下"，但在现实中首先是一家一姓之天下。比如汉景帝时，窦婴曰："天下者，高祖天下，父子相传，此汉之约也。"（《史记·魏其武安侯列传》）

而与此同时，各朝各代的正式名号却并非王族/皇族的姓氏，而是另有专门的雅称，即秦、汉、魏、晋、隋、唐、宋、明之类。这些国号虽然大多出自地名，但在用作王朝之名时，一般会被赋予美好或高尚的意义。比如《史记·五帝本纪》曰："自黄帝至舜禹，皆同姓而异其国号，以章明德。"上古的国号虽然未必可信，但至少反映了国号"以章明德"的政治观念。萧何在劝刘邦接受汉王封号时说："语曰'天汉'，其称甚美。"（《汉书·萧何传》）"汉"原意"汉水"，后为地名（汉中），但作为政权

---

① 唐晓峰：《从混沌到秩序：中国上古地理思想史述论》，中华书局 2010 年版，第 209、236—237 页。

② 参见［美］本尼迪克特·安德森《想象的共同体：民族主义的起源与散布》，吴叡人译，上海人民出版社 2005 年版。

名号时需要赋予其更高的意义。汉朝的建立者为刘邦，历代皇帝皆刘邦子孙，且高帝与功臣"刑白马盟曰：'非刘氏而王，天下共击之'"（《史记·吕后本纪》）。但汉国家被时人称为"汉朝""汉国""汉家"，① 三者可以互相置换，又被后人称为"汉代"，却绝不会称为"刘朝""刘国""刘家"或"刘代"。《汉书·王莽传》："今百姓咸言皇天革汉而立新，废刘而兴王。"是"汉""新"的国家之号，与"刘""王"的皇室之姓有明确的区分。这一现象是有其政治观念史之意蕴的。即主流政治文化认为，国家政治并不是家族秩序的简单扩大或复制，而是有着自己独立的形态和规则——所以必须以专门的名号称之。这种不以一家之姓为号的国家名号，不言而喻是希望容纳各个家族、姓氏，形成百姓万家的团结和统一，这自然就意味着某种政治的公共性。

王朝之名又被称为"（领）有天下之号"。渡辺信一郎考察了"领有天下之号"的由来，发现"王朝之名被定义为'领有天下之号'，始自王莽，并成为其后历代王朝国号观念的基础"② 不管王朝之名（如夏、殷、周、秦、汉、新等）如《白虎通义》所说是某种政治理念或功业之美号，③ 还是如王充所论是以其发祥之地为号，④ 其中所蕴含的政治意义是昭然可见的。即王朝之名作为"有天下之号"，一方面区别于"天下"本身，后者

---

① 《史记·张丞相列传》："汉家言律历者，本之张苍。"《汉书·外戚传》："汉家之制，推亲亲以显尊尊。"《汉书·郊祀志》："汉家宗庙祭祀，多不应古礼"《汉书·眭弘传》："汉家乃尧后，传国之运。"《后汉书·西域传》："常敕诸子，当世奉汉家。"等等。王子今指出，汉代政治文化中一个值得注意的现象是"汉朝"一语的发生。之前似乎并未出现"夏朝""商朝""周朝""秦朝"等称谓，而"'汉朝'这一辞义的使用，两汉历史文献中颇多记录"。其初义是指汉之君臣谋议政事的朝廷，进而指称名为"汉"的国家。参见［日］尾形勇《中国古代的"家"与国家》，张鹤泉译，中华书局2010年版，中译本序二。

② ［日］渡辺信一郎：《中国古代的王权与天下秩序——从日中比较史的视角出发》，徐冲译，中华书局2008年版，第4页。

③ 《白虎通义·号》："王者受命，必立天下之美号以表功自克，明易姓为子孙制也。夏、殷、周者，有天下之大号也。百王同天下，无以相别，改制天子之大礼，号以自别于前，所以表著之功业也。……故受命王者必择天下美号，表著已之功业，明当致施是也。……夏者，大也，明当守持大道。殷者，中也，明当为中和之道也。……周者，至也，密也，道德周密，无所不至也。"

④ 《论衡·正说》："唐、虞、夏、殷、周者，土地之名。尧以唐侯嗣位，舜从虞地得达，禹由夏而起，汤因殷而兴，武王阶周而伐，皆本所兴昌之地，重本不忘始，故以为号，若人之有姓矣。……唐、虞、夏、殷、周，犹秦之为秦，汉之为汉。秦起于秦，汉兴于汉中，故曰秦汉，犹王莽从新都侯起，故曰亡新。"

一般是指抽象的国家或地理的、文化的共同体，常以"华夏""中国"等名之，万世不易；而王朝有革命、有换代，其"有天下之号"亦有更迭。

另一方面，王朝之名作为"有天下之号"又不同于家族姓氏，二者的区别正如《白虎通义·号》所论："不以姓为号，何？姓者，一字之称也，尊卑所同也。诸侯各称一国之号而有百姓矣，天子至尊，即备有天下之号，而兼万国矣。"渡辺信一郎认为，"一字之称，文不成义。字当作家，形近而讹也"①。"尊卑所同"即一国上下皆为同姓，"如夏姓姒，有扈、斟、鄩等亦姓姒。商姓子，微、箕等国亦姓子。周姓姬，鲁、卫等亦姓姬。是尊卑所同也。"② 一家一族以姓氏为号，由同姓之人组成，其内部组织，包括家人、族人、奴婢、宾客等皆以宗子或家长、族长为尊，祭祀亦有共同的祖先，并以宗子或家族长为祭祀的唯一代表，这正是父家长制的结构，整个组织都在父家长一人的私人权威之下。而"有天下之号"的"不以姓为号"则意味着王朝虽为个别的私人家族所占有，但其性质和组织原则并不是父家长制，而是超越各个私人性家族之上的更高的实体，即国家政权，如此才能"有百姓"，而不只是有"家人"。

因此，以王朝的方式存在的古代国家政权，像在"有天下之号"所透露出的那样，是具备着超越父家长制之上的政治公共性的。这意味着，由某个私家所建立的国家政权，并非仅仅为该姓私属之物，不是仅仅在父家长一人权威之下的组织，而是一个公共的政治领域，其执政权是公共的、开放的，其他家族出身的人也可以参与并承担起相对独立的政治权威。这正是作为"有天下之号"的王朝之名不以建国私家之姓为号的现象所反映的政治公共性观念，也可以说是"天下"概念的具体化或延伸。如渡辺信一郎所说："庶民之家作为私家，拥有如刘氏、司马氏、李氏这样的姓氏。天下作为天子之家，名字也还是必要的。既然天下乃是统括百姓（百家姓氏）的政治公共领域，则领有天下的名字，就不能是如刘氏、司马氏、李氏这样的百家姓氏。因为那样就无法将作为天子之家的天下与百姓之家区

---

① ［日］渡辺信一郎：《中国古代的王权与天下秩序——从日中比较史的视角出发》，徐冲译，中华书局2008年版，第9页。

② 陈立：《白虎通疏证》，中华书局1994年版，第57页。

别开了。天下之名必须是超越百家姓氏且与之异质的。"①

于是，所谓"汉家"就是名为"汉"的"天下一家"。或者如尾形勇所说："所谓'汉家'，是包括一切的'私家'，同时又是在区别于一切'私家'的层次上构筑起来的，并冠以'汉'姓的'一家'。"②《史记·吴王濞列传》载："（高祖）因拊其背，告曰：'天下同姓为一家也，慎无反！'……吴王愠曰：'天下同宗，死长安即葬长安，何必来葬为！'""天下同姓为一家"中的"同姓"并非泛指凡同姓者皆为一家，也非特指刘姓为一家。这里的"姓"与前文屡称的"天下一家"是同一含义，即此"姓"是"天下"这"一家"之姓。而"天下一家"又非任何私家，包括不是君主的私家，则此"姓"只能是一国之姓，如汉王朝之"汉"、唐王朝之"唐"，是特定政治结构中天下国家的公共之"姓"，实质上指的是非私家的公共性国家。

对比世界史上遍地可见的以私家姓族为国号的王朝国家，中国传统政治文化的特殊性就更容易凸显出来了。在中华文化圈之外的世界其他地区，无论所谓的帝国/王国还是帝国/王国之内的王朝，主流的模式都是以私人性的家族姓氏甚至创业者的个人名字作为政治体的名号。比如"亚历山大帝国""查理曼帝国""帖木儿帝国""拿破仑帝国""阿拔斯王朝""都铎王朝""斯图亚特王朝""罗曼诺夫王朝"等，无不是如此。另一些以采邑或封地命名的王朝，如"波旁王朝""瓦卢瓦王朝""哈布斯堡王朝""萨伏伊王朝"等，貌似与中国古代王朝以发祥地为号的模式相类，但仍有显著不同。中国春秋战国之后的王朝名号虽然也是来自开国之君的封号，但这些封号大多继承自先秦诸侯国之名。虽然本质上也是地名，但这些特殊的地名如周、鲁、齐、秦、晋、燕、赵、魏、梁、宋、陈、吴、越，已经由于历史的积淀而具有了专门的政权名号之意涵，以至于成为范围有限的、公共的、固定的选项。因此，同一个国名会被重复使用，而很少有别出心裁、自我作古地独创政权名号的情况。③ 统治家族的姓氏更是

---

① ［日］渡边信一郎：《中国古代的王权与天下秩序——从日中比较史的视角出发》，徐冲译，中华书局2008年版，第8页。

② ［日］尾形勇：《中国古代的"家"与国家》，张鹤泉译，中华书局2010年版，第203—204页。

③ 元、明、清三代国号属于特殊情况，但也同样不是以统治家族的姓氏为国家之名号。

与这些名号无关。而欧洲源自地名的封建王朝名号则显得个性十足,绝少重复,且王朝之名与统治家族之名号几乎可以等同,二者高度绑定。比如,波旁王朝即波旁家族(Bourbon Dynasty = House of Bourbon),哈布斯堡王朝即哈布斯堡家族(Habsburg Dynasty = House of Habsburg),等等。因此,这些王朝之名仍然有明显的家族私属性。总之,缺少一个超越私家姓氏之上的、具有特殊价值寓意的国家名号,意味着这些王朝国家更多的只是王朝(house),而更少地像一个国家(stata)。

除了国家名号,君主名号的价值内涵也很值得探究。《白虎通义·号》曰:

> 或称天子,或称帝王何?以为接上称天子者,明以爵事天也;接下称帝王者,得号天下至尊言称,以号令臣下也。

即"天子"和"帝王"两个不同的名号有着不同的政治意义。西嶋定生从中国古代君主拥有天子与皇帝两个称号的事实出发,发现了中国古代王权的二重性,并据此解释了君主的玉玺制度和即位礼仪。①尾形勇、金子修一、渡边信一郎等人对此观点基本肯定,但又有所损益、修正。②这种二重性实际上揭示了王权来源之公共性与私人性的对立与并存:"第一是权力来源与正统性的说明,即所谓来自天之受命,这是与作为天子的王权相关的;第二是关于权力继承的说明,凭借的是来自王朝创始者、受命者之血统,这是与作为皇帝的王权相关的。"③换言之,权力来源的私人性主要系于血缘世袭,其公共性则主要体现为天之授命。前者通过家族的宗庙祭祀得以确认;后者则需进行祭天礼仪来回应天命并将天命布告天下,以更加具化和强调其权力来源公共性的论说。

---

① 参见〔日〕西嶋定生《中国古代国家と東アジア世界》,第一篇第二章"皇帝支配の成立",東京大学出版会1983年版。

② 参见〔日〕尾形勇《中国古代的"家"与国家》,第六章第一节"'天子''皇帝'的区分和国家秩序";〔日〕金子修一《古代中国与皇帝祭祀》,第一章"中国古代皇帝制度诸问题";〔日〕渡辺信一郎《中国古代的王权与天下秩序——从日中比较史的视角出发》,第五章第一节"中国古代王权的二重性——天子与皇帝"。

③ 〔日〕渡辺信一郎:《中国古代的王权与天下秩序——从日中比较史的视角出发》,徐冲译,中华书局2008年版,第128页。

金子修一指出:"与周以来的'天子'称呼相对,虽然'皇帝'是后起的称呼,但汉代以后,不再只是称呼的新旧之分,称呼的具体用法差别更是被规定下来。"比如,"皇帝系统的玺是对内使用,而天子系统的玺是对外使用的"①。《汉官旧仪》记载,"皇帝行玺"的用途是"凡封命用之","皇帝之玺"的用途是"赐诸侯王书","皇帝信玺"的用途是"发兵征大臣";"天子行玺"的用途是"策拜外国","天子之玺"的用途是"事天地鬼神","天子信玺"的用途阙文不详。内外之别十分明显。皇帝在祭天地诸神时自称"天子"、祭祀祖先时自称"皇帝"的传统也是在汉代形成的。可以说,"天子"来自周礼,"皇帝"来自秦制,分别代表了中国政治两种并行而又融合的传统。"皇帝"代表着权力的独尊,"天子"代表着道义的合法。

天子对天称臣、以君臣之义规范天与天子的关系,是周人天命观的逻辑结果。汉代纬书《尚书中候》曰"天子臣放勋",即作为(天之)臣的天子帝尧。唐人王泾在《大唐郊祀录》中引用曹魏侍中缪袭之议曰:"汉用古礼,为天称臣,所以训人事君也。"则天子称臣应是先秦的古礼,只是文献不可征。金子修一认为"天子臣某"是在东汉明章之际形成的政治文化。② 三国初代皇帝即位告天的文书不约而同地提到"皇帝臣×":曹丕称"皇帝臣丕,敢用玄牡,昭告于皇皇后帝";刘备称"皇帝臣备,敢用玄牡,昭告皇天上帝、后土神祇";孙权称"皇帝臣权,敢用玄牡,昭告于皇皇后帝"。晋、宋、齐、梁、陈等亦然。这也成为古代政治文化的传统。

(二) 谥号与年号

天下或国家之普遍性名号不同于家族的姓氏,与之相似的是,天子或皇帝之特殊性称号也不同于其个人的名字,以示政治的非私人性。这种特殊性称号中最重要的是谥号,还有一种并非君主个人之名号,而是君主在位时期之代号,即年号,都是明显基于某种公共性的政治价值理念而被创造和使用的。相比之下,世界史上其他国家的君主名号,比如罗马皇帝、

---

① [日]金子修一:《古代中国与皇帝祭祀》,肖圣中、吴思思、王曹杰译,复旦大学出版社2019年版,第7页。

② 参见[日]金子修一《古代中国与皇帝祭祀》,肖圣中、吴思思、王曹杰译,复旦大学出版社2019年版,第79页。

欧洲各国国王流行的"绰号",就有明显的私人性和随意性,也大多没有什么价值内涵。①

所谓谥号,《白虎通义·谥》曰:"谥者何也?谥之为言引也,引烈行之迹也。所以进劝成德,使上务节也。"具体而言,如汪受宽所说:"谥法,对死者的道德功业进行最终的评价,肯定其一生的贡献,斥责伦理的沦丧,提倡人们克制私欲,为了他人、家族和社会建功立业。"② 因此,谥法制度也可以视为一种公共价值主导的政治激励机制。

君主之尊号或谥号的起源与发展也能说明政治公共性观念的扩张。对谥号和谥法的最早记载是《逸周书·谥法解》,认为谥法乃周公所作。此说也是历代的通说。近世王国维通过考察彝篇铭文,认为西周前期诸王尊号如文、武、成、康、昭、穆等皆生时之号,而非死后之谥号,因此推断谥法产生于西周中期共穆诸王以后。③ 郭沫若考证金文发现了更多生称谥的例子,进而认为《逸周书》是战国时的伪书,谥法是战国时人所编造。④ 彭裕商后出转精,详辩旧说及相关器铭,推翻王、郭成见,认为早在商王文丁之前,商人以先王祭日干支称呼、区别先王的"日名",已经具备了谥号的一些特征;晚商诸王则在日名之前加上了文、武等美称;而周文王、武王因袭了晚商诸王生称美号的传统,"但不取其祭日干支,径称为某王某公,其形式已与后代谥法无别"。而且"往后逐渐增多,进入了谥法的成熟阶段"⑤。辛德勇指出彭文依据宋人郑樵《通志·谥略》界定谥法性质,失之偏颇;主张回归《逸周书·谥法》所述"谥者行之迹也"这一

---

① 这些绰号大约有几种类型:(1)身体特征型,如法兰克国王"矮子"丕平、法兰克帝国皇帝"秃头"查理、法国卡佩王朝"美男子"腓力四世等;(2)事件功绩型,如英国国王"征服者"威廉一世、东法兰克国王"捕鸟者"亨利一世、英国金雀花王朝"失地王"约翰等;(3)服饰特征型,如英国金雀花王朝"短斗篷王"亨利二世等;(4)年龄特征型,如东法兰克国王"孩童"路易、英格兰国王"长者"爱德华等;(5)个性特征型,如法兰克帝国皇帝"虔诚者"路易、法国卡佩王朝"大胆者"腓力三世、俄国沙皇"雷帝"伊凡四世等;(6)"大帝""大王"型,如查理曼大帝、法国波旁王朝"太阳王"路易十四等。参见魏亚光《千奇百怪的欧洲君主绰号》,《世界文化》2013 年第 11 期。
② 汪受宽:《谥法研究》,上海古籍出版社 1995 年版,第 13 页。
③ 王国维:《遹敦跋》,载氏著《观堂集林》,第 895—896 页。
④ 参见郭沫若《谥法之起源》,《郭沫若全集·考古编》第五卷,科学出版社 2002 年版,第 201—226 页。
⑤ 彭裕商:《谥法探源》,《中国史研究》1999 年第 1 期。

定性，并指出包括周初"文""武"在内的周王谥号均遵循《谥法》原则，且独一无二，不同于商王之美号。因此，谥号制度确是创设于西周初年，《逸周书》"很大一部分内容，应有很早的渊源，信非向壁虚造之书"①。于是，对这个问题的回答又回归了传统，却是在更坚实的学术论证基础上的回归。

商王自上甲微之后以甲、乙、丙、丁等十天干为号，即日号。日号之前或加大、小，或冠示、祖等字，以为区分，如"大甲""小乙""示壬""祖辛"。至此，商人王号尚无任何价值内涵。晚商诸王开始在日名前冠以文、武、康等美称，如"武乙""康丁""文丁"。这时的尊号，无论是否被作为谥号的前身，都不符合《逸周书·谥法解》的原则，只是君王自我美化的产物，可以说是君主政治私人性意志的表达。而周礼的谥法在西周得到了实践，体现了一种与前代截然不同的政治文化。周礼谥号与晚商美号的本质区别有二：一是美号是君王生时所自上，而谥号是君王死后被追谥；二是美号只可能是褒扬美化之称而谥号根据"谥者行之迹也"这一原则，美行予美谥（如文王、武王、成王、康王），恶行得恶谥（如厉王、幽王）。《谥法解》曰：

> 经纬天地曰文，道德博闻曰文，学勤好问曰文，慈惠爱民曰文，愍民惠礼曰文。锡民爵位曰文。……刚强理直曰武，威强濬德曰武，克定祸乱曰武，刑民克服曰武，夸志多穷曰武。……丰年好乐曰康，安乐抚民曰康，令民安乐曰康。……安民立政曰成。……蚤孤铺位曰幽，壅遏不通曰幽，动祭乱常曰幽。……杀戮无辜曰厉。……

《谥法解》提供了一套公共性的价值准则，并具化为一项规范化的、可操作的、有实效的政治制度，即谥号制度，从而以一种特殊的方式为中国政治传统增添了公共性政治的内涵。这又一次契合了王国维的著名断言："中国政治与文化之变革，莫剧于殷周之际"；"周之制度典礼，实皆为道德而设"。② 侯外庐却说："周之道德，实皆因其制度而生。"③ 实

---

① 辛德勇：《谈谈"始皇帝"的谥号性质》，2019 年 8 月 18 日在浙江桐乡伯鸿讲堂的演讲稿。
② 王国维：《殷周制度论》，载氏著《观堂集林》，中华书局 1959 年版，第 451、477 页。
③ 侯外庐：《中国古代社会导论》，河北教育出版社 2000 年版，第 262 页。

际上，公共性这一最高的政治道德，既是政治制度的先决性规范和指导原则，同时也依赖于客观的制度载体才能得以呈现和产生影响。谥号制度在政治史上的影响是客观存在的。童书业指出："读《左传》《史记》等书，知西周中叶以来，列国君臣以至周天子谥号，多与其人之德行、事业以至考终与否大略相当。"① 这种影响就是对政治公共性理念一定程度的落实。"固然这些帝王的尊号、谥号首先满足的是帝王'自我美化'的需要，也寓有劝善惩恶的褒贬功能，但却是以社会上已经流行的、关于'好皇帝'或'合格皇帝'的普遍判断标准为前提的。"② 也就是说，谥号制度是以遵从社会共识的、客观的公共价值为观念基础的。

在同一基础之上的，还有年号。年号作为天子承受天命的标志，可以说是另一种形式的"有天下之号"。君主或皇帝在位期间的改元，可追溯至战国时的魏惠王和秦惠文王。但他们实际只是由侯称王之时改行新元，以示身份的转换。③ 真正形成后世范式的改元活动始自汉文帝、景帝。但他们也仅是改元，并没有使用特别的年号以区分"前元""后元"——所谓"前元""后元"只是后人为区分其改元前后纪年的不同而作的方便记号。正式使用年号纪年是从汉武帝开始的。从此，皇帝在位之时改元并启用新年号（以及在位期间的改元）成为中国历代王朝的政治传统。

改元的思想背景在汉文帝时就很明确，即"人主延寿"（《史记·封禅书》）或"以求延年之祚"（《汉书·文帝纪》张晏注）。而"所谓'延年之祚'，其实并不仅仅是指帝王本人要万寿无疆，生命常驻，更为重要的还是要延续国祚，希求皇图永固，亿万斯年。更易旧纪元、启用新纪元，意味着除旧布新，与民更始，因而是恒延其年的重要途径"④。例如，汉武帝改元"元封"时，诏曰："自新，嘉与士大夫更始。其以十月为元封元年。……赐天下民爵一级，女子百户牛、酒。"（《汉书·武帝纪》）又如，汉哀帝建平二年，"待诏夏贺良等言……汉家历运中衰，当再受命，宜改元易号"。哀帝诏曰："……夫基事之元命，必与天下自新。其大赦天下。

---

① 童书业：《春秋左传研究》"附录《周代谥法》"，上海人民出版社2019年版，第359页。
② 张星久：《"圣王"的想象与实践——古代中国的君权合法性研究》，上海人民出版社2018年版，第75页。
③ 雷海宗：《伯伦史学集》，中华书局2002年版，第125页。
④ 辛德勇：《建元与改元——西汉新莽年号研究》，中华书局2013年版，第6页。

以建平二年为太初元将元年。"(《汉书·哀帝纪》) 可见，改元、启用新年号是有着明确的国家革新、政务更张、社会发展等公共性含义的政治活动。因此，东晋人徐禅说："事莫大于正位，礼莫盛于改元。"(杜佑《通典》卷五十五"告礼")

年号在两汉也有一个发展演变的过程。西汉诸帝的年号大多受到阴阳术数、符应祥瑞等神秘主义观念的影响。《史记·封禅书》记载："有司言元宜以天瑞命。"从西汉后期到东汉，年号的风格为之一变，"天""地""神""龙""凤""鼎""爵"等有神学象征意义的字眼再未出现。年号开始更多地以表示现实主义政治理念和社会理想的字词为主要内容。这两种建元年号的思路形成后世历代王朝订立年号的两种并行的传统。兹据《史记·封禅书》、《汉书》（含唐颜师古注及引汉应劭语）与学者的释义①，将西汉年号含义可考者整理如表6—1所示。

表6—1　　　　　　　　西汉年号含义

西汉皇帝（含新莽）	年号	年号的含义或原因
武帝	[建元]	首建年号，"一元曰'建'"
	[元光]	因"有星孛东方，长竟天"，"二元以长星曰'光'"
	[元朔]	因"朔旦冬至"（参辛德勇说）
	[元狩]	因"郊雍，获一角兽……盖麟云"
	[元鼎]	因"宝鼎出"
	[元封]	因"封禅泰山"
	太初	因"初用夏正，以正月为岁首"，即《太初历》
	天汉	因"时聘年苦旱，故改元为天汉，以祈甘雨"
	太始	应劭曰"言荡涤天下，与民更始，故以冠元"
	征和/延和	"言征伐四夷而天下和平"
	(后元)	

---

① 参见辛德勇《建元与改元——西汉新莽年号研究》上篇，中华书局2013年版。辛德勇认为，武帝建元、元光、元朔、元狩四个年号为元鼎三年以天瑞所追记；元鼎、元封年号亦为后世追记，具体时间不详；"真正在当时即行用年号纪年，最早只能算作是始自接续元封之后的汉武帝第七纪元亦即太初元年"（第68—69页）。

续表

西汉皇帝（含新莽）	年号	年号的含义或原因
昭帝	始元	
	元凤	因"凤凰集东海"
	元平	
宣帝	本始	
	地节	因"先者地震，山崩水出……欲令地得其节"
	元康	因诛除霍氏，天下重归小康（参辛德勇说）
	神爵	因"神爵五彩以万数集长乐……殿中及上林苑"
	五凤	因"凤皇集上林""凤皇五至"
	甘露	因"凤皇甘露降集，黄龙登兴"
	黄龙	应劭曰"先是黄龙见新丰，因以冠元焉"
元帝	初元	
	永光	
	建昭	
	竟宁	颜师古曰"竟者终极之言，言永安宁也"
成帝	建始	
	河平	因"河决东郡，流漂二州，校尉王延世塞辄平"
	阳朔	因"山阳火生石中"，颜师古曰"以火生石中，言阳气之始"
	鸿嘉	
	永始	
	元延	
	绥和	"绥理宇内"？
哀帝	建平	
	元寿	
平帝	元始	
王莽	始建国	仿《尚书·酒诰》"文王肇国"，以示新室亿万斯年（参辛德勇说）
	始建国天凤	美化彗星为天凤现形（参辛德勇说）
	始建国地皇	言王莽"为土德之王"（参杨宽说）①

---

① 参见杨宽《三皇传说之起源及其演变》，载氏著《中国上古史导论》，上海古籍出版社2016年版，第93页。

东汉皇帝年号如表6—2所示。

表6—2　　　　　　　东汉皇帝年号

东汉皇帝	年号
光武帝	建武、中元
明帝	永平
章帝	建初、元和、章和
和帝	永元、元兴
殇帝	延平
安帝	永初、元初、永宁、建光、延光
顺帝	永建、阳嘉、永和、汉安、建康
冲帝	永嘉
质帝	本初
桓帝	建和、和平、元嘉、永兴、永寿、延熹、永康
灵帝	建宁、熹平、光和、中平
献帝	初平、兴平、建安

两汉七十余次年号，"元"字有二十个，"初""始"二字有十七个，"建"字有十五个，包含这些字的年号大多表示"与民更始"之意。"永"字有十二个，"和""平"二字有十六个，"安""康""宁"三字有八个，包含这些字的年号大多表示社会安定、国运绵长之意。另外，"光""嘉"二字分别有四个，"寿""熹""兴""汉"等字各有若干。西汉晚期至东汉的年号大多是这些常用字的不同形式的反复组合，本身就反映了某种公共性的政治文化传统。在此传统之下，后世朝代的年号选择也往往有着特定的公共性政治寓意。①

---

① 最具代表性的是宋代王安石变法之后围绕着是否赞成新法而发生的年号更替。

第七章

比较视野下的政治公共性观念

第一节　原始共同体的两种进化论

自西学东渐以来，中国人在中外不同文明相对平等的比较中习得了一种新的普世性世界观和学术观。1929 年，郭沫若在《中国古代社会研究》自序里写道："只要是一个人体，他的发展，无论是红黄黑白，大抵相同。由人所组织的社会也正是一样。……我们的要求就是用人的观点来观察中国的社会，但这必要的条件是须要我们跳出一切成见的圈子。"[①] 从 20 世纪初至今，中国的学术界已经习惯于社会科学的思维方式，并渴望用社会科学的一般框架来研究中国的历史与现实。

但问题是，这种普世性视角的习得往往是与对西方学术理论框架的接受相伴随的。因此，普世性与西方性混在一处，不易区分。郭沫若希望"跳出一切成见的圈子"，而百余年来中国人文社科学术界"一个很重要的成见，便是西方社会科学所提出的法则能适用于全人类，包括中国历史在内"[②]。郭沫若说的"用人的观点来观察中国的社会"绝不应等于用西方人的观点来观察中国社会，不应教条地把西方的理论机械地套在中国的历史和现实之上。

从更广阔的视角看，人类的政治理想必然有着相通之处。西方启蒙运动的古典共和主义政治思想反对中世纪封建主义和近代早期绝对主义中的政治私属性，希望复兴古代共和国的政治公共性。比如美国独立运动中的

[①] 郭沫若：《中国古代社会研究》"自序"，商务印书馆 2011 年版，第 3 页。
[②] 张光直：《中国青铜时代》，生活·读书·新知三联书店 2013 年版，第 500 页。

革命党人,"他们不仅要求国家独立于大英帝国,更重要的是,要求个人独立于私人势力的影响和'浓厚的私人交谊'","革命者们想要建立一个新型的共和国,在这个政体之下'不论何种身份或条件,一切职位都任人唯贤'"。① 这些与中国古代选贤任能的理想不谋而合,某种程度上反映了人类政治生活的共同追求。西方启蒙时代思想家对中华帝国政治与道德的赞美也是基于这种共同追求。

同时,也必须承认人类不同政治文明传统之间的差异及其各自独特的发展路径。比如,西方近现代政治文明的主流是自由主义,自由主义是对西方自古代以来契约传统的继承和发展。比如,人与上帝之间的契约、教徒与教士之间的契约、领主与附庸之间的契约,以及社会现代化背景下,家庭关系中的契约、商业主体之间的契约、公民与公民之间的契约(社会契约)、公民与公权力之间的契约等。这一发展的线索是社会、经济与政治关系逐渐被"契约化"。梅因称为"从身份到契约"的运动。② 契约关系的最大特点是平等性、公开性和自由参与性,但其实质内容仍然是私人性的,规范的是各种私人利益之间的关系。如戈登·伍德所说,这种契约关系,"只不过就是把一种个人关系换成了另一种而已"③。简言之,如果说中国政治思想关于公共性的传统是以公共价值的树立和落实为中心,那么西方政治思想对公共性的思考主题就是如何构建和组织公共领域——不同政治力量互动的开放性、规则性场域。

如何解释不同政治文明之间既相通又异趣的现象呢?需要回到文明的原点并辨识文明发展的不同路径。任何国家或政治体都萌芽于原始公社。原始公社成立的基础是存在着共同的利益,每个公社成员都负有维护和增进此种利益的责任,并以此相互监督。而在某种特定情况下,或为了保持团结,或为了提高效率,或因为其他理由,需要将此种责任更多地委诸个别的人身上,使这种责任成为一种特定的职务,并赋予一定的权力。类似职务(或其组合)的固定化就形成了公共机关,也就是国家的萌芽。可以

---

① [美]戈登·S.伍德:《美国革命的激进主义》,傅国英译,商务印书馆2011年版,第194、196页。

② 参见 [英]梅因《古代法》,沈景一译,商务印书馆1959年版,第112页。

③ [美]戈登·S.伍德:《美国革命的激进主义》,傅国英译,商务印书馆2011年版,第179页。

说，诸多分散的原始氏族或公社共同体是一切文明社会的起点，公共职务与公共机关的产生是自生自发的过程。但是，后世的政治发展形态在各个文明社会中却呈现出不同的特征。也就是说，从原始公社继承下来的基本政治原则是由个别的人组成公共机关，以追求集体的共同利益，但是如何组织公共机关、追求共同利益，却有着不同的探索路径。

中西方的区别在于：古希腊罗马的政治发展主要发生在一个个的氏族/公社共同体的内部，由于大小土地所有者、债权人与债务人之间斗争的激化，而较早地突破了原始共同体框架，建立了城邦政治。公民、民主、混合政体等政治领域公共性观念由此奠定。古代中国的政治发展则主要发生于一个个的氏族/公社共同体之间。以收取贡纳为主的征服者囊括众多氏族公社，建立了早期领土型国家。国家内部的众多氏族公社保持原有的经济社会结构和文化传统，缓慢进化；而国家上层建筑则不断壮大发展，最终在基层公社共同体瓦解的同时，完成了中国古典国家的建构。而在此长期过程中，从原始公社共同体生活中凝结和抽象出的政治价值公共性观念，贯穿了先秦思想文化的形成和发展，进而被应用到了广土众民的大一统国家之中。总之，中国政治文明萌芽于原始公社的维新，西方政治文明发轫于原始公社的破裂。如侯外庐所说："亚细亚的文明路径是由公社的维新来从事农耕的分业，西方的文明路径却是由成员间的土地分散来从事分业，两者在不同的方式之下发生。"① 而两种路径分歧的原因，恐怕要进一步归结为自然环境的不同或更为久远的历史因素。这就不得不求助于人类学和考古学的介入。

张光直曾概括了文明社会发生的两种方式：一种是从野蛮到文明突破性的方式，一种是从野蛮到文明连续性的方式。前者是西方式的；后者是世界式的（非西方式的），主要代表就是中国。所谓连续性和突破性的不同，张光直主要是从人与世界、人与自然的关系，比如生产技术、宗教信仰、经贸活动等方面加以区分。而社会政治组织也是其中一个重要的方面。连续性模式中，亲属、氏族或宗族制度得到较多的保留，并与国家政治强烈结合，宗教仪式、文字历法等也更多的是作为集体政治生活的一部分而存在，体现了对原始公社的继承性；突破性模式中，氏族或宗族制度

---

① 侯外庐：《中国古代社会导论》，河北教育出版社2000年版，第45页。

被破坏，亲缘关系为地缘关系所取代，城乡趋于分离，宗教和庙宇成为国家之外的独立力量，文字的产生更多是技术和商业上的需要。① 而中国作为连续性模式的代表，在政治组织和政治文化上对前文明时代的延续是很明显的。"中国文明时代的亲族制度和国家的统一关系，就是中国古代的宗法制度。氏族或宗族在国家形成后不但没有消失、消灭或重要性降低，而且继续存在，甚至重要性还加强了。《左传》中讲的封建制度，就反映出中国古代亲族制度、氏族制度、宗族制度和国家政治之间的统一性的关系。"②

扩而广之，张光直认为："中国文明、玛雅文明和其他很多文明代表古代一个基层的进一步发展，在此基层上发展出来的文明，都是连续性的文明。"在这类文明中，"考古学上文明所表现出来的财富的集中并不是借生产技术和贸易的革新之类，而几乎完全是靠生产劳动力的增加而造成的，即是靠政治性的措施造成的"。"在这些文明的城市、国家产生的过程中，政治程序（而非技术、贸易程序）都是主要的动力。"而在另一些地方，在此基层上发展的过程中，"发生过一些飞跃性的突破。……现代的西方文明从苏美尔文明开始就代表着一种从亚美文化（亚洲—美洲文化，即'连续性文明'——引者注）底层突破出来的一些新现象。这种文明产生的财富的积累和集中的程序，主要不是政治程序而是技术、贸易程序"。由此可见，政治在两种文明演进传统中发挥的作用是迥然不同的，由此得出的理论思考必然也是各有风骚。"西方的社会科学所演绎出来的许多原则、法则、法理，是根据从苏美尔文明以来的西方文明的历史经验中综合总结出来的。就像我们从中国古代五千年或更长的历史中，也可以综合归纳出许多社会科学的法则一样。"③ 张光直的判分为理解中西不同的"社会科学"，尤其是"政治科学"的思维传统，提供了有益的参考方向。

雅斯贝尔斯（K. Jaspers，也有译为雅思贝斯）提出的"轴心时代"理论已经众所周知。他认为相比于古埃及、古巴比伦的固守早期文明传统，希腊、希伯来、印度和中国文明在公元前500年前后不约而同地经历了各自的突破，分别形成独特的文化传统。尤其是西方，"只在西方出现的发

---

① 张光直：《考古学专题六讲》，生活·读书·新知三联书店2010年版，第13—24页。
② 张光直：《考古学专题六讲》，生活·读书·新知三联书店2010年版，第12页。
③ 张光直：《中国青铜时代》，生活·读书·新知三联书店2013年版，第494—497页。

展是焕然一新和脱胎换骨的"。相对于轴心时期之前的文明普遍原则,西方总是一个例外,"在这个世界里,例外是进行突破并赢得承认的真理"①。雅斯贝尔斯从三个方面说明了西方文化的突破式发展:一是古希腊的政治制度,自由与民主的城邦公民政治是全新的要求;二是古希腊的知识活动,以形式逻辑为基础的理性产生了前所未有的力量;三是古犹太的宗教信仰,预言宗教为民族共同体在失去国家政治的苦难中提供了救赎的冀望。这一理论得到了帕森斯(T. Parsons)的发挥,后者的注意力集中在哲学领域,因此提出了"哲学的突破",即上述四个古文明在公元前第一个千年中关于宇宙的明确概念化达到了新的水平。②但帕森斯又提到哲学的突破在中国表现得最温和。实际上,韦伯在宗教社会学中就已经表明犹太教与中国宗教在产生上的不同。即犹太教是非传统的,也就是说其产生是突破性的;中国的儒教和道教则是传统主义的,"巫术在正统的儒教里有被认可的地位,并且也自有传统主义的影响力",而"道教,因其非教养、非理性的性格,甚至比儒教还更传统主义"③。

因此,雅斯贝尔斯的经典概念就面临了如下质疑,中国的"轴心时期"并非如"两希文明"一样是典型的突破性发展,而恐怕更多的是传统性或连续性的。有学者将韦伯对中国宗教的传统主义解释与张光直的"连续性文明"的概念联系到一起,认为二者"在意指上其实是一致的或相似的,即都在于说明后世社会与前世社会之间的'联系'或'接续'"④。陈来也认为,"中国古代文明演进的一大特色是文明发展的连续性"。与"两希文明"的"轴心突破"是对神话的超越不同,"儒家为代表的诸子百家并没有一个神话时代作为背景和出发点,宗教的伦理化在西周初期即已完

---

① [德]卡尔·雅思贝斯:《历史的起源与目标》,魏楚雄、俞新天译,华夏出版社1989年版,第74、77页。
② [美]塔尔科特·帕森斯:《知识分子:一个社会角色范畴》,阎步克译,文化:中国与世界编委会编《文化:中国与世界》第3辑,生活·读书·新知三联书店1987年版,第357页。
③ [德]马克斯·韦伯:《中国的宗教:儒教与道教》,康乐、简惠美译,广西师范大学出版社2010年版,第269、275—276页。
④ 吾淳:《马克斯·韦伯理论中的"连续"与"突破"问题》,《上海师范大学学报》(哲学社会科学),2019年第1期。

成"。这"与其说是'超越的'突破,毋宁说是'人文的'转向"。① 因此,陈来认为中国商周时代的文化发展是"包容型连续"②,与侯外庐所说的中国古代政治社会的"维新"道路正相呼应。③

布洛赫(M. Bloch)曾讨论过法兰克时代的庄园是罗马高卢崩溃后的新事物,还是来自根深蒂固的农村习惯的古老形式。他认为应该是后者,即欧洲中世纪庄园制度"直接来自久远的习惯,至少要追溯到凯尔特时代"。比如,凯撒笔下的高卢社会绝不是希腊罗马式的奴隶制,而更接近后来的领主制社会形态。"旧高卢村落中的首领,经由罗马庄园的主人,演变成了中世纪的领主。"因此,欧洲中世纪的经验"似乎可以证明从部落或氏族领袖到领地领主的过渡是很容易达到的"。④ 在这种过渡中,政治组织和权威更加集中,同时原有的共同体及其内在的公共性价值观念也得到了一定的继承。这恐怕是更为自然的历史演进方式。

与之相比,从部落或氏族到古希腊罗马式的城邦,则更像是一种断裂和跨越。比如,雅典民主制度的建立是基于梭伦和克利斯提尼的改革。民主制改革之前的旧秩序,是以部落和胞族为单位的共同体。其特征有两点,一是共同的祭祀,二是公共的财产,并在此基础上形成同胞之情。"这种'同胞之情'的影响往往覆盖一大片连续的地域,而其中心与祭坛则通常是胞族成员的聚集之所。在这些地方,同族成员可以共享资财。"⑤ 这与其他文明传统中的部落制社会大同小异。而希腊城邦改革的主题就是打破和拆散原有的部落和氏族社会结构,使人们以原子化的公民身份并以新的政治组织方式构成城邦。"公民团体的混合乃是克莱斯特涅改革的最显著特征……这场宗族改革削除了某些既有的组织,从而奠定了城邦的统

---

① 陈来:《古代宗教与伦理:儒家思想的根源》,生活·读书·新知三联书店2009年版,第4—5页。
② 陈来:《古代宗教与伦理:儒家思想的根源》,生活·读书·新知三联书店2009年版,第131页。
③ 参见侯外庐、赵纪彬、杜国庠《中国思想通史》第一卷,第一章第一节"中国古代社会及其亚细亚的特点",人民出版社1957年版,第3—17页。
④ [法]马克·布洛赫:《法国农村史》,余中先、张朋浩、车耳译,商务印书馆1991年版,第92—94页。
⑤ [德]梅耶:《古希腊政治的起源》,王师译,华东师范大学出版社2013年版,第90页。

一局面。"① 同时，人们的公共利益也将通过新的政治组织方式得以再造。罗马城邦政治的建立也有类似的过程。

古希腊罗马城邦与传统部落社会的决裂其实并非完全彻底，其中仍然保留了明显的共同体性或集体主义价值观念，但其断裂而生的新型政治元素却标志了西方政治文明未来要走的一条新道路。从社会中抽离的政治公共领域，目的在于对社会公共价值的代替和商议、再造，是在价值导向的公共性政治理想湮灭或解体之后的补救方案。比如，古希腊民主政治的产生、近现代西方在共和主义理念幻灭之后走上自由民主和政党政治的过程。西方自由主义的政治理念中，政治或公共领域——无论是城邦（polis）还是民族国家（state），都表现为一种与地方共同体或社区（community）异质性的存在。后者承载着人们所珍视的地方自治和社区互助，寄托着人们对集体和公共生活的信任——虽然地方和社区所涉及的大多为非政治性的事务。而国家政治则被视为非自然的、本质邪恶、不可信任的"利维坦"，对其只能施以民主选举的有限授权和分权制衡的监督控制。在政治文化上，国家与社区是割裂的，甚至是对立的。

中国古代政治文明的连续性既表现在主流的政治思想和国家理念对原始邑社的理想性回望上，也表现为原始邑社精神在现实国家政治中的遗留。比如，虽不能确知先周时代国家的具体形态，但其继承的原始邑社共同体的生活情境是隐约可见的。周文王经始灵台，"庶民攻之，不日成之"（《诗经·大雅·灵台》）之事就是一个重要的象征。这一象征所反映的原始邑社共同体的公共性政治社会生活，在春秋战国时代屡屡成为思想者们论说理想政治社会的参照。例如，伍举指出，台之美者，"其有美名也，唯其施令德于远近，而小大安之也。若敛民利以成其私欲，使民蒿焉望其安乐，而有远心，其为恶也甚矣，安用目观？……夫为台榭，将以教民利也，不知其以匮之也"（《国语·楚语上》）。

上述理念处理的中心问题是全体之"民利"与君长之"私欲"的关系，而不是各种多元的"民利"之间的关系。它要求以全体之"民利"为准，克制任何"私欲"，这明显是原始公社共同体时代价值观的遗存。西周春秋时代"国人"与贵族相对平等的政治地位，正是基于氏族遗法的社

---

① ［德］梅耶：《古希腊政治的起源》，王师译，华东师范大学出版社2013年版，第97页。

会组织。即原始氏族共同体统治阶级与被统治阶级尚未严重分裂,氏族共同体的利益高于一切之上,氏族成员的利害仍能保持某种程度的一致,共同对外——所谓"昔者之伐也,兴百姓以为百姓也,是以民能欣之,故莫不尽忠极劳以致死也"(《国语·晋语一》)。总之,在共同体的传统中,氏族成员的利益应当得到保障。民本主义思想来自西周春秋时代国家政治与社会生活的经验提炼,这种经验又渊源于更早的氏族共同体,其实质是将共同体式的政治与社会文化传统扩展到新兴的广土众民之君主集权制国家。

陈来认为:"那些后来在体系上和性格上与西亚、南亚文明相区别的……所谓'中国文化'的基因在殷末还未真正形成。我们今天所说的'中国文化'的基因和特点有许多都是在西周开始形成的。"[1] 中国文化的形成在政治文明方面的中心是公共性观念产生和发展的过程。在原始邑社共同体中,存在着自然崇拜和祖先崇拜的巫术或宗教信仰。在后世,自然崇拜逐渐世俗化、社会化为共同体成员团结合和的公共集会,从而衍生出公利、民利的价值观念。与此同时,祖先崇拜则逐渐世俗化、社会化为共同体成员明确等级的角色秩序,从而衍生出宗法伦理的道德观念。二者共同构成所谓的三代礼制(主要是周礼),成为后世的国家建构中先在的公共价值规范,从而完全勾画出中国古代政治文明的特色。古代中国政治,从权力建构的角度看,是化家为国;从治国理念的角度看,是"化社为国"或"化邑为国"——先是直接地将原始邑社化为早期国家,而后将邑社共同体的公共性理念扩展到广土之国。

中国政治文化中蕴含的共同体性,与西方古典共和主义有异曲同工之妙。这是因为二者去古未远,都对原始公社的政治文化有着较多、较直接的继承。侯外庐出于对马克思主义提出的人类历史普遍规律的信奉和对中国历史特殊性的尊重,尽力把先秦历史嵌入希腊历史发展模式,同时又注意分辨二者的区别,因此将战国的尚贤思想和礼贤风尚称作"相对的古典共和"或"不完全的古代式共和"[2]。这种类比虽然有着明显的穿凿痕迹,但也不能否认其中包含着部分的真理成分。韦伯指出,传统型支配中最基

---

[1] 陈来:《古代宗教与伦理:儒家思想的根源》,生活·读书·新知三联书店2009年版,第183—184页。

[2] 侯外庐:《中国古代社会导论》,河北教育出版社2000年版,第298、305页。

本的类型，一是长老制（gerontokratie），二是原始的家父长制（primärer patriarchalismus）。二者常常并存，"在此类型中，支配者没有自己的管理干部"。"其主要特征是：尽管支配者有其传统继承权，团体中的被支配者（'伙伴'）认为统治权仍必须以一共有权利的方式行驶、而照顾到所有成员的利益，因此不能随便为在职者据为己有。……支配者仍须大力依靠团体成员的乐意执行其命令……团体成员仍维持'伙伴'（genossen）的身份，而不致完全沦为'子民'（untertanen）。"① 这两种常常融合难分的传统型支配是上古中国政治社会精神类似于西方古典共和主义的时代背景和权力关系底色，即长老制或原始家父长制是一切传统支配秩序的前身和原型。中国式政治文明是对该原型的继承与维新；西方式政治文明则是对该原型的突破和转变——打破原有的共同体性，并在新的基础上重塑团结与共同利益。

在西方，古典共和主义毋宁说是原始共同体向自由主义公共性政治的过渡形态。在中国，如果将古代民本主义、大同理想等以社会全体利益为本位的政治观笼统地称为"原始社会主义"思想的话，那么这种社会主义公共性政治的古代版本是由原始邑社共同体直接维新而来，其现代版本除了继承发展古代传统，还吸纳了与之有颇多契合之处的西方古典共和主义的不少思想资源。由于是一种连续性和继承性的发展，在现代革命之前，中国政治文化的诞生与发展缺少西方发展过程中的那种标志性事件，但这并不能否定前者的发展成就。如仁井田陞所说："虽说中国到底没能出现罗马的《十二表法》，也不曾拥有英国的大宪章，但对统治的反抗（吁求）终究还是迫使统治的手段发生了变更，尽管是徐缓渐进的。……尽管在中国，法的质变过程是缓慢的，对旧的东西即权威主义的清算也非常艰难，但这种质变过程却是实实在在的。"②

第二节　中西对比：公共价值与公共领域

理解中国政治思想传统绕不开与西方政治模式的比较。客观的比较研

---

① ［德］马克斯·韦伯：《经济与历史 支配的类型》，康乐等译，广西师范大学出版社2010年版，第325页。

② ［日］仁井田陞：《中国法制史》，牟发松译，上海古籍出版社2018年版，第1—2页。

究不能以其中一方为标准去评判另一方，而最好有一个更高层次、能够公平地统摄双方的概念或解释体系。无论古今中西，"公"或"公共"都是政治和政治学中的重要概念，尤其是现代社会科学中涌现一大批以"公共"命名的学科[1]。这反映出"公共性"成为现代人类社会生活各个领域的重要属性。而政治作为人类社会生活最核心的部分，同样需要在"公共性"的视角之下理解其内涵，进而探究政治观念的古今之变和中西差异。甚至可以说，对于政治公共性的理解在更基础的层面界定着公共经济、公共管理、公共行政等概念的含义。同时，从更加宏观、深刻地把握人类政治观念的古今变迁，尤其是更加客观、公正地评价中国与西方两种政治观念特性的角度来说，"公共性"的概念是比流行的民主—专制话语模式更有解释力和包容性的分析工具。

人类政治史中的私人性俯拾皆是，僭主制、封建领主制、君主专制、家产制、寡头制、政党分肥制，等等，都是一个或少数人私意、私利的支配形式。人类政治文明进步的一条线索就是克服政治中的私人性、走向政治的公共性。但是，面对类似的问题，中国和西方却探索出不同的政治公共性建构思路，其中的关键是公共价值在先与公共领域为本的区分。

有学者意识到"公共性"概念可以为古今中西政治思想之间相通性提供合理解释，对各种各类政治思想的统一性加以衡量，[2]但并未阐明中西公共性观念的本质差异，因此实际上仍然是以西方式公共性观念作为统一衡量的标准。也有学者意识到了中西之间表现出两种不同的公共性观念，并概括为"公利性公共"和"公议性公共"，前者是中国传统，后者是西方主流，颇近似于本研究提出的"公共价值先在"与"公共领域为本"。但该学者将"公利性公共"片面地系于儒家思孟一派的逻辑，认为其关注的是以个人内在的德性修养去驯服功利世界，同时又从西方式的"公议性公共"出发评判前者。[3]实际上，周秦汉诸子共同开辟的"公利性公共"

---

[1] 如公共管理学/公共行政学、公共政策学、公共经济学、公共财政学、公共组织学、公共关系学，以及公共选择理论等。

[2] 刘学斌：《中国传统政治思想中的公共观念研究》，天津人民出版社2018年版，第33—44页。

[3] 李河成：《公利性公共与公议性公共："公共"话语研究的两个要点及其范式转型》，《东岳论丛》2016年第10期。

或公共价值先在的政治公共性观念有着庞大的思想体系，非思孟一派儒学所能代表，也不应放在西方式"公共性"概念的秤盘里衡量其价值。

王绍光将中西两种政治分析传统概括为"政体与政道"。他认为：西方的政体思维存在着过度简单化、重形式轻实质、静止的眼光等缺陷；中国的政道思维不重形式而重实质，它考虑的是"政治体制运作的目标与途径"，包括"治道"（治国的理念）和"治术"（治国的方式）两部分。政体问题只是"治术"的一部分。政道思维不会陷入狭隘的政体决定论，是更高级的政治思维。① 王绍光的观点很有洞见，但概念的选择不够明晰精确，且有些判断失于粗略、武断。而用两种政治公共性观念解释中西政治传统的异同也许是一个更值得尝试的选择。在政治公共性的统一视角下，双方可以得到公平的比较。两者之间的相互批评也可以更好地理解。中国思想传统中，公共领域是被公共价值所主导的。西方则相反，公共价值是被公共领域所界定的。因此，从西方的立场看中国政治是"专制"或"威权"，因为公共领域不发达；从中国的视角看西方民主则是"虚伪"，因为公共价值难以保证。所谓民主观的不同，根本上是对政治公共性的理解不同。

一 公共领域为本的政治观念传统

现代西方政治思想界提及"公共性"（publicness），一般是指公共领域（public sphere）。哈贝马斯说："公共性本身表现为一个独立的领域，即公共领域，它和私人领域是相对立的。"② 公共领域，或者作为一个领域的公共性，就是一个（公共的）活动空间。如有的学者所说："就现代公共纯粹逻辑的蕴含上讲，它应当是现代社会—政治共同体或联合体所有成员赖以生存、繁衍与发展的共有、共治与共享的共同空间。"③ 公共领域不是物理的空间，而是公共的政治参与行动及其营造的抽象"空间"。阿伦特（H. Arendt）说："公共领域的实在性则要取决于共同世界借以呈现自

---

① 参见王绍光《政体与政道——中西政治分析的异同》，载王绍光《中国·政道》，中国人民大学出版社2014年版。
② [德]哈贝马斯：《公共领域的结构转型》，曹卫东、王晓珏、刘北城、宋伟杰译，学林出版社1999年版，第2页。
③ 任剑涛：《公共的政治哲学》，商务印书馆2016年版，第205页。

身的无数视点和方面的同时在场。"① 对哈贝马斯来说，构成公共领域的可以是直接的政治参与行为，也可以是非政治的社会活动或间接的政治参与行为。"公共领域最好被描述为一个关于内容、观点也就是意见的交往网络；在那里，交往之流被以一种特定方式加以过滤和综合，从而成为根据特定议题集束而成的公共意见或舆论。"②

以参与者的相互交往及其所构成的公共关系和活动空间来界定政治生活的观念传统，在古希腊时代已经产生。"政治"（politics）的概念正是源于古希腊"城邦"（polis）一词。城邦就是一种典型的由公民及其共同参与所塑造的公共领域。古风时代的希腊政治，基本上就是各私"家"之间争斗与妥协的互动关系。到了古典时代，作为公民行动场域的城邦政治从家政中抽离出来，成为一个独立的领域。亚里士多德总结了家政与城邦的公私区别。古希腊政治中公与私的分野是通过不同领域而实现的，即政治公共性有一个场域载体，表现为广场、会场的可见形式和公民的"在场性"。③ 阿伦特以公共领域和私人领域的概念梳理了古希腊城邦政治的意义。不过，阿伦特的关于古代公共领域的"理想型"定义与其说是复原历史，不如说是为现代社会公共领域的内在弊病寻找矫正方案。从历史上看，作为公共领域的政治固然萌芽于希腊、罗马的城邦或共和国（res publica），但其真正发展、成熟，并被总结为系统性的政治理论，则是西方近代之后的事。

西方政治思想有三个主要的传统：民主主义、共和主义和自由主义。民主主义关心公共领域中政治参与本身的广度和深度。共和主义和自由主义则注重公共领域中政治参与所应遵循的规范，前者强调公民德行，后者依靠公共理性。它们都是围绕着由政治参与构成的公共领域而展开的。共和主义的公共领域是具体的，表现为具体的公共空间、在公共空间中参与公共生活的公民集体、在公共生活中呈现的公共德行——比如某个城邦、市镇或社区共同体及其中哈贝马斯所谓的"公共舆论""交往商谈行动"

---

① ［美］汉娜·阿伦特：《人的条件》，竺乾威等译，上海人民出版社2001年版，第198页。
② ［德］哈贝马斯：《在事实与规范之间：关于法律和民主法治国的商谈理论》（修订译本），童世骏译，生活·读书·新知三联书店2014年版，第445页。
③ 参见［德］梅耶《古希腊政治的起源》"第二部分"，王师译，华东师范大学出版社2013年版。

等,这些都是具象的存在,其所组成的公共领域可以称为"公民共和国";自由主义的公共领域是抽象的,表现为预定的制度性框架、先在的法治性程序、不依赖于具体空间或行动主体的前置性游戏规则——比如权利法案、选举制度、罗尔斯的"公平正义法则"等,这些都是抽象的存在,其所组成的公共领域可以称为"程序共和国"。因此,公共领域的结构除了普遍的政治参与或公共生活,还包括规范政治参与或公共生活的文化习俗或价值准则与法定程序。虽然由于社会环境的变化,共和主义与自由主义之间有此消彼长的现象,但它们始终是在一定程度上共存的。

西方政治思想传统的内核是公共领域先于公共价值。共和主义反对自由主义"权利优先于善"的原则,原因在于后者忽视了现实中客观存在的公共价值,即各种共同体中的共同善(common good)。因此,共和主义看似是主张公共价值优先的。实则不然,因为共和主义所谓的共同善不是基于普遍人性提炼出的抽象准则,而是在特定的、一般是小范围的共同体中直接把握到的经验现象,比如某个家庭或社区的公共利益是直观的,共同体成员不需借助理论或某种意识形态的教育,只需生活于其中就能理解和遵循。这种共同善实际上仍然是从先在的共同体(即公共领域)身上生出的,并非基于对普遍公共价值的抽象理解而建构出政治共同体。换言之,共和主义仍然是公共领域先于公共价值,而非相反。

自由主义公共领域的构造物是自由权利、公平正义等法则,它们有时也被称为"价值",因此看似也是主张某种价值优先的。但是,这种称呼是派生的,不是价值概念的原意。准确地说,它们只是规范,而非价值。哈贝马斯对此有明确的区分:"规范具有一种义务论意义,而价值则具有一种目的论意义。有效的行动规范使它的承受者有义务平等地、无例外地满足一般化了的行为期待,而价值则被理解主体间共享的偏好。"因此,"经过权利体系界定的法律通过规范性视角的严格优先性而……驯化了立法者的政策和价值取向。谁把宪法等同于具体的价值秩序,谁就误解了它的特殊法律性质。……作为法律规范,基本权利像道德规则一样是以义务性的行动规范——而不是有吸引力的诸善——作为其模式的。"[1] 规范的优

---

[1] [德]哈贝马斯:《在事实与规范之间:关于法律和民主法治国的商谈理论》(修订译本),童世骏译,生活·读书·新知三联书店2014年版,第315、317页。

先也就是由这些规范所建构的公共领域的优先。

西方政治思想的主流从共和主义到自由主义的变迁实质上是一个公共领域转型的问题。近代民族国家的建立和政治生活范围的扩大，超出了公民可以直接感知共同善和参与公共生活的界限，因此不复以自然共同体的面貌出现，也就不再自然而然地呈现直观统一的公共价值。既然原有的公共领域模式已经不敷使用，现代国家必须创建一种新型的公共领域，以作为政治生活和集体行动的基础。这就是早已和共和主义并存，而今被当作主要依靠自由主义民主模式，即作为多元价值互动竞争之先定规则的更为抽象的公共领域。

无论共和主义还是自由主义组成公共领域的元素大多是在西方进入近代之后逐渐完善的。传统封建秩序中的领主所有制公私不分，实质是私人所有权。绝对主义君主制国家更是政治私人性的集中体现，政治生活围绕君主这一核心而展开。西方近代早期，尤其是启蒙运动之后的政治发展史主流，是反对封建主义和绝对主义君主制国家的政治私人性，追求政治公共性，其方式则是建立公共领域。哈贝马斯指出："就这样一种公共领域而言，它涉及公共性的原则——这种公共性一度是在与君主的秘密政治的斗争中获得的，自那以后，这种公共性使得公众能够对国家活动实施民主控制。"① 尤其是经过英、法等国的革命，传统上被君主和封闭的贵族圈子所垄断的国家主权，逐渐向资产阶级等更多的社会成员开放，从而转变为真正的公共领域。一方面是逐渐开放的政治参与，主要表现为选举制度、议会制度和公共舆论、集会结社中的公共讨论等；另一方面是规范政治参与的价值与法治规则，主要表现为公民德性与权利法案或所谓的"宪政"。由此，以公共领域为内涵的公共性政治模式在西方世界确立起来。此后进一步的民主化和宪政化过程，如普选权的扩大、宪政体制的调整、政党制度的发展等，就是公共领域不断扩大和完善的过程。

自由主义民主是对此模式最有代表性的概括。或者说，"自由主义理论其实就是关于现代公共领域的政治哲学理论"。自由主义之所以是近代以来西方政治思想的主干，原因就是，"在政治公共领域中，唯独只有自

---

① ［德］尤根·哈贝马斯：《公共领域》，汪晖译，载汪晖、陈燕谷主编《文化与公共性》，生活·读书·新知三联书店1998年版，第126页。

由主义的公共政治哲学建构起了最系统的理论结构"①。简单地说，政治参与的方面代表某种民主性，规范参与的方面反映了自由主义，二者的融合即关于现代公共领域的政治理论。反过来说，公共领域主导下的政治观形成关于民主的特定理解。熊彼特主张只从程序方法上界定民主："民主方法就是那种为作出政治决定而实行的制度安排，在这种安排中，某些人通过争取人民的选票取得做决定的权力。"② 即，民主是各种私人利益在某种规则下通过选举竞争权力的公共活动，由此构成公共领域。达尔（R. Dahl）进一步指出，民主政治作为公共领域其构成是多元主义的，是"多重少数人的统治"，③ 也就是多元化的私利集团共同参与、竞争的公共场域。总之，在自由民主的基本理论中，作为公共领域的民主是程序共和国，是多元私利的公开竞技场。

结构功能主义或政治系统分析是公共领域政治观在政治科学中的典型反映。④ 作为一个由某些结构与功能所构成的系统，政治就像一台无感情的机器，只是被动地接受输入、进行输出，本身不存在任何价值偏好或意志倾向。这是对公共领域的政治科学式描绘。政治系统由政治互动行为所构成，"一个社会中的政治互动构成了一个行为系统"⑤。实际上，整个行为主义政治学乃至理性选择理论、博弈论等，以及定量研究方法都是基于公共领域主导的政治观而展开的。既然政治的本质被看作一个开放的、公共的互动领域，那么最基本的考察对象就是多元的政治参与或互动行为。以公共领域为本位的西方政治理论，反映在经验研究中就是以具体行为为本位的西方（尤其是美国）政治科学。

视"公共性"为公共领域的观点往往将其等同于"政治"概念本身。然而，同样从公共领域的视角出发，却可以得出对"政治"不同的认识。

---

① 任剑涛：《公共的政治哲学》，商务印书馆2016年版，第54、187页。
② [美] 约瑟夫·熊彼特：《资本主义、社会主义与民主》，吴良建译，商务印书馆1999年版，第395—396页。
③ [美] 罗伯特·达尔：《民主理论的前言》，顾昕译，东方出版社2009年版，第123页。
④ 参见 [美] 加里布埃尔·A. 阿尔蒙德、小G. 宾厄姆·鲍威尔《比较政治学：体系、过程和政策》，曹沛霖等译，上海译文出版社1987年版；戴维·伊斯顿《政治生活的系统分析》，王浦劬译，华夏出版社1999年版。
⑤ [美] 戴维·伊斯顿：《政治生活的系统分析》，王浦劬译，华夏出版社1999年版，第21页。

墨菲（C. Mouffe）指出，对于什么构成了"政治性"这一问题有两种理解。一种是"像汉娜·阿伦特那样的理论家们把'政治性（the political）'看作自由的空间和公共的协商，而另外一些理论家则把它看作权力、冲突与对抗的空间"①。上述自由民主理论，尤其是结构功能主义理论，倾向于公共领域内部的竞争合作性、秩序性。比如，奥克肖特（M. Oakeshott）也认为"政治性"即"公共性"。"从事政治活动不需要特别地被限定于某一个地方或场合。它是一种公共性质的活动。在进行或追求此活动当中，'法治之条件'可能被遵循，公共关系也可能是重心。"② 这种对政治的理解相对偏于保守或右翼立场。不同于阿伦特的哲学建构，梅耶（C. Meier）以同样的"政治"概念对古希腊政治的起源进行了历史性还原。"'政治'就其基本概念而言，乃是一种被规定了的，却潜在地贯穿着生活全体的行动场域"；该场域的本质在于"能够使其内部那些最恶劣的对立性消弭不彰"。③

另一种较为激进或左翼的理解则强调公共领域内部的对立、冲突。比如，施米特认为，政治领域最本质的标志是划分敌与友，正如"这样的最终划分在道德领域是善与恶，在审美领域是美与丑，在经济领域是利与害"。政治是特定的敌对状态或敌我斗争所营造的开放式、公共性场域。"敌人只意味着公敌，因为任何与上述人类群体（指对立斗争的敌我群体——引者注），尤其是与整个国家有关的东西，均会通过这种关系而变得具有公共性。"④ 其他次要的政治概念都是由公共领域中的敌友划分、对立斗争、政治决断所衍生而来的。施米特认为自由主义"故作清白的中立化立场把敌人变成（某种冲突或游戏的）纯粹合作者"⑤，是对政治公共领域真实情境的回避。墨菲继承和发展了施米特的立场，指出"民主理论家和政治家的任务不是试图设计一种通过据称是'公正的'程序把各种相互冲突的利益和价值协调起来的制度，相反，应该是正视充满活力的'抗争

---

① ［英］尚塔尔·墨菲：《论政治的本性》，周凡译，江苏人民出版社 2016 年版，第 7 页。
② Michael Oakeshott, *On Human Conduct*, Oxford: Clarendon Press, 1975, p. 166.
③ ［德］梅耶：《古希腊政治的起源》，王师译，华东师范大学出版社 2013 年版，第 26 页。
④ ［德］卡尔·施米特：《政治的概念》，刘宗坤等译，上海人民出版社 2004 年版，第 106、110 页。
⑤ ［德］卡尔·施米特：《政治的概念》，刘宗坤等译，上海人民出版社 2004 年版，第 108 页。

性（agonistic）'斗争的公共领域的产生"①。政治是对特定结构的权力关系的表达，而社会权力关系是复杂多样、变动不居的。因此，作为对抗性公共领域的政治是与多元主义共存的，也与自由主义在公共领域的理解上出现相通之处，由此还产生了对民主的一种修正理念——争议式民主（agonistic democracy）。

总之，从公共领域的角度界定"公共性"、理解政治的本质，形成西方政治学蔚为大观的传统。但是，仅仅将公共性理解为一种"领域"，并不能形成对政治的完整认识。其中的欠缺即使在公共领域主导的政治观念体系内部也不难发现。韦伯认为："'政治'就是指争取分享权力或影响权力分配的努力，这或是发生在国家之间，或是发生在一国之内的团体之间。"② 伊斯顿（D. Easton）完善了韦伯的定义，指出政治是对社会价值的权威性分配。③ 即政治不仅是一种参与、竞争和分配的空间，还必须涉及分配的目标和结果。追求"共同善"是政治永恒的主题。因此，政治公共性也应当有两方面的表现：一方面是权威性分配的主体及其行为过程的公共性，另一方面是权威性分配的客体或行为结果的公共性。前者是公共领域，后者则可以称为公共价值。政治公共性的概念不应当被公共领域所垄断，还必须纳入公共价值来综合评估。

二 公共价值先在的政治观念传统

（一）传统的精神

价值即人所欲求者，④ 在延伸意义上也指符合人之欲求的行为准则。

---

① ［英］尚塔尔·墨菲：《论政治的本性》，周凡译，江苏人民出版社2016年版，第3页。
② ［德］马克斯·韦伯：《学术与政治》，冯克利译，生活·读书·新知三联书店2005年版，第55页。
③ 参见［美］戴维·伊斯顿《政治体系——政治学状况研究》，马清槐译，商务印书馆1993年版，第128页。
④ "价值"一词一方面来自经济学，另一方面受到道德哲学"善"（good）的概念影响，自19世纪以来逐渐被广泛使用，几乎遍及人文与社会科学各个学科，含义也大大扩展，成为普遍性的哲学概念，但同时也蕴含着各种矛盾和分歧。本书将"价值"一词的含义收束到接近其原始意义的层面，即以人的需要和对人的利益关系为中心。"价值关系是一种客观的社会关系，是人与物、人与人之间的实际的利益关系。利与害、好与坏、得与失等等都不是单纯的主体的自我感受，而是实际的利益关系。"［杨耕：《价值、价值观与核心价值观》，《北京师范大学学报》（社会科学版）2015年第1期］

公共价值即所有人或人群整体共同欲求之物，及由此界定的公共行为规范。某种价值追求在一定的社会条件下必然会派生出某种行为规范；但某种行为规范不一定意味着特定的价值追求，比如自由民主的程序主义是一种规范，但却不指向任何特定价值，在多元价值之中也保持中立。因此，公共价值不同于纯粹的公共规范，后者是公共领域派生出的，即为了构建一个容纳社会互动的公共领域而被设想的。公共价值表达的是社会全部成员的一致诉求和目的，关注效用。

由公共价值统摄的人类集体生活，可以称为一种"大共同体"——区别于共和主义的小共同体。共和主义只能理解小共同体中经验性的共同善，如果设想超出切身的社会交往经验之外的大共同体，除了以小共同体模型（如家庭）去譬喻大共同体、将小共同体成员德性延伸至大共同体成员德性，并不深刻理解大共同体本身的存在基础，即不能基于普遍人性设想抽象的公共价值，并在此基础上理解大共同体的成立。自由主义则干脆否认存在一个共同的价值，而默认价值是多元的、个性的。所谓的政治不过是对立着的多元价值按照某种规则妥协聚合或竞争排他出一个结果或者说共识，这个共识也可以姑且称为"公共"价值——当然不是具有普遍性的真正的公共价值。

真正的公共价值基于人性中的普遍性元素。普遍人性（或人情）不同于马克思批判的"抽象人性"，前者是与特殊性、多样性相对的事物之普遍性、同一性，是指随社会环境而变化的人性之中长期稳定不变的那部分，与人性的社会化变迁不矛盾，符合马克思主义关于普遍性与特殊性相统一的原理；后者则是脱离了具体社会历史条件的形而上学性，是一种对人性永远恒定的本体论假设，比如将无干预的自由或唯意志论的"无负荷的自我"[1]看作人性的本质。价值是对经验世界的描述。抽象人性脱离经验，只能以"先天分析判断"的方式推导出某种去价值化的行为规范；普遍人性则是对经验的概括，是公共价值的基础。同时，从经验性普遍人性提炼出的公共价值，也不是功利主义的"最大多数人的最大幸福"原则。功利主义的公式是由个体之快乐和痛苦加总得出社会的最大幸福，既不区

---

[1] 对这种"自我"主体论的批评，参见［美］迈克尔·J.桑德尔《自由主义与正义的局限》，万俊人译，译林出版社2011年版。

分人情苦乐之普遍性与特殊性，而只是笼统地归于个人，以之为计算单位，也没有论证部分之和是否等于整体的最大化。公共价值不是个体苦乐的加总，而是对人情之普遍性部分的总体性把握，是对一切私人价值之中重叠的、相通的那部分的概括。因此，先行提炼公共价值并树立为意识形态，使之成为政治理念的起点，这构成了不同于共和主义和自由主义的、中国式的政治公共性思想传统。

公共价值的概念在抽象的层面上类似于"公共善"，在具体的层面上接近于公共利益。但是，"善"（good）过于笼统，不单纯指利益诉求，更主要的是超越世俗的道德性、宗教性偏好；公共利益的概念则稍嫌具体，深度不够，对于被先在预设的公共价值所洋溢出的权威性和激发出的文化信仰等特性涵摄不足。公共价值很多时候就是公共利益，但又比后者更为抽象和广泛。比如，由对天下民生之关怀所派生出的某种道德伦理观念或利益分配秩序，并不直接是公共利益本身，却仍然是公共价值的重要内涵。也可以说，公共价值是公共利益的伦理化。

如果只论公共领域，那么确实是西方政治思想传统独擅胜场，中西之间无法相提并论。比如，金耀基指出，（中国传统）"公的道路就是官家所有的道路，或者皇帝所有的道路"。现代西方围绕私人领域展开的公共与国家抗衡意义的公，在中国古代是不存在的。① 因此，有学者认为"东西方关于公私关系的论述是无法放置到一起进行简单比较的"②。甚至，由于完全服膺西方式的以公共领域为核心的"政治"定义，所谓的"王权主义学派"感叹道："中国政治思想史的最大特点是'非政治性'。即它是一种政治不在场的政治思想。因为所谓的政治有两义：对个人而言，政治意味着权利；对制度而言，政治意味着政体。可这二者在中国政治思想史上恰恰都不存在。所以我说中国政治思想是一种'无政治'的政治思想，或'无政治主义'的政治思想。"③ 但是，以西律中毕竟不足为训。只有在更全面的政治公共性概念中，中西两种政治思维才会有比较异同的基础。蔡英文就意识到，"'公/私'的区分是人类各文明社会皆有的概念；但是公

---

① 参见金耀基《中国的现代转向》，牛津大学出版社（香港）2004年版，第165—166页。
② 任剑涛：《公共的政治哲学》，商务印书馆2016年版，第113页。
③ 雷戈：《秦汉之际的政治思想与皇权主义》，上海古籍出版社2006年版，第518页"注①"。

共领域的开展是在欧美之现代性的进程中方出现的"①。与公共领域不同，中国政治思想的论述主题和公共性政治的核心观念是公共价值。

也有学者将中国古代政治视作类似于权力竞争的"公共领域"。比如王爱和认为："汉代的皇权事实上并不是权力之'源'或权力之'本'，而是一个中心枢纽，通过这一枢纽，多种权力关系得以相互平衡、对峙、勾结、较量、牵制以至侵夺、歼灭，形成一个复杂的权力关系网络。……中国的皇权便是如此一复杂、动态关系的化身。……因此成为文官武将、皇亲国戚之间、中央政权与地方势力之间，以及内廷与外朝之间等不同势力争夺的'战场'。"② 这种观点从权力关系化、网络化的角度揭示了汉代皇权的部分特性，值得肯定，但不宜过度阐释。实际上，虽然"皇帝能够接触到哪些人"往往"是被动的，取决于各种制度的实际运作与官吏的处置"，但是"在能接触到的众人中，和谁结成信任关系，则往往主要取决于皇帝自己"。也就是说，现实中权力关系的形成与变化更多的是由君主的主观意志决定的。即使多种势力之间的竞争互动也是形塑权力关系的重要变量，但这种动态过程明显缺乏客观、稳定的规则和程序，更像是一种"丛林生态"或"战场"，而不是"竞技场"。这是与西方式"公共领域"的最大区别。侯旭东在讨论西汉政治的特性时就指出，过去争论国家（君臣关系、官僚组织）属私抑或属公，容易陷入"实体论"的窠臼。侯氏认为，不要在某种权力结构或组织机构、势力集团上面寻找中国古代政治的公共性传统。他建议脱开"实体论"而采取"关系论"的视角。③ 但这仍然不够。

无论"实体论"还是"关系论"，总体上仍然是在西方式的公共领域—行为主义政治思维框架之下展开的讨论。理解中国政治传统的公私属性需要从"价值论"的角度出发，即古代中国政治在理念上的主导逻辑是推尊并贯彻某种统一的、社会公共的价值。政治思想也围绕着提炼公共价值的内涵、确立其权威、推动其落实而展开。公共领域主导的政治观念强

---

① 蔡英文：《公共领域与民主共识的可能性》，载黄俊杰、江宜桦编《公私领域新探：东亚与西方观点之比较》，华东师范大学出版社2008年版，第145页。
② 王爱和：《中国古代宇宙观与政治文化》，上海古籍出版社2011年版，第200—201页。
③ 侯旭东：《宠：信—任型君臣关系与西汉历史的展开》，北京师范大学出版社2018年版，第251—259页。

调公民个体或团体的政治参与，更多地关注公共领域本身的制度设计，无论是德性教育还是法治程序，以确保其公共性。公共价值主导的政治思想强调整体性、统一的"生民"或"人民"是公共价值的渊源和归宿，以全体"生民"或"人民"的需要和诉求为公共价值的内容，更加关心公共价值通过何种机制、如何落实的问题。赵汀阳敏锐地指出，希腊城邦和周朝天下是政治的"两个具有决定性意义的起点"。"希腊提出了正义、公共领域和民主等经久不衰的问题，周朝同样提出了天下、德治、协和、民心等无法回避的问题。"① 后者反映的就是揭示和践行公共价值的问题意识。

中国传统政治思想的起点是周人的天命观革新。周人天命观的主要贡献不仅是"天命靡常"（《诗经·文王》）的忧患意识和理性精神，更在于"天命不易"（《尚书·大诰》）的公共价值认知。前一个"天命"还带有宗教性的遗留，因此以"靡常"加以理性化改造；后一个"天命"是对先在的公共价值的体认，因此以"不易"加以固定。公共价值就是对万民之心、百姓之意的提炼和概括。中国传统政治思想相信"人同此心，心同此理"，社会中总是存在着一些无人例外、不言而喻、毋庸置疑的共同诉求。《淮南子·修务训》曰："夫七尺之形，心知忧愁劳苦、肤知疾痛寒暑，人情一也。"将这种同一的人情进行群体性把握，就是群体的共同利益，即前定的公共价值之所在。政治应当标举和落实这些无须论证和争辩的共同利益。这是政治"不易"的天命。《易传·系辞上》曰："生生之谓易。"《系辞下》曰："天地之大德曰生。"在中国古代政治思想中，社会整体的共同诉求或公共价值可以表述为"全体民生之长久"。《尚书·大誓》曰："民之所欲，天必从之。"这不是说民众的公共参与应当成为政治的合法性来源，而是说"全体民生之长久"这一民之所欲的整体性内涵作为公共价值，应当成为政治的前定规范，高悬其上，如同天道之于万物运转。

以既定的公共价值为最高权威而设想的政治体，被称为"天下"。"天下"是先秦各家思想的共同主题。《礼记·乐记》曰："礼、乐、刑、政，其极一也，所以同民心而出治道也。""天下"就是基于民心之同的政治。具体而言，兴利除害、不违农时、四时之禁、养老恤孤等政务职责不仅是

---

① 赵汀阳：《天下的当代性：世界秩序的实践与想象》，中信出版社2016年版，第49、56页。

儒家仁政的专利，而是各家政治主张共享的价值标的。① 这是中国式的公共性政治理念。《管子·形势解》曰："明王之动作虽异，其利民同也。"《淮南子·主术训》概括为："养民以公。"诸子各家的区别只在于贯彻"天下"政治、实现公共价值的具体方案。儒家的礼制是实现"博施于民而能济众"（《论语·雍也》）的途径，即荀子所谓"礼者，养也"（《荀子·礼论》）；墨家的尚同、尚贤是"兴天下之利，除天下之害"（《墨子·兼爱》）的具体办法；法家的法治也是"为天下治天下"（《商君书·修权》）而设计的方案。徐复观将《淮南子·主术训》中融合了道、儒、法家思想的政治结构概括为："人民的共同利益→法→人君→有司→人民。"② 最终，礼制、法治、尚同、尚贤等在秦汉之后都融合进了集权官僚制的发展。

艾森斯塔德（S. N. Eisenstadt）发现，早期中国政治发展的主要方向是行政系统自主性的不断增大，或者说官僚制理性化程度的提高；但与此同时，并没有出现自主的政治斗争通道（channel of political struggle）或政治斗争机构——容纳各种政治力量调节冲突、确定权限的场所。③ 而在希腊、罗马，后者才是政治发展的主要领域。这是因为，中国官僚制的"早熟"对应着既定公共价值主导下的政治发展之需要；希腊、罗马的政治斗争机构的发达则是公共领域主导下政治发展的自然结果。芬纳以宫廷、广场、教会、贵族为四个基本元素，以政府是否受到制度性约束及其程度为基本参数，划分和界定政体类型——典型地反映了围绕"领域"的政治分析思维。中华帝国被归为标准的"宫廷式政体"，以及既没有程序性约束也没有实质性约束的"专制主义"④。但这是通过西方式政治思维观察的结果。中国传统的政治形态划分方式是"王道"与"霸道"，"王道"政治以共

---

① 比如关于"不违农时""四时之禁"的政策主张，除了《孟子》，《逸周书》《国语》《礼记》《周礼》《吕氏春秋》《淮南子》等典籍中，甚至出土文献如云梦睡虎地竹简秦律、张家山竹简汉律中，都有几乎一样的言论。说明这是先秦两汉思想界的政治共识，是一种公共价值。参见本书第四章第二节（二）"公共性的经济与资源管理"。

② 徐复观：《两汉思想史》第二卷，华东师范大学出版社2001年版，第156页。

③ S. N. Eisenstadt, *The Political Systems of Empire*, New York: The Free Press of Glencoe, 1963, p. 108.

④ ［英］塞缪尔·E. 芬纳：《统治史》卷一"概念性序言"，王震、马百亮译，华东师范大学出版社2014年版。

识性公共价值为至尊,"霸道"则以私人价值为全体人民之主——鲜明地反映了围绕"价值"的政治分析思维。这种思维传统也是中国古代大一统体制与集权官僚制"早熟",或者说"治道"发达的重要原因。①

对于公共价值在公共权力之上、之先的政治传统来说,"一种'文化→政治→经济'的作用过程似乎要胜过相反方向的作用过程。精神文化和价值体系在古代中国比在古代西方起了更大的作用"②。单纯个体的自由从不是一个最高的价值追求,是因为"最终的价值毕竟在于善自身,而不在于获得追求善的自由"③。有着具体内涵的公共价值就是"善自身",是预设于政治生活之上、不容争辩的前提。席文(Nathan Sivin)发现,先秦中国的哲学争辩总是预设着共识性。"古希腊文化在自然哲学和科学,也如其他每个领域一样,都鼓励不同意见和辩论;在中国则始终强调共识。"④ 安乐哲认为,"中国叙事内部这种持续不断的包容性协商,能够解释为什么所取得的诸多形式的共识在古代中国环境被视为具有崇高价值。"⑤ 这些情形实际上就是公共价值被确认和遵循的过程。李泽厚将中西哲学思维结构的不同归结为"实践理性"或"实用理性"与"思辨理性"的区别。既然公共价值已定,那么如何实践就成为问题的关键。因此,实践(实用)理性"具有极端重视现实使用的特点。即它不在理论上去探求讨论,争辩难以解决的哲学课题,并认为不必要去进行这种纯思辨的抽象。……重要的不是言论,不是思辨,而是行动本身"⑥。

---

① 过去对中国政治传统的反思以牟宗三的"政道"与"治道"概念为典型。牟氏认为,中国政治传统集中于权力的操作性和工具性运用,多属"治道"层面,缺乏"政道"意义上的突破。(参见牟宗三《政道与治道》,台北:学生书局2003年版。)其所谓"政道"是以西方式的公共领域主导的政治观念为标准的,因此不能理解中国自身的"政道"因素正是"治道"发达的原因。
② 何怀宏:《世袭社会:西周至春秋社会形态研究》,北京大学出版社2017年版,第18页。
③ [美]本杰明·史华兹:《古代中国的思想世界》,程钢译,江苏人民出版社2008年版,第374页。
④ Nathan Sivin, *Medicine, Philosophy and Religion in Ancient China: Researches and Reflections.* 转引自[美]安乐哲《儒家角色伦理学:一套特色伦理学词汇》,[美]孟巍隆译,山东人民出版社2017年版,第236页。
⑤ [美]安乐哲:《儒家角色伦理学:一套特色伦理学词汇》,[美]孟巍隆译,山东人民出版社2017年版,第237页。
⑥ 李泽厚:《中国古代思想史论》,生活·读书·新知三联书店2008年版,第26页。

除了围绕官僚行政展开的法家思想，儒家也是如此。儒家礼义的本质是一种客观的、公共的秩序法度。宋明理学中"公"的主流含义就在此一方面，即"天理之公"。朱熹曰："凡一事便有两端，是底即天理之公，非底即人欲之私。"① 礼义法度的力量不在于历史渊源，也不在于理学家的哲学加持，而在于先秦两汉的思想家们基于天下民生与福祉的公共价值这一共识性观念施加其上的合理性证明和阐发。这使礼义秩序或法度具有了公共性和权威性，使之具有了强大的规范性力量，约束和规范着君主官僚政治的权力任性和专暴。这样的秩序法度，不是任何私人性力量控御他者的工具，而是超越任何个性意志之上，在根本处希冀体现某种价值公共性的制度设计方案。

（二）内在的困境

中国政治传统的根本精神是思想精英基于普遍人情探讨并确认公共价值，将先定的公共价值树立为最高的政治权威，超越任何私人利益和意志，指导全部政治生活的展开。这与西方从公共领域出发争论公共价值的政治模式恰好相反。以公共价值为权威之依据的政治公共性观念传统有两个要害：一是对公共价值的概括提炼是否客观、准确、全面地表达了普遍人情或"全体民生之长久"的要求？二是公共价值的落实需要借助具体执政者，而任何具体个人都是私人，那么如何使公共价值的公共权威尽可能少地受执政者私人性的干扰？中国古代政治思想对此都有回答，但也都存在难解的困境。

传统社会的经济发展相对静止，利益结构相对简单，对公共价值的直观感知比较容易。无论是整体上，还是具体层面的经济管理、民生保障、社会公平等，都相对容易形成共识。② 真正的问题是如何论证这种公共价值具有真理性和政治权威性。中国古代思想借用了"天"的概念作为公共价值之先在性、权威性的譬喻，就好像公共价值本身也成了一种独特的"天"。由此，公共价值似乎获得了终极依据，凸显了崇高性和权威性。杨

---

① 朱熹著、黎靖德编：《朱子语类》第一册·卷十三，225 页。
② 即使是西方近代早期，预示着更为复杂、持续变化的工业社会已经初露端倪，但由于尚在起步阶段，社会的公共价值仍然相对容易通过公共舆论、议会政治等公共领域加以把握。这不是因为彼时的公共领域更健全，参与者素质更高，而是因为当时的社会相对简单，公共价值本身就容易形成共识。

泽波称之为"借天为说"。然而,"天"本身就是个多义混杂的概念,除了代表社会价值,还有着宗教主宰和客观自然的含义。因此在借用的过程中,世俗性的公共价值始终存在被遮蔽或曲解的危险。

墨子"天志"之论最早明确借用"天"来支持"兴天下之利,除天下之害"的公共价值。但是,墨子的"天"有明显的人格神色彩,容易为流俗的鬼神迷信所利用而违背政治价值的本义。于是,荀子起而高论自然之天,强调"天人之分";同时,在证明政治公共价值的权威性时仍然借天为说、以天为则。《荀子·王道》曰:"天德,王者之政也。"这就使得政治公共价值与自然之天的逻辑关联变得模糊、可疑,说服力不强,对君主专制的私人性政治约束力不够。因此,董仲舒再次偏向"天"的主宰性一边,并借助阴阳五行论而发明天人感应说,将墨子和荀子两种倾向融合了起来。其天人哲学为政治公共价值之权威的树立构建了最全面综合的根据。即便如此,董仲舒的天论必不可少的人格神性或宗教性,仍使之难免步墨子"天志"说的后尘。于是,东汉的王充再次将荀子的自然天论发扬光大,"疾虚妄"(《论衡·佚文篇》)、"讥世俗"(《对作篇》),却更加激进地消解掉政治公共价值的理论依据,有所破而无所立,最终不得不陷入庸俗的宿命论,走到思想的死胡同。

总之,古代思想在缺少成熟的社会科学的情况下,只能借用"天"的譬喻来为公共价值提供依据,结果只能在为了追求依据而偏向宗教性和基于自然真实而消解理论依据两个极端之间来回摇摆。以"天"表述公共价值的另一个潜在困境是,随着社会发展越来越复杂多变,公共价值也必将越来越难以简单把握,本就含义模糊、内容淡薄的"天"也就不敷政治意识形态之所需了。

第二个层面的困境在于政权组织形式。在确保政治的公共性上,古代政治思想面对着两个敌人:一个是来自臣民的私人性,另一个是生于君主的私人性。《韩非子·八说》曰:"人臣肆意陈欲曰'侠',人主肆意陈欲曰'乱'。"为了对付臣民的各种私人性支配(如奴隶制、领主制等),需要中央集权。中央集权意味着公权力的强大。同时,以公共价值为主导的政治模式也天然地要求集权政治,只有集权才能保证既定公共价值的落实效率。集中起来的权力需要具有统一意志的具体承担者。在古代,这一承担者就是君主/皇帝。除了自然人,古代不存在能够保持统一意志的政治主体。但是，作为自然人的君主注定无法消灭其私人性。官僚制同时是贯彻公共价值和服务君主私人意志的工具，因此同时具有理性化和家产制两种属性。

这样的政权组织方式始终内含着公私两种原则的对抗，集中反映在由私人性君主作为公共价值承担者这一基本设计上。对此，张星久指出："一方面传统合法性信念中关于天命合法性基础的设定，意味着君主应该能够超越人的有限性，应具有'无限'的超越性和公共性，从而给君主背上了无限的责任；另一方面，现实生活中的任何君主毕竟又是一个个具体的人，从而必然具有人之为人的有限性或缺陷性，而无法承担这种'无限责任'，这样，就不能不使得任何一个君主都将面临'永恒的合法性困境'。"① 尤其当私人性君权与异化的"天"之意识形态结合时，公共价值主导的政治就只能名存实亡了。

换言之，中国古代政治天然地具有"二重性"。"公家"既是"公"也是"家"，是被"家"驭制的"公"。"官家""国家"等概念同理，因此不是"家国同构"，而是"家国重叠"。这可以类比于欧洲中世纪"国王的两个身体"——自然之体和政治之体，其中后者蕴含着民族国家的种子。天命论下的君主也可以说有两个身体：一个是自然之体，代表私人性政治；一个是政治之体，代表天命职责的公共性政治。但这两个身体却只能共用同一个头脑。而在这个头脑中，公私两个身体的欲求和对它们的反应是很难划清界限、使之并行不悖的，尤其是公共性的身体不得不时刻面临私人性身体的干预和挤占。君主专制政体为价值公共性政治提供了一定的实现空间，但同时也对后者的充分发展构成难以逾越的障碍。在这一特定结构中，君权政体的私人性在理性谋划的层次上既然可以与公共性政治形成一定程度的利害同盟，于是，这就成为儒家等古代政治思想说服君主去私行公的主要论证方向。因此，儒家看似常常竭力为君主的私人利益谋划，但其实是为推行公共性政治而生的"话术"。比如，《荀子·君道》曰：

---

① 张星久：《"圣王"的想象与实践——古代中国的君权合法性研究》，上海人民出版社2018年版，第162—163页。

> 欲治国驭民，调壹上下，将内以固城，外以拒难，治则制人，人不能制也；乱则危辱灭亡，可立而待也。然而求卿相辅佐，则独不若是其公也，案唯便嬖亲比己者之用也，岂不过甚矣哉！……故明主有私人以金石珠玉，无私人以官职事业，是何也？曰：本不利于所私也。

是"知爱民之为安国"，"知无与下争小利之为便于事"（《君道》）也。

如果说君主是公共价值的代表机制之核心，那么官僚制就是公共价值落实机制的主体。中国古代的官僚制有着明显的身份性，或曰贵族性，是"君臣结合谋生谋利的'身份组织'"①。如果用"封建专制"来概括古代中国的国家性质，那么这种由身份等级制度团合而成的统治集团与君主专制的并存就是最有力的注解。身份秩序所凭借的各种品位序列、品位性官号，很多是从君主私属或家臣的职类中滋生出来的。"宫廷官职类，是中国官阶'品位化'的温床与摇篮之一。"② 这使得身份官僚制从源头上就与君主私人性政治有着切不断的联系。因此，虽然原则上追求选贤任能，但就公共性的政务职事所需要的各项专业技能而言，古代政治文化并未足够重视。表现在科层制上，分层优先于分科，"从总体上说，中国古代官阶对分等的重视，超过了对分类的重视。统治者更关心的，是让尊卑高下各得其所，其次才是各个职类各得其所"③。也就是说，由于始终受到政治私人性的干扰，服务于公共价值的原则并没有在古代官僚制中得到彻底的贯彻。这也是中国古代官僚制虽然"早熟"，但却迟迟未能发展到更高水平的理性化行政的内在原因。

（三）革新的方向

反思中国政治传统的革新路径，应当从公共价值主导的政治观念及其内在困境着眼，否则容易误入歧途。部分学者喜欢强调君臣共治、士人讲学、乡约运动等是中国古代政治现代化转向或公共性建构的潜在因素，是所谓"儒家宪政"的本土资源。有学者称为"文教中心的儒家自由观"或

---

① 阎步克：《中国古代官阶制度引论》，北京大学出版社2010年版，第6页。
② 阎步克：《中国古代官阶制度引论》，北京大学出版社2010年版，第74页。
③ 阎步克：《中国古代官阶制度引论》，北京大学出版社2010年版，第80页。

"近世宋学精神的自由化诠释",① 明显是以西方式政治理念为标准而对中国传统进行的片面裁剪。有学者以宋明时代兴盛的"公论"或公共话语为中国传统政治公共性的核心。② 但其所强调的参政议政的公共精神仍然没有跳出以公共领域为中心的西方式政治观之窠臼,其所涉及的"公法"或公共道义也主要是儒家人伦之义的一家之言,与中国政治传统中最本质的民生性公共价值之先在性仍然未达一间。

在中国传统政治文化中,"民心"是公共价值的通俗表达,也是政治"公论"的终极内涵。赵汀阳认为:"民心不是指众人的民意,而更接近事关每个人或所有人利益的需求,不是加总而成的'众意',而是部分接近卢梭的'公意'。也许可以说,民心是经过长期理性实践而被证明为有利于所有人的共享观念,这意味着,民心的存在形式是思想性而不是心理性的……是经过长期博弈考验的'公论'或者不受特殊情景影响的普遍共识。……与民心比较接近的现代概念可能是'普遍价值'"③,即本书的基本分析工具"公共价值"。中国政治传统的发展方向取决于对"民心"或公共价值的内涵理解与实践方式的革新。这种革新需要继承原有的政治思维结构,同时克服前文所述两个层面的困境。如赵汀阳所问:"什么是不变的天?什么又是未来可能的天?相当于说,什么是一贯存在的普遍问题?什么是未来社会的核心问题?"④ 这是理解中国政治发展的根本脉络。

对于"天"的意识形态层面的困境,公共价值需要更具社会科学精神的论证,从而在新的基础上重新树立终极权威。沟口雄三考察了中国"公"的观念史,认为近现代中国革命是"将多数人＝全体人民的利益标榜为公而加以推进的,由于继承了公概念的传统,所以从一开始便具有社会主义的倾向","亦即是说,传统的天之统治理念即'均贫富''民以食为天''万物得其所哉'的三项,经由孙文的民生主义,被中华人民共和国的社会主义理念继承下来"。⑤ "马克思主义不过是在使这些土生土长之

---

① 参见任锋《再造家国:治体论与近世秩序的公共性和法度化》,《中国政治学》2019 年第 1 期。
② 参见任锋《公共话语的演变与危机》,《社会》2014 年第 3 期。
③ 赵汀阳:《天下的当代性:世界秩序的实践与想象》,中信出版社 2016 年版,第 42 页。
④ 赵汀阳:《身与身外:儒家的一个未决问题》,《中国人民大学学报》2007 年第 1 期。
⑤ [日]沟口雄三:《中国的历史脉动》,乔志航、龚颖等译,生活·读书·新知三联书店 2014 年版,第 282、293 页。

物得以理论化的过程中,或在所谓阶级斗争理论指导下进行革命实践的过程中,起了极大刺激作用的媒介而已。"①

沟口的判断很有洞见,但也有明显的欠缺。其所谓的社会主义元素主要是公共价值的一些具体内涵,如土地政策、民生保障等。但是在中国传统的政治理念中,公共价值不仅要呈现具体的内涵,还必须被确立为先在的权威,这就需要理论证明。古人的办法是借用"天"的概念,但其弊端已如上述。没有马克思主义或科学社会主义带来的现代社会科学理论,那些"土生土长之物"就难以摆脱"天"的意识形态束缚,获得更高层次的理论化,公共价值就无法被概括为更有说服力和权威性的意识形态。尤其是近现代以来工业社会的复杂性与发展性远超古代,公共价值越来越多元和易变。各种公共价值内部的冲突使人们很难再对其进行直观的体认和表达——无论是基于西方式的公民美德,还是通过中国古典式的"天"的概念进行整体的概括。"全体民生之长久"或"民生主义"的公共价值整体性,必须具化为对经济发展、社会福利、阶级平等,甚至更为具体的产业政策、福利水平、社会改造等相关问题的价值排序与统筹安排。可以说,马克思主义或科学社会主义实现了对中国传统公共价值之理解和把握方式的现代化改造,是中国政治理念克服传统困境、实现新生的必要条件,也是区别于传统政治及孙中山"民生主义"的关键所在,是中国政治发展必须超越"民生主义"的深层原因。

阶级斗争表面上看割裂了社会的整体性,违背公共价值政治观的基本精神。但在马克思主义思想全局中,无产阶级代表了人类的终极利益,无产阶级的解放就是全人类的解放。因此,无产者的阶级斗争本身就是人类公共价值的内在要求。而在现代中国政治发展史中,以阶级斗争为纲是特定历史阶段公共价值排序的具体表现。在剥削阶级作为一个阶级被消灭之后,公共价值的具体内涵和排序也将与时俱进,这就需要用马克思主义中国化的一系列成果去加以把握。中国共产党对中国社会基本矛盾的历次判断,就是通过马克思主义去把握公共价值的集中体现。无论是阶级斗争、"三个代表"重要思想,还是"人民日益增长的美好生活

---

① [日]沟口雄三:《中国的冲击》,王瑞根译,生活·读书·新知三联书店2011年版,第124页。

需要",本质上都是对传统公共价值表述方式"民心"的现代化表达。"民心是最大的政治。"① 这不仅是对中国传统政治理念形式上的回归,更是对马克思主义意识形态内涵上的发展,是对公共价值主导的政治观念的精练概括。

第二个层面的困境要求扬弃君主专制式集权政治组织方式。在中国政治传统中,政治组织形式是由先在的权威性公共价值决定,并为之服务的。公共价值的主导性一如既往要求集权政治,但必须改变专制君主作为公共价值和集权政治的承担者。新的替代方案是以马克思主义为宗旨的列宁式政党。实际上,为了保证马克思主义所揭示的现代社会公共价值获得政治上的权威地位而免受任何私人意志干扰,就不能指望作为个体的信仰者或一群信仰者的松散联盟,而必须由一个靠严密的组织和纪律凝聚起来的政党来作为公共价值的承担者和公共性政治的组织者。党的组织作为一个公共性整体,一方面能够约束个体信仰者的私人属性干扰,另一方面也将是一个更强大的集权主体,能够更有效地落实公共价值。因此,现代中国的公共价值主导的政治模式就体现为马克思主义指导下的中国共产党的领导。对这一现代化的中国式公共性政治而言,党的建设至关重要,就像古代政治中君主的德行修养至关重要一样。

古代以"天"代表政治公共性在性质上是"前科学"的。"天命"固然不是人格神的意志,但仍然有着浓重的神秘主义。有人以"天命"描述新中国革命史与成立史,不啻于夏虫语冰。现代中国的政治公共性就其权力来源而言,在于它是基于历史唯物主义的客观趋势或历史必然性的自觉呈现,是科学主义的,不是任何私人性势力的创业立产,也不是不知其所以然地承受天命。就其秩序规范与政务职事中的公共价值而言,是不断发展的马克思主义和科学社会主义对人类社会发展规律的客观揭示,不是任何私人主观性情的发显,也不是"天命之谓性"意义上、虽有客观公共性但却系于形上哲学神秘主义的所谓"天命流行"或"天理流行"。民意凝结成的公共价值不再需要神秘性的"天",而是基于社会科学对历史规律的阐明、证成与加持,就足以在日趋理性化的现代社会中成为权威依据了。新的"天命"就是马克思主义所揭示的"人类社会发展规律"。就其

---

① 《习近平谈治国理政》第三卷,外文出版社2020年版,第137页。

执政主体而言，是从人民大众中自发涌现的理解了社会发展规律、自觉服从于社会规律和服务于人民利益的先锋队政党，不是某些"生而知之""天命所归"的圣王，也不是少数"学而知之"、自我标持"刑不上""礼不下"但可以居高临下教化"愚夫愚妇"的贤士大夫。

五四新文化运动中，中国的先进分子接受了马克思列宁主义，找到了传统政治现代化的门径；从那之后，中国的主导思想始终坚持和发展着马克思主义，塑造和完善着自古以来的公共价值主导的政治模式。所谓马克思主义中国化的过程，从另一个角度看，也是中国传统政治借助马克思主义逐步现代化的过程。从此，党的主义和纲领代替了君主的修身，成为公共价值被树立为最高权威的保证；党的组织生活和纪律代替了君主的权术与士大夫的私交，成为公共价值被贯彻为公共性政治的保证。总之，公意型政党的领导在更高程度上满足了公共价值政治观所要求的公共性与集权性的统一。从封建国家、帝制国家到共和制政党国家，是"正题—反题—合题"的辩证法升华过程。"封国"时代，国家权力由一群人（贵族）共有，但其中的每一个主权分有者在自己的统治领域都实行更具私人性的政治——是为正题；"帝国"时代，国家权力由一个人（皇帝）私有，但在多种因素的影响下能够在相当程度上施行公共性的政治——是为反题；党治国家的时代，国家权力重新由一群人（人民及其政党）共有，但却是以集体组织的方式和在意识形态的主导下执政，因而能够在更高程度上消除政治的私人性，确保政治的公共性——是为合题。

鉴古观今，现代中国的政治模式仍是传统的继承发展。一方面，三千年来的中国传统政治思想本就是出自对"原始共产主义社会"理念的抽象和重构；另一方面，三千年来中国传统政治思想对于"（原始）共产主义"理想社会的回望和追求一直难以找到有效的实践方法和路径。马克思列宁主义的意识形态和政权组织形式既接续和完善了本来就有的政治理想，又为困扰了中国人三千年的古老课题提供了新的解题思路和希望。

参考文献

一 传世文献

《十三经注疏》，上海古籍出版社1997年版。

《诸子集成》，中华书局2002年版。

《国语》《战国策》《史记》《汉书》《后汉书》《三国志》等。

《景印文渊阁四库全书》，台湾商务印书馆1986年版。

（汉）韩婴撰，许维遹校释：《韩诗外传集释》，中华书局1980年版。

（汉）刘向编著，石光瑛校释：《新序校释》，中华书局2017年版。

（汉）刘向撰，向宗鲁校证：《说苑校证》，中华书局2009年版。

（魏）王弼注，楼宇烈校释：《老子道德经注校释》，中华书局2008年版。

（宋）程颐、程颢：《二程集》上，中华书局2004年版。

（宋）吕祖谦：《吕祖谦全集》第1册，浙江古籍出版社2008年版。

（宋）朱熹：《四书章句集注》，中华书局2012年版。

（宋）朱熹著，（宋）黎靖德编：《朱子语类》，中华书局1986年版。

（明）王守仁：《王阳明全集》，上海古籍出版社1992年版。

（明）王艮：《王心斋全集》，江苏教育出版社2001年版。

（清）黄宗羲原著，（清）全祖望补修：《宋元学案》，中华书局1986年版。

（清）黄宗羲：《明儒学案（修订本）》，中华书局2008年版。

——：《明夷待访录》，中华书局2011年版。

（清）顾炎武著，黄汝成集释：《日知录集释（全校本）》，上海古籍出版社2006年版。

（清）颜元：《颜元集》上册，中华书局1987年版。

（清）戴震：《孟子字义疏证》，中华书局2008年版。

（清）宋翔凤：《论语说义》，华夏出版社2018年版。

（清）刘宝楠：《论语正义》，中华书局1990年版。

（清）焦循：《孟子正义》，中华书局2015年版。

（清）王念孙：《读书杂志》，上海古籍出版社 2014 年版。
（清）程瑶田：《程瑶田全集》，黄山书社 2008 年版。
（清）皮锡瑞：《今文尚书考证》，中华书局 2004 年版。
（清）马瑞辰：《毛诗传笺通释》，中华书局 2012 年版。
（清）王先谦：《荀子集解》，中华书局 1988 年版。
（清）王先慎：《韩非子集解》，中华书局 2013 年版。
（清）郭庆藩：《庄子集释》，中华书局 2006 年版。
（清）孙诒让：《周礼正义》，中华书局 1987 年版。
（清）赵在翰辑：《七纬》，中华书局 2012 年版。
（清）陈立：《白虎通疏证》，中华书局 1994 年版。
黄怀信、张懋镕、田旭东：《逸周书汇校集注》（修订本），上海古籍出版社 2007 年版。
黄晖：《论衡校释》，中华书局 1990 年版。
黎翔凤：《管子校注》，中华书局 2009 年版。
刘尚慈：《春秋公羊传译注》，中华书局 2010 年版。
刘文典：《淮南鸿烈集解》，中华书局 1989 年版。
雒三桂、李山：《诗经新注》，齐鲁书社 2000 年版。
马其昶：《韩昌黎文集校注》，上海古籍出版社 1986 年版。
彭铎：《潜夫论笺校正》，中华书局 1985 年版。
苏舆：《春秋繁露义证》，中华书局 1996 年版。
王琯：《公孙龙子悬解》，中华书局 1992 年版。
王利器：《风俗通义校注》，中华书局 2010 年版。
——：《新语校注》，中华书局 2012 年版。
——：《盐铁论校注》（定本），中华书局 1992 年版。
——：《盐铁论校注》，天津古籍出版社 1983 年版。
吴毓江：《墨子校注》，中华书局 2006 年版。
徐元诰：《国语集解》（修订本），中华书局 2002 年版。
许维遹：《吕氏春秋集释》，中华书局 2009 年版。
阎振益、钟夏：《新书校注》，中华书局 2000 年版。
杨伯峻：《春秋左传注》，中华书局 2009 年版。
——：《孟子译注》，中华书局 2010 年版。

二　出土文献

陈伟主编：《秦简牍合集》卷壹（上中下三册），武汉大学出版社 2014 年版。
荆门市博物馆：《郭店楚墓竹简》，文物出版社 1998 年版。

李明均等编：《散见简牍合集》，文物出版社 1990 年版。
马承源主编：《上海博物馆藏战国楚竹书（二）》，上海古籍出版社 2002 年版。
中国简牍集成编委会编：《中国简牍集成》第 4 册，敦煌文艺出版社 2001 年版。
中国社会科学院考古研究所编：《殷周金文集成》，中华书局 2007 年版。

三　近人论著
（一）专著

艾兰、汪涛、范毓周主编：《中国古代思维模式与阴阳五行说探源》，江苏古籍出版社 1998 年版。
蔡尚思、方行编：《谭嗣同全集》下册，中华书局 1981 年版。
曹峰：《中国古代"名"的政治思想研究》，上海古籍出版社 2017 年版。
岑仲勉：《墨子城守各篇简注》，古籍出版社 1958 年版。
晁福林：《先秦社会思想研究》，商务印书馆 2007 年版。
——：《春秋战国的社会变迁》，商务印书馆 2011 年版。
——：《天命与彝伦：先秦社会思想探研》，北京师范大学出版社 2012 年版。
陈来：《古代思想文化的世界：春秋时代的宗教、伦理与社会思想》，生活·读书·新知三联书店 2009 年版。
——：《古代宗教与伦理：儒家思想的根源》，生活·读书·新知三联书店 2009 年版。
陈梦家：《殷墟卜辞综述》，中华书局 1988 年版。
——：《尚书通论》，中华书局 2005 年版。
陈乔见：《公私辨：历史衍化与现代诠释》，生活·读书·新知三联书店 2013 年版。
陈弱水：《公共意识与中国文化》，新星出版社 2006 年版。
陈少明：《〈齐物论〉及其影响》，北京大学出版社 2004 年版。
陈苏镇：《〈春秋〉与"汉道"——两汉政治与政治文化研究》，中华书局 2011 年版。
陈寅恪著，陈美延编：《陈寅恪集·诗集》，生活·读书·新知三联书店 2001 年版。
陈寅恪：《金明馆丛稿二编》，上海古籍出版社 1980 年版。
陈致：《从礼仪化到世俗化：〈诗经〉的形成》，吴仰湘、黄梓勇、许景昭译，上海古籍出版社 2009 年版。
程树德：《九朝律考》，中华书局 1963 年版。
邓小南：《宋代文官选任制度诸层面》，河北教育出版社 1993 年版。
范文澜：《中国通史简编》上册，商务印书馆 2010 年版。
费孝通：《乡土中国》，北京大学出版社 2012 年版。
冯天瑜：《人文论衡》，武汉出版社 1997 年版。
——：《"封建"考论》，中国社会科学出版社 2010 年版。

冯友兰：《中国哲学史》，中华书局 1961 年版。

——：《中国哲学史新编》，人民出版社 1980 年版。

——：《中国哲学史补》，中华书局 2014 年版。

——：《中国哲学史新编试稿》，中华书局 2017 年版。

傅斯年：《民族与古代中国史》，上海人民出版社 2014 年版。

《傅斯年全集》第 3 卷，湖南教育出版社 2003 年版。

干春松：《重回王道——儒家与世界秩序》，华东师范大学出版社 2012 年版。

龚鹏程：《汉代思潮》，商务印书馆 2008 年版。

——：《侠的精神文化史伦》，山东画报出版社 2008 年版。

《古史辨》（全七册），海南出版社 2005 年版。

顾颉刚：《顾颉刚古史论文集》第二册，中华书局 1988 年版。

——：《秦汉的方士与儒生》，上海古籍出版社 2005 年版。

郭宝钧：《中国青铜器时代》，生活·读书·新知三联书店 1963 年版。

郭本禹：《道德认知发展与道德教育——科尔伯格的理论与实践》，福建教育出版社 2005 年版。

郭沫若：《十批判书》，东方出版社 1996 年版。

——：《青铜时代》，中国人民大学出版社 2005 年版。

——：《中国古代社会研究》，商务印书馆 2011 年版。

《郭沫若全集·历史编》第四卷，人民出版社 1982 年版。

——：第八卷，人民出版社 1985 年版。

《郭沫若全集·考古编》第五卷，科学出版社 2002 年版。

何怀宏：《世袭社会：西周至春秋社会形态研究》，北京大学出版社 2017 年版。

——：《选举社会：秦汉至晚清社会形态研究》，北京大学出版社 2017 年版。

何兹全：《中国古代社会》，北京师范大学出版社 2007 年版。

侯仁之主编：《中国古代地理名著选读》（第一辑），学苑出版社 2005 年版。

侯外庐：《中国古代社会导论》，河北教育出版社 2000 年版。

侯外庐、赵纪彬、杜国庠：《中国思想通史》第一卷，人民出版社 1957 年版。

侯外庐、赵纪彬、杜国庠、邱汉生：《中国思想通史》第二卷，人民出版社 1957 年版。

侯旭东：《宠：信—任型君臣关系与西汉政治的展开》，北京师范大学出版社 2018 年版。

胡厚宣主编：《甲骨文与殷商史》第一辑，上海古籍出版社 1983 年版。

胡寄窗：《中国经济思想史》上，上海财经大学出版社 1998 年版。

黄俊杰、江宜桦：《公私领域新探：东亚与西方观点之比较》，华东师范大学出版社 2008 年版。

《黄侃论学杂著》，中华书局1964年版。

《甲骨文商史论丛》初集第2册，北京图书馆出版社2000年版。

江荣海：《中国政治思想史九讲》，北京大学出版社2010年版。

姜昆武：《诗书成词考释》，齐鲁书社1989年版。

金观涛、刘青峰：《观念史研究：中国现代重要政治术语的形成》，法律出版社2009年版。

金耀基：《中国民本思想》，台湾商务印书馆1993年版。

——：《从传统到现代》，中国人民大学出版社1999年版。

——：《中国的现代转向》，牛津大学出版社（香港）2004年版。

雷戈：《秦汉之际的政治思想与皇权主义》，上海古籍出版社2006年版。

雷海宗：《伯伦史学集》，中华书局2002年版。

——：《中国文化与中国的兵》，商务印书馆2014年版。

李安宅：《〈仪礼〉与〈礼记〉之社会学的研究》，上海世纪出版集团2005年版。

李峰：《西周的灭亡：中国早期国家的地理和政治危机》，上海古籍出版社2007年版。

——：《西周的政体：中国早期的官僚制度和国家》，生活·读书·新知三联书店2010年版。

李宏图：《西欧近代民族主义思潮研究——从启蒙运动到拿破仑时代》，上海社会科学出版社1997年版。

李俊：《中国宰相制度》，商务印书馆1947年版。

李开元：《汉帝国的建立与刘邦集团：军功受益阶层研究》，生活·读书·新知三联书店2000年版。

李零：《李零自选集》，广西师范大学出版社1998年版。

——：《简帛古书与学术源流》，生活·读书·新知三联书店2004年版。

——：《中国方术正考》，中华书局2006年版。

——：《中国方术续考》，中华书局2006年版。

——：《郭店楚简校读记》，中国人民大学出版社2009年版。

李学勤：《简帛佚籍与学术史》，江西教育出版社2001年版。

李泽厚：《历史本体论 己卯五说》（增订本），生活·读书·新知三联书店2006年版。

——：《华夏美学·美的历程》，生活·读书·新知三联书店2008年版。

——：《中国古代思想史论》，生活·读书·新知三联书店2008年版。

——：《说巫史传统》，上海译文出版社2012年版。

——：《由巫到礼 释礼归仁》，生活·读书·新知三联书店2015年版。

——：《哲学纲要》，中华书局2015年版。

——：《伦理学纲要续篇》，生活·读书·新知三联书店2017年版。

梁启超：《墨子学案》，上海书店出版社1992年版。

——：《先秦政治思想史》，商务印书馆2014年版。

——：《新民说》，商务印书馆2016年版。

梁启超著，林志钧编：《饮冰室合集》，中华书局1989年版。

梁漱溟：《中国文化要义》，上海人民出版社2011年版。

梁治平：《寻求自然秩序中的和谐——中国传统法律文化研究》，上海人民出版社1991年版。

林聪舜：《儒学与汉帝国意识形态》，上海人民出版社2017年版。

林甘泉主编：《中国封建土地制度史》第1卷，中国社会科学出版社1990年版。

刘起釪：《尚书校释译论》第3册，中华书局2005年版。

刘师培：《刘申叔遗书》，江苏古籍出版社1997年版。

——：《经学教科书 伦理教科书》，广陵书社2016年版。

刘文英：《王符评传》，南京大学出版社1993年版。

刘笑敢：《庄子哲学及其演变》，中国社会科学出版社1987年版。

刘学斌：《中国传统政治思想中的公共观念研究》，天津人民出版社2018年版。

刘泽华、葛荃：《中国古代政治思想史》（修订本），南开大学出版社2001年版。

刘泽华、汪茂和、王兰仲：《专制权力与中国社会》，天津古籍出版社2005年版。

刘泽华：《中国政治思想史》先秦卷，浙江人民出版社1996年版。

——：《中国的王权主义》，天津人民出版社2019年版。

吕思勉：《吕思勉读史札记》，上海古籍出版社1982年版。

——：《秦汉史》，上海古籍出版社2005年版。

——：《中国文化思想史九种》（下），上海古籍出版社2009年版。

马小红：《礼与法：法的历史连接》（修订本），北京大学出版社2017年版。

蒙文通：《古学甄微》，巴蜀书社1987年版。

——：《经史抉原》，巴蜀书社1995年版。

——：《古史甄微》，巴蜀书社1999年版。

苗书梅：《宋代官员选任和管理制度》，河南大学出版社1996年版。

牟钟鉴：《〈吕氏春秋〉与〈淮南子〉研究》，齐鲁书社1987年版。

牟宗三：《名家与荀子》，学生书局1979年版。

——：《政道与治道》，学生书局2003年版。

——：《中国哲学十九讲》，上海古籍出版社2005年版。

——：《历史哲学》，广西师范大学出版社2007年版。

——：《现象与物自体》，吉林出版集团有限责任公司2010年版。

彭信威：《中国货币史》，上海人民出版社1965年版。

钱穆：《国史大纲》，商务印书馆1996年版。

——：《中国历代政治得失》，生活·读书·新知三联书店2001年版。

——：《国史新论》，生活·读书·新知三联书店2001年版。

——：《秦汉史》，生活·读书·新知三联书店2004年版。

——：《中国学术思想史论丛》，安徽教育出版社2004年版。

——：《古史地理论丛》，九州出版社2011年版。

——：《两汉经学今古文平议》，九州出版社2011年版。

——：《墨子 惠施公孙龙》，九州出版社2011年版。

秦晖：《传统十论》，东方出版社2014年版。

裘锡圭：《古代文史研究新探》，江苏古籍出版社1992年版。

——：《尽心集》，中国社会科学出版社1996年版。

——：《中国出土古文献十讲》，复旦大学出版社2004年版。

瞿同祖：《中国法律与中国社会》，中华书局2003年版。

——：《中国封建社会》，上海人民出版社2012年版。

饶宗颐：《中国史学上之正统论》，中华书局2015年版。

任继愈主编：《墨子大全》，北京图书馆出版社2002年版。

任剑涛：《公共的政治哲学》，商务印书馆2016年版。

沈长云：《上古史探研》，中华书局2002年版。

史云贵：《外朝化、边缘化与平民化：帝制中国"近官"嬗变研究》，上海人民出版社2009年版。

司马琪主编：《十家论管》，上海人民出版社2008年版。

宋镇豪：《夏商社会生活史》，中国社会科学出版社2005年版。

苏秉琦：《中国文明起源新探》，生活·读书·新知三联书店2000年版。

孙英刚：《神文时代》，上海古籍出版社2015年版。

《孙中山选集》，人民出版社1981年版。

孙祚云：《诗经与周代社会研究》，中华书局1966年版。

唐文明：《近忧：文化政治与中国的未来》，华东师范大学出版社2010年版。

唐晓峰：《从混沌到秩序：中国上古地理思想史述论》，中华书局2010年版。

田余庆：《东晋门阀政治》，北京大学出版社2012年版。

童书业：《春秋左传研究》，上海人民出版社2019年版。

汪晖、陈燕谷主编：《文化与公共性》，生活·读书·新知三联书店1998年版。

汪受宽：《谥法研究》，上海古籍出版社1995年版。

王爱和：《中国古代宇宙观与政治文化》，上海古籍出版社2011年版。

王德权：《为士之道：中唐士人的自省风气》，政大出版社2012年版。

王国维：《观堂集林》，中华书局1959年版。
——：《古史所证》，湖南人民出版社2010年版。
王家范：《中国历史通论》（增订本），生活·读书·新知三联书店2019年版。
王绍光：《中国·政道》，中国人民大学出版社2014年版。
王元化：《文学沉思录》，上海文艺出版社1983年版。
韦政通：《人文主义的力量》，中华书局2011年版。
吴虞：《吴虞文录》下卷，黄山书社2008年版。
夏曾佑：《中国古代史》上，吉林人民出版社2013年版。
萧公权：《中国政治思想史》，新星出版社2010年版。
谢维扬：《周代家庭形态》，中国社会科学出版社1990年版。
辛德勇：《建元与改元——西汉新莽年号研究》，中华书局2013年版。
辛冠洁、丁健生主编：《中国古代佚名哲学名著评述》第三卷，齐鲁书社1985年版。
邢义田：《天下一家：皇帝、官僚与社会》，中华书局2011年版。
熊铁基：《秦汉新道家》，上海人民出版社2001年版。
徐复观：《两汉思想史》，华东师范大学出版社2001年版。
——：《中国思想史论集续编》，上海书店出版社2004年版。
——：《徐复观论经学史二种》，上海书店出版社2005年版。
——：《中国人性论史》，华东师范大学出版社2005年版。
——：《中国艺术精神》，广西师范大学出版社2007年版。
徐旭生：《中国古史的传说时代》，广西师范大学出版社2003年版。
徐中舒：《徐中舒历史论文选辑》下，中华书局1998年版。
许纪霖、宋宏编：《史华慈论中国》，新星出版社2006年版。
许章润、翟志勇主编：《历史法学》第十卷《家国天下》，法律出版社2015年版。
许倬云：《西周史》，生活·读书·新知三联书店2012年版。
——：《中西文明的对照》，浙江人民出版社2013年版。
阎步克：《察举制度变迁史稿》，中国人民大学出版社2009年版。
——：《从爵本位到官本位：秦汉官僚品位结构研究》，生活·读书·新知三联书店2009年版。
——：《服周之冕——〈周礼〉六冕礼制的兴衰变异》，中华书局2009年版。
——：《品位与职位：秦汉魏晋南北朝官阶制度研究》，中华书局2009年版。
——：《中国古代官阶制度引论》，北京大学出版社2010年版。
——：《士大夫政治演生史稿》，北京大学出版社2015年版。
杨宽：《杨宽古史论文选集》，上海人民出版社2003年版。
——：《先秦史十讲》，复旦大学出版社2006年版。

——:《中国上古史导论》,上海古籍出版社 2016 年版。
——:《西周史》,上海人民出版社 2016 年版。
——:《战国史》,上海人民出版社 2016 年版。
俞正燮:《癸巳存稿》,商务印书馆 1957 年版。
袁珂:《中国神话史》,上海文艺出版社 1988 年版。
张岱年等:《中国观念史》,中州古籍出版社 2005 年版。
《张岱年全集》(第 6 卷),河北人民出版社 1996 年版。
张光直:《青铜挥麈》,上海文艺出版社 2000 年版。
——:《考古学专题六讲》,生活·读书·新知三联书店 2010 年版。
——:《美术、神话与祭祀》,生活·读书·新知三联书店 2013 年版。
——:《商文明》,生活·读书·新知三联书店 2013 年版。
——:《中国青铜时代》,生活·读书·新知三联书店 2013 年版。
——:《中国考古学论文集》,生活·读书·新知三联书店 2013 年版。
张金光:《秦制研究》,上海古籍出版社 2004 年版。
——:《战国秦社会经济形态新探》,商务印书馆 2013 年版。
张利军:《商周服制与早期国家管理模式》,上海古籍出版社 2016 年版。
张鲁原编著:《中华古谚语大辞典》,上海大学出版社 2011 年版。
张明澍:《中国人想要什么样民主——中国"政治人"2012》,社会科学文献出版社 2013 年版。
张岂之主编:《中国思想学说史》先秦卷(上),广西师范大学出版社 2007 年版。
张贤明:《论政治责任——民主理论的一个视角》,吉林大学出版社 2000 年版。
张星久:《"圣王"的想象与实践——古代中国的君权合法性研究》,上海人民出版社 2018 年版。
章太炎:《国故论衡》,上海古籍出版社 2003 年版。
《章太炎全集》第三卷,上海人民出版社 2014 年版。
——:第八卷,上海人民出版社 2014 年版。
——:第十卷,上海人民出版社 2017 年版。
赵鼎新:《东周战争与儒家国家的诞生》,夏红旗译,华东师范大学出版社 2006 年版。
赵汀阳:《天下体系:世界制度哲学导论》,江苏教育出版社 2005 年版。
——:《天下的当代性:世界秩序的实践与想象》,中信出版社 2016 年版。
——:《惠此中国:作为一个神性概念的中国》,中信出版社 2016 年版。
郑杰文:《中国墨学通史》上,人民出版社 2006 年版。
郑开:《德礼之间:前诸子时期的思想史》,生活·读书·新知三联书店 2009 年版。
周秉钧:《尚书易解》,岳麓书社 1984 年版。

周法高：《金文诂林补》，"中研院"历史语言研究所1982年版。

朱伯崑：《易学哲学史》上册，北京大学出版社1986年版。

朱凤瀚：《商周家族形态研究》，天津古籍出版社2004年版。

祝总斌：《两汉魏晋南北朝宰相制度研究》，北京大学出版社2017年版。

［奥地利］迈克尔·米特罗尔、雷因哈德·西德尔：《欧洲家庭史》，赵世玲、赵世瑜、周尚意译，华夏出版社1987年版。

［德］斐迪南·滕尼斯：《共同体与社会：纯粹社会学的基本概念》，林荣远译，北京大学出版社2010年版。

［德］伽达默尔：《真理与方法：哲学诠释学的基本特征》，洪汉鼎译，上海译文出版社2004年版。

［德］哈贝马斯：《公共领域的结构转型》，曹卫东、王晓珏、刘北城、宋伟杰译，学林出版社1999年版。

——：《在事实与规范之间：关于法律和民主法治国的商谈理论》（修订译本），童世骏译，生活·读书·新知三联书店2014年版。

［德］海德格尔：《在通向语言的途中》，孙周兴译，商务印书馆1997年版。

［德］黑格尔：《法哲学原理》，范扬、张企泰译，商务印书馆1961年版。

——：《精神现象学》，贺麟、王玖兴译，商务印书馆1979年版。

——：《历史哲学》，王造时译，上海书店2001年版。

［德］卡尔·施米特：《宪法学说》，刘锋译，上海人民出版社2005年版。

——：《政治的概念》，刘宗坤等译，上海人民出版社2004年版。

［德］卡尔·雅思贝斯：《历史的起源与目标》，魏楚雄、俞新天译，华夏出版社1989年版。

［德］恩内斯特·康托洛维茨：《国王的两个身体：中世纪政治神学研究》，徐震宇译，华东师范大学出版社2018年版。

［德］马克斯·韦伯：《学术与政治》，冯克利译，生活·读书·新知三联书店2005年版。

——：《经济与历史 支配的类型》，康乐等译，广西师范大学出版社2010年版。

——：《支配社会学》，康乐、简惠美译，广西师范大学出版社2010年版。

——：《中国的宗教：儒教与道教》，康乐、简惠美译，广西师范大学出版社2010年版。

［德］梅耶：《古希腊政治的起源》，王师译，华东师范大学出版社2013年版。

［法］爱弥尔·涂尔干：《宗教生活的基本形式》，渠东、汲喆译，商务印书馆2011年版。

——：《道德教育》，陈光金、沈杰、朱谐汉译，上海人民出版社2006年版。

［法］安托万·普罗斯特：《历史学十二讲》（增订本），王春华译，北京大学出版社2018年版。

［法］菲斯泰尔·德·古朗士：《古代城市：希腊罗马宗教、法律及制度研究》，吴晓群译，上海世纪出版集团2006年版。

［法］葛兰言：《古代中国的节庆与歌谣》，赵丙祥、张宏明译，广西师范大学出版社2005年版。

［法］克洛德·列维－斯特劳斯：《野性的思维》，李幼蒸译，中国人民大学出版社2006年版。

［法］魁奈：《中华帝国的专制制度》，谈敏译，商务印书馆1992年版。

［法］雷蒙·阿隆：《社会学主要思潮》，葛智强、胡秉诚、王沪宁译，上海译文出版社2013年版。

［法］路易·阿尔都塞：《政治与历史：从马基雅维利到马克思》，吴子枫译，西北大学出版社2018年版。

［法］卢梭：《社会契约论》，何兆武译，商务印书馆2003年版。

［法］马克·布洛赫：《法国农村史》，余中先、张朋浩、车耳译，商务印书馆1991年版。

［法］孟德斯鸠：《论法的精神》上册，张雁深译，商务印书馆1959年版。

《孟德斯鸠论中国》，许明龙编译，商务印书馆2016年版。

［法］托克维尔：《论美国的民主》下卷，董果良译，商务印书馆1989年版。

［古罗马］塔西佗：《编年史》，王以铸、崔妙因译，商务印书馆2009年版。

［古希腊］色诺芬：《回忆苏格拉底》，吴永泉译，商务印书馆1984年版。

［古希腊］修昔底德：《伯罗奔尼撒战争史》，谢德风译，商务印书馆1960年版。

［古希腊］亚里士多德：《尼各马可伦理学》，廖申白译，商务印书馆2003年版。

——：《政治学》，吴寿彭译，商务印书馆1965年版。

［美］阿拉斯戴尔·麦金太尔：《追寻美德：道德理论研究》，宋继杰译，译林出版社2011年版。

［美］安乐哲：《儒家角色伦理学：一套特色伦理学词汇》，［美］孟巍隆译，山东人民出版社2017年版。

——：《中国古代的统治艺术——〈淮南子·主术〉研究》，滕复译，江苏凤凰文艺出版社2018年版。

［美］本杰明·史华兹：《古代中国的思想世界》，程钢译，江苏人民出版社2008年版。

［美］本尼迪克特：《菊与刀》，吕万和译，商务印书馆1990年版。

［美］本尼迪克特·安德森：《想象的共同体：民族主义的起源与散布》，吴叡人译，

上海人民出版社 2005 年版。

［美］彼得·埃文斯、迪特里希·鲁施迈耶、西达·斯考克波编著：《找回国家》，方立维、莫宜瑞、黄琪轩等译，生活·读书·新知三联书店 2009 年版。

戴维·H. 罗森布鲁姆、罗伯特·S. 克拉夫丘克：《公共行政学：管理、政治和法律的途径》，张成福译，中国人民大学出版社 2002 年版。

［美］戴维·伊斯顿：《政治体系——政治学状况研究》，马清槐译，商务印书馆 1993 年版。

——：《政治生活的系统分析》，王浦劬译，华夏出版社 1999 年版。

［美］狄百瑞：《儒家的困境》，黄水婴译，北京大学出版社 2009 年版。

［美］弗兰克·古德诺：《政治与行政——政府之研究》，丰俊功译，北京大学出版社 2012 年版。

［美］弗朗西斯·福山：《政治秩序的起源：从前人类时代到法国大革命》，毛俊杰译，广西师范大学出版社 2014 年版。

［美］戈登·S. 伍德：《美国革命的激进主义》，傅国英译，商务印书馆 2011 年版。

——：《美利坚共和国的缔造：1776—1787》，朱妍兰译，译林出版社 2016 年版。

［美］格尔哈特·伦斯基：《权力与特权：社会分层的理论》，关信平、陈宗显、谢晋宇译，社会科学文献出版社 2018 年版。

［美］顾立雅：《申不害：公元前四世纪中国的政治哲学家》，马腾译，江苏人民出版社 2019 年版。

［美］哈维·C. 曼斯菲尔德：《驯化君主》，冯克利译，译林出版社 2017 年版。

［美］汉娜·阿伦特：《人的条件》，竺乾威等译，上海人民出版社 2001 年版。

［美］郝大维、安乐哲：《先贤的民主：杜威、孔子与中国民主之希望》，何刚强译，江苏人民出版社 2004 年版。

［美］赫伯特·芬格莱特：《孔子：即凡而圣》，彭国翔、张华译，江苏人民出版社 2002 年版。

［美］黄仁宇：《万历十五年》，中华书局 2006 年版。

［美］加里布埃尔·A. 阿尔蒙德、西德尼·维巴：《公民文化——五个国家的政治态度和民主制度》，张明澍译，商务印书馆 2014 年版。

［美］加里布埃尔·A. 阿尔蒙德、小 G. 宾厄姆·鲍威尔：《比较政治学：体系、过程和政策》，曹沛霖等译，上海译文出版社 1987 年版。

［美］孔飞力：《叫魂：1768 年中国妖术大恐慌》，陈兼、刘昶译，生活·读书·新知三联书店 2012 年版。

［美］罗伯特·达尔：《民主理论的前言》，顾昕译，东方出版社 2009 年版。

［美］罗泰：《宗子维城：从考古材料的角度看公元前 1000 至前 250 年的中国社会》，

吴长青、张莉、彭鹏等译，上海古籍出版社2017年版。

［美］迈克尔·J.桑德尔：《自由主义与正义的局限》，万俊人译，译林出版社2011年版。

［美］米哈恰·伊利亚德：《宗教思想史》，吴晓群译，上海社会科学院出版社2011年版。

［美］普鸣：《作与不作：早期中国对创新与技艺问题的论辩》，杨起予译，生活·读书·新知三联书店2020年版。

［美］乔治·萨拜因：《政治学说史》，邓正来译，上海人民出版社2008年版。

［美］乔万尼·萨托利：《民主新论》，冯克利、阎克文译，上海人民出版社2015年版。

［美］许田波：《战争与国家形成：春秋战国与近代早期欧洲之比较》，徐进译，上海人民出版社2009年版。

［美］杨庆堃：《中国社会中的宗教：宗教的现代社会功能与其历史因素之研究》，范丽珠译，四川人民出版社2016年版。

［美］约翰·罗尔斯：《政治自由主义》增订版，万俊人译，译林出版社2010年版。

［美］约瑟夫·熊彼特：《资本主义、社会主义与民主》，吴良健译，商务印书馆1999年版。

［南斯拉夫］密洛凡·德热拉斯：《新阶级》，陈逸译，世界知识出版社1963年版。

《日本学者中国法制史论著选·先秦秦汉卷》，中华书局2016年版。

［日］池田知久：《道家思想的新研究——以庄子为中心》（下），王启发、曹峰译，中州古籍出版社2009年版。

［日］渡辺信一郎：《中国古代的王权与天下秩序：从日中比较史的视角出发》，徐冲译，中华书局2008年版。

［日］冨谷至：《文书行政的汉帝国》，刘恒武、孔李波译，江苏人民出版社2013年版。

［日］沟口雄三：《中国的冲击》，王瑞根译，生活·读书·新知三联书店2011年版。

——：《中国的公与私·公私》，郑静译，生活·读书·新知三联书店2011年版。

——：《作为方法的中国》，孙军悦译，生活·读书·新知三联书店2011年版。

——：《中国的历史脉动》，乔志航、龚颖等译，生活·读书·新知三联书店2014年版。

［日］谷中信一：《先秦秦汉思想史研究》，孙佩霞译，上海古籍出版社2018年版。

［日］加藤繁：《中国经济史考证》上，吴杰译，中华书局2012年版。

［日］金子修一：《古代中国与皇帝祭祀》，肖圣中、吴思思、王曹杰译，复旦大学出版社2019年版。

［日］井上聪：《先秦阴阳五行》，湖北教育出版社1997年版。

［日］仁井田陞：《中国法制史》，牟发松译，上海古籍出版社2018年版。

［日］守屋美都雄：《中国古代的家族与国家》，钱杭、杨晓芬译，上海古籍出版社 2010 年版。

［日］尾形勇：《中国古代的"家"与国家》，张鹤泉译，中华书局 2010 年版。

［日］西嶋定生：《中国古代帝国的形成与结构——二十等爵制研究》，武尚清译，中华书局 2004 年版。

［日］增渊龙夫：《中国古代的社会与国家》，吕静译，上海古籍出版社 2017 年版。

［日］纸屋正和：《汉代郡县制的展开》，朱海滨译，复旦大学出版社 2017 年版。

［瑞士］荣格：《文明的变迁》，周朗、石小竹译，国际文化出公司 2011 年版。

［瑞士］索绪尔：《普通语言学教程》，高名凯译，商务印书馆 1980 年版。

［苏联］安德列耶夫等：《古代世界的城邦》，张竹明等译，华东师范大学出版社 2011 年版。

［以色列］阿维纳瑞：《黑格尔的现代国家理论》，朱学平、王兴赛译，知识产权出版社 2016 年版。

［以色列］尤锐：《展望永恒帝国：战国时代的中国政治思想》，孙英刚译，上海古籍出版社 2013 年版。

［意］贝奈戴托·克罗齐：《历史学的理论和实际》，傅任敢译，商务印书馆 1982 年版。

［意］尼科洛·马基雅维里：《君主论》，潘汉典译，商务印书馆 2005 年版。

［英］J. G. 弗雷泽：《金枝》，徐育新、汪培基、张泽石译，新世界出版社 2006 年版。

［英］M. I. 芬利：《奥德修斯的世界》，刘淳、曾毅译，北京大学出版社 2019 年版。

——：《古代经济》，黄洋译，商务印书馆 2020 年版。

［英］R. R. 马雷特：《心理学与民俗学》，张颖凡、汪宁红译，山东人民出版社 1988 年版。

［英］阿伦·布洛克：《西方人文主义传统》，董乐山译，生活·读书·新知三联书店 1997 年版。

［英］边沁：《道德与立法原理导论》，时弘殷译，商务印书馆 2000 年版。

［英］葛瑞汉：《论道者：中国古代哲学论辩》，张海晏译，中国社会科学出版社 2003 年版。

［英］简·艾伦·赫丽生：《希腊宗教研究导论》，谢世坚译，广西师范大学出版社 2006 年版。

［英］柯林武德：《历史的观念》，何兆武、张文杰译，商务印书馆 1997 年版。

［英］罗素：《中国问题》，秦悦译，学林出版社 1996 年版。

［英］培根：《培根论说文集》，水天同译，商务印书馆 2009 年版。

［英］佩里·安德森：《绝对主义国家的系谱》，刘北成、龚晓庄译，上海人民出版社

2016年版。

[英] 齐格蒙特·鲍曼:《共同体》,欧阳景根译,江苏人民出版社2003年版。

[英] 塞缪尔·E. 芬纳:《统治史》卷一,王震、马百亮译,华东师范大学出版社2014年版。

——:《统治史》卷二,王震译,华东师范大学出版社2014年版。

——:《统治史》卷三,马百亮译,华东师范大学出版社2014年版。

[英] 尚塔尔·墨菲:《论政治的本性》,周凡译,江苏人民出版社2016年版。

Eugene Kamenka, *Bureaucracy*, Oxford: Basil Blackwell, 1989.

Frederick W. Mote, *Intellectual Foundation of China*, New York: A. A. Knopf, 1971.

HansRosenberg, *Bureaucracy, Aristocracy and Autocracy: The Prussian Experience 1660 – 1815*, Boston: Beacon Press, 1958.

James C. Scott, *The Moral Economy of the Peasant: Rebellion and Subsistence in Southeast Asia*, New Haven: Yale University Press, 1976.

Michael Loewe, *The Government of the Qin and Han Empire: 221BCE – 220CE*, Indianapolis: Hackett Publishing Company, Inc, 2006.

Michael Oakeshott, *On Human Conduct*, Oxford: Clarendon Press, 1975.

Mircea Eliade, *Shamanism*, Princeton, NJ: Princeton University Press, 1972.

Peter Garnsey and Richard Saller, *The Roman Empire: Economy, Society and Culture*, Berkeley: University of California Press, 1987.

S. N. Eisenstadt, *The Political Systems of Empire*, New York: The Free Press of Glencoe, 1963.

Stanislav Andreski, *The Essential Comte*, London: Croom Helm, 1974.

Yun – han Chu, Larry Diamond, Andrew J. Nathan, and Doh Chull Shin (eds.), *How East Asian View Democracy*, New York: Columbia University Press, 2008.

(二) 论文

白彤东:《中国是如何成为专制国家的?》,《文史哲》2016年第5期。

——:《韩非子人性说探微》,《哲学研究》2021年第4期。

查昌国:《西周"孝"义试探》,《中国史研究》1993年第2期。

晁福林:《从"民本"到"君本"——试论先秦时期专制王权观念的形成》,《中国史研究》2013年第4期。

陈来:《中国近代以来重公德轻私德的偏向于流弊》,《文史哲》2020年第1期。

陈梦家:《商代的神话与巫术》,《燕京学报》第20期。

陈直:《〈墨子·备城门〉等篇与居延汉简》,《中国史研究》1980年第1期。

董莲池:《非王卜辞中的"天"字研究——兼论商代民间尊"天"为至上神》,《中国文字研究》2007年第一辑。

干春松:《儒家"天下观"的再发现》,《探索与争鸣》2019年第9期。

葛荃:《社会性与公共性析论——兼论中国社会三层次说及其方法论意义》,《学习与探索》2013年第10期。

葛兆光:《对"天下"的想象——一个乌托邦想象背后的政治、思想与学术》,《思想》第29期。

——:《宋代"中国"意识的凸显——关于近世民族主义思想的一个远源》,《文史哲》2004年第1期。

——:《名实之间——有关"汉化""殖民"与"帝国"的争论》,《复旦学报》(社会科学版)2016年第6期。

韩震:《中国文化中的圣贤崇拜》,《理论前沿》1996年第8期。

何炳棣:《儒家宗法模式的宇宙本体论——从张载的〈西铭〉谈起》,《哲学研究》1998年第12期。

何新:《重论"五行说"的来源问题》,《学习与探索》1985年第1期。

侯旭东:《中国古代专制说的知识考古》,《近代史研究》2008年第4期。

胡厚宣:《殷卜辞中的上帝和王帝》,《历史研究》1959年第9、10期。

黄敏兰:《质疑"中国古代专制说"依据何在?——与侯旭东先生商榷》,《近代史研究》2009年第6期。

黄玉顺:《董仲舒思想系统的结构性还原——〈天人三策〉的政治哲学解读》,《四川大学学报》(哲学社会科学版),2020年第5期。

金景芳、吕绍刚:《〈尧典〉新解(节选)》,《孔子研究》1992年第4期。

晋文:《睡虎地秦简与授田制研究的若干问题》,《历史研究》2018年第1期。

雷燮仁:《也谈"天命不易"、"命不易"、"不易"、"虔天之不易"》,2017年10月31日,http://www.gwz.fudan.cn/Web/Show/3135。

李存山:《中国的民本与民主》,《孔子研究》1997年第4期。

李河成:《公利性公共与公议性公共:"公共"话语研究的两个要点及其范式转型》,《东岳论丛》2016年第10期。

李剑鸣:《戈登·伍德与美国早期政治史研究》,《四川大学学报》(哲学社会科学版)2013年第5期。

李宜春:《论西汉的内朝政治》,《史学月刊》2000年第3期。

李义天:《理由、原因、动机或意图——对道德心理学基本分析框架的梳理与建构》,《哲学研究》2015年第12期。

李泽厚:《举孟旗 行荀学——为〈伦理学纲要〉一辩》,《探索与争鸣》2017年第4期。

李振宏：《中国政治思想史研究中的王权主义学派》，《文史哲》2013 年第 4 期。

李志庭：《西周封国的政区性质》，《杭州大学学报》1981 年第 3 期。

梁涛：《荀子人性论辨正——论荀子的性恶、心善说》，《哲学研究》2015 年第 5 期。

——：《孟荀之间》，《中华读书报》2017 年 10 月 25 日。

廖申白：《公民伦理与儒家伦理》，《哲学研究》2001 年第 11 期。

凌纯声：《北平的封禅文化》，《"中研院"民族学研究所集刊》第 16 期。

——：《秦汉时代之畤》，《"中研院"民族学研究所集刊》第 18 期。

——：《中国的封禅与两河流域的昆仑文化》，《"中研院"民族学研究所集刊》第 19 期。

刘九勇：《论〈孝经〉中的政治内涵》，《孔子研究》2014 年第 4 期。

——：《中国协商政治的"民主性"辨析——一种协商民主理论建构的尝试》，《政治学研究》2020 年第 5 期。

刘乐贤：《郭店楚简〈六德〉初探》，载《郭店楚简国际学术研讨会论文集》，湖北人民出版社 2000 年。

刘文明：《"帝国"概念在西方和中国：历史渊源和当代争鸣》，《全球史评论》2018 年第 2 期。

刘泽华：《论战国时期"授田制"下的"公民"》，《南开大学学报》1978 年第 2 期。

——：《春秋战国的"立公灭私"观念与社会整合》上、下，《南开学报》2003 年第 4、5 期。

——：《王权支配社会的几个基本理论》，《历史教学》（上半月刊）2018 年第 2 期。

罗新慧：《周代天命观念的发展与嬗变》，《历史研究》2012 年第 5 期。

玛雅：《中国人的民主价值观——专访美国杜克大学政治学教授史天健》，《凤凰周刊》2009 年 4 月 3 日。

聂敏里：《意志的缺席——对古典希腊道德心理学的批评》，《哲学研究》2018 年 12 期。

庞朴：《阴阳五行探源》，《中国社会科学》1984 年第 3 期。

彭新武：《论中国传统术治主义》，《中国人民大学学报》2016 年第 1 期。

彭裕商：《谥法探源》，《中国史研究》1999 年第 1 期。

秦鹏飞：《儒家思想中的"关系"逻辑——"伦"字界说及其内在理路》，《社会学研究》2020 年第 1 期。

裘锡圭：《湖北江陵凤凰山十号汉墓出土简牍考释》，《文物》1974 年第 7 期。

任锋：《公共话语的演变与危机》，《社会》2014 年第 3 期。

——：《再造家国：治体论与近世秩序的公共性和法度化》，《中国政治学》2019 年第 1 期。

——：《中国政治传统研究与历史政治学的可能性》,《学术月刊》2020年第1期。

沈毅：《"家""国"关联的历史社会学分析——兼论"差序格局"的宏观建构》,《社会学研究》2008年第6期。

盛洪：《天下文明——论儒家的国际政治原理》,《文史哲》2013年第5期。

宋洪兵：《先秦法家政治正当性的理论建构》,《北京师范大学学报》(社会科学版)2017年第6期。

涂文娟：《复兴政治公共性——汉娜·阿伦特对政治本质的理解》,《云梦学刊》2010年第2期。

汪辉勇：《公共价值论》,博士学位论文,湘潭大学哲学与历史文化学院,2008年。

王人博：《民权词义考论》,《比较法研究》2003年第1期。

王绍光：《中国公共政策议程设置的模式》,《中国社会科学》2006年第6期。

王慎行：《论西周孝道观的本质》,《人文杂志》1991年第2期。

王晓波：《先秦法家思想研究的若干问题》,《国学学刊》2013年第3期。

王中江：《中国哲学中的"公私之辨"》,《中州学刊》1995年第6期。

魏亚光：《千奇百怪的欧洲君主绰号》,《世界文化》2013年第11期。

吾淳：《马克斯·韦伯理论中的"连续"与"突破"问题》,《上海师范大学学报》(哲学社会科学版)2019年第1期。

吴飞：《从丧服制度看"差序格局"——对一个经典概念的再反思》,《开放时代》2011年第1期。

——：《经学何以入哲学?——兼与赵汀阳先生商榷》,《哲学研究》2020年第11期。

肖瑛：《"家"作为方法：中国社会理论的一种尝试》,《中国社会科学》2020年第11期。

辛德勇：《谈谈"始皇帝"的谥号性质》,2019年8月18日在浙江桐乡伯鸿讲堂的演讲。

徐克谦：《私德、公德与官德——道德在韩非子法家学说中的地位》,《国学学刊》2013年第4期。

徐向东、陈玮：《境况与美德——亚里士多德道德心理学对境况主义挑战的回应》,《中国社会科学》2019年03期。

阎步克：《政体类型学视角中的"中国专制主义"问题》,《北京大学学报》(哲学社会科学版)2012年第6期。

阎云翔：《差序格局与中国文化的等级观》,《社会学研究》2006年第4期。

杨耕：《价值、价值观与核心价值观》,《北京师范大学学报》(社会科学版)2015年第1期。

杨光斌：《论作为"中国模式"的民主集中制政体》,《政治学研究》2015年第6期。

杨海文：《贾谊〈新书〉对孟荀的显性—匿名引用》，《中山大学学报》（社会科学版）2012年第5期。

——：《司马迁对"孟荀齐号"语法的确立》，《邯郸学院学报》2012年第4期。

杨泽波：《从以天论德看儒家道德的宗教作用》，《中国社会科学》2006年第3期。

——：《孟子之乐的层级性质及其意义》，《云南大学学报》（社会科学版）2003年第1期。

余敦康：《从〈易经〉到〈易传〉》，《中国哲学》第三辑。

曾振宇：《荀子"天"论百年误读与反拨》，《哲学与文化》2007年第10期。

——：《"以刑去刑"：商鞅思想新论》，《山东大学学报》（哲学社会科学版）2013年第1期。

翟学伟：《儒家的社会理论建构——对偶生成理论及其命题》，《社会学研究》2010年第1期。

詹鄞鑫：《华夏考》，《华东师范大学学报》（哲学社会科学版）2001年第5期。

张分田：《论"立君为民"在民本思想体系中的理论地位》，《天津师范大学学报》（社会科学版）2005年第2期。

——：《论中国古代政治调节理论——民本思想在中国古代政治学说中的核心地位》，《天津社会科学》2007年第2期。

张富祥：《老子校释二题》，《中国哲学史》2003年第1期。

——：《黄老之学与道法家论略》，《史学月刊》2014年第3期。

张家山汉墓竹简整理小组：《江陵张家山汉简概述》，《文物》1985年第1期。

张金光：《试论秦自商鞅变法后的土地制度》，《中国史研究》1983年第2期。

张贤明、张力伟：《论责任政治》，《政治学研究》2018年第2期。

张再林：《西方传统的语义学与中国传统的语用学——中西语言哲学的歧异与会通》，《江苏社会科学》2004年第5期。

张兆凯：《两汉俸禄制度研究》，《中国社会经济史研究》1996年第1期。

赵汀阳：《身与身外：儒家的一个未决问题》，《中国人民大学学报》2007年第1期。

赵永刚：《美德伦理学的兴起与挑战：以道德心理学为线索》，《哲学动态》2013年第2期。

钟肇鹏：《白虎通义的哲学与神学思想》，《中国史研究》1990年第4期。

周飞舟：《行动伦理与"关系社会"——社会学中国化的路径》，《社会学研究》2018年第1期。

周平：《对民族国家的再认识》，《政治学研究》2009年第4期。

周振鹤：《县制起源三阶段说》，《中国历史地理理论丛》1997年第3期。

邹庆国：《从不作为政治到责任政治：净化党内政治生态的一个分析维度》，《江汉论坛》2017 年第 2 期。

[比利时] 戴卡琳:《名还是未名:这是问题》,崔晓姣、张尧程译,《文史哲》2020 年第 1 期。

[美] 顾立雅:《释天》,《燕京学报》第十八期,1935 年。

[日] 安部健夫:《中国人的天下观念——政治思想史试论》,宋文杰译,载周伟洲主编《西北民族论丛》(第十五辑),社会科学文献出版社 2017 年版。

Gabriel A. Almond, "The Return to the State", *American Political Science Review*, Vol. 82, No. 3, 1988.

G. E. M. Anscombe, "Modern Moral Philosophy", *Philosophy*, Vol. 33, No. 124, 1958.

Peter Bachrach and Morton Baratz, "Two Faces of Power", *American Political Science Review*, Vol. 56, No. 4, 1962.

Edgar Kiser, and Yong Cai, "War and Bureaucratization in Qin China: Exploring an Anomalous Case", *American Sociological Review*, Vol. 68, No. 4, 2003.

Dingxin Zhao, "Spurious Causation in a Historical Process: War and Bureaucratization in Early China", *American Sociological Review*, Vol. 69, No. 4, 2004.

H. G. Creel, "The Fa-chia: 'Legalists' or 'Administrators'?" 载"中研院"历史语言研究所集刊外编第四种《庆祝董作宾先生六十五岁论文集》,1961 年。